Hans von Marées, geboren am 24. Dezember 1837 in Elberfeld (heute Wuppertal), ist am 5. Juni 1887 in Rom gestorben.

Julius Meier-Graefe, geboren am 10. Juni 1867 in Resitza/Banat, ist am 5. Juni 1935 in Vevey gestorben.

In einer seiner umfangreichsten und engagiertesten Monographien hat Julius Meier-Graefe sich dem Künstler und Werk Hans von Marées' gewidmet, hat als einer der ersten auf seine künstlerische Einzigkeit hingewiesen und ist zu seinem glühenden Verfechter geworden.

Hans von Marées' Werk gipfelt äußerlich in einer Antikenrezeption, in ihrer Ausdruckskraft der großen pompejanischen Malerei verwandt, womit sich der Künstler von vorhandenen Formen der Malerei und allem Zeittypischen seiner frühen Werke löste. Doch auch bei seiner Verarbeitung antiker Themen und bei Bildern südländischer Sonnen ist Hans von Marées weit entfernt von einer gründerzeitlichen, vorjugendstilhaften Kostümbildnerei, vielmehr führt er den Betrachter seiner Bilder hin in ein Arkadien von Eindrücken und Empfindungen, hin zu Träumen des Vergangenen oder noch Harrenden, auch zu Unbewußtem und Unterbewußtem, schlicht, »nackt«, und damit zeitlos.

Erkämpft hat Hans von Marées dies in einem Künstlerleben der Einsamkeit.

»Neu an Marées ist die Frucht, die er seiner Einsamkeit abgewann. Sie hebt sein Los auf eine von aller Sentimentalität gefeite Höhe. Wir bedauern andere, weil sie allein waren; wir begreifen, dieser mußte es sein«, urteilt Julius Meier-Graefe.

insel taschenbuch 1046

Meier-Graefe

Hans von Marées

Julius Meier-Graefe

HANS VON MARÉES

Sein Leben und sein Werk

Mit farbigen Abbildungen

Erster Band

Insel Verlag

Dem Andenken an Konrad Fiedler

insel taschenbuch 1046
Erste Auflage 1987

Hinweise zu dieser Ausgabe am Schluß des zweiten Bandes
Vertrieb durch den Suhrkamp Taschenbuch Verlag
Umschlag nach Entwürfen von Willy Fleckhaus
Satz: LibroSatz, Kriftel
Druck: Nomos Verlagsgesellschaft, Baden-Baden
Printed in Germany

1 2 3 4 5 6 – 92 91 90 89 88 87

HANS VON MARÉES
LEBEN UND WERK

EINLEITUNG

Viele Leute, denen man nicht ohne weiteres Mangel an Bildung und Überfluß an Bosheit vorwerfen kann, sind nicht weit davon entfernt, den Reichtum unserer Zeit an Kunstbüchern für einen Unfug zu halten. Entweder fühlen sie sich im Besitz ihrer Kennerschaft, oder sie sind dermaßen entblößt von lebendigen Beziehungen zur Kunst, daß ihnen alles, was man durch Lesen lernen kann, geringfügig und eitel erscheint. Der Anschein gibt ihnen recht. Auch dem besten Leser, der Bilder nur durch das Medium der Bücher hindurch ansieht, erwächst kein Vorteil für das Wesentliche, und mancher Freund der Musen verliert sie, weil er sich ihnen nur im Gewande des Gelehrten zeigt, das sie nun einmal nicht leiden können. Auch steht außer Zweifel, daß wir Deutschen seit hundert Jahren reichlich ebensoviel Irrtum durch die Druckerschwärze empfangen haben, als Vorteil. Man hat bei uns immer formuliert, bevor genügend Erfahrungen da waren. Es geschah wohl aus einem Überschuß an Kraft. Dem Denker genügte auch das mangelhafte Kunstwerk zur Auslösung bewunderungswerter Gedankengänge. Wir waren stets zu jung und gaben uns den Anschein des Alters. Hätte sich die Kraft des Geistes, die man auf die Konstruktion einer unanwendbaren Ästhetik verwandte, auf die Schöpfung von Kunstwerken gerichtet, so wären wir vielleicht das reichste Volk der Erde. Wir haben zu schnell das von außen Empfangene auf unser Inneres bezogen, dachten stets über die Blume nach, anstatt zu riechen, waren zu arm an Dingen, die unsere Sinnenfreude steigern konnten, zu stolz, um nicht aus der Not eine Tugend zu machen, und prägten aus unserer Armut des Leibes einen verehrungswürdigen, aber leider recht einsamen Reichtum des Gemütes.

Darüber kommen wir so schnell nicht hinweg, und es wäre sinnlos, es zu wünschen. Der Versuch, an Stelle unserer allzu platonischen Kunstverehrung sofort ein Verhältnis zu setzen, das südliche Rassen mit dem Schönen verbindet, würde bei uns aus einem hohen Trieb ein animalisches Begehren machen und uns, so wie wir sind, um jede ernsthafte Beziehung zur Kunst bringen. Die Tendenz zu solchem Empfinden bedroht seit einigen Jahren die kosmopolitischen Kreise Deutschlands und macht, daß sich in die Freude über die wachsende Freiheit in ästhetischen Dingen das Unbehagen vor dem zweifelhaften Ziele mischt. Der Gedanke, die Kunst lasse sich wie etwas Schönes betrachten und genießen, sagt nicht viel und ist für unsere Zone geradezu ein Aberglaube. Da uns unsere Anlage drängt, auch die Natur nicht mit dem sinnlichen Instinkt allein zu fassen, würden wir der Kunst, die unendlich mehr verlangt, weniger geben als einer schönen Aussicht. An einem gelungenen Bilde sind die angenehmen Farben das geringste. Der physiologische Reiz erreicht nicht einmal die Wollust beim Anblick einer schönen Frau. Welcher Frau würde man mit der ausschließlichen Bewunderung ihrer Formen gerecht? Vor großen Kunstwerken aber heißt die Einseitigkeit sinnlicher Betrachtung nichts anderes, als männliche Taten zu weibischem Getändel mißbrauchen. Man könnte fast sagen, das Wort Schön sei in der Kunst unserer Zeit nur da am Platze, wo man es durch Prädikate männlicher Tugenden ersetzen könnte. Tapfer, klug, groß sind plastischere Bezeichnungen, und ihre Begriffe haben im Grunde mehr mit dem Wesen der Kunst zu tun. Wie rechte Männer das Lob ihrer Schönheit, wenn man damit ihre Eigenheit bezeichnen will, wie eine Beleidigung zurückweisen, so sträuben wir uns, wenn Hinz und Kunz die Schöpfungen großer Meister mit dem Allerweltsworte Schön stempeln. Weil sich das Wort als Bezeichnung solcher Eigenschaften eingebürgert hat, die dem Menschen und dem Tiere angeboren sind, und weil sich nichts mehr gegen der Kunst innersten Sinn kehrt als der Aberglaube, sie gehöre zu jenen. Dies Wort, immer als populärer Laut verstanden, setzt Willenlosigkeit voraus, und Mangel an Willen gehört dazu, um daran auf die Dauer Genüge zu finden. Man ergibt sich oft der Schönheit wie einem Fatum oder wie einem gefälligen Mädchen, in einem Zustand, der alle nützlichen Eigenschaften des Mannes ausschaltet. Daß bei uns die Kunst nur zur Erholung oder zum Luxus da ist, kommt dieser Auslegung entgegen. Den Einsichtigen aber ist das Kunstwerk nicht eine Sache, die man je nach Laune zu sich nehmen oder von sich wegtun kann. So wenig sie in seinem Dasein etwas Endliches, das durch Zufall entsteht und vergeht, erblicken, so wenig vermögen sie, es aus ihrem eigenen Dasein wegzudenken. Die Begegnung mit ihm greift tief in ihr Leben hinein, rührt an die Welt, an die sie bis dahin glaubten, nicht nur an ihre Sinne, nicht nur an ihren Geschmack, nicht nur an das bißchen Kunstästhetik ihrer Mußestunden, sondern an notwendige Quellen ihres Wohlseins, an alle Betätigungstriebe, wird Erlebnis. Von der unermeßlichen Flut von Eindrücken erfassen sie Eins mit tatfroher Teilnahme, suchen es zu fassen: das Werden des Werkes. Vor dem Sein stehen sie in tatenloser Bewunderung. Die Gleichzeitigkeit so vieler Wirkungen in einem Moment, das Vorrecht der bildenden Künste vor allen anderen, die Tatsache reinster und unmittelbar zu uns fließender Essenz des Persönlichen, lastet auf uns ebensosehr, wie sie uns beglückt, und lockt nur, was in uns an augenblicklichen Äußerungsmöglichkeiten steckt. Aber es bleibt nicht beim ersten Eindruck. Die selten tief gehende, oft qualvolle Überraschung, die Schale des Genusses, fällt. Das

Fremdartige, das mehr noch als der künstlerische Wert im Anfang wirkte, weicht dem Bewußtsein von Beziehungen des Werkes zu anderen. Langsam weben Erfahrung und der Drang unseres Bewußtseins um den Fremdkörper ein immer dichteres Netz von Verhältnissen. Und dem gelingt schließlich, das Neue dem Schatz von anderen Werten, die wir in uns tragen, einzureihen. Es gibt Werke, die aufhören, sobald diese Phase beginnt, und es gibt Menschen, die alsdann auch mit dem größten Werk fertig zu sein wähnen, weil ihnen nur das Dämmerlicht der Neuheit behagt. Solche Betrachter stehen der Kunst nicht viel anders gegenüber als einer ihren neugierigen Gaumen kitzelnden Speise. Für andere beginnt erst dann der Genuß. Ihnen liegt daran, über das Sinnliche des Werkes hinweg in den Organismus des Urhebers zu dringen und so das unsichere Bewußtsein eines glücklichen Zufalls mit dem reicheren Gefühl eines von ihnen selbst geschaffenen Geschickes zu stützen. Die Sinnlichkeit wird nicht etwa ausgeschieden (die Eingebildeten, die mit ihrem Verstand allein der Musen Gabe zu umfangen meinen, sind im Grunde kaum mildere Materialisten als die Naturburschen, für die der Kunstgenuß zu einer höheren Art erotischer Exzesse gehört); sie bleibt immer der Anfang. Aber sie verliert die Sonderheit ihrer Wirkung, wird zur fruchtbaren Erde, aus der eine ganz neue Schönheit emporblüht. Deren Wachstum geht nicht von selbst. Es bedarf sorgsamer Kultur. Nur wenn sich alle intellektuellen, vorher mehr oder weniger untätigen Kräfte mit den sinnlichen vereinen, gelingt der höhere Besitz der Kunst. Den ganzen Organismus zu einem Ziel zu drängen, Fleisch und Geist zu steigern und gleichzeitig zur Einheit zu stimmen, das bedeutet Erfüllung eines idealen Gebots unserer Gesittung. Schmerzlich entbehren wir in unserer Zeit außerordentlicher geistiger Anstrengungen und zügelloser Vernachlässigung des Körpers solcher Erfüllung. Nur die Kunst verbürgt sie, und von allen Künsten keine so vollkommen wie die Malerei. Keine fordert in so vollendetem Gleichmaß die Teilnahme der Sinne und des Geistes.

Wir haben nichts, das wir an Stelle dieser letzten Gottheit, die uns einigen könnte, zu setzen vermöchten. Der Völker Sehnen richtet sich auf Sicherung ihrer Habe. Immer strenger umgrenzt die Verteilung des zeigenössischen Berufslebens die Tätigkeit. Immer wilder reißt der Kampf brutaler Interessen achtbare Gemeinschaft auseinander. Die Wahlverwandtschaft, von der Goethe träumte, wird zum Spiel des Geldes, und unser Stolz zu dem Zynismus, der den unabwendbaren Lauf der Dinge Fortschritt nennt. Das Ideal wird, irgendwie zu existieren. Die Eile unserer Zeit läßt dem Strebsamen gerade noch den Wunsch, von allem einen kleinen Fetzen abzubekommen, und wenn es selbst dazu nicht langt, gibt man sich mit von Wind geschaffener, von Wind verwehter Einbildung zufrieden.

Um so emsiger regen sich die Diener der Kunst um die bedrohte Göttin. Die Überproduktion ästhetisierender Literatur wird nicht nur allein von dem billigen Eifer schreibender Dilettanten, wenigstens zum Teil auch von einem unbewußten Massen-Idealismus erzeugt, der viele Hände zur Abwehr dunkler Gefahren in Bewegung setzt. Freilich hat die Summe dieser Betätigungen, von oben gesehen, verzweifelte Ähnlichkeit mit der Behendigkeit der Mäuse, die sich auf geborstenem Schiff ein trockenes Fleckchen suchen. Von den hundert berechtigten Klagen über unsere Kunst wenden sich gut neun Zehntel an die falsche Adresse. Was Folge ist, wird für Veranlassung genommen. Die Kunstdoktoren erfinden Mittelchen gegen dieses und jenes Leiden unserer Malerei und Plastik. Man verbessert in dem verfallenen Bau hier und da einen Riß, stützt eine aus der

Richte tretende Mauer, anstatt die Fundamente zu untersuchen, auf denen das schwankende Gebäude ruht. Den Weiterblickenden ist die Kunst nur ein Symptom für die Kultur unter vielen anderen. In den meisten Ländern verschlingt die soziale Umwandlung des Staates die besten Intelligenzen. Anderen, die noch nicht so weit sind, wünscht man das gleiche, weil nur politisch reifen Völkern eine Zukunft des Geistes winkt. Und von solchen, an sich durchaus legitimen Anschauungen gelangt man leicht dazu, die Fürsorge für die Kunst in gegenwärtigen Zeitläuften für voreilig, vielleicht sogar verderblich zu erachten. Und so rückt selbst in dem Sinne ernsthafter Freunde der Kultur die Pflege des Schönen in das Bereich jener Nebeninteressen, die nur gerade gut genug sind, vertändelt zu werden.

Nicht solcher Pflege soll das Wort geredet werden. Nur jener Einheit, die wir zu verlieren drohen. Denn sie ist alles. Wir werden zu sinnlosen Geschöpfen, wenn uns nicht gelingt, zu lernen, was uns frommt. Daß die Kunst die Einigung vollbringen kann, bleibt Doktorweisheit, solange niemand außerhalb des engen Kreises Lust zeigt, die Probe zu machen. Vielleicht reizt dazu ein nicht artistischer Begriff: der Mensch im Kunstwerk.

Was uns fehlt, so hört man auf allen Gebieten öffentlichen Lebens, sind große Menschen. Je verwirrender das Getriebe um uns wird, desto flammender sehnen wir uns nach Taten starker Persönlichkeiten. Wenn wir erst sehen, wie dieser und jener es gemacht hat, wird es uns auch gelingen. Und wenn auch das nicht, wenigstens schwindet uns der verseuchende Aberglauben, daß niemand unseren betriebsamen Schlendrian für lebensunwert achte. Solche Beispiele sind heute in keinem Berufe mit gleicher Sichtbarkeit möglich wie in der Kunst, weil hier allein noch der einzelne mit eigener Kraft die Aufgabe zwingt, weil er für sein Werk des Vorzugs unserer im übrigen unumgänglichen Arbeitsteilung entbehren kann und aus einem Individuum Gedanken und Tat zugleich zu zaubern vermag. Und in keiner Kulturgemeinschaft können solche Beispiele leuchtender sichtbar werden als in der deutschen, weil hier die künstlerische Tat über dem Durchschnitt wie ein Gestirn über der Erde stehen muß, soll sie nicht von der Gemeinschaft mit unseren Fehlern getrübt werden. Freilich, wie kann man das darstellen, ohne immer wieder in den Verdacht zu kommen, man wolle »nur« von Kunst handeln, wie dem, der nichts von Politik hören will, die Größe eines Politikers darlegen! Die Beispiele, die ein Absehen von der Tätigkeit zulassen, sind immer zweifelhafter Art. Künstler, die nicht in ihrer Kunst aufgehen, nennt man gewöhnlich Dilettanten.

Wenn hohes Menschentum wie Kiesel von der Straße aufgelesen werden könnte, wäre es keine Größe. Nichts wird uns geschenkt, nicht einmal das Beispiel für diese Tatsache. Aber die Erkenntnis ist leichter, als aktuelle Ansichten glauben machen möchten. Die Abhängigkeit der Kunstbetrachtung vom spezifischen Sinnenleben des Individuums ist eine Tatsache, deren Bedeutung die gedankenblasse Kunstanschauung unserer Väter zu Unrecht außer Augen ließ, aber sie ist nicht groß genug, um uns mit der Vorstellung zu ängstigen, der normale Mensch besitze nicht die natürlichen Fähigkeiten zur Aufnahme künstlerischer Eindrücke. Das Auge, das einen gedruckten Text zu lesen vermag, ist fähig, der Bildwerke Schriftzüge zu erlernen. Und dazu gehört weniger massenhafte als intensive Betrachtung. In keiner großen Stadt Deutschlands fehlt die Gelegenheit zum Sehen so völlig, daß das Auge des ernsthaft Bemühten nicht die notwendige Schulung seiner Vermittlungstätigkeit erlangen könnte. Die oberen Zehntausend, die sich aus gesellschaftlicher Gewöhnung kein Museum und keine Ausstellung entgehen lassen, haben mehr als genug Möglichkeiten, zu lernen, und wenn von ihnen nicht der hundertste Teil ernsthaften Gewinn davonträgt, liegt es nicht an dem Auge, sondern an der Unlust, zu sehen, an der Geschwindigkeit, mit der man sich diese wie jede andere Abwechslung zuführt. Dem Ernsthafteren aber, dem die Zeit zur Verrichtung solcher rein gesellschaftlichen Verrichtungen gebricht, genügt viel weniger, um weiter zu kommen. Er wird, was ihm an Verfeinerung seiner Sinne abgeht, durch Sammlung der Verstandeskräfte ersetzen und aus der Erkenntnis menschlicher Größe in der Kunst unendlichen Segen gewinnen, auch wenn ihm gewisse Seiten eines Künstlers verschlossen bleiben. Der Mangel an Schulung des Auges trifft mehr die Aufnahme des einzelnen Werkes, als das Verhältnis des Betrachters zur Gesamtheit einer künstlerischen Persönlichkeit. Man braucht nicht alle Tonwerte des Rubens zu fassen, um eine Vorstellung seines Werdeganges zu gewinnen. Umgekehrt verhilft das raffinierteste Ausspüren der Reize eines Rubensschen Bildes noch nicht im mindesten zur Erkenntnis der Persönlichkeit des Flamen. Dazu gehört ein Schlußvermögen, dem aus der sinnlichen Anlage ohne weiteres keinerlei Förderung erwächst: die Fähigkeit, sich zur rechten Zeit von der äußeren Erscheinung abzukehren und das Aufgenommene zur Erfahrung zu verdichten. Nur diese vom Sinnlichen abstrahierende Erfahrung oder die Folge dieser Erfahrung enthält den moralischen Effekt der Kunst auf unser eigenes Menschentum, denn sie allein ist ein präzises, auf unser Verhältnis zur Welt mit Nutzen übertragbares Resultat. Wir werden, indem wir im Künstler die Steigerung der Persönlichkeit im Verhältnis zu ihrer Anlage und zur Welt wahrnehmen, angehalten, uns ebenso in unseren Verhältnissen zu steigern. Nur weil dieser höchste Sinn der Kunst, die denkbar großartigste Bestätigung des Entwicklungsgedankens, so oft zu Unrecht vor dem im Augenblick sinnlich Erfaßten zurücktritt, sind Philosophen und Historiker zu der Behauptung gelangt, ein Überwuchern der Kunst schmälere die Existenz einer Nation, auf starke Kunstepochen müsse ein Zurückfluten folgen, die Kunst gedeihe am besten auf Ruinen usw. Solche Sätze setzen den ausschließlich ästhetischen Charakter der Kunst als bewiesen voraus und würden, wenn man ihren Sinn nicht sorgfältig einschränkte, den Schluß zulassen, daß große Männer einer Nation zum Nachteil gereichen.

Der hohen moralischen Bedeutung der Kunst dient die Entwicklungsgeschichte der Kunst, vorzüglich aber die der einzelnen großen Meister als sicherer Beleg. Es bedarf großen Wissens, um von dem organischen Wachstum der ganzen Kunst ein einigermaßen sicheres Bild zu gewinnen; viel geringerer Anstrengung öffnet sich das Dasein eines Künstlers. Und da sich im Leben jedes Meisters große Teile der Entwicklungen der Kunst widerzuspiegeln pflegen, so wie sich im Schicksal jedes bedeutenden Menschen ein Stück der Menschheit offenbart, gelangt man leicht hier wie dort von der Erkenntnis des Einzelnen zum Ganzen und von der Liebe zu einem Menschen zur Liebe der Kunst überhaupt. So sollte man immer vorgehen. Viele Menschen bleiben der Kunst fern aus Furcht vor der Vielfältigkeit der Erscheinungen, weil sie doch nicht genug Zeit zu haben glauben, sich gründlich mit ihr zu beschäftigen, und eine andere Art des Umgangs für unwürdig ansehen. Sie halten die Kunst für eine Wissenschaft, für ein unübersehbares Kompendium abstrakter Tatsachen, und denken darüber so wie über die Sphäre ihrer eigenen Tätigkeit. Das Eingeständnis »ich verstehe nichts von Kunst« kommt oft von den tüchtigsten

Männern und kann besser klingen als die Beteuerungen des Gegenteils aus dem Munde der Eingebildeten, die oft im Grunde viel geringere Fähigkeiten mitbringen. Doch ist das Eingeständnis ebenso unwesentlich, als wenn einer von seinem Verhältnis zur Natur oder zur Welt das gleiche sagen wollte. Man kann nicht auf Beziehungen zur Kunst verzichten, ohne sich jedes höheren geistigen Daseins verlustig zu erklären. Das Weitere hängt nur davon ab, ob und wieweit man sich über seine Triebe Rechenschaft ablegen will. Das gelingt sicher nicht, wenn man gleich die Kunst umfassen will, anstatt sich an Kunstwerke oder Künstler zu halten. Wir müssen wahrlich erst einem Menschen recht von Herzen zugetan sein, ehe wir die Menschheit lieben können, und dürfen mit Recht Mißtrauen gegen die Leute hegen, die es anders machen. Liebe zur Kunst ist kein Prinzip und keine Wissenschaft, sondern zuerst und zuletzt notwendige und notgedrungene Empfindung. Wer überhaupt lieben kann, bringt die einzigen Bedingungen mit, die angeboren sein müssen. Der Schluß vom Kunstwerk auf die Kunst ergibt sich von selbst und bildet den Betrachter. Er ist wichtig, aber hat die fatale Nebeneigenschaft, uns mit Bildung zu schmücken. Viel ergiebiger scheint mir der Schluß vom Kunstwerk auf das Menschliche: wie muß oder mußte sich der Mensch zu seinem Genius, zu seiner Aufgabe, zu seiner Mitwelt verhalten? Denn dieser Schluß führt sofort einen weiteren herbei. Und diesen, die Folgerung auf das Verhalten des eigenen Ichs zur eigenen Welt und eigenen Aufgabe, wird sich der Betrachter um so weniger ersparen, je schärfer ihm das Verhalten des Vorbildes offenbar geworden ist. Nicht um Bild, sondern um Vorbild handelt es sich. Welche Kluft noch heute trotz der Vielseitigkeit unserer Interessen den Laien von der bildenden Kunst scheidet, beweist die Tatsache, daß die Identifizierung des Ichs mit dem Autor eines geliebten Buches den meisten Kunstfreunden schlechterdings unübertragbar auf ihr Verhältnis zu Werken der Malerei oder der Plastik erscheint, und daß dieselben Kunstfreunde trotzdem behaupten, an solchen Werken einen der Freude an den größten Werken der Literatur verwandten Gefallen zu finden. Das Argument solchen Gefallens ist immer dieselbe widerstandslose Sinnlichkeit; die positive Folge, im besten Fall, ein rein materieller Geschmackswert. Die Wertung der Kunst aus solchen Gründen ist gleichbedeutend mit der Schätzung der Poesie auf Grund des Wohlklangs. Nur der Trägheit unserer Wortbildung verdanken es Werke, die sich mit so minderen Kriterien erschöpfen lassen, zur Kunst oder zur Poesie gerechnet zu werden. Die menschliche Hingabe wird nur von dem Kunstwerk im höchsten Begriffe des Wortes gelohnt.

Sobald die Betrachtung auf menschliche Momente ausgeht, kann das Schrifttum über Kunst nicht zu viel werden. Aus dem einfachen Grunde, weil der Meister, die solche Betrachtung rechtfertigen, leider verhältnismäßig wenige sind. Der schreckliche Berg, vor dem der Laie sich ängstigt, besteht nicht aus solchen Büchern, sondern aus Detailforschungen, die nur die vorbereitende Wissenschaft interessieren, ob nun das Detail in besonderen Werken eines bedeutenden oder unbedeutenden Meisters oder in besonderen Eigenschaften der Epochen gesucht wird. Der Forschungen, die auf das Menschliche in der Kunst ausgehen, sind so wenige, daß selbst der Beschäftigtste sie bequem zu lesen vermöchte. Und es scheint mir ausgeschlossen, daß der abgehärtetste Materialist nicht auf diesem Wege gefördert werden könnte und, wenn er ein paar Beispiele gesehen, nicht dahin käme, der Kunst eine über die Bildliebhaberei hinausgehende Beachtung zu schenken.

Jeder große Künstler ist ein Held, und jede Biographie eines großen Künstlers wird notwendig zu einer Heldengeschichte. Das Heldenhafte entfernt sich nicht weiter von dem gewohnten Begriff der Alten, als sich unsere Zeit überhaupt von der alten entfernt; ja, es bleibt dem alten Begriffe verhältnismäßig näher als was wir sonst an zeitgenössischem Heldentum besitzen. In den Trieben der Typen unserer Zeit, in einem großen Geldmann, in einem genialen Industriellen, in einem bedeutenden Sozialpolitiker stecken genug heroenhafte Züge, nur gelingt es selten, sie darzustellen. Welcher Dichter folgt dem feinen Gespinst der Fäden, die von einem großen Bankier regiert werden. Die Geste ist eine Reihe Zahlen; Papier und Bleistift sind die Waffen; das Dekor die Nüchternheit des Office. Die Kunst muß einfach sein, um wirken zu können. Gerade in der Verworrenheit des Getriebes aber wird das Heldenhafte moderner Größen gefunden. Früher vermochte die Darstellung eines Einzelnen die Masse zu geben, heute regiert der Einzelne die Masse noch viel energischer, aber man sieht nicht mehr, wie es zugeht, und der Dichter ist genötigt, die Masse zu schildern, um zur Individualität zu gelangen.

In dieser Flut von Erscheinungen gilt der Künstler noch als Einheit im früheren Sinne und gibt daher ein unersetzliches Modell. Kein Wunder, daß sich Drama und Roman der Neuzeit mit soviel Vorliebe seiner bedienen. Ihm traut man noch die Äußerung der Leidenschaft zu, die Unverhohlenheit des Lasters und der Tugend und aller möglichen anderen Reaktionen, deren Sichtbarkeit bei anderen Typen unserer Welt antiquiert und gar unmännlich wirken würde. Wir haben auf diesem Wege ein paar gute Theaterstücke bekommen. Noch nie gab uns die Bühne einen großen Künstler. In den meisten Stücken, die von Malern handeln, wird die Kunst nur als bequeme Folie benutzt, und wir müssen das Genie auf Treu und Glauben, auf Gesten und Reden hin annehmen. Ein in der Regel unproduktives Genie. Selbst Goethe zeigte mit seinem Tasso nur gewisse – freilich höchst wirksame – Nebenerscheinungen der künstlerischen Psyche. Solange es nicht einem großen Dichter gelingt, das Heldenhafte im Künstlertum greifbar darzustellen – ein durchaus lösbares Problem –, werden wir den großen Künstler im Drama entbehren müssen. Die Gefahr wird immer sein, daß das Gefüge der Bühne die entscheidenden Züge durch Vergröberung entstellt oder daß sich der Dichter in der Handhabung der Begriffe vergreift, da er das als genügend bekannt voraussetzt, was den meisten Zuschauern leider fernliegt. Der Roman kann die Voraussetzungen sicherer befestigen, aber artet um so leichter in Kunstphilosophie aus. Alle Gefahren wachsen mit der Größe des Objektes. Je größer der Künstler, um so komplizierter sind seine Beziehungen zur sichtbaren Welt. Und trotzdem erlangen wir von den größten Künstlern notwendig die tiefsten, allgemeinsten, menschlichen Züge.

Nur im Symbol vermag der Dichter diesen noch ungehobenen Schatz zu werten. Leichtere Aufgabe wird dem Biographen, dem Handlanger des Dichters. Er hat nichts zu erfinden, hat keine Erfindung vorzubringen. Wie dürfte er und wie könnte er zum Erfinden kommen! Es ist alles da, mehr als er mitnehmen kann, er hat nur nötig, sich zu bücken, braucht nur hinzuschauen. Und was er da erblickt, dünkt ihm fruchtbarer im Rätsel und in der Lösung, einfacher und verschlungener, seltener, reicher, unendlich reicher, als es je von einem Dichter erdacht werden könnte. Er erlebt täglich, stündlich, was dem Dichter der Traum einer glückseligen Sekunde enthüllt. Es ist da, es kann nicht genommen werden. Nicht du allein, hundert andere halten es fest, werden es halten, stehen zu dir. Nie werde ich, sagt der Dichter, anderen zeigen können, was ich sah, nie werde ich es wieder sehen, wie ich es sah. Immer mehr, sagt der Handlanger, werde ich sehen, ich brauche nur aufzudecken. Oh, wenn ich es zudecken könnte, sagt der Dichter.

Eins verbindet den Biographen mit dem Dichter: was ihn mit dem Menschen seiner Wahl verbindet, die Sehnsucht. Er darf Heldentum suchen, und so muß er tun, wenn seine Tätigkeit überhaupt Sinn haben soll. Und er wird es finden, er wählte sich einen großen Künstler. Es ist leichtes, fröhliches Tun. Was er, von dem Staub der Dokumente umhüllt, auspackt, kann immer nur Freude sein. Ihm blüht nur eine Sorte Helden: die glücklichen.

Das mag dem Kunstfreund verdächtig klingen, und den Laien, der immer nur gehört hat, wie schrecklich es die großen Leute hatten, in Staunen setzen. Und wer weiß, ob der ewige Jammer über das erbarmungswürdige Los des Künstlers nicht mit daran schuld ist, daß viele kräftige Menschen der Kunstgeschichte fernbleiben? Wozu sich Dinge erzählen lassen, deren Moral die hinlänglich bekannte Bosheit des Daseins bestätigt. Es ist nicht ersprießlich, zu sehen, wie Menschen zuschanden werden, selbst wenn sie edel sind. Aber ein Gnadengeschenk ist es, zu erleben, wie sie zum Glück kommen. Kein verruchterer Wahn kam je in die Kunstgeschichte, als die Mär vom Elend des Künstlers.

Nicht alle Künstler sind glücklich, das versteht sich von selbst und geht uns nichts an. Die Welt ist zu etwas Besserem da, als Künstler zu beglücken. Aber alle Meister sind glücklich, das ist ihr eigentliches Wesen. Und deshalb schärfen sie noch den Ansporn zum Leben, den uns das Dasein aller großen Menschen beschert. Was wären sie auch, sie, von deren Beglückung die Menschheit zehren soll, wenn ihnen nicht einmal die eigene

Beseligung gelänge! Kein gemeines Glück wird ihnen zuteil. Laune und Willkür bleiben ihm fern. Es hat keine billigen Freuden. Dem nach Sättigung gieren Haufen mag es wie Last und Trübsal erscheinen. Es steigert den Menschen über die Sphäre, wo seine Sinne auf Sattheit aus sind. Große Künstler haben ihre eigenen Lüste. Sie bauen sich hoch über dem Alltagsgetümmel ihre Raubritterburgen. Vom Leben, das zu ihren Füßen vorbeizieht, entführen sie kühn das Köstlichste auf ihre Felsen. Adler sind sie und kreisen über der Menschheit. Was bedürfen sie des Geldes! Alle Schätze der Erde können nicht die Wollust ihres Flugs erkaufen. Was soll ihnen die Pracht, mit der sich andere das Dasein würzen? Die Kränze um die Säulen ihrer Hallen sind unvergänglich. Was Ehre und Ruhm! Ihre Ahnen lehren sie, der Gegenwart Beifall noch mehr als ihren Tadel zu verachten. Was kann ihnen, solange sie auf Erden wandeln, Leibliches geschehen? Sperrt sie in Dachstuben, zwischen kahle Wände: sie werden Paradiese zaubern. Nötigt sie, sich in Lumpen zu zeigen: sie werden als Sankt George in funkelnder Rüstung davon sprengen. Wenn ihr ihnen was antun wollt, müßt ihr schon der Erde die Sonne, der Nacht die Sterne nehmen. Und dann noch würden sie das Licht erfinden, um das ihr sie betrügen wollt. Helden sind große Künstler. Sie verstehen zu leben und das Leben zu verlängern. Das Alter, das uns bricht, reicht ihnen die köstlichsten Freuden, und wenn sie schließlich abberufen werden, beginnt die Nachwelt ihre Geburt zu feiern.

Von solchen Künstlern, sollte man meinen, wäre mehr zu lernen, als wie man hübsche Bilder macht. Die Bilder sind nur die bunten Fenster ihrer Paläste und strahlen in krausen Umrissen die Pracht des Innern aus. Wer hätte nicht den Wunsch, hineinzugehen? Man kommt in kein verlassenes Haus. Solange die Fenster strahlen, lebt drinnen des Königs allmächtiger Wille. Er nimmt uns an die Hand und führt uns durch die Räume. Wir sehen. Es ist, als mache uns allein die Hand, die uns geleitet, sehend. Wir steigen viele Treppen und fürchten oft, der Führer könne uns verschwinden. Oft wird es eng, oft tappen wir im Dunkel, oft blendet uns ungeahnte Helle. Lang ist der Weg, bis wir oben sind. Da erst erkennen wir den Plan des Meisters. Er zeigt hinunter: Dort liegt die kleine Welt.

Das heute noch weitverbreitete Geschlecht derer von Marées ist laut dem Archiv von St. André im Jahre 1080 nachweisbar.[1] Die Stammburg stand im heutigen Dorfe Maretz, im Département du Nord Frankreichs.[2] Das Wappen trägt den schönen Spruch: Ex fide vivo. Vom Franzosentum hat sich in den deutschen Nachkommen nichts weiter erhalten als die Orthographie des Namens. Die Heimat der Ahnen, ein Teil des alten Flandern, gehört nur politisch zu Frankreich. Es hing jahrhundertelang an den Niederlanden. Zudem hat sich das Blut zu reichlich mit anderem gemischt, als daß man es heute noch in eine lebhafte Verbindung mit dem Lande jenseits des Rheins zu bringen vermöchte. Die Marées gehörten zu den frühesten Protestanten und viele von ihnen waren bis tief in das neunzehnte Jahrhundert hinein eifrige Verfechter des lutherischen Glaubens. Doch haben sie nicht deshalb, wie zuweilen behauptet worden ist, Frankreich nach Aufhebung des Ediktes von Nantes verlassen. Bereits mehr als ein Jahrhundert vorher begegnen wir ihnen in Holland. Als Karl V. die siebzehn Provinzen der Niederlande vereinte, gehörte auch Französisch-Flandern dazu. Es war also kaum eine Auswanderung, wenn unter Karls Regierung die Marées sich in Holland niederließen. Ein Zweig scheint französisch geworden oder geblieben zu sein. Wenigstens kommt der Name in der neueren Geschichte Frankreichs wiederholt vor.[3] Unser Marées stammt von den Holländern, und diese Herkunft paßt nicht übel zu seiner Art. Er hat nichts Französisches, es sei denn die scharfe Logik des Künstlers und der Esprit des Menschen. Mit Holland aber verbinden ihn greifbare Bande. Seine Liebe zu Rembrandt war so tief und folgenreich, daß man glauben könnte, sie hätte ihm im Blute gelegen. Die Marées wurden seßhaft in Holland und gehören noch heute zu den angesehensten Familien des Königreiches. So war es schon im sechzehnten Jahrhundert. Jean Jacobzohn de Marez begründete die holländische Textilindustrie und erwarb sich großes Vermögen. Bald darauf sind die Marées mit den besten Patriziergeschlechtern verbunden. Der »Ridder en Praebendarius« Samuel de Marez, Heer van Maersbergen, heiratete in den sechziger Jahren des 17. Jahrhunderts eine Trip und bewohnte das »Trippenhuis« in Amsterdam, das jedem Freunde holländischer Kunst bekannt ist.[4] Der Ahne unseres Marées war Simon, wahrscheinlich ein Bruder des Jean Jacobzohn. Er scheint in dem Aufstande der Niederlande mitgespielt zu haben und floh um das Jahr 1570 vor Herzog Alba über den Rhein nach Wesel, wo ihm 1575 ein Sohn geboren wurde, mit Namen Samuel. Von dieser Zeit also datiert der deutsche Zweig der Familie. Freilich blieben die tüchtigen Kaufleute nicht auf demselben Flecke. Samuel starb 1623 in Amsterdam, und dessen Sohn Simon, 1605 zu Wesel geboren, begann seinen Stand bei den Verwandten in Amsterdam und ließ sich dann in Bremen nieder, wo er die Grönländische Kompagnie gründete. Sein Sohn, ein geborener Bremer, wird Eisenindustrieller in Schweden und verheiratet sich zweimal, jedesmal mit einer Schwedin; zuerst mit Sara Meytens, dann mit Elisabeth, der Tochter des Gesandten Fabritius.[5] Nun verändert sich die Physiognomie der Familie, wenigstens des Teils, der nach Deutschland zurückkehrt. Der Kaufmannsstand wird aufgegeben. Es vollzieht sich der bekannte Übergang von materieller zu ideeller Betätigung, der sich in der Geschichte so vieler Familien wiederholt und um so später einzutreten scheint, je gesünder die Säfte sind. Ein Sohn der Schwedin, Georg, geboren 1697 zu

Stockholm, wird Künstler. Mit seinem Lehrer, dem schwedischen Hofmaler Meytens, ist er durch seine Mutter, der Schwester Meytens', verwandt. George de Marées trägt zum erstenmal den Namen nach München. Er wurde 1731 bayrischer Hofmaler, hatte den Titel eines Rates des Kurfürsten von Köln und war als Fertiger von Konterfeis vieler Fürstlichkeiten, namentlich des bayrischen Hofes, in München und anderen Residenzen wohlgelitten. Seine Bilder zeigen mit Geschick die von van Loo her bekannte Art. Der Zufall hat eine größere Anzahl seiner Porträts in dieselbe Galerie von Schleißheim gebracht, die heute das Hauptwerk seines Urneffen beherbergt.[6] Dieser ist nicht sein unmittelbarer Nachkomme, sondern stammt von Abraham, dem älteren Bruder des Malers, dem vierten Sohn der Schwedin. Auch der geht nach Deutschland. Er war Geistlicher in der Pfalz und wurde von Leopold von Anhalt-Dessau nach Dessau berufen.[7] Er hat Kirchenlieder gedichtet. Sein zweiter Sohn, Simon Ludwig Eberhard, folgt ihm im Amte als Hofprediger; stark im Worte des Herrn und ein streitbarer Schriftsteller.[8] Seine »Briefe über die neuen Wächter der protestantischen Kirche« bringen ihm von seinen Gegnern den Titel »Zionswächter« ein.[9] Seine Kirchenlieder werden noch heute gesungen. Er soll auch in einem leichteren Genre als Dichter tätig gewesen sein. Nicht geringer war er am Leibe gesegnet. Er brachte es mit zwei Frauen zu dreiundzwanzig Kindern, von denen neunzehn am Leben blieben. Sein zehnter Sohn aus zweiter Ehe, Karl Wilhelm, war der Großvater von Hans. Er führte die Juristerei in die Familie ein, wurde Dessauischer Kammerpräsident und 1826 in den erblichen Adelstand des Herzogtums erhoben. Er und seine Nachfolger haben seitdem das *de* ihres Uradels aufgegeben und nennen sich von Marées. Des Präsidenten ältester Sohn, Adolf, der Vater des Malers, ebenfalls Jurist, wurde 1801 in Dessau geboren. Da bis zum Urgroßvater zurück die Familie aus Dessau stammt, gilt das Herzogtum mit Recht als engere Heimat. Hier lebten übrigens noch in Marées' Jugend zahlreiche Verwandte seines Namens.[10] Er selbst ist wiederholt in Dessau gewesen und hat hier seine ersten Bilder gemalt. Bliebe noch ein Zweifel an seinem Deutschtum, so genügte ein Blick auf die Bildnisse dreier Generationen, die der junge Hans auf einem Blatt zusammenstellte. Es sind germanische Typen; freilich, keine Deutschen-Michel-Gesichter. Alle sehen gescheit aus. Vielen steht das Talent auf der hohen Stirn geschrieben. Was von den Menschen noch bekannt ist, bestätigt diesen Anschein. Es waren hervorragende Intelligenzen, von ausgesprochener Selbständigkeit und großer Energie. Vom Vater des Urgroßvaters an sind alle dichterisch veranlagt. Diese Fähigkeiten steigerten sich in dem Vater zu einer Potenz ganz universeller Art, die nicht weit vom Genialen entfernt war. Adolf von Marées galt zu seiner Zeit als einer der hervorragendsten Juristen. Der Mechanismus der amtlichen Stellung hinderte ihn nicht, den höheren Nutzen aus der Einzelheit der Tätigkeit zu gewinnen und den Beruf, wo es galt, als Gelehrter zu objektivieren. Er war ein kluger und ganz unbescholtener Politiker, einer der feinsten Köpfe unter den unbedingt Königstreuen der vormärzlichen Zeit, der die unausbleibliche Wendung früher als mancher andere ahnte und rechtzeitig lenken wollte. Mit ein wenig Unverfrorenheit hätte er leicht die einflußreiche Stellung bei dem König erhalten, für die ihn die Fähigkeit bestimmte. Er stand vielen Vertrauten Friedrich Wilhelms des Vierten in den vierziger Jahren nahe, und das hinderte ihn nicht, einem Fritz Reuter treue Freundschaft zu halten. Seine Briefe an den Flügeladjutanten General von Forstner rühren von einem kühlen Wäger der Menschen und der Möglichkeiten her[11], etwa von der Art des Grafen Arnim, und haben zuweilen das Material für die freimütigen Vorstellungen geliefert, die Forstner dem Monarchen zu machen wagte.[12] Seine Kritik des Königs ist immer von ganz unbestechlicher Sauberkeit und kennzeichnet die Schwächen des planlosen Plänemachers mit bewundernswert maßvoller Form.[13]

In Koblenz gewann Adolf von Marées als Kammerpräsident und Vorsitzender des konstitutionellen Vereins gewichtigen Einfluß auf die politischen Kreise Rheinlands. Sein »Gesetzentwurf für eine Konstitution mit Reichsständen«, den er kurz vor der Revolution verfaßte, wird von Fachleuten gerühmt. Während der Unruhen des Jahres 1848 trat er energisch für die Monarchie ein. Seine unbeugsame Gelassenheit vor dem Treiben des Mobs machte ihm viele Feinde, aber verfehlte nicht ihre Wirkung.

Zu dem Juristen und Politiker trat der Dichter. Das war in der romantischen Zeit unter einem Könige, der wie ein Dichter regierte, weiter nicht auffallend. Wer dichtete damals nicht? Merkwürdig ist, daß dem Juristen und Politiker nicht ein Atom der typischen Weichlichkeit der Empfindung anhaftete, daß er eher zum Gegenteil neigte. Noch merkwürdiger, daß die Gedichte so gut sind. Es bedarf nicht der Rücksicht auf die Genealogie des Mannes, dem diese Biographie dient, um den Hinweis auf den Vater zu rechtfertigen. Die deutsche Literaturgeschichte täte sich keine Unehre an, wenn sie seinen Namen führte. Bisher nennt ihn nur M. Runze als hervorragenden Balladendichter.[14] Als solcher trat er 1836 mit einer Sammlung von Romanzen und Balladen unter dem Titel »Die Askanier« hervor, wenn man die Publikation auf eigene Kosten in einem winzigen Provinzverlag – in Zerbst – hervortreten nennen kann. Es sind meistens Jugendarbeiten, die sicher geraume Zeit im Schreibtisch gelegen haben, bis der Autor, 1836, den Druck wagte.[15] Alle handeln von den Schicksalen der Anhaltiner Fürsten mit unverstelltem Enthusiasmus. Der Leser blickt in eine fremde Welt, erstaunt und mit Mißtrauen. Wer weiß etwas von Anhalt und möchte etwas davon wissen! Der Bühne Kleinheit nimmt von vornherein gegen diese Provinzhelden ein. Daß es nicht dabei bleibt, ist Schuld des Schreibers. Gar nichts Provinziales, das in den Händen eines Dilettanten fürchterlich werden könnte, steckt zwischen den Zeilen. Es sind keine starken Gedichte, aber sie füllen eine ihrer Art vortrefflich angepaßte Form, sind echte Balladen, mit dem schlichten Volkston, der dazu gehört und der, nachgeahmt, bei größeren Dichtern verstimmt; klingen nicht stärker als der Inhalt erlaubt, nie unrein. Sie würden veraltet wirken, wenn Vergangenes wie lebend gestaltet wäre. Der Ton der Darstellung erfüllt das wichtigste Erfordernis der Gattung, den Vorgang sich scheinbar selbst darstellen zu lassen, so daß jede Frage nach dem Historischen ausscheidet. Wir hören nicht, wie zuweilen in viel glänzenderen Balladen, das betrachtende Ich des Dichters. Nur die handelnden Gestalten sprechen unter sich wie im Drama. Der Dichter begnügt sich mit der Rolle des Einführers. Dem Autor war das Gesetzmäßige dieses Verhaltens keineswegs unbewußt. In der Vorrede zu den 1857 erschienenen Übersetzungen einer Auswahl der Percyschen Sammlung[16] weist er auf den dramatischen Charakter der alten englischen und schottischen Balladen und zeigt, wie deren noch heute unverbrauchte Wirkung gerade in der auf direkte Rede beschränkten Form beruhe, deren Suggestion dem Leser oder Hörer die Vollendung des Dargebotenen weit besser gestatte, als wenn der Dichter die Erklärung hinzugefügt hätte. Er nennt Shakespeares Schauspiel »eine solche Ballade in höchster Vollendung« und übt an den großen deutschen Dichtern, die sich Percys bedienten, eine unwiderlegliche Kritik. Dabei kommt er auf Goethes »Erlkönig« und findet das Gespenstige und Ergreifende des wunderbaren Gedichtes darin, daß »die Worte Erlkönigs so ohne weiteres hereinflüstern und das Kind seine Visionen ebenso unvermittelt mitteilt«. Aus demselben Grunde wendet er sich gegen den Schluß des Gedichtes: »In seinen Armen das Kind war tot«, weil er gegen die Regel fehle. »Der Dichter brauchte nicht zu sagen und sollte uns daher auch nicht sagen, was das Gedicht selbst sagen konnte und daher auch sagen müßte. So wie in Shakespeares Sturm die Schläfrigkeit Mirandas sich aus den wiederholten Ermahnungen ihres Vaters, achtzugeben, von selbst ergibt, so würde sich, und ich glaube mit schlagender Wirkung, das Totsein des Kindes durch zwei oder drei vergeblich an dasselbe gerichtete Fragen ebenfalls von selbst ergeben haben. Wie ergreifend müßte es aber sein, wenn man ganz gewiß wüßte, das Kind sei in den Armen des Vaters verschieden, ohne daß es gesagt worden wäre!« Adolf von Marées verdanken wir die beste Übersetzung der berühmten »Reliques«. Herder, Bürger, Heine und andere Träger erlauchter Namen haben der Percyschen Sammlung den Gegenstand neuer Dichtungen entnommen. Übertragen ohne jeden Zusatz und so umgedichtet, daß dem anonymen Verfasser, seinem Gedanken und seiner Form das volle Recht bleibt, hat sie niemand besser als er. Ein paar Stichproben finden sich unter den Notizen dieses Bandes. Ist es zu weit hergeholt, von dieser Knappheit in der Verwendung des dichterischen Mittels auf die Kunst unseres Marées zu schließen, dem die Ökonomie der Wirkungen von Beginn seiner Laufbahn an suprema lex war, der das Opfern des Entbehrlichen bis zum Fanatismus trieb und vollendete

Bilder zerstörte, sobald er eine knappere Fassung gefunden hatte?

In dem geistigen Dasein des Vaters spielte Shakespeare die größte Rolle, und dieser mächtige Schatten reicht weit in das Leben des Malers hinein. Adolf von Marées kannte jede Zeile des Dichters. Sein eminenter Sprachsinn, der sich ohne Schwierigkeit das Altenglische und das halsbrecherische Altschottische aneignete und später den alten Mann noch zum Sanskrit trieb, ermöglichte ihm, Shakespeares komplizierteste Wortbilder zu verdeutschen, ohne ihn zum Philologen zu machen.[17] Er blieb dem Dichter der Dichter. Es soll ein seltener Genuß gewesen sein, ihn die Dramen vorlesen zu hören. Hans von Marées sprach davon wie von Offenbarungen. Auf Shakespeare soll eins seiner schönsten Bilder, »Die Werbung«, zurückgehen.

Die besten eigenen Dichtungen des Vaters kamen nicht mehr zu seinen Lebzeiten heraus. Er legte ihnen, so scheint es, gar kein Gewicht bei. Hans erhielt sie nach des Vaters Tode und beschloß sofort, sie drucken zu lassen. Er wollte sie mit einer kurzen Vorrede versehen, um die Gründe, die ihn zum Druck dieser Sachen veranlaßten, auseinanderzusetzen. Mit Fiedler, der auch von den Gedichten sehr erbaut war, ordnete er die Manuskripte. Äußere Schwierigkeiten müssen die Ausführung verhindert haben. Erst nach Hans von Marées Tode kamen die Gedichte in stark verminderter Zahl an die Öffentlichkeit. Von dem »artigen Band von ungefähr 250 Seiten«, den Hans geplant hatte, ist die Hälfte übriggeblieben und in dieser nehmen die Übersetzungen den größten Raum ein.[18] Ich glaube, mit Unrecht. Die paar Proben der eigenen Dichtung lassen vermuten, daß sich Hans von Marées nicht täuschte, als er ihnen größere Bedeutung zuwies. Man lernt den feinen Literaten von einer

Seite kennen, die man am wenigsten vermutet hätte. Er sind offenbar Jugendgedichte, vielleicht gleichzeitig mit den »Askaniern«, wenn nicht noch früher, entstanden, aber von ganz anderem Gepräge; Improvisationen eines Jägers, eines Reiters, eines ganz dem Leben, der Natur, der Realität zugekehrten Menschen, dem sich der Ausdruck flink zur dichterischen Form fügt, von einer Plastizität der Anschauung, die keinem Eklektiker gelingt und nur dem Harmlosen zufällt, der sich unbedenklich der Empfindung des Augenblicks überläßt. Fünfzig Jahre vor Liliencron riskierte ein Unbefangener gleich natürlichen Geistes eine ähnliche Dichtung. Zwei typische Exempel sind unter den Notizen abgedruckt.[19] Es nimmt uns nicht wunder, daß der Sohn eines das Gesehene so natürlich wiedergebenden Dichters ein großer Maler wurde. Sehr selten verbindet sich diese Spontaneität dichterischer Erfassung mit dem Verständnis für die überlieferte Form, das den Übersetzer Marées auszeichnete. Eine gewisse Erklärung kann dafür in der scharfen Logik des Juristen und seiner auffallenden Begabung für mathematische Probleme gefunden werden. Er beschäftigte sich namentlich in späteren Jahren eifrig mit Mathematik und versuchte auch eine praktische Verwendung seiner Erfahrungen mit der Konstruktion eines Scheinwerfers. Diese Doppelbegabung, die in dem nachkommenden Künstler geeint wurde, mag auch eine weitere Äußerungsart des Vaters begünstigt haben, deren Keim in dem Sohne fortlebte. Adolf von Marées war hervorragender Kritiker. Es ist eines der merkwürdigsten Phänomene in der Genealogie des Genies, daß das, was Hans von Marées malte, in des Vaters Kritik der Zustände seines Bereichs und in den übriggebliebenen theoretischen Abhandlungen über die ihm erschlossenen Gebiete mittelbar vorausgesagt wurde. Unbewußt ausgesprochen, da es in einer Zeit geschah, als Marées noch Kind war und nicht an den Künstlerberuf dachte; um so weniger bewußt, als dem Vater die nähere Beziehung zum Künstlertum des Sohnes abging. Unbewußt aufgenommen, wenn der Schluß aus dem Umstand erlaubt ist, daß sich Marées, der mit Verehrung an den Eltern hing und sich sicher nicht ein so legitimes Zeugnis für die Berechtigung seiner Anschauung versagt hätte, nie zu seinen Vertrauten auf die Ideen des Vaters berufen hat. Das Zusammentreffen der Ideen ist so auffallend, daß man die natürliche Genesis des Großen überhaupt leugnen müßte, wollte man es für einen Zufall halten. Zudem bedarf es zur Erkenntnis des ideellen Parallelismus zwischen Vater und Sohn keiner Übertragung oder Modifikation des Gedankens. Der Alte hat in den wenigen noch erhaltenen Aufsätzen ganz unmittelbar dasselbe Problem zum Gegenstand seiner Studien gemacht, für das sich der Junge, treuer als irgendein Künstler seiner Zeit, hingab: die Form. Und er ist auch der Exemplifikation auf das Gebiet der bildenden Kunst nicht aus dem Wege gegangen. Wir besitzen zwei Dokumente: einen Brief an den General von Forstner aus dem Jahre 1845 über historische Malerei; und die Vorrede zu den Übersetzungen der Percyschen Sammlung aus dem Jahre 1857. Die Differenz von zwölf Jahren hat an der Differenz des geistigen Niveaus der beiden Äußerungen gewichtigen Anteil. Dazu kommt, daß der Brief sich mit Aktualitäten befaßt und vom Schreiber natürlicherweise nicht als bleibende Darbietung beabsichtigt wurde, wenn schon alle Briefe des Mannes eine selbst für seine Zeit ungewöhnliche Sorgfalt des Denkens verraten und vielleicht nicht allein an die Adresse des Freundes gerichtet waren. Er knüpft an eine Zeitungsnotiz an, daß die Berliner Maler bei Friedrich Wilhelm IV. um Beschäftigung eingekommen seien. »Historische Bilder und historische Romane und Schauspiele«, schreibt er, »wie wir sie seit mehr als dreißig Jahren in Deutschland entstehen sehen, sind der Ausdruck einer künstlerischen Erbärmlichkeit, der nur durch den Reiz des Unterhaltenden eine kurze Zeit hindurch täuschen kann, dann aber um so gewisser dem Tode des Vergessens verfällt, welchem das Unwahre von seiner Geburt an geweiht ist. Ich weiß, daß gewisse Leute schon durch das Wort »unwahr« bestimmt werden, meine Behauptung mit vornehmer Verachtung beiseite zu schieben. Sie verwechseln den Begriff des Wahren eben mit dem des Wirklichen. Es gab eine Zeit, wo man besonders in Gedichten, Romanen und Schauspielen eine Wirklichkeit anstrebte, die nicht bloß deshalb ekelhaft war, weil man sich dabei in dem Kreise gemeiner Dinge und Erscheinungen hielt. Die höchste Wahrheit läßt sich an dem Kleinsten, z. B. das Wesen Gottes an der schlechtesten Made, nachweisen. Wenn sich auch allerdings geeignetere Gegenstände hierzu darbieten, so wird sich gerade an dergleichen Darstellungen der Genius am auffallendsten bewähren.« Dann weist er nach, daß nicht in dem Kleinen, sondern in dem Kleinlichen der Mangel steckt, daß Goethes Helden nicht durch ihre soziale Stellung die Geheimräte und Husarenmajors der Iffland, Kopelius und Schröder übertreffen, und geißelt den Realismus der Mikroskopisten. »Mit der Genauigkeit in der Darstellung wesentlich unbedeutender Einzelheiten, wozu sich nur ein subalterner Kopistensinn herabläßt, mit dieser Wirklichkeit ist die Anschauung des Ganzen, der einige Eindruck seines Wesens, ist die Wahrheit der Darstellung unvereinbar.« Die Kritik hält nicht vor damals recht gesicherten Größen still. »Gegen diese niedrige Wirklichkeit poetisch geputzter Alltagsmenschen rüstete sich die romantische Kunstschule der Schlegel. Wenn aber auch die Stifter selbst den Geschmack an der

Wirklichkeit jener Art siegreich bekämpften, so wurden sie doch von ihren Schülern meistens mißverstanden; die Schwachen unter ihnen, welche nicht besser waren als die von jenen Besiegten, hielten sich zwar an das Unwirkliche, aber sie bemühten sich zugleich, das Unwirkliche als wirklich und deshalb nicht wahr darzustellen. Diese Schwachen, zu denen ich auch leider Tieck rechne, obgleich ich ihm in gewisser Beziehung eine eigentümliche Geisteskraft nicht absprechen will, und deren fratzenhaft ausgeprägter Typus vor allen Schadow in Düsseldorf ist, gingen in dieser prosaischen, trockenen Verwirklichungssucht desjenigen Katholizismus, der nur ihrem unwirklichen romantischen Mittelalter angehört, so weit, daß sie ihn an sich selbst verwirklichten und selbst katholisch wurden, was natürlich nur ein Schadow bleiben konnte. Schlegels fühlten wenigstens die Größe Shakespeares und der italienischen und altdeutschen Maler, aber ich zweifle sehr, daß sie den eigentlichen Grund dieser Größe begriffen; die Naivität, die hohe künstlerische Einfalt, die alles, selbst das Unwirkliche, wahr zu machen verstand.«* Er fragt nach dem Mittel, mit dem den Alten das »Wahrmachen« gelang, und findet es als »die Versetzung des früheren Ereignisses, der früheren Personen, sowie der phantastischsten, unwirklichsten Ereignisse und Personen in die Wirklichkeit im anderen Sinne, in das für diese alten Meister allein wirkliche Leben, in das Leben ihrer Zeit, das sie umgab und dessen wesentlichen Teil sie mitbildeten. Durch ihre eigene Wahrheit wurde auch ihre Äußerung, ihre Darstellung, wahr«. Man erkennt leicht den Weg der Darlegung. Er ist uns heute geläufig, und wir wissen seit Menzel und

---

* Ich zitiere die Briefstelle mit einer geringfügigen grammatikalischen Änderung, um den Sinn klarer zu halten.

Liebermann, was wir davon zu halten haben, daß der Weg zum Ziele nicht so breit ist, wie diese auf das Szenarium gerichtete Logik glauben macht, daß man wie Gebhardt und viele andere das Postulat erfüllen kann, ohne unbedingt wesentliche Kunstwerke zu schaffen. Sicher aber mußte, wenigstens bei uns innerhalb unserer Kultur, das Ideal dieser robusten Wahrscheinlichkeit erstritten und erprobt werden. Und, merkwürdig genug, hat Adolf von Marées in dem unliterarischen Brief das Problem tiefer erfaßt, als die vielen kunstwissenschaftlichen Verteidiger derselben Wahrheit im letzten Drittel des Jahrhunderts. »Shakespeare«, schreibt er, »würde vor dem Gedanken erschrocken sein, ein antikes Drama überhaupt und besonders in antik sein sollender Art und Weise aufzuführen. Ein solches kann nur fremd in das moderne Leben treten . . . Shakespeare wäre unter Umständen vielleicht den Goetheschen Weg in der Iphigenie gegangen, wo sich moderne deutsche Gemüter in antiken Figuren zeigen und wo der höchst eigentümliche Eindruck nicht des wirklichen, aber des möglichen Altertums entsteht. Das ist Wahrheit, weil es Wahrheit des Dichters ist. Shakespeare ging indessen in seiner hohen Einfalt den anderen Weg. Man würde sehr irren, wenn man glaubte, er habe z. B. in seinem Coriolan und in dessen Zeit und Umgebung den Römer im alten Rom vorführen wollen. Wie der Coriolan zur Zeit Shakespeares wirklich dargestellt wurde, als trotziger, englischer Baron mit dem Federhut auf dem Kopfe, dem Stoßdegen an der Seite, so dachte sich Shakespeare ihn von innen und außen als den Repräsentanten des englischen Nobleman seiner Zeit. Nur darum lebt er für uns, nur darum ist seine Darstellung wahr.«

»So und nicht anders verfuhren die Maler der guten Zeit, wenn sie den Pontius Pilatus als Leydenschen oder Nürnberger

Bürgermeister, die heiligen drei Könige im ritterlichen Kostüm mit Schleppstiefeln und langen Sporen, Jerusalem mit roten Kirchturmdächern und überhaupt alles so darstellten, als hätte sich die Sache in ihrem lieben Vaterlande eben erst zugetragen. Dadurch, daß ihnen die heilige Geschichte als eine stets neue erschien, die sich also für sie selbst nicht nur erneuern konnte, sondern wirklich erneute und nochmals in ihrer Umgebung vorging, wie sie in ihrem Innern sich begab, wurde die Darstellung lebendig und wahr. Eben dadurch, daß die Neueren« (Schadow und Genossen) »die heilige Geschichte als eine alte, in fremden Landen vorgegangene, darstellen, beweisen sie, daß sie sich nicht in ihnen neu zugetragen hat, daß sie ihnen innerlich fremd ist, und dieser Ausdruck des Unwahren ist es, welcher den entsprechenden Eindruck – oder vielmehr den Nichteindruck – auf uns macht, der uns kalt läßt. Die Naivität, mit welcher die alten Maler nicht bloß die heilige, sondern die Geschichte überhaupt als etwas sich vor ihnen eben Zutragendes darstellen, ist jetzt aus vielen, hier nicht besonders zu erörternden Ursachen nicht mehr möglich. Aber eben darum ist auch die künstlerische Darstellung des Alten überhaupt nicht mehr möglich. Gerade diejenigen, welche mit sogenannten historischen Darstellungen in Romanen, Schauspielen und Gemälden sich beschäftigen und die sich entweder der Selbsttäuschung oder der bewußten Täuschung anderer dadurch schuldig machen, daß sie ein paar Flickläppchen alter Redensarten und Gewänder für hinreichend halten, um die Fratzen oder ordinären Modelle, die sie damit ausstaffieren, für historische, lebendige Gestalten auszugeben, stellen hierdurch ihre Unfähigkeit zu künstlerischen Leistungen auf das Entschiedenste heraus. Gedanken und Gesichter der Figuren solcher Afterkunstwerke, der Geschmack, mit welchem die Flickläppchen des alten Kostüms dem modernen Kostüm angepaßt sind, können doch nur modern sein. Aber dieses Moderne ist nicht das jetzige Leben. Was wissen die Armen von dem Leben, das sie umgibt und das man nur als wahrhaft Mitlebender wahrhaft kennen lernen und in sich haben kann?«[20]

Nicht der hohe objektive Wert dieser Gedanken ist das Verführerische, sondern die Folgerichtigkeit des Denkers, der innerhalb eines gegebenen Feldes alle Möglichkeiten mit gesundem Menschenverstand erschöpft. Was der Autor seinen Lieblingen, den alten Meistern, nachsagt, läßt sich in kleinerem Umfang auch auf ihn selbst anwenden: er widersteht der Relativität des Zeitlichen. Das Verhältnis des Sohnes zu der Theorie des Vaters hat eine positive und eine negative Seite. Dem Programm folgt unbewußt der junge Marées, der Realist, dem nichts über die Natur geht. Und ist es nicht die unmittelbare Fortsetzung des Vaters, wenn der Maler mit seinem Werke des Denkers Behauptung widerlegt, daß es in unserer Zeit begnadeten Menschen versagt sei, eine der Antike verwandte Kunst (und zwar ohne moderne »deutsche Gemüter in antike Figuren« zu stecken) wahr, das heißt wirklich, zu gestalten?

Noch näher kommt der alte Marées dem jungen in dem glänzenden Vorwort zu der Percyschen Sammlung, und wieder überholt der Sohn den Vater durch die Praxis. In seinem kurzen Abriß der deutschen Geschichte der englischen Balladen glaubt Adolf von Marées in dem »echt germanischen Wesen« der Vorbilder, das ihm zumal in den »darstellenden Gedichten« der alten Engländer besonders deutlich erscheint, die Quelle des Einflusses auf die deutsche Dichtung zu finden. Denn, meint er, das germanische Wesen fordere die Darstellung im eigentlichen Sinne, im Gegensatze zu Erzählung, Beschreibung und Rede. Das Erzählende und Beschreibende hält er für das Typische des

Romantischen, die Rede für das des Attischen. Diese nicht ganz einwandfreie Einteilung gibt ihm Anlaß zu einer Psychologie des ästhetischen Gegensatzes zwischen »attisch« und »germanisch«. Sie ist von nicht geringem allgemeinen Interesse, wiederum trotz der Relativität des objektiven Resultats; von größter Bedeutung aber für die von uns gesuchte Beziehung zwischen Vater und Sohn. Der Gegensatz zwischen »Gesetz« und dem »Recht des Individuums« wird als Merkmal des Rassenunterschiedes genommen, und zwar das Gesetz als Repräsentant des Attischen, das Individuelle als Zeichen des Germanischen. »In der attischen Kunst herrscht, wie in dem Leben der antiken zivilisierten Welt überhaupt, das Gesetz und zwar möglichst ausschließlich. Das Gesetz ist der Gegensatz von Willkür und persönlicher Autorität. Es bindet und beschränkt den Einzelnen, aber es unterwirft ihn keinem anderen. Die Unabhängigkeit in und trotz der Gebundenheit ist allein die Freiheit der antiken Zivilisation. Das Ungesetzliche erscheint nicht nur als verwerflich, sondern als nichtig, das heißt, als im gewissen Sinne unmöglich. Wie der dem Gesetze nicht gemäß lebende Mensch kein Bürger des Staates sein kann, im Staate unmöglich und daher durch sich selbst verbannt ist, so ist auch das Ungesetzliche überhaupt durch sich selbst verbannt aus allen Gebieten, in denen eine Gesetzesherrschaft möglich erscheint, namentlich aus dem Gebiete der Kunst. Unter der Gesetzesherrschaft haben die Begriffe von gut und schön eigentlich keine gesonderte Bedeutung, sie gehen über in den Rechtsbegriff oder verschmelzen sich mit demselben. Das Rechte oder Richtige ist allein auch das Gute und Schöne. Die Gesetzesherrschaft der Alten Welt war zugleich die Bedingung der Volkseinheit ... Unter der Gesetzesherrschaft der Alten Welt hat deshalb das Individuum und alles Individuelle keine eigentliche Bedeutung. Dies tritt ganz besonders hervor in den Werken der Kunst. Wie die Werke antiker Skulptur nur die eine, als gesetzmäßig anerkannte, Leibesschönheit, den richtigen menschlichen Organismus darstellen, wie bei ihnen das Gesicht, sonst der Spiegel besonderer Individualität, das unbedeutendste, sein Ausdruck eher ein nichtssagender, weil allgemeiner ist: so sind auch die Personen der alten Tragödie richtig, d. h. gesetzmäßig in ihrem Innern und in dessen Äußerungen, im Denken, wie im Handeln und daher einander wesentlich gleich. Den reinen Wasserspiegel antiker Ruhe kann nur vorübergehend bewegen und trüben der von außen kommende Sturm des Fatums. Von besonderen und wechselnden Empfindungen eines vielfach bewegten besonderen menschlichen Gemüts kann keine Rede sein. Zur tonarmen Lyra, zum gleichmäßig wiederkehrenden Falle des Verses würde dergleichen nicht stimmen. Auf den Stelzen des Kothurns lassen sich nur langsame und wenige Schritte machen. Er gestattet nicht die leidenschaftliche Bewegung, das Herüber und Hinüber der Handlung, er verbietet die Tat. Die Tat geschieht daher stets nur hinter der Szene. In der Szene wird die Tat durch Sprechen vorbereitet und nachher besprochen. Auch der Chor ist an sich nur zum Besprechen der Tatsachen geeignet. Er spricht dabei aus, was man denkt, allgemeine Betrachtungen, Erfahrungen, Bemerkungen. Die attische Dichtkunst redet in diesem besonderen Sinne ausschließlich. In der Rede überwiegt aber die Form den Inhalt. In der antiken, vom Gesetze beherrschten Welt trat überall die Form mit ganz vorzüglicher Bedeutung hervor. Sie drückte nicht nur den Inhalt aus, sondern sie vertrat ihn. Denn das Gesetz selbst ist eben der Satz statt des Gedankens, der Buchstabe statt des Sinns, die Ausdrucksform statt des auszudrückenden Inhalts.«

Zwischen den Zeilen dieser Charakteristik verbirgt sich bei allem Respekt die Abneigung gegen die Antike. Man liebt nicht mit dem Verstand, und wer vermöchte die Produkte einer Kultur, die einem nur als abstraktes Gesetz erscheint, anders zu schätzen! Solche Produkte könnten immer nur rein materieller Art sein. Der alte Marées würde bei konsequenter Durchführung seines Gedankengangs nie zu einer antiken Form im künstlerischen Sinne gelangen, immer nur zu einer Formel, wie sie just nicht von der Antike, sondern von den Barbaren zu Beginn der christlichen Ära in der Ornamentik geübt wurde. Wir bedürfen, um die Wohltaten des Gesetzes zu erkennen, geistiger, nicht mechanischer Lösungen, und die Lösung gelingt nur, wenn die Vorschrift nicht mehr als das Primäre, sondern als Teil des Werkes erscheint. Daher verwickelt sich der Autor notwendig bei Aufstellung der Gegenseite in Widersprüche. Der Jurist drängt ihn auch hier, das Gesetz, den Gegensatz der Willkür und mehr oder weniger latenten Leiter der Formung, mit dem präzisen und wandelbaren Begriff des »Rechtes« zu verwechseln, das er nur auf Grund eines sprachlichen Zusammenhangs zwischen »recht« und »richtig« zum kunstästhetischen Begriffe erhebt. Faßte er die Gegenseite wirklich als Gegensatz zum Gesetzmäßigen der antiken Kunst, nicht als Gegensatz zu einem Rechtsbegriff, so würde er ihr notwendig die Kunst absprechen müssen. »Wer nicht unter der Herrschaft des – oder doch eines – Gesetzes lebt und daher von der, oder von einer, Volkseinheit nicht mit umfaßt wird, der ist, vom Standpunkte exklusiver Zivilisation aus betrachtet, ein Barbar. Der Barbar ist keineswegs der rohe Mensch im Gegensatz zum Gebildeten, er ist bloß derjenige, der an der Zivilisation in rein rechtlichem Sinne nicht teilnimmt, der von der Einheit des Volks durch sich selbst Ausgeschlossene, dessen Existenz als etwas ganz Gleichgültiges erscheint, der der Teilnahme vielleicht Werte, aber dennoch nicht dazu Geeignete. Der Germane ist der Barbar im eigentlichsten Sinne. Individuelle Freiheit, nicht beschränkt durch einen fremden Willen, insbesondere nicht durch den Willen, der im Gesetz sich ausdrückt, ist das höchste Gut des Germanen.« Es folgt ein juristischer Exkurs über die angeborene Abneigung des Germanen gegen den unpersönlichen Rechtsbegriff. Und daraus werden kunstphilosophische Folgerungen gewonnen: »Die echt germanische Kunst hat nur das Individuum in seiner Individualität zum Gegenstande. Alle Individualitäten sind zugelassen, daher denn auch das, was die attische Kunst vor allem ausschließt, das Unrechte und das Fremde. Nur der Deutsche hat Sinn für fremde Individualitäten und für fremde Kunstäußerungen, er geht darin sogar oft zu weit.«

Die lückenhafte Philosophie, die dieser Anschauung zugrunde liegt, versäumt, den entwicklungsgeschichtlichen Exkurs in Rechnung zu stellen, der dem Individuum notwendig bei allen Völkern eine wachsende Bedeutung zuweist. Lückenhaft ist auch der in einer Fußnote gebrachte schüchterne Versuch einer Exemplifikation mit dem Hinweis auf die vorwiegende Beteiligung der alten deutschen Malerei am Bildnis, und noch bedenklicher, daß sich der Autor dabei auf die drei Namen Rubens, van Dyck und – van der Helst[21] stützt. Aber wenn der Literat hierbei den dilettantierenden Ästhetiker verrät, die Aussprüche nehmen im Munde des Vaters unseres Marées eigene Bedeutung an. Der Alte und der Junge stehen sich hier fast als Gegensätze gegenüber und wiederholen das Spiel, das man so oft in bedeutenden Familien beobachtet. Ganz sicher sträubte sich alles in Hans von Marées gegen die Willkür des Satzes, mit dem der Vater die Betrachtung auf das Gebiet, in dem er besser zu Hause war, zu lenken sucht: »Was nicht unter die Richtschnur des Gesetzes zu bringen ist, besonders aber das Innere und dessen Bewegung, läßt sich nicht eigentlich beschreiben und erzählen. Es kann nur sich selbst darstellen durch die gegebenen Kunstmittel. Das Lied ist das in seiner Individualität mit ganz individueller Regung sich selbst darstellende Individuum. Nur die Germanen besitzen den eigentlichen Sinn für das Lied, das Liederbedürfnis, und dann auch die wahren Lieder etc.«[22] Hans von Marées hätte sich in reifen Jahren nicht versagt, den Vater zu überführen, daß er mit dieser schwankenden Behauptung das Lied außerhalb der Darbietungen stelle, die den Begriff des Kunstwerks erfüllen, daß es kein Inneres und kein Äußeres in den Zwecken der Kunst gibt, daß kein Kunstmittel denkbar ist, das ohne die Richtschnur des Gesetzes seinem Zweck zu entsprechen vermag. Und auch das hätte der Vater am Werk des Sohnes lernen können, daß dieser ganze Dualismus von attischer und nicht attischer Kunst, sofern man ihn nicht auf die historische Tatsache beschränkt, sondern damit einen prinzipiellen Unterschied zwischen gleichgültigen Formenwelten konstruieren will, ein Unding ist. Es gibt keine griechische Kunst, für die dies, und eine germanische, für die jenes gilt; es gibt nur eine, zu der die Gesamtheit der Taten der Antike so gut wie die Summe der Anstrengung der neueren Völker beigetragen haben und noch weiter beitragen; ein Gefäß menschlichen Geistes, das sich mit der fortschreitenden Zeit immer weniger den Rassen als solchen und um so mehr den großen Menschen als solchen zuneigt. Aber der Vater traf, ohne es zu ahnen und wider Willen, mit seinem fiktiven Dualismus eine tatsächliche Eigenschaft der Germanen. Nicht ihr Individualismus ist ihre Sonderheit. Seitdem die Kunst überall auf Individualitäten angewiesen ist, hört vernünftigerweise das Persönliche auf, eine Auszeichnung innerhalb der Kunst zu sein und wird zu einem tautologischen Schmuckwort. Die Frage, welche Völker die meisten oder größten Individualitäten hervorbringen, ist ein Wortspiel um den Kern der Sache herum. Wohl aber steht nirgends der Individualitätendünkel stärker als bei uns in Blüte. Darunter verstehe ich die Unfähigkeit des genialischen Menschen, zwischen seinem Persönlichen und dem Unpersönlichen des Gesetzes den unentbehrlichen Ausgleich zu schaffen. Adolf von Marées beginnt seine Untersuchung so, daß man auf nichts anderes als diese selbstverständliche Folgerung rechnet, und ich frage mich, ob er nicht selbst gezögert hat, seinem Aufsatz nachher die aller Logik bare Wendung zu geben. Daß er im selben Atem so vortreffliche Dinge über eine ihm geläufige Formenwelt sagen und das Formlose preisen konnte, wäre von beängstigender Unbegreiflichkeit, hätte uns nicht seitdem die Wiederholung desselben Trugschlusses in hundert nicht weniger erstaunlichen Satzfolgen an das Rätsel gewöhnt, wäre nicht heute, ein halbes Jahrhundert später, der Fluch unserer ganzen Kunst eben dieses planlose Jagen nach Persönlichkeit, in dessen Staub das der Anstrengung Werte verschwindet.

Genau in diesem Punkt, bei dem entscheidenden Irrtum des Vaters, setzt das wesentlichste Problem des Malers ein. Hans von Marées besitzt kein größeres menschliches Verdienst, als das, seine außerordentliche Originalität dem Gesetzmäßigen untergeordnet zu haben. Alles, was der Vater mit einem die mangelhafte Erfahrung überflügelnden Scharfsinn dem Attischen nachsagt, findet sich in den reichen Werken des Sohnes, die Ruhe jenseits des Dramas, die von Leidenschaft freie Bewegung, das gegenstandlose Motiv, das sich nicht mit der Aktualität der »Tat« erschöpft. Und alles das findet sich innerhalb einer Persönlichkeit von strahlender Originalität. Es gibt keinen Strich von Marées, der nicht trunken wäre von Empfindung, und nicht, spielend oder mit Aufbietung aller Kräfte, das Gesetz erfüllte, von dem sein Schöpfer voll war. Der Sohn ging weit über den Vater hinaus. Nicht weil er Künstler in dem Beruf war, den der Jurist nur von weitem erblickte; keiner war weniger Künstler in jenem barbarischen, die Kaste abschließenden Sinne; keiner von all den Idealisten seit Goethe hat nüchterner von dem Handwerk, stolzer von der sittlichen Aufgabe seines Berufs gedacht. Sondern weil er mit den seiner Erfahrung erschlossenen Besitztümern weiter kam, weil er weiter blickte, schärfer dachte und sein Handeln in strengere Übereinstimmung mit seinem Denken brachte. Doch darf in seinem sprunghaften Laufe zum Ziele nicht das unsichtbare, elastische Sprungbrett übersehen werden, das ihm vom Geist seines Erzeugers bereitet wurde. Das Universelle des Vaters, bei ihm nicht ungetrübt von dem Dilettantismus der Zeit, reichte dem Sohn die beste Mitgift. Einem beispiellosen Talent, das sich fast ohne Schulung allen Aufgaben gewachsen zeigte, war nichts nötiger als dieser angeborene Drang nach geistiger Ausdehnung, der ihn vor der Genügsamkeit bewahrte und das Talent zum Dienste des Genies geeignet machte.

Das Talent mag, wie bei so vielen bedeutenden Menschen, von der Mutter Art gefördert worden sein. Sicher nicht so ausschließlich, wie in den bekannten Beispielen, die man für diese Verteilung heranzuziehen pflegt. Beide Eltern waren zu reich, als daß man ihre Gaben in ihrer fleischgewordenen Synthese genau unterscheiden könnte, und des Vaters Talent zu ausgesprochen, als daß wir seiner Gattin das Entscheidende zuweisen könnten. Wohl aber mag die Mutter den Sohn in einer bestimmten Richtung gefördert haben, die ihrer Abstammung entsprach. Sie war Jüdin. Zum ersten Male hatte sich das germanische Blut der uralten Rasse mit semitischem gekreuzt, und dem dankt der Sprößling sicher einen Teil der Sonderheit seines Wesens. Wir wissen von vielen Deutschen unserer Zeit, die der gleichen Mischung ihr Künstlertum schulden, und immer dürfte, wie in diesem Falle, gerade dem jüdischen Teil die Auslösung des Spieltriebs zufallen, der zur Kunst führt. Marées hat von der weichen, unendlich gütigen Frau, zu der er sich viel mehr als zu dem strengen Vater hingezogen fühlte, das Sinnliche geerbt, die Volubilität der Äußerung, die seinem vom Vater hinterlassenen Erzähler- und Vortragetalent das nach reicherer Anwendung verlangende Pathos verlieh. Die Mutter war es, die des Vaters Widerstand gegen den Künstlerberuf des Sohnes nicht ohne Mühe überwand. Wohl hatte sich das Wesen der Frau unter dem Einfluß des Gatten stark mit seiner Art durchtränkt. Sie war zu seinem Glauben übergetreten und auch im Herzen Lutheranerin geworden. Sie teilte seine Neigungen und wurde eine gute Übersetzerin. Eine kleine Auswahl ihrer Übertragungen hat Adolf von Marées seiner Percy-Sammlung beigefügt. Auch sie dichtete. Ihre Sachen sind in kleinen Familienblättern der Zeit zerstreut, gehen in der Form kaum über frauenhaften Dilettantismus achtbarer Art hinaus, von ganz deutscher, zuweilen ein wenig sentimentaler Empfindung, nie ohne den Reiz naiver Aufrichtigkeit.[23] Im Gegensatz zu dem Gatten neigte sie mehr zu liedartiger Dichtung.[24] Auch sie war außerordentlich polyglott, sprach nicht nur geläufig Englisch und Französisch, sondern beherrschte auch mit einer bei Frauen seltenen Perfektion das Griechische und Lateinische. Gab sie das Gegengewicht für des Gatten bedingtes Verständnis der Antike? Die Hypothese mag angesichts der Barbarei, die der jüdische Instinkt unserer Zeit mit jeder Überlieferung, auch mit der Antike treibt, gewagt erscheinen. Aber dieser Instinkt galt nicht immer in Deutschland als Kulturträger und deckte sich nicht immer mit der Kultur hochstehender Juden. Sicher war es die Gattin, die das Robuste des Maréesschen Germanentums glättete und das Spröde seiner Abstraktionen mit den Blumen einer weicheren Einbildungskraft umwand. Tief im Inneren, ihr selbst kaum bewußt, mag ihr ein Kern orientalischer Empfindung geblieben sein, und daraus wuchs vielleicht in dem Sohn, gepflegt von des Vaters starkem Zuchtinstinkt, die Freude am blumigen Rhythmus, und das machte, als die persönliche Erfahrung dazu kam, die in deutscher Kunst einzigartige antike Auffassung der Antike möglich, das Sehen ohne die Brille des Archäologen, ohne die Blendung durch überlieferte Doktrinen, das ganz sinnliche Erfassen der Alten.

Wir werden gedrängt, diesen Zusammenhängen Bedeutung zuzumessen, auch wenn sie nicht die hier zu berührenden Probleme sicher umfassen. Das nachträgliche Hervorholen solcher Symptome, so gewiß sie vorhanden sind, verbürgt nicht ihre Wirksamkeit. Lagen doch diese Beziehungen ganz sicher eingebettet in anderen, die auf Marées einen ganz entgegengesetzten Einfluß ausüben konnten. Banale Kleinigkeiten hätten genügt, den Kontakt auszuschalten, und haben vielleicht tatsächlich das Band zwischen Hans und seinen Eltern gelockert. Wer kann mit dem ganz instinktiven Oppositionsbedürfnis der besten Kinder gegen die besten Eltern rechnen. Oft hat der richtige Hinweis der Erziehung, nur weil er dem Kinde zu gewaltsam den Vorteil ins Bewußtsein zu bringen suchte, den Nutzen in Frage gestellt. Nur das war Hans unverlierbar, daß die Eltern besondere Menschen waren und blieben, nicht schematisiert von dem Einerlei des Alltags, freie Persönlichkeiten; und daß sich das sie Auszeichnende durchaus auf rein geistigem

Bildnis der Eltern. 1853

Gebiete vollzog. Ein ganz aristokratischer Zug bestimmt den Vater, nicht ohne konservative Schroffheit, wo es sich um politische Entscheidungen handelt; aristokratisch im besten Sinne, sobald man sich den ganzen Menschen und seine Atmosphäre vorstellt. Er war Edelmann als Denker, im Gegensatz zu dem rechtschaffenen Berufsmenschen, der im Vater Feuerbachs steckte und dem Sohn nie ganz die Schwingen zur freien Entfaltung des Genius löste. Wenn man ihn mit einem verbrauchten Wort bezeichnen will, ein Dichter.

*

Wie ein Dichter hatte Adolf von Marées die Lebensgenossin gewählt. Er war als Assessor nach Halberstadt gekommen und bewohnte das sinnige »Gleimshüttchen«, eingeheimnist in poetische Träume. Dort lernte er eines Tages die Tochter des wohlhabenden und seiner Wohlhabenheit wohl bewußten Bankiers und Kommerzienrats Susmann kennen, verliebte sich mit der dem Jahre 1830 zeitgemäßen Gründlichkeit, und, da außer der Erkorenen alle anderen mittelbar Beteiligten der Familie des Mädchens für die Verbindung nicht zu gewinnen waren, entführte er die Geliebte. Dabei war ihm sein Bruder Alexander, der spätere Forstmeister, behilflich. Er geleitete die Flüchtlinge von Halberstadt nach Dessau, wo die Braut im Hause des alten Kammerpräsidenten freundlich aufgenommen wurde, bis mit Genehmigung des Herzogs die Trauung der noch nicht Großjährigen auch ohne den Konsens der Eltern vollzogen werden konnte. Vorher hatte sie sich zum lutherischen Glauben bekannt. Das junge Paar siedelte sich nach kurzen Stationen in Naumburg und Koblenz in Düsseldorf an und kam dort gerade zurecht, um den verheißungsvollen

Kunstfrühling der rheinischen Akademiestadt mitzumachen. Schon damals trafen in dem Düsseldorfer Künstlerkreise, obwohl der »Malkasten« erst ein Dutzend Jahre später gegründet wurde, alle bürgerlichen Berufe zusammen und gaben dem Kreise eine im kleinen universelle Atmosphäre. Jeder, der noch das alte Düsseldorf, das bis in die Gründerjahre reichte, gekannt hat, weiß davon zu erzählen. Es gab noch keine Großindustrie und wenig Millionäre. Dafür regierte ein kultivierter Ton und, bei aller Einfachheit der Lebensführung, ein komfortables Behagen, das nicht wenig gegen die frostige Ärmlichkeit der nordischen Provinzstädte abstach. Die jungen Marées verlebten hier frohe Jahre, der Dichter seine glücklichsten. Friedrich von Uechtritz, Altersgenosse und am Gericht Kollege des Assessors, vermittelte die Bekanntschaft mit Immermann, der gerade seinen »Merlin« geschrieben hatte. Von Künstlern kamen die Lessing, Sohn, Hildebrandt und Bendemann in das gastliche Haus, die meisten im ersten Werden und voll Hoffnung. Es gab des Abends beim Wein manche hitzige Diskussion. Schon damals verteidigte Adolf von Marées, ohne bisher viel von Malerei gesehen zu haben – er kannte nur, was in den zwanziger Jahren Berlin und Leipzig dem Studenten geboten hatten –, den Realismus im Geiste des alten Schadow selbst gegen Goethes Doktrinen und erregte bei den jungen Freunden, denen die Phantasie überlief, energische Entrüstung. Die Gattin glättete den Sturm, gab klug verteilend jedem das Seine und verdoppelte den Gästen den Wunsch, zum Streit mit dem Gatten das nächste Mal wiederzukommen. Ungern verließ das Paar diesen anregenden Kreis. 1835 gab es Avancement und Versetzung. Der Landgerichtsrat mußte nach Elberfeld übersiedeln. Die beiden Städte glichen sich damals noch weniger als heute. Neben einem nur für den Mammon lebenden Industrialismus kleinsten Kalibers wucherte in dem engen, gassenreichen Nest ein fanatischer Protestantismus, der das traditionelle Maréessche Lutheranertum auf harte Proben stellte. Es kam zu Zusammenstößen drolliger Art. Sie tragisch zu nehmen, ließ der gesunde Humor nicht zu. Marées schlug dem Philister manches Schnippchen, »ließ fünf gerade sein«, wie es in einem seiner Trinklieder heißt, das später der Sohn in der Fremde gern zitierte[25], und tröstete sich mit seiner Muse. Auch fanden sich ein paar Menschen. Ferdinand Freiligrath, zehn Jahre jünger als Adolf von Marées, damals noch Kommis in Barmen, brachte ihm seine ersten Gedichte und wurde mit gutem Zuspruch gelohnt.[26] Er und Marées wurden eng befreundet. Sie trafen sich in der Vorliebe für die alten Engländer. Freiligrath bewahrte dem Freunde treue Anhänglichkeit bis an sein Lebensende.[27] Ein anderer Lehrling Barmens, Hackländer, ließ sich von dem sicher wägenden Kritiker raten, von der Lyrik abzustehen und sich der Prosa zu ergeben. An dem »Lesekränzchen« nahmen unter anderen der Stadtrat Koeter und der Landrat Graf Seyssel d'Aix teil, nach denen der kleine Hans verstohlene Karikaturen gemacht haben soll. Auch von Düsseldorf kam dann und wann ein Bekannter herüber, so der Maler Bürkner, dem wir die gezeichneten Porträts der Familie verdanken. Marées wohnten auf der Hofaue Nr. 272. Das Haus steht noch. In der Straße gibt es noch ein paar der hübschen bergischen Häuschen mit schwarzen Schiefern belegt, mit den appetitlichen grünen Fensterläden. Es ist eine der wenigen Straßen, von denen man einen Blick ins Freie gewinnt. Hier wurde Hans von Marées am Sonntag den 24. Dezember 1837 geboren.[28] Wie der Vater nach gutem Brauch auf den Innendeckel der Bibel notierte, war es der dritte Sohn. Der älteste, Georg, war noch in Düsseldorf zur Welt gekommen, der zweite, Friedrich, 1836 geboren; der jüngste, Balduin, folgte wieder in kurzem Abstand. Schwestern hat Hans nicht gehabt. Das Weihnachtskind wurde im neuen Jahr über die Taufe gehalten, und am nächsten Sonntage verkündete der Pastor von der Kanzel, die Sittenverderbnis sei groß: er habe neulich bei dem Landgerichtsrat v. M. ein Knäblein getauft, und da habe der Vater, anstatt sich und die Seinen mit dem Wort Gottes zu laben, aus des Dichters Shakespeares Schriften vorgelesen.[29] Das war ein gutes Omen. Auf der Zeichnung Bürkner[30] strahlt das kugelrunde Gesicht des Zweijährigen von Gesundheit. Er gedieh zur allgemeinen Zufriedenheit und erreichte ohne Unfall die ersten Hosen. Einer der wenigen noch in Elberfeld lebenden Schulkameraden, Otto Hausmann, der mit ihm die Bank in der Elementarschule der Auerschulstraße drückte, erinnert sich noch ganz gut an den hübschen Jungen im schwarzsammeten Kittelchen, »der sich vornehm zu geben wußte«. Auch ein Mädchen aus dem Nachbarhause, das jetzt als hochbetagte Dame in Elberfeld lebt, weiß noch von ihm zu erzählen.[31] Ihr schenkte der kleine Bursche ein paar Zeichnungen. Es waren Pferde. Leider sind sie verloren gegangen. Für das spätere Leben hat Marées von den Elberfelder Kameraden keinen behalten. Den Elberfelder Maler Schlösser hat er erst viel später kennen gelernt.

Weniger ungetrübt blieb das Glück der Eltern. Der Vater hatte sich, vielleicht von den jungen dichtenden Kaufleuten seines Kreises, verleiten lassen, einen Buchhändler finanziell zu unterstützen. Diese Unvorsichtigkeit kostete einen großen Teil des Vermögens. Bis dahin hatte man sehr behaglich gelebt. Frau von Marées war wohlhabend, und auch dem Gatten war von seinem Vater, der 1845 das Zeitliche segnete, ein kleines Erbteil hinterlassen worden. Nun sah man sich fast ausschließlich auf die knappen Einkünfte des Amtes angewiesen. Zur rechten

Zeit kam eine Aufbesserung der Stellung. Der Rat wurde, schneller als man erwarten durfte, zum Kammerpräsidenten des Koblenzer Landgerichts ernannt. 1847, als Hans neun Jahre war, siedelte die Familie nach dem hübschen Rheinstädtchen über, das man noch von der ersten Station her in bester Erinnerung hatte. Für groß und klein wurde der Umzug zum Segen. Die Eltern fanden die in dem Krämernest schmerzlich entbehrten Möglichkeiten einer geistigen Existenz, eine würdige öffentliche Betätigung, der nicht die Anerkennung versagt wurde, und den angemessenen gesellschaftlichen Kreis; die Kinder eine vortreffliche Schule und den besten Spielplatz. Hans verlebte hier sechs sonnige Jahre. Marées wohnten in der Kastorpfaffenstraße, in der Nähe der Rheinstraße.[32] Am anderen Ende derselben Straße lag das Haus eines entfernten Verwandten des Präsidenten, der auch Söhne hatte. Es hatte vorn einen kleinen Garten mit erhöhter Gitterlaube, und um diese Festung pflegten sich nachmittags nach der Schule beträchtliche Kämpfe zu entspinnen. In der Mitte der Straße wohnte der von Elberfeld her bekannte Graf Seyssel d'Aix, dessen Junge mit Hans auch später befreundet blieb und als Offizier das Modell eines Bildnisses wurde. Auch unter den übrigen Kameraden überwog das militärische Element. Die meisten waren Kinder Koblenzer Offiziere und wollten Soldat werden. Auch Hansens Brüder, Georg und Balduin, waren zum Soldatenberuf bestimmt, und so bekamen die Spiele von selbst die kriegerische Allüre. Die Mutter der Freunde hatte den Vorzug, taub zu sein. Daher wurde, wenn es draußen nicht ging, mit Vorliebe die Kinderstube der Freunde benutzt, weil man da den tollsten Skandal machen konnte. Zudem besaßen diese das reichste Assortiment von Pappsoldaten. Natürlich spielte man Freiheitskriege. Das Lied von Schill war der Lieblingsgesang, und das Geschick des tapferen Majors wurde mit verteilten Rollen nach beglaubigten Berichten gemimt, nicht ohne daß es blaue Flecke und zerrissene Hosen setzte. Hans war nicht der wildeste des Trupps. »Er konnte so vernünftig reden«, sagen noch heute die Gespielen von ihm; tat wohl mit, wie es sich gehört, aber auf seine Weise, war mehr Regisseur als Akteur, ersann, was die anderen aufführten. Der Draufgänger war Friedrich, der später Seemann wurde, der Liebling der Mutter, der große Wüterich, wie ihn die Geschwister neckten, ein wenig ungeschlacht, aber gutmütig. Georg, der Älteste, fühlte sich schon als Haupt der Generation und spielte nicht ohne Gemessenheit den Anführer. Ihn liebte Hans zärtlich. Ihm vertraute er seine verborgenen Hoffnungen an. Etwas ganz anderes wollte er werden; was, wußte er selber noch nicht, vielleicht auch Soldat, aber noch etwas anderes, vielleicht auch Seemann, aber nicht wie Fritz. Viel sehen vor allem, viel werden, womöglich alles zusammen und noch etwas mehr. Es gab noch ganz andere Dinge. Georg war keineswegs auf den Kommiß eingeschworen; die Eltern sorgten dafür, daß auch andere Dinge als Soldaten gelten gelassen wurden. Aber er verstand doch nicht immer des Bruders dunkle Anspielungen, war ein scharf verstandesmäßig angelegter Kopf, der gern mit greifbaren Dingen hantierte. Immerhin, man würde ja sehen. Dann ging Hans zu seinem Freunde Dietrich; Dieze nannten sie ihn, ein zarter, blasser Junge, mit großen Augen, bildschön, von sanftem Wesen. Der hörte gern zu und sann mit. Er wäre auch gern etwas Geheimnisvolles geworden und mußte, noch nicht zwölf Jahre alt, sterben. Darüber gab es dann noch mehr zu sinnen. Unterdessen, während sich die Kameraden am Exerzierplatz die Märsche merkten, die nachher bei der tauben Tante auf dem Klavier getrommelt wurden, oder sich den Ton der Leutnants einübten, saß Hans und zeichnete. Zuerst, um die blessierten Pappkrieger zu heilen, dann, weil es ihm Spaß machte. Eine solche Zeichnung aus dem Jahre 1849, die er seinem Freunde Dieze schenkte, ist erhalten und hat sicher das gedruckte Vorbild nicht unvorteilhaft ersetzt. Diezes Schwester, die verstohlen die Hosen flickte, zeichnete auch, aber brachte es nur zu Blümchen und ähnlichen Frauenzimmersachen. Ihre Soldaten, das sagten ihr alle, waren traurige Gestalten. Ein Mädchen konnte überhaupt keine Soldaten malen, bemerkte Hans mit Verachtung. Die Dinger standen nie richtig auf ihren Füßen. Dieze sagte es auch, und sie selber mußte es sich im Inneren gestehen. Es war nicht herauszukriegen, so oft sie Hans zusah, wie der die Soldaten immer gerade und richtig hinstellte. Auch die anderen begannen, den Maler im geheimen zu bewundern, obwohl richtige Soldaten immer noch etwas anderes waren. Schließlich erfuhren die Eltern davon. Die Lehrer erwischten ihn während des Unterrichts, wie er unter dem Löschblatt allen möglichen Allotria trieb.

Hans besuchte zuerst kurze Zeit die Bürgerschule, dann vom Herbst 1849 an das sogenannte Königliche Gymnasium und ging glatt durch die Klassen.[33] Der Vater war streng. Vom Dichter färbte nichts auf den Erzieher ab; er vermied geflissentlich alle vorzeitige Beeinflussung der Söhne in der Richtung allzu verfeinerter Interessen und begnügte sich mit dem, was sie ohne sein Zutun davon im Hause bemerkten; mehr darauf bedacht, ihren Charakter zu stählen und sie für den Kampf ums Dasein geeignet zu machen. Eines Tages nahm er Hans und die beiden älteren zu einer Amtshandlung mit. Eine Bauernfrau aus einem Moseldorf in der Umgegend hatte mit Hilfe ihres Bruders den Ehegemahl ins Jenseits befördert und war unter dem Präsidium des alten Marées zum Tode verurteilt worden. Bei

Morgengrauen fand die Hinrichtung auf dem Klemensplatz statt. Der Alte ließ die Söhne zusehen. Hans war damals dreizehn Jahre alt. Dieze und seine Schwester schauderten, als er ihnen mit größter Sachlichkeit die Prozedur schilderte, wie sich die Delinquentin gesträubt hatte, als man ihr die Bauernhaube abnahm usw. Er erzählte von der Affäre so anschaulich, als ob es sich um eine Truppenbewegung auf dem Exerzierplatz handelte.[34]

Die Schule erschien ihm als notwendiges Übel, das man so schnell wie möglich durchmachen mußte, um zu gewichtigeren Dingen zu kommen. Sitzen blieben nur die Jungen, die nichts Besseres zu tun hatten. Aber man hatte sich auch nichts auf das bißchen Ochsen einzubilden. Er war nichts weniger als Streber, sondern lebte sorglos und lustig drauflos, leidlich zu den Lehrern, kühl zu dem Haufen der Klasse, sehr warm zu den paar Freunden. Zu denen floß er manchmal über und brachte phantastische Dinge hervor, sprach von Leuten und Dingen, von denen die anderen nie etwas gehört hatten. Keiner konnte sich recht vorstellen, wie er es anfangen würde, der große Künstler zu werden, von dem die Welt eines Tages sprechen würde. Keiner von den Näherstehenden zweifelte an dem Gelingen. Selbst den Eltern, die ihn zum Soldaten bestimmt hatten, wurde es langsam klar, daß man der Sicherheit, mit der sich der Junge entschied, nicht gut widerstehen könne. Er zeichnete, was ihm unter die Hand kam, und machte schon Bleistiftporträts der Bekannten, die ins Haus kamen. Sie zeigten diese Versuche gelegentlich Düsseldorfer Malern. Natürlich hatte der Junge Talent, lautete die Entscheidung; man solle ihn nur gewähren lassen. Bis zum Einjährigen sollte er auf der Schule bleiben, dann in die Lehre. Anfangs der fünfziger Jahre wurde er gelegentlich eines die Sommerferien umfassenden

Aufenthalts bei einer Tante, der Präsidentin Rosentreter, in der Moritzkirche in Halberstadt konfirmiert[35], und alle, die dabei waren, kamen überein, daß Pastor Hannecke noch nie einen so hübschen blonden Lockenkopf eingesegnet habe. Das Ziel auf der Schule erreichte Hans im Herbst 1852. Nun entstand die wichtige Frage, wohin. Den Eltern wäre Düsseldorf sympathisch gewesen. Die Freunde dort hätten sich seiner annehmen können, in den Ferien wäre er nach Hause gekommen, man behielt ihn in der Nähe. Aber auch darüber hatte Hans seine präzise Meinung. Düsseldorf war nichts für ihn. Was dort gemalt wurde, sagte ihm nichts. Er fragte ganz naiv den Vater, ob es ihm etwa gefalle, und traf auf geheimes Einverständnis. Auch dem Alten paßte schon lange nicht mehr der mürbe Zunder Düsseldorfer Romantik. Der Junge wollte sehen, was er malte, das war an sich für den Anfang keine dumme Methode; freilich, wie das nachher zur Kunst werden sollte, war eine andere Frage. Aber der Junge ließ solche Fragen gar nicht aufkommen. Das fand sich alles von selber. Er wollte Pferde malen und Soldaten, dann Kriegsgeschichten, so wie er es sich dachte, Schill zum Beispiel, und noch vieles andere; der Vater würde schon sehen. Der verschloß sich nicht vernünftiger Einsicht. Aber wo konnte man dergleichen lernen? Einzig und allein in Berlin, war die prompte Antwort, der Soldatenstadt, der Stadt der Krüger und Menzel. Die Mutter war bekümmert, ein kaum Sechzehnjähriger allein in dem großen Berlin, so weit fort, daß man ihn bei den hohen Kosten der Reise so gut wie nie mehr sehen würde! wenn auch zum Glück Verwandte dort und in der Nähe lebten, auf die man rechnen konnte. Angst, daß er dumme Streiche machen würde, hatte eigentlich keins von den Eltern; die Mutter hielt ihn für den verständigsten ihrer Jungen, und der Vater wußte, daß es keinen besseren

Schutz gibt, als den Ehrgeiz. Nur das Haus wurde plötzlich leer. Der Älteste war schon als Avantageur eingetreten, der zweite, das Schoßkind, schwamm auf dem Meere, nun kam noch Hans in die Fremde, mit dem Jüngsten würde es auch nicht mehr lange dauern. Hansens zäher Wille entschied. Erkundigungen des Vaters ergaben, daß die Akademie für den Fall zunächst das richtige wäre. Man sandte Proben nach Berlin und erhielt zustimmende Antwort, der Junge solle nur kommen. Der Vater unterließ nicht, Hans über das, was er von zu Hause zu erwarten hatte, aufzuklären. Das Vermögen war knapp, die anderen Jungen brauchten auch ihren Zuschuß. In vier oder fünf Jahren müsse er so weit sein, sich selbst zu unterhalten. Das schien dem Sohne mehr, als er erwarten durfte. Es würde schneller gehen, versprach er.

Kurz nach Neujahr 1853 kam Hans nach Berlin.[1] Die Eltern gaben ihn zu dem Onkel Ferdinand, einem um wenige Jahre jüngeren Bruder des Präsidenten, in Pension. Der war Junggeselle. Seine Klugheit stand in der Familie in hohem Ansehen. Den Brüdern galt er als der Bedeutendste von allen. Er war Jurist wie der Vater und bekleidete, als Hans bei ihm war, eine höhere Stelle im Generalpostamt. Die gute Besoldung und das väterliche Erbteil sicherten ihm ein sorgenloses Dasein. In seinem behaglichen Junggesellenheim in der Potsdamerstraße, neben Josty, war Platz genug für den Neffen.

Marées besuchte zunächst, vielleicht ein Jahr lang, die Vorbereitungsklasse der Akademie. Eduard Holbein brachte ihm das Zeichnen bei, wie es scheint, nicht ohne auf manchen Widerstand des keineswegs bequemen Schülers zu stoßen.[2] Dem war die pedantische Exaktheit des Akademikers ein Greuel. Statt sorgfältiger Umrisse und sauberer Schraffierungen fuhr er mit der Kohle drauf los und provozierte damit den klassischen Ausdruck des Lehrers, der es mit dem Deutsch weniger genau nahm als mit der Zeichnung: »Durch dem Schwarz erreichen Sie nichts!« Jedenfalls lernte Marées etwas bei ihm. Aus den Bleistiftkopien von 1852 nach Familienbildern Bürkners und anderen und des alten George de Marées und den selbständigen Zeichnungen vor der Berliner Zeit gewinnt man kaum einen Eindruck. Das Doppelbildnis der Eltern, unmittelbar vor der Abreise nach Berlin entstanden, zeigt einen gewissenhaften Autodidakten, dem es auf Ähnlichkeit ankommt, nicht mehr. Das Gewollte wird erreicht. Die Zeugen versichern, die Ähnlichkeit aller dieser frühen Bleistiftbildnisse – es soll eine ganze Menge gegeben haben – mit den Dargestellten sei sprechend gewesen. Überraschend schnell eignete sich Marées bei Holbein an, was er brauchen konnte. Es war genau das Gegenteil dessen, was gelehrt wurde. Und da dem so war und Holbein verzweifelte, daß es anders werden würde, der Junge sich auch nicht im geringsten den Mund verbieten ließ und geradezu als räudiges Schaf unter den Kunstjüngern wirkte, fand die Laufbahn des Akademikers ein vorschnelles – wie vermutet wird, unfreiwilliges – Ende. Er soll als unverbesserlich entlassen worden sein.

Die Eltern erschraken nicht wenig, als sie die Katastrophe erfuhren. Nach einigem Hin und Her erlaubten sie Hans, bei Steffeck einzutreten. Das muß 1854 gewesen sein.[3] Steffeck war gerade verreist, als Hans sich meldete, und Ernst Hildebrand, der den Meister vertrat[4], gab nach Vorschrift dem Neuling einen Gipskopf, um seine Kunst zu prüfen, malte pflichtgetreu zur Belehrung denselben Kopf auf einer anderen Leinwand mit und war nicht wenig erstaunt, als der Jüngling sehr viel schneller mit dem seinen fertig wurde. Er gestand mir, Marées habe es viel besser gemacht. Man hätte gleich an der breiten flächigen Anlage das Talent gemerkt, auch habe Marées damals sicher nicht zum erstenmal den Pinsel in die Hand genommen. Als Steffeck einige Tage darauf eintraf, freute er sich über den neuen Schüler. Der nahm die Anerkennung gelassen auf.

Im Anfang ging alles gut. Hans behagte die Atmosphäre bei Steffeck besser, als die Akademie. Des Lehrers heitere Laune, sein Optimismus und sein liebenswürdiges Wort nahmen Hans wie alle anderen Schüler gefangen. Steffeck war ein flotter Kavalier aus gutem Hause. Seine Mutter gehörte zur französischen Kolonie Berlins und mag dem Sohn den Hang zur französischen Kunst überliefert haben. Ein Geschenk, das seine

Kehrseite hatte. Steffeck war nicht ungestraft von Franz Krüger, dem Berliner ohne Furcht und Tadel, zu Delaroche gegangen. Er hat der straffen Struktur des großen Pferdezeichners nichts hinzugefügt. Ein Krüger konnte mit Horace Vernet befreundet sein, ohne seine altpreußische Gewissenhaftigkeit zu gefährden. Der an sich legitime Versuch Steffecks, die strenge Sachlichkeit Krügers mit der malerischen Gestaltung der Franzosen zu vereinen, mißlang, weil er weder von einem ganzen Maler, noch von einem ganzen Zeichner durchgeführt wurde. Die Bilder fielen ins Weichliche, statt malerisch zu werden. Es fehlte, wie Kugler 1848 nach reichlichem Lob bemerkte, »jene tiefere Pastosität, die die Existenz der Dinge wie in lufterfülltem Raume doch eigentlich erst vollendet«. »Seine Malerei schien doch noch wie auf der Fläche aufzuliegen.«[5] Das entfernte ihn mit den Jahren immer weiter von der gesunden Tradition Krügers, die jener »Pastosität«, da sie die Körper plastisch in den Raum zu stellen wußte, wohl entraten konnte. Trotzdem oder vielleicht gerade infolge seiner wenig ausgeprägten Persönlichkeit war er kein schlechter Lehrer, knebelte nicht die jungen Leute, die dreißig Jahre lang in Scharen zu ihm kamen, sondern begnügte sich, sie auf die Natur zu weisen. Mit Energie bestand er auf korrekter Zeichnung. Im Malen ließ er jedem möglichst freie Hand, vielleicht weil er selber nicht viel davon wußte. In der Zeichnung aber suchte er Krügers gesundes Regime fortzusetzen. Dieser Teil wurde abends getrieben, und Steffeck achtete darauf, daß man den Abendakt nicht schwänzte. Am Tage wurde nach dem Modell gemalt. Zuweilen gab einer der Schüler, ein reicher Junge, sein Reitpferd dazu her. Die Ateliers, große und für die Zeit luftige Räume, hatte sich Steffeck 1853 im Garten des eigenen Hauses gebaut.[6] Dort wurde munter geschaffen. In den Pausen turnte man im Garten an den Geräten des sportliebenden Meisters. Steffeck war damals selber noch jung und liebte seine Jungen, die gerade, während Marées das Atelier besuchte, leidlich geraten waren. Ein Daguerreotyp aus dem Jahre 1854 zeigt um den Lehrer eine ganze Anzahl talentvoller junger Leute, die damals mancherlei versprachen.[7] Marées kam als einer der Jüngsten dazu und wurde schnell beliebt. Es ist eine Stimme unter den überlebenden Genossen: ein netter Kerl, trotzdem er alle Welt zum besten hatte, witzig wie keiner und, als einer der Jüngsten, von einem Aplomb, als ob er alle, den Meister nicht ausgeschlossen, in der Tasche hätte. Und noch in einem Punkte stimmen alle Meinungen überein: er malte dreckig.[8] Das war erst mal wörtlich gemeint. Er ging so ins Zeug bei der Arbeit, daß er immer wie ein Anstreicher aussah, worüber sich die anderen lustig machten, und ebenso unterschied sich seine Leinwand von der der Genossen. Die Farbe war immer mehr hingehauen und greulich verschmiert, sah von nahem sehr ungeschickt aus, aber wenn man sie von weitem betrachtete, gewann sie. Ockel und Schauss erinnern sich noch an ein paar Studien, die ihnen nicht übel gefielen, und sie haben noch eigene Studien und Skizzen aus der Zeit, die verraten, daß man in Steffecks Atelier auch ohne Kolorit zu malen wußte. Ockel erzählt, mit der Steffeckschen Zeichnung sei man in Paris sehr gut weitergekommen, und Couture habe ihm darüber Komplimente gemacht. Nur die Palette fehlte. Steffecks Methode hatte den Vorzug, die Maler nicht zu Zeichnern zu machen. Die Zeichnung, die er lehrte, war malerisch gedacht. Ernst Hildebrand erzählte mir als typisches Merkmal der Lehre, Steffeck habe ihm nur mal gezeigt, daß ein Gesicht aus Flächen bestände, die man zur Geltung bringen müsse. Weiter habe er ihm nie etwas gesagt, aber dies eine habe ihm viel geholfen.

Auch dem jungen Marées mag solche Anleitung plausibel erschienen sein.

Hans war in der ersten Zeit leidlich fleißig und führte ein gesittetes Dasein. Mehr als Steffeck imponierten ihm Menzel und Krüger. Möglicherweise hat er Krüger persönlich gekannt. Sie waren halbe Landsleute, da sich die Marées stets zu Dessau rechneten. Krüger genoß im Anhaltischen große Achtung. Der Herzog besaß mehrere Bilder von ihm, und der alte Marées dürfte den Sohn auf Krüger hingewiesen haben.

Die Sommerpause wurde immer bei Verwandten auf dem Lande zugebracht, in Roßla, Nordhausen und in Wörlitz. Bei der Tante Rosentreter in Nordhausen wohnte er 1854 in einem hübschen Gartenturm und hatte sich darin gleich ein kleines Atelier eingerichtet. Tanten, Vettern und Cousinen mußten sich zeichnen lassen. »Viel gesessen oder gestanden haben wir ihm nicht«, schreibt einer der Porträtierten; »es ging bei ihm im Fluge unter Lachen und Scherzen.«[9] Das sieht man noch sehr gut den Zeichnungen an. Sie sind, obschon sie ganz auf die Natur eingehen, ungemein lose und zart hingeschrieben, mit geschickter Benutzung des Papiergrundes für die Lichter, die zumal dem Stofflichen der Kleider zur Lebendigkeit verhilft, und haben gar nichts mehr von dem Kupferstichhaften der früheren. Er gefiel allen durch seine Lustigkeit. »Die Kinder schlossen sich recht an ihn an, und Hans, obschon vier Jahre älter als sie, hatte doch noch etwas so kindlich Gemütliches, daß er ganz gut zu ihnen paßte.«[10] Mit den beiden Jungens machte er eine schöne Fußtour in den Harz bis nach Halberstadt und brachte viele Zeichnungen mit. Noch besser behagten ihm die Ferien in Wörlitz, bei dem Onkel Forstmeister. Er erinnerte sich später noch immer gern daran. Wörlitz liegt anderthalb Stunden von Dessau und ist das bescheidene Sanssouci der Anhalter. Man fährt durch schöne Wälder, an saftigen Wiesen vorbei, durch alte ländliche Kultur. Ein einfaches Schlößchen mit zwei Dependancen, dem unentbehrlichen Teesalon und dem »Grauen Haus«, alles appetitlich biedermeierisch eingerichtet, in einem Park mit schönen Bäumen, an einem kleinen Flüßchen. Dort pflegte die Familie des damals regierenden Herzogs Leopold Friedrich Sommerfrische zu halten. Die noch erhaltene kuriose Gestalt des Parks stammt schon von dem Vorgänger. Der Mode um die Wende des 18. Jahrhunderts gemäß wurde das Wäldchen um die Sommerresidenz mit allen möglichen schlecht und recht der Antike nachgebildeten Tempelchen, Pantheonchen und Katakombchen ausstaffiert, die noch heute die Delicen der Dessauer Sonntagnachmittage bilden. In Gondeln, die hergerichtet sind, um Kaffee und Kuchen mitzunehmen, fährt man durch verflixt verschlungene Kanälchen an all den Sehenswürdigkeiten vorbei, hält an, steigt aus, steigt ein, von braven Veteranen über Sinn und Zweck aller Überraschungen belehrt, und genießt binnen wenigen Stunden ohne sonderliche Mühe die Vereinigung von Venedig und Rom in einem nuancenreichen Tableauchen. Die Forstmeisterei liegt am Rande des Parks, hundert Schritte vom Schloß. Ein urbehagliches Haus. Der Forstmeister verband mit einer biederen Jägernatur den Schöngeist aller Marées. Noch weiter ging der Gesichtskreis der Frau Forstmeister. Zu weit sogar, fanden viele. Sie regierte das Haus mindestens so energisch, wie der Herzog das ganze Land. Hans war ihr recht, in mancher Hinsicht sogar sehr willkommen. Da der Herzog malte, stand es dem Hause nicht schlecht, einen richtigen Künstler zu beherbergen. Aber er sollte sich nur ja nicht einbilden, deshalb lose Künstlermanieren einführen zu dürfen. Wenn es etwas gab, was über ihre Reinlichkeit ging, war es ihre Liebe für Zucht und Ordnung.

Und damit verband sich, damals kein seltenes Zusammentreffen, Gefühl fürs Ideale. Sie sah im Dasein eine blankgescheuerte Diele mit romantisch blauen Blumen geschmückt, konnte aber ihrer zur Schwärmerei neigenden Gefühle Herr werden. Alle fürchteten sich vor ihr, die Hunde, die nicht in die Stuben durften, die Dienstmädchen, denen das Haus nicht zur Pfründe wurde, die hübsche Nichte, der hier der höhere Schliff beigebracht wurde, die Jungen, der Vater, sogar der Hof. Den Dienstleuten verbat sie den Gruß, damit sie ihn ihr nicht, wenn sie einmal genötigt sein sollte, sich von ihnen zu trennen, verweigern könnten. Sie hatte ihre Ansichten. Ihr Höchstes war, am Hofe eine Rolle zu spielen. Dafür fehlte ihr die aristokratische Haltung. Vergeblich ersetzte sie sie durch energisches Auftreten. Es gelang ihr nicht, sich größer zu machen, als die Natur sie geschaffen, und eine bedenkliche Stelle in der Rückenansicht ließ sie einem wählerischen Auge buckelig erscheinen. Trotzdem stieg sie zu Pferde, weil das zu dem sehr sportmäßig angelegten Hof gehörte. Im geheimen machten sich alle ein wenig lustig über sie, die Nichte, die Söhne, der Vater und sogar der Hof. Und Hans steht im Verdacht, diese Empfindung symbolisiert zu haben. Die Tante ließ sich von ihm hoch zu Roß malen, und es ist wohl die Nuance respektvoller Karikatur, die er in das Konterfei der Amazone legte, daran schuld, daß es bald vom Erdboden verschwand. Die Jungens schlugen zuweilen über die Stränge. Der Tante »bête noire« waren die Hunde, deren tierische Instinkte sich nur mit Mühe der häuslichen Disziplin unterwarfen. Sie hätte sie unbedingt abgeschafft, wenn der Gatte nicht in ihnen ein seinem Beruf unentbehrliches Werkzeug erblickt hätte, nicht weniger wichtig für ihn als für sie die Beschäftigung mit dem Idealen. Daneben war ihre Wäsche ihr höchster Stolz. Es roch in der Forstmeisterei nach Lavendel, wenn man nur die Haustür aufmachte. Der Forstmeister hatte sich wie an manches andere, auch an diese seinem Beruf wenig adäquate Atmosphäre gewöhnt. Hans aber blieb der Geruch unausstehlich. Es zuckte ihn noch in späten Jahren immer, wenn ihm das Tantenparfüm die Nase kitzelte. Eines Tages, als die Frau Forstmeister mit den Prinzessinnen lustwandelte und der Onkel sein Schläfchen hielt, begaben sich Hans und die Vettern an die Arbeit. Sie schmierten sämtliche Hunde mit schwarzer Seife ein und ließen sie dann in die Schlafzimmer. Gerade hatte man die Betten rein überzogen. Die unglücklichen Tiere vergaßen über der Seife alle guten Vorsätze, stürzten sich auf die blütenweißen Laken und ruhten nicht eher, bis diese sie von dem letzten Seifenrest befreit hatten. An dem Tage wich der Lavendel aus den stillen Räumen. Die Tante soll überaus unmutig gewesen sein und dem Onkel schwere Vorwürfe gemacht haben. Mit solchen Scherzen gingen die Ferien immer viel zu schnell zu Ende. Die Vettern, angehende Leutnants, waren ihm zugetan, die bildhübsche Cousine ein Backfisch zum Anbeißen. Das ganze Milieu paßte Hans besser als die Berliner Atmosphäre. Mit dem biederen Onkel stand er sich sehr gut. Er ging mit auf den Anstand und saß noch lieber zu Pferde. Der Herzog, großer Pferdeliebhaber, hielt einen wohl assortierten Marstall, und Hans fehlte es nicht an Gelegenheit, sich seinen Lieblingsstudien hinzugeben. Er hatte immer sein Malerzeug mit in Wörlitz. Hat er es oft benutzt? Die Tante fand, nein. Ihr wollte es nicht in den Kopf, daß man mit dem hohen himmlischen Beruf im Herzen noch anderen Daseinszwecken opferte. Er nahm wochenlang nicht die Palette in die Hand, dann mal einen lieben Tag lang, daß man ihn nicht zum Essen bekommen konnte, und dann blieb die Leinwand wieder unberührt stehen. Er wehrte sich, er sei schließlich nicht hier, um zu schuften, er plage sich schon gerade genug in Berlin. Sehen sei besser als darauf losschmieren; zunächst müsse man doch erst die Welt kennen lernen. Er sprach so ruhig und verständig, daß die Tante immer mit ihrem ganzen Korb von Einwänden stehen blieb, nicht überzeugt, aber aus dem Konzept gebracht. Er nahm die Sache immer von einer ganz anderen Seite und lächelte dabei so freundlich, daß man nie wußte, ob es frechste Impertinenz oder eitel Demut war. Noch leichter wurde Hans mit seinem Berliner Pensionsvater fertig. Dem Onkel gefiel der aufgeweckte Junge, mit dem man nicht viel Umstände zu machen brauchte und der keine Anforderungen an erzieherische Strenge stellte. Das wäre auch von dem Junggesellen nicht zu verlangen gewesen. Sie führten eine lustige Studentenwirtschaft. Onkel Ferdinand war auf der Universität ein großer Fechter vor dem Herrn gewesen und hatte sich eine tiefgehende Abneigung gegen alles Duckmäusertum bewahrt, war nichts weniger als Bureaumensch. Er galt als Sonderling unter seinen Kollegen, hatte vielerlei Interessen, besaß eine gute Bibliothek und wußte sie zu benutzen. Hans hat das liebenswürdige Gesicht in einem minutiösen Bildnis (vermutlich ist es das frühste erhaltene Ölbild), festgehalten. Der Junge war bei dem Onkel ganz frei und wurde von vornherein als Erwachsener behandelt. Onkel Ferdinand hielt es für das beste Mittel, um ihn von dummen Streichen abzuhalten. Steffeck war weniger zufrieden. Der Junge, dem er anfangs das allermeiste zugetraut hatte, kam nicht von der Stelle. Alles fing glänzend an, darin war ihm keiner über, auch der Lehrer nicht. Die Dinge saßen, wo sie sitzen mußten, aber sie weiter zu bringen, war nicht seine Sache. Und machte man ihm Vorwürfe, brummte er etwas vor sich hin und es blieb so. Steffeck fand ihn faul. Darin irrte er. Hans tat allerlei, nur nicht, was zur

Sache gehörte. Er saß, wenn er nicht im Atelier war, zu Hause und las oder lief stundenlang allein spazieren. Namentlich Lesen machte ihm Spaß. Anfangs Schiller, aber der verschwand bald vor Goethes Wanderjahren und dem Benvenuto Cellini. Dann Shakespeare, trotzdem ihn der Vater mitgegeben hatte, und Don Quichotte. Im allgemeinen die bildhaften Bücher. Und dann Geschichte. Alles, was man als Junge sich ausgedacht oder auf der Schule gedankenlos eingepaukt hatte, die Befreiungskriege, Napoleon und weiter zurück, namentlich die Zeit des alten Fritzen, wurde vorgenommen; ohne viel Systematik, aber mit Passion. Der Vater schrieb, er habe gegen das viele Lesen nichts einzuwenden, das könne ihm nur zustatten kommen. Natürlich fehlte nicht die auf den unmittelbaren Zweck Berlins hinweisende Klausel. Den Zweck sah Hans immer weniger in dem Atelier als außerhalb. Er beschäftigte sich sehr intensiv mit der Malerei, aber nicht mit der eigenen, verfehlte oft den Weg zu Steffeck, um ins alte Museum zu gehen und blieb dort stundenlang vor den Holländern und vor den Venezianern. Die »Saskia« imponierte ihm gewaltig. Leider gab es nicht viel von dieser Sorte. Man hätte reisen müssen, nach Amsterdam und in den Haag, nach Venedig. Alles sehen, was die anderen gemacht hatten, und dann selber anfangen. Er wagte nicht, es dem Vater zu schreiben, aber verriet es vorsichtig der Mutter. Von der kamen Tröstungen und linde Verheißungen. Später vielleicht, wenn der Vater nur erst mal den Fortschritt sähe. Eins nach dem andern. Sie hatte immer Vertrauen in ihn, und das vergaß er ihr nie. In all seinen Hoffnungen begegnete er sich mit der Mutter, wußte, daß sie auch zwischen den Zeilen zu lesen verstand in den mehr oder weniger offiziellen regelmäßigen Briefen, zu denen er sich anhielt. Unterdessen sah er, was sich in Berlin sehen ließ. Die Kunstkreise der Hauptstadt waren damals in zwei Lager von ganz verschiedener Stärke gespalten. Im schwächeren der beiden behauptete sich noch der Rest von Cornelius, den Friedrich Wilhelm IV., gut meinend und falsch folgernd wie immer, den rebellischen Berliner Malern, die die Revolution früher im Pinsel hatten, als sie die Politiker im Kopfe spürten, verschrieben hatte. König Ludwigs Wort an Ernst Förster, mit dem er sich schnell genug über den Verlust tröstete, »der Maler muß malen können«, wurde in Berlin der Leitspruch des mächtigeren der beiden Lager. Die ernsthafte Kritik, Kugler an der Spitze, kommentierte ihn gegen den vergeblich grollenden Löwen, dessen Staffeleibilder in Berlin noch schärfer abgelehnt wurden, als im treulosen München. Die Devise galt als unfehlbar in allen Ateliers, deren Leiter den beiden Belgiern Gallait und de Bièfve bei ihrem Triumphzug durch Deutschland zugejubelt hatten. Zehn Jahre später, 1853, war Gallaits Erfolg mit der »Schützengilde vor den Leichen Egmonts und Horns« nicht geringer, und Marées hat das Bild wohl mit demselben Eifer, wenn auch vielleicht nicht mit denselben Empfindungen betrachtet wie die Atelierkollegen. Mittlerweile hatte sich die Botschaft der Belgier bereits in deutsche Werke umgesetzt. Das Geschichtbild stand in Blüte. Schrader begeisterte die Berliner mit seinem »Tod Leonardos«, Spangenberg und Henneberg sandten ihre ersten Pariser Bilder. Gustav Richter erschien mit seinen Frauenbildnissen, Bleibtreu mit seinen ersten Schlachten, Hildebrand mit seinen tropischen »Phänomenen«, Gentz mit seinen orientalischen Szenen, und noch tobte der Kampf um den letzten Menzel, der die psychologische Seite der Historienkunst am tiefsten erschöpfte. Menzels »Christus im Tempel« entsprach den Anforderungen des alten Marées an die geschichtlichen Darstellungen, war, wie des kühnen Realisten unermüdlicher Verteidiger, Eggers, schrieb, so gemalt, »als ob es sich heute, als ob es sich soeben zutrüge«[11], und diente den Anfängern der Straußschen Philosophie als Dokument des Rationalismus. Dies waren die Grenzpfähle des zweiten großen Lagers, der Maler, die malen wollten. Daneben verbrachten die Offiziellen ihr betriebsames Dasein. Des Cornelius illegitimer Nachfolger bedeckte das Treppenhaus des Neuen Museums mit seinen Ungeheuerlichkeiten; Schirmer malte für dasselbe Haus seine griechischen und ägyptischen Ideallandschaften; Schadow und die anderen Düsseldorfer begannen in Berlin zu herrschen.

Hans war in keinem schlechten Moment in Berlin. Die Kunst hatte unter Friedrich Wilhelm IV. ihren Platz, den die Opposition des Monarchen – eine Opposition durchaus geistiger, von keinem Materialismus, von keinem engen Utilitarismus beschränkter Art – nur noch festigte. Das Leben in dem Künstlervolk pulsierte kräftiger als zu irgendeiner späteren Zeit, und wenn den Werken der fünfziger Jahre mittlerweile der Geist, der die Gemüter für und wider erregte, entwichen ist, er war damals stark genug, um einem Menschen mit offenen Augen vielerlei Möglichkeiten der Entwicklung zu zeigen. Man war beschränkt im Mittel, nicht im Wollen. Die Hauptrichtung entsprang einer richtigen Erkenntnis, der nur die alle Bedingungen erschöpfende Tat fehlte. Man hätte blind sein müssen, um nicht die Klippe eines Cornelius zu bemerken, und ohne Geschmack, um nicht den trüben Kompromiß zu sehen, den Kaulbach mit der Historienmalerei einging. Tatsächlich waren Kaulbachs Fresken von allen Jungen noch vor ihrer Vollendung gerichtet. Es ging etwas vor in Berlin, nicht nur in einem Atelier, getragen vom Willen einer selbständigen Persönlichkeit, sondern in vielen, die, so verschieden sie voneinander sein mochten, sich in einem stolzen großen Prinzip zusammenfanden. Dieses ideelle Resultat der Revolution, und keins der geringsten, war fast eine Massenströmung, die, ohne den Einzelnen zu hemmen, zu einer neuen Tradition treiben konnte und die Lösung von der alten, von der Willkür naturfeindlicher Schemas verlangte. Der Lernende hatte gegenüber einem Atelierschüler von heute den Vorzug, nicht den Weg mit außerkünstlerischen Argumenten vollgestopft zu finden. Man war subjektiv unverhältnismäßig freier als heute, hatte sogar mehr Wege, als man zu gehen vermochte. Der Rationalismus des praktischen Berlins warf sein nüchternes Licht auch in die Ateliers. Da die Akademie des alten Regimes nichts mehr taugte, hieß es, sich selber zu helfen. Da man in Berlin nicht das leuchtende Kolorit und die Beherrschung des Pinsels lernen konnte, ging man in die Fremde. Düsseldorf war, seitdem die Düsseldorfer Berlin als Absteigequartier benutzten, nicht mehr unentbehrlich, Italien machte man für Cornelius und die Nazarener verantwortlich, Rom war wie die Falle von den Mäusen gefürchtet. Dagegen zog die Heimat der Horace Vernet und Delaroche mächtig an; das Paris der Cogniet, Couture und Gleyre und das wie ein Märchenland bewunderte Belgien Gallaits. Alle diese Ausländer, leider nicht die Größeren, die hinter ihnen standen, kamen nach Berlin in die akademischen Ausstellungen und zogen die Berliner nach Paris und Antwerpen. Heyden, in dem die junge Generation einen Moment ihren Führer erblickte, ging 1847 zu Cogniet, Henneberg und Spangenberg anfangs der fünfziger Jahre von Antwerpen zu Couture, wo sie Gentz und manche andere Berliner trafen. Hildebrandt und Hoguet waren bei Isabey gewesen, Fritz Werner bei Meissonier, Eschke bei Lepoittevin, und so ging es zwei Dezennien lang weiter. Die Berliner Malerei unter Friedrich Wilhelm IV. war eine Vorstadt von Paris, freilich, und das rächte sich bitter, nicht von der Stätte der größten Maler unserer Zeit, sondern von dem Paris des »Salon«, dessen Namen die Stimmen der Jungen zittern machte. Die Mode-Götter des zweiten Kaiserreichs erhielten hier den Nimbus kühner Eroberer. Sie waren nicht nur berühmt, sondern die wahren Bahner des Fortschritts, die Essenz des Modernen. Wer wußte in Berlin etwas von den wirklichen Gestirnen der französischen Kunst, von Géricault und Delacroix, von Corot und den Fontainebleauern, von all den Heroen, die ihr Heldentum nicht dem »Salon« verdankten und dort von geschickten Manieristen ausgeschlachtet wurden. Über die Erstlingswerke Max Michaels, des einzigen Norddeutschen, der aus dem Atelier Coutures verstohlen nach einer lebensvolleren Gestalt hingeblickt hatte, entsetzte man sich, weil sie, wie im »Kunstblatt« stand, an den liederlichen, skizzenhaften Courbet erinnerten. Vielleicht war die Befruchtung nur durch das Medium der Epigonen hindurch möglich und wäre gescheitert, wenn das neue Mittel, über das man staunte, nicht banalen Zwecken gedient hätte, die man auch an der Spree in reicher Fülle besaß. Die Kameraden des jungen Marées betrachteten das Steffecksche Atelier wie die Elementarschule, auf der man für Couture vorbereitet wurde. So machten es Schauss, Ewald, Ockel, Brendel und andere, die mit ihm bei Steffeck vor der Staffelei saßen. Man nahm die Korrektur des Lehrers mit bedingter Gelassenheit an, und der Lehrer selbst verhehlte den Jungen nicht, daß sie das alles in Antwerpen oder Paris noch viel besser lernen würden. Hans teilte nicht diese geläufige Ansicht. Nicht weil er weiter sah als die Kameraden, eher aus einem entgegengesetzten Grunde. Er wäre ganz gern mal in Paris gewesen, aber nur um sich umzuschauen, vor allem, um den Louvre kennen zu lernen. Dort sich einzunisten, wäre ihm gegen den Strich gegangen. Aus allerlei

Gründen. Erstens dachte er im Prinzip, wenn es sich nur eben machen ließ, stets anders als die anderen, und, schon daß die Schätzung der Ausländer zu einer Abgötterei ausartete, war für ihn Ursache genug zum Mißtrauen. Und dann hielt ihn eine ganz primitive aber unbesiegliche Empfindung zurück, ganz einfach der dem Kinde in seinem Kreise angeflogene natürliche Preußenhaß gegen den Franzmann. Er war viel zu jung, um zwischen den Franzosen und der Pariser Kunst den Unterschied zu ziehen, vermochte überhaupt nicht zwischen Mensch und Kunst zu unterscheiden, trieb die Malerei nicht als etwas außer ihm Liegendes, als einen Beruf, der durch einen anderen ersetzt werden konnte, sondern stand dem Leben immer als Leben gegenüber. Seine Malerei, selbst in den dürftigen Anfängen, war das Resultat einer zunächst unbewußten, jedenfalls aber von ihm ausgehenden Auseinandersetzung mit dem Objekt, der das, was die Kameraden lernten und was bei den meisten auch nach der Schule das Gelernte blieb, untergeordnet wurde. Wir haben ein Selbstbildnis, das 1855 datiert ist. Damals war er siebzehn Jahre. Es hat schon gar nicht mehr das Konterfeihafte des allzu fleißigen, streng nach der Schule gemalten Porträts des Onkels, ist nicht wie dieses und so viele berühmtere Bildnisse der Zeit, eine säuberlich kolorierte Zeichnung auf Leinwand, sondern ein echtes Stück Malerei, von einem Malerauge empfunden, und ein Gesicht, der Ausdruck für einen Menschen. Sicher nicht schlecht gelungen für einen so jungen Menschen; das Stoffliche des Haars, des Teints, der Jacke überraschend getroffen; aber das angeborene Geschick großer Künstler hat sich in ebenso frühen Zeugnissen zuweilen noch blendender geäußert. Viel merkwürdiger scheint mir die intellektuelle Reife des Urhebers, dem auf so lose, fast lässige Art gelingt, sich vollkommen bildhaft und konkret zu äußern. Man

Erstes Selbstbildnis. 1855

kann an den Details beliebig viel aussetzen. Wie sie sitzen, wie z. B. das Haar die Stirn umgibt, mit welchem sicheren Instinkt für die Valeurs die Hand placiert ist, wie der ganze famose Kerl vor dem Hintergrund steht, ist überraschend. Ein tüchtiger Mensch zeigt sich in der Fähigkeit, aus den Elementen, über die er im gegebenen Moment verfügt, ein Ganzes zu bilden. Lernen läßt sich nur, die Teile zu bereichern. Den Drang nach Zusammenhang muß man mitbringen.

Dieses Bildnis am Eingang des Werkes ist eine Bürgschaft. Wir werden sehen, wie sie erfüllt wurde. Es malt einen Menschen, auf den man neugierig wird, dem man wohl eine Weile folgen möchte. Es ist das erste der langen Reihe von Selbstbildnissen, die wie Querschnitte untrüglicher Art alle Stadien einer wechselvollen Laufbahn widerspiegeln. Er war damals ein lebensfroher Bursche, fast hübsch, so hübsch ist er später nie wieder gewesen, von weichen Formen, vollen, die Sinnlichkeit trinkenden Lippen, famos geschnittener, gerader großer Nase, hoher Stirn mit blondem, gelocktem Haar, träumerischen, klug blickenden Augen. Zögernd, verwundert, nachdenklich wie ein Mensch vor dem Leben, hat er sich gemalt. Als er es kennen gelernt, verschwand den Zügen die Weichheit, das Lose nahm immer strengere Geschlossenheit an, und es steigerte sich, was in dem Erstlingswerk nur angedeutet ist, der Stolz, der gern über das Dasein hinwegblickt.

Den Stolz fanden auch die Kameraden in ihm, und jeder deutete ihn nach seiner Art. Die Vertrauten wußten, daß kein Geck dahinter steckte. Von den Atelierkameraden sind ihm nach dem ersten Jahre namentlich E. D. Ewald, Ockel, W. Bügel, Thiele und Heinrich Lang näher gekommen.[12] Von denen war als Mensch Ewald bei weitem der Bedeutendste. Er zählte noch nicht zwanzig und hatte bereits, als er zu Steffeck kam, mehrere Semester in Heidelberg studiert, war ein fein gebildeter Mensch von nicht geringen Anlagen. Das Nachdenkliche seiner Art, die nicht im Ateliertreiben aufging, mag Marées angezogen haben. Sein Intimus soll damals der lustige, als Maler wenig bekannte Rudolf v. Haber gewesen sein, der zwischen Soldatenstand und Künstlerberuf schwankte.[13] Ganz Bescheid aber wußte niemand mit Marées. Er konnte, wenn er gut gelaunt war, das ganze Atelier elektrisieren, so daß jeder das Malen vergaß und ihm zuhörte. Was er sagte, war keineswegs überwältigend. Er bewegte sich in verwegenen Parabeln und Vergleichen, und manchen lockte es, mit diesem oder jenem ihm entgegenzutreten. Man wagte es aber nicht oder verunglückte. Man kam nicht gegen seinen Ton an, ein Ton von überlegener Selbstverständlichkeit, der überhaupt keine Diskussion zuließ und bei einem so jungen Menschen grotesk lächerlich gewesen wäre, wenn die anderen nicht eben auch jung – an Selbständigkeit sehr viel jünger – gewesen wären. Die Methode Steffecks kritisierte er mit einer Sicherheit, als ob er jahrelang darüber nachgedacht hätte; ganz von oben natürlich oder mit einem gewissen Wohlwollen, das die Älteren erst recht in Wut brachte. Oder er nahm sich die Tagesgrößen vor. Manchem Kameraden stach damals die erfolgreiche Süßmacherei Gustav Richters in die Augen. Ernst Hildebrand, der Älteste und Steffecks Vertrauter, verehrte das neue Gestirn aufrichtig. Darüber konnte Marées Worte finden, die wie Lauge ins Blut schossen. Auch Steffeck ärgerte sich darüber. Marées nahm kein Blatt vor den Mund, ob der Meister dabei war, oder nicht. Die Älteren fanden, dieser junge Mensch bringe Unfrieden in das ganze Atelier, der bissige Ton zwischen Albernheit und Hohn sei der Arbeit wenig zuträglich; am wenigsten der eigenen. Steffeck bemerkte, daß Marées immer weniger tat. Der junge Herr kam, wenn es ihm paßte, und wenn er kam, stand er vor seiner Staffelei und kaute die längste Zeit an dem Pinsel. Marées' Pinsel waren minusküle Monstrositäten. Der kleinste ragte selten über Fingerslänge hinaus. Mehr als drei hat er, scheint es, nie gleichzeitig besessen. Die hölzernen Enden glichen aufgeweichten Zigarrenstummeln, die anderen Enden starrten vor Schmutz. Nicht besser war die Palette gehalten. Da er das Geld für das Material sparte, gewöhnte er sich, mit drei oder vier Farben auszukommen. Alles malte er braun, ob es sich um Rappen, Schimmel oder Füchse handelte, um rosige Jungfrauen oder weißbärtige Greise. Steffeck, immer patent wie aus dem Ei gepellt, geriet außer sich, wenn er sah, wie der Schmutzfink, da er den lächerlich kleinen Pinsel nicht mehr in den Fingern halten konnte, mit der Hand auf der Leinwand herumwischte. Noch mehr über die Süffisance des Gesellen. Machte man ihm eine Vorstellung über diese üble Mißhandlung des Handwerks, so kam die Antwort, er habe die Gewohnheit und lasse jedem die seine – so wie ein im Beruf Ergrauter zum Kollegen spricht –, übrigens sei nach seiner unmaßgeblichen Meinung Malen kein Frisieren. Im Atelier saßen sie auf Kohlen bei solchen Auseinandersetzungen. Es klang geradezu wie Beleidigung, was Marées dem Lehrer versetzte, noch mehr im Ton als in den Worten. Oder er sagte gar nichts und guckte Steffeck nur freundlich herablassend an. Die Älteren wunderten sich, daß der Meister nicht kurzen Prozeß machte und dem Unverschämten die Tür wies.

Er wurde immer lässiger. Die Arbeit machte ihm ersichtlich keinen Spaß mehr. Während er bei seinen Naturstudien blieb, fingen die anderen an, Kompositionen zu malen. Marées barst vor Lachen, als ihm einer mal zuredete, doch auch dergleichen zu versuchen, nahm ihm dann die Kohle weg, zeichnete in einem Strich die Situation, die der andere suchte, und als man ihm riet, es nun in Farbe anzulegen, erklärte er die ganze Komponiererei, die man halb aus dem Kopf, halb nach der Natur mache und die eigentlich nicht das entfernteste mit wirklichem Komponieren zu tun habe, für Unsinn. Wirklich begann er das Atelier zu demoralisieren. Es gab immer noch Kameraden, die auf ihn hörten und denen er die Arbeit verekelte. Ewald und Haber hielten zu ihm. Sie und wer sonst mit wollte, verführte er manchen Nachmittag, die aussichtslose Pinselei aufzugeben und mit ihm nach Potsdam zu fahren, wo er ein paar flotte Fähnriche kennen gelernt hatte. Er behielt lange den Hang zur forschen Lebensart des Soldaten und schien damals mehr in ein bewegtes Lebensgetriebe als in die Stille eines Ateliers zu passen. Die Gelage hatten halb studentischen, halb soldatischen Anstrich und sehr wenig von der Schwärmerei des Musenlieblings. Marées hielt groteske Bierreden und nahm erkleckliche Quantitäten von Flüssigkeit zu sich. Nachher tobte man sich in den Straßen aus, deplacierte die Hausschilder und beunruhigte die schlafenden Bürger der Residenz. Marées scheint die Wohnung bei Onkel Ferdinand aufgegeben zu haben, denn er kam manche Nacht nicht ins eigene Bett. Steffeck fühlte sich schließlich genötigt, die Eltern aufzuklären. Nun gab es von Koblenz aus ein schweres Gewitter. Es hatte geringen Erfolg. Hans fand des Lehrers Beschwerde eine dreiste Einmischung in seine Privatangelegenheiten und trug die Empörung über die heimliche Hetze, wie er es nannte, offen zur Schau. Der Krach wurde unvermeidlich. Eines Tages, als Steffeck verreisen mußte, übertrug er Marées, während seiner Abwesenheit zwei seiner Pferdebilder zu kopieren. Das werde ihm sehr gut tun. Hans brummte etwas, das durchaus nicht dieser Ansicht entsprach. Steffeck wiederholte: »Das wird Ihnen sogar sehr gut tun!« in einem Ton, der keine Erwiderung duldete. Alles paßte gespannt auf, was nun kommen würde. Marées nickte gelassen. »Wird geschehen, Herr Professor.« Es geschah auch. Marées pappte Pauspapier über die Bilder, nahm den Umriß, pappte dann die Pause mit Oblaten auf die eigene Leinwand und legte los. In ein paar Stunden war die Arbeit getan, die Sachen sahen wie mit dem Flederwisch gemalt aus und waren krasse Karikaturen der friedlichen Gäule. Böse Zungen behaupten, Marées habe in der Eile die Oblaten unter der Farbe vergessen. Steffeck kam zurück, sah sich den Kram an und begann stillschweigend die dicke Farbe abzukratzen. Als er die Oblaten fand, kochte es in ihm über. Knall und Fall mußte Marées das Atelier verlassen.[14]

Das war der zweite unerbetene Abschied in Berlin. Er bedrohte ernstlich die moralische Haltung des jungen Empörers. Er trieb sich wochenlang in wenig geordneten Sphären Berlins herum und erschien eines Morgens bei Ernst Hildebrand, demselben, der ihn in das Atelier eingeführt hatte, und bat, sich ausschlafen zu dürfen. Er war acht Tage lang in kein Bett gekommen und sah unbeschreiblich aus. Der würdige Meisterschüler gab ihm Lager, Labung und Kleidung und eine milde Moralpredigt. Marées, Sie werden sich ruinieren! . . . Marées lächelte. So so! – »Und merkwürdig«, erzählte mir der alte kluge Herr, »selbst in dem Augenblick, in einem Zustand, den ich Ihnen nicht wiedergeben kann, in Kleidern, die alle Spuren wochenlangen Herumtreibens trugen, wüst und fast noch betrunken, kriegte mich sein süffisantes Lächeln unter, und ich hatte fast Respekt vor ihm.« Als Hildebrand des Nachmittags heimkehrte, war der Vogel ausgeflogen, und er hat ihn nie wiedergesehen.

1855 ging Hans nach Koblenz, um sein Jahr abzudienen. Er

trat in das 25. Infanterieregiment ein. Die Eltern waren das Jahr vorher von Koblenz nach dem nahen Besselich gezogen und bewohnten dort einen Teil des Landsitzes ihres Freundes von Stedmann. Die Besitzung liegt auf der Höhe eines stattlichen, von Reben bekränzten Hügels auf der Ehrenbreitsteiner Seite, ein halbes Stündchen stromabwärts von Koblenz. Die Alten konnten kein schöneres Plätzchen finden. Die Stille ist noch heute nicht gestört. Die beiden Häuser, ursprünglich ein Kloster mit seinem Annex – in dem kleineren wohnten Marées –, stehen noch wie vor fünfzig Jahren. Schöne hohe Bäume beschatten den weiten Platz, recht zum Meditieren geschaffen, und tritt man vor, so hat man das ganze Rheintal mit dem vorspringenden Dreieck der Stadt, wo sich die Mosel ergießt, vor sich liegen. Hier konnte Vater Marées ungestört seinen Neigungen leben. Das Haus in der Stadt war schließlich von Freunden nicht mehr leer geworden. Auch nach Besselich zog es manchen, dem an dem klugen Wort des Alten lag, und die Gattin sorgte dafür, daß sich der immer mehr seiner geliebten Mathematik Hingegebene nicht ganz vor der Welt verschloß. Besondere Schätzung erfuhr er von der Kaiserin Augusta und ihrer Umgebung. Der Präsident mußte oft ins Schloß nach Koblenz. Als einmal die Kaiserin auf Besselich den Tee nahm, bemerkte sie ein gemaltes Mädchenköpfchen an der Wand und fand Gefallen daran, da es sie an die Kinderzüge der Kronprinzessin erinnerte. Der Präsident beeilte sich, es ihr zu schenken. Es ist eine der wenigen Arbeiten von Hans aus dieser Zeit, von denen wir wissen. Trotzdem alle Schlösser abgesucht wurden, ist es nicht wieder zum Vorschein gekommen. Hans war ein tüchtiger Soldat. Ein noch lebender Miteinjähriger schildert ihn als liebenswürdigen und wohlgelittenen Kameraden, und der Vater hätte anderes nicht geduldet. Ob im übrigen dieses Jahr, das letzte, das Hans in der Nähe der Seinen verlebte, sehr erquicklich für ihn verlief, bleibt dahingestellt. Er war für die Soldateska nicht geboren, obschon sie ihm gut bekam und seine körperliche Robustheit, die er bald gut gebrauchen sollte, stählte. Zu Hause fand er nicht alles so idyllisch wie die Lage des Heims über dem Rhein. Wenn Söhne sich ausgewachsen zu fühlen beginnen, pflegt ein Moment uneingestandener, wenn nicht bewußter Spannung mit dem Vater einzutreten, und dazu hatte in diesem Falle jeder der beiden Teile besonderen Grund oder glaubte ihn zu haben. Der Vater, weil Hans in den drei Jahren noch nicht weit genug gekommen war; der Sohn, weil der Alte dergleichen verlangte. Hans war viel zu stolz, nachdem der Vater an ausweichenden Phrasen nicht Genüge fand, mit der Wahrheit hinter dem Berge zu halten, und übertrieb womöglich noch, was die väterlichen Bedenken erregte. Man wurde nicht Künstler, wie man dies oder jenes wurde. Bilder irgendwie zusammenschustern, das lernte man in noch viel kürzerer Zeit, dafür dankte er. Und als der Alte schärfer präzisierte, weigerte sich Hans, überhaupt einen Termin, bis zu dem die Reife patentiert sei, zu nennen. Wenn er es vorher versprochen hatte, als er ohne eine Ahnung von den Notwendigkeiten des Berufes hinaus gegangen war, mußte man es dem grünen Jungen anrechnen. Der Vater brauste auf; wenn man schon mit solchen Erwartungen an die Arbeit ging, würde wohl nie etwas werden. Hans war gemessen, respektvoll, aber verstockt, bockte. Und im geheimen fraß er sich auf vor Wut, vor gekränktem Ehrgeiz, und vor bohrender Unzufriedenheit mit sich selbst. Der Vater hatte vielleicht ganz recht. Er hatte wirklich im Grunde nur gefaulenzt, wenn schon usw. Nachdenken, Herumlaufen, Angucken, alles das war schließlich keine Arbeit. Dann konnte er, von warmer Wallung getrieben und um Vaters sorgenvolle Gedanken zu zerstreuen, plötzlich zu ihm laufen, um es ihm zu sagen, daß er keine Sorge haben solle, daß schon alles seinen guten Weg gehen werde, und dann war der Alte gerade nicht bei Stimmung für solche Empfängnis, – wie das immer so geht. Die Mutter aber traf ihn oft im rechten Moment, und zu der sprach er sich aus. Sie glaubte ihm, mindestens, daß er glaubte, was er sagte. Bekümmert sah sie schwere Tage für den Jungen kommen. Der gute Kern in ihm, sein aufrichtiges Streben, war sicher. Würde er durchdringen? Aber dann konnte Hans so siegesgewiß sprechen, daß sie angesteckt wurde. Nur noch ein wenig Geduld, bat er, ein paar Jahre noch. Der Alte setzte ihm in ernster Unterredung auseinander, daß die Rücksicht auf die anderen Söhne der Unterstützung, auf die er rechnen könne, bestimmte Schranken ziehe, es sei denn, daß die Erfindung gelinge, der Scheinwerfer. Hans machte große Augen, nie hatte er davon gehört. Der Alte ließ sich herbei, zu erzählen. In einem zukünftigen Kriege mußte zweifellos der Macht der Sieg zufallen, die sich durch eine Lichtquelle vor den nächtlichen Überfällen, die in allen vergangenen Kriegen eine so große Rolle gespielt hatten, sicherte und den Feind auf diesem Wege zu rekognoszieren vermöchte. Es war zu Land ein Mittel, um unzählige Menschen, die jetzt zum Aufklärungsdienste und zur Bewachung verwandt wurden, zu sparen; zu Wasser aber geradezu entscheidend. Und dort nicht nur im Kriege von unübersehbarem Vorteil – man denke nur erst, wie viele Unglücke vermieden würden, wenn die Schiffe, die heute in finsterer Nacht auf Sandbänke fuhren oder andere Schiffe anrannten, sich auf weite Strecken orientieren konnten. Der Alte kam ins Feuer. Hans hörte mit glänzenden Augen zu. Ja, wenn das gelänge! – Der Alte dämpfte bedächtig, so weit sei er noch nicht; aber auf gutem Wege, die Berechnungen kosteten viel Zeit, die Versuche fraßen Geld, von heute auf morgen sei nicht daran zu denken, aber die Aussicht ließ sich nicht leugnen. Hans stimmte ihm stürmisch zu. Es konnte nicht fehlschlagen; was der Vater in die Hand nahm, mußte gelingen. Sie schieden in Freundschaft.

Es steht nicht mit Sicherheit fest, wohin sich Hans nach Erledigung des Dienstjahres wandte. Den ganzen Sommer des Jahres 1857 war er in Wörlitz und sehr fleißig. In den fünf Monaten entstanden neben vielen Zeichnungen etwa zwölf Bilder, von denen die Hälfte erhalten ist. Darunter das große Porträt des Forstmeisters. Ein mit großer Sachlichkeit gemaltes Bild, ein wenig trocken und arg in Braun, aber für den Neunzehnjährigen ein untrügliches Zeichen des Ernstes seiner Hingabe; frappierend ähnlich. Alle Details waren mit größter Sorgfalt wiedergegeben. Der Forstmeister hatte mit rührender Geduld viele Sitzungen über sich ergehen lassen, in vollem Jagdstaat, in dem niedrigen Gastzimmer, das Hans als Atelier diente, und Hans war nicht von der Arbeit gewichen, bis alles fertig war. Das Landschaftliche hatte er nach Zeichnungen im Wörlitzer Park hinzugefügt.

Das Bild hat gar nichts von Steffeck und den in Berlin gefeierten Koloristen. Es erinnert in seiner autodidaktenhaften Gewissenhaftigkeit auffallend an einen in unseren Tagen wieder entdeckten Maler, an Ferdinand von Rayski. Hat Marées Rayski gesehen? Es ist keineswegs unmöglich. Kaum in Berlin, aber vielleicht in Ballenstedt, das Hans auf seinen Ausflügen in den Harz sicher berührt hat und wo Rayski malte. Gewisse Bildnisse des Sachsen zeigen dieselbe pastose Fleischmalerei (z. B. das Porträt des Herrn von Wiedebach, datiert 1845, oder das des Max von Fabrice und das der Mutter mit dem eigentümlich porösen Fleisch). Dieselbe Genauigkeit der Einzelheit und die Energie des Strichs, die der braunen Sauce Herr wird, dieselbe Behandlung der Staffage. Und man meint schon in der Art der Wiedergabe der forstlichen Allüre eine Verwandtschaft zu finden.

Die Tante war nicht gerade entzückt. Sie fand ihren Alexander nicht geschmeichelt. Neros Augenaufschlag schien ihr idealer behandelt als der Ausdruck des Gatten. Aber immerhin, der Junge hatte Augen und konnte, wenn er wollte, und neben dem Zeug, das sonst in Dessau aufgetischt wurde, wurde das Bild ein Meisterwerk. Der Herzog mußte kommen und es ansehen. Sie erklärte der Hoheit die Reize des Gemäldes, begegnete mit Geschick den Einwendungen des hohen Herrn, der den Baum etwas phantastisch fand, und brachte ihn schließlich dahin, Hans einen Auftrag zu geben. Er sollte ein paar Lieblingspferde des Herzogs malen. Hans ging mit Freuden darauf ein, Pferde lagen ihm viel besser als Menschen. Nun konnte er ungestört in den Marstall, sich die Pferde draußen in dem Gestüt vorführen lassen, der Herzog hatte befohlen, und Hans gerierte sich schon als Hofmaler. Als am 7. September die Prinzessin Elisabeth geboren wurde und der Hof ein Fest zur Feier des Ereignisses veranstaltete, wurde Hans, immer durch Vermittlung der eifrigen Tante, betraut, ein großes Transparent zu malen, und unterzog sich mit flinkem Geschick zur vollen Zufriedenheit aller Beteiligten der Aufgabe. Die Tante strahlte. Sie berichtete stolz dem Schwager nach Koblenz über diesen erfreulichen Gang. Hans war nun so gut wie geborgen. Der Herzog schätzte ihn nach Gebühr und würde den talentvollen Anfänger, der so rapide Fortschritte mache, nicht mehr fallen lassen. Die Mutter war selig, der Vater angenehm überrascht. Hans erhielt von allen Seiten Lob und Zuspruch. Er arbeitete inzwischen eifrig an dem Hauptauftrag. Er zeichnete von morgens bis abends im Gestüt, studierte die Pferde im Stillstand und in der Bewegung, zerlegte die Anatomie, nahm Kopf, Beine und Rücken getrennt vor. Das Jahr war besonders reich an sportlichen Anregungen. Der Herzog hatte ein in der Krim liegendes Gut verkauft gegen Lieferung von einigen Hundert kaukasischen Pferden. Eines Tages kam die Karawane an. Dessau war in Aufruhr. Man sprach das ganze Jahr von nichts anderem. Die wilden Pferde mit ihrer nicht zivilisierten farbenreichen Begleitung verwandelten das stille Städtchen in ein buntes Tatarenlager. Der Dessauer Maler Seelmann, ein Schüler Krügers, hat in einem großen Bilde, das im Dessauer Schloß hängt, das historische Begebnis festgehalten und besitzt noch eine Unmenge famoser Zeichnungen nach den wilden Kerlen, die geschickt wie Affen auf den ungezähmten Gäulen saßen. Der Zufall hat von Marées eine Ölskizze erhalten, die beweist, daß ihm das Ereignis nicht fremd geblieben ist. Pünktlich entledigte er sich des herzoglichen Auftrags. Das Resultat waren die fünf kleinen Bilder, die jetzt im sogenannten Grauen Haus in Wörlitz hängen. Steffecks Erziehung ist in ihnen deutlich und zeigt den Lehrer von keiner unvorteilhaften Seite. Noch deutlicher Krüger. Der Krüger der Stallbilder erscheint verjüngt, zarter und weicher geworden. Sogar die delikate Koloristik in den adretten Einzelheiten, der Livree der Reitknechte usw. ist beibehalten. Nur haben die Maréesschen Bilder mehr Atmosphäre. Das unterscheidet sie von all den vielen deutschen Pferdebildern dieser und der vorhergehenden Zeit. Man denkt zuweilen an die Adam, aber das gleiche Motiv wird von Marées viel freier behandelt. Das hübscheste der Bildchen ist das mit der Stute und dem Füllen, mit dem Gestüt zur Linken im Grünen, in weicher Luft. Hier beginnt schon die atmosphärische Planschilderung, die den Bildern der nächsten

Zeit ihren Reiz gibt. So bescheiden das Genre der kleinen, einem Nutzzweck unterworfenen, Pferdebilder sein mag, das Hans, des Bestellers gedenkend, vorsichtig innehielt, sie entbehren nicht eines eigenen, ganz maréeshaften Charmes und werden sofort auf ihren Urheber erkannt. Unter den vielen Sportbildern im Grauen Haus fallen sie wie Meisterwerke auf, würden sich aber wohl auch in besserer Gesellschaft behaupten.

Dem Herzog behagten sie wenig. Leopold Friedrich malte selbst und zwar auf ganz andere Art. Der alte Karl Wilhelm Kolbe, nicht der Berliner Romantiker, sondern der Dessauer, der sogenannte »Eichenkolbe«, der als Zeichenlehrer an der Dessauer Hauptschule wirkte, hatte es ihm beigebracht. Es war das, was man in modernen Ateliers als »Stiftmalerei« verspottete, weil man sie ebensogut oder besser mit dem Schiefertafelstift als mit dem Pinsel machen konnte. Hansens Mitleid mit solchem Gemache grenzte an Majestätsbeleidigung, und es fiel ihm nicht ganz leicht, den Mund zu halten, als der hohe Herr ihn auf seine Mängel hinwies. In Hinsicht auf die Kunst, so etwa meinte der Herzog, entsprächen die Bilder nicht seinen Idealen; in Hinsicht auf den Zweck nicht seinem Bedürfnis. Das waren Pferde, aber nicht die besonderen, die jeder Pferdekenner sofort als die des herzoglichen Gestüts erkannte. Er hatte Bildnisse von Pferden bestellt, so ähnlich wie die englischen Gravüren. In der Freiheit des Malers dürfe man nie weiter gehen als Krüger oder allenfalls Steffeck. Hansens Tiere waren, mit einem Wort, nicht genügend gezeichnet. – Was der Maler nicht wagte, riskierte die Tante. Sie erklärte mit solcher Energie dem Herzog gegenüber die Bilder des Neffen für vortrefflich, daß die Hoheit nachher nicht ohne Doppelsinn zu dem Maler Seelmann sagte, er habe daran glauben müssen. Seelmann scheint der glücklichere Konkurrent in des Herzogs Gunst gewesen zu sein, zum aufrichtigen Ärger der Tante. Er hatte die glatte Ausführung, die der Herzog liebte.[15]

Das wurde auch Hans von Marées früh genug klar, und es ließ ihn die kühnen Hoffnungen der Tante Forstmeister dämpfen. In Dessau blühte ihm keine Zukunft, um so weniger, als die Tante mit ihrer strammen Rechthaberei auf dem besten Wege war, es mit dem Herzog und dem Hof zu verderben. Und im Grunde war er dessen froh. Hier im kleinen konnte nie etwas aus ihm werden. Ihm schwebten ganz andere Dinge vor als Gestütdokumente. Er wollte die Welt sehen. Von Steffeck hatte er gelernt, was er lernen konnte. Nach Holland zog es ihn mit immer stärkerer Sehnsucht, nach Hals und vor allem nach Rembrandt, um große Bildnisse zu lernen. Das wurde ihm nicht gewährt. So fiel er auf die Kunststadt, die in Deutschland Holland am nächsten lag, nach dem Bild, das er sich vom Münchener Kunstleben machte. Und das setzte die Mutter, die den in der Ferne noch vergrößerten Dessauer Erfolg beim Vater geltend machte, durch. Aber, schrieb der Vater, nur noch zwei Jahre könne Hans auf den Wechsel rechnen. Dann seien die sechs Jahre für die Ausbildung, die er als Maximum bestimmt habe, vorbei, und er, falls nicht Unvorhergesehenes eintrete, nicht mehr in der Lage, den einen Sohn auf Kosten der anderen zu erhalten. Und Hans antwortete stolz, in zwei Jahren würde er nichts mehr von den Eltern nehmen, selbst wenn man es ihm hinhielte. Er dankte überströmend. Leben von seiner Arbeit konnte er wohl schon heute, aber es genügte ihm nicht. Und was ihm fehlte, hoffte er in München bald zu erreichen.

STURM UND DRANG
IN MÜNCHEN

Hans kam im Winter 1857 nach München. Er war noch nicht zwanzig, nach gewöhnlichen Begriffen also blutjung, hatte aber schon fünf im wesentlichen selbständig verbrachte Jahre hinter sich und fühlte sich als fertiger Mensch. Aus seiner Frühreife schlossen alle, die mit ihm zu tun hatten, am meisten der Vater, voreilig, auch der Künstler müsse schon fertig sein, ohne zu bedenken, daß die schnelle Entwicklung allgemein menschlicher Eigenschaften nur auf Kosten der Fachausbildung möglich geworden war, daß ein dieselbe Zeit einseitig auf den Beruf beschränktes Lernen den Maler sicher weiter gebracht hätte. Freilich nicht den Künstler. So wie Marées, damals noch unbewußt, die Kunst begriff, konnte sie ihm nur aus dem Schicksal des Menschen erwachsen, in dem die Erfahrung des Malschülers nur geringen Platz einnahm. Auch er selbst hielt sich für weiter als er wirklich war, aber was einer zweifelhaften Persönlichkeit die Aussicht verschlossen und ihr möglicherweise die Zukunft gekostet hätte, stachelte seinen Ehrgeiz und machte ihn stärker. So wird es jedem Tüchtigen ergehen, und er muß so sein trotz aller Klippen der Selbstüberschätzung. Die Übersiedelung nach München vergrößerte noch das Gefühl der Überlegenheit. Alle mit reicher Phantasie begabten Menschen vollziehen, solange sie jung sind, mit ihren Reisen, unabhängig vom Ziel, eine Fahrt durch ihr eigenes Leben, sind nicht dieselben, wenn sie an dem neuen Platz eintreffen, die sie waren, als sie abfuhren, sondern sich selber fremd in der Neuheit ihrer Umgebung und nehmen dies Fremde als Bereicherung ihres Wesens. Als Hans in München eintraf, lag Berlin hinter ihm.

Ich meine nicht, daß er es deshalb verachtete. Seine Münchener Bilder beweisen das Gegenteil. Vielmehr sah er aus der Entfernung, was es ihm gegeben hatte, und verdichtete die vorher unbewußte Erfahrung zu einem nutzbaren Fund und zu einem Maßstab.

Es wäre verkehrt, wollten wir Marées' subjektive Empfindung teilen und seine Lehrzeit mit dem Fortgang von Berlin für abgeschlossen erachten. Denn wir wissen, was er selbst im Grunde von dieser Empfindung hielt. Sie war ihm nichts anderes als ein Schild gegen andere, das er selbst nur zu oft durchlöcherte. Niemand hat, wo es darauf ankam, gleich unerbittliche Selbsteinschätzung geübt. In Wahrheit dauerte seine Lehrzeit sein ganzes Leben. Kurz vor seinem Tode sagte er einmal zu einem Vertrauten, daß er nun langsam anfange, klar zu sehen. Und das war keine Koketterie, sondern buchstäblich seine Meinung, deren objektive Gültigkeit nachzuweisen ist. Daher darf sich der Leser von der Überschrift des vorigen Kapitels nicht irreführen lassen. Der Abschluß der Lehrzeit durch die Übersiedelung nach München besteht nur soweit zu Recht, als Hans seit Berlin nicht wieder in einem Meisteratelier als Schüler gearbeitet hat. Er mietete sich in München ein kleines eigenes Studio.

Hans bekam in München Dinge zu sehen, von denen er sich in Berlin keine Vorstellung hatte machen können. In der preußischen Residenz war die Kunst bei aller Betriebsamkeit nur das verstohlene farbige Bändchen an einer festgeschlossenen Uniform; ein Attribut, das eigentlich, abgesehen von Krüger und Menzel, nichts mit dem Lokalen zu tun hatte und von den Künstlern, so lange sie jung waren, nur als Übergangsstation, nachher als widerspenstige Erwerbsquelle benutzt wurde. Nach München wurde die Kunst nicht hineingetragen, sie wuchs hier und nicht nur in den von oben oder von unten bestimmten Formen, sondern selbsttätig von innen heraus. Hans fand nicht nur Bilder wie in Berlin, sondern eine Stadt, die dazu gehörte, die nur der Kunst wegen geschaffen schien. Noch lebte als behaglicher Bürger der große Erbauer, der drei Stunden für den Entschluß, die Krone abzutun, gebraucht hatte, drei Tage »zu der Resignation von der Kunst«. Was Berlin neuerdings fertigbrachte, war zu guter Letzt nur eine schwache Kopie der Formen Münchens. Die Reaktion gegen Cornelius und Kaulbach hatte dort eine theoretische und literarische Auslegung, aber sie ward nicht als Erlebnis empfunden, wurde dafür von zu wenig repräsentativen Trägern ausgefochten. Das war in München anders. Die ganze Stadt nahm teil an dem Kampf der Farbe, des Lebens, der Sinnenlust gegen das Schema der Zeichner, und der Sieg brachte gültigere Trophäen hervor. Es bleibt auch heute noch, wenn man die Geschichte von den Bildern Pilotys abzieht, ein Maler übrig. Marées stürzte sich nicht kopfüber in den Strudel, sondern betrachtete. Das freie und heitere, damals noch ganz patriarchalische Münchnertum machte ihn zutunlich. Er zog in die Gegend, in der damals die meisten Maler wohnten, in das von Landwehrstraße, Heustraße, Schiller- und Schwanthalerstraße durchzogene Viertel südlich vom Bahnhof. Sein Freund aus dem Steffeck-Atelier, Heinrich Lang, der schon 1855 Berlin mit München vertauscht hatte, vermittelte die Bekanntschaft mit anderen. In dem kleinen Viertel kannte damals ohnehin jeder Maler den anderen, und Hans sah sich schon nach den ersten paar Wochen in einem Kreis junger Kameraden. Es waren außer Lang der Genremaler Karl Raupp, der stille und bescheidene Landschafter Wilhelm Bode, der Landschafter Goltsch, Rudolf Schick, der Berliner Genremaler Ernst Kunde und ein paar andere; fast ausschließlich zugewanderte Nichtbayern. Von denen leben noch Raupp und Kunde in München. Raupp kam aus Frankfurt, wo er Schüler von Jakob Becker gewesen war. Der hatte, als der Junge ihm den Entschluß, nach München zu gehen, kund getan, entsetzt ausgerufen: Wollen Sie zugrunde gehen? So fest stand damals noch der Ruf der Stadt als Stätte der Kartonmaler. Raupp kam im Juni 1858 und lernte bald darauf Marées kennen. Er besuchte Piloty, und der Meister riet ihm, bevor er sich seinen Platz suchte, einmal durch die Schülerateliers zu gehen, um sich zu orientieren. Auf diesem Gang begleitete ihn Marées. Sie kamen zuerst zu Lenbach, der, gerade mit dem Meister von Italien heimgekehrt, den »Titusbogen« auf der Staffelei hatte, dann zu Alexander Wagner, der sich noch mit einem Riesenkarton der alten Schule quälte, dann zu Peter Baumgartner, der einen Don Quichotte vor seiner Dulcinea malte. Jedesmal, wenn sie wieder draußen waren, gab Hans die Kritik. Es war alles ganz schön und gut, aber nicht seine Sache. Die Leutchen malten, was ihnen einfiel, fragte sich nur, wo sie es hernahmen. Die Natur sahen sie nur nebenbei. Aber bei dem Theodor Schüz fühlte er sich ernstlich gepackt. Der hatte seinen »Ostermorgen« in der Mache. Es war verteufelt echt der Natur abgeguckt. Das, gestand Hans, hätte er wohl auch können mögen. Von solcher scharfen Draufgängerei war in Steffecks Atelier keine Rede. Aber was hatte diese Naturtreue schließlich mit Piloty zu tun! Schüz war gut, weil er nicht wie Piloty malte. Raupp ließ sich, trotzdem Hans mit Leibeskräften abredete, nicht zurückhalten und trat bei Piloty ein. Hansens Intime wurden Heinrich Lang und Ernst Kunde. Es war vielleicht mehr die tüchtige Bildung und die herzliche Art Kundes, was ihn zu dem Berliner zog, als seine Malerei. Kunde war sechzehn Jahre älter als Marées und saß bereits seit mehreren Jahren in

München; war 1844/45 bei Kaulbach gewesen und hatte damals große Schinken gezeichnet, dann hatte er den Einzug der belgischen Koloristen in Deutschland mitgemacht und war 1852/53 mit Wilhelm Busch und anderen nach Antwerpen zu Dyckmans an die Akademie gegangen, um Malen zu lernen. Auch Kunde riet dem Freunde, kein Narr zu sein und zu dem Maler des »Seni« zu gehen. Und dasselbe wurde ihm von allen anderen Bekannten gepredigt. Es gab nur Piloty. Gerade weil es gar so viele wiederholten, widersetzte sich Hans. Er dachte nicht daran. Was Pilotys Schüler Tüchtiges machten, war gerade nicht die Münchener Dekorationsmalerei historischen Gepräges. Das bißchen Farbe konnte man schon allein fertig bringen. Überdies hatte er überhaupt keine Lust mehr, den Lehrling zu spielen.[1] – Ob er nicht voreilig urteilte? Ob ihm nicht ein paar Jahre unter Piloty, der seinen Schülern nichts nahm und allen etwas gab, gut getan hätten? Vieles, was er sich mit Mühe anquälte, wäre ihm leichter gefallen. Aber er war nun einmal so geartet, sich allein durchzufressen. Auch das Verfahren hatte seine Vorzüge.

Hans hockte in einem Atelier an der Schwanthalerstraße. Das inzwischen längst abgerissene Haus lag auf der linken Seite, wenn man von der Schillerstraße kam, zwischen dieser und der Heustraße. Atelier sagt zuviel. Die Bude befand sich im kleinen Seitenbau des Hofes und war bis vor kurzem Waschküche gewesen. Man trat direkt vom Hof ohne Stufen hinein; im Winter herrschte eine Bärenkälte. Der neuen Bestimmung hatte der Wirt durch Vergrößerung des Fensters Genüge getan. Das machte die Kälte nicht geringer, ein Loch blieb es trotzdem.[2] Dort malte Hans, im Zentrum Münchens, brave Berliner Bilder. Man kann sie nicht gut anders nennen. Sie hatten gar nichts von München, und zwar nicht nur die ersten. Bis 1862 ist so gut wie kein Einfluß der Münchener Koloristik zu spüren, abgesehen davon, daß der Gegenstand ganz norddeutsch blieb. Es waren Militärbilder. Sie fielen durch ihre Helligkeit auf, die auf eine neue Art erreicht schien. Bis zum gewissen Grade hell malte auch die Generation Kobells und Bürkels. Aber diese Helligkeit kam davon her, daß man nicht wagte, ordentlich Farbe in den Pinsel zu nehmen. Man tuschte, statt zu malen. Noch immer hing auf den meisten Bildern der Himmel wie ein farbig aquarellierter Schleier, der unten rosa oder violett begann und durch alle möglichen zuckersüßen Tönchen hindurch nach himmelblau genötigt wurde, hinter der Landschaft; ein dekorativer Begriff, der mit den übrigen Dingen des Bildes nur so viel zu tun hatte, daß auch diese sauber und vorsichtig aquarelliert waren. Erst Schleich hatte mit dem Dilettantismus gebrochen und malte Landschaften, die ein Ganzes waren, auch wenn er mehr nach dem Himmel als nach der Erde sah, und einige Pilotyschüler waren dabei, des Lehrers Farben auf Schleichsche Landschaften zu übertragen. Von denen aber unterscheiden sich die Marées' durch die Sparsamkeit der Palette. Neu wirkte, daß er mit weniger Farbe mehr erreichte, und jeder konnte sehen, daß er den Pinsel voll nahm und damit weniger bedenklich als die anderen hantierte. Dabei blieben die Bilder trotz alledem luftig, wenn auch die mangelhafte Palette ihnen einen kreidigen Anstrich ließ. Die Motive dachte er sich aus. Erinnerungen an die Kindheit und das Dienstjahr, Gefechtsszenen, Reiterangriffe, Soldatenmärsche, daneben Studien nach Pferden. Die Bekannten behaupten, es seien eine ganze Menge gewesen. Übriggeblieben ist aus dieser Zeit kaum ein einziges Bild. Als er 1859 seinen Münchener Aufenthalt unterbrach, hat er vermutlich alles, was im Atelier war, weggeworfen. Wir haben damit kaum viel verloren. Erhalten sind aus dieser Zeit nur zwei hübsche Kleinigkeiten. Eine Tuschzeichnung, die deutlich den spezifischen Einfluß der holländischen Kleinmeister auf die Münchener Landschafter verrät, und das Brustbild seines Freundes Raupp. Dieses läßt auf verlorene Zwischenglieder schließen, denn man kann nicht annehmen, daß Hans sprungweise von dem derben Autodidaktentum des Forstmeisterbildes zu dieser sicheren und in jedem Strich ökonomischen Darstellung übergehen konnte. Wohl wirkt die helle Farbe etwas kreidig, aber die meisterhafte Zeichnung entkräftigt den Einwand. Diese Zeichnung hat gar nichts von der trockenen Detaillierung des Dessauer Bildnisses. Sie ist ausschließlich Sache des Pinsels und dient ebensosehr dem Stofflichen wie der Konstruktion. Sie nähert sich insofern mehr der spontanen Art des frühen Selbstporträts, übertrifft dieses aber bei weitem durch die Energie der Belichtung. Was hier und auch in den Kostümteilen des Forstmeisters zaghaft versucht ist, hat Marées in dem kleinen Brustbild zum allein wirksamen Prinzip erhoben: eine Darstellung durch Akzente, die das Neutrale, ich meine das nicht durch den Pinsel Bewegte der Fläche, auf ein Minimum reduziert. Trotz der Geringfügigkeit des Dokumentes kann man sich einigermaßen denken, warum Marées der Pilotyschule fern blieb. Sie war ihm nicht sachlich genug. Der prinzipielle Gegensatz hielt ihn übrigens nicht ab, mit den Münchenern gut Kamerad zu sein. Das Jahr 1858 brachte in das Kunstleben große Bewegung. Kurz vorher war die »allgemeine deutsche Kunstgenossenschaft« gegründet worden. Ihre erste Tat war die historische deutsche Kunstausstellung im Glaspalast, ein Überblick über den Stand der Richtungen, die seit den letzten dreißig Jahren geblüht und abgeblüht hatten. Schleich wurde als Führer der Münchener Landschaft gefeiert.[3] Daneben gab manches Talent der kommenden Generation seine Karte ab, so

Lenbach mit seinen betenden Landleuten – heute im Magdeburger Museum –, die ihm den ersten Erfolg einbrachten. Die Ausstellung zog die Künstler aus allen Teilen Deutschlands herbei. Man gab große Feste. Die Jugend wurde zum Dekorieren des Hackerkellers, wo eins der Feste stattfand, angehalten, und Marées und Raupp halfen dabei nach Kräften mit und wanderten manchen Tag die damals noch ländliche Bayerstraße hinaus. Am Mittag vor dem Hauptabend gab es auf dem Starnberger See ein lustiges Fest, und dabei traf Marées einen Freund der Eltern aus der Elberfelder Zeit, Hackländer. Er wurde mit in den Kahn genommen und durfte sich dafür als Geldonkel erkenntlich zeigen. Es waren fidele Zeiten. Der Wechsel, an dem sich Onkel Ferdinand großmütig beteiligte, war knapp genug, aber man lebte damals mit noch weniger in München. Alltäglich fand sich die lustige Gesellschaft bei der Babette im Rheinischen Hof zusammen oder am Bahnhof, wo der wegen seiner Ähnlichkeit mit Plon Plon Napoleon gerufene Oberkellner, den ein Herzleiden milde stimmte – er hatte stark sentimentale Anlagen und dichtete –, auch dann nicht zögerte, die Herren zu bedienen, wenn die Zeche auf Pump ging.

1859 kam recht ungelegen die Mobilmachung wegen des Französisch-Italienischen Krieges. Hans wurde als Landwehrmann nach Neuwied einberufen und machte am 3. Juli einen durch die Hitze mörderischen Marsch nach Nieder-Mendig auf der linken Rheinseite mit. Von 1000 Mann, schreibt ein Kamerad von Marées, kamen nur 400 an.[4] Die anderen blieben krank liegen. Fünf starben an Hitzschlag. Marées gehörte zu den wenigen, die von der sehr großen Anstrengung gar nicht angegriffen wurden. Er hat im Standquartier des Dorfes Gilzem, wo man längere Zeit der Entscheidung gewärtig harrte, mehrere Zeichnungen und vielleicht sogar ein kleines Ölbild gemalt. Die Episode brachte ihm die Anregung, sich mit erneuter Energie den militärischen Motiven zu widmen. Fleißige Arbeit tat jetzt um so mehr not, als der Vater immer dringender nach positiven Resultaten verlangte. Unter den relativ zahlreichen Militärbildern um das Jahr 1860 gibt es einige recht mäßige, zum Beispiel die »Versprengten Reiter des Lützowschen Freikorps«, oder die »Husaren auf dem Marsche«, oder die »Attacke«, aber kein einziges weist die fatalen Eigenschaften des gewohnten Kriegsbildes unserer Ruhmeshallen, die Darstellung des Theaterheroismus, auf. Das Bild mit den Husaren ist die ungeschickte Lösung eines schwierigen Verkürzungsproblems, nicht ohne glänzende zeichnerische Details. Es sieht wie ein noch unausgewachsener Junge aus, dem Arme und Beine zu lang sind, und bockt wie ein schlecht zugerittenes Pferd guter Rasse. Die »Attacke« fehlt durch den Mangel an Haltung des Farbigen. Die einfache Kohlenzeichnung zu dem Bilde sieht farbiger aus. Die frühen »Versprengten Reiter« sind ledernste Langeweile. Angenehm berührt an diesen Bildern nur, was ihnen fehlt. Es werden keine Wirkungen gesucht, die außerhalb des Bildlichen liegen, und der imaginäre Teil verschwindet in der Darstellung gesehener Dinge. Selbst in den Einzelszenen, wie der »Eroberten Standarte« oder dem »Reiterstückchen«, wo das Episodenhafte als einziger Zweck erscheint, wird jede Betonung des Novellistischen vermieden, und diese Mäßigung erleichtert die Toleranz des Betrachters. Kein Freund Maréesscher Kunst wird ohne Erstaunen diese Arbeit betrachten, mancher mit Enttäuschung. Wer, von dem hinlänglich bekannten Schein abgestoßen, nicht genau zuschaut, wird die ganze kurze Periode ausstreichen wollen; niemand aber findet in ihr Argumente zur Verkleinerung des Künstlers. Sie zeigt nicht die abschließende Schwäche des mit

Geringem Zufriedenen, die nie zu miserabel ist, um nicht noch virtuos aufgeputzt und dann erst recht winzig zu werden, sondern das Organisationsvermögen eines Suchenden, dem nur das wahre Medium zum Organisieren fehlt. Wer diese Zeit ausschlösse, würde einen Berg von der Mitte an zu besteigen begehren und ein Stück verlieren, das er später bei dem Rundblick vom Gipfel nicht missen möchte, wenn es auch beim Aufstieg kaum einen Ausblick auf die Höhe verhieß. Das Frühwerk der größten Künstler sieht im Grunde nie anders aus. Unter der Hülle des Übernommenen blitzt der Einfall des Genius. Das Banale wird von ihnen in der Regel ungeschickter gemacht als von den banal Geborenen, und es kommt zu Entgleisungen, die dem Beginn viel geringerer Talente erspart bleiben. Je leichter der Nachweis gelingt, wie bescheiden das Anfängertum war, um so bereitwilliger wird man die menschliche Tat der Entwicklung anerkennen.

So eingebildet der Junge sprach, so einfach und streng seinem Können angemessen suchte er sich als Künstler zu äußern. Das Farbige erscheint in den früheren Exempeln als die Summe beschränkter Tondifferenzen innerhalb weniger Grundfarben. Da er diese nicht rein wählt und ohne Kenntnis der Harmonielehre – wer dachte bei Steffeck an dergleichen! – wirken die Bilder flau, viel flauer als unsere Abbildungen erkennen lassen. Aber das Verfahren büßt nicht die Vorteile des vernünftigen Ausgangspunktes ein. Marées nimmt die Lokalfarben, wie er sie in den Uniformen oder dergleichen unverrückbaren Details findet, so vereinfacht als möglich als Basis seiner Harmonie und baut dann das ganze Bild darauf auf. Weiß, Blau, Rot und ein Rostton, der mit Vorliebe für das Terrain verwendet wird, kehren immer wieder, vermischt oder mehr oder weniger rein, in wesentlich hellen Tonarten. Schon in dem frühsten Bild der

Rastende Kürassiere. 1861-62

Reihe, dem »Biwak« von 1859, der Fortsetzung der kleinen
Dessauer Skizze mit den Tataren, aus 1857, ist trotz der Beto-
nung des Szenarischen das Bestreben merkbar, die Farben so zu
verteilen, daß Isolierungen vermieden werden. Der »Verwun-
detentransport«, eins der Bilder, mit denen Marées vermutlich
den ersten Schritt an die Öffentlichkeit wagte, ist fast nur mit
rötlichem Braun und bläulichem Grau gemalt. Beide Mischfar-
ben sind so reich wie möglich abgetönt, und die extremen
Grade bilden die notwendigen Kontraste zur Darstellung des
Einzelnen. Der Abtönung gelingt die Wiedergabe der Atmo-
sphäre, für die sich gerade bei diesem Motiv die weite Ebene
eignet. An der Betonung des Luftigen hat Marées bis zu den
»Fouragierenden Soldaten« immer festgehalten. Als der »Ver-
wundetentransport« unverkauft von dem Münchener Kunst-
verein zurückkehrte, schenkte ihn Hans seinem Freunde Geist,
dem feinen Kleinmeister, der damals auf seinen Kreis einen
gewissen Einfluß besaß.[5] Geist war kurze Zeit Schüler Bamber-
gers gewesen, übertraf aber den Lehrer durch die Intimität seiner
kleinen Landschaften. Er stellte wie Rottmann den Tonwert
eines Bildes über alles und mag Marées in seinen damaligen
Tendenzen bekräftigt haben. Zu dem Geistschen Kreis gehörte
noch eine ganze Anzahl anderer heute mit Unrecht vergessener
Künstler, die beweisen, wie stark in dem München Pilotys die
Unterströmung war, die sich von dem geschichtlichen Renom-
mierbild zur Natur wandte. Sie waren alle mehr oder weniger
durch Schleich beeinflußt, der als erster erkannt hatte, daß nicht
die Pariser Salonhelden, sondern die französischen Landschaf-
ter von 1830 die Träger der Entwicklung der europäischen
Kunst waren, mit denen man sich ohne Schaden für die eigene
Persönlichkeit befassen konnte, weil sie den Weg zur Quelle
wiesen. Ludwig Meixner, ein treuer Freund von Marées,

machte kleine reizende Landschaften und Genrebilder, die zuweilen den besseren Spitzwegs gleichkommen, mit größerer Diskretion als sein berühmter Kollege, unter dessen Namen manche seiner Bildchen noch heute hier und da im Münchener Kunsthandel auftauchen, wohlverstanden, ohne daß man ihm die Verwechslung zuschreiben könnte. Auch mit Dietrich Langko, Julius Nörr, einem weitläufigen Verwandten, Beyschlag und namentlich mit Lier verkehrte Marées, lauter fortschrittlich gesinnten Leuten, die wie die größeren Kollegen in Barbizon vor der Natur malten.[6] Wahrscheinlich auch mit Teichlein.[7] Und eine immer intimer werdende Freundschaft verband ihn mit Lenbach. Der malte damals, bevor er zum zweitenmal nach Italien ging, seine famosen kleinen Landschaften, Lier sehr ähnlich, aber mit energischeren farbigen Akzenten, vielleicht die besten Bilder, die er je gemacht hat.[8] Es wäre nicht schwer, mit den Werken dieser Leute aus dieser Zeit – später hat sich mancher geändert – eine neue Münchener Landschafterschule vom Anfang der sechziger Jahre zusammenzubringen. Ein Diminutiv, aber voll von feinen Dingen. Hier hat Marées sicher viel, ohne in die Schule zu gehen, gelernt. Mit Geist verzankte er sich übrigens bald. Sein immer kräftiger auftretender Realismus ging dem Verehrer der Poussin und Claude zu weit, und Hans war gerade diese Schwärmerei unausstehlich. Mehr zog es ihn zu Leuten wie Wilhelm Busch, mit dem er damals oft zusammenkam und der, wenn er malte, kerniges Wesen auszudrücken wußte. Er war im Herzen noch immer gut preußisch, hatte allen möglichen Respekt vor den koloristischen Finessen der Landschafter unter seinen Kameraden, fand aber, daß ein Menzel mit ein paar Strichen die ganze Korona in die Schanze schlug. Menzelhaft – mit der gebührenden Einschränkung gemeint – ist denn auch der wesentliche

Charakter seiner Militärbilder. Die Spuren der »Schlacht von Hochkirch« findet man in vielen, modifiziert in der Gesamtheit durch Steffeck, im einzelnen durch die Erinnerung an Krüger, ohne daß der eine oder der andere die Eigenart des Autors verdeckt. Die lag auf anderem Gebiet. Ich denke mir nach den Erzählungen der Zeitgenossen das leider zerstörte Hauptwerk jener Zeit, »Der Tod Schills«, in dessen Motiv die Kinderzeit ein letztes Echo fand, als ein Bild, das weder Krüger noch Menzel, noch Steffeck sonderlich gefallen hätte. Es sei, schreibt ein Kritiker über die II. Allgemeine Kunstausstellung in Köln, wohin es Marées geschickt hatte, »durch die absurde Behandlung, das übertrieben dicke Auftragen der Farben, wie mit der Mauerkelle, das die Franzosen ›maçonnée‹ nennen, völlig unsichtbar geworden«. Die Freunde des Künstlers erblickten aber gerade darin, in dieser die Massen einigenden Malerei, den Vorzug. Marées hatte lange daran gearbeitet. In der dicken Farbe steckten viele Bilder, die er in eins zusammengeschmolzen hatte, darauf bedacht, daß nicht die Linien der Zeichnung, sondern die Flächen sprächen. Die Kritik beunruhigte die Undeutlichkeit der Details. Daran hatte sie Menzel, der offizielle Menzel – wer wußte von dem anderen, der im geheimen ganz andere Dinge malte! – nicht gewöhnt. Wenn man sich über Menzels Auffassung dieses oder jenes Motivs ärgerte und die Farben nicht gefällig fand, wenigstens konnte man ohne Anstrengung sehen, wie er es meinte. Marées aber behauptete, Bilder seien keine Zeitungslektüre, und er male dick, weil er zum Briefschreiben nicht des Pinsels bedürfe. Immerhin zeigte er in manchen der folgenden Bilder, was er mit seiner Art in der Charakterisierung der Einzelheit zu erreichen vermochte. Die Gefechtsszene ist dafür das beste Exempel. Trotz der Massenschilderung, die sich ganz auf die Wiedergabe des Getümmels richtet, kommt die Einzelheit vollkommen zur Geltung; und zwar eine Einzelheit, die von der Phantasie des Malers nicht gewöhnliche Vorstellungen erweckt. Man kann sich kaum denken, daß er das Gemetzel nicht miterlebt hat, so echt ist der tierische Bewegungsfanatismus der Soldaten skizziert. Der im Delirium wandelnde Fahnenträger links, wer weiß wie angeschossen, aber immer noch marschierend, der Kerl neben ihm auf der Erde, den nur der Schatten malt, der Schießende rechts und im Hintergrund der plötzlich auftauchende blödsinnige Gaulkopf sind Momentbilder von genau der Schärfe, mit der sie im Kampfe gesehen werden, und die andeutende Behandlung ist die einzige, die sie zu fassen vermag. Dabei bei aller Geschwindigkeit am richtigen Platz eine sehr weit getriebene Stofflichkeit, die ohne das Kreidige der vorhergehenden Bilder bereits aus einer farbenreicheren Palette schöpft. Derselbe Fahnenträger zeigt die Knochen unter der belichteten Hose. Die Leichenfarbe des Fleisches charakterisiert zur Genüge die Verfassung des Menschen, denn sie unterscheidet sich energisch von dem Rot der anderen Gesichter. Aber es ist bezeichnend, wie Marées dafür sorgt, daß diese Charakteristik nicht den Zusammenhang stört. Die Leichenblässe ist der hellere Ton eines oft wiederkommenden Brauns, zudem durch die dem Licht zugekehrte Vordergrundstellung des Mannes motiviert. Wie die Farbe des Fleisches, so wird auch die der Hose, die in dem Soldatenhaufen vorbereitet ist, gesteigert. Und beide hellen Töne werden auf der anderen Seite des Bildes durch die gleiche Blässe im Gesicht des an der Böschung lehnenden Offiziers, durch den Schimmel hinter ihm, und im Vordergrund rechts durch das belichtete Beinkleid des Schießenden balanciert.

Sonst sind die Bilder besser geglückt, in denen möglichst wenig passiert und die Darstellung allein die Kosten zu tragen hat. Man wird leichten Herzens alle Militärbilder gegen das kleine Idyll, »Die rastenden Kürassiere« hingeben. Der erste echte Marées. Die Verblasenheit, das Andenken an Berlin, ist geschwunden, die Farbe – schon hier ganz silbrig in den Reflexen – sauber und bestimmt geworden; der Auftrag ein ganz homogenes Gewebe, körnig in den belichteten Stellen, voll Weichheit in den Schatten. Ähnlich malt er die Stillersche Skizze und den Entwurf für die »Fouragierenden Soldaten«, dessen ruhige Harmonie auch in dem nach diesem Entwurf gemalten Gemälde erhalten bleibt, freilich ohne die Frische des Entwurfs. Das Landschaftliche wird immer mehr die Hauptsache, oder besser, Landschaft und Staffage immer mehr eins. Man wundert sich, nach den »Rastenden Kürassieren« noch genrehafte Episoden zu finden. Freilich hatte gegenstandlose Malerei in München gar keine Aussicht auf Absatz, und wer weiß, wie viele unverkäufliche Dinge aus dieser und der vorhergehenden Zeit zerstört wurden! Mit der Skizze »Soldatenlager« kam eine Perle deutscher Malerei in die Münchener Pinakothek. Sie wäre des Platzes neben dem Constable würdig. Mit dem Niederschlag der französischen Landschafter auf das München Schleichs ist so freie Virtuosität malerischer Gestaltung nicht zu erklären. Aus der körnigen Materie der »Rastenden Kürassiere« sind breite Flecken geworden. Farbe steht neben Farbe, das leuchtende unvermischte Rot neben dem tiefen Blau und Braun und dem blitzenden Weiß. Man findet nicht eine der psychologischen Wirkungen der »Gefechtsszene«, die Soldaten sind nur mit ein paar Farbenpunkten angedeutet. Aber dafür sind sie viel mehr als uniformierte Statisten. Der Gedanke wird nicht auf eine besondere Erscheinung gerichtet, sondern empfängt etwas von dem göttlichen Ursprung aller Erscheinung. Eine alle vorhergehenden Bilder übertreffende Einheit sichert die

Anschauung. Das Bildchen ist bis in den entferntesten Winkel vollkommen harmonisch ausgebaut, ohne jede Schwäche, die den weiteren Plänen der anderen Bilder den Zusammenhang mit dem Vordergrund erschwert. Das Dunkel des Waldes geht weit zurück, und man glaubt den Schatten unter den Bäumen zu spüren. Menzels »Garten des Prinzen Albrecht« hat dieselbe Kühle. Aber während in dem Bilde Menzels die Gruppe der im Schatten Lagernden wie ein Bild im Bilde erscheint, wie ein zweiter Menzel im alten, ist hier jeder Strich Teil derselben Empfindung. Empfindung und Stoff sind eins.

In das Jahr 1860, das mit den genannten Werken bereits überschritten wurde, fallen außer den Militärbildern zahlreiche Porträts, daneben natürlich wie in der ganzen Frühzeit Studien nach Pferden. Was Marées dieses hartnäckige Festhalten am selben Objekt einbrachte, ist schon bei einem Vergleich dieser Pferde mit den früheren zu erkennen. Noch immer steckt in ihnen ein Kern Krügerscher Zeichnung; da, wo die Knochen, die Gelenke, die entscheidenden Lichter sitzen. Aber die Materie des Malers suggeriert überzeugender, als dem Mittel Krügers gelingen konnte, das Charakteristische des Tieres. Die Farbe umhüllt nicht den Knochenbau, sondern enthält Knochen und Fleisch als Einheit, so wie sie das Auge erfaßt. Selbst der im Handumdrehen entstandene Pferdekopf ist ein Ganzes, verliert daher trotz der überraschenden Porträtähnlichkeit der Einzelheit das Studienhafte, hat seine Atmosphäre, wird geschlossenes Bildnis. Unter den Männerporträts gibt es merkwürdige Dinge, die sich auffallend von der losen Art der Studien entfernen. Man kann die Sachlichkeit kaum weiter treiben als in dem Meixner. Dem Pinsel ist, obschon er nicht mit der Farbe spart, gar keine Freiheit gelassen. Ganz kleine spitzpinselige Züge geben jede Einzelheit wieder, man glaubt die Barthaare zählen zu können. Trotzdem nichts Kleinliches, wenigstens nichts Verkleinerndes. Die Farbe organisiert auch diese Detaillierung. Die erdbeerroten, schwarzen und braunen Nuancen vertragen sich vollkommen. Noch beherrschter erscheint die Palette in dem alten Jäger mit der famosen lachsrosa Weste, deren Ton, im Fleisch und Himmel wiederholt, sehr hübsch die benachbarten Grün und Grau belebt. Dabei hat man so wenig das Gefühl, daß Marées an diesen Schmuck dachte, wie etwa bei den Bauern Leibls. Die ganze Aufmerksamkeit scheint nur auf das Physiognomische gerichtet.

Es liegt mir keineswegs daran, zu versuchen, diese Bilder, von deren Existenz der spätere Marées kaum noch wußte und über die er sich nicht gelinde entsetzt hätte, zu Meisterwerken zu stempeln. Sie sind Kleinarbeit. Aber es gibt dem Gesamtbild des Meisters eine eigenartige Würze, daß auch diese kleinbürgerliche Kunst dazu gehört! Von allen wirkt das Frankfurter Porträt am eindringlichsten. Als es vor ein paar Jahren dort zur Auktion kam, wollte anfangs niemand an die Autorschaft Marées' glauben. Solche Biederkeit des Könnens hätte keiner, der die längst gefestigten Urteile der Fachkritik über den Meister kannte, vermutet. Erstaunlich, wie sich mit dieser ganz unmodernen Allüre die schlechterdings hinreißende Lebendigkeit des Menschen vereint! Man glaubt, ihn atmen zu sehen.

Auffallenderweise sind die Porträts alle dunkler als die gleichzeitigen Militärbilder. Es ist sehr leicht möglich, daß sie von einem Einfluß getroffen wurden, den Motiv und Gewohnheit von den anderen fernhielten. Was Marées in München von Rembrandt sah, hatte die alte Lust, den großen Meister in seinem eigenen Lande aufzusuchen, vergrößert. Um das Jahr 1860 ist er wahrscheinlich das erste Mal in Holland gewesen. Sein Bruder Fritz, der Seemann, schiffte sich regelmäßig in

Selbstbildnis. 1862

Rotterdam ein, und die Mutter geleitete den Liebling wiederholt selbst zum Hafen. Auf einer dieser Reisen hat Hans, vermutlich während eines Besuches in Koblenz, die beiden begleitet und dann sicher keine Mühe gehabt, die Mutter zu dem Abstecher nach Amsterdam und dem Haag zu bewegen.[9] Schon in dem »Alten Jäger« spürt man etwas Rembrandthaftes. Noch deutlicher in dem »Mann mit der Kette«. Die Fleischbehandlung wird breiter, das Licht stärker konzentriert. Kostüm und Farbe deuten ohne weiteres auf das große Vorbild. In dem Bildnis seines Freundes Schierholz wird die mit winzigen Strichen erzielte Fleischdarstellung mit einem ganz einheitlich wirkenden, rembrandthaften Ton kombiniert. Darauf malt er sich selbst, ganz à la Rembrandt stilisiert. Noch beschränkt sich die Beziehung auf Äußerlichkeiten. Aber diese Phase dauert nicht lange. In den »Rastenden Kürassieren« mit den silbernen Reflexen läutert sich der Einfluß durch ein vom Vorbild unabhängiges Motiv, das dem früheren Wirkungskreis angehört, aber sich weit über das Genre des Militärbildes erhebt. Dann ein großer Schritt auf der Bahn zu Rembrandt und ein entscheidender in der ganzen Laufbahn des Künstlers – das Bildnis des Vaters. Es ist in der zweiten Hälfte des Jahres 1862 in Besselich entstanden, wo Hans einen Teil des Sommers zubrachte. Die Mutter, wohl ahnend, wie sehr dem Jungen die Auffütterung not tat, hatte auf seinem Besuch bestanden. Statt aller Antwort auf die sorgenvollen Fragen hatte er den Vater neben die Staffelei gesetzt. Er sollte selbst sehen, was der Sproß gelernt hatte. Der Nachweis gelang über jede Erwartung. Auch dem Alten muß das Bild gefallen haben, und es mag ihm eine schöne Freude gewesen sein, des Malers bis dahin stärkste Leistung gerade mit seinem Bildnis verbunden zu sehen. Er konnte keinen überzeugenderen Beweis von seinem Nachleben in des Sohnes Taten

Bildnis des Vaters, Adolf von Marées. 1862

empfangen. Wir bedürfen nicht der Relativität eines individuellen Maßstabes, um das Lob des Bildes zu rechtfertigen. Vielleicht hat kein Künstler jemals die ausgesprochene Absicht, ein würdiges Werk auf rembrandtschem Wege zu schaffen, besser erreicht. Wohlverstanden, auf diesem Wege! Den kann man zur Diskussion stellen und gern zugeben, daß er nicht der einzige ist, der zur Meisterschaft führt, aber man wird behaupten dürfen, daß er für die Darstellung des Mannes, zumal des alten Mannes, große Vorteile besitzt. Es war nicht möglich, das runzelige Gesicht des Alten getreu mit allen Fältchen nachzuzeichnen, wie es damals noch gern mancher Nachkomme der Nazarener versuchte, ohne den Eindruck des Fleisches einzubüßen. Marées erfand eine Materie, deren Oberfläche im ganzen der zerfurchten Epidermis glich, strich sie in großen Partien mit dem Messer auf und ließ die dabei entstandenen kleinen Risse stehen. Seine Kunst war nur, die sich scheinbar zufällig ergebenden Erhöhungen und Vertiefungen zu Trägern der objektiven Eigenart des Gesichtes zu machen, so daß sie scheinbar von selbst Mund, Nase und die Augenhöhlung bildeten und mit wunderbarer Gleichmäßigkeit das Licht, das auf die Schläfe fiel, verteilten. Der Junge war weiter mit seinem Strahlenwerfer gekommen als der Alte. Es ist fast, als ob nur das Licht der dickflüssigen Masse Leben gebe. Es leuchtet sprechend aus dem Dunkel heraus; ohne das Magische, dem so viele Rembrandt-Nachahmer seit Reynolds opfern. Wohl wird man gewaltig schon von weitem durch den kräftigen Gegensatz zwischen dem Fleisch und dem Dunkel der Umgebung angezogen, aber steht, wenn man näher tritt, nicht wie bei Reynolds und so vielen anderen vor einem toten Truc, sondern genießt erst dann den ganzen Reiz der Materie, das mit hundert Nuancen durchgeführte Spiel zwischen dem Rosa und dem bläulichen Weiß, dessen Blau sich in dem glänzend modellierten Auge sammelt wie der Ton des Äthers in dem klaren Wasser eines Sees in den Bergen.

Viele Besucher der Schleißheimer Galerie verzeihen Marées diesem Bildnis zuliebe die anderen Werke der Sammlung und mäßigen seinetwegen allein den Ton, mit dem sie ihn sonst verdammen. Sicher, er hat kaum etwas Abgerundeteres geschaffen, das die Urteile der vielen mit gleicher Einstimmigkeit zu seinen Gunsten regt. Das Bildnis ist vollendeter als fast alle seine anderen Porträts. Nur – freuen wir uns, das aussprechen zu dürfen – lange nicht das wertvollste, und wenn schon nicht das beste Bildnis, noch viel weniger das beste Bild. Er hat unvergleichlich Kostbareres geschaffen, eine Höhe erstritten, an der sich die Welle von Empfindungen, die dieses Bildnis fluten läßt, wie an steilen Felsen bricht, und man muß zu Perlen wenig Neigung haben, wenn man nicht zu vergessen vermag, daß er seine Besten loser als das Juwel seiner Frühzeit gefaßt hat, daß er sogar bei manchen ganz auf die saubere Zurichtung verzichtete. Die Fassung möchte man dem Vaterbildnis vorwerfen. Vielleicht ist sich das Bild seines Wertes zu sehr bewußt. Die Rücksicht auf das Modell mag Marées getrieben haben, mehr als sonst seine Art war, zu unterstreichen. Damit soll das frühe Beispiel seiner Meisterschaft nicht verloren gegeben werden. Es ist für den Biographen nicht nur eines der eisernen Argumente, um den primitivsten der Angriffe auf den Verkannten, auf das, was man für sein Können zu nehmen pflegt, zu wehren, sondern das sichtbarste Moment eines durchaus notwendigen Stadiums. Er mußte einmal mit Rembrandt anfangen. Etwas und zwar das Edelste von Rembrandt ging Marées nicht wieder verloren. Unter den Sternen, die uns erleichtern, seine Bahn zu erkennen, leuchtet der große Holländer als Gestirn erster Ordnung. Man erschöpft nicht alle Einzelheiten des Werkes und des Menschen, aber begreift mindestens das Niveau seines Ehrgeizes, wenn man ergründet, was Marées von diesem Zeitpunkt an bis an sein Ende mit Rembrandt gemacht hat. Die Kritik seines ganzen Werkes, auch die der späten Phasen, während denen ihm das Vorbild ganz entschwunden scheint, findet in seiner Stellung zu Rembrandt festen Anhalt und ein Symbol für seine ganze Anschauung. An der Höhe der späteren Beziehungen wird der Materialismus des Verhältnisses in dem Vaterbildnis erkannt werden.

Eigentlich überwand er diesen Materialismus schon mit dem Bremer Selbstbildnis, der unmittelbaren Folge des Porträts des Vaters. Es verdient in viel weiterem Umfang den Rang des Meisterwerkes unter den Bildnissen jener Zeit. Dem Adel eines freieren Impulses entspricht die ungleich reichere Technik. Er war sich selbst gegenüber denn doch froher bei der Sache, als wenn der prüfende Blick des Vaters darauf lag. Erstaunlich ist die Energie des Ausdrucks in einer geradezu verschwenderischen Materie. Die lose Malerei, die für das weiche, schmiegsame Haar und für das leuchtende Fleisch die zartesten Nuancen erfindet, verwandelt das Holz der Tafel in perlmutterhaftes Email. Man fragt sich unwillkürlich, wo er die Erfahrung für solche Patina hernahm. Das Bild ist zusammengewachsen wie eins der alten Meister. Man spürt keinerlei Abhängigkeit von großen Mustern. Der Maler verfährt selbständig mit dem Mittel Rembrandts, macht es für seine behendere Art geeignet. Es wird flüssiger, biegsamer, der leiseren Andeutung zugänglich. In der eleganten Allure des Kopfes steckt etwas von van Dyck, das man auch schon in dem verwandten, noch loser gemalten, aber nicht so reichen Münchener Selbstbildnis der gleichen Zeit wahrzunehmen meint. Er lernte van Dyck in einzelnen Bildern der Pinakothek, zumal der »Susanna« und dem »Sebastian« und im Vordergrunde des Schlachtenbildes, von der vorteilhaftesten Seite kennen und dürfte des Rubensschülers zarte Geschmeidigkeit, die sich zuweilen der Routine zu enthalten wußte, geschätzt haben. Auch in etwas späteren Bildern von Marées erinnert der Auftrag zuweilen an den Antwerpener Meister, freilich nie an die zweifelhaften Eigenschaften van Dycks, die seine Persönlichkeit im Bilde der Kunstgeschichte bestimmt haben.

Die Wirkung der beginnenden Meisterschaft auf die Außenwelt blieb zunächst höchst platonischer Art. Den Entschluß, sich auf kurze Zeit zu den Eltern zurückzuziehen, hatte ein schwerer Schlag beschleunigt, der Hans um einen generösen Fürsorger brachte. Onkel Ferdinand hatte sich in einer Nervenkrisis zum Fenster hinausgestürzt. Von jetzt an war Hans, von den Gelegenheitszuschüssen des Vaters abgesehen, die auch einem Sparsameren kaum gereicht hätten, auf seinen Verdienst angewiesen. Der ließ zu wünschen übrig. Selbst Leute, von denen man in den Zeitungen sprach, hatten es nicht leicht, und von Marées sprach man höchstens in einem Nebensatze. Er stellte im Kunstverein aus, wenn man ihn annahm, und bekam dort sogar drolligerweise eine Art von Kundschaft. Hier und da kaufte jemand ein Bild, eine Militärszene natürlich. Er wurde sogar verschiedene Male bei den Ankäufen für die Verlosungen berücksichtigt. 200 Gulden war sein Preis. Einmal hat er es auf 300 gebracht und zwar schon im Jahre 1860. Es war gar nicht schlecht bezahlt für Dinge, die er schließlich ohne viel Kopfzerbrechen heruntermalte. Das Schlimme war nur, daß sich nicht im entferntesten damit rechnen ließ. Atelier und Wohnung fraßen fast die Hälfte seines Einkommens. Farbe und Leinwand wollten auch noch gekauft werden, obwohl man sich damit brüderlich aushalf. Es war das einzige, das er von besser situierten Kameraden annahm, vorausgesetzt, daß er sich mit einer Skizze, wenn nicht mit einem Bilde revanchieren durfte. Oft vergalt er es auch mit Rat und Hilfe, wenn sich einer festgemalt hatte, und es war erstaunlich, wie er mit ein paar Strichen das Fehlende traf, das der andere wochenlang vergeblich gesucht hatte. Die wenigsten wußten, daß es ihm fehlte. Er trat immer sehr forsch auf. Als er in den ersten Jahren noch im Rheinischen Hof verkehrte, stand er bei der Babette, der Kellnerin, in hohem Ansehen. Er verzehrte wenig, aber gab fürstliche Trinkgelder. Die Nahrung verschmähte er nicht, im Freundeskreise in flüssiger Form zu sich zu nehmen, zechte tapfer mit, bis die letzten gingen. Hatte er kein Geld, so verstand er mit einer undurchsichtigen Grandezza, starke Arbeit vorzuschützen, oder meinte, er habe am Mittag so schweren Burgunder zu sich genommen, daß er sich marode fühle. Zu Hause war er nüchtern wie ein Kaninchen und hatte nie Appetit, auch wenn ihm der Hunger aus den Augen sprach. Frau Wolfsleben machte sich oft Gedanken um ihren Mietsherrn. Er war 1860 zu ihr gekommen und hatte es gut getroffen. Sie war keine gewöhnliche Vermieterin, sondern hielt auf ihre Leute, stammte aus besseren Kreisen und war früher Lehrerin gewesen, hatte auch zum Kunstleben Fühlung; ihr Schwager war der Maler Bamberger. Sie vermietete eigentlich nur, weil die Wohnung, in der Schwanthalerstraße 25, nach dem Tode ihres Mannes zu groß geworden war. Hans begnügte sich mit einem kleinen Schlafzimmer nach hinten heraus, da er die Ruhe liebe. Übrigens benutzte er es nur des Nachts. Tagsüber war er im Atelier, das jetzt in der Landwehrstraße lag. Frau Wolfsleben merkte allerlei seit dem Tode des Berliner Onkels. Sie erwischte ihn oft des Abends im Dunkeln in der kleinen Bude. Dann fuhr er mit seiner gewohnten Lebhaftigkeit auf, riß hundert Witze und renommierte das Blaue vom Himmel, daß sie nicht wagte, ihm den Teller Suppe anzubieten, den sie schon bereit hatte. »Halt gar ein zu feiner Herr«, war ihr zweites Wort, als ich sie über den Mieter ausfragte. Sie wunderte sich gar nicht, daß er schließlich ein großer Mann geworden war. Das hatte sie dem Schwager Bamberger immer gesagt, und der Herr von Marées hat auch nie daran gezweifelt. Bamberger, der Rottmann-Schüler, ärgerte sich im Vollgefühl seines geschickten Spekulantentums weidlich über den vertrackten Kerl. Talent hatte der mehr als er gebrauchen konnte. »Wenn er nur mal absteigen möchte von seinem Gaul und zu Fuß gehen, wie andere Leute auch! Wenn es ihm gefällig wäre, zu zeichnen!« Jeder sagte es. Frau Wolfsleben schlich abends zu Marées. »Herr von Marées, ich bitt' schön –« Auf großen Umwegen brachte sie es heraus. Weil es ja doch nun mal so war und weil er sich immer solche Gedanken wegen der Miete mache, obwohl es darauf gar nicht ankomme, denn sie wisse schon und könne ganz gut warten, brauche es ganz und gar nicht. Nur seinetwegen, weil nun doch mal die Leute so dächten, erlaube sie sich, ihn aufmerksam zu machen ... Hans zog die Stirn kraus. Der Herr Bamberger male so und er male so. »Meine Bilder sind nicht dazu da, daß man die Nase darauf stecken soll.« Es werde sich schon mal herausstellen, wer recht habe. Dann watschelte Frau Wolfsleben zu Bamberger, überbrachte dem, was Marées gesagt hatte, und erhielt nicht weniger unwirsche Belehrung, deren Extrakt sie dann wieder Marées einzuflößen suchte. Sehr viel kam bei diesem Verkehr zwischen den beiden Malern nicht heraus. Selbst gesprochen haben sie sich nie. Um zu zeigen, daß er auch nach der anderen Seite herum könne, malte Marées den Grottenhof der Münchener Residenz, mit peinlicher Genauigkeit aller Details. Wahrscheinlich hat ihn sein Freund und Stubennachbar, der Architekturmaler Heinrich Heger, dazu angeregt.[10] Frau Wolfsleben meldete sofort, der Schwager sei begeistert. Es gefiel allen über die Maßen, und wurde acht Tage, nachdem es fertig war, verkauft. Marées aber schnitt alle Hymnen der Wirtin mit der Versicherung ab, daß er ein solches Zeug nicht nochmal machen würde, auch wenn man ihm hunderttausend Gulden dafür böte. Dann würde er verhungern, erklärte Bamberger entrüstet. Und so schien es in der Tat. Den Winter 1862 ging es ihm miserabel. Eine neue Leinwand bekam er kaum zu sehen, da er nicht ewig andere Leute darum anbetteln konnte. So gewöhnte er sich immer mehr daran, ein Bild auf das andere zu malen, ein Verfahren, das böse unmittelbare und mittelbare Konsequenzen haben sollte. Das Schlimme war, daß man nicht auch die Farbe von den alten Bildern kratzen konnte, um neue damit zu malen. Er hat in des Wortes verwegenster Bedeutung damals gehungert. Kunde erstaunte nicht wenig, als ich es ihm erzählte. Er wie jeder andere hätte ihm geholfen. Hans ließ sich wenig sehen, strich abends allein durch die Straßen und verzehrte theoretisch die Auslagen der besseren Charcutiers. Eines Abends nach einem besonders kritischen Tag kam er am Rheinischen Hof vorbei und gedachte der angenehmen Dinge, die ihm dort Babette in guten Zeiten aufgetischt hatte. Der Bratendunst stieg ihm appetitlich in die Nase, lähmte die Energie und spiegelte ihm Trugbilder von baldigen Reichtümern vor. Einmal ordentlich essen! Wo er soviel Zechen gezahlt, konnte er auch mal schuldig bleiben. Er kam in das Gastzimmer. Ein Kellner fragte nach seinen Diensten. Das war gegen alle Erwartung. Wo Babette sei, erkundigte sich Hans einigermaßen beklommen. Die sei schon lange nicht mehr da, war die Antwort, und dabei gab es mißtrauische

Seitenblicke. Hans richtete sich stramm auf. »Weinkarte! Speisekarte!« – in dem Ton, der jedem Kellner die Reflexion über die Qualität des Gastes abschneidet. Er aß wie ein Mensch, der seit acht Tagen kein Stück Fleisch gesehen hatte. Als das tragische Ende drohte, zogen ihn zwei brave alte Maler, die am Nebentische saßen, aus der Klemme. Sie hatten eben auch gesehen, meint Frau Wolfsleben, daß er ein feiner Mann war. Viel später erst hat sie die Geschichte erfahren. Er hoffte immer, der Verkauf des alten »Schills Tod« würde ihn herausreißen. Der Preis war verhältnismäßig hoch, und selbst wenn abgehandelt wurde, mußte genug für ein paar Monate übrigbleiben. Der Kölner Mißerfolg hatte ihn nicht abgehalten, das Bild auf verschiedene andere Ausstellungen zu schicken, und jedesmal, wenn es wieder weg war, wiegte er sich in den heitersten Träumen. Einmal mußte es den Richtigen finden, der dann womöglich noch den Preis überzahlte und dem er dafür umsonst ein Bild malen würde, zehnmal besser als der Schill. Es kam immer wieder. Einmal als Marées besonders gedrückt des Morgens beim Weggange ausgesehen hatte, faßte sich Frau Wolfsleben ein Herz und ging ins Atelier. In einer Ecke des ungeheizten Lochs, über dessen Komfort er immer Wunderdinge phantasiert hatte, saß Herr von Marées und weinte wie ein kleiner Junge, und vor der Staffelei lehnte der zerstörte Traum seiner Jugend, kreuzweise zerschlitzt. Er hatte es gerade exekutiert. Frau Wolfsleben jammerte. Dann hätte er ihr's doch wenigstens geben können, sie hätte es ihm gern nach ihrem Vermögen bezahlt. Was ihr einfiele, bemerkte Hans, plötzlich steif wie ein Stock. Sie möge ihr Geld lieber in Renten anlegen. Darauf schenkte er ihr gnädig eine kleine Skizze.

Im Frühjahr 1863 wendete sich das Blatt, wenigstens zur Hälfte. Gegen alle Gewohnheit kam er einmal schon um Mittag nach Hause. Schon auf der Treppe rief er: »Frau Wolfsleben, ich habe ein Bild verkauft!« – »Das ist aber schön, Herr von Marées!« Es war, weiß Gott, Zeit. Hans verfügte ein Diner, wie es Frau Wolfsleben seit ihrem Hochzeitsschmaus nicht gesehen hatte. Sie mußte sich sofort auf die Beine machen. Die feinsten Dinge, das Beste war gerade gut genug. Er detaillierte die Weinmarken. Die Kinder der Frau Wolfsleben mußten auch mittun, selbstverständlich auch die Frau Kirchmayr von unten. Beinahe hätte er noch den Herrn Schwager bitten lassen. Es war nicht nur ein Kauf, sondern die Gewinnung eines Dauerkunden. Ein steinreicher Russe, der sich in Schleißheim einen Palast ungefähr wie das Schloß bauen wollte und mit den Millionen nur so herum warf. Alle jungen Künstler Deutschlands wurden engagiert, selbstverständlich nur die, die nicht mit der Nase auf den Bildern herumrochen. Er bestellte kein Bild unter 6 × 12 Metern, es gab Monumentalgemälde, Fresken. Mit einem Wort, ein verkappter Großfürst! – Frau Wolfsleben standen die Haare zu Berge. Sie erkundigte sich anderen Tages bei dem Schwager. Es war wahrhaftig so, annähernd wenigstens. Über den Russen liefen die phantastischsten Gerüchte in der Stadt. Man traute ihm die Absicht und die Mittel zu, das Münchener Kunstleben auf den Kopf zu stellen.

Der Mann existierte und war schon seit einer Reihe von Jahren in München. Swertschkoff hieß er. Sein Vater, so sagte er, war Gouverneur von Finnland. Andere hielten ihn für einen illegitimen Sohn des Kaisers Nikolaus. Tatsächlich sah er Alexander III. sehr ähnlich. Er war Offizier gewesen und Adjutant des Zaren, bekam dann die Blattern und bildete sich in Paris – man sagt, bei Couture – zum Maler aus; brachte es auch zu einer gewissen Fertigkeit und machte Kopien nach Rembrandt, die nicht schlechter waren als andere. Seine Stärke lag im Kunstgewerbe. Er hatte Begriffe von Architektur, einen gewissen Geschmack für Mobiliar und Zubehör und entschiedenen Sinn für Dekoration. Dazu ein tüchtiger Organisator und ein glänzender Manager. Baron Stieglitz, der bekannte russische Bankier, hatte ihm die Aufgabe anvertraut, sein großes Palais am englischen Kai in Petersburg nach seinem Gusto einzurichten. Auch andere reiche Leute in seiner Heimat gaben ihm Aufträge und setzten ihn instand, viel Geld unter die Leute zu bringen. Er hatte in München den Aufschwung der Münchener Kunst unter Piloty mitangesehen und gleichzeitig bemerkt, wieviel Geschicklichkeit noch von alten Zeiten her im Münchener Handwerk steckte. 1860 war er nach Schleißheim gegangen, weil man dort den Platz halb umsonst erhielt und das Schloß eine Fundgrube von Motiven für die seigneuralen Bedürfnisse seiner Besteller war. Eine Münchnerin, die hübsche Tochter des reichen und fashionablen Schneidermeisters Kraft, kam mit ihm, starb aber nach kurzer Ehe. Swertschkoff trieb das Geschäft in großem Stil. Er baute sich in Schleißheim zwei Häuser.[11] In dem einen wohnte er wie ein Satrap, in dem anderen waren die Ateliers. Auch die unteren Säle des Schlosses wurden benutzt. Er hatte eine Möbeltischlerei mit den besten Handwerkern Münchens, hatte seine Stukkateure und Ziseleure, ließ Glasmalereien machen und gemalte Panneaux, Plafonds und Dekorationen aller Art in großen Dimensionen und Quantitäten. Alle diese Arbeiten wurden, so weit sie dafür paßten, von Künstlern ausgeführt. Er bestellte die Entwürfe bei den Älteren, die ihm zuverlässig erschienen, und ließ sie von den Jungen ausführen. So kam er sehr billig dazu. Die Entwürfe waren kleine Zeichnungen, die nicht viel kosteten. Die wurden dann ins Große übertragen, dafür hatte er wieder seine besonderen Leute, endlich ausgemalt, wieder von anderen

Kräften. Die Arbeitsteilung entbehrte nicht der mißlichen Seiten, denn es kam ihm nicht darauf an, selbst die Ausmalung nochmals zu teilen und z. B. einen Spezialisten für den landschaftlichen Teil, einen Figurenmaler für das Nackte zu engagieren, das er in Abondance liebte, und womöglich schließlich noch eine letzte Hand darüber zu lassen, der die Harmonisierung der zuweilen possierlich heterogenen Teile zufiel. Jedenfalls arbeiteten eine Menge tüchtige Leute für ihn. Makart komponierte noch im Atelier Piloty eine Riesenmaschine von 5 × 9 Metern, »Italienische Gesellschaft«; das Pendant dazu »Heimkehr von der Jagd« wurde von zwei anderen Piloty-Schülern, Alexander von Wagner und Liezen-Mayer, vermöbelt. Schwind lieferte ihm zwei Entwürfe, eine Diana mit Jagdgefolge und eine Poesie im Kreise von Amoretten, die recht drollig gewesen sein müssen. Auch Böcklin, der ihn in einem berühmten Bilde verewigte[12], hat für ihn gearbeitet. Rudolf Seitz, Anton Seden, Caesar, Karl de Bouché und andere machten die Glasmalereien. Seitdem Ludwig I. das Schloßvestibül ausgebaut hatte, war in Schleißheim nicht mehr so viel los gewesen. Wer die licht- und schattenreiche Geschichte des modernen Münchener Gewerbes zu schreiben hat, wird kaum umhin können, dem Russen ein Kapitel einzuräumen. Die Bezahlung, natürlich die Stars ausgenommen, ging nach Schichtlohn, und es gab nur zwei Sätze, zehn Gulden und elf Gulden den Tag, für die Jungen von damals ein fürstliches Honorar. Swertschkoff war der Mann der großen Mittel. Um seinen Leuten stramme Linien beizubringen, schickte er sie auf seine Kosten zu den Passionsspielen nach Oberammergau, und wenn er herausbekam, daß einer die Moneten einsteckte und vorzog, sich die Anregung auf dem Münchener Keller zu holen, gab es einen Höllenskandal. Seine Grobheit hielt der

Freigebigkeit die Waage. Der alte Galeriediener Beyer, der auch mit zu den Gehilfen gehörte, erzählte, er habe das bayerische Fluchen schon mitgebracht. Wenn er sagte: »Sie Schindluder, miserables!« war er bei guter Laune. Sagte er aber: »Ich schlag Sie nieder wie'n Hund!« so konnte man annehmen, daß ihm etwas nicht paßte. Im Schloß schrie er seine Kopisten an, daß die Gipsdämchen des seligen Dubut zitterten. Marées hatte bald heraus, wie man ihn nehmen mußte. Er schrie noch lauter, und wenn der Russe dann blau vor Wut wurde, sprach er plötzlich mit bezwingender Liebenswürdigkeit von etwas anderem. Canon hatte ein noch probateres Mittel verwendet. Als es Swertschkoff einmal gar zu toll trieb und sie gerade in dem Ahnensaal an einem offenen Fenster standen, packte der baumstarke Kürassier den zappelnden Tataren am Kragen, hielt ihn zum Fenster hinaus und drohte, ihn fallen zu lassen, wenn er sich nicht entschlösse, den Strom seiner Worte zu zügeln.

Kunde hatte den Russen auf Marées gebracht. Heinrich Spiess und sein Bruder August malten an einem großen Plafond für das Stieglitzsche Palais, für den vielleicht der Däne Lorenz Frölich die erste Zeichnung geliefert hatte. Eine Szene im Olymp, Amor und Psyche, vor einer Unmenge von Amoretten und dergleichen. Schon seit dem Winter 1861/62 waren die Brüder an der Arbeit, ohne es dem Russen recht machen zu können. Zu deutsch! schimpfte Swertschkoff; wenn der Olymp so langweilig wäre, ginge sicher niemand hinein. Psyche sah wie ein eingeschlafenes Modell aus, und Amor wie eine ausgestopfte Gliederpuppe ohne Kleider. Die Amoretten hingen wie Nudeln am Hintergrund. Pulver muß hinein, schrie er, als ob er eine Kanone vor sich hätte. Es war alles recht brav gemacht, mit rührendem Fleiß nach zahllosen Studien. Nur, darin hatte er recht, Pulver war wirklich nicht darin. Die Leutchen, an

Kaulbachs Illustrationen gewöhnt, bewältigten nicht die Fläche, die Farbe ließ zu wünschen übrig. Dann war er auf Kunde gefallen. Und der erklärte sogleich, es gäbe nur einen, der den Schinken zusammenbringen könne: Marées. Schon der französische Name imponierte dem asiatischen Pariser. Er erkundigte sich. Es war ein verrückter Kerl, der nicht viel Eigenes zusammenbrachte, aber merkwürdig geschickt war, verunglückte Bilder anderer zu heilen. Sie nannten ihn in den Ateliers den Feldscherer.[13] Talent habe er für drei, nur war er aufgeblasen wie ein halber Herrgott. Swertschkoff schnupperte neugierig. Das war ganz sein Fall. Die Aufgeblasenheit wollte er ihm schon austreiben. Das Kleinkriegen war sein Metier. Er ließ ihn kommen und empfing ihn wie ein Pascha. Marées sah sich den Krempel an und lachte. Zwei Jahre saßen die Brüder daran, und nun war es glücklich eine halbwegs brauchbare Aufzeichnung, auf die man anfangen konnte zu malen. Der Russe hatte Bedenken, auch reute ihn das Heidengeld, das er schon für die Püppchen gezahlt hatte. Aber Marées erklärte, es gäbe nur eins: die ganze Geschichte von A bis Z übermalen. Und dies sei eine Kleinigkeit. Sechs, acht Wochen genügten. Nun, so eine Kleinigkeit sei es wohl nicht, entgegnete der Russe. Nur nicht gleich das Maul so voll nehmen! Er habe schon mit ganz anderen Leuten zu tun gehabt, denen er den Bauch mit Louisdors gestopft und die doch nicht kapiert hätten und von ihm eigenhändig die Treppe hinunter spediert worden wären. Ob Marées überhaupt schon solche Sachen gemalt habe. Hans erklärte, kaum die Schlösser zählen zu können, die mit seinen Plafonds und Panneaux gepflastert seien. Auf das Dekorieren komme es an, nicht auf die finzelige Pinselei. Man nahm sich keine Leiter, um so einen Plafond zu betrachten. Nur Idioten malten so was wie ein Staffeleibild, abgesehen davon, daß auch ein rechtes

Staffeleibild nicht da sei, um mit der Nase beguckt zu werden. Die Farben müßten sprechen, nicht die Augen der verzückten Amoretten. Und das Ganze habe mit der Architektur zusammenzugehen wie bei Rubens und Veronese und den anderen Herren, von denen man in Deutschland nicht die geringste Ahnung habe. Der Russe schwor, wenn der Kerl nur halb so gut male, wie er rede, würde er ihm einen Paletot aus Hundert-Rubelscheinen machen.

Marées fing im Frühling an.[14] Er behielt die Münchener Wohnung bei Frau Wolfsleben, die inzwischen in die Dachauerstraße gezogen war, übernachtete aber gewöhnlich mit Kunde und den anderen Lieferanten des Russen in Schleißheim. Kunde war sein Gehilfe. Bevor Marées an die Arbeit ging, sah er sich die Plafonds von Amigoni im Schleißheimer Schloß an und skizzierte einige Stellen, um sich die Hand zu lockern. Dann ging er an die eigentliche Arbeit. Die ursprünglichen Schöpfer des Plafonds waren entsetzt, wie er mit dem Resultate ihres Fleißes umsprang. Die Puppe und Püppchen verschwanden unter Bergen von Farben. Er malte, erzählt Kunde, mehr mit der Hand als mit dem Pinsel. Nach den ersten vier Wochen sah das Ganze einem gehackten Stück Fleisch ähnlicher als einer Götterversammlung. Swertschkoff raste. Er hatte, von anderen Geschäften abgehalten, der Arbeit nicht folgen können und sah erst jetzt die Bescherung. Am liebsten hätte er Marées ebenso zerhackt, wie der den Plafond. Aber Marées ließ ihn brüllen. Wenn man einen Menschen von den Gedärmen aus ansah, war es auch nicht appetitlich. Abwarten! – Er war sehr gleichmütig. Wenn ihn der Russe jetzt hinauswarf, konnte kein Gott das Riesenbild wieder zurechtbringen. Er spekulierte richtig. Swertschkoff verzog sich und Marées bekam ihn wochenlang nicht zu sehen. Der gute Mann mied sogar den Raum, wo gearbeitet wurde, und kam erst, als Marées ihm bedeutete, nun sei die Sache fertig. Das fand nun der Russe ganz und gar nicht. Es gab wieder eine Höllenszene, und als Marées sagte, er möchte gefälligst mal den Plafond in die rechte Höhe anbringen und dann anschauen, drohte der Berserker, er würde ihn am Plafond aufhängen. Marées durfte aber doch noch verschiedene andere Panneaux zu demselben Saal in Angriff nehmen und in seiner Art fertig machen. Wie die ganze Dekoration schließlich aussah, läßt sich nicht mehr feststellen, denn der gegenwärtige Zustand rührt kaum von Marées her. Kunde gesteht, Swertschkoffs Unzufriedenheit sei berechtigt gewesen.[15]

Aber dieser Sommer in Schleißheim hatte doch für Marées bleibenden Vorteil. Es blieb ihm Zeit genug, noch eine Menge anderer Bilder zu malen, und diese Sachen zeigen deutlich, was er bei der Bewältigung der großen Fläche lernte. Er hatte das Zutrauen zu seiner Hand gewonnen und in der Praxis gesehen, was ihm bis dahin nur Aufgaben geringen Umfangs bestätigt hatten, daß man Bilder nicht mit den Personen, die den Gegenstand darstellen, malte, sondern mit Flecken und Farben, daß es nicht im mindesten darauf ankam, die Einzelheit zu feilen, wenn der Zug im ganzen fehlte, daß eine Nase, allein betrachtet, wie eine Scheibe Wurst oder wie Herrn Swertschkoffs Kopfbedeckung aussehen konnte, wenn sie nur aus der dem Bilde gebührenden Entfernung im Ganzen ihren rechten Platz und ihre Bedeutung annahm. So malte er seinen Freund Bauer eines Nachmittags zu Beginn der Plafondarbeit, als er mal ein wenig fest saß und mit Alkohol versuchte, wieder flott zu werden. Sie hatten einen hinlänglichen Frühschoppen hinter sich – ein fideler Kreis von Offizieren und Künstlern – und Marées war eben ins Schloß zu Zwengauer, dem Maler, der damals Konservator war, gegangen, um eine ausgegangene Farbe zu ersetzen. Bauer stand am Fenster und die Sonne beschien sehr verlockend das fuchsrote Gesicht, in dem sich Bart und Fleisch fast zu einer Farbe vermischten. Nicht weniger verlockend lachte die große jungfräuliche Leinwand, die der treffliche Zwengauer gerade in eins jener bemalten Gardinenrouleaux verwandeln wollte, die der Sonne den Eintritt wehren, aber wenigstens ein zärtliches Abbild der Natur den Blicken entrollen. »Bleiben Sie mal stehen!« sagt Marées zu Bauer, nimmt, ohne viel zu fragen, dem guten Zwengauer die säuberlich bereitete Palette aus der Hand und malt in einem Zug das lebensgroße Bildnis herunter. Zwengauers Sohn war dabei und versichert, es habe genau zwei Stunden gedauert und die Ähnlichkeit habe sie alle erschlagen. Das können wir nicht mehr kontrollieren. Aber was uns übriggeblieben ist, nachdem man leider den Hauptmann um den Unterleib gebracht und – was noch mehr stört – um den Kopf herum die Luft weggeschnitten hat, zeigt ein Gesicht, an das man glaubt, ohne eine Ahnung von dem Dargestellten zu haben. Die Eigenart des Haudegens, der beim Wein eine gefährliche Klinge schlug, kommt ganz unabsichtlich zum Vorschein, ohne sich auf eine bestimmt formulierbare Art des Typs zu beschränken. Man kann an Daumier denken. Nicht die Geste malt die Eigentümlichkeit des Mannes, sondern ein elementareres Mittel, das die Synthese psychologischer Art dem Betrachter überläßt und sich begnügt, eine typische Materie zu zeigen. Diese erweckt mit scheinbar willkürlichen, in Wirklichkeit aufs Haar treffenden Pinselstrichen, mit turbulenten, aber streng organisierten Farben den Eindruck der Verwegenheit des Helden. Mit voller Sicherheit hebt sich die natürliche Qualität des Haars vom Fleische und dies vom Stoff der Jacke ab, ohne verkennen zu lassen, wie eng diese Dinge am selben Menschen zusammengehören. Ja, dieser

Zusammenhang scheint früher entstanden, bevor die Differenzierung begann. Das Postulat, das er später oft aussprach, eine Figur müsse in einem Zuge gemalt sein, hat er hier schon mit größter Kühnheit erfüllt. Fabelhaft sitzen die Augen. Sie sind nur Flecke, ein wahrer Hohn auf alle Regeln der Akademiker und ein starkes Argument gegen Marées' eigene Bildnisse, in denen er nicht die gleiche Nonchalance gegen die Tradition wagte. Man halte die Wirksamkeit dieses Auges gegen das gleiche Organ in dem ungefähr gleichzeitigen Bildnis der Hamburger Kunsthalle oder der Frau Lier, bei denen er sich der Genauigkeit befleißigte. Er erreicht das typische Porträtistenauge, das Detail, das man ausschneiden kann. Das Verlangen, das Auge müsse rund modelliert sein, das Marées in diesen beiden langweiligen Bildern weitgehend erfüllte, stützt sich auf eine mit festen Begriffen, nicht mit Formen rechnende Tradition und läßt eins außer acht, die Funktion des Organs. Das Auge in dem Bildnis Bauers mag irgend etwas sein, aber es erfüllt die einzige Aufgabe, die man ihm vernünftigerweise zuweisen darf, das Blicken. Es blickt mit einer dem ganzen Gesicht die Richtung gebenden Kraft und trägt daher zur Belebung bei. Der Eindruck des Lebens wird hier trotz der knappen Mittel nicht weniger vollkommen erreicht, als in dem meisterlichen Bildnis des Vaters, dessen Natürlichkeit um ein geringes durch die Rücksicht auf das hohe Vorbild beeinflußt wird. Der Instinkt des Künstlers ist selbst ein durch ein Nichts verletzbares Auge. Die leiseste Trübung bringt Störungen hervor. Doch liegt die Maréessche Bildniskunst zum geringsten im virtuosenhaften Pinselschwung. Was in dem »Bauer« als Pinseleffekt erscheint, ist in Wirklichkeit die Farbenverteilung. Die Pinselschrift entbehrt vielmehr der Reize, an die uns die moderne Kunst gewöhnt hat. Entscheidend ist die Treffsicherheit in der

Bestimmung der Stützen des Bildes und das Gefühl für die Tondifferenzen. Man sieht das noch deutlicher an dem Bildnis Hornemanns, das eine größere Sorgfalt in der Modellierung auszeichnet. Mit anderen Mitteln entstand das merkwürdige Doppelbildnis, das Marées und Lenbach vereint. Die Ansicht, die das Wirkungsvolle dieses Bildes und so vieler anderer auf das Skizzenhafte schiebt, kehrt die Tatsachen um. Solche Dinge wollen, bevor man sie skizziert oder fertig macht, erst einmal erfunden werden. In keinem anderen Bilde der Münchener Zeit ist das Erfinderische des Maréesschen Genius gleich überzeugend. Es packt die Physiognomie mit einem unwiderstehlich sicheren Griff und bringt es fertig, gegen alle Regeln den helleren Teil hinter den dunklen zu bringen; verbindet beide mit ungemein geringen koloristischen Beziehungen – wenn bei dieser trüben, schmutzigen, barbarischen Farbe überhaupt von Koloristik die Rede sein kann – und macht doch gerade die Gruppe, die Zweiheit dieser Menschen, so wahrscheinlich, so überzeugend und so tief eindringend in unsere Vorstellung, daß man sich Lenbach und Marées kaum noch anders zu denken vermag, als sie hier im Bilde erscheinen. Die Art des Zusammenseins der beiden, das Auftauchen des lichten lachenden Gesellen hinter dem dunklen Brillenmann treibt uns, kraft der rein plastischen Darstellung, zu allen möglichen psychologischen Deutungen des Verhältnisses zwischen den beiden Menschen, die im Leben nicht geringere Gegensätze waren als hier im Bilde. Die Köpfe oder vielmehr die Büsten sind annähernd lebensgroß. Dazu hat Lenbach einen voluminösen Deckel auf dem Schädel – wie der Kopf da drin steckt, ist ein Meisterstückchen –, das Stück Gardine nimmt auch noch Platz weg, und das ganze Bild mißt wenig mehr als einen halben Quadratmeter. Als sich jemand darüber wunderte, lachte Marées, es ginge noch viel mehr hinein, und placierte mit zwei Strichen noch die Hand in die Ecke. Wenn sie nicht da wäre, würde es dem Bilde nicht schaden. Nur ein großer Komponist konnte den Luxus solcher Ökonomie erfinden. Sie kommt vom Zeichner her, der sich in Linien zu sammeln weiß und, bevor er den Raum belebt, die Fläche erobert. Aber auch der Bildhauer hat daran Teil. Wenigstens sind wir an Malern solche Wirkungen nicht mehr gewöhnt und können uns leicht denken, wie die Gruppe in Stein übertragen aussähe. Sie gäbe dort die Variation eines von der Antike bis zur Renaissance oft geübten Motivs der Bildnisplastik. Die Empfindung für das Dreidimensionale, einer der mächtigsten Hebel Maréesscher Kunst, kommt hier zum erstenmal ganz unverhohlen, wenn auch erst unvollkommen realisiert, zum Vorschein. Sicher nicht lediglich darauf beruht die merkwürdige Gewalt der beiden Gestalten. Die an Karikatur streifende Geschwindschrift der Charakterisierung entscheidet. Aber mindestens mitbestimmend für unseren Eindruck ist die Existenz dieser Gesichter in einem gezauberten Raume. Daß zur besseren Darlegung das eine hinter dem anderen hervorschaut, vergrößert noch den Zauber, wenn auch die Köpfe hart aneinander geraten. Es könnte ein Kunststück sein, und als Nebengedanke mag dem ehrgeizigen Spötter wohl daran gelegen haben. Doch überflügelt die Lösung weit solche Absicht. Die Stellung wird zu einer prachtvollen Parallelkomposition verwandt, von einer Differenzierung, die dem Bildhauer immer versagt wäre. Diese Komposition zieht zusammen, was der zeichnende Psychologe, dem an der Darstellung seiner eigenen wie Lenbachs Persönlichkeit lag, scheiden möchte. Je besser wir die Verschiedenheit zwischen den beiden wahrnehmen, umso erstaunlicher scheint uns, daß sie ein Ganzes bilden. Die Linie von den Schultern des einen zur Schulter des anderen hebt die Zweiheit auf, die des Pinsels Züge und der primitive Unterschied zwischen Hell und Dunkel so schroff wie möglich betonen. Aus dem nie endenden Spiel der Gegensätze, die sich überwinden, erklärt sich, daß wir immer von neuem von dem Leben in dem engen Rahmen getroffen werden.

Im übrigen wirkte die Schleißheimer Zeit in entgegengesetzter Richtung auf Marées und lockte mehr den Koloristen als den Zeichner. Und das war natürlich. Er ging offenen Auges durch die reiche Galerie, bekam vor dem großen Altarbild und dem Gonzaga-Zyklus mindestens eine Ahnung von Tintoretto, konnte sich vor dem kostbaren Boucher, wenn der ihm auch frauenzimmerhaft genug erschien, nicht der Einsicht erwehren, daß das verteufelt geschickte Malerei war, und verlangte von Zwengauer, daß der damals phantastischerweise Kaspar de Crayer genannte Olivarez zu Pferde dem intellektuellen Urheber Velazquez gegeben wurde. Aber auch das Schloß selbst mit seiner nicht übel nachgebildeten Versaillesstimmung, in dem er von Swertschkoff angehalten wurde, in mehr oder weniger dem Geiste des Ortes angepaßter Weise tätig zu sein, übte seinen Charme auf ihn aus, und als ihm der Russe in einer guten Stunde gnädig gestattete, ein eigenes Bild für Stieglitz zu malen, schuf er das reizendste Idyll seiner Jugend, das Bad der Diana. Zum Glück für uns wurde es refüsiert. Swertschkoff fand, es sei eine Schmiererei. Und so kam es auf Umwegen auf den Platz zurück, von dem es ausgegangen war. Es hängt zwischen den strengen anderen Bildern wie ein rührendes Geschenk der Zärtlichkeit unter Kampftrophäen. Nie ist sein Urheber linder und weicher gewesen und hat sich lässiger hingegeben. Ein Rokokobild, eine Parkszene mit tändelnden Frauen. Aber ein Rokoko ohne Boucher und seine Suite; schon im Motiv sehr verschieden von den lockeren Szenen. Pferde und Hunde – die russischen Windspiele Swertschkoffs – stellen die Kavaliere. Und gar nichts hat es von der Mache des 18. Jahrhunderts. So leuchtend inmitten des Walddunkels ersah keiner der auf die Geste Bedachten des Fleisches Fülle, wagte auch nicht so breit mit den Massen zu wirtschaften, denn dabei wäre alles, was die lockere Zeit erraten lassen wollte, verschwunden. Dies um die Deutung unbekümmerte Formen, das nur an Licht und Schatten denkt, dem die Landschaft nicht Kulisse ist, sondern der Behälter der Atmosphäre, deutet auf eine ganz andere Kunst; länder viel eher auf den Meister, dem Marées schon lange nachsann. Nur das Motiv verschließt den Weg vom Vaterbildnis zur Diana; nicht die Darstellung. Auch in der Diana wirkt das Lichtzentrum Rembrandts und gibt die durch nichts zu ersetzende bildnisartige Organisation. Nur daß hier Menschen und Tiere, Bäume und Himmel das Licht verteilen, das wie von einem von innen erleuchteten Quell dem Leib der Göttin entstrahlt. Doch täuscht sich nicht der Sinn, der hier die Rhythmen des Dix-huitième wiederkehren sieht und für die holde Musik der Gesten keinen anderen Namen findet. Es ist Rokokomusik, zu der Rembrandt den Takt schlägt. Die kühne Mischung zweier Welten, die damals in Schleißheim dem Instinkt eines reichen Menschen unbewußt gelang, ist uns heute nicht mehr ganz ungewohnt. Die Entwicklungsgeschichte der französischen Malerei hat uns gelehrt, wie Corot, von dem Marées kaum mehr als den Namen wußte und dessen große Figurenbilder damals ganz unbekannt waren, das Dix-huitième überwand, indem er es mit der Wahrhaftigkeit der Holländer des 17. Jahrhunderts durchtränkte. Doch wirkt bei jedem gelungenen Werke Corots die Mischung stets aufs neue wie ein seltenes Wunder. Wäre es erlaubt, historische Erwägungen zur Wertung von Werken heranzuziehen, so stände Marées'

Das Bad der Diana. 1863

Diana noch um vieles höher. Ihm fehlte jede der Brücken, die Corot, der von gallischer Kunst Gesättigte, geschlagen fand. Was er von französischer Kunst wußte, was damals in Deutschland überall für Frankreichs Stolz galt, war nur geeignet, ihm den Weg zu versperren, und seine eigene Abneigung verwehrte ihm jeden Versuch, sich der Franzosen unmittelbar zu bedienen. Es bleibt vor diesem Bild nichts anderes übrig, als eine einem Corot ähnliche Instinktanlage vorauszusetzen. Die Ähnlichkeit der Resultate geht weiter über das hinaus, was Entlehnung geben könnte. Sie ist viel weniger wörtlich, beruht auf der Anschauung, nicht auf der Malerei, entsteht aus ganz verschiedenen persönlichen Erfahrungen, ist ein gleiches Regen der Sinne. Ohne diese Mitgift war Böcklin ein Dutzend Jahre vorher Corot in Paris gegenübergetreten, mit den Augen Schirmers, und hatte aus der Begegnung die relative Tonfülle seiner besten Frühwerke gewonnen. Es ist ein Stück derselben Welt, in der die Diana badet, aber es liegt am äußersten Rande, und nur das schwache Echo des Reichtums klingt in ihm nach. Der Schirmer-Schüler faßte allzu oberflächlich die Reize Corots, versäumte zumal eins, die Farbe im Tone des Meisters, die vibrierenden Differenzen, das Geheimnis der Corotschen Atmosphäre. Gerade das, was Corot die Macht in der Zartheit verleiht, das Rembrandthafte, entging ihm, und das besaß Marées, bevor er den Wald der Diana betrat. Das lehren uns die vorangegangenen Bildnisse. Auch für das reiche Fühlen der Farbe, vor der alles, was Böcklin im selben Geiste malte, trotz seiner viel reicheren Palette, erblaßt, haben wir vorher die ersten Anzeichen gefunden, und die schnelle Entwicklung treibt uns, die kleinen Skizzen, zumal das »Soldatenlager« von 1862 mit verdoppelter Aufmerksamkeit anzuschauen. Nur hätte wohl niemand von den winzigen Dingen auf diese Möglichkeiten des

Koloristen geschlossen. So geht es sehr oft bei Marées. Aus Eigenschaften, die nebenher laufen, deren er sich kaum bewußt ist, entstehen eines Tages Werke, die gerade diese Eigenschaft so ausbeuten, als hätte der Künstler sein Leben lang nichts anderes gemalt. Der Reichtum an Farbigkeit geht weit über die der gleichzeitigen Figurenbilder Corots hinaus. Der Meister der »Toilette« bedurfte zum Putz seiner Schönen keiner prangenden Kontraste. Marées' Idylle, die viel weniger auf der Arabeske beruht, verdankt ihnen unentbehrliche Reize. Es steckt neben dem Holländischen eine Ahnung von venezianischem Zauber, von allen möglichen seltenen Farbenreizen, in dem Bilde. So glaubt man wenigstens. Bei genauerem Zusehen reduziert sich diese Pracht auf einen ganz einfachen Ursprung. Es kommen eigentlich nur drei Farben zur Verwendung; sie sind in der schönen Skizze zu dem Bild deutlich geschieden: Braun, Blau und Rot, von denen das Rot nur einmal, freilich an der wichtigsten Stelle, benutzt ist. Dazu kommen Spuren von Grün. Alles andere ist Wiederholung und eine Abtönung, die zumal aus dem Braun alle Stufen von blondem Weiß bis zum tiefsten venezianischen Harz gewinnt. Die eine Farbe tritt so stark hervor, daß alle anderen nur als Schmuck zu dienen scheinen. Daß trotzdem jede Spur des Eindrucks der berüchtigten »Sauce« vermieden wird, liegt an der Verteilung, die wie mit einem Gobelin verfährt und durch delikate Differenzen selbst da für Bewegung sorgt, wo wir nur breite Massen wahrzunehmen glauben. Und gleichwie in einem Gobelin verweben sich die Umrisse der Fläche. Zum ersten Male wagte sich Marées im Bilde an den nackten Körper, und ich denke mir, daß, als die reizende Gruppe vor ihm erschien, zum erstenmal das Bewußtsein von dem ganzen Umfang seines Berufes in seiner Seele erzitterte. Ein Liebliches von seltener Süße bot sich ihm dar, fern von allem, was bisher teutonische Hände, getrieben von wer weiß wie hohen Idealen, der Frau im Bilde anzutun gewagt hatten. Es gab deutsche Hausmütter und fromme Jungfrauen, Tragödinnen und Weiber, die Gummikissen glichen und die man üppig fand, altdeutsche Ritterdamen, die verzierte Schnürbrust mit Keuschheit, aber beileibe nichts anderem gefüllt, und Griechinnen aus Pappe – keine Frau. Und fast muß man sich besinnen, ob es vor unserem Jahrhundert je anders war. Es gab keine Frau in dem simplen Sinne, den nicht des Mannes Denken, sondern ein Fühlen für ihre Eigenheit ergibt. Sie waren Maschinen verschiedenen Kalibers, denen die einen Reflexionen, die anderen flitterhaften Tand umhingen. Nie malte jemand, selbst nicht Feuerbach, der heiß für sie entflammte, den Hauch um sie herum, der ihre Nacktheit natürlich und als schönstes ihrer Kleider offenbart. Es liegt nicht daran, daß Marées intensivere Wirklichkeitserfahrungen besaß. Möglich, daß er dem Modell, das der weichen Studie für den Kopf der Diana gesessen haben soll, nicht nur die Huldigung des Künstlers weihte, ich habe aus seiner Jugend nichts erfahren können, das auf besondere Neigung zu den Frauen schließen ließe. Statt der nur allzusehr lokalisierten Entflammbarkeit des deutschen Musensohns brachte er ihnen die Sinnlichkeit für alles Lebendige entgegen. Das leiht der zarten Erotik seiner Waldidylle den reichen und reinen Klang. Er malte die Frauen ganz so spontan wie die Skizze zu dem Bilde, die ihm im Moment gelang, und sicher im wesentlichen ebenso aus dem Kopfe; mag sich vielleicht wie zu dem Gesicht der Diana auch zu den Körpern Studien gemacht haben, aber sah, während er malte, nicht darauf hin, sondern tastete sich sein Märchen zurecht wie vorher seine derberen Geschichten, nur von dem Rhythmus geleitet. Und auch das verbindet ihn mit dem

Meister von Ville d'Avray, der seinen Bajaderen das Kleid am Leibe nähte, weil er sie liebte und weil der Stoff zu fein und kostbar war, um davon Vorräte zu halten. Er »konnte« genau so wenig wie Corot. Das dankte er seinem Stolze, der in den Äußerungen des Menschen drollige Blasen trieb, und es war der teuerste Besitz seiner Lehrzeit, daß er nicht mit einem fest umrissenen Quantum von Spezialistentum vor die Welt trat und sich die Gottesgabe nach dem Mechanismus eingetrichterter Doktrinen verengte. Er konnte mehr. Das Wissen von seinem Handwerk, das die untadelhaft altmeisterlichen Werke dieser Zeit bezeugen, war ihm nicht Mittel zum Zweck, galt ihm nicht als die Münze, für die man Bilder löste, sondern gehörte zu ihm wie eine ganz persönliche Sache. Irgendwie hätte er sich, auch ohne von Rembrandt zu wissen, äußern können, sicher nicht so vollkommen, vielleicht nicht einmal als Maler, hätte dann andere Wege gesucht, geschrieben oder musiziert, aber hätte Besonderes auf besondere Art gesagt. Und das ist aller großer Meister tiefster Reiz, daß sie uns diesen Glauben beibringen, sie hätten selbst gefunden, auf welche Art am besten das Bild zur Welt kommt. Immer fühlen wir zwischen den Zeilen ihrer Gedankengänge, die uns auf jeden Schritt an anderen Großen vorbeiführen, die Möglichkeit, daß ihnen das gleiche Resultat auch noch auf anderem Wege gelungen wäre. Weil wir den Trieb spüren, der ihr Fühlen treibt. Dieser Trieb, bei Corot bis ins Alter hinein der eines schwärmenden Jünglings, umrankt das Handwerkliche, wie des Liebhabers Empfindung die Worte an die Geliebte, die auch ein anderer brauchen könnte, glühen macht. Über alles teuer ist uns das zaghafte Sich-selbst-Suchen, das sich bei jedem Werke wiederholt, denn jedes Werk ist schließlich nichts anderes als ein neuer Fund des eigenen Daseins. Nur Menschen, deren Keuschheit über den

Eigennutz des Wunsches nach Besitz hinausgeht, haben den Mut solchen Zagens. Marées besaß ihn bis zuletzt, und das ist es, was die Strenge seiner späteren Werke so zauberhaft verklärt.

Das Motiv des Dianabades bleibt im Frühwerk allein. So wenig es sich wegdenken läßt – dafür enthält es zuviel Hinweise auf die Zukunft –, seine Form entsprach zu seltenen Momenten der energischen Männlichkeit des Maréesschen Genius. Auch mag ihn sein Realismus abgehalten haben, sich einer wenn auch nur scheinbaren Mythologie hinzugeben. Aber wenn die Nymphen, kaum erschienen, wieder verschwanden, der Zauber blieb. Der »Ritt durch den Wald«, die »Rast am Waldesrand« und die »Schwemme« sind dem »Bad der Diana« sehr ähnlich, trotz der Verschiedenheit der Motive. In allen farbige, vom Braun des Waldes umhüllte Gruppen, in allen dieselbe verschwiegene Poesie. Der weite dunstige Plan auf der linken Seite der »Rast« erinnert noch an die Militärbilder; es ist der Rest einer überwundenen Zeit. Marées bedarf keiner Distanz und keiner auf einen Ton gestimmten Helligkeit mehr, um die Atmosphäre darzustellen. Zum erstenmal überträgt er seine Bildniskunst auf die Landschaft. Tiere und Menschen sind wie Porträts erfaßt, viel größer im Maßstab als die Figuren des Dianabildes. Viel logischer und konzentrierter wird das Licht verteilt, ohne jeden Kulisseneffekt. Die Gruppierung scheint ganz zufällig, doch wirkt sie, je länger man das Bild betrachtet, wie eine unumstößliche Tatsache. Es liegt an der Farbe, an der weisen Fürsorge, die den drei die Gestalten auszeichnenden Hauptfarben, dem Blau, Rot und Weiß, vielerlei versteckte Rollen in der Landschaft zuweist, wodurch die Menschen und Tiere mit dem Boden, mit dem Wald und dem Himmel verbunden werden. Und es liegt auch an der zeichnerischen Gruppierung, an der losen, aber wirksamen Flächenbeziehung zwischen dem Mann und der

Frau mit dem Kind und den Pferden, daß die Gruppen Massen und die Massen zusammen eine versteckte Ornamentik bilden, daß alle Bewegung, ohne daß die Absicht bemerkt würde, auf den Schoß der Frau als Zentrum bezogen wird, wo das belichtete Kindchen ruht. Nur infolge der natürlichen Richtung des Lichtes ist diese Stelle so hell getroffen. Und doch wirkt sie seltsam ergreifend. Es sind ganz gewöhnliche Menschen. »Ein nichts weniger als reizendes Paar, das dem ehrsamen Stande der Marodeurs oder anderem Gesindel angehören mochte«, heißt es in einer zeitgenössischen Kritik, »keineswegs schöne, aber frappant wahre Exemplare der Gattung.« Doch macht die Einhüllung in den abendlichen Schein etwas ganz anderes daraus. Man wird nicht die Vermutung los, Marées habe mit dem Bild die neue Lösung eines uralten Motivs versucht, eine Ruhe auf der Flucht. Vielleicht dachte er erst nachträglich daran, als das Bild fertig war. Uns verschönt der Umstand, daß wir erst nachträglich darauf kommen, nicht wenig die Deutung.

Das Bild entstand in schweren Nöten. Die schönen Tage von Schleißheim waren mit der Beendigung der Arbeiten für Swertschkoff vorbei. Man hatte lustig in den Tag hinein gelebt, und Hansens feudale Seite hatte durch den Verkehr mit den Schleißheimer Offizieren bedenklich die Oberhand gewonnen. Hauszuhalten wußte er eigentlich nur, wenn die Tasche leer war. Soweit war er, und der Winter begann. Mit Zuhause stand er nahezu auf Kriegsfuße, antwortete nicht auf die drängenden Fragen des Vaters und schrieb kaum noch der Mutter, die sich hinter die Frau seines älteren Freundes Knoll, des Bildhauers, steckte, um etwas über sein Treiben zu erfahren. »Die Angst und Sorge um Hans«, schreibt sie am 20. Dezember 1863 an den Sohn Balduin, »hatte uns ganz hingenommen. Da er mir zu meinem Geburtstage nicht gratuliert hatte, und er es sonst nie verfehlt, so entschloß ich mich endlich, der Frau Knoll zu schreiben. Die Antwort war beruhigend, doch für den Augenblick nicht allzu tröstlich, aber ganz in Freundesart und -weise. Frau Knoll rät uns, Hans nicht durch Ermahnungen und Vorschläge usw. irrezumachen, hält es für besser, daß wir und ebenso seine Brüder ihm nicht schreiben, aber sie bittet uns, nicht irre an ihm zu werden; er sei ein Mann, er müsse und würde sein vorgestecktes Ziel erreichen; aber Geduld macht sie uns zur Pflicht. Eine Unterstützung von 300 Mark würde ihn freilich sehr fördern, selbst wenn diese auch in einzelnen Raten gezahlt würde. Das war für uns ein sehr schweres Wort. Frau Knoll bemerkt auch dabei, daß Hans von diesem Geldpunkt nichts wissen dürfe, es müsse das mit großer Vorsicht geschehen. Frau Knoll hatte doch auf Hans gewirkt. Er schrieb am anderen Tag wenig, aber leidlich. Der Brief war vom neunten. Mehrere Tage nachher kam ein vom 12. datierter Brief von Hans, der durch die darauf geklebte Freimarke schon auf einen guten Inhalt schließen ließ. Und dem war so. Sein ursprünglich für die Ausstellung bestimmtes, nicht vollendetes Bild war jetzt ausgestellt und der Gegenstand eines Parteikampfes geworden. Daß ein so gebildeter und viel gereister Mann wie Paul Heyse ihm Lobeserhebungen macht, daß dessen Onkel, der dreißig Jahre in Rom gelebt, das Bild hoch stellt, spricht für dessen eigentümlichen Wert. Das beste aber ist, daß das nach seiner Meinung freilich geringe Gebot von 500 Gulden darauf gemacht ist. Hans hat zugeschlagen und die 300 Mark sind da . . .« Es handelt sich um die »Rast am Waldesrand«, und was die Mutter schrieb, war nicht übertrieben. Es hatte sich wirklich um das Bild ein Kampf entsponnen, der von »Jung-München«, dem Verein der mit Marées befreundeten Landschafter, mit Energie gegen die Akademiker ausgefochten wurde. Was zündete, war die ganz eigentümliche Darstellung des Figürlichen in der Landschaft, die weder dem alten Begriff der Staffage, noch dem Genrebild entsprach. Sie näherte sich dem Legendenhaften, ohne auch nur im geringsten nach der Literatur zu blicken, war streng realistisch und dabei doch, man wußte selbst nicht wie, mit generösen Vorstellungen verbunden. Marées' Stern stieg plötzlich. Friedrich Pecht nahm das Bild als Zeugnis einer neuen, »mit rücksichtsloser Konsequenz auftretenden Richtung«, fand, daß der Reichtum des Tons an die besten alten Niederländer erinnere und alles Dagewesene übertreffe, und gratulierte dem Künstler zu seiner originellen Schöpfung, »die nichts anderes sein will als ein schönes Bild, diesen Zweck aber in eminenter Weise erreicht«. »Es ist schon viel«, schloß er, »wenn wir nur erst wieder dazu kommen, das prätentiöse und tendenziöse Wesen einmal so gründlich abzutun, wie es hier geschehen.« Man sprach von Marées. Die Jungen selbst ihm fremder Kreise fingen an, sich mit ihm zu beschäftigen, Einflüsse, die vorher schon latent den einen und anderen ihm nahe gebracht hatten, wurden deutlicher. Sein alter Freund aus der Steffeck-Zeit, Heinrich Lang, der Schlachtenzeichner, dürfte für manche Jüngere der Vermittler gewesen sein und wurde selbst nicht wenig von Marées gefördert.[16] Den entscheidendsten Einfluß hat Wilhelm Diez erfahren. Dafür sprechen sowohl die frühen Pferdestudien, als auch die ersten Bilder des flotten Genremalers. Der Eindruck der »Rast am Waldesrand« spiegelt sich in vielen Bildern des Jüngeren wider. Mit Diez kam ein Stück des jungen Marées in die Münchener Kunst. Die Ausstellung der Diez-Schule (bei Heinemann in München im Winter 1907) bewies, daß es Bestand hatte. Von anderen hat Marées damals in München möglicherweise manches empfangen. Mitte des Jahres 1863 war Wilhelm Lindenschmit nach München gekommen, und die Verwandtschaft der Neigungen hatte die beiden bald zusammengeführt. Lindenschmit war fast acht Jahre älter. Er war mit Karl Hausmann und Viktor Müller in Belgien und in Paris gewesen, und das Kleeblatt hatte dann in Frankfurt die in der Fremde gesammelten Erfahrungen auszunutzen versucht. Von den dreien konnte damals Lindenschmit, der zuerst Frankfurt verließ, als der bedeutendste erscheinen. Er malte, solange ihn nicht die Historie gekapert hatte, lebendige Skizzen von seltener Koloristik[17], und Bildnisse, die später einen Leibl anregen sollten und damals Marées in die Augen stachen. Man glaubt in manchen Maréesschen Porträts jener Zeit etwas von dem Frankfurter Kleeblatt zu finden, und vielleicht geht auf Lindenschmit der die Handschrift Leibls[18] voraussagende Pinselstrich in dem Bildnis des Frl. zur Westen zurück. Von einem tiefer gehenden Einfluß kann nicht die Rede sein, da sich Marées und Lindenschmit erst im Herbst 1863 kennen lernten. Sie mögen sich gegenseitig gefördert haben und wurden jedenfalls sehr schnell zu engen Freunden. Im Hause Lindenschmits hatte Marées' Doppelbildnis lange Zeit einen Ehrenplatz.

Die günstige Stimmung erhielt sich auch noch, als die »Schwemme« erschien. Wenigstens bei der Jugend. Die Alten schimpften über die Malträtierung der Leinwand. Marées hatte den Bauch des Schimmels so dick belegt, daß das Bein des Reiters wie eingebettet darin steckte. Böse Zungen behaupteten, das Weiß des Pferdes sei, als das Bild schon fertig war, nach unten gelaufen und der Maler habe es umdrehen müssen, um dem Pferde wieder das richtige Kaliber zu geben. Was tat's, fanden die Anhänger, wenn der Zweck das Mittel heiligte und erreicht wurde? Damals mögen die Farben noch nicht so vollkommen ineinander geflossen sein wie heute. Die Zeit hat ihnen schönes Email gegeben, und man ist versucht, das Bild mit den Händen zu betrachten wie ein aus kostbaren Materialien zusammengesetzes Cloisonné. Doch wäre das nur ein kunstgewerbliches Argument. Es gibt stärkere. Die »Schwemme« kombiniert alle Reize der früheren Bilder, also die Art der glücklichen Bilder militärischen Genres mit der Diana; die auflösende, nach Perspektive und Atmosphäre drängende Tendenz mit der Sammlung und Konzentration der Bilder mit Mittelmotiv. Etwas dergleichen schwebte Marées schon in der »Rast« vor, in dem er die eine Seite des Bildes offen ließ. Doch störte er damit das Gleichgewicht. Der Helligkeit der Gruppe gelingt nicht die Balance mit dem großen Stück Himmel, und die Lösung war primitiv und nicht ganz frei von Willkür. In der »Schwemme« wird die Gruppe der »Rast« durch den Schimmel vertreten, und statt des großen Lochs auf der »Rast«, durch das der Blick gleichsam aus dem Bilde hinauszugleiten droht, sehen wir ein Stückchen Himmel über, nicht hinter, dem Bilde. Die Weite aber, zu der das Loch verhelfen sollte, kommt innerhalb des Bildes zustande, durch die glänzend abgewogenen Intervalle zwischen den Figuren. Man zählt sechs. Von den Gänsen im Vordergrund zu dem Schimmel, von da zu der Wäscherin, von der zu dem Mädchen, von dem zu dem Haus und dem Reiter, und der steht noch immer vor dem Horizont. Es sind ebensoviel Pläne einer den Blick nach hinten ziehenden Perspektive. Wirkte sie allein, so wäre der Mangel der »Rast« noch vergrößert. Aber nun kommen die Gegenwirkungen. Erstens läuft die Perspektive nicht über hintereinander angelegte Stützpunkte, sondern die Figuren, die als Stützpunkte dienen, sind zickzackmäßig angeordnet, und dazu tritt noch die Höhendifferenz, der glänzende Einfall, das Terrain vom Teich zu dem Reiter aufsteigen zu lassen. Vor allem aber tritt der Schimmel in Aktion. Er zieht das Auge, das nach hinten gleiten möchte, gewaltig an und leitet es infolge seiner Schrägstellung nach der rechten Seite hinüber, wiederum in einem durch den dritten Gaul und den dahinter postierten Mann gegebenen Zickzack. Deshalb mußte das Weiß des Pferdes stark konzentriert werden. Es trägt nicht einen Reiter, sondern die ganze Landschaft. In ihm sammelt sich die Kraft, mit der der Spieler viermal und noch öfter die Banden seines Billards so zu berühren vermag, daß der Ball, der Blick, wieder zu dem Anfangspunkt zurückkehrt. Nicht dieses Spiel allein wirkt in dem Bilde. Das Wunderbare ist, daß das Billard in unserem Falle eine Landschaft ist mit Pferden, Menschen, Bäumen usw., daß alle diese Dinge so harmlos ihren Platz behaupten wie in einer Schwemme in der Nähe Münchens, zu der eines Abends die Leute waschen kommen und ihre Tiere hineintreiben, nur mit sich selbst beschäftigt und ohne Ahnung von dem kecken Spiel, zu dem sie die Figuren stellen. Doch ist es das Spiel allein, das dieses Bild zum Kunstwerk macht. Ohne das wäre es im besten Fall eine Landschaft. Viele Bilder bei Schack sind nichts als das, und wir gehen daran vorbei mit dem Bewußtsein, daß die Landschaft draußen noch sehr viel schöner ist. Andere zeigen, daß man auch auf anderem Wege aus Landschaften etwas anderes machen kann. Und bei denen entbehren wir gerade, daß sie keine Landschaften sind, daß ihnen nicht gelingt, die unverfälschte Natur des Maréesschen Bildes zu geben, und merken doch kein Spiel an ihnen, sondern haben den Eindruck, als werde versucht, uns die Kugel an den Kopf zu werfen, weil der Spieler nichts damit anzufangen weiß. Schack nennt sein Bild – »ein in der Weise der besten Niederländer ausgeführtes Kabinettstück«. Dabei denkt man an die feinen Leute, die Constable überwand, indem er sie fortsetzte. Es sagt von der »Schwemme«

Die Schwemme. 1864

zu viel und zu wenig. Zu viel in der sekundären Auffassung der Malerei als einer Gelegenheit, schön geschlichtete Flächen zu schaffen; das hat Marées noch viel weniger als Constable vermocht, und er ist in der Folge noch weiter davon entfernt geblieben; viel zu wenig in dem allein wesentlichen Sinne. Denn die Kühnheit der Maréesschen Verteilung der Massen lag nur sehr selten den Malern der holländischen Kabinettstücke, und es gehörte ein starker Geist dazu, ihre Mitgift mit solcher Selbständigkeit zu verwenden. Nur einer von allen Holländern war Meister des Spiels, das Marées in dem Bilde versuchte, und er steht eben deshalb souverän über der anderen geschmackvollen Emsigkeit: Rembrandt.

Als Marées an der »Schwemme« malte, erhielt er die Nachricht von der schweren Erkrankung der Mutter, und, noch bevor er in Koblenz eintraf, war sie, am 23. April 1864, verschieden. Es war ein sehr schwerer Schlag für alle. Das Elternhaus hörte damit auf. Die Mutter war für Hans die Seele des Heims gewesen. Der Präsident alterte sehr schnell und zog sich immer mehr in seine wissenschaftlichen Liebhabereien zurück, blieb den Söhnen ein intelligenter Freund, aber stand gerade Hans immer fremder gegenüber. Keiner von beiden hatte eine Ahnung von der tatsächlich bestehenden, weit über das gewohnte Verhältnis zwischen Vater und Sohn hinausgehenden, ideellen Zusammengehörigkeit. Dem Vater entging vollkommen, wie reiche Frucht schon jetzt das Samenkorn seines eigenen geistigen Strebens trug, und er vermochte selbst jetzt noch nicht die Reue zu unterdrücken, Hans in den Künstlerberuf gelassen zu haben. Den Sohn aber hatten die rauhen Jahre um die Geduld gebracht, und sein Stolz trieb ihn auch dem Vater gegenüber bei aller Pietät zu jener Zurückhaltung, die bei ihm Regel wurde, wo er für seine Kunst nicht volles Verständnis fand. Er besuchte im Mai den Bruder Seemann in Rotterdam und mag vor den Bildern im Haag und in Amsterdam Abrechnung mit dem Meister gehalten haben, der seine Jugend bis dahin geleitet hatte. Dann ging er auf kurze Zeit zu Forstmeisters nach Wörlitz und malte dort das Bildnis der kleinen Prinzessin Elisabeth, derselben, zu deren Geburtstag er sieben Jahre vorher mit seinem Pinsel beigetragen hatte. Es ist verschollen.

Noch in München waren, während er an den Landschaften saß, mehrere Porträts entstanden. Sie haben als Gelegenheitsarbeiten nicht gerade die Bedeutung der Landschaften, aber erweitern beträchtlich das Schaffensgebiet. Man erhält einen merkwürdigen Eindruck des Menschen, wenn man die verschiedenen Fassungen zusammenstellt, die er während eines Zeitraumes von kaum zwei Jahren für sein Gesicht erfand. Rembrandt hat sich innerhalb derselben Epoche nicht verschiedener gemalt. Von jeder wird behauptet, sie sei ähnlich gewesen, keine wiederholt auch nur im entferntesten eine der vorangegangenen. Ich wüßte nichts, was besser für die Erfindungsgabe eines Künstlers zu zeugen vermöchte. Einem Courbet machte man aus der gleichen Passion den Vorwurf der Eitelkeit, und man könnte leicht dazu kommen, das, was von dem persönlichen Wesen Marées' bekannt ist, ähnlich auszulegen. Vielleicht sogar mit Recht. Vielleicht waren wirklich Rembrandt, Courbet und Marées und die seltenen anderen, die immer wieder zu ihrem Gesicht wie zu dem Leitmotiv ihres Schaffens zurückkehrten, eitle Menschen, stolz auf ihr Antlitz, und wer weiß, ob nicht die Befriedigung dieses anscheinend so platten Gelüstes in Wirklichkeit das geheimste Mysterium ihrer Schöpfungsfreude barg! Da die Gesichter sich nicht gleichen, kann sich der Stolz nicht auf das Objekt richten, über das sich zu freuen, nur deshalb unmännlich erscheint, weil es der Zufall gibt, sondern auf das Gesicht, das der Meister zu jeder Stunde aus sich heraus zu sehen weiß, dem der Blick in den Spiegel den Blick in die Seele öffnet. Wie Griffe in sein Inneres, fast möchte man sagen, wie die unbewußten, autobiographischen Bekenntnisse eines Dichters, wirken die Selbstbildnisse des jungen Marées. Jedes gibt ein anderes Stück von ihm, das von der Malerei gleichzeitig versinnbildlicht und realisiert wird. Es ist so sehr Form, daß nur eitle Spielerei auf psychologische Deutung der Gemütsstimmung fallen könnte, und ist so menschlich, daß alle Bildnisse nach anderen verhältnismäßig als gemalt und fremd erscheinen. Man kann leicht verfolgen, daß die Selbstporträts ihm am besten gelungen sind, die er am freisten improvisierte, wie das ganz unscheinbare, das er seinem Freunde Meermann schenkte, bei dem die Konturierung und die Fleischmodellierung ganz weich und mühelos wie von selbst entsteht. Das von 1864, in Schleißheim, könnte man reichlich ein Dutzend Jahre später datieren. Es sieht schon wie die Vorstufe zu dem erhabenen Abbild der letzten Jahre aus, das auch in Schleißheim hängt.

Von den Porträts nach anderen ist das nach dem Bildhauer Knoll, vom Ende des Jahres 1863, das größte und repräsentativste. Sehr nobel, in einem goldigen Fleischton, der die strenge Objektivierung mildert. Als ich es zum erstenmal sah, hielt ich es für einen frühen Lenbach. Es gehört ganz zur Art der Lenbachschen Hagn-Bildnisse von 1863.[19]

Das Verhältnis zu Lenbach hat seine gewichtige Stelle im Leben, wenn auch nicht in der Kunst Marées'. Sie schienen anfangs geschaffen, um sich einander zu ergänzen, und haben sich viel geholfen. Wer mehr von beiden davon abbekam, läßt sich nicht mit Sicherheit feststellen. Lenbach ist um ein Jahr älter und scheint in dem wesentlichsten Gebiet seiner Kunst

Marées um ein Stück voraus, an dem die frühe Reise mit Piloty nach Italien großen Anteil hatte. Die Debüts sind ungefähr gleichzeitig.[20] Die Art des Magdeburger Bildes, das heute kaum noch die Banalität verbirgt, war und blieb dem Jüngeren fremd, und als es 1858 erschien, hatte er schon allerlei selbständige Dinge, die eine höhere Auffassung verraten, hinter sich. 1859 malt Lenbach den »Hirtenknaben« bei Schack, ein wesentlich reiferes Zeugnis als Marées' gleichzeitige Militärbilder – soweit sie erhalten sind –, aber von entschieden geringerem malerischen Wert als die Studienköpfe von Marées um das Jahr 1860. In der Art dieser Köpfe, nur etwas gröber, macht Lenbach 1861 seinen famosen Bauern. Jetzt sind sich beide sehr ähnlich. In den Landschaften mit Figuren steht Marées unvergleichlich höher und könnte den Freund gefördert haben. In den Bildnissen entfernen sie sich voneinander. Von dem Vaterbildnis von Marées oder von den Selbstporträts führt keine Brücke zu den Bildern des anderen und selbst Lenbachs isoliertes Meisterwerk von 1858, das prachtvolle Männerbildnis in Schwarzweiß, das auf der deutschen Jahrhundertausstellung mit Recht alle Welt in Staunen setzte[21], reicht nicht an die Bremer Perle heran. Ein Art-Unterschied trennt sie, der, um Lenbach nicht unrecht zu tun, den Vergleich ausschließt. Denn was Marées überlegen macht, selbst wenn man sich nur an diese Frühzeit hält, hat nichts mit der Malerei allein zu tun, sondern ist der Unterschied der persönlichen Potenzen. Lenbach erscheint mit ihm verglichen verhältnismäßig ungeistig trotz aller Flausen seiner Verehrer über die geistreiche Erfassung seiner Leute; ungeistig im Mittel, in der klischeehaften Übertragung des Gesehenen, in der Billigkeit der Physiognomik. Trotzdem oder gerade deshalb ist es wahrscheinlich, daß, wenn einer von beiden bei der Bildnismalerei damals in München Vorteil von dem anderen hatte,

Marées der Empfänger war. Lenbach hatte für des Freundes Ziele keine Organe und konnte nichts von ihm brauchen. Dagegen vermochte Marées aus Lenbachs Geschicklichkeit und Erfahrung manchen Vorteil zu ziehen. Das Knoll-Bildnis entfernt sich zu weit von seinen früheren Arbeiten und kommt den Lenbachs derselben Zeit zu nahe, als daß man nicht annehmen sollte, Lenbach müsse Anteil daran haben. Freilich, schaut man näher zu, so treten in dem Bilde Dinge zutage, die sich gründlich von der Art des Routiniers unterscheiden. Es ist weicher als das virtuoseste Hagnbildnis und doch viel fester und solider als das Porträt Geyers, an das es am meisten erinnert, und seine wohlgeordnete Farbe erhebt sich weit über das bunte Konterfei der »Russischen Fürstin« aus demselben Jahre 1863, in dem sich bereits Lenbachs bedenklichste Schwäche, der gedankenlose Schick, ankündigt. Immerhin, so gut sich das Bild neben Lenbach hält, die Nuance, die es mit jenem verbindet, ist immer noch fatal. Es ist uns zu vorsichtig für den kühnen Draufgänger, zu billig, fast zu vulgär. Es gibt Dinge, die schon in ihrer frischen Neuheit den Keim eines unerträglichen Konventionalismus bergen. Dazu gehören die Lenbachs, selbst die originellsten. Marées hat unser Gefühl für die Art verfeinert. Ich kann mir denken, daß er später von allen Bildern seiner Jugend den Knoll, trotzdem er vielleicht keins mit größerer Sorgfalt gemalt hat, am grimmigsten verdammte.

Übrigens war Lenbach selbst seinem Kreise entrückt, noch bevor das Knoll-Bildnis entstand. Er war in Italien, schon zum zweiten Male, und hatte Aussicht, sein Leben lang dort zu bleiben, wenn es ihm behagte. Marées fragte sich, ob er überhaupt jemals hinkommen würde. Er hatte München von Herzen satt, er konnte hier nichts mehr lernen. Daß ihm von all den Leuten um ihn herum bei weitem das beste gelang, dünkte ihm wenig. Vielleicht hätte man mit noch viel weniger der erste sein können. Mehr wollte er, viel mehr. Wenn er manchmal im Kreise der Gleichgesinnten ihren wachsenden Respekt fühlte, juckte es ihn, allen ins Gesicht zu lachen und seine ganze schöne altmeisterliche Malerei für Unfug zu erklären. Wenn man ihm von dem Maréesschen Genre sprach, hatte er Lust, die Würde, mit der er es hinnahm, durch eine Grimasse zu verzieren. Mehr wollte er, mehr. Über das Was war er sich nicht klar, und das eben warf er München und Berlin und ganz Deutschland vor. Man hatte hier nichts zu wollen, fühlte nichts über sich, sah nichts und hörte nichts, lebte in den Tag hinein ohne eine Ahnung von Zielen. Und wie lebte man! Wenn wirklich mal im psychologischen Moment ein Bild verkauft wurde, fraß man das Geld in dummer Hast auf, weil es für bessere Verwendung nicht langte. Der Vater hätte zur Not für die Reise nach Italien einen Zuschuß gegeben. Aber wie dort leben!

Die »Schwemme« fand einen Liebhaber. Baron Schack sah sie im Kunstverein. Wohlmeinende Freunde redeten ihm zu und brachten ihn mit dem Autor zusammen. Der gefiel ihm noch besser. Schack reagierte auf alle gebildeten Leute, die zu reden verstanden, und Marées pflegte die Menschen entweder ganz oder gar nicht zu gewinnen. Von dem Kaufschilling von 300 Gulden zahlte er Schulden, fuhr nach Hause zum Begräbnis der Mutter und nach Holland, und als er von Wörlitz, wo er auch keine Seide gesponnen, zurückkam, war die Tasche leer. Er ging wieder zu Schack, vielleicht gab es einen Auftrag. Aber der Baron saß auf seinem Steckenpferd. Bis auf weiteres sollten überhaupt keine Originale mehr erworben werden, nur noch Kopien. Es schwebten große Pläne mit Lenbach, die das ohnehin schmale Budget stark beanspruchten. Warum der junge Künstler nicht auch kopiere. Das hatte sich Marées in seinem Leben noch nicht überlegt. Er wäre auf alles andere eher verfallen. Aber der Baron hielt ihm eine lange und wohlgesetzte Rede über die Torheit der Modernen, nicht das bewährte Schulmittel aller alten Meister zu ergreifen, und von dem Unfug der Museen, sich lieber schlechte Originale als gute Kopien zu kaufen. Ein Fürst, der seinem Lande eine Galerie von Nachbildungen der Alten hinterließe, würde sich unsterbliche Verdienste erwerben. Dem Zuhörer dieser wohlgesetzten Rede ging durch den Kopf, daß man, um nach Italien zu kommen, noch ganz andere Dinge machen würde, als gute Bilder kopieren. Schack versprach, es sich zu überlegen. Lenbach, der gerade auf kurze Zeit von Rom nach München gekommen war, erwies sich als guter Kamerad und redete nach Kräften zu. Marées würde unter seiner Aufsicht ganz sicher Vortreffliches leisten. Für die großen Pläne war ohnehin noch eine tüchtige Kraft notwendig. Marées wagte zur Erwägung zu geben, daß Italien auch vielleicht der Platz sei, um eigene Bilder zu malen, und ob ihm der Baron nicht unter der Bedingung, daß die Kopien zur Zufriedenheit ausfielen, die Möglichkeit gewähren würde, ein paar Monate selbständig, natürlich nur für den hohen Gönner, zu arbeiten. Auch das wurde zugestanden.

Das war eine Freude. Im Handumdrehen hatte sich gemacht, was ihm ein paar Tage früher noch wie undenkbare Möglichkeit erschienen war. Er würde Italien sehen, Venedig, Giorgione, Tizian, Tintoretto. Und würde das alles sehen ohne die quälende Sorge um den morgigen Tag, noch dazu mit einem guten Freunde, mit seinem besten, seinem einzigen Freunde, würde hohe Dinge erleben, Beispiele vor Augen haben, denen es lohnte, nachzustreben, würde sie im eigenen Lande sehen, in der Atmosphäre, die sie geatmet hatten. Das mußte ein ganz ander Ding sein, als die Galerieluft in der Pinakothek, wo die paar Bilder vom Süden wie fremde Verwaiste, halb Gestorbene, wie unverständliche Reliquien hingen. Er würde sie lebend sehen und in sich zum neuen Leben wachrufen. Wie eine Woge hob es ihn und machte über Nacht, noch bevor er das Wunderland gesehen, einen neuen Menschen aus ihm. Vergessen war alle Trübsal. Die Tage des Hungers vergoldeten sich plötzlich und wurden überwundene Gegner. Er war ihnen fast dankbar. Das Aufräumen ging fix. Er verschenkte nach rechts und links, und als der gute Meixner zur Ordnung riet und meinte, daß man auch als Pensionär Schacks ein paar Groschen nebenbei brauchen könne, erhielt er den Auftrag, die übrigbleibenden Bilder, wenn sich wirklich Dumme finden sollten, für 50 Kreuzer bis einen Gulden zu verkaufen. Für das Bad der Diana sollte er sogar zehn Gulden fordern.[22] Als der Brave den Kopf schüttelte, rief Hans, er habe einen Waggon voll von Bildern in Italien stehen, von denen jedes einzelne zehnmal so viel wert sei als der ganze Atelierkram zusammen.

*

Nicht ganz so schnell wie der Reiselustige können wir mit der Münchener Zeit aufräumen. Wir empfinden, wenn wir nicht etwa die Jahre gewaltsam überspringen und von dem Späteren auf das Gegenwärtige zurückschließen, nicht mit gleicher Stärke wie er den Trieb in die Ferne und schätzen anders, was er zurückließ. Es ging schon schnell genug bis jetzt, als daß man unbedingt zu anderem müßte. Für das Stück von Steffeck bis zur Schwemme, von den Pferdebildern für den Anhalter zum Dianabad, von dem Selbstbildnis des Knaben zu den Schleißheimer Köpfen und von dem Forstmeister bis zu dem Knoll könnte ein anderer sein Leben brauchen, ohne daß ihm Trägheit vorzuwerfen wäre. Es ist eine Fahrt durch fruchtbares Gelände. Man erkennt es leicht als unseren nordischen Breiten zugehörend und hätte doch Mühe, es mit Sicherheit zu bestimmen. Etwas von Berlin, etwas von München, sehr viel vom alten Holland, vermischt mit weicher französischer Luft; ein Historienmaler, ein Porträtist, ein Landschafter und Idylliker; von allem etwas, ohne daß man sagen könnte, das ist es. Ein buntes Allerlei, in dem nur eins ganz fest steht: der Mensch, der alles das enthält. Denn nie kommt der Gedanke, einer der Teile entstände ohne ihn, sei nicht ganz unbedingt ein Stück des Menschen. So wenig der übriggebliebenen Zeugnisse sind, sie zeichnen die Situation ganz unverkennbar. Wir wissen schon nach den vier, fünf Jahren – nicht, was wir Marées zutrauen können, das würde uns immer verstimmen, aber was wir ihm bestimmt nicht zutrauen dürfen. Wir fahren durch diese erste Zeit so schnell, daß das Auge nur flüchtig betrachtet, aber haben den sicheren Eindruck, jenseits des Gesehenen geht die Welt noch weiter. Nichts ist an dem Stück so deutlich, als das Entwicklungsfähige des Menschen. Sobald man nur ein Bild wie »Die Attacke« mit den »Rastenden Kürassieren« vergleicht, weiß man Bescheid. Es liegt etwas ganz Unbegrenzbares in diesem kleinen Ausschnitt aus seiner Tätigkeit. Viele Künstler haben viel höher angesetzt, als mit dem Niveau der »Rastenden Kürassiere«. Marées fing viel kleiner an. Die »Attacke« steht um eine Welt tiefer. Es kann wirklich der Fall sein, daß er talentlos war. Doch drängt sich das schnelle Werden keineswegs auf. Die Münchener Zeit erscheint etwa wie eine Insel, auf die er aus unruhigen Wogen die ersten Güter landete; diese wie es andere hätten sein können, die er schwimmen ließ. Das Schöne an ihnen ist ihre Unbefangenheit. Sie überflügelt noch die objektiven Reize, die uns der Vergleich mit überlieferten Werten sehen läßt. Ein Mensch erscheint, der sich entwickelt, ohne je von uns die Quittung für das Gelieferte zu verlangen; der des Fortschrittes wegen vorwärts geht, noch jung genug ist, um nicht mal eines Zieles zu bedürfen. Das Wissen, von dem er in untadelhaften Werken Zeugnis ablegte, gab ihm den Wissensdurst, den Drang nach Mehr. Nur keusche Menschen, deren Liebe über den Eigennutz der Besitzfreude hinausgeht, können so fühlen; sorglose Heiden, wie Corot einer war, geborene Verschwender. Sie treiben, was den anderen zwecklos dünkt. Während die, ängstlich nach Sonderheiten suchend, den Blick zu Boden richten, und wenn sie endlich das kleine Loch für ihre Eigenart gefunden haben, festsitzen wie Mäuse in der Falle, schauen sie, die wahren Künstler, auch dann noch um sich, wenn der Fund gelungen, und betten in ihre Bilder das Sehnen nach Unendlichkeit hinein. Das gibt ihren Werken die Weite.

ERSTER AUFENTHALT IN ITALIEN

Im Oktober des Jahres 1864 fuhren die Freunde nach Italien.[1] Marées wäre sehr gern zunächst nach Venedig gegangen. Aber Lenbach war mit seinen Aufträgen an Rom gefesselt. Es war eine lustige Fahrt. Ein Teil der Reise ging zu Schiff. Über Marées' leichtes Kofferchen machte Lenbach den Witz, man könne es im Fall eines Schiffsbruchs als Schwimmblase benutzen. Marées meinte, man dürfe nach Italien nur so wenig wie möglich mitnehmen.

Trotzdem war es zuviel. In Rom stürzten alle seine Vorstellungen und Pläne über den Haufen. Eine sein ganzes Wesen erschütternde Veränderung ging mit ihm vor, nicht auffallend für den Psychologen, am wenigsten bei einem Marées, merkwürdig nur durch ihre Intensität. Jeder Mensch, dessen Empfindungen nicht nach der Schablone geregelt werden, kann nachfühlen, wie es Marées ging und gehen mußte; jeder kennt von seinen ersten Augenblicken in einer fremden Stadt her wenigstens den Ursprung jener umstürzenden Empfindung.

Die ersten Augenblicke in einer fremden Stadt sind alles andere, nur nicht ungemischter Genuß, mag man sich auch noch so darauf gefreut haben, vielleicht gerade, wenn die Vorfreude sehr groß war. Zumal wenn die Reise ins Ausland ging. Um sich gleich heimisch zu fühlen, muß man Globetrotter sein oder Kommis. Auch wenn das Heim, das man ihm Stich ließ, noch so wenig paradiesisch war, und wenn das Neue noch so viel verspricht, immer ist der erste Eindruck eine Unruhe, ein Unbehagen. Und dieses Unbehagen ist um so größer, je reicher das Innenleben des Menschen ist und je gründlicher er seine

Eindrücke zu verarbeiten pflegt. Man fühlt sich unsicher vor dem Fremden, weiß noch nicht, wohin damit, zweifelt, wo man anfangen soll, wie die Ordnung in das Vielerlei hineinzubringen ist, das einem im ersten Augenblick nur als unruhiges Chaos entgegentritt. Sicher steht ein Genuß bevor, aber diese Überzeugung liegt in einer schon zugedeckten Schicht des Bewußtseins. Sie stammt von zu Hause, wo alles ganz anders war und wo man sich das Neue ganz anders dachte, wie das Kind den König mit goldener Krone. Man brauchte nur hinzusehen. Wen faßte nicht, und käme er aus der Wasserpolackei in die strahlendste Stadt der Welt, bei der Ankunft gemeines Mißtrauen? Man sieht nicht die Spur von dem, was man sofort sehen zu müssen glaubte. Wo ist die geträumte Jungfrau, die uns willkommen lächelt? Man sieht gar nicht mit der Art des Sehens, auf das man gestimmt war, sondern fühlt seine Augen und die übrigen Sinne ganz brutal traktiert von allerlei unvorhergesehenen Zudringlichkeiten. Was man zu sehen hoffte, war in Wirklichkeit gar nichts Sichtbares, sondern eine Vorstellung, und man vergaß, daß Vorstellungen erst aus der Erfahrung gewonnen werden. Diese Erfahrung kostet einen Kampf, sei es auch einer mit den schönsten Freuden. Der Kampf ist um so grausamer, je lieblicher uns nach dem Sieg das Überwundene erscheint. Der Genuß kommt, wenn das Neue nicht mehr neu ist, zuweilen erst, wenn wir wieder fort sind, wenn wir daheim wieder auf demselben Platze hinter dem Ofen sitzen, von dem wir uns vor der Reise wegsehnten; nicht eher jedenfalls, als bis unsere Sinne aufhören, sich stoßen zu lassen und uns zu stoßen, wenn wir nicht mehr körperlich erschüttert werden, wenn es gelungen ist, das Äußerliche zu einem Inneren zu machen. Dann plötzlich steht leibhaftig die Jungfrau vor uns und heißt uns lächelnd willkommen und ist wirklich noch tausendmal wunderbarer, als wir je geträumt haben. Das Schöne ist, daß wir sie selbst entzauberten.

Diese Tücke des Fremden vervielfacht sich unendlich für den jungen begeisterungsfrohen Künstler, der zum erstenmal aus der nordischen Heimat nach Italien kommt, um dort zu arbeiten. Denn er legt mit der Reise nicht nur eine Entfernung zurück, die mit der Distanz zwischen zwei Polen kaum groß genug bezeichnet werden kann, sondern begibt sich auf einen Kreuzzug, wo es schlechterdings um Tod oder Leben geht. Ihm ist die Jungfrau, nach der er sich sehnt, nicht gleichgültig gesinnt, sondern feindlich, denn er will mehr als einen Gruß von ihr. Und manchem wurde sie die marmorne Braut, deren Umarmung tötet. Viele gehen der Entscheidung aus dem Wege. Es gibt bei uns große und sehr bewegliche Künstler, die überall waren, nur nicht jenseits der Alpen. Sie versprechen sich nichts von der Reise. Warum auch sollten sie? Die Welt ist groß und hat ihnen schon viel gegeben. Andere bleiben aus Trägheit fern und aus Mangel an Einsicht; viele aus einer Schwäche, die man beinahe Feigheit nennen könnte. Sie trauen den Alten nicht, wenn sie sie nicht gar Welsche nennen, fürchten, daß die Eigenart nicht gefestet genug sein könnte, um dem Stoß zu widerstehen, und die Erinnerung an viele Landsleute, die mit einem Sack voll Talent hinzogen und nach Jahren leer wie ausgetrocknete Schläuche zurückkehrten, warnt sie zur Genüge. Die aber täuschen sich. Ihr Mut reicht auch nicht für den starken Bau auf heimatlicher Erde. Sie gehen nur der Katastrophe aus dem Wege, die ihre Nichtigkeit mit dem Prestige des Tragischen umfloren könnte, und verkümmern dafür langsamer hinter dem Ofen. Rom hat bei uns einen schlechten Ruf. Man macht es für den mäßigen Start der deutschen Kunst im 19. Jahrhundert verantwortlich. Aber noch fehlt der Beweis, daß die Generation eines Cornelius in Deutschland weiter gekommen wäre. Vielleicht hätten die Franzosen mehr Recht, der Siebenhügelstadt zu zürnen, weil sie das reaktionäre Kunstinstitut Frankreichs, die Ecole de Rome, beherbergt. Doch scheint es ungerecht, einer Stadt anzurechnen, was ihr von Fremden zugetragen wurde, und die Pensionäre der Villa Medici dürfte mehr der Umstand, daß ihr Ehrgeiz überhaupt nach Pensionen strebt, bedrücken, als der Aufenthalt in dem köstlichen Parke des Monte Pincio. Das Unheil verschuldet der Irrtum, man könne als Künstler hier beginnen; der Aberglaube, die Helligkeit des Himmels, der nie die Arbeit unterbricht, die Schönheit der Modelle aus Saracenesco und die Freiheit, sich ihrer zu bedienen, und endlich, erhabene Vorbilder genügten, um die Muse zu erobern. Unter dem Ideal einer solchen Fürsorge, die nur die Lehre im Auge hat, nicht den Schüler, verbirgt sich grober Materialismus. Des Künstlers Seele muß ein Behälter mit starken Wandungen sein, um aufnehmen und – was leicht vergessen wird –, um ausstoßen zu können. Der wächst nicht, wenn man ihn vorzeitig mit einem Inhalt belastet, der nicht den Trieben des Beginnenden aufs innigste entspricht. Vielleicht sollte alle Kunstpädagogik nur dahin zielen, dem Künstler die Ohnmacht aller Rezepte darzutun und ihn dahin zu bringen, sich selbst zu suchen, was ihm frommt. Rom taugt nicht für Unreife. Sie laufen sich müde und fallen dann in den bekannten römischen Schlaf, dessen Spuren schon die Bildnisse der Opfer verraten. Man findet hier alles, nur nicht den Anschluß an die Dinge, den muß man mitbringen; nur nicht den Widerstand, nicht Römer von heute zu werden. Erst wenn die Wandungen der Seele stark genug geworden sind, um elastisch fortschnellen zu können, was sich als Ballast erweist – auch wenn es das Größte wäre –, wenn der Organismus nicht nur empfangen, sondern greifen kann, dann erst ist Rom eine gute Schule, dann unter Umständen die gebenedeiteste Stätte. Rom ist für Menschen, die etwas erlebt haben, für die Unruhigen des Nordens, die von tausend kleinen Lüsten gepeinigt, starke Arbeit ersehnen und keine Zeit dafür finden, die zu voll sind, um sich leeren zu können, denen der Abstand mangelt. Denen, die mitbringen, gibt Rom, den Armen nimmt es den Rest. Ich glaube nicht recht an die unfehlbare Stachelung des Ehrgeizes. Die berühmten großen Beispiele liegen zu weit zurück. Man kann nichts mit der Sixtina oder dem Kolosseum anfangen. Den Ehrgeiz weckt mehr Paris. Es ist aktueller und bietet tausend Fäden, an die man sich festhaken kann, um mitzulaufen. Das gar nicht aktuelle Rom erscheint daneben fast unpersönlich. Vielleicht ist es die am wenigsten italienische Stadt. Neapel liegt ein paar Stunden weiter unten und wirkt ganz südlich, fast orientalisch und unangenehm originell. Florenz liegt ein paar Stunden weiter hinauf und hat schon typisch nordischen Charakter, eine auf das Dunkle gestimmte Kuriosität, zu der die farbigen Bewohner kaum noch eine vitale Beziehung unterhalten. Rom ist größer als sein Gesicht. Man kann es ebensowenig besehen wie Paris. Was im Reiseführer darüber steht, sind verhältnismäßig belanglose Einzelheiten. Das Auge überblickt von ihren Toren weite Gefilde. Die Campagna ist in jedem der Meisterwerke Roms zu spüren.

Was Rom dem modernen Künstler geben kann, steht immer noch nicht fest. Denn es wurde noch zu selten mit Umsicht und Stärke versucht. Man hat, von wenigen Ausnahmen abgesehen, immer nur Spezialitäten aus Rom und seiner Kunst gewonnen, nahm seine Schönheit aus einer Einzelheit und wunderte sich, daß die Nachbildung nichts von dem Genius loci enthielt. Dem Persönlichen wird nie einfallen, die Schönheit oder Häßlichkeit eines Objektes zu denken, geschweige zu malen oder zu meißeln. Dem Künstler gelingt auch mit einem Berliner Stadtbild die Schöpfung wundervoller Bilder. Seine Kunst ist nicht das Ding, sondern der Standpunkt zu dem Dinge. Ihn aber kann er mittelbar wohl aus der Umgebung gewinnen; nicht aus diesem oder jenem, sondern aus dem Geiste der Umgebung. Und wäre es nur die Vornehmheit der Seele dieser Stadt, sie wäre schon genug, um manchen überreich zu beschenken. Der Starke wird sich diesem Geiste Roms, dessen Wohltat er in den Schwingen seines Idealismus fühlt, nicht unbewußt überlassen, sondern ihm nachgehen und die geheimen Quellen suchen, aus denen die ewige Stadt sich speist, und wird nicht ruhen, bis er das Zauberwort gefunden, das der Schweigenden die Zunge löst. Gelänge es einem von uns, so böte sich der Welt ein Schauspiel sondergleichen, und unübersehbare Frucht müßte daraus werden. Wir haben uns fast schon daran gewöhnt, dem italischen Quell fernbleiben zu müssen, haben aus dem Fundus von Werten die größere Hälfte ausgeschieden, und wer sähe nicht, wieviel solches Opfer bedeutet. Man nennt den Mangel unserer Rasse Eigentümlichkeit und ist womöglich noch stolz darauf, schmiedet Theorien, daß das, was in Italien wächst, nur den Lateinern zufällt – die ungeachtet dessen sich auf nichts weniger als auf das Italische beschränken – und nimmt das Streben des größten deutschen Dichters für wohlwollendes Blendwerk. Der Zauber ist aber vielleicht nur von einem aus deutscher Rasse, aus unserer Kultur zu lösen, eben weil er ihm entgegengesetzt ist. Die kraftvollste Mischung kann kein Franzose bringen, dafür gehört er zu eng dazu. Er geht kaum außer Landes, um in Rom zu sein. Von den uralten Heiligen der Gotik, die römisch – nicht romanisch – blieben, bis zu Maillol, von Poussin, um keinen früheren zu nennen, bis zu den jüngsten Nachkommen Ingres' läuft eine Linie. Wir stehen bewundernd davor, wie an dem niedrigen Ufer eines lieblichen Flusses, auf dem goldene Gondeln mit geschmückten Fremden treiben, und mögen recht haben, daß keinem von der Rasse Holbeins und Rembrandts so leicht die Teilnahme an diesem langgeübten Spiel gelingt. Unsere plumpen Schiffe würden sich garstig neben den zierlichen Fahrzeugen ausnehmen, und wer weiß, ob auf dem Flusse, der sich, so weit der Blick reicht, immer mehr verengt, noch Platz für uns wäre. Aber warum nicht träumen dürfen, es ließe sich aus dem ewigen Stein der Antike ein neuer Quell schlagen? Wer wagte, zu zweifeln, daß noch tausend Quellen darin verschlossen sind? Andere als der, an dem sich Frankreich lagerte. Der ist von keinem Willen gegraben worden. Keine Persönlichkeit hat ihn erwirkt. Er ist Teil der Rasse der Antike selbst, Erbe. Neben dem Überkommenen müßte ein Übernommenes entstehen, das der Norden mit starker Hand dem fremden Boden entreißt, mit dem er sich paart, wie sich einst, zu Beginn der größten Kunstepoche unserer Ära, der Norden mit dem Süden paarte. Wie es sein könnte, ist nicht auszudenken. Triviale Phantasie wird sich ein Zwitterwesen vorstellen. So nicht! Rubens nahm Tizian, um Rubens zu werden. Nicht uns vervielfachen, wir haben schon vielerlei genug, uns einigen, das Eigene an Fremden vergrößern, reinster Rembrandt werden, indem wir die Antike umfangen, klassisch werden in uns, in unserer eigenen Rasse unerkannter Schönheit! England zeigte, wie es nicht gemacht werden darf. Zuweilen meint man Englands Schicksal über uns zu sehen. Der neue Kurs steuert mit vollen Segeln auf die gespickte Wüste zu. Auch uns bedroht jener gefräßige Enthusiasmus, der nicht an Illusionen glaubt und Künste wie Kolonien gründet, der alles anfaßt, ohne zu erfassen. Der Sehnsüchtigen Blicke zielen nach Paris. Es ist zweifelhaft, ob das gegenwärtige Frankreich so bald wieder die Kraft zu einer künstlerischen Regeneration findet. Sie haben drüben viel auf anderen Gebieten zu tun und sitzen in der Kunst an übervollen Tafeln. Ein Vorteil bleibt uns vor dem reichen Nachbar. Für einen Eroberungszug kann sich unser Mangel, die Einseitigkeit unseres Wollens, zum Vorzug wenden. Wir haben noch den Willen zur Tat, könnten ihn wenigstens haben, sind nicht von dem fädenreichen Gewebe der Skepsis gehindert, das drüben die feinsten Geister umspinnt. Unser Blut ist dickflüssig und hält die Masse zusammen. Ein Held kommt leicht darüber hinaus. Unsere barbarische Zurückgebliebenheit könnte Segen werden, wenn einer die große Ferne vom Ziel zum Anlauf für einen Sprung nähme. Eines einzigen siegreiches Wagen vollbringt das Werk, dessen Wucht die dämmernde Kunst des Volkes zum Licht emporzwingt.

Marées kam die ersten Monate nicht zur Besinnung. Lenbach schrieb an Schack, Marées arbeite zunächst bei ihm nach der Natur.[2] In Wirklichkeit trieb sich Hans in der Stadt herum. Er sah überhaupt keine Natur, nur Bilder. Von Raffael trieb es ihn zu Michelangelo, von Michelangelo zu Raffael. Die beiden hatten in seinem Leben plötzlich einen Berg aufgetürmt, der jede Aussicht verdeckte. Es war kaum Enthusiasmus, was er empfand, sondern grenzenlose Verwunderung. Der menschliche Körper war ihm in München wie ein Detail erschienen, und wem er dort nicht so erschien, der machte dummes akademisches Zeug. In der Sixtina und in der Farnesina ging ihm etwas ganz Neues auf: daß es Gesten gab, vor denen alle Beschwörungen der Realisten eitel Gefasel wurden, daß in der Gliedersprache des Nackten auf keinem anderen Wege erreichbare Möglichkeiten des Ausdrucks steckten. Es stand für ihn fest, daß der erste Elan nur dem anbetungswürdigsten Werk, das sich überhaupt kopieren ließ – an Michelangelo konnte man nicht heran – der Galatea – gelten dürfe, ganz gleichgültig, ob er der Sache gewachsen war oder nicht. Lenbach begriff nicht recht, wie man mit einer Freske anfangen konnte. Er saß vor dem Murillo in der Galerie Corsini. Er übersah, daß kein Kopistenbedürfnis, sondern der Enthusiasmus nach dieser Aufgabe wie nach einer Hingabe verlangte, redete aber nicht ab. Schack war einverstanden. Er überließ fast immer die Wahl der Bilder dem Künstler und tat gut daran; es traf sich, daß man nie auf ein altes Bild fiel, das ihm nicht von irgendeiner Seite interessant war. Das Projekt wurde aufgeschoben, da trotz vieler Mühe keine Erlaubnis von dem Besitzer zu erreichen war, und schließlich aufgegeben. Unterdessen, um den Gönner nicht zu enttäuschen, nahm Marées ein anderes Bild vor, doch einen Venezianer, den schönen Palma im Palazzo Colonna. Aber das sollte, so schreibt er Schack wenigstens, nur ein Notbehelf sein. Er läßt die Galatea nicht aus den Augen; sie scheint ihm die sympathischste und nützlichste Arbeit. »Sollte wirklich jede Hoffnung fehlschlagen, so würde es sich darum handeln, ein anderes Bild zu finden, was diesem am ersten gleichkäme.« Ob er sich nicht doch inzwischen eines Besseren besonnen? – Jedenfalls läßt die Liebe, mit der er an dem Palma malte, kein Bedauern über den Ersatz erkennen. Er legte allen Enthusiasmus über die vielen neuen Schönheiten in den Eifer, mit dem er an das Bild heranging. Er nahm ihn über ein Vierteljahr in Anspruch, nicht zu lange für ein Werk, von dem er mit Recht sagen konnte, »es sei trotz seiner geringen Größe eins der schwierigsten, die es wohl geben mochte«. Er überanstrengte sich zuletzt dermaßen, daß er krank wurde und die noch für Rom geplante Kopie eines Salvator Rosa oder Poussin aufgeben mußte. In einem Briefe an Schack spricht Lenbach von einem eigenen Bild, das Marées zur selben Zeit zu Hause komponiert habe.[3] Dieses erste eigene Dokument ist leider, wie fast alle Arbeiten der Schack-Zeit, abgesehen von den wenigen nach München geschickten, zerstört oder verschollen.

Rom brachte Marées in den Kreis der anderen Schack-Maler und auch dieser Tausch gegen München war ein hoher Gewinn. Es waren nicht alles große Künstler, aber fast ausnahmslos Persönlichkeiten und alle im glücklichsten Stadium ihrer Entwicklung. Marées freute sich besonders über die Bekanntschaft mit Böcklin. Gerade entstanden für Schack »Die Klage des Hirten« und die Wiederholung der »Villa am Meer«, Bilder, die allem, was Marées bisher unter Landschaft verstanden hatte, so entgegengesetzt wie möglich waren. Sie wiesen einen Weg, den er schon damals nicht für den seinen erkannte, aber enthielten Aussichten über die deutsche Tradition hinaus, über die er selbst hinwegwollte. Sie wurden schnell bekannt. Böcklin gefiel die Draufgängerei des Neulings, der sich auch hier, sobald er sich vom ersten Schrecken über Rom erholt hatte, nicht nehmen ließ, seine Eindrücke mit unverfälschter Frische zum besten zu geben. Franz Dreber malte seine »Sappho«. Ludwig von Hagn hatte noch keine feste Bestellung von Schack, aber hoffte darauf und gehörte durch seine enge Freundschaft mit Lenbach zu dem Kreise. Karl Schwarzer, der dritte und mäßigste der Kopisten, aber ein geistvoller Mensch, versuchte damals die Wiedergabe der Deckengemälde der Sixtina für Schack. Ein wenig fern von den anderen hielt sich Feuerbach. Ein Jahr vor Marées' Zusammentreffen mit dem Nährvater hatte er sich aus ähnlich verzweifelter Lage retten lassen und schuf nun nach einigen leichten Stürmen mit Schack endlich ein Bild ganz nach dem Herzen des Gönners: »Laura in der Kirche«, über das er und Allgeyer später arg übertrieben spotten sollten. Marées beschreibt es in seinem Briefe an Schack mit der liebenswürdigen Anerkennung des Kameraden. Er kam dem Älteren mit großer Achtung entgegen und wurde freundlich aufgenommen. Doch beschränkte sich damals der Verkehr auf wenige Atelierbesuche und flüchtige Berührungen im Café di Roma. Engeren Beziehungen stand Lenbach im Wege, in dem Feuerbach stets seinen stillen Widersacher bei Schack sah. Die Briefe Lenbachs an den Baron beweisen, daß ihn die Witterung nicht trog.[4] Schack pflegte jeden seiner Leute mit der Kontrolle der anderen zu beauftragen, und das wußte schließlich jeder. Auch Marées mußte rapportieren, und das Amt und das Bewußtsein der Aufsicht waren ihm nicht behaglicher als Feuerbach. Von Lenbach, den ihm Schack halb und halb als Mentor bestellt hatte – nicht ohne ihm gleichzeitig aufzutragen, genau aufzupassen, ob der Fuchs nicht für andere kopierte –, hatte er eigentlich den geringsten Vorteil. Heinrich Ludwig, der gute Kenner und zweifelhafte Maler, mit dem Marées damals und später viel verkehrte, hat das Verhältnis, wenn man die Übertreibung des ewig Geärgerten abzieht, richtig geschildert: »Marées«, schreibt er an Schack, »sehe ich öfter. Er ist brav und fleißig, aber von einem fördernden Einfluß Lenbachs auf ihn ist keine Rede. Lenbach bekümmert sich künstlerisch eigentlich gar nicht um ihn, und gesellig hat er ihn nur von allen anderen hiesigen tüchtigen Künstlern abgesondert; denn Lenbach, von Hagn und Füssli u. a. leben überhaupt hier gar nicht, als wären sie in Rom, sondern als wären sie in München. Sie sind als Künstler zu unbedeutend, um Aufmerksamkeit zu erregen, und haben zu viel Selbstschätzung, um sich anzuschließen. Ich muß gestehen, daß mir die nüchterne, spöttelnde Art dieser Herren hier in Rom einen recht komischen Eindruck gemacht hat, und für sie selbst ist sie jedenfalls recht unfruchtbar. Marées, der, von seinen drückenden Verhältnissen in München befreit, mehr und mehr das Bedürfnis fühlt, sich harmloser zu bewegen, befindet sich nicht ganz wohl in dem Kreis, in dem er lebt, aber er ist zu rücksichtsvoll, um dies auszusprechen, wie er es mir, von dessen Aufrichtigkeit er überzeugt ist, ausgesprochen hat. Er hofft, wenn er von Florenz hierher zurückkommt, mehr in das ihm zusagende Fahrwasser zu kommen. Seine Kopie nach Palma wird recht hübsch, und ich freue mich um so mehr, dies sagen zu können, als das, was er leisten wird, ganz auf seinem eigenen Verdienst beruht . . .«[5] Der Brief spiegelt die Maréessche Stimmung, wenn auch in einem sehr persönlichen Medium. Mehr noch als die von Ludwig angedeuteten Allüren eines Teils seines Kreises, die schließlich nicht die Anregungen aufwogen, die er demselben Kreise verdankte, lastete die Art seiner Tätigkeit auf ihm. Er kopierte den Palma mit Liebe und vergaß sich vor der Arbeit, mußte aber, wenn er die Galerie hinter sich hatte, immer deutlicher bemerken, daß eben dieses Vergessen nicht das Mittel war, um mit Rom fertig zu werden. Menschen wie Lenbach lieben gerade den Oberflächenreiz und den Oberflächennutzen der neuen Umgebung. Marées war viel zu fein organisiert, um nicht selbst unter dem Paradies zu leiden, solange es für ihn unübersichtlich blieb und er die Impulse des Milieus nicht zu erkennen, noch weniger zu ordnen vermochte, die seinem Menschentum, in zweiter Linie erst seiner Kunst, förderlich werden konnten. Je größer er Rom sah – und es nahm bei der flüchtigen Berührung jeden Tag an Umfang zu –, um so geringer erschien ihm der Teil, den er davon abbekam. Er hatte im Anfang ein Stückchen gesehen wie ein eiliger Tourist, stets von der Angst verfolgt, Schack, dem er sich warm verpflichtet fühlte, zu viel zu nehmen. Er hatte dasselbe Stück, das jetzt sicher ganz anders aussah, nochmals in Ruhe betrachten und dann stillsitzen oder weggehen, sich irgendwie damit auseinandersetzen wollen, jedenfalls nicht mit der getreuen Kopie eines einzigen Bildes, sondern mit der Formung eines Gesamtausdrucks der neuen Erfahrung. Die Unmöglichkeit, so zu verfahren, bedrückte ihn, und seine innere Unruhe war um so größer, je sicherer er auftrat, je mehr er sich bestrebte, den schnoddrigen Ton Lenbachs mitzumachen und womöglich zu übertreiben. Es lag von vornherein im Programm, im Frühling gemeinsam nach Florenz zu gehen, um dort das Kopieren fortzusetzen. Sie übersiedelten in der ersten Maiwoche, gleich nach der Vollendung des Palma.[6] Marées war im Grunde froh. Er schied von Rom, wie man eine angefangene Arbeit fortlegt, für die man im Augenblick so wenig Stimmung und Muße findet, daß man sie verderben würde. Und bereute es nicht. Es ging ihm in Florenz wie jedem jungen Menschen, der Florenz nach Rom kennen lernt. Schon ganz allein die leichter lesbare Physiognomie der Stadt, der ohne weiteres ersichtliche Zusammenhang der Kunst mit ihrem Milieu, die Einheit der Epoche ihrer markantesten Werke, nahm ihn gefangen. Das Frühlingshafte des Quattrocento hat bei der Jugend stets gewonnenes Spiel. Rom erscheint ihr daneben wie eine würdige, aber steinalte Frau mit falschen Zähnen. Hans fand hier im ersten Moment, was ihm in Rom versagt geblieben war, den unmittelbaren Anschluß an die Geister des Ortes. »Der erste Eindruck von Florenz«, schreibt er seinem Gönner, »ist für mich ein außerordentlich beruhigender: Man sieht hier deutlich, wie sich die Kunst der Renaissance nachgerade zu ihrer Höhe emporgeschwungen hat; die Folge davon ist, daß auch die größten Meisterwerke dem Verständnis näher liegen, daß man sie wirklich studieren kann.« Und dieses Studium erscheint ihm nun ganz selbstverständlich. Was er sich in Rom nicht getraut, vielleicht weil ihm die Realisierung selbst unter anderen äußerlichen Verhältnissen zweifelhaft erschienen wäre, wird jetzt zur naiven Absicht. »Ich werde die hiesige Kunst in einer solchen Weise auszubeuten suchen, daß sie mich nicht allein belehrt, sondern auch zu eigenen Taten inspiriert. In dieser Weise, geehrter Herr Baron, habe ich im Anfang den Zweck meines Aufenthaltes in Italien aufgefaßt, sehe aber, daß ich nachgerade denselben etwas aus dem Auge gelassen habe.« Er erklärt das, als ob er an sich selbst, nicht an den Galeriemann in München schriebe. Rom habe ihn bis zur Verzweiflung über seinen Beruf erdrückt, so daß ihm vorderhand nichts übriggeblieben sei, als wenigstens die Pflichten gegen den Gönner zu erfüllen. »Sie werden selbst finden, daß eine solche Tätigkeit keine sehr belebende und nutzbringende sein kann.« Darauf folgt die bündige Mitteilung, er habe beschlossen, die am meisten zusagenden Köpfe und Figuren – einige Fresken des Ghirlandaio und die Michelangelos der Mediceer-Kapelle – genau zu zeichnen, auch vielleicht, wo es möglich sei, »etwas mit Farben anzugeben«. Er stellt sich das sehr reizvoll vor, wie man bei solchen Studien den Eindruck der Kunst mit dem des Lebens vereinen könnte. »Denn trete ich aus den betreffenden Kapellen hinaus, so sehe ich in unmittelbarer Nähe vor den Altären, hinter den Pfeilern, an den Türen dieselben Gestalten lebend, die jene alten Meister gebildet haben. Kurz, eine solche Arbeit hat poetischen Reiz, während mir in den Galerien durch die herumschmierenden Kopistenscharen die ganze Malerei verleidet wird. Es ist keine Frage, daß die feinsten Empfindungen, aus denen allein feine Werke hervorgehen, durch die sich zu sehr aufdrängende Prosa erstickt werden müssen.« Man glaubt den Brief an einen vertrauten Freund zu lesen. Er erinnert sich zum Schluß und nimmt sich Mühe, auseinanderzusetzen, wie er auf solche Weise schließlich viel schneller zu tüchtigen eigenen Sachen kommen werde, und wie angenehm es dann für den Herrn Baron sei, wenn die ganze Welt sagen würde, daß er ihm alles zu verdanken habe. Übrigens sei es wirklich für Schack gar nicht uninteressant, solche Zeichnungen nach Ghirlandaio, Filippo Lippi usw. zu besitzen. »Sie werden mir verzeihen, Herr Baron, wenn ich soviel über meine Angelegenheiten spreche. Es ist aber notwendig, daß Sie meine An- und Absichten kennen. Gegen meine Überzeugung kann ich nicht handeln; wer das tut, muß sich schließlich in Unwahrheiten verstricken, und da wäre es ja besser, gar nicht zu existieren« usw. Schwerlich hatte Schack irgendeine Veranlassung gegeben, um diesen Ausdruck der Vertraulichkeit zu rechtfertigen. So sprach ein Mensch, der von der Menschen Art recht wenig wußte, aber von der Kunst die rechten Vorstellungen hatte. In der ersten Freude nach dem ersten Umblick, in dem Bewußtsein, hier festen Boden unter den Füßen zu finden und etwas Ordentliches erreichen zu können, wenn man ihn nur gewähren ließ, hatte er über sich und seine Pläne geschrieben, wie über eine Schack ganz so wie ihn angehende mehr als persönliche Frage. Er erwartete im Augenblick des Schreibens gar keine Antwort, so sicher war ihm, daß Schack wie jeder andere, der sich überhaupt mit Kunst abgab, ihn billigen müsse. Er schrieb es auch dem Vater so, wie man eine angenehme Botschaft mitteilt. Der war wie aus den Wolken gefallen und antwortete umgehend als Jurist: Schack setze bei seinen Versprechungen voraus, daß Hans auch die seinen halte. Man könne nach dem Brief das Schlimmste erwarten. – Auch Lenbach verstand nicht, was Marées wollte – er verstand ihn überhaupt immer weniger – und machte ihm sehr ernste Vorstellungen. Hans wurde nachdenklich und war schon, bevor Schacks Antwort eintraf, »in sich gegangen«, wie sich der Vater ausdrückte. Der Gönner schrieb gönnerhaft freundlich. Der Palma war angekommen, hatte in München die »allgemeine Anerkennung« gefunden, den Besitzer hoch erfreut. Er müsse unbedingt noch eine Kopie haben, würde dann aber das Leben des jungen Künstlers so gestalten, daß der sich ganz seiner Muse hingeben könne. Rührend in seiner Unbewußtheit, fügt der Vater in einem Brief an den Ältesten über diese Episode hinzu: »Er wird auch in Florenz noch eine zweite Kopie anfertigen, womit sein sechsmonatlicher Aufenthalt in Florenz ausgefüllt sein dürfte.«[7] Der Alte hatte schließlich jedes Verständnis für den Sohn, wenn nicht für Künstlertum überhaupt verloren.

Also weiter kopieren! Marées schickte sich in das Unabänderliche, und aus der einen Kopie, die Schack noch verlangte, wurden drei. Man kann Schack keinen Vorwurf machen. Er hat sich zu Marées stets im weitesten Umfange korrekt benommen. Was die Biographen Böcklins, Feuerbachs und Lenbachs tadeln, daß er nichts von der Kunst verstand, scheint mir kein Argument gegen seine Verdienste. Um so anerkennenswerter war sein Idealismus, wenn er ohne die intimen Reize des Liebhabers daran festhielt. Und daß er, wie Lenbach ihm am grimmigsten vorwarf – der seiner Schützlinge, der am wenigsten Grund zur Klage über ihn hatte –, nur aus Snobismus sammelte, daß ihm, wie Böcklin sagte, »Lenbach und Paul Heyse die Uhr aufziehen mußten«, daß er sich über die Selbständigkeit seiner Neigungen einer zuweilen drastischen Illusion hingab, alles das hat eigentlich wenig Belang. Wohin kämen wir in unserer Zeit, wenn wir uns nicht auf das Objekt der Sammlungen beschränken, sondern auch noch die Beweggründe des Besitzers mit katalogisieren wollten. Gesegnet sei der Snob, der seiner Eitelkeit solide Opfer bringt. Wieviel Snobs haben wir heute unter Künstlern, Schriftgelehrten und Laien, die nicht einmal kaufen! Schack war ein kleiner Mann, vielleicht noch kleiner in seinem Verhältnis zur Literatur, wo er besser zu Hause war und eigene Erzeugnisse hinterließ, als hier, wo er eine Sammlung schuf, die, mag sie aus noch so subalternen Beweggründen hervorgegangen sein, immer noch hundertmal besser ist, als die gleichzeitig entstandenen öffentlichen Museen, die, wie die Neue Pinakothek in München, gerade der Obhut von Künstlern ihre Eigenart verdanken. Was über seine Sparsamkeit in die Literatur gekommen ist, ist krasse Übertreibung. Lenbach rechnet nach, daß sein Einkommen 60 000 Gulden betrug, und da er höchstens 10 000 für sich verbrauchte, 50 000 für seine Liebhabereien übrig behielt. Wenn man solche Rechnung auf alle reichen Leute, die sich Bilder kaufen, übertragen wollte, würden die Künstler bald überhaupt nicht mehr dem Absatz genügen können. Gerade Schacks Verhältnis zu Marées zeigte in der Folge, daß er durchaus kein kleinlicher Rechner war und nicht auf dem Ausgleich zwischen Preis und Ware bestand. Sein Ideal war das eines Kurzsichtigen. Er sah so schlecht, daß er sich die Bilder ganz nahe vor die Augen halten mußte, und erblindete später vollständig. Es war kurzsichtig, Feuerbach nicht gewähren zu lassen und einen Marées im entscheidenden Moment seiner Entwicklung mit Kopien zu quälen. Aber, machen wir uns den Vorwurf nicht zu leicht, indem wir von späteren Tatsachen zurückschließen, die kaum der klarste Erkenner des Schönen mit Sicherheit voraussehen konnte? Das ganze Projekt einer Kopiengalerie, das ihm Lenbach mit kluger Berechnung einblies, konnte nur von einem Kurzsichtigen betrieben werden. Es enthielt rationelle Momente genug, nur gerade nicht die, auf die sich Schack am meisten berief. Er hatte sicher recht, die Künstler auf das

Lehrmaterial der Alten zu verweisen – was könnte man noch heute deutschen Malern dringender empfehlen? –, aber täuschte sich über das Ziel des Nutzens. Sein Irrtum war, zu glauben, er könne auf diese Weise einen gültigen Ersatz für die Originale erhalten. Es war nicht ein einziger unter seinen Künstlern, der genug Erfahrung, Geschicklichkeit und Geduld für die getreue Reproduktion eines alten Meisters besaß, und die Bilder, die Schack dafür nahm, haben größtenteils nur den Titel mit den Originalen gemein. Schacks Galerie wäre ein Unikum sondergleichen geworden, hätte er von vornherein das Gewicht mehr auf die Kopisten als auf die Kopierten gelegt und weniger auf der objektiven Wiedergabe als auf der subjektiven Übertragung bestanden. Das allein war auch von Künstlern, denen das Kopierhandwerk nicht gelegen war, zu erreichen: der Ausdruck der Eigenart in der Darstellung eines geliebten Vorbildes. Ihn geben die Kopien aller großen Meister von den Alten bis zu den Franzosen unserer Tage und er verwandelt die scheinbare Nachahmung tatsächlich in Schöpfung. Wäre Schack mit Geschick den Passionen der Künstler, die für ihn tätig waren, nachgegangen, so hätte er sicher von keinem einen Korb bekommen und allen unendlich genützt. Aber er hätte sich dabei mit ganz naiven, unter Umständen unfertigen Bildern oder Fragmenten begnügen müssen, die nur das, was den Nachfolger an dem Vorgänger besonders reizte, vollkommen zur Darstellung brachten. Mit Lenbach und Marées konnte es gelingen. Lenbach hat in kleinem Format den ersten ungekünstelten Eindruck der Meisterwerke eines Tizian, Veronese und Rubens auf seine empfängliche Künstlerseele mindestens angedeutet und damit minuskule Meisterwerke geschaffen, die seinen besten frühen Landschaften und Porträts würdig zur Seite stehen. Sie hängen nicht in der Schack-Galerie, sondern in ein paar

Privathäusern Münchens[8], und geben manche Aufschlüsse über die eigentümliche Zwitternatur Lenbachs und über die Originale. Es waren die Skizzen für die Kopien, die Schack erhielt. So kostbar diese kleinen Dinge sind, so bar allen Reizes scheinen mir die Bilder der Schack-Galerie. Die ersten ließ der natürliche Enthusiasmus eines Künstlers werden. Die anderen, im großen Format, entstanden dem Gönner und dem eigenen allzu billigen Ehrgeiz zuliebe, und aus dem Enthusiasmus wurde des Industriellen kümmerlicher Fleiß. Die Verehrung der Unberufenen hat diese Kopien mit wahren Legenden umgeben. Man fragt sich bei der Lektüre der heute schon traditionellen Hymnen auf Lenbachs »Irdische und himmlische Liebe«, ob die Spender solchen Lobs jemals einen Tizian vor Augen gehabt haben.

Gewiß ähneln die Kopien den Originalen. Man sieht, um welches Bild es sich handelt. Aber die Ähnlichkeit ist die des Bastards schlechten Blutes mit einem geborenen König. Die Geschicklichkeit ist nicht gering, es fehlen die in die Augen springenden grotesken Schnitzer der Wolf, Schwarzer und Konsorten, deren Bilder eher in das Archiv von Witzblättern als in eine Galerie gehören. Aber eben die Geschicklichkeit steht dem beabsichtigten Eindruck entgegen. Sie langt immer nur zu einem improvisierten Schein und macht die Vorbilder billig. Sie läßt unsere Empfindung, die an sublime Momente erinnert wird, an sich selbst zum Lügner werden oder im entscheidendsten Moment straucheln, wo nur die absolute Sicherheit des Adlerfluges eines Genies uns zur letzten Höhe emporziehen kann. Das letzte fehlt und damit alles. Denn dies ist kein Detail. Wie wenig würde uns das bekümmern! Wir würden den Menschen, der uns nur den warmen Hauch des Lebens über der Venus in der Tribuna vor Augen zauberte, segnen, auch wenn dem Körper Arme und Beine fehlten. Wir würden eine Nachbildung des Rubensschen Selbstbildnisses der Uffizien für ein Meisterwerk halten, wenn nur gelänge, ein blondes Fleisch so natürlich wie bei Rubens mit Haar und Bart zu umgeben. Und wären Lenbach ewig dankbar, wenn er uns im kleinsten Format den Rhythmus des Karl V. aus dem Prado zeigte. Kurz, etwas vom Wesentlichen, das aber ganz, in irgendeiner Art vollkommen und ohne Rest wie auf dem Original. Lenbach aber bildete sich ein, das Vorbild mit Haut und Haaren nachahmen zu können, ohne nachzubilden. Schon ein Zeitgenosse hat damals im stillen den Mäzen über diese Art von »Faksimile« aufzuklären versucht.[9] Sobald diese niedere Absicht deutlich wird, rächt sich unser nasgeführtes Innere energischer an dem Geschickten als an dem armen Stümper. Wie kommt der Mann zu Tizian, zu Rubens! Er kann sich nicht mal selbst im Zaum halten und wagt sich an solche Helden heran! Wir empfinden solche Geschicklichkeit, die ihre Sphäre verkennt, nicht als das passive, unschädliche Verhalten irgendeines der Tagelöhner, die im Schatten großer Bilder ihre Existenz fristen, sondern als dreisten Eingriff in das Dasein der Bilder selbst. Ihre Verbilligung verschönt für Laienaugen das Original, weil sie den Widerstand der ursprünglichen Abstraktion gegen die überwundene Natur um das Hundertfache verringert; das heißt, das verkleinert, was allein berechtigt ist, die Seele des Kunstwerks genannt zu werden. Unbestechlichen Betrachtern erwecken Lenbachs Kopien unheimliche Eindrücke. Man glaubt die Leichen der Originale zu sehen, verfallene Skelette ohne Fleisch, oder vielmehr Fleisch ohne Knochen. Es ist die schon seit hundert Jahren bewährte Methode der Reynolds, die Patina zu geben ohne das Metall; kein unbewußtes Ungeschick, keine Unzulänglichkeit, die ein subjektives

Streben entschuldigt, sondern intellektuelle Fälschung. Große Dokumente der Menschheit werden zu einem dekorativen Effekt mißbraucht. Der Scherz wirkt um so obszöner, je näher die Maskerade der Wirklichkeit kommt. Nur in einem Lande, dem jedes lebendige Verhältnis zur alten Kunst abgeht, konnte dies Treiben eines Zeitgenossen den Nimbus der Altmeisterlichkeit erreichen und durfte derselbe Mann nachher unsere lebenden Großen auf gleiche Art verewigen.

Nicht eine Nuance dieser fälschenden Nachbildung findet sich in den Maréesschen Kopien trotz des Zusammenseins mit Lenbach, trotzdem dem Jüngeren das Unerlaubte der Methode damals noch kaum bewußt war. Ihr Instinkte waren verschieden. Ein gemeinsamer Münchener Freund, ich glaube, Wilhelm Diez, pflegte zu sagen, Marées habe das Malen nach den alten Meistern aufgebracht, Lenbach habe davon gelebt. Das ist, wörtlich genommen, nicht richtig, denn Lenbach hat seine erste Kopie gemacht, als Marées noch auf der Schule war.[10] Im weiteren Sinne aber, wie es gemeint ist, trifft das bissige Wort, ein echtes Münchener Atelierwort, den Nagel auf den Kopf. Denn für Marées war nie die Kunst, nicht die eigene und noch weniger die der Meister seiner Verehrung, die melkende Kuh; war es so wenig, daß er selbst seinem Besteller zumutete, ebenso altruistisch zu denken; daß er, so gewitzt der Mensch in ihm war, dessen Intelligenz zehn Lenbachs in die Tasche steckte, lebendigen Leibes verhungert wäre, wenn er davon auf die Dauer hätte leben sollen. Selbst da, wo er ganz im Äußerlichen Rembrandt nachzuahmen versucht hatte, war er nie der pietätlose Spekulant gewesen, der sich mit fremden Federn schmückt, sondern hatte versucht, mit dem Entnommenen organisch zu wirtschaften. So verfuhr er auch jetzt. Lenbach hielt ihn zur Wörtlichkeit an, und Schack erwartete nichts anderes. Daher versuchte er, dem Original so nahe zu bleiben wie möglich. Seine erste Kopie, der Palma, ist von minutiöser Exaktheit. Da ihm jede Erfahrung in der Präparierung des Malgrundes fehlte, um die Durchsichtigkeit der venezianischen Farben zu erreichen, und er die Holztafel durch die Leinwand ersetzte, schloß sich die absolute Gleichheit aus. Es konnte nur darauf ankommen, in der veränderten Materie eine verhältnismäßig gleiche Wirkung zu erreichen. Das gelang ihm. Seine Farbe ist wolkiger, aber da sie nicht dieses oder jenes Detail, sondern alle Beziehungen gleichmäßig modifiziert, hindert sie nicht eine in der Übertragung verwandte Erscheinung. Niemand wird auch nur von weitem das Bild für einen Venezianer halten. Es fehlt die Qualität des giorgionesken warmen Brauns. Die Wärme wird durch eine Verdunkelung erreicht, die allen Tönen ein den Venezianern fremdes Timbre gibt und das ganze Bild entschieden tiefer stimmt. Trotzdem ist es relativ nicht ärmer; nur das Material ist weniger wertvoll. Marées gibt damit auf andere Art die reichen Licht- und Schattendifferenzen wieder, indem er gewisse Einzelheiten, die im Original als wesentliche Stützen wirken, schärfer als Palma hervorhebt. Er modelliert z. B. den knienden Stifter ganz anders als Palma, sichert sich nur mit großer Bestimmtheit die Hauptpunkte des Gesichtes, die verhältnismäßig heller wiedergegeben werden, und bekämpft so den verhältnismäßig stärkeren Schatten. Die Summe dieser Einzelheiten läßt ein anderes, dem Palma fremdes Temperament merken. Es nötigt uns genau so, in das Detail zu gehen, wie der Palma selbst, um aus allen Details die Wahrheit der Harmonie zu gewinnen. Lenbach hat vergleichsweise überhaupt keine Details, obwohl er im ganzen ähnlicher erscheint. Sobald man bei ihm die versteckten Wirkungen des Originals sucht, stößt man auf flache Leinwand. Alle Lenbachschen Kopien sind flach, sie reduzieren auf eine Ebene wie ein Ornamentenmacher, was nur in der Tiefe der Vorbilder Sinn hat. Man kann ihm nicht die Reduktion als solche vorwerfen, denn jeder vernünftige Nachschöpfer, dem es nicht um genaue Wiederholung zu tun ist, reduziert, sondern das Unlogische der Reduktion. Er reduziert willkürlich, dem flüchtigen Blick des eiligen Galeriebesuchers entsprechend, nicht das Bild, sondern den Laieneindruck des Bildes. Marées dagegen kommt es auf nichts so sehr an, als die Hauptmassen, die Hauptpläne richtig zu stellen, und er kümmert sich dann weniger darum, ob die Augen der Heiligen ganz ebenso blicken, wie auf dem Original. So räumlich überzeugend wirkt der Velazquez. Lenbachs Flachheit konnte nirgends schlimmer zutage treten als in seiner Kopie nach dem Philipp. Er machte aus dem echten Velazquez einen falschen; Marées, könnte man beinahe sagen, machte einen echten Velazquez aus einer alten Kopie. Instinktiv hat er bei seiner Nachbildung des Pitti-Bildes die fatalen Leerheiten des Pseudooriginals verbessert. Die ganze Gestalt ist viel inniger von Atmosphäre umhüllt und erscheint dadurch lebendiger. Der helle Streifen jenseits des Pferdes, der die Tiefenwirkung erleichtert, tritt viel weniger hervor. Vor dem Original in Madrid merkt man mit Erstaunen, daß unser Zeitgenosse auch des Originals Schwächen mindestens zu lindern wußte, ohne es gesehen zu haben. Seine Nachbildung hat nichts von der Übermodellierung des Velazquezschen Reiters, und schon daran mag es liegen, daß uns der Eindruck übertriebener Illusion erspart bleibt, der dem üppigen Repräsentationsbild des Prado so viel Fatales hinzufügt. Größeres Zusammenziehen der Details unterscheidet alle Maréesschen Übertragungen von den Vorbildern. Aus der spezifisch zeichnerischen Gestaltung des Raffael, die der Farbe eine verhältnismäßig untergeordnete und mehr materielle Rolle zuweist und dem Pinsel gleichsam nur die Ausführung dessen erlaubt, was der genial geführte Zeichenstift erfand, macht Marées ein rein malerisches Werk, dem die Zeichnung nur Handlangerdienste leistet. Er betrachtet das Bild Raffaels als ein Gegebenes und setzt es in seiner Weise fort. Nicht über Raffael hinaus, wohlverstanden; er bleibt dem eigentümlichen Reiz des Urbinaten fern und versucht keine von vornherein aussichtslose Konkurrenz. Sondern nach einer neuen Form zu, die nur mit dem Opfer typischer Eigenschaften des Vorbildes gelingen konnte. Diese Form gewinnt Marées aus gegebenen, aber für Raffael latenten Bedingungen. Aus dem Fleisch und aus dem Kostüm, dem faltenreichen Ärmel, dem Leinen des Hemdes und dem Schleier entsteht unter seinen Händen eine Stofflichkeit, die bei Raffael vergleichsweise Fläche und Linie bleibt. Bleiben muß, betone ich. Die Kühle in der Pracht, die Leibhaftigkeit der Erscheinung in ihrer von der unseren weit entfernten Welt konnte und durfte von einem Raffael nicht anders gegeben werden. Dem kristallklaren Reim hätte eine stärkere Betonung des Stofflichen den reinen Klang geraubt. Diese Poesie aber liegt unseren Anlagen nicht mehr. Sie gelang auch damals nur mit einer Abkehr von großen Impulsen einer neuen Kunst. Wir verehren in dieser Enthaltsamkeit die Tugend eines Idealisten, der zum letztenmal eine durch die Beschränktheit ihrer Bedingungen zum Verfall bestimmte Form zum Träger seines Ideals machte. Jahrhunderte haben seitdem den Boden, aus dem die Fresken wuchsen, umgepflügt, und heute wäre selbst ein Raffael unfähig, ungestraft der Richtung zu widerstehen, vor deren grandiosen Anfängen sich der Urheber der Velata verschloß. Ohne sich zum Sklaven des Vorbildes zu machen, konnte Marées nicht den Weg zu dem bewunderten Resultate Raffaels gehen. Die Nachahmung des Mittels hätte ihm eine unfruchtbare Geduldsprobe auferlegt. Er blieb er selbst vor dem Bilde, der Maler, den seine Instinkte zu Leuten wie Giorgione und Tizian trieben und treiben mußten. Aus der Römerin wurde eine Tochter Venedigs. Er vernachlässigte geradezu die Zeichnung. Das Volumen des Kopfes und der mehr als bedenkliche Halsansatz stimmen ebensowenig mit dem Original überein, wie die Malerei. Alle diese Veränderungen entstanden unbewußt und sie würden bei jedem Maler von ausgeprägter Eigenart in ähnlicher Richtung entstehen. Er verhielt sich nicht anders wie Delacroix, als er Raffael, wie Manet, als er Filippino Lippi kopierte. Die Bewunderung konnte ihm keine Äußerungen entlocken, für die ihm die Organe fehlten, und Marées würde uns wie ein Fremder erscheinen, wenn seine Velata uns vertrauter wäre.

Der Raffael war die letzte Kopie in Florenz. Er begann die Florenzer Arbeiten für Schack mit einem Tizian. Die Wahl charakterisiert ihn. Das Bild entgeht manchem Besucher des Pitti, der hier und in den Uffizien so viele der berühmten Meisterwerke Tizians gesehen hat, und es war damals von der Forschung dem Meister abgesprochen. Lenbach machte sich an die Venus heran und vermöbelte den Aretino. Marées nahm die unscheinbare Anbetung. Ihr fragmentarischer Zustand gewährt dem Künstler tiefere Einblicke in das System der Komposition Tizians, als der überschwengliche Reichtum eines Aretino, von dem auch ein intensiverer Arbeiter als Lenbach wenig mehr als ein blasses Abbild zu geben vermöchte. Er dachte dabei weniger an Schack – der tröstete sich mit rührender Philosophie über die Wahl –, sondern an die eigene Belehrung. Was ihn reizte, war die außerordentliche Raumeinteilung, die dreifache Schräge der Hirten, der Gruppe mit dem Christkind und der beiden merkwürdigen Gestalten, die über die Mauer des Hintergrundes hereinsehen; das Verhältnis dieser Schräge zu den Vertikalen der Komposition und die ungemein ökonomische Verteilung der Farben. Er übertrieb das Schema noch und der Asphalt tat sein übriges dazu, so daß heute die Kopie noch verfallener erscheint als das Original. Aber wenn er mit der Arbeit der Galerie seines Gönners nichts hinzufügte, so nutzte er um so mehr sich selbst. Die dabei gesammelten Erfahrungen waren unverlierbar und sollten ihm später zu besserem Vorteil geraten.

Man darf die Kopien nicht überschätzen; Lenbach ist kein Maßstab. Und sie stehen nicht an Meisterlichkeit höher, sondern an Einsicht, an Gefühl für den Organismus der Werke, und zumal für den Organismus der eigenen Persönlichkeit, der sie zu Schulmitteln wurden, an Bescheidenheit. Die Rücksicht auf Schack, vielleicht auch die Nähe Lenbachs hielten Marées ab, sich ganz ungezwungen dem eigenen Gefühl in der Übertragung zu überlassen. So frei wie er später in Dresden den Rubens wiedergab, stand er damals noch lange nicht den Alten gegenüber. Doch war vielleicht entscheidender, daß er sich seinem ganzen Dasein gegenüber unfrei fühlte.

Mitte September war der Raffael fertig. Der Abmachung gemäß sollte sich nun Marées seinen eigenen Arbeiten widmen. Und zwar in Rom. Ich glaube kaum, daß er Florenz verlassen hätte, wenn Lenbach in Rom gewesen wäre. Das Verhältnis hatte sich ohne äußere Veranlassung gelockert. Sie waren beide zu lebhaft, um die künstlerische Tätigkeit von dem Einfluß auf die persönliche Beziehung auszuschließen, und Marées hatte Lenbach zu lange bei der Arbeit gesehen, um nicht ein Unbehagen über des Kameraden skrupellose Fixigkeit zu empfinden. Gerade als er fertig war, kam Feuerbach auf der Reise von Deutschland nach Rom durch Florenz und suchte Marées auf.

Sie verabredeten, zusammen nach Rom zu fahren und machten sich am 15. September auf die Reise. Feuerbach, der um seine Nana trauerte, war froh, einen Gefährten zu haben, und die angenehme viertägige Reise über Siena, Perugia und Orvieto, wo man überall einen Tag Rast machte und Kunst genoß, brachte die beiden einander näher.[11] Feuerbach nennt den Tag in Siena »die lieblichste Erinnerung meines Lebens«, und seine Bewunderung für die Signorelli in Orvieto wurde sicher von Marées geteilt. »Endlich am vierten Morgen lag von hohen Bergen herab ein See und das ganze Gebirge und fern in der Campagna St. Peter – das ist ein homerischer Zauber. Abends gegen Sonnenuntergang fuhren wir zum Tore Roms ein, und die Schönheit des Volkes, es war Sonntag, war überraschend.« Sie hatten sich vorgenommen, nach kurzer Rast in Rom, zusammen in die Campagna zu gehen und dort bis Ende Oktober zu bleiben. Marées war einer Erholung dringend bedürftig. Die scharfe Arbeit an den Kopien bei großer Hitze hatte ihn stark angegriffen.[12]

Nun folgt eine lange, lange Zeit, die in der Nomenklatur des Werkes ein weißes Blatt einnimmt, fast aller äußerlicher Zeichen bar, überreich an entscheidenden Erlebnissen. Der Maler trat vor dem Künstler zurück. Marées holte nach, was er während der determinierten Arbeit für Schack hatte vernachlässigen müssen; ging auf die eigene Kunst zurück und untersuchte, was davon übriggeblieben war. Erst jetzt kam die Reaktion auf Italien. Die Kopien hatten sie mehr zurückgedrängt als gefördert. Er hatte sich in ihnen vor sich selbst versteckt und vielleicht manchmal die Fessel Schacks im stillen als willkommenen Zwang gepriesen, weil sie ihm einen Zweck gab. Den suchte er jetzt. Einen Zweck, würdig dieser Umgebung, und den er fähig wäre, zu erfüllen. Woher ihn nehmen? –

Es gab vielerlei. Er konnte die Alten nunmehr nachahmen, nachdem er sie kopiert hatte, so machten es viele; konnte so tun, als seien sie nicht da, als läge Rom bei München, und friedliche Naturstudien treiben; so machten es andere. Beides widerstand seiner Überzeugung. Aber diese Überzeugung wußte zunächst nur nein zu sagen, schlug nichts Positives vor. Wohl mußte man mit der Natur schaffen, das verstand sich von selbst; und der glorreichen Beispiele Lehre dabei beachten, auch das war sicher. Aber zu beiden gehört ein Drittes, das alles andere umschlang, der starke Schwung, den er so oft in München gefühlt, der ihm dort ganz selbstverständlich zu Gebote gestanden hatte, wenn er nicht absichtlich niedergekämpft wurde. Der versagte. Nicht Armut an Einfällen hielt ihn zurück, eher das Gegenteil, ein Zuviel von Ideen, die nach Verwirklichung rangen, die den Verstand, sein kritisches Vermögen, zu sehr beschäftigten, um Bild zu werden, die eine der anderen entgegengesetzt, keine unberechtigt, keine entscheidend. Er lebte in Rom ohne Organe. Was sollte er, der Schüler Rembrandts, mit Raffael, mit Michelangelo und den prunkenden Nachfolgern. Er konnte malen, das hatte er gezeigt, vermochte eine schnelle Eingebung ebenso schnell auf die Leinwand zu bringen, Bildnisse zu machen, die das Charakteristische des Menschen wiedergaben, interessante Dinge, reizvoll im Strich, voll von Farben. Und alles das sah neben Rom wie geschwätziges Unwesen aus. Diese ganze französierende Malerei der jungen Deutschen, die ihm in München – er wußte selbst nicht wie – angeflogen war, schien wehrlos neben der ungeheuren Stabilität der Alten, geistlos zumal und ohne Anstand. Woher hätte sie je das universelle Pathos genommen, das in der Sixtina erdröhnte! – Feuerbach schreibt am Tage der Begegnung mit Marées in Florenz an die Mutter: »Wenn unsere Maler der modernen

Schule ihre Impotenz begriffen, so wäre es eine Wohltat für die Welt. Hier begreift man, daß auch Paris schon außer Mode ist, denn es hat nichts geschaffen, was hier nicht schon besser vorhanden wäre.« Das hat nicht Feuerbach gedacht, obwohl der Irrtum dem Kreis seiner Erfahrungen entsprach, sondern Marées. Es war das Echo einer Unterhaltung, die sie soeben zusammen gehabt hatten in der Tribuna oder im Pitti; eine jener Unterhaltungen, die von der stillen Betrachtung eines Bildes ausgehen, sich beim zweiten und dritten stärker entzünden und die dann plötzlich von Marées zu einer lichterlohen, alles versengenden Flamme angefacht wurden. Feuerbach war bei solchem Enthusiasmus gern dabei, wärmte sich und schwärmte und ging dann hin und malte sehr ordentliche Bilder. Marées aber brannte. Wenn er zu dem Schluß kam, daß wirklich alles außer den Alten nicht der Rede wert war, kam es ihm lächerlich vor, nun den Pinsel zu nehmen und trotzdem darauf los zu schustern. Er bewunderte Feuerbach, weniger die Bilder, als den Mut, sie zu malen, Vorstellungen der Alten, zu denen es keine sichtbare Verbindung gab, zu wiederholen, sogar die Antike. Und seine Bewunderung überwog die Ironie. Feuerbach tat doch irgend etwas, fing an, kam vielleicht auf sehr langem Weg wirklich zur Größe. Wie aber sollte einer, der überhaupt kaum einen Ansatz wagte, zum Ziel gelangen! Wenn er nur überhaupt ein Ziel gehabt hätte. Ganz im Grunde freilich fühlte er sich als etwas Besseres als alle die Tätigen, als Feuerbach, sogar als Böcklin. Er hätte nicht mit ihnen tauschen mögen, so unzufrieden er mit sich war. Sie produzierten, aber sie nagelten sich damit fest, wurden unfehlbar in eine Richtung getrieben, deren sie sich nicht im geringsten bewußt waren. Der eine formte nach, der andere träumte und vergaß das Formen. Das hätte er um keinen Preis gewollt. Diese betriebsame Hingabe an ein begrenztes, nur zu begrenztes Ziel war womöglich noch haltloser als seine Untätigkeit. Dann brauchte man nicht hierher zu gehen, konnte in München ein berühmter Mann werden, tat sogar besser daran. Entweder wirklich etwas mindestens im Geiste den Alten Gleichwertiges schaffen, oder schweigen! Freilich, ob die positive Seite dieser Alternative überhaupt möglich war? Was hatten denn die Deutschen, die seit hundert Jahren hier malten, erreicht? Die Franzosen gingen her wie in eine Schule, um, sobald sie draußen waren, über die Stränge zu schlagen; wenigstens die Tüchtigen. Und die anderen machten es wie die Deutschen, deren Verurteilung auf den Wänden der Villa Massimi geschrieben stand. Entweder Nachblasen oder blinde Willkür. Immer wieder kam er auf die beiden Aussichten, zwischen denen zu wählen sich sein Ehrgeiz, sein Adel, seine Vernunft, alles, was er an besserer Regung in sich fühlte, sträubte. Und dann ging er in das Café di Roma, statt ins Atelier, redete sich mit beliebigen Leuten die Qual vom Halse, mehr zu sich selbst als den Zuhörern, unter denen er sich, ohne daß jemals einer ein Bild gesehen hatte, wachsenden Ansehens erfreute, um am anderen Morgen genau so weit zu sein, wie am Tage vorher. Eine schlimme Zeit. Vielen Künstlern, die nicht schlechter als Marées begannen, haben solche Perioden die moralische Existenz gekostet. Manche gaben die physische dazu. Die Produktivität des Künstlers steht zur Tragkraft pessimistischer Reflexionen des Menschen in einem sehr viel gespannteren Verhältnis, als die Schaffenskraft anderer Menschenkinder zu Gedanken solcher Art. Der Musiker kann interpretieren, wenn ihm die Lust an eigener Schöpfung gebricht. Der Dichter, dem die Selbsterkenntnis die Hand lähmt, findet in der intellektuellen Seite seines Berufes hundert Betätigungen anständiger Art, um kleine oder lange Pausen würdig auszufüllen. Er schreibt Prosa, wenn es mit den Versen nicht geht. Der Künstler hat immer nur das hohe Seil zum Schreiten oder die Pfütze. Seine Kunst ist die größte, weil im Umfang kleinste, weil sie die schärfste Auswahl unter ihren Jüngern übt. Sie erlaubt eigentlich nur das Genie, ist ohne eminentes Menschentum viel weniger denkbar, als irgendeine andere Betätigung des Geistes. Die Moral lauert über ihr wie ein brutaler Sicherheitsbeamter und disqualifiziert sie auf ein Zucken des Bewußtseins hin. Ihre Entwicklungsmöglichkeiten setzen großen Intellekt voraus; die Einzeltat wird vom Intellekt gehindert. Wer nicht die Animalität des Muts zum Sprung behält, gleitet daneben. Es gibt nirgends größere Schufte als unter Künstlern, weil kein Beruf soviel edle Eigenschaften aufsaugt, und es ist unmöglich, daß ein großer Künstler auch noch ein guter Kerl sei, weil alle seine Güte für seine Kunst gebraucht wird. Alles oder nichts! Es war nicht Marées' übertriebener Idealismus, der die Devise nahm. Der Satz ist so rationell wie für den Bankier die Forderung, rechnen zu können, und Marées erfüllte eine Vorschrift der Vernunft, indem er sich mit seinen Zweifeln nahe an den Rand der Impotenz brachte, nur um nicht einen Strich zu tun, den er nicht als vollkommen nötig erkannte. Die Gefahr, die ihn dabei bedrohte, war immer noch geringer als die auf der anderen Seite. Der Prozentsatz von Künstlern, die an dem Nichtabwartenkönnen zugrunde gehen, ist hundertmal größer als der der Unglücklichen, die an Maréesschen Situationen scheitern, tausendmal größer, wenn man die Relativität des Nutzens ihrer Menschlichkeit mit heranzieht. Ein Mensch, der mit Talent entsagt, hat zuweilen tragische, das heißt wirksame Größe, die anderen sind immer ganz belanglos.

Schack fing an zu drängen. Es war ausgemacht, daß er in dem Jahr 1866 vier Bilder erhalten sollte; davon zwei bis zum

Sommer. Als der Mai herangekommen war, erkundigte er sich. Marées antwortete beklommen, er brauche noch die Sommermonate und könne nicht sagen, ob er wirklich im ganzen vier Bilder fertig bringen werde. Es sei für ihn ein recht drückendes Gefühl, seinen Eifer und seine Absichten nicht weniger platonisch beweisen zu können. »Wenn Sie indessen in Erwägung ziehen, Herr Baron, wie viel mir mangelt, wie vieles ich zu lernen hatte und noch habe, um in meinen Werken nur einigermaßen mit der Umgebung zu harmonieren, so werden Sie gewiß noch einige Geduld mit mir haben. Ich weiß sehr wohl, daß ich nicht so bald imstande sein werde, Tadelloses zu leisten, aber zum wenigsten muß die Intention eines Bildes klar ausgedrückt sein, ehe ich ein solches die Reise von Rom nach München machen lassen darf. An meinen Anstrengungen werden Sie nicht zweifeln, und überzeugt dürfen Sie sein, daß dasjenige, was Sie von mir erhalten werden, sei es wie es sei, das beste sein wird, was ich aus mir habe sozusagen herauspressen können.« Schack faßte sich in Geduld, obgleich Lenbach zu sticheln anfing.[13] Seine Geduld sollte auf eine harte Probe gestellt werden. Es vergingen noch zwei volle Jahre, bis er etwas zu sehen bekam. Nicht das Wollen seines Schützlings war daran schuld. Marées quälte sich unablässig; er hat sich vielleicht in keiner Periode seines arbeitsreichen Daseins stärker angestrengt. Er versuchte wirklich aus sich herauszupressen, was der ungebärdige Genius verweigerte, setzte hundertmal an, und sobald ein Gedanke auf der Leinwand feste Gestalt annehmen wollte, verwarf er ihn, weil das Resultat nicht »mit der Umgebung harmonierte«. Das Rom, das Marées sah und erlebte, in das er zu früh oder zu spät, jedenfalls im unrechten Moment gelangt war, hemmte seine Kräfte. Er hätte nach Venedig gehört, in eine Umgebung, die ihm erlaubte, Anschluß an seine früher erwiesenen Fähigkeiten zu finden, in das Venedig der Giorgione und Tizian. Von Florenz aus war er einmal auf ein paar Tage hingefahren, hatte vor den Tintorettos gejubelt und die Freskenreste am Fondaco de' Tedeschi wie Offenbarungen bewundert. Jeder Strich, den er damals malte, kam davon und vom Früheren her und hatte nichts von Rom. Die Fragmente, die uns von den Ansätzen jener Zeit geblieben sind, stammeln die Sehnsucht nach Venedig. Warum ging er nicht hin? – Ich glaube, er hat sich dieselbe Frage hundertmal vorgelegt und sich vielleicht einen Narren gescholten, daß er nicht nachgab. Weil es eine Sehnsucht war, deshalb ging er nicht. Er mißtraute sich. Wir müssen ihn uns so denken: ein Mensch, der hart zu sich war, ein Charakter von unbändigem Eigensinn nicht nur gegen andere; dem schon genügte, daß Lenbach und Feuerbach ein leichtes Spiel in Venedig gefunden hatten, um in Rom zu bleiben. Eben, weil es in Rom nicht gehen wollte, deshalb biß er sich immer mehr an der Überzeugung fest, es müsse hier und nirgends anders gelingen. Wohl sah er keine Möglichkeit, sich den großen Römern zu nähern. Die Methode, der er bei den Kopien gefolgt, dünkte ihm zu billig. Das Eigentliche Raffaels war jenseits der Übertragung geblieben, und er fühlte sich unfähig zu etwas anderem. Nur das war noch sicherer als seine Beschränktheit: seine schrankenlose Bewunderung. Sie ließ edlere Teile seines Ichs teilnehmen als die Freude an den Venezianern, erfüllte ihn mit fast schmerzlicher Wollust, spannte sein Triebleben wie eine stählerne Feder. Diese Römer waren ihm zu wesentlich für jene platonische Bewunderung, die an den Spitzen der Sinne hängen bleibt. Sobald die Bewunderung der Erkenntnis standhielt, gab es nur eins, ihren Gegenstand zu erobern. Was hatte er schließlich anderes in München verlangt, als Leute zu finden, die man nicht von heute auf morgen spielend erreichen konnte! So weit war er nun. Hier hatten Fürsten der Kunst gelebt, von denen sich alle Anstrengungen der Jahrhunderte nur immer weiter entfernten. Es war ihm zu wohlfeil, sich mit dem Bescheide zu begnügen, daß man auf diese fürstliche Weise nicht mehr zu schaffen vermöchte. Gewiß konnte und sollte man es ihnen nicht in einzelnem gleichtun. Aber gab es wirklich keine Aussicht, etwas von ihrer Ruhe, von ihrer steilen Majestät, von ihrer reinen Heiterkeit zurückzurufen? Wie konnte, wenn es wirklich unmöglich war, der Drang danach so brennend, das Bewußtsein von der Notwendigkeit solchen Gelingens so sicher sein! – So dachte er, und deshalb preßte er weiter an sich herum, rieb sich wund an Gedanken, vergiftete immer mehr den Trieb zur Schöpfung.

Das Gift hatte einen Vorzug: wenn es den Menschen nicht umwarf, mußte es ihn schließlich stärken. Und nach Stärke stand seine größte Sehnsucht. Etwas arbeitete in Marées, das er zuweilen tastend im Hindergrund seiner Grübeleien zu spüren glaubte, ein Formenwesen, das mit dem Sieg über die kleine eigene Vergangenheit Tausenden einen Weg in die Zukunft wies. Wenn er daran dachte, fiel es ihm leicht, der Sehnsucht nach der Stätte der großen Koloristen Herr zu werden. Dort hatten Maler gelebt, fruchtbare Entzünder neuer Sinnlichkeiten; dort war die Malerei zur eigenen Sprache gebildet worden; von dort war sie durch die Welt gegangen und alle Großen der anderen Länder hatten ihr zugefügt. Es gab nur diese eine Sprache, auch er vermochte nicht, sich eine andere zu denken. Und es gab Rom. Immer wieder kam er darauf zurück. Ein verwunschenes Wunder lag in diesen Mauern, nur ein Wunder vermochte es zu lösen. Alle geistreichen Worte der Tizian, Velazquez und der Modernen über den uralten Gegensatz zwischen Venedig und Rom waren billige Weisheit. Der Wert des Mittels der Venezianer täuschte nicht über die Allmacht des Zwecks, den Rom allein, die von der Antike geweihte Stätte, hatte entstehen lassen. Vom Kapitol aus erschien Venedig wie eine kleine sonderbare Provinz. Der kräftige Sensualismus Tizians bekam einen Stich ins Proletarische, die Feste des Veronese lärmten und Tintorettos Kühnheit wurde Übertreibung. Größeres schlummerte in Rom, größer, weil freier an Willkür, strenger und lieblicher zugleich, weniger der Hand, mehr dem Geiste untertan. Sicher mußte man malend dazu gelangen, mit der Einsicht in alle Möglichkeiten des Handwerks. Mit dem Mittel Venedigs den höheren, weiteren, geistigeren Zweck zu erfüllen, der, je reicher die Malerei wurde, immer weiter den Blicken entschwand, von dessen Dasein die wenigsten kaum etwas ahnten, das war die Aufgabe. Logik und Instinkt wiesen ihn auf den Meister Venedigs, der sich zuerst des Mittels bemächtigt hatte, dessen Sinnen also noch nicht von dem Fund bestimmt wurde: Giorgione und Tizians Anteil an Giorgione. Aber wie weiter? – Wie sollte ein Einzelner und zumal er, der Fremde, dem die Tradition seines Landes nur allenfalls die Lehre mitgab, wie es nicht zu machen war, wie sollte der kleine Münchener Maler nachholen, was das reichste Volk, die fruchtbarste Kunst, versäumt hatte? Ging es überhaupt an, sich Geschehnissen, die mit der Macht von Entwicklungsgesetzen eingetroffen waren, zu widersetzen. War seine ganze tollkühne Idee nicht das Hirngespinst eines Outsiders, das so oder so, während er sich über Zeit und Raum erhaben dünkte, zur Unkunst führen mußte. Aber wie ein Kolumbus, umgeben von meuternden Gedanken, glaubte er an das neue Land. Es war da. Daß er es denken konnte, logisch denken mußte, bewies seine Existenz. Ob er es erreichte, war eine andere Frage. Und wenn er es keinem zu erweisen vermochte; daß er es selbst mit

Gewißheit spürte, war schon Glück genug. Das hielt ihn aufrecht. Er gewöhnte sich an ein Gedankendasein voll geheimer Freuden. Sicher waren die Momente, wenn er den Traum an der Wirklichkeit zu messen wagte, schmerzhaft wie der Anprall eines Fallenden an die Steine des Abhangs, und er konnte in solchen Augenblicken an Selbstmord denken. Aber er fühlte doch, wie allmählich der Anprall schwächer wurde, wie der Gedanke Macht über den Rausch gewann und gleich einem Stern in der Nacht über seinem in Staub gewühlten Haupte glänzte. Er merkte, wie sich die Logik seines Urteils erweiterte, wie ihn das Denken klarer machte und ihm ein Maß für Roms Unerschöpflichkeit gewährte.

Im Winter 1866 lernte er Konrad Fiedler kennen und fand in ihm den ersten Menschen mit Resonanzvermögen für seine Art. Nicht den ersten, zu dem er sich aussprach. Dazu hatten schon andere hergehalten. Er war manchmal so geladen, daß ihn Schweigen zum Bersten gebracht hätte, und die klugen Leute, die ihm nachsagten, er male mit dem Munde – es blieb jahrzehntelang ein geflügeltes Wort –, hatten vollkommen recht. Reden war ihm damals die einzige vernünftige Möglichkeit der Äußerung. Aber Fiedler war der erste Mensch, der auch am Lendemain auf Antworten sann. Er nahm Marées nicht als Unterhaltung, sondern trug an seinen Gedanken, auch wenn der Sporn aktuellen Zwiegesprächs fehlte. Von Haus aus war er Jurist, hatte 1865 sein Staatsexamen gemacht und dann ein Jahr lang als Rechtspraktikant gearbeitet. Dann war dem jungen Referendar die Lust vergangen.[14] Ein recht beträchtliches Vermögen, über das er schon als Student freies Verfügungsrecht besaß, gab ihm die Möglichkeit, sich das Leben nach eigenem Gusto zu richten. Er ging auf Reisen, nach Paris und kam von dort auf Umwegen nach Rom. Neigung und Anlagen bestimmten ihn zum Philosophen, die Gelegenheit machte ihn zum Ästhetiker. Marées gab ihm den Beruf. Fiedler war mehrere Jahre jünger und kam in den Maréesschen Ideenkreis mit der unverbrauchten Kraft eines Ideologen, der eigentlich nur in die Welt gegangen war, um einen würdigen Gegenstand seines Enthusiasmus zu finden. Die Philosophie Schopenhauers, die er soeben begierig in sich aufgenommen hatte, machte ihn geeignet, einen Menschen zu verstehen, der die Idee über die Tätigkeit stellte. Er sah in Marées eine Anwendung Schopenhauers. Darin irrte er. Marées war eher alles andere und hatte von Schopenhauer nicht mehr gehört als irgendein gebildeter Deutscher seiner Zeit. Die Philosophie des Philosophierens halber lag ihm vollkommen fern, und noch weniger sann er auf ein abstraktes System, das sein während dieser Zeit notgedrungen passives Verhalten als Maler rechtfertigen könnte. Aber dieser Irrtum Fiedlers brachte dem Verhältnis zwischen den beiden grundverschiedenen Naturen zunächst einen großen Vorteil. Er trieb Fiedler, Marées' geistigen Horizont zu schätzen, ohne nach anderem zu fragen. Die Bescheidenheit der Ansprüche auf positive Leistungen begünstigt in der Jugend jede keimende Freundschaft. Dem Glauben an geistige Übereinstimmung genügt das Wort, die Aussprache. Diese Genügsamkeit wurde in diesem Fall durch Fiedlers Anlage begünstigt. Marées forderte ihn nie auf, in sein Atelier zu kommen, und Fiedler hat während dieses und der nächsten Jahre nie die Arbeitstätte des Freundes betreten. Sein Verlangen stand nicht danach. Ihm genügte die Selbständigkeit des Denkers, von der er stets neue Beweise erhielt. Es wäre ihm nicht mal willkommen gewesen, damals den Maler kennen zu lernen, aus Furcht, den ganz geschlossenen Eindruck des Menschen zu verwirren. »Wenn er auch«, so beschreibt Fiedler die Situation, als er

Marées kennen lernte, »in seiner folgenden Lebenszeit noch eine reiche menschliche und künstlerische Entwicklung durchmachte, so hatte er doch damals jene wichtigste Arbeit schon getan, die dem Menschen aufgegeben ist: er hatte Klarheit geschaffen zwischen den Forderungen seiner Natur und den Ansprüchen der Welt; er hatte den festen Boden gewonnen, auf dem er stand, von dem er nicht wanken durfte, ohne sich untreu zu werden. Und die Einsicht war ihm schon früh geworden, daß der Wert des Mannes auf der Treue gegen sich selbst beruht.« Fiedler sah den Kampf des Menschen mit seiner Umgebung und ahnte den Einsatz. Es entging ihm nicht, wie schmal der Pfad des Kämpfers war. Ihm machte Marées zuweilen Andeutungen seiner Ängste. Den anderen in der Kneipe zeigte er immer nur die schillernde Hoffnung. Denen gab er sich wie ein Alles-Wisser, Alles-Könner, der seinen Weg ganz klar vor sich sah und nur nötig hatte, sich zu bücken, um unerhörte Dinge aufzulesen. Es war die notwendige Lüge eines Menschen, der die Aufrichtigkeit gegen sich selbst bis zum Absurden trieb, Reaktion der Selbsterhaltung, die versiegen mußte, wenn sie auf alle Möglichkeiten der Autosuggestion verzichtete. Und es war die phantastische Noblesse desselben Aristokraten, der einmal in München den letzten Taler als Trinkgeld gab, der sich vor nichts so sehr als vor dem Mitleid fürchtete und jede Rolle der des Verkannten vorzog. Je schlimmer es in ihm aussah, desto sicherer schien er, wie ein Bankier am Tage des Run auf die Kassen, und dachte dabei viel weniger an den Eindruck auf die anderen, als auf sein eigenes Ich. Diesem mißtrauischen, ewig zweifelnden Alter-Ego redete er vor, was er den anderen erzählte, suchte unbemerkt das Unfaßbare zu greifen, indem er so tat, als hätte er es längst, spielte Katze und Maus mit seiner Sehnsucht, um den dräuenden Ernst seiner

Lage wenigstens mal auf Stunden zu vergessen und während des Waffenstillstands neue Kräfte zu sammeln. Ein nicht zu unterschätzender Gegner erstand ihm in seiner arg zerrütteten Gesundheit. Es sind nach und nach immer mehr Zeugnisse zum Vorschein gekommen, aus denen geschlossen werden muß, daß sein Feuergeist in einem schwachen Körper steckte. Seine martialischen Allüren, sein tonreiches, zuweilen gern polterndes Organ – il prussiano con la voce grossa, nannten ihn die Römer – täuschten manchen. Schon in München hatte er nicht zu den Kräftigsten gehört, in Italien setzte ihm das Klima zu, an das er sich nie gewöhnt hat. Er war schon damals, später immer mehr, dem Fieber zugänglich und reagierte auf den Scirocco wie ein Barometer. Auch das Rheuma plagte ihn bisweilen, zumal in den Beinen, die er stets als den am wenigsten zuverlässigen Teil des Gebäudes bezeichnete. Seine Lebensweise, die, wenn auch nicht mit Unmäßigkeit, dem Weine Italiens sein Recht ließ, mag der schwachen Konstitution nicht immer angemessen gewesen sein. Das Jahr 1867 war ihm besonders hart. Die große Hitze trieb ihn an die See; aber auch dort vermochte er sich nicht zu erholen. Es ist fast ein Wunder, daß er der Cholera entging. Er passierte Albano während eines verheerenden Ausbruchs der Seuche. In Rom wurde der Pincio, wo er wohnte, dezimiert. Sein Zimmernachbar unterlag binnen weniger Stunden. Er selbst wurde monatelang von Fieber gequält und mußte das Bett hüten.

Freilich stand bei ihm wie bei vielen starken Persönlichkeiten Gesundheit und Schöpfungsvermögen in einem Wechselverhältnis, in dem die Inspiration die Obermacht hatte. Er war stets gesund, wenn ihm die Muse hold war, zog dann gerade aus der körperlichen Schwäche besonderen Vorteil, weil dann die vielen divergenten Kräfte seines Wesens zu Reibungen wurden, die seine schöpferische Erregung vergrößerten. Aber ließ ihn die Muse im Stich, so hinderte ihn der Körper, sie mit Gewalt herbeizurufen. Dem Zwange im Schaffensprozeß war er überhaupt abhold. Er mochte nie die Kunst wie eine Arbeit betrachten und verwies oft Bekannte mit auffallender Heftigkeit, wenn sie solche nach seiner Meinung herabsetzende Ausdrücke brauchten. Arbeit und Qual gingen der Kunst voraus. Sie durfte nicht nur nichts davon verraten, sondern mußte auch dem Künstler ganz frei von aller Last wie eine Feierlichkeit erscheinen. So dachte er sich das Schaffen der alten Meister. Nur zu weit fühlte er sich ihnen fern.

Ein Fragment aus dieser Zeit gewährt Einblick in die Seele des Bedrängten. Es ist ein Anlauf, sich Fiedler zu offenbaren. Gleich vielen anderen wurde der Brief nicht abgeschickt.

»Es ist schon lange her, daß Sie nichts von mir gehört haben. So sehr es mir Herzensbedürfnis ist, mich Ihnen auszusprechen, so war doch diese lange Zeit hindurch meine Stimmung so unglücklich, mein ganzes Sein von Zweifeln so hin und her geworfen, daß ich Ihnen den unglücklichen Anblick eines so zerrissenen Daseins ersparen wollte. Wie ein Ahasver ohne Ruhe, ohne Rast schweifte ich umher . . . Tausendmal sagte ich mir: sei Mann, arbeite und konzentriere dich in der Arbeit. Jawohl, das ist leicht gesagt, doch schwer getan. Du brauchst nur zu wollen, sagte mir schon mancher, und du wirst Berge umstürzen. Wer wollte nicht? Doch wer weiß, was er will, hat die halbe Arbeit getan. Wollen und nicht wissen was: da haben Sie das Geständnis, welches sich denn nun doch meiner geängsteten Seele abringt. Mit Recht schelten Sie meinen Mangel an Vertrauen, auf das Sie mehr wie gerechten Anspruch haben. Ach ich kann es nicht verhehlen, daß oft mich die tiefste Traurigkeit befällt, denke ich daran zurück, wie frisch, kühn und offen ich meine Laufbahn begann. Ich hielt mich von der Natur für einen Mauerbrecher bestimmt und gedachte durch Geradheit und unbeirrtes Urteil auf den Pfad zur Wahrheit zu gelangen. Die Zeit galoppiert vorwärts wie zu allen Zeiten, die Menschen von heutzutage jedoch bemühen sich, der Zeit den Rang abzulaufen; es ist ein Rasen von heute zu morgen, wie es die Welt noch nicht gesehen. Ich armer Hinkender komme nicht mit, ich bin schon längst stehen geblieben, wenn möglich sogar rückwärts gekröpelt. Wozu aber auch die furchtbare Eile, wohin zum Teufel will denn alle Welt, wohin? Ich weiß es nicht. Doch scheint mir, am Ende werden die Leute einsehen, daß sie sich mit aller Eile die gegönnte Frist ums zehnfache verkürzt haben. Aha, schon wird mir klar, was ich will, ich will leben, ich will das Leben als ein Göttergeschenk ansehen (was es ja auch in der Tat ist) und will es werthalten, und schonen; es soll mir eine unerschöpfliche Quelle der Beschäftigung bieten, jede neue Minute soll mir eine ungekannte Seite dieses köstlichen Geschenkes zeigen. Es handelt sich nur darum, wie das anfangen. Ich bin kein Prophet, ich kann nicht vorhersagen, was geschieht, nicht wissen, wie das Ungekannte auf meine Handlungsweise einwirkt. Aber ich kann mir vornehmen, was ich nicht tun will; dazu ist die Vergangenheit da und die Erfahrung. Dieses gestattet mir noch, ihr Horen, damit ich mich dann gereinigt und befreit eurem Dienste widmen kann . . .

Schon wieder ist ein Tag dahin, kein müßiger zwar, doch wiederum hat er gezeigt, wie wenig die Vorsätze der Menschen gelten. Schon in der nächsten Minute, daß wir den Vorsatz geboren, sündigen wir auch dagegen. So wie unser Erdball sich täglich dem Lichte zuwendet und sich dann doch wieder abwendet, so bewegt sich auch der Mensch fortwährend im ewigen Kreislauf vom Guten zum Bösen. Soll es denn dem Menschen nie gelingen, das Böse, was er sieht, in unabänderlicher Klarheit zu sehen? Ist der Tag nur dazu da, um der Nacht Platz zu machen? Doch ich glaube fest und unbeirrt, mögen unsere Fehler, Mängel und Schwächen noch so mannigfach und groß sein, mag es uns auch nicht gelingen, dieselben von uns abzuschütteln, ich glaube doch, daß bei einem getreuen Streben ein Gran des Guten erlangt werden muß, und wenn es nur ein Minimum wäre, es ist genug, um im rechten Boden tausendfältige Frucht zu tragen.«

Alles, was sich über Marées' wehenreiche Romzeit sagen läßt, hat er hier selbst gesagt. Mit tiefster Erkenntnis, mit einer Klarheit, die den mit dem weiteren Verlauf Vertrauten wie ein wunderbares Naturspiel erscheint, mit einer Inbrunst, die man religiös nennen könnte. Nicht ein Maler spricht so, und wenn es der größte wäre. Auch nicht ein Dichter. Durch das ungelenke Wortgefüge hindurch leuchtet ein erhabener, von allem Zweck genesener Gedanke. Ein Mensch von höchster Reinheit ringt, nicht um Probleme, um seiner Seele Heil, und die ganze Welt strömt in sein Schicksal. Wissen und nicht wollen – so begann er einst, als Mauerbrecher, mit dem unbeirrten Urteil. Wollen und nicht wissen, was: der Schrei erwachender Einsicht. Wohl, er hatte abgetan, was ihm früher ohne Trachten gelang. Was nun? Nicht zwei Künste stritten miteinander, zwei Weltanschauungen. Mit dem Rest der einen, die er besiegte, rang er nach der Frucht der anderen, reckte die Hände zum Himmel, der sich längst geschlossen hatte, verlangte von einem Etwas, das er irgendwo draußen in den Wolken wähnte, den Sinn seines Sehnens, den allein die eigene Brust umschloß. Und es ist, als vollziehe sich, während er schreibt, die neue fruchtbare Erkenntnis: für das Märtyrertum menschlicher Entwicklung ist

Wollen immer nur das Wissen dessen, was nicht zu wollen ist. Hüte dich vor der Hast! Ich kann mir vornehmen, was nicht zu wollen ist. Dazu ist die Vergangenheit da und die Erfahrung.

Aber dazu gehörte Zeit und die Möglichkeit gelassenen Daseins. Woher sie nehmen? – Schack hatte seit dem vorigen Jahre Marées leidlich in Ruhe gelassen, auch als die versprochenen Zeugnisse neuer Tätigkeit nicht eintrafen, und Marées hatte sich allmählich daran gewöhnt, die sehr bescheidene aber regelmäßige Zahlung als einen festen Modus zu betrachten. Im November meldete sich Schack mit einem Briefe, der alle Illusionen gründlich zerstörte. Niemand erfuhr davon. Marées hatte sein Verhältnis zu Schack geheim gehalten, immer in Sorge, man könnte ihn für einen Söldling halten. Selbst seine näheren Freunde waren über seine Verhältnisse im unklaren, und er legte es darauf an, überall als unabhängiger Gentleman zu gelten. Nur mit äußerster Mühe gelang ihm, das Unheil noch einmal abzuwenden und Schack, wenn auch zu reduzierten Bedingungen, zu einer Verlängerung des Stipendiums zu bewegen. Der Mäzen hatte keine Ahnung von den Geschicken seines Schützlings, und dieser hütete sich, ihn aufzuklären. Mit Bangen sah er, wie sein ganzes Trachten ihn immer mehr von den Erwartungen des Liebhabers entfernte. Seine Münchener Tätigkeit – das Bild, das ihm die Huld des Barons eingetragen hatte, nicht ausgenommen – schien ihm jetzt wie billige Konfektion. Er war seitdem kein besserer Maler geworden. Es entging ihm sogar nicht, daß er vieles seit München eingebüßt hatte. Er konnte sich nicht mehr hinsetzen und etwas hinmalen, wie man einen Brief schreibt. Und wenn er es noch konnte, durfte er es nicht. Man mußte dahin gelangen, nicht diese oder jene Erscheinung zu malen, sondern die Summe des Erscheinens auszudrücken. Die Kunst, die höchste Kunst, mußte

Folge sein, nicht Veranlassung, mußte sich als letztes Glied einer Reihe sich steigernder Lebensfunktionen ergeben, unter denen die Malerei, die er früher betrieben hatte, nur ein Stadium unter anderen war. Damals hatte er sich als geborener Maler gezeigt; ein Künstler, der die Schnelligkeit, mit der sein Pinsel wiedergibt, was das Auge empfangen hat, zum Ziel nimmt, ein Maler, der sich um das Malen herum seine Existenz baut. Schon damals wunderte man sich über das Vielerlei dieses Malers, über den Mangel an Einseitigkeit, der andere Anfänger stark macht. Schon damals war seine Intellektualität auffallend, aber sie schien, wenn nicht auf eine fest bestimmbare Art von Malerei bezogen, mindestens zur Malerei als solcher zu gehören. In Rom wächst der Mensch um so deutlicher hinter seiner Kunst hervor, als er weniger produziert. Er macht sich auf einmal los von dem persönlichen Ausdruck, auf den hin man leicht die Frühwerke erkennt. Er sieht hier nicht nur eine andere Malerei, sondern es ist, als ob er auf einmal erkenne, daß es noch andere Dinge in der Welt gebe als Malen. Die Beziehung des Menschen zur Kunst dreht sich verhältnismäßig um. In München hing der Mensch an der Hand, die den Pinsel hielt. Jetzt zieht er gleichsam die Hand zurück und möchte ganz mit dem Intellekt dabei sein, wenn gemalt wird, und überwacht sich so ängstlich, daß die Hand den Dienst verweigert. Ein neues Werden beginnt, Anfängertum in des Worts verwegenster Bedeutung, ganz verschieden von dem Debut des Steffeckschülers. Es ist, als ob er nie gemalt hätte. Das Forstmeisterbildnis sieht neben manchen römischen Fragmenten, die um 1867, gerade zehn Jahre später, entstanden, wie die Arbeit eines alten Herrn neben den Stammeleien eines Schülers aus. Es sind Studien nach Frauen und Kindern. Man findet nahezu keinerlei Beziehung zwischen diesen und den Münchener Sachen und würde sie, wenn man es nicht wüßte, nie demselben Urheber zusprechen. Da man es weiß, erkennt der Suchende in Kleinigkeiten Spuren des Früheren – in den Flecken steckt etwas von der losen Grundierung in der Art des van Dyck –, aber diese Spuren scheinen versehentlich dem Maler entschlüpft. Gegenstand und Anschauung haben nicht das mindeste von der Münchener Zeit. In München waren es mit Vorliebe Bewegungsmotive, man denke an die Soldatenskizzen; in anderen ersetzte die flinke Malerei und die fleckenartige Farbe die Bewegung. Jetzt werden fast gewaltsam die Menschen stillgehalten. Sie stehen oder sitzen, in ganz einfachen Posen. Jede Spur von Gegenständlichkeit ist vermieden, und die Palette, ein schmutziges Graubraun, macht das Bewegungslose noch deutlicher. Kaum wagt sich einmal ein vages Blau oder ein getrübtes Rot in den Kleidern hervor. Oft hat an den Stellen, wo die Farbe präziser werden wollte, das Braun die Effekte nachträglich zerstört. Die Fleischtöne sind fast immer dunkelbraun, die Schatten tief, man merkt die Venezianer, aber die Erinnerung ist trübe wie die Bilder selbst. Derselbe Marées, der in München wie ein Kolorist von in Deutschland ungesehener Stärke erschienen war, vermied jetzt die Farbe, als drohte in ihr das Verderben. Vermied nicht weniger ängstlich des Pinsels geschmeidige Hilfe, deren er sich in München mit so viel Vorteil bedient hatte. Das heißt, schied alles das aus dem eigenen Wesen aus, was er in den römischen Vorbildern als unwirksam erkannte. Nun handelte es sich um den Ersatz. Er hätte auf den Gedanken kommen können, ihn in der Zeichnung zu suchen. So hatten es alle deutschen Maler gemacht. Unfähig, ihre Eindrücke von den Alten in neue Formen ihrer mitgebrachten Eigenart umzusetzen, glaubten sie zur Zeichnung wie zu einer anderen Kunst greifen zu müssen, die sie in Wirklichkeit nur noch hilfloser machte, und entkleideten sich mit der malerischen Hülle ihres Talentes. Immer lagen diesem Vorgehen die Mängel einer materialistischen Anschauung zugrunde, die nachahmt, statt weiter zu bilden. Davor war ein Mensch wie Marées durch seine Selbständigkeit, ein Künstler wie er durch seine Ungeschicklichkeit bewahrt. Vornehme Naturen pflegen im Dienst ihrer Ideale subalterne Fähigkeiten, für die ihnen Verwendung fehlt, wenig zu üben. Ihr Organismus ist zu reich und daher zu wenig auf einseitige Betätigung zugeschnitten, als daß sie im gegebenen Moment, selbst wenn sie plötzlich wollten, in die Fehler der Banalen fallen könnten. Ihre Ungeschicklichkeit ist vielleicht mehr die Unhandlichkeit ihres Genius. Sie können nur durch den Instinkt regiert werden, während die Gabe der anderen leicht genug ist, um rein verstandesmäßigen Entschlüssen zu folgen. So kam Marées nicht in den Sinn, etwas anderes zu tun, als zu malen. Wenn er überhaupt zur Kunst griff, konnte es nur die seine sein, die er mitgebracht hatte, nicht die der anderen oder was man für die der anderen nehmen konnte. Nur stärker mußte sie werden, um aufnehmen zu können, stärker, einfacher, klarer. Er sann auf eine Vereinfachung der Form, die ihm erlaubte, so mächtig in einer einzigen Geste zu werden wie die Alten, und erkannte wohl, daß ihre Art nicht mit dem Reichtum der Materie zu geben war, den er an den Venezianern bewundert hatte, und von dem er einen Teil in seiner eigenen Malerbegabung fühlte. Man ahnt den neuen Weg in den drei »Familienbildern«, mit denen er sich während des Jahres 1867 beschäftigte. Es sind die Destillate aus den vorhergehenden Fragmenten. Nur zwei davon haben annähernd bildhaften Charakter. Man sieht nicht recht, wie sich die Gruppen begrenzen, doch zeugen sie von einer neuen Existenz, von ganz anderer Eindringlichkeit als die früheren Bilder. Ihre Art beruht in viel höherem Grade auf rein räumlichen Suggestionen. Die Körper haben nicht mehr das Flächige der Münchener Bilder, infolgedessen nichts von der reizvollen Struktur der Maréesschen Handschrift. Es geht sehr viel verloren. Doch zieht den Betrachter das Gebotene mächtig an. Es steckt Fülle in der Dürftigkeit, räumliche Fülle. Daß sie ohne Stoffliches zustande kommt, vergrößert ihre Macht. Die Seele spinnt sich in diese Bilder ein wie in verwunschene Schlösser. Nur Einzelheiten sind gegeben, oder vielmehr, die Beziehungen zwischen Einzelheiten, das Verhältnis eines Armes zu einem Kopfe, ein Schatten um Augen, die dadurch sehend werden, eine kaum angedeutete Bewegung, die sich auf unbegreifliche Art in starkes Fluten verwandelt. In der Landschaft mit der Frau und den beiden Knaben oder in der Schäferszene, die wohl auch noch aus derselben Zeit stammt, wirkt das Unbegreifliche so stark, daß man auf sich selber ärgerlich wird, weil es unmöglich erscheint, ein solches Fragment könne andere als nur fragmentarische Empfindungen erwecken. Der Vorsichtige sträubt sich gegen solche Empfindungen, zumal heute, wo alles ihnen zugänglich ist, wo eine Generation das Fragment zum Selbstzwecke auszubilden scheint und die Skizze des Skizzenhaften halber bejubelt. Man läßt sie mit Recht bei einem Manet gelten, weil die Pietät vor einer durch hundert Meisterwerke gesicherten Bewunderung nachgibt und weil das Stück zuckenden Fleisches so schön ist. Keine der Maréesschen Skizzen darf auf gleiche Toleranz rechnen. Kein abgebrochenes Stück einer genialen Handschrift schmückt sie. Noch weniger kommt ihnen die frohe Laune eines Künstlers entgegen, der zu stolz war, mehr zu geben, als ihm der Moment eingab. Sie sind unvollkommen. Marées konnte damals von dem, was er erschaute, nicht mehr geben. Er sah die Welt seiner Erscheinungen noch nicht deutlich genug und hätte sich von seinem Wege entfernt, wenn er mehr gesagt hätte. Er durfte nicht mehr geben. Er hat es einmal damals versucht, vielleicht getrieben von Schack oder von Lenbach, hat ein Bild gemalt, das alle landläufigen Ansprüche an ein Gemälde erfüllt, die sogenannte »Ekloge«. Es hat viele Reize, das beliebte »Altmeisterliche«, eine angenehme Farbe, angenehme Details, ist für den Brillenmenschen fertig und steht doch tief unter den aufgegebenen Fragmenten. Wohl haben die beiden Gestalten, in denen man gern Typen des Männlichen und Weiblichen sieht, Anteil an der Anschauung, die uns die Gesamtheit der Maréesschen Bilder geläufig gemacht hat, und wir mögen sie maréeshaft nennen. Aber der Anteil ist äußerlich. Sie gehören zu dem Kreise, weil sie so stehen und sich halten wie die späteren Hesperiden. Nur posieren sie eine Geste, die nicht ganz von Leben erfüllt ist. Und ebenso simulieren sie einen Zusammenhang mit den alten Meistern, der sich mehr auf das Abgesehene als auf das Erlebnis stützt. Hier strauchelte er. Nicht als Mensch. Der Künstler versagte. Die zu weit getriebene Realisierung ließ ihn hilflos unter den Einfluß der Vorbilder geraten. Der Reichtum der übernommenen Form verschlang, was er selbst zu sagen hatte. Er hatte sich zu weit vorgetraut, um noch den Ausgleich mit der eigenen Anschauung zwingen zu können, hatte ein Bild gemalt, statt ein Abbild seiner selbst zu geben. Das Bild gleicht in der Art einem von Lenbach gemalten Tizian, und wenn es hundertmal besser als ein Lenbach ist, die Art ist von Übel. Ein Geringerer hätte sich damit begnügt. Die Art, noch ein wenig billiger und handgreiflicher gemacht, hätte sicher Bewunderer gefunden. Den Weg hinab geht es schnell. Zehn Schacks standen einem Geschickten, der Kapital aus dem giorgionesken Genre zu schlagen wußte, zur Verfügung. Der Mensch strauchelte nicht. Für ihn bedeutet die »Ekloge« die Mahnung, zurückhaltender zu sein.

Auf den Familienbildern ruht ein Hauch der Tragik zerfallener Bauten. Auch sie lassen der Erinnerung an andere Meister Raum, an einen der größten zumal, dessen klangreichen Namen man nicht auszusprechen wagt, so weit scheint der Abstand zwischen seinen mit Ruhm bedeckten Ruinen und diesen Trümmern. Aber die Erinnerung schädigt nicht den großen Namen, an den sie sich wendet, und sie ehrt den Menschen, der sie entbot. Es ist der Geist des Ehrwürdigen, den Marées' Fragmente anrufen. Er raubt diesen Trophäen siegreicher Niederlagen nichts von ihrem eigenen Adel.

Auf der Landschaft mit den beiden Knaben saß das kleinere Kind auf dem Schoß einer Frau. Diese war in einem ganz herausfallenden Grau untermalt und bildlich ganz unmöglich. Denn an ihr Knie sollte sich der stehende Knabe lehnen, und der Kopf müßte in den Wolken sitzen, wenn die Beine so lang sein sollten. Hildebrand machte, als das Bild vor einigen Jahren in seine Hände gelangte, kurzen Prozeß und ließ den häßlichen grauen Fleck zumalen. Mit Recht, denn damit ist die Störung verschwunden. Aber damit fehlt der Stellung der Knaben jede verstandesmäßige Deutbarkeit. Es ist nicht einzusehen, wo das kleine Kind herkommt, wo seine Beine stecken, was der blauweiße Fleck unter dem Schenkel des größeren bedeutet. Da außer den beiden Kindern, einem schattenhaft gebliebenen Hund und einer vagen Waldlandschaft nichts übriggeblieben ist, fehlt ungefähr alles, was dem Bild einen bestimmten Sinn geben könnte. Aber dieser Sinn erscheint einem als ganz nebensächlich. Man mag sich noch so eindringlich auf alles Fehlende hinweisen, die Freude an der unglaublichen Lebendigkeit der beiden Kinder macht alle Bedenken schweigen. Eine Lebendigkeit sphärischer Art, voller Bewegung und ganz still; ganz Tatsache – es sind populäre Gesichter, hinreißend natürliche Körper, Teile von Körpern – und ganz unreell – es sind Wesen, die nur in dieser, aus dunkler Atmosphäre verdichteten Landschaft, in diesem braunen Zauber vor grünem Grunde möglich sind. Was wirkt, sind nicht sie, sondern ist etwas an ihnen, die Bewegung des einen, die den Körper in sanfter Drehung in allen Dimensionen sehen läßt, die ganz lose Haltung des anderen, die ihm sprechenden Ausdruck gibt. Das Räumliche zwischen ihnen ist in Wirklichkeit die Fernsicht in eine Welt von intimen Kindheitsgeschichten. Man hängt an dem unmerklichen, ganz unbewußten Lächeln der Gesichter, an diesem Lächeln, das den ganzen zarten Körper überrieselt, nur Süße und Grazie, nur unschuldvolle Natur. Wo sah man schon solche Kinder? Man denkt an einen kleinen Christ und einen kleinen Johannes, entkleidet von der Legende, nur aus der kindlichen Religion der Italiener verständlich. Irgendwo gibt es dergleichen, und wenn in der Kunst, sicher in der Kunst des Südens. Schwerlich bei den Primitiven. Dafür ist das Kindliche zu menschlich, zu natürlich; nicht bei den Venezianern, dafür ist es zu einfach; nicht bei Raffael, dafür ist es zu wenig deutbar; nicht bei Michelangelo, dafür ist es zu zart. Aber der verschlossenste und seltenste von allen, der die verschwiegenste Form für das Menschliche erfand, der besaß in Fülle, was uns in diesem Bildfragment und kaum weniger in dem anderen, mit der Mutter, zu deren Füßen vier Kinder spielen, wie eine Blume auf Ruinen begrüßt. Marées hat ihn damals sicher noch nicht in Natur vor sich gesehen, denn wo hätte er ihn in Italien anders als in zerfallenen Fragmenten sehen können! Und doch, wo hätte er ihn mehr sehen können als in Italien! Wer nur eine Ahnung von Leonardo hat, der hat ihn oft in dem gesegneten

Lande, dessen Seele er selber war, vor sich. Es ist wohl doch seines Landes größter, weil der am wenigsten körperliche; weil das Nichts, das wir von ihm besitzen uns ein unbegrenztes Menschentum offenbart; eine Harmonie, deren wunderbare Fläche so wenig vom Kampf getrübt wird wie der Antike erhabenes Antlitz. Den erkor sich der leidenschaftliche Kämpfer. In schwerer Stunden Bitternis mag ihm das himmlische Lächeln jener Harmonie wie das Licht, nach dem seine Seele rang, erschienen sein. Es blieb ihm. Nicht nur die Bilder jener Zeit hängen mit dem Meister der Gioconda zusammen und verdanken ihm ihre mysteriöse Raumwirkung, wie weiche Elastizität der Körper, den Ausdruck der Gesten; das Schöne ist, daß dieser Mensch nichts aufgab, was er je empfing. Ein Hauch von Leonardo schwebt über seinen spätesten Bildern, sowie er sich zeitlebens das früh erworbene Rembrandthafte erhielt. Das eine ist die notwendige Ergänzung des anderen. Nur dadurch konnte Marées in seiner Kunst die Vermählung des Nordens mit dem Süden erreichen, daß er aus den beiden vornehmsten Repräsentanten persönliche Abstraktionen gewann, die sich vereinen ließen. Die Rückeroberung auch nur eines Bruchteils Leonardos, der bis zu Marées der modernen Entwicklungsgeschichte so gut wie unerreichbar geblieben war, scheint wertvoll genug, um den Hinweis auf solche Wahlverwandtschaft zu rechtfertigen.

Freilich hätte sich damals sicher kein Betrachter der Familienbilder von dem Eindruck des Fragmentarischen loszumachen gewußt. Wer selbst von den reichsten Geistern besaß Organe für die Sprache, die hier in gebrochenen Lauten gestammelt wurde? – Keiner von Marées' wenigen Bekannten, die zufällig einmal eins seiner Bilder zu sehen bekamen, sah etwas anderes als die groteske Differenz zwischen den Andeutungen seines Pinsels und dem fertigen Programm seiner Worte. Auch heute noch, wo wir die aufreizende Sprache nicht mehr hören, aber so manchen Stümper auf den Stelzen seiner Kommentare sehen, scheint der Fall verdächtig. Der Schein seines Auftretens war Marées' Unglück. Er hatte das andere Extrem, seine Unzugänglichkeit zur Folge und alles Verhängnisvolle, was damit zusammenhing. Und war doch ein gar leicht zu durchschauender Schein. Denn was hatte mit schönredenden Dilettanten gewohnten Schlages dieser Künstler gemein, der selbst über seine Sachen geringer, als gerecht war, dachte, nie davon sprach, noch weniger sie zeigte, und alle Worte nur aufbot, um die Kunst zu preisen, von der er mehr als andere wußte und vor der er sich, weil er der Wissende war, nur zu sehr als Wurm fühlte. Er redete nicht von Bildern, am wenigsten von seinen eigenen. Bilder machen war verhältnismäßig einfach. Dazu gehörte unter Umständen nur ein Kompromiß – die Ekloge bewies es. Bilder waren neue Ausdrucksmöglichkeiten. Die konnte man erst finden, wenn etwas auszudrücken war. Bilder durften erst entstehen, wenn man sich klar geworden war, klar genug, um durch Abrundung des Ausdrucks zur gewohnten Erscheinung des Gemäldes nichts einzubüßen. Deshalb redete er, seiner selbst und der anderen wegen. Hatte man etwas zu sagen, so mußte sich schließlich auch im Bilde das wohlgebaute Satzgefüge von selbst ergeben.

Man schwieg und stimmte gar bei, solange man mit Marées zusammen war. Draußen aber unter den anderen, wenn die Suggestion verflogen war, kam den meisten die ganze Rederei wie Lug und Trug vor. Dann hielt man sich womöglich noch für gefoppt. Als Lenbach um diese Zeit nach München zu Kunde kam, meinte er, Marées habe sicher mehr Verstand als er selber, aber er interessiere ihn nicht mehr. Er gab ihn auf.

Andere redeten noch schärfer. Bilder wollte man sehen, nicht Möglichkeiten, die der Autor unrealisiert ließ; lieber Bilder ohne Ideen. – Marées merkte sehr wohl, was man über ihn sagte, hörte auch via München mancherlei, was dort von guten Freunden kolportiert wurde. Manches seiner Worte wurde auf den Kopf gestellt und kam als Fratze zu ihm zurück. Aber er härtete sich ab gegen die Dummheit der Zunftgenossen. Auch dafür war Rom gut. Man schämte sich fast, im Anblick der großen Reliquien der Kunst mit Leuten zu streiten, die schließlich ebensowenig den Sinn der Alten begriffen wie der Gegenwart Aufgaben. In seinem Beisein wagte so leicht niemand eine dreiste Bemerkung gegen ihn. In den Künstlerkneipen, wo er sich sehen ließ, bekam mancher, der sich im geheimen lustig über den Redner machte, die schneidige Stimme quer über den Tisch zu hören, gepfeffert, daß ihm die Haare zu Berg standen. In dem eigenen sehr engen Kreise[15] fand er dafür um so aufrichtigeres Verständnis. Er traf sich an langen Abenden allein mit Feuerbach, und die Gespräche ließen in beiden manchen Widerhall zurück; kam auch des öfteren mit Böcklin zusammen, der zuweilen den Maréesschen Ideen nahe schien; und täglich, wenn Fiedler da war, mit diesem. Im Laufe des Jahres 1867 trat eine neue Gestalt hinzu, die ihm ganze Scharen anderer ersetzte. Es war genau der Mensch, den er in diesem Augenblick brauchte, kein großer Artist, keine Erfahrung, von der er etwas lernen konnte, ein blutjunger Bildhauer, aber ein Mensch, durch und durch lebendig. Wie ein lachender Siegfried trat er auf den Plan. Er war gerade zwanzig geworden, hatte in der Heimat schlecht und recht die Schule abgesessen, war dann durch ein paar Werkstätten gebummelt und von allen deutschen Dummheiten der Zeit unberührt geblieben. Seine Jugend hatte es mit der Kunst nicht sehr eilig. Sein Vater hatte beim Anblick der ersten Arbeit – es war die Büste seines Lehrers Charles Grant – des Künstlers Beruf erkannt. Und der Junge hatte sich fast gesträubt, die seltene Gunst zu nutzen, und einen Moment lang daran gedacht, lieber – Kaufmann zu werden. Die kurze Biographie, der wir die beste und verbürgteste psychologische Studie über den Menschen Hildebrand verdanken, meint, des Knaben Abneigung gegen die lächerliche Tracht der Künstler sei daran schuld gewesen.[16] Sollte nicht mehr dahinter stecken? Etwa ein naiver, aber höchst legitimer Selbsterhaltungstrieb, der deshalb der Kunst nicht nur nicht verschlossen bleiben, sondern ihrer auf einem besonderen Wege gerade teilhaftig werden wollte; nicht in Qual und Schweiß, sondern in Freiheit. Er mochte schon als Kind in dem Schönen die Feiertagsfreude gesehen haben, die es ihm für das ganze Leben wurde, und zögerte vielleicht aus natürlicher Scham, es zum Beruf zu machen. Auch in Rom stürzte sich der Junge nicht gleich auf die Arbeit, sondern in das Leben. Und zwar mit allen Gliedern, wie ein Student, zuweilen wie ein »römischer Wegelagerer«, wie Isolde Kurz in ihrem Aufsatze meint. Die Wonne, der Obhut deutscher Polizisten entronnen zu sein, trieb ihn zu grotesken Manifestationen. »Seine zwei älteren und besonneneren Freunde, Marées und Konrad Fiedler, pflegten sich bei solchen Studentenstreichen etwas verlegen abseits zu halten.« Alle hatten den blühenden Jungen mit den strahlenden Kinderaugen gern. Sogar der leicht zum Getragenen neigende Feuerbach wurde von der Ausgelassenheit bestochen. Marées fand ein Stück seiner Jugend wieder. So wie Hildebrand war, war er selbst im Anfang gewesen, bevor ihn die Welt zerzaust hatte, und so hätte er am liebsten wieder sein wollen. In all seiner Misere, selbst wenn es am schlimmsten um ihn stand, kam plötzlich ein unabändiger Leichtsinn über ihn, um wieder so

Bildnis Adolf Hildebrands. 1868

jung zu werden wie die ersten Jahre in Berlin und in München. Ganz dieselben Kindereien, mit denen sich Hildebrand amüsierte, tollten in seinem Kopfe herum, sobald er mal Luft bekam. Er konnte so harmlos und heiter sein wie die Kinder, die er malte, und wenn es nie ganz lange anhielt, war nicht seine Anlage daran schuld, sondern der Beruf und das Leben, die mörderische Aufgabe. Er weidete sich an Hildebrand, der das Fürchten noch nicht gelernt hatte. So hätte man immer durchs Leben gehen müssen und dabei arbeiten ohne Anstrengung. Wenn der Frohsinn wirklich stark genug war, mußte es vielleicht schon allein damit gelingen. So mag er es gemeint haben, als er in der ersten Zeit einmal zu dem Genossen sagte: »Du hast eigentlich alles von der Natur, du brauchst nur zu lernen, nur immer feiner zu werden.« Dafür konnte der Junge keinen besseren Lehrer finden. Marées hat im Grunde nur diesen Schüler gehabt. Das Verhältnis, das ihn in seiner Reifezeit mit vielen jungen Leuten verband, kam kaum über das des Meisters zum Lehrling hinaus und ließ alle wesentlichen Teile des Menschen unbeteiligt. Hildebrand liebte er wie seinen Bruder, einen glücklicheren Bruder, der, unter günstigeren Auspizien geboren, alle seine mühselig erworbenen Erfahrungen erben und fortsetzen würde, was er selbst zuweilen nicht zu vollenden wähnte. Er lehrte ihn nichts von dem, was der Meister dem Schüler zu verleihen pflegt, keine Anleitung zum Handwerk. Was hätte Marées, der selbst noch mit seinem Handwerk im argen lag, einem anderen an festem Wissen – noch dazu für eine andere Kunst – zu geben vermocht? Aber gab ihm mehr: die Teilnahme an der eigenen Sehnsucht. Das Ideal einer rationellen Schöpfung, die von allem absah, was nicht zur Form gehörte, war allen Musen gemeinsam, und die Sehnsucht nach einer Kunst, die den Abgrund der Jahrhunderte zu überbrücken vermöchte, stieß in der Plastik auf viel geringere Hemmnisse. Wohl hatte auch hier die Zeit den Weg zur Quelle mit vielen Formen verbaut, aber den meisten fehlte die Legitimität der Entwicklungsgeschichte. Da ließ sich leichter Luft schaffen als in der Malerei. Das Zeitgenössische in der Plastik hatte sich noch nicht das Daseinsrecht erstritten. Was Frankreich unter Carpeaux versuchte, galt als Nationaleigentümlichkeit und überschritt kaum die Grenzen des Landes. Noch hatte kein Rodin den Boden erschüttert. Ein jugendfroher Künstler konnte sich einbilden, wie irgendeiner der Großen des Cinquecento den Marmor meißeln zu dürfen. Hildebrand ging mit Feuereifer auf Marées ein. Er sah in ihm den ersten Menschen, der weiter als von einem Auftrag zum andern dachte, und brachte zur Aufnahme der Ideen des Freundes eine angeborene Anlage mit, den spezifischen Sinn für das Abstrakte. Merkwürdig, wie sich die Mathematik mit der losen Lebensfreude vereinte! Hinter dem Leichtsinn steckte ein durchdringender Verstand, dem kein Problem zu kompliziert war, das sich überhaupt verstandesmäßig lösen ließ. Er überraschte zuweilen Marées mit Konsequenzen, an die dieser selbst nicht gedacht hatte. Tritt man zurück und überblickt man die Schöpfungen beider, so erscheint Hildebrand als der dogmatischere, nicht ohne dabei die Kehrseite dieses verstandesmäßigeren Verhaltens sehen zu lassen, und Marées, den man gern den Grübler nennt, bleibt davon fast unberührt. Eine gewisse Ähnlichkeit des Schicksals trug mit zur Annäherung bei. Auch Hildebrand entsprang einer Mischehe. Der Rationalismus seines Vaters, des Nationalökonomen, trotzdem er nicht im gleichen Lager stand, hat manches mit der Geistesart des alten Marées gemein. Auch seinem Sohn scheint die jüdische Mutter den Genius gelockert zu haben. Die Mischung raubte ihm nicht die Harmlosigkeit des Sich-angesessen-fühlens, ob er in Deutschland oder in Italien war; eine Empfindung, die Marées, so stolz und sicher er sich gab, immer versagt blieb. In Marées' äußeren Schicksalen steckt etwas Tragisches im Vergleich zu Hildebrand. Aber ich möchte damit nichts besonders Betrübliches sagen, noch weniger zu der Ansicht beitragen, die in ihm eine tragische Gestalt erblickt. Nur das äußere Erlebnis hat dunklere Seiten. Es färbte allenfalls auf seine Laune, nie auf seine Gemütsart ab. Selbst damals, in seiner schlimmsten Zeit, war er weniger Kopfhänger als z. B. Feuerbach. Dinge, die diesen zur Verzweiflung brachten, das Hin und Her zwischen falschen Geliebten, treulosen Gönnern und versagter Anerkennung, existierten für Marées nur gerade mit ihrem aktuellen und rein praktischen Gewicht, und wenn es ihm zuweilen paßte, sein Mißgeschick zu übertreiben, tat er es des Zuhörers wegen. Er nahm Schack und alle anderen für das, was sie waren, und dachte, wenn er mit den Tatsachen fertig war, nicht lange an ihre Bedeutung zurück. Kopfschmerzen machte er sich immer nur über seine Kunst und hatte Grund dazu. Nur dies Verhältnis hätte tragisch werden können. Es gilt den meisten dafür, selbst seinen Verehrern. Ob mit Recht, kann erst am Ende seines Lebens, angesichts des Resultats gezeigt werden. Denn nicht, ob ihm selber vorher, in dem Auf und Ab seines wechselreichen Ringens der Sieg zuweilen unerreichbar schien, kann dafür oder dagegen entscheiden. Wohl fehlte ihm stets das Bewußtsein des Glückskindes. Viele Erfahrungen in und außer der Kunst ließen ihn nicht dazu kommen. Schadete ihm der Stachel? Glücklicher ging Hildebrand durch die Welt; ein lichter Held, dem Menschen und Dinge, wohin er kam, sich immer freundlich neigten. Aber es scheint, daß dieser dem Sterblichen köstliche Vorteil dem Genius die holdesten Früchte versagt. Wir können uns keinen Großen unserer Ära ohne Qualen denken; keinen Michelangelo, noch weniger einen Rembrandt, und kennen die Antike besser, seitdem wir wissen, daß ihre Kunst nicht Ausfluß ungetrübter Freuden war. Was über das Irdische hinausgeht, kann nicht ohne Schmerzen geboren werden. Es ist ein tiefer Hinweis auf seine Größe, daß sich Marées dieser Wahrheit verschloß. Viele Aussprüche geben davon Zeugnis. Er war nicht stolz auf seine wirklichen Schmerzen, sondern stets bedacht, sie vor der Mitwelt zu verbergen. Und nichts zog ihn mehr zu Hildebrand hin, als der sichere Instinkt, daß der frohe Jüngling von dem eigenen Stachel verschont war. Freude war Leben, war Kraft, war die Bürgschaft allen Gelingens. Das Kunstideal, das ihm vorschwebte, gelassene Hingabe an das Schöne, schien allein schon durch die Existenz eines Menschen wie Hildebrand erfüllt.

Hildebrand wiederum erkannte in Marées den Gereiften, der als Künstler und Mensch alle männlichen Tugenden vereinte. Sein Zutrauen war unerschütterlich. Wer so klar über seine Aufgabe dachte, konnte nicht anders, als sie erfüllen. Froh, sich zum erstenmal einer Autorität hinzugeben, deren Rechte sich mit jedem Tag erneuten, übertrieb er womöglich noch die Aussichten, ohne die Hindernisse zu sehen. Er war der einzige, den Marées ungehindert in sein Atelier ließ, der alles sehen durfte. Er wurde der Knappe des Ritters. Sie redeten sich zuweilen in einen Enthusiasmus hinein, daß der Raum zu klein wurde und sie in die Campagna eilten, um ihre Empfindungen in würdigen Dimensionen zu entladen. In ruhigeren Stunden, wenn die Kritik zurückkehrte, mochte es Marées wohl scheinen, daß sie zuweilen verteufelt Don Quichote und Sancho Pansa glichen.

Es ist kein Zufall, daß, sowie Hildebrands frühste römische

Arbeit eine leider nicht mehr erhaltene Büste von Marées war, die Fiedler sehr gefiel[17], das erste gelungene Bild Marées' in Rom den Freund darstellt. Es zeigte, daß Marées, wenn noch nichts anderes, immer noch ein meisterhafter Bildnismaler war. Das Bild ist vielleicht nicht besser gemalt als die früheren, aber steht, obwohl es kleiner als alle anderen ist, viel größer als die besten Münchener Bildnisse vor uns. Wie in einem Antonello di Messina, sucht man unwillkürlich nach Spuren der Vereinigung der Rassen; so verschieden ist es von der Art der früheren, so deutlich sieht man, daß dieselbe Hand es malte. Nie hat er vorher das Volumen so sicher getroffen. Wie ein wohlausladendes Kapitäl sitzt der Kopf auf dem breiten männlichen Hals. Noch läßt die poröse Materie des Fleisches an Rembrandt denken. Aber die Art, wie das Antlitz weit ins Lichte heraustritt, der Geist in dieser stolzen Haltung, gehört zu den Bildnissen unter italienischem Himmel. Man könnte keinen Namen nennen. Am ersten noch Giorgione. Aber der Ausdruck unseres Zeitgenossen steht uns näher. Was die Erinnerung an die Alten dazutut, ist nur geeignet, unser Gefühl von Sicherheit zu verstärken.

Zu gleicher Zeit aber saß Marées an zwei größeren figurenreichen Bildern. Auf dem einen, in Hochformat, hatte er als Hauptperson wieder den neuen Genossen gemalt, diesmal als Mandolinenspieler, an einem von Zypressen gerahmten See. Auf dem anderen in Breitformat, einer ähnlichen Landschaft, wieder Männer, Frauen und Kinder in lose aneinander gereihten Szenen. Man erkennt in einzelnen Details die fragmentarischen Naturstudien der vorhergehenden Zeit wieder, deren Zweck zweifelhaft erschien, und versteht jetzt, warum er nach so einfachen figürlichen Motiven suchte. Sie wirken, in die Landschaft eingesetzt, wie deren natürliche Organe. Es sind

Zwei Kinder mit Hund. 1867

Idyllen. Leider fehlt uns ein anderes Wort für schöne Landschaften, in denen sich Menschen ohne näheren Zweck herumtreiben. Das Zwecklose ist mit wahrer Wollust betont. Hildebrand steht, artiger als er damals im Leben zu sein pflegte, an einer Säule und schaut übereck nach vorn. Die Schöne blickt vor sich hin, der Kinder Gesichter gehen auch nach vorne. Von hinten blicken andere Leute zu uns. So schaut der See und schauen die Villen hier und dort zu uns herüber, und man meint selbst in den unbewegten Bäumen ein Blicken zu erkennen. Diese sprechende Stille gewinnt uns, bevor wir nähertreten. Sie liegt in dem ganz kühlen Farbenklang der blauen, braunen und roten Tinten, die in der grauen Dämmerung zusammenfließen, in den fast pathetisch schweigsamen Gestalten des ersten Plans, der sich nach hinten in ein weites, mit ruhigen Formen belebtes Gelände öffnet. In weiter Kurve rundet sich der See. Seine gedämpfte Fläche wiederholt die entscheidende Helligkeit der Gruppe; seine Kurve scheint die strengen Vertikalen des Vordergrundes aufzulösen. Er gehört in innigem Konnex nicht nur zu dem Lande, auch zu den in sich gekehrten Menschen, ist wie die linde Resonanz der Gruppe. So der Himmel, so die Bäume und die Häuser. Alles steht zueinander in einer merkwürdig geheimnisvollen Beziehung, die gerade durch den Mangel an konventionellen Deutungsmöglichkeiten gewinnt. Die Stille fehlt keiner Idylle. Hier aber liegt in dem Schweigen etwas Ungewohntes, eine das Wesen des Idyllischen auffallend vergrößernde Haltung, eine Festigkeit, die sich der hergebrachten Weichheit idyllischer Stimmungen widersetzt. Man wäre versucht, sie heroisch zu nennen, wenn nicht alle Einzelheiten dagegen sprächen. Marées hat sicher an nichts weniger gedacht. An der fast gesucht wirkenden Einfachheit der Posen der beiden Hauptgestalten dürfte seine Ungeschicklichkeit den größten Anteil haben. Sie sind womöglich gar naturähnlich gedacht, wenn auch sicher aus dem Kopfe entstanden. Nur naiver Beobachtung gelang der Ausdruck in dem noch ungelenken Fleisch der Kleinen, den derben Nachkommen der beiden Knaben des dritten Familienbildes. Aber die Summe aller naturähnlichen Details macht noch kein Bild, am wenigsten eins von dieser eigenen Art. Das Wirksame ist hier eher etwas der unmittelbaren Natur Widerstrebendes. Es beruht nur zum Teil auf der energischen Verteilung von Licht und Schatten, die die Helligkeiten wie das exponierte Fleisch auf Rembrandtschen Bildern hervortreten läßt und den dunklen Massen das Umhüllende venezianischer Schatten gibt. Entscheidend ist die Struktur des Ganzen, das Netz von Vertikalen und Horizontalen. Marées benutzte seine bei der Kopie des Tizians gemachten Erfahrungen. Aber während in dem Tizian die Vertikalen und Horizontalen im wesentlichen auf die Architektur beschränkt bleiben, in deren Rahmen die starkbewegte Gruppe der Anbetenden zum eigentlichen Motiv wird, läßt Marées auch die Gestalten an dem System teilnehmen und begnügt sich, den durch sie bereicherten Vertikalen die Übermacht in seinem Spiel zu geben, wodurch das Hochformat des Bildes bestimmt wird. Die Diagonalen sind nahezu vermieden. Die einzige wesentliche Schräge in dem Figürlichen, der aufgestützte Arm der Donna, ist so ungeschickt, daß man glauben könnte, diese Ausnahme von der Regel sei dem Künstler ein Opfer gewesen. Daher die ganz klare Übersichtlichkeit des Gegebenen. Aber das ist bei einem so einfachen Schema kein Wunder. Merkwürdig ist, daß die Vereinfachung nicht die Anschauung knebelt, nicht lediglich als Stilisierungsmittel hervortritt, daß das Schema nicht spezifische, sondern ganz ungezwungene, vielartige, allgemeine Eigenschaften auslöst, die uns immer an dem Dasein im Freien willkommen sind. Das Schematische scheint keine Reduktion, sondern Bereicherung. Es fügt dieser freien, gleichzeitig pathetischen und verschwiegenen Stimmung eine spröde Nuance hinzu, die den Zauber glaubhafter macht. An der Wirkung ist nicht viel zu erklären. Es mag an der geschickten Modifikation der verschiedenen Graden liegen, die im System bleiben, ohne den nicht mathematischen Teil ihrer Bestimmung zu vergessen. Es mag an dem Aufbau liegen, an dem kühnen Hinauf der Pläne. Und es liegt ganz sicher daran, daß sich der Intellekt, der das Schema erdachte, mit einer reichen Künstlerseele paarte, deren Instinkt den klugen Bau mit Luft und Licht, mit Leben zu füllen wußte.

Das zweite Bild ist loser komponiert und bringt das Idyllische spielerischer zur Geltung. Die Menschen schmiegen sich enger dem Terrain an und sind ganz unter sich, es fehlt das Pathos. Jedes allzudeutlich als Halter der Komposition kenntliche Motiv ist vermieden. Die Betonung der Längsrichtung entspricht dem Breitformat. Daher liegt hier das Wasser in der Mitte und die starken Höhendifferenzen sind ausgeschieden. Aber die Horizontale ist viel weniger ausgesprochen als im anderen Bilde die Vertikale. Das Prinzip der Anbetung Tizians tritt deutlicher hervor. Die eine Hälfte wird durch eine Diagonale geteilt, die von der Mitte des Vordergrundes in die linke hintere Ecke läuft. Und äußerst geschickt wird das Allzuregelmäßige des Dreiecks dadurch vermieden, daß die korrespondierende rechte Diagonale annähernd offen bleibt, dafür aber die hintere rechte Ecke durch die erhöhte Frau mit dem Kind stark gestützt wird. Das helle Pferd deutet von hier aus die Hypotenuse des Dreiecks an, parallel mit der Horizontalen, und es ist ein im kleinen glänzender Einfall, der dem Pferdemaler schon bei der »Waldesrast« gedient hatte, daß sich der Hals des

Schimmels nach dem Hintergrund zu dreht, so die Verbindung mit dem letzten Plan vollzieht und gleichzeitig eine Parallele zu der Hauptdiagonale andeutet.

Die Palette ist der des ersten Bildes sehr ähnlich, aber die Verwendung ist glücklicher. Mit dem klaren Havannabraun des Bodens und der Architektur bilden das Blau des Himmels und des Wassers und die grauen Töne eine mildere Harmonie. Da die Massen mehr geteilt sind, fehlt das Branstige der Dunkelheiten. Die annehmbarere Farbe wird manchen verleiten, der losen, an Variationen reicheren Gestaltung den Vorzug vor der ersten Landschaft zu geben. Vielleicht nicht ganz mit Recht. Wohl wirkt das Hochbild mit seinen ernsten Gestalten und steilen Bäumen viel starrer als das andere, aber das Motiv verträgt, ja verlangt diese Strenge, und es macht, mehr als das Breitbild, den Eindruck, in einem Guß entstanden zu sein. Die freiere Spielart der zweiten Landschaft bedurfte einer Sicherheit, über die Marées damals nicht verfügte, und sie läßt die Unebenheiten des Gefüges, zumal in den Gruppen der linken Seite noch deutlicher werden. Es ist etwas Sonderbares um solche Fehler. Man erkennt sie ohne weiteres und sieht darüber hinweg, wie über Nebensachen. Und zwar nicht, weil man mit des Historikers ausgleichender Gerechtigkeit von den reifen Werken die Werte erborgt, die den früheren fehlen. Dieses Verfahren versagt bei ästhetischer Betrachtung. Vielmehr weil in dem Werke selbst die Korrektur solcher Schwächen gefunden wird. Das Verfehlte ist ein Lapsus der Hand, nicht der Konzeption. Es wird von der unangreifbaren Überlegenheit des Autors gedeckt, die den Mangel zu einer subjektiven Qualität wandelt, oder wenigstens die Möglichkeit zuläßt, daß es so sein könnte. Ist es doch immer nur mangelhafte Subjektivität des Autors, die ein nicht mit der Natur oder mit unserer Formenerfahrung übereinstimmendes Detail als Schwäche deutlich macht. Schon daß der Fehler nicht mit der fatalen Geschicklichkeit des Manieristen zugepappt wird, schwächt den Tadel. Marées weist womöglich gar darauf hin, sagt nicht wie der Schwächling: seht nicht her, nebenan ist es besser! sondern: so will ich es und so muß es nun einmal bleiben. Er darf so sprechen, weil er die prekären Dinge nicht vom guten Willen des Betrachters, sondern von der Perspektive der eigenen Vision mildern läßt, und weil er den Takt besitzt, der außer dem Mut zum künstlerischen Wagnis gehört. Da gibt es zum Beispiel einen recht bedenklichen Spitz auf der linken Seite des Breitbildes. Man kann ihn nahezu formlos nennen. Er ist an dieser Stelle so exponiert, daß man nicht das berüchtigte, nur auf das Detail eingestellte Auge der ewig Unzufriedenen zu haben braucht, um darauf zu stoßen. Dieser Spitz stellt die denkbar primitivste Verbindung des ersten Plans mit dem zweiten dar, oder sucht sie herzustellen. Daher der verzwickte Umriß. Man kann es sich kaum leichter machen. Aber dieser Spitz ist für jeden naiven Betrachter im übrigen kein Träger wichtiger Geheimnisse, sondern eben ein Spitz, das Spielzeug zwischen spielenden Kleinen. Es kommt nicht darauf an, daß er beinahe wie ein gestiefelter Kater aussieht. Es ist vielleicht sogar ganz drollig, daß sich sein Körperbau so dicklich rundet. Es paßt zu den Kindern, zu dem Kindlichen dieser ganzen Szene. Wer den Hund zu ernst nimmt, dem fehlt wohl auch das rechte Verhältnis zu dem übrigen, zumal zu den Kindern, die hier ihren Einzug in das Maréessche Werk halten, um es nie wieder zu verlassen. Und damit fehlt ihm ein Hauptblatt zu der Geschichte des Meisters, die lieblichste und köstlichste Seite, ohne die sein Ernst, seine Würde, sein Pathos, all das Dunkle, was in ihm steckt und noch mehr das, was man in ihn hineinzudichten geneigt ist, nicht den rechten Platz im Bilde erhält; der warme, ganz voll Leben erfüllte Hauch, der das Antlitz des Kämpfers vor Versteinerung schützte.

Vom Kinde haftet etwas beiden Bildern an, und das ist wohl ihr schönster Vorzug. Es ist das Menschliche, das die starre Vision des Denkers zur Wirklichkeit zwingt. Er wollte vielleicht wirklich nur ein System hinstellen, ein mathematisches Gleichnis, aus Linien gebaut. Unbemerkt von ihm selbst, schlichen Kinder hinein, die holten sich Gespielen, Hunde, Pferde, Bäume und Himmel, und es wurde ein Wohnsitz der Natur daraus. So ist es ihm eigentlich mit allen Bildern gegangen.

Mit den beiden Bildern gelang es Marées, der unmittelbaren Anlehnung an die alten Italiener, die ihn bis dahin, wie der Laufkorb des Kindes, das Gehen lernen soll, gestützt und gehemmt hatten, so weit zu entrinnen, daß er wieder, wenn auch zögernd genug, sich selbst auszusprechen vermochte. Wohl erkennt man noch das Netz der Fäden, die ihn gehalten hatten, aber es ist nicht mehr materieller Art. Wenn dies oder jenes enger an Giorgione erinnert, wie der schöne Kopf auf dem zweiten Plan des Hochbilds, der in das Concert champêtre des Louvre passen könnte, so sind es Einzelheiten ohne Belang. Sie verschwinden in einer Form, die von den Venezianern nur das Intelligible, den Erfahrungsgrundsatz allgemeiner Art entnimmt, so wenig konkret wie das, was von Rembrandt in den Bildern steckt, das kaum geringer erscheint. Sieht man von dem Lokal der Landschaften ab, das natürlich die Beziehung zu Rembrandt schwerer erkennen läßt, so wird man kaum noch zu sagen wissen, welche Zutat dem nordischen Meister, welche dem Süden gehört. Die Bilder sind im gleichen Maße Fortsetzung der Münchener »Schwemme«, wie der Beginn einer neuen

Römische Landschaft II. 1868

Periode. Es gibt Menschen, die selbst die äußersten Abstraktionen empfangener Anregungen, als dem entgegen, was sie Persönlichkeit nennen, ablehnen. Für sie hat Marées so wenig wie irgendein Großer der Geschichte gelebt. Ich würde nicht auf das selbstverständliche Gesetz der Entwicklungsgeschichte hinweisen, würde nicht gerade gegen Marées so oft die dumme Phrase von seiner Abhängigkeit vorgebracht. Sie tut nichts anderes, als das in Tadel kehren, was in Wirklichkeit seine höchsten Ruhmestitel bedingt. Die Anregung, die ein Meister von anderen empfängt, wird erst dann zu einem Makel der Persönlichkeit, wenn es ihr nicht gelingt, daraus bleibenden Nutzen zu gewinnen. Diebe in der Kunst sind die allein, die nicht zu nehmen wissen.

Die beiden römischen Landschaften sind schwer zugänglich. Die eine hängt in der finstersten Ecke der Schleißheimer Galerie, die andere, bis vor kurzem in Mecklenburg auf dem Lande, ist jetzt in Rom. Das Schleißheimer Bild wirkt wie ein Wrack, wenn man nicht den Mut hat, es sich ans Fenster bringen zu lassen. Und auch dann noch gehört Geduld dazu, um die Blendungen des Firnis auszubalancieren. Da nicht jeder gleich einen nassen Schwamm bei sich hat, kann man unter Umständen verzweifeln, einen rechten Eindruck zu erhalten.[18] Als mir die zweite römische Landschaft zu Gesicht kam, raubte mir eine fatale Blendung den ganzen Mittelplan. Ich sah nur Teile von Kindern vor etwas Dunklem und erschrak vor der ganz unmotiviert großen Frau. In der Schleißheimer Landschaft habe ich jahrelang nicht das Hinterteil des Hundes gesehen und daher an eine monströse Verzeichnung des Jungen geglaubt. Die Photographien verschweigen nicht ganz diese Eindrücke.

Mit den beiden Bildern, die für Marées nichts weniger als

Meisterwerke, eher halbgelungene Experimente waren, hatte er die Möglichkeit einer positiven Auseinandersetzung mit Italien erkannt, hatte sich erneut, ohne dem mächtigen Ansturm der Alten, die ihm anfangs unüberwindlich erschienen waren, zu unterliegen. Noch fühlte er sich nicht sicher. Für das, was er gefunden hatte, fehlte ihm jede Nachprüfung an den Werken der Zeitgenossen. Weder Feuerbach, noch Böcklin, noch irgendeiner seiner römischen Kollegen ging seinen Weg. Und konnte er von den wenigen, die ihn bei der Arbeit sahen, von der geringen Erfahrung Fiedlers, von einem jungen Menschen wie Hildebrand gültiges Urteil erwarten? Es lag nahe, daß sie das Neue des Neuen wegen schätzten, ohne die Ansprüche des Alten dagegen zu halten, daß sie unbewußt den Menschen meinten, während sie den Künstler lobten. Nur sein Instinkt sprach für die Richtigkeit des Beginnens. Das Realisierte war gering. Noch gab es viel leere Stellen in den Bildern, und die Form sprach noch nicht ganz unzweideutig, was zu sagen und nichts als was zu sagen war. Aber der Anfang war gemacht, der Weg gefunden.

Der Frühling 1868 war unter diesen Arbeiten vergangen. Marées' Kreis hatte sich inzwischen erweitert. Es waren außer den früheren Bekannten meist ältere Leute, wie Friedrich Gunkel, der Bildhauer Gerhard[19], ein Freund Kundes, der alte und immer junge Theodor Heyse[20], derselbe, der ihm schon in München beigestanden hatte; dann die beiden Brüder Ludwig[21], zumal Heinrich, der tüchtige Analytiker der Malmittel, mit dem sich Marées weidlich herumzankte. Dann sein Landsmann, der Elberfelder Maler Hermann Schlösser[22], ein schwacher Künstler, aber intelligenter Mensch, auf den man damals viele Hoffnungen setzte. Vor kurzem war der Schriftsteller Franz Koppel[23] mit seiner jungen Gattin nach Rom gekommen. Mit ihnen, Hildebrand und Fiedler verbrachte Marées seine schönsten Stunden. Er wurde bald mit der Gattin Koppels vertraut. Die Frau, die später Hildebrand die nächste werden sollte, brachte dem Menschen in Marées herzliche Freundschaft, dem Künstler instinktives Verständnis entgegen. Sie erriet mit dem Ahnungsvermögen einer unverbildeten, reichen Frauennatur, was ihr an den fachlichen Diskussionen der Männer entging, hatte Gefühl für das Imponderabile in dem Maréesschen Wesen und fand sich in seinen widerspruchsvollen Eigenheiten besser zurecht als die Freunde, auch wenn sie in die eigentliche Tätigkeit des Malers nur seltene oder gar keine Einblicke gewann. Marées hatte außer seiner Mutter so gut wie noch keine Frau näher gekannt und stand dem anderen Geschlecht nicht gerade feindlich, aber gleichgültig gegenüber wie ein Mensch, der von der Schule in das Haus eines Junggesellen und von da in das Chambregarnistentum des unsteten Künstlers gelangt war. Kein Bohémien; das ist er seit den Berliner Bummeljahren nie wieder gewesen; dafür steckte zuviel Offizierszucht in ihm und noch mehr Sorge um das der Kunst zuträgliche Wohlsein. Er war, von den natürlichen Eskapaden abgesehen, die recht simpel verliefen, im Lebenswandel sauber wie in der Kleidung. Im allgemeinen hielt er nicht viel von den Frauen, weil sie ihm den intellektuellen Fragen des Mannes wenig zugänglich erschienen; sah in ihnen kuriose Wesen ohne Schnurrbart, oder stellte sich wenigstens so, und hatte gegen die Dame den Argwohn des Verächters allen gesellschaftlichen Treibens, in dem er sich übrigens, wenn es sein mußte, ohne Not zurechtfand. Die Freundin brachte ihm leicht eine bessere Meinung bei, und er hatte eine drollige, zuweilen mit Betonung altmodische Galanterie, die sich gern überzeugen ließ. Mit der Ritterlichkeit vertrug sich ein burschikoser Ton, der ebenso schnell den Weg zur Ausgelassenheit wie zum Ernst zu finden wußte und manchmal in einem Atem beides war. Von irgendeinem Spaß ausgehend, kamen sie auf ihren Spaziergängen zuweilen unvermerkt auf tiefere Dinge, sogar auf die Kunst, ohne gerade von Kunst zu sprechen. Es war ein wenig die Art, in der er in jungen Jahren mit seiner Mutter von dergleichen gesprochen hatte, sie gab ihnen beiden eine anheimelnde Vertraulichkeit.

Fiedler war auch diesen ganzen Winter bis zum Frühling 1868 in Rom und trachtete ernstlich danach, Marées näher zu kommen, der ihm immer mehr wie der Überlegene des ganzen Kreises nicht unbedeutender Menschen erschien, während er sich Hildebrand gegenüber, trotz Marées' eifriger Fürsprache für den Jünger, nach wie vor abwartend verhielt. Aber Marées machte es dem sanften Werber nicht leicht. Anfang Januar findet sich im Tagebuch Fiedlers die Notiz: »Leider läßt sich Marées gar nicht sehen; ich möchte ihm gern näher treten, und doch scheine ich ihm jetzt fast ferner zu stehen, als da ich im Frühjahr (1867) Rom verließ.« Er war vielleicht selbst ein wenig daran schuld, konnte aus seiner angeborenen Zurückhaltung, selbst wenn er wollte, nicht heraus und faßte von dem ganz entgegengesetzten, unberechenbar sanguinischen Wesen Marées' am meisten das, daß dessen Stimmung wie eine Magnetnadel reagierte. Vielleicht machte ihn diese Einsicht zu behutsam. Nur in glücklichen Momenten gelang der Anschluß, zumal beim Weine. Sie kneipten mit Feuerbach, Hildebrand und den anderen viel in den Vignen vor den Toren Roms herum, und der stille Fiedler bewunderte, wie Marées in der Weinlaune aus sich heraus ging. Die Betrunkenheit, die andere ihrer künstlichen Dekorationen entkleidete, schien Marées von allen Fesseln der Willkür zu befreien und legte das

Genialische seines Wesens bloß.[24] Und dabei enthüllten sich für Fiedler weite Gebiete des Denkens. Er verstand, Marées' Andeutungen zu ergänzen und aus der Betrachtung besonderer Fälle das allgemein Gültige zu gewinnen. Die Art, wie Marées bei ihren häufigen Besuchen der römischen Sammlungen mit ein paar pointierten Bemerkungen auf die Eigenart des Kunstwerks wies, trieb ihn zu selbständiger Überlegung, um dem Freund folgen zu können, und bewahrte ihn vor den Irrwegen kunsthistorischer Detailforschung. Er hatte den Eindruck, mit jedem Schritt, den er Marées näher kam, das Wesen der Kunst besser zu fassen, die zu erkennen, ihm immer mehr zu der gesuchten Lebensaufgabe wurde; und Marées, dem die Sachlichkeit in freundschaftlichen Beziehungen über alles ging, erblickte in diesem ideellen Nutzen ihres Verkehrs die beste Gewähr für die Dauer ihrer Gemeinschaft. Damals entstanden, noch verborgen vor der Welt, die ersten schriftstellerischen Äußerungen Fiedlers. Nach einem gemeinsamen Besuch der Farnesina, Marées' Lieblingsplatz, schreibt er und man glaubt, Marées sprechen zu hören: »Wirklich achtenswert dürfte allerdings nur das Streben derjenigen sein, die eine Sache lediglich aus innerem Bedürfnis der Sache selbst wegen tun; auch kann nur ein solches Streben Produktionen von stichhaltigem Wert hervorbringen; auch sieht man z. B. wirklich bedeutenden Kunstwerken wie der Galatea die Unbefangenheit und Unbekümmertheit an, mit der sie geschaffen sind. Das ist die eigentliche Objektivität eines Kunstwerks; subjektiv ist ein Kunstwerk, wenn man ihm ansieht, daß es aus persönlichen Nebenabsichten entweder ganz entstanden ist oder wenigstens beeinflußt worden ist. Dem talentvollen Menschen ist es sehr schwer, seinem Streben die volle Reinheit zu bewahren; es ist ihm schwer seiner eigenen Natur wegen, die immer zum Erschlaffen und zur

Selbsttäuschung geneigt ist, und wird ihm schwer gemacht durch seine Mitmenschen, die das Streben nach Ruhm und Geld wohl verstehen, für ein Streben nach Vollendung aber keinen Sinn haben. Man darf sich nicht verhehlen, daß die große Menge derjenigen, die von der Natur mit einem Talent ausgerüstet worden sind, dieses Talent dadurch herabwürdigen, daß sie es lediglich als ein Mittel zu Zwecken mißbrauchen, die ebensogut durch andere Mittel erreicht werden können. Derjenigen, die mit unerbittlicher Strenge über der Reinheit ihres Strebens wachen, sind unendlich wenige und von diesen wenigen gehen viele zugrunde, viele bleiben unbekannt. Nur eine kleine Zahl steht so groß da, daß sie selbst der des Verständnisses ermangelnden Menge Bewunderung abnötigen. Alle wahrhaft großen Leistungen tragen den Stempel dieses reinen Strebens. – Durch eine große Kluft wird von dieser kleinen Schar die große Menge derjenigen getrennt, die mit ihrem Talent einen verächtlichen Wucher treiben; die Abstufungen unter ihnen sind sehr mannigfaltig, von denjenigen an, die sich über sich selbst täuschen, bis zu denjenigen, die mit Absicht und Bewußtsein eine wohlberechnete Täuschung anderer durchführen; die letzteren sind die eigentlichen Schwindler. Die letzteren sind unbedingt verächtlich und verdammenswert; diejenigen aber, die sich in einer Selbsttäuschung befinden, sind wohl nur einer großen Schwäche anzuklagen und muß man sich wohl in acht nehmen, sie zu hart zu beurteilen. Allerdings ist die Grenze, wo die unabsichtliche Selbsttäuschung aufhört und der absichtliche Selbstbetrug anfängt, sehr schwer zu ziehen, und von da ist der Schritt zur Täuschung anderer ein sehr leichter. Wer sich einmal von der rechten Bahn entfernt, der findet sich plötzlich auf den größten Irrwegen wieder, und nur selten hat er die Kraft, umzukehren.«[25]

Schade, daß diese Sätze des jungen Fiedler nicht in seinen Schriften stehen. Sie würden den Schlüssel für manche seiner seinerzeit als zu schwer verdaulich befundenen Erörterungen geben. Auch einen Schlüssel für Marées. Vielleicht ist Fiedler dem Wesen seines Freundes nie wieder so nahe gekommen als in dieser einfachen Darlegung der Beziehungen zwischen den ethischen und ästhetischen Werten künstlerischer Gebarung; Ausgangs- und Endpunkt aller Maréesschen Überlegung. Noch erstaunlicher ist Fiedlers praktische Anwendung des Kriteriums auf einen besonderen, ihm naheliegenden Fall, ein Zeichen der seltenen Unbestechlichkeit seines kritischen Vermögens: »Wenn ich«, fährt er fort, »diese Betrachtung mit Beispielen belegen sollte, so würde ich den Marées dem Feuerbach entgegensetzen. Letzter ist offenbar auf dem gefährlichen Wege, der zwar auf die Höhen des irdischen Wohlseins führt, aber im Reiche der Kunst dem Abgrund zueilt. Wie weit er sich über sich selbst klar ist, will ich nicht entscheiden.«

Wir haben heute die Distanz, die Fiedler fehlte, um das, was an dem Urteil zu schroff klingt, mit der Hinsicht auf hundert mildernde Umstände zugunsten Feuerbachs zu lindern. Der Zweifel an der Lauterkeit der Subjektivität Feuerbachs erscheint uns heute nicht im gleichen Maße gerechtfertigt. Das Wollen bedarf im gleichen Maße des Wissens wie der moralischen Potenz, und gerechter ist es, einen Teil des ungeheuren Vorsprungs eines Marées seinem ungleich entwickelteren Intellekt zuzuschreiben. Auch hätte Fiedlers Urteil mehr Gewicht, wenn er seine Unabhängigkeit von persönlichen Suggestionen mit einer Kritik der tatsächlichen Leistungen beider dargetan hätte. Er kannte nur die Bilder Feuerbachs. Daß er aber lediglich mit dem Abwägen der Denkungsarten, die er im täglichen Verkehr genau zu ergründen vermochte, tatsächlich den Kern, auf den es ankommt, traf, bleibt unanfechtbar. Der Idealismus des romantischen Schwärmers wird immer fadenscheiniger, je mehr sich die Manneszucht Marées' zu erkennen gibt.

So eingehend man sich im gegebenen Moment über Kunstfragen verständigte, darüber hinaus ließ es Marées nur selten kommen. Sobald das Gespräch auf persönliche Dinge lenkte, wurde er einsilbig oder lehnte schroff ab, und so kam es, daß er sich in Sorgen verzehrte, ohne daß einer seiner Freunde eine Ahnung davon hatte.

Die Sorgen kamen von München. Schack fand, er habe nun lange genug gewartet, und wollte Taten sehen. Sein letzter Brief war im Tone eines Mannes, der sich für genasführt hält. Die Alternative ließ an Deutlichkeit nichts zu wünschen übrig: entweder Bilder oder Bruch. Marées machte sich keine Illusionen; die Römischen Landschaften waren nichts weniger als geeignet, die Zuversicht des Barons zurückzuerobern. Er hatte gar nicht im Sinn gehabt, sie nach München zu schicken. Der kurzsichtige Schack würde sie für den Versuch eines übel beratenen Witzboldes halten, sich über den Gönner lustig zu machen. Die anderen Sachen im Atelier waren noch weniger präsentabel. Nochmal setzte er alle Überredungskunst ein. Schack ließ sich nicht rühren. So blieb nichts weiter übrig. Anfang Juli 1868 schickte Marées die beiden, in der Eile fertig gemachten Landschaften ab, »das Resultat des Zwanges«, und betrachtete als letztes und größtes Unglück, daß man ihn nun nach diesen Bildern beurteilen würde.

Die beiden Briefe, die die Sendung begleiteten, rollen noch einmal das ganze Mißverständnis des Verhältnisses auf und waren so ungeschickt wie möglich. Wie ein Schiffbrüchiger, der längst im Meer liegt, suchte Marées nach dem Leck des untergegangenen Schiffes und produzierte Gründe für das Verhängnis, die auf Schack den denkbar fatalsten Eindruck machen mußten. Die Briefe sind typisch für Marées. Wenn Schack damals am 8. November nicht so rücksichtslos geschrieben hätte, wenn er ihn ruhig gelassen, ihm statt weniger Geld viel mehr gegeben hätte usw., dann wäre ganz anderes zum Vorschein gekommen. Denn damals, vor dem 8. November, sei wirklich alles auf dem besten Wege gewesen. Marées glaubte an diese Unwahrheit. Was glaubt man nicht alles, wenn man im Wasser liegt. Die Aufrichtigkeit dieser sachlich keineswegs einwandfreien Argumentierung geht aus dem Hinweis auf die Unzulänglichkeit der beiden Bilder klarer hervor. Wenn er ungerecht gegen Schack war, was wir nicht mehr nachprüfen können, gegen sich selbst war er noch um vieles weniger gerecht, und das können wir angesichts der beiden Bilder, die der Maler wie eine Schande von sich wies, mit Sicherheit feststellen. Marées erbat sich als letzte Wohltat, man möchte die Bilder nicht in die Galerie hängen. Es hätte des Wunsches nicht bedurft. Schack blieb der zwischen den Zeilen ausgesprochenen Hoffnung unerreichbar und ließ die Bilder in das Zimmer seines Sekretärs hängen. Damit war diese Episode erledigt.

So hart das Verhalten des abtrünnigen Gönners erscheinen mag, man findet Gründe genug, um es milder zu beurteilen. Aus dem einen der Maréesschen Briefe geht hervor, daß Schack in München ungünstig beeinflußt worden war, wahrscheinlich von Lenbach, von dem sich Marées ostentativ entfernt hatte. Aber auch davon kann man absehen. Alles, was gegen Schack zu sagen ist, wendet sich gegen den Mann, den Marées vor sich zu sehen glaubte, nicht gegen die wirkliche Persönlichkeit. Sicher hatte ein Künstler von so eisernen Ansprüchen an sich selbst das Recht, von anderen viel zu verlangen; es wäre sogar unnatürlich, wenn er von der Art der Gesinnung, die ihn trieb, nicht mindestens das Verständnis in anderen vorausgesetzt hätte. Schacks Rolle entbehrt des Glanzes, aber sie ist normal, ganz seinem Verhältnis zur Kunst und den Künstlern entsprechend, und er muß vor den Briefen seines entlassenen Schützlings wie vor einem unlösbaren Rätsel gestanden haben, wenn er sie nicht für Äußerungen eines Abenteurers hielt. Der Zurückblickende erkennt heute ohne Mühe in den beiden Römischen Landschaften sichere Bürgschaften für die Zukunft des Künstlers, der solche Briefe schrieb. Wie anders würden die Briefe klingen, wenn nicht das Weitere gefolgt wäre. Ich sage sogar, wie anders würden dieselben Bilder aussehen! Denn wir können nicht anders, als sie mit den Augen betrachten, die uns Marées mit der Leuchtkraft anderer Werke geöffnet hat. Damals aber hätte schwerlich selbst ein erfahrener Kenner – nicht ein vom Kaufglück verwöhnter, halbblinder Liebhaber von Genrebildern , ohne im engen Konnex mit Marées zu leben, die Zukunft besser erkannt. Jahre später, als Marées' Lebensarbeit nahezu vollendet war, haben Leute, die ihm nahestanden, an seiner Bedeutung gezweifelt. So anormal war sein Schicksal. Das Zerwürfnis zwischen zwei sich im Grunde so fremden Menschen mußte kommen. Freuen wir uns, daß es nicht früher eintrat, z. B. in Florenz nach der Vollendung der Kopien, als Marées ganz allein stand. Und freuen wir uns, daß es nicht später kam, denn möglicherweise hätte die Verlängerung des Verhältnisses die Entwicklung des Malers verzögert.

Die Situation war nichts weniger als rosig. Marées hatte in den Jahren viel zugelernt, mindestens das eine, was er nicht zu lernen hatte; aber er hatte eins durchaus verlernt, das ihm in München wenigstens ausnahmsweise gelungen war, das Geldverdienen. In Rom saß er auf der Straße. Die Aussicht, die schweren Jahre umsonst gekämpft zu haben, und jetzt, wo er sich auf gutem Wege wähnte, stecken zu bleiben und vielleicht ganz aufhören zu müssen, warf ihn nieder. Ludwig erzählte, Marées sei wie ein Kind weinend zu ihm gestürzt, um das Zerwürfnis zu melden. Es zeigte sich, daß er Freunde hatte. Aber seine Verschlossenheit erschwerte die Hilfe. Marées konnte in einem sentimentalen Anfall einem Intimus alle möglichen Kümmernisse offenbaren, aber in so allgemein gehaltener Form, daß man nicht klug daraus wurde, und war dann nach dem Erguß, wenn der andere Näheres erfahren wollte, verschlossen wie ein Brett. Fiedler ahnte, daß er sich mit Sorgen trug, aber schrieb es auf die innere Krisis und die bedenklich schwankende Gesundheit[26] und wagte nicht zu fragen. Marées ließ es ungefähr zum Äußersten kommen. Koppels gegenüber, die ihm gern geholfen hätten, spielte er den reichen Mann und wäre außer sich gewesen, wenn die Freundin erfahren hätte, daß die Renten nur im Äther existierten. Seine Anschauung vom Künstlertum, dessen äußere Abhängigkeit er als Nonsens und als einen Schandfleck ansah, verquickte sich immer noch mit seinem latenten Junkertum und war mit den Jahren, je größer die Hindernisse emporwuchsen, nur noch weniger beugsam geworden. Man könnte es kindischen Trotz nennen, wenn wir nicht wüßten, wie unteilbar in ihm Mensch und Künstler waren, wie wenig er sich die Kunst anders als eine Äußerung des Glücks im weitesten Sinne zu denken vermochte. Ohne die Gewissensqualen, ohne die ewig bohrende Unzufriedenheit mit der Tätigkeit der letzten Jahre wäre ihm der äußere Schlag sicher viel weniger empfindlich gewesen. So aber sah er darin gleichsam eine Bestätigung seiner Unsicherheit: es war die Katastrophe seines Daseins. Das Unglück wollte, daß im Herbst, als das Unheil akut wurde, seine nächsten Freunde fern von Rom waren, Hildebrand bei Begas in Berlin[27], Fiedler irgendwo unterwegs. So kam es, daß er ein paar Wochen in äußerster Pein verbrachte. Im September, als ihm das Wasser an der Kehle stand, wandte er sich an Fiedler mit der Bitte um ein Darlehen. 1500 Taler, schrieb er, seien nötig, um seine Reputation als Mensch und Künstler wieder zu erringen und sein Dasein in gangbare Bahnen zu lenken. Eine »kaufmännische Sicherheit« könne er nicht bieten und er brauche eine Zeit von fast dreiviertel Jahren, um einen beträchtlichen Teil der Summe zurückzuzahlen. Auch beschwor er den Freund, falls der Wunsch unerfüllbar sei, den Brief wie »Worte, im Rausch gesprochen«, zu betrachten.

Fiedler fand den Brief erst vierzehn Tage später bei der Ankunft in Crostewitz. Er sprang sofort ein. Der Helfer wußte die Form zu finden und mit der materiellen Hilfe den Beweis unbedingten Vertrauens zu verbinden, der dem Bedrängten fast noch notwendiger war. Marées atmete auf. Es war ein »Fest- und Freudentag«, als die ersehnte Antwort einlief. Der Verlust der Freiheit, schrieb Marées, sei auch die Wurzel seiner physischen Leiden gewesen. Tatsächlich bessert sich seine Gesundheit und die Hypochondrie weicht froher Zuversicht. Dankerfüllt schreibt er Hildebrand über die nicht gewöhnliche Freundschaft Fiedlers. Das Vergangene ist überwunden. Er erkennt den Grad der Verantwortung seiner Widersacher: »Mehr noch wie vor schlechten Burschen soll man sich vor Dummen bewahren.« Nun heißt es, beharrlich weiter! Wohl weiß er, wie vieles ihn noch von dem sicheren Hafen trennt. Wenn ihm die Leute, die an ihn glauben, treu bleiben, wird er ihn erreichen.

Anfang Dezember trafen Fiedler und Hildebrand in Berlin zusammen, und dabei erhielt Fiedler von dem getreuen Knappen einen Kommentar zu Marées' Hilferuf. »Wir sprachen viel über Marées«, notiert Fiedler in sein Tagebuch, »und waren einig über die Vortrefflichkeit seines Charakters und die Bedeutung seiner Anlagen; seine künstlerische Begabung kann ich nicht beurteilen, da ich nichts von ihm gesehen habe. Hildebrand stellt seine Leistungen, namentlich in koloristischer Beziehung, sehr hoch.« Er erfuhr jetzt erst, wie Marées zu Schack gestanden hatte, und dem vornehmen Denker, der sich frei von jedem Amateurgelüst fühlte, schien die Spekulation des Mäzens verächtlich. »Für mich resultiert daraus, daß ich Marées auf jeden Fall beistehen will, seine Selbständigkeit wieder zu erlangen; ich werde ihm in diesem Sinne schreiben. Es gilt einen Menschen zu retten, wie es deren wenige gibt.«[28]

Kurz darauf mußte Marées in Militärangelegenheiten nach Koblenz. Die Gelegenheit benutzte Fiedler zu einem Rendezvous. Sie trafen sich am 10. Januar 1869 in Kassel, auch Hildebrand war dabei. Und hier kam es zu einer gründlichen Aussprache.[29] Fiedler gab dem Freund zu verstehen, er werde ihn auch gegen kommende materielle Schwierigkeiten nach Möglichkeit sichern. Marées' Anerbieten, für die gegebenen oder zu gebenden Summen Bilder zu liefern, faßte er nicht als bindende Pflicht auf, es dürfe keinesfalls seiner Tätigkeit einen hindernden Zwang auferlegen. In seiner schlichten Art entgegnete er auf Marées' Dankversicherungen, er tue nur seine Pflicht, wenn er Marées die Möglichkeit gewährte, die seine zu erfüllen. Und das war in seinem Munde keine Redensart, sondern nüchterne Überzeugung. Einen persönlichen Ausgleich erblickte er in dem großen Vorteil des Verkehrs mit Marées für seine geistige Entwicklung. Marées hatte ihm, dem unbeteiligten Weltenbummler, den Anlage und äußere Verhältnisse leicht zur Tatenlosigkeit verleiten konnten, einen Inhalt gegeben, der ihn täglich mehr ausfüllte. Der gemeinsame Besuch der Kasseler Galerie zeigte wieder das Anregende des Freundes, der vor jedem ihm neuen Kunstwerke den natürlichen Standpunkt künstlerischen Instinktes zu treffen wußte. Fiedler schlug damals diesen Vorteil so hoch an, daß er sich als Empfangenden, Marées als den wahren Geber betrachtete.[30]

Das Abkommen, das keiner der beiden anders als Provisorium betrachtete, hat erst der Tod abgelöst. Es widerstand vielerlei Fährnissen. Nicht immer blieb es so wolkenlos, wie es damals geschlossen wurde, und das konnte auch nicht anders sein, selbst wenn die beiden Menschen immer so eng zusammen geblieben wären, wie sie sich damals vornahmen. Es litt an einer scheinbar bedeutungslosen Anomalie, die damals sogar als Vorzug gelten konnte, in der Folge aber störend hervortreten mußte. Marées hatte Fiedler richtig erkannt. Kannte Fiedler Marées? Er glaubte, dem Menschen so nahe zu sein, daß er den Einblick in seine künstlerische Betätigung nicht vermißte, oder hatte mit dem Reichtum des Menschen, der sich ihm durch die Aussprache erschloß, so viel zu tun, daß das andere zurücktrat. Marées begünstigte die Unterlassung und hätte sich vielleicht dem Versuch, weiter zu dringen, widersetzt. Er brachte selbst einmal das Thema zur Sprache. »Noch niemals, glaube ich, habe ich mit Ihnen über meine künstlerische Tätigkeit gesprochen, doch kann ich Sie versichern, daß mein Handeln mit meinem Sprechen (auch im allgemeinen) fest verwachsen ist, es wenigstens mein einziger Ehrgeiz ist, mit der Tat dem Wort zu entsprechen, und das wird mir am Ende auch gelingen.« Das war, als sie sich schon zwei Jahre kannten, und es sollte noch eine geraume Zeit so bleiben. Im Grunde ist es nie viel anders geworden. Der Intimität mit dem Maler, die sich Hildebrand im ersten Augenblick ihrer Bekanntschaft keck eroberte, ist Fiedler immer fern geblieben, und es war vielleicht der erste Augenblick daran schuld.

Um so größer sein Verdienst um Marées. Es ist banal, darauf hinzuweisen, daß ohne Fiedlers Hilfe Marées kaum fähig gewesen wäre, seine Aufgabe zu erfüllen, denn unter den Bedingungen, die zur Realisierung eines Maréesschen Lebenswerkes gehörten, spielt Fiedlers Geld die kleinste Rolle. Aber noch viel weiter würde man sich von gerechter Beurteilung entfernen, wenn man Fiedlers Verdienst nur nach der Höhe seines materiellen Aufwands schätzte. Es bedurfte seines Taktes und der unwandelbaren Vornehmheit seiner Gesinnung, um durch alle Peripetien des wechselvollen Verhältnisses hindurch dem Menschen in Marées die Möglichkeit zu lassen, das dem Künstler Gebotene anzunehmen. Nicht um Treue handelte es sich. Die oder deren Anschein hält man oft ohne Anstrengung. Hier galt es, mit Eigenheiten eines Menschen fertig zu werden, die eine dauernd wachsame Toleranz in kleinen Dingen forderten, das schwerste aller Opfer der Freundschaft. In allen Fragen, die bei anderen die Unbescheidenheit hervortreten lassen, gab es keinen zurückhaltenderen Menschen, als Marées. Nicht nur seinen Leistungen gegenüber. Sobald er in einem Brief einmal ausführlicher auf irgend etwas eingeht, entschuldigt er sich, zu viel von sich zu reden, während in Wirklichkeit von ihm persönlich überhaupt kaum die Rede ist. Wie diese Tugend viel zu reich war, um als Bescheidenheit ausgelegt werden zu können, so könnte das, was man als Symptome des Entgegengesetzten hier und da in seinem Wesen zu finden glaubt, nicht unbescheiden genannt werden. Es war viel mehr, grenzte an steilste Rücksichtslosigkeit, mußte jeden Unbeteiligten empören und war im Grunde ebenso unpersönlich. Marées bezog alles, was um ihn vorging, auf ein Zentrum, dessen Bedeutung nicht nur für sich, sondern ganz ebenso für alle anderen er wie eine Selbstverständlichkeit voraussetzte. Das ließ ihn reden und handeln. Seine

Persönlichkeit war nur Werkzeug und stellte nur als Werkzeug im Dienste der Idee Ansprüche. Wie diese aber zuweilen herauskamen, das konnte einem, der nicht gerade ganz an seiner Stimmung teilnahm – und dazu gehörte eine akrobatenhafte Gelenkigkeit –, recht unliebsam klingen. Fiedler, das Vorbild der Gelassenheit, bemerkte an Marées schon bald nach dieser Zeit, noch im selben Jahre, gewisse Widersprüche, Unebenheiten, Härten, unter denen er vielleicht mehr litt, als mancher andere getan hätte, und zu denen ihm jeder Schlüssel fehlte, weil er, in seiner Art noch mimosenhafter als Marées, zurückhielt.

In der Überwindung dieser Schwierigkeiten, die mit den Jahren nicht geringer wurden, liegt Fiedlers Verdienst. Möglich, daß sich an seiner Stelle ein anderer Geldgeber gefunden hätte; der reichen Leute sind viele. Daß ein anderer in dem Labyrinth von Klippen, die der Verkehr mit Marées hervorbringen mußte, den dünnen Faden raffiniertester Gewissenhaftigkeit nicht aus den Händen verloren hätte, muß man füglich bezweifeln.

Fiedler tat mehr, als der Augenblick erforderte. Nicht die Unsicherheit der äußeren Umstände allein hatte Marées gehindert. Fiedler sah ein, wie wenig das Leben in Rom dem guter Pflege Bedürftigen zuträglich war. Ein Wechsel der Atmosphäre würde wahrscheinlich auch seiner Kunst besser bekommen. Marées sollte nach Deutschland zurückkehren. Zunächst aber wollten sie zusammen eine größere Reise unternehmen. Nach Spanien sollte es gehen. Man würde langsam reisen, Natur und Kunst des beiden unbekannten Landes gemächlich aufnehmen und auf dem Rückwege in Paris bleiben.

Auch das wurde in Kassel besprochen. Marées sagte nicht nein, aber bat sich Bedenkzeit aus. Er zögerte, das Glück herauszufordern. Wohl entsprach Fiedlers Verhalten seinen Vorstellungen von den Pflichten reicher Leute. Aber noch waren die Erfahrungen mit Schack zu frisch. Der Kontrast war zu vollständig. Der eine hatte nur Bilder gewollt und sich nicht um den Urheber bekümmert. Nun kam einer, der nur den Menschen beschenkte. Freilich war es nicht das Liebhabertum allein, was einen Schack von einem Fiedler trennte. Nie hatte Marées im Verkehr mit dem Mäzen auch nur die Möglichkeit des Gefühls von Gemeinschaft empfunden, das ihn mit Fiedler verband. Und das war doch wohl die Hauptsache. Er überwand das Bedenken. Schon von Köln, auf der Rückreise nach Italien, gab er Fiedler freudig seine Zustimmung zur Fahrt nach Spanien. Er sehe mit jedem Tage mehr ein, daß er sich gegen sein eigenes Wohl auflehnen würde, wenn er nicht seine Person in dieser Angelegenheit ganz zu Fiedlers Disposition stellte.

Nach Rom zurückgekehrt, kommt ihm die ganze Änderung seiner Lage zum Bewußtsein. Er ist nie so glücklich gewesen und strömt über vor Dankbarkeit. Fiedler hat ihm den Glauben an sich und an die anderen zurückgegeben. Er mag nicht mehr allein leben. »Ich fühle jetzt erst ganz«, schreibt er an Hildebrand, »wie sehr ich liebenswerten Umganges bedürftig bin und insofern gar nicht hierherpasse.« Höher als alles, was eine an Denkmälern reiche Umgebung geben kann, steht ihm die Freundschaft, der allein er sein Wiederaufkommen verdankt. Deshalb will er Italien endgültig aufgeben. Für den Herbst plant er die Übersiedlung nach Berlin zu dem Freunde. Die spanische Reise soll der schöne Abschluß schwerer Jahre sein. Durch sie hofft er, die Rüstigkeit wieder zu erlangen, die ihm eigentlich eigen sei, und dann mit aller Frische und Unbefangenheit sein Herz auf die Leinwand schütten zu können. »Das

Schönste ist, es ist einerlei, ob ich arbeite oder nicht: das Ei pellt sich nun schön und gleichmäßig ab.«

Das Thema wiederholt sich oft in den Briefen dieser Zeit. Das Gefühl der Sicherheit seiner äußeren Lage bringt ihn zum ruhigen Nachdenken. Er erkennt, daß der Feind viel mehr in ihm selbst stecke, nicht in den »äußerlichen Dispiaceri«. »Vor allen Dingen«, schreibt er an Fiedler, »befinde ich mich ja in einem fortwährenden Kampfe zwischen Tod und Leben, den ich auskämpfen will, muß und wahrscheinlich auch kann. Der Hauptfeind des inneren Glückes steckt in mir selbst, das kann ich nicht verhehlen. Empfänglich, empfindlich und reizbar, habe ich in den letzten Jahren immer auf und nieder geschwankt zwischen Begeisterung, Selbstvertrauen, Überzeugung, Schwarzsehen und gar Verzweiflung. Ich muß mich in allen diesen Dingen mäßigen, wenn ich in den sicheren Hafen laufen will, und ich glaube auch schon Fortschritte in dieser Beziehung gemacht zu haben. Es ist wahr, um das Beste zu leisten (und zwar will ich nicht mehr, als das, was in meinen Kräften steht, aber das ganz), bedarf es eines steten Zusammenraffens und einer fortwährenden Vorstellung des Besten, um ohne Selbsttäuschung handeln zu können ... Freilich kann man mir nicht mit Unrecht vorwerfen, daß ich die natürliche Wirklichkeit zu sehr über meinen Bestrebungen aus den Augen gelassen habe. Verteidigen kann ich mich nicht, aber auch nicht ändern; an ein Rückwärts will und kann ich nicht denken ... Erreiche ich nur einen kleinen Teil meines Wollens, so beweist das denn doch schon, daß ich auch mit beiden Füßen in der Wirklichkeit stehe und kein sentimentaler Träumer bin. Das Wörtchen ›fast‹ muß ich streichen können, dann habe ich schon etwas. Die dazu nötige Beharrlichkeit und Entschlossenheit besitze ich. Mein Mut nimmt zu, statt ab, und zugleich, was auch etwas wert ist, meine Gesundheit. Und wenn ich lerne, mich mit Ruhe in die wirkliche, greifbare Welt zu schicken, so wird auch meine Tätigkeit von dem Erfolge gekrönt werden, wie ihn nicht gerade der Ehrgeiz, sondern, sozusagen, das Herz wünscht.«

Er scheint in der kurzen Pause noch allerlei gemalt zu haben. Schon am 13. Februar schrieb er an Hildebrand, er wolle die Zeit bis zur Abreise mit Naturstudien ausfüllen, und am 26. März teilt er dem Freunde mit, er arbeite mit der größten Behaglichkeit, als wenn er gar nicht ans Reisen dächte. Um welche Arbeiten es sich handelte, läßt sich nicht feststellen. Vielleicht gehören die Hieronymusstudien dazu. Möglicherweise hat er schon damals die »Römische Vigna« und »Villa Borghese« begonnen.

Einige Tage später schiffte er sich nach Marseille ein. Dort traf er am 4. April mit Fiedler zusammen. Gemeinsam ging es über Tarascon und Nîmes nach Cette weiter. In Perpignan verließen sie die Eisenbahn und fuhren mit der Diligence nach der spanischen Station Gerona. Am 8. April trafen sie in Barcelona ein und bewunderten den alten Stadtteil und die Kathedrale. Dann ging es über Tarragona nach Valencia. Sie stiegen auf den Miguelete und freuten sich an der zierlichen Seidenbörse auf dem Marktplatz. Dann Cordoba mit der Moschee und ihrem Orangenhof. Am 16. kamen sie zur Feria nach Sevilla und blieben acht Tage zwischen Prozessionen und Stiergefechten. Am 15. trafen sie in Granada ein. Sie wohnten in den Gärten der Alhambra nahe den Ulmen des Parkes mit den hundert Nachtigallen, und der Frühling schenkte ihnen schöne Stunden. Am 1. Mai ging es weiter. Ein dreitägiger Ritt brachte sie nach Malaga, eine stürmische Seefahrt nach Cadiz. Marées mußte ein paar Tage rasten, da ihn der beschwerliche

Ritt und die Seekrankheit arg angegriffen hatten. Den 9. und 10. sind sie in Gibraltar, vom 11. bis 14. in Tanger. Das bunte Treiben der farbigen Völker gab ihnen mannigfaltige Eindrücke. Sie machten eine Judenhochzeit mit, trieben sich auf dem großen Socco herum und ritten nach Kap Spartel. Eins der schönsten Bilder, die Marées bald nach der Rückkehr in Deutschland malte, Philippus mit dem Kämmerer, wird wohl sicher der Erinnerung an das malerische Bild der Straßen von Tanger verdankt. Am 15. Mai schifften sie sich in Gibraltar nach Lissabon ein, blieben dort mehrere Tage und machten den obligaten Ausflug nach Cintra. Am 22. reisen sie durch Estramadura nach Aranjuez und bringen einen Tag im Schatten der Alleen und Gärten zu. Am 25. sind sie in Toledo, vom 27. bis zum 8. des folgenden Monats in Madrid und im Escurial. Dann Avila, Valladolid, Burgos und am 12. Juni nach S. Sebastian. »Mit unserer Ankunft in Bayonne«, schreibt Fiedler, »war der erste Akt unserer Reise zu Ende.«[31] Der zweite spielte in Frankreich. Sie besuchen die französischen Pyrenäen, Biarritz, Pau, Lourdes, Gavarnie, Bagnères de Luchon, kommen am 2. Juli nach Toulouse, am 3. nach Bordeaux, am 5. nach Poitiers und vertiefen sich hier, in Amboise und in Orleans in die Zeit vor François I. Vom 9. bis 31. Juli sind sie in Paris, wo Marées zumal die Theater bewunderte. Fiedler war in der Stadt gut bekannt und konnte den Cicerone machen. Dann geht es nach Brüssel und Antwerpen, schließlich nach Holland. Sie besuchen die Galerien im Haag und in Amsterdam und verleben in Scheveningen mit Fiedlers Schwester und deren Familie zusammen einige gemächliche Wochen. Am 20. August trennen sie sich. Marées geht nach Koblenz zu seinem Vater, Fiedler auf das Familiengut Crostewitz bei Leipzig.

Fast fünf Monate hat die Reise gedauert. Bei gutem Wetter

und guter Laune, an der Fiedlers Nachgiebigkeit den größten Anteil hatte. Das Benehmen Fiedlers, schrieb Marées unterwegs an Hildebrand, könne er gar nicht genug rühmen. Und er wisse nicht, wie er das jemals zu vergelten imstande sein werde.

NACH DER SPANISCHEN REISE 1869/70

Die spärlichen Berichte – es sind nur ein paar kurze Briefe an Hildebrand vorhanden – geben so gut wie nichts von den Eindrücken Marées' auf der langen Reise, die fast den ganzen Sommer des Jahres 1869 in Anspruch nahm. Er hat während der Zeit keinen Pinsel berührt. »Dazu war kein Grund vorhanden«, schreibt er einmal lakonisch. Nichts über den Prado, kein Wort über irgendeinen Künstler Spaniens. Auch die Reisenotizen Fiedlers gehen kaum über Allerweltserfahrungen hinaus. Von spanischen Malern werden nur »einzelne Bilder« von Velasquez und Murillo vollendet befunden; mit einigem Nachdruck Murillos mäßige Altarblätter in der Kathedrale von Sevilla. In Toledo notiert Fiedler die goldene Decke und die Fresken von Borgogna im Kapitelsaal des Doms. Kein Wort über Greco, den wirklichen Meister Toledos, von dem man glauben sollte, er hätte Marées verständlich sein müssen. Es bleibt dahingestellt, wie weit die Notizen Fiedlers die Eindrücke seines Genossen decken. Anscheinend sahen sie Spanien mit italienischen Augen. Im Prado ergötzen sie sich vor allem an Tizian und Rubens, und dafür haben wir auch in Werken von Marées einen einigermaßen sicheren Beleg. Hat doch von allen Gemälden des großen Venezianers kaum eins so auf den späteren Marées gewirkt wie der Sündenfall im Prado; die beiden mächtigen Gestalten, die Rubens kopierte. Im übrigen suchten sie das Land nach Architektur ab. Kein Wunder, daß es ihnen weit unter Italien erschien.

In Paris rühmt Marées den Louvre, und zwar als Stätte Leonardos und der Sklaven Michelangelos, die ihn begeistern.

Von den modernen Franzosen heißt es, er habe sie mit Interesse betrachtet und es sei im einzelnen viel Lobenswertes darunter, doch kein Werk, »das eine absolute Meisterschaft dokumentierte und somit auch nichts, was einem zum Vorbild dienen könnte«. In Amsterdam hat er seine »alten Freunde mit außerordentlichem Vergnügen« wiedergesehen und ist dahinter gekommen, es gebe gar keinen Unterschied zwischen den Schulen. »Was gut ist, ist gut, und damit genug.«

Daraus könnte man schließen, Marées habe unterwegs nichts anderes gefunden, als was er schon vorher besaß. Die Tatsachen berichten das Gegenteil. Die spanische Reise gehört zu den ganz großen Ereignissen seines Daseins. Sie ist bestimmender als die Übersiedlung des Jünglings von Berlin nach München, hat fast die Tragweite des Eintritts in Italien und zeigt noch überzeugender als alles, was vorherging, weil positiver, weil sofort in greifbare Früchte umgesetzt, die wunderbare Organisation des Menschen. Vielleicht äußerte er sich so spärlich, weil das Mitzuteilende so vielseitig war, mag sich auch an Ort und Stelle nicht klar über seine Erlebnisse gewesen sein. Erst als er nach der Pause wieder zu arbeiten begann, stellte sich heraus, was er mitgebracht hatte.

Schon der physische Gewinn war bedeutend. Das leichte Reiseleben hatte ihn gesünder gemacht. Die stramme Übung des Körpers ließ den Geist in Ruhe. Das ganz nach außen Gekehrte des Touristendaseins lenkte die vorher bis zum Krankhaften gesteigerte Selbstbeobachtung wohltätig ab. Vielleicht war schon dieser Vorteil, den der sorgliche Freund allein im Auge gehabt hatte, die Quelle des Fortschritts. Der Gewinst des Künstlers ist kaum zu ermessen. Eins drängt sich sofort nach der Reise auf: eine Produktivität wie kaum je zuvor. Die Bilder strömen. Er malt in wenigen Monaten mehr als in drei Jahren vorher. Es ist eine ähnliche Welle von Schaffenslust wie im Jahre 1863. Gleich in Koblenz, der ersten Station in der Heimat, fängt er an. Der Vater sitzt ihm zum zweiten Male. Man kann ein Stück der ganzen Entwicklung seit der Münchener Zeit mit dem Unterschied zwischen diesem Bildnis und dem ersten Bildnis des Vaters bezeichnen. Und zwar im Grunde das wesentliche Stück. Wir würden die Probleme, mit denen er sich in Rom beschäftigt hatte, viel gleichgültiger betrachten, wenn sie ihn nur auf den Stil gewiesen, wenn sie ihn nicht im gleichen Maße befähigt hätten, der Natur näher zu kommen und die Formen seines Ausdrucks zu steigern. Das Bild ist so wenig stilisiert wie möglich. Das frühere ist viel mehr altmeisterlicher Stil, wie wir voreilig zu sagen pflegen, und in seiner Art vollendeter als das neue. Er hat das neue ausdrücklich als »angefangen« bezeichnet, obwohl außer der Hand, deren unfertiger Zustand zwischen Fleisch und Form nicht des Reizes entbehrt, kaum Wesentliches fehlt. Von dieser Art enthält das frühe kaum eine Andeutung. Dieses ähnelte Rembrandt, das neue dem Menschen, den es darstellt. Man glaubt in das Leben des Mannes hineinzusehen und zwar nicht weniger in seine physische wie in seine geistige Existenz, und daher kommt die Anschauung, trotzdem die rembrandthafte Einzelheit fehlt, Rembrandt näher. Das erste Bildnis gibt mehr das Schema eines alten Mannes. In beiden ist Natur. In dem ersten gelangt man zu ihr auf dem Umweg über eine Tradition; in dem zweiten trifft man sie zuerst, und erst auf dem Umweg über sie die Wohltat der Überlieferung.

Marées blieb nur drei Wochen in Koblenz und ging dann nach Crostewitz, dem Gute der Familie Fiedler bei Leipzig. Der Freund hatte ihm während der Reise zu viel Beweise zartfühlender Rücksicht und des wachsenden Verständnisses

Lebensgroßes Bildnis Fiedlers. 1869-71

für seine Art gegeben, als daß er ihn lange entbehren mochte. Und nicht weniger trieb ihn der Wunsch, Fiedler nun endlich auch mit seiner Kunst bekanntzumachen und ihm ein würdiges Zeichen der Erkenntlichkeit zu verehren. Er nahm Farben und Leinwand mit und begann bald nach seiner Ankunft in Crostewitz das lebensgroße Porträt des Freundes.

Fiedler war kein gutes Modell. Das Zögernde seiner Regungen, die unüberwindliche Scheu gegen alles, was wie Auftreten aussah, die ganz nach innen gekehrte Tendenz seines Wesens, die auf manchen, der ihn zum erstenmal sah, den Eindruck einer ganz passiven Existenz hervorrief, machte ihn für das große Format – das größte, das Marées bis dahin unternommen hatte – so ungeeignet wie möglich. Er bot keine Handhabe für das, was man gewohnt ist, das Charakteristische zu nennen. Seine Eigenart bestand darin, Eigenart zu verbergen, und war nicht leichter lesbar als seine Schriften. Sie wiederzugeben, erforderte vor allem die Lösung eines Taktproblems, an der – sollte man meinen – die Malerei nur mittelbaren Anteil haben konnte, und war für ein durch starke Ereignisse erregtes, auf Äußerung brennendes Temperament besonders schwierig. Alle Gaben des Porträtisten, die im Bereiche eines Liebermann, in der alten Kunst eines Franz Hals liegen, zu dem Marées selbst in der Münchener Zeit manchen glücklichen Griff beigetragen hatte, mußten vor der Aufgabe versagen. Eher schien die vorsichtig tastende Art der alten Deutschen geeignet, die allmählich zur Abrundung gelangt. Es ist einigermaßen begreiflich, daß Marées zehn Jahre später, als ihm Fiedler nochmal saß, das kuriose holbeinhafte Gebilde hervorbrachte, ein Unikum unter seinen Porträts.

Dazu hatte er jetzt keine Geduld, glücklicherweise, darf man fast sagen. Das Werk ist nichts weniger als Experiment.

Der Reiz liegt gerade in der natürlichen Sicherheit der Erscheinung. Fiedler ist sprechend und, wie es scheint, auf Antrieb getroffen. Aber dieser Eindruck, den frühere Bildnisse in nicht geringerem Maße erreichen, verbindet sich hier mit verschwiegeneren Suggestionen, die mit großer Feinfühligkeit das Wesen des spröden Modells ahnen lassen und dem Spontanen einen doppelten Wert sichern. Es ist eine ganz kühle Malerei, gelassen im Strich und in der Palette. Man denkt an Courbet. Freilich mögen Äußerlichkeiten wie die traditionellen grauen Beinkleider den Hinweis erleichtern. Der Takt, der sich in dieser Darstellung äußerte, gehörte nicht zu den Gaben des Meisters von Ornans.

Fiedler sprach sich seiner Art nach mit vorsichtiger Anerkennung über dies erste Zeugnis des Freundes, das er zu Gesicht bekommen hatte, aus.[1] Übrigens wurde es erst ein paar Jahre später in Berlin vollendet. Momentan stand Marées' Wunsch mehr nach Bildern, die ihm eine geschwindere Äußerung erlaubten. Er wollte auspacken. Und dafür bot sich auf dem stillen Lande die beste Gelegenheit.

Crostewitz liegt eine Stunde Wegs von Leipzig, in der Ebene, wo einst die Völkerschlacht tobte, und hat sich seitdem wenig verändert. Wald, Wiesen und Felder umgeben das Dörfchen. Hart am Wald liegt gravitätisch und freundlich das ländliche Herrenhaus. Die eine Seite mit der breiten hellen Terrasse geht auf den stillen Teich und die schönen Bäume des Parks; die andere schließt den geräumigen Gutshof ab. Es ist nicht das Gut eines Landwirts. Der alte Fiedler hatte es gekauft, um im Sommer nach der Arbeit zu rasten. Noch lebte damals seine Witwe, die Hildebrand in der wahrheitstreuen Terrakotte verewigt hat. Sie war den Freunden der Söhne eine freundliche Wirtin. Marées und Hildebrand fanden hier, sooft sie wollten, behagliches Obdach. Marées, der kaum je gemächliche Wohlhabenheit in der Nähe gehabt hatte, genoß sie mit Wonne. Es gab Pferde, und er durfte sie als sein Eigen betrachten. Es umgaben ihn freundliche, ihm wohlwollende Menschen. Auch Philipp Fiedler, der Bruder Konrads, hatte sich dem Schönen gewidmet, freilich nicht der Malerei und ebensowenig der abstrakten Ästhetik des Bruders. Sein Feld war die Poesie. Die Liebe zur Bühne, zumal zu Shakespeare, dessen Verehrung Marées im Blute lag, einte den Kreis. Es gibt noch im nahen Walde die Reste des Naturtheaters, wo man sich ernstem und heiterem Spiel überließ. Unter anderem gaben sie hier im Freien die Komödie aus dem Sommernachtstraum. Hildebrand machte mit Grazie den Löwen.

Das war ein guter Platz, um zu fabulieren, die rechte Atmosphäre für die Bilder, die Marées im Kopf hatte. In Rom hatte er sich fast mit Gewalt von allem Episodenhaften ferngehalten, um ganz von innen heraus Symbole für den Frieden der Seele zu finden, der ihm damals, ach! so fern war. Nur mit Mühe hatte er sich vor dem Versinken ins Problematische bewahrt. Das Leben in den Römischen Landschaften erscheint mehr als Schmuck einer weltfernen Idylle, nicht als Inhalt. Jetzt sprudelt das Temperament wie ein Quell, den man künstlich lange Zeit verschlossen hielt. Es ist, als trete Marées von neuem ins Leben hinaus, das er vorher wie einen Spuk geflohen, von Zweifel an sich selbst, von allen möglichen Einsamkeitsgedanken zurückgehalten, als mischte er sich fröhlich unter die Menge, mit dem dankbaren Enthusiasmus des Befreiten, mit dem Behagen des Rekonvaleszenten, der seine Freuden zu wählen weiß. Der Intellekt hatte in Rom dem Genius die Aufgabe gestellt und hatte getrotzt, da sie nicht bereitwillig empfangen wurde. Jetzt entstehen die Bilder wie von selbst. Philippus mit dem Kämmerer, der Hl. Martin, der orangenpflückende Reiter sind Legenden eines Dichters, der die Einfälle niederschreibt, wie sie ihm kommen. Sie haben gar nichts von der Melancholie giorgionesken Gepräges, das die »Ekloge« ziert, noch weniger von dem getragenen Ernst der Römischen Landschaften. Es ist, als seien Venedig und Rom plötzlich in den Orkus gesunken. In dem »Philippus mit dem Kämmerer« ist alles spezifisch Italienische wie weggewischt. Der Strich, der sich vorher zu verbergen schien, malt geschmeidig jede Andeutung der frohen Laune, und die Farbe, vorher vor jedem ungebrochenen Ton fast ängstlich auf der Hut, prangt mit allem, was die Palette hergibt. Ein Blau, vom tiefsten Saphir bis zur hellen Bläue des Himmels; drei, vier verschiedene Rots, Lachsrosa, süßestes Himbeer, brennendes Zinnober. Daneben ein ganz zartes graues Grün, ein Weiß wie blendender Schnee. Und dazu noch Braun, aber nicht die schmutzige Dämmerfarbe, die das Licht verbannt, sondern wiederum Kontrast, ein sonores Bronzebraun und klares Havanna; man spürt Orange darin. Wie ein Märchen aus buntem Morgenland kommt der Wagen mit den beiden phantastischen Gestalten, der Apostel mit dem Kämmerer aus dem Mohrenland, dem die Schrift gelehrt wird, daher. Vielleicht ein wenig zu wuchtig für ein Märchen; die Rosse zu sehr muntere Gäule, zu derb und stark, als daß man sie für Zauberwesen halten könnte. Sie haben ihre Knochen beisammen, standen irgendwo in Sachsen, wo es guten Hafer gibt, in Futter, fühlen sich gar nicht, wie es Märchenpferde tun, poltern drauflos, als sei nicht ein vornehmer Mohrenfürst ihr Herr, sondern als schwänge mit lustigem Knall die Peitsche vom Markt heimkehrender Bauern über ihren zottigen Mähnen. Es geht so geschwind, daß im Lauf die beiden Gestalten in dem kurzen Wagen mehr über als hinter den Gäulen erscheinen.

Beide sind in die heilige Konversation vertieft. Der Apostel eifrig dozierend, der Mohr – ein Kämmerer und Gewaltiger der Königin Condares, welcher war über alle ihre Schatzkammern – ganz Ohr und Staunen.

Nicht in dem Thema beruht die Legende, wie Marées sie zeigt. Man braucht bei dieser Eruption des Temperamentes, das wie wilder Rosse Lauf hinstürmt, nicht gerade an die Kirche zu denken. Nichts betont die Heiligkeit des Vorganges. Kein christliches Abzeichen unterscheidet den bärtigen Prediger von dem Negerfürsten, der gleich im nahen Gewässer die Taufe empfangen soll. Das Zusammensein der beiden ist die Legende. Ein Zusammensein, stark genug, sich von dem ungezügelten Lauf der Pferde nicht stören zu lassen. Eine besondere Art von Zusammensein, das dem Prunk der lodernden über und um den Wagen gebreiteten Farben widersteht, dem die wilden Flecken des Pinsels, notdürftige Andeutungen des Notwendigen, nicht den Sinn verkürzen, das, merkwürdig genug, alle die verwegen zerstreuten Teile des Bildes in einem bewegten Ganzen gebannt hält. Kein Wunder, daß bei dieser Geschwindigkeit manches Detail zu kurz kommt. Man weiß nicht, wo bei Philippus der Teil, mit dem auch Heilige zu sitzen pflegen, geblieben ist, muß sich mit ein paar gekrümmten Lichtern an Stelle der Hand begnügen usw. Es fällt weiter nicht auf, weil alles Gegebene in demselben Flug erhascht ist. Vielleicht sah die Wirklichkeit noch viel verwegener aus. Bei den Pferden z. B. kann man es nachkontrollieren. An die sind wir schon lange gewöhnt. Es sind, größer und wilder geworden, dieselben Pferde, die einst in München kleine Soldaten trugen und in glücklichen Momenten auch damals schon so ein Spiel von munteren Flecken sehen ließen.

Ein sehr merkwürdiges Bild! so gut wie einzig in dem ganzen

Maréesschen Werke. Es zeigt sich mit einem Male, was alles unter dem gezwungenen Schweigen des Deutschrömers glühte und wogte. Man hatte den Fingerzeig gewisser Münchener Impressionen zu voreilig verloren gegeben und er selbst hatte es nicht anders gemacht. Was wir hier sahen, wird sich noch oft wiederholen. Nie hat Marées einen Besitz, und sei er noch so ephemerer Art, vollständig aufgegeben. Es können Jahre vergehen, bis er wieder zum Vorschein kommt, und es hat immer seine Gründe, warum es nicht eher sein konnte. Auch kommt er nie in denselben Formen wieder. Erscheint er endlich, so hat er inzwischen so viel stille Verwandlungen durchgemacht, daß man ein Novum vor sich zu haben glaubt.

Marées sieht hier fast wie ein Romantiker aus. Freilich nicht einer von der Art, gegen die er mit seinen Münchener Genossen zu Fehde gezogen war. Auch an Feuerbach darf man nicht denken. Den drückte von Haus aus zuviel philologisches Gepäck. Der junge Feuerbach wäre vielleicht damit fertig geworden und in einen ähnlichen Strom leichter fließender Romantik gelangt, wenn er nicht bei Couture die vorschnelle Deutung von Empfindungen, die sachterer Hände bedürfen, gelernt hätte. Und Marées half vielleicht zur Wiederentdeckung dieser blinkenden Ader seiner Kunst, die flüchtige Bekanntschaft mit eines Größeren Art, des lichten, viel geschmähten Vorbilds der Couture-Epoche, dem der Unverstand der meisten Deutschen, die nach Paris kamen, damals – ist es heute viel anders? – fernblieb: Eugène Delacroix.

Es gibt kein Dokument für diese Beziehung, es sei denn die Nachricht, daß Marées, dessen alte Abneigung gegen französische Kunst auch in Paris nicht sonderlich geändert worden war, mit Delacroix eine Ausnahme machte, und noch in den achtziger Jahren seinem Schüler Pidoll, als dieser nach Paris ging, empfahl, die Dantebarke zu kopieren.[2] Wir können uns nur auf die Tatsache stützen, daß Marées, nachdem er kurz vorher in Paris gewesen war und zweifelsohne den Luxembourg, wo damals die Delacroix hingen, besucht hatte[3], den Philippus malte. Er wurde von keinem besonderen Bilde angeregt. Delacroix hat nie ein ähnliches Motiv gemalt. Die Ähnlichkeit des einen Pferdes vor dem Wagen des Kämmerers mit dem Rosse Baudouins auf der »Prise de Constantinople« ist so wenig überzeugend, daß alle daraus gefolgerten Schlüsse voreilig erscheinen.[4] (Wenn man nach ähnlichen Einzelheiten in den Bildern anderer Meister sucht, könnte man viel eher in dem Schimmel auf dem großen Schlachtenbilde von van Dyck[5] einen Verwandten finden und würde damit mehr als eine rein zufällige Äußerlichkeit treffen. Denn auch in den Bildern nach der spanischen Reise bleibt etwas von dem Van-Dyckhaften erhalten, das die Bilder vor der Reise verraten. Freilich ist es neben den vielen neuen Elementen kaum noch bemerkbar.) Die Beziehung zu Delacroix ist, wenn sie überhaupt, wie ich mit Bestimmtheit annehme, auf eine tatsächliche Berührung zurückgeht, ganz freier Natur. Und sie wäre für die Geschichte kaum belangreich, wenn wir nicht mit ihrer Hilfe einen Weg zum Verständnis wichtiger Eigenschaften jener Maréesschen Bilder zu finden vermöchten. Delacroix' Art zu malen erscheint in dem Philippusbilde wie durch ein besonderes Vergrößerungsglas gesehen, vergröbert. Nie hätte sich der Meister des »Algierer Frauengemachs«, der »Eroberung von Konstantinopel« und all der anderen Prachtwerke mit der rauhen Vehemenz des Deutschen begnügt, mit diesem unvermittelten Weiß, mit dem fast schmerzenden Zinnober, mit dem Grün neben hartem Blau. Er wollte solche Stärke der Kontraste innerhalb verschlungener Komplexe. Sein Pathos bedurfte reicherer Details, rauschenderer Akkorde. Auf kleinstem Fleck das Gepränge der Venezianer mit dem hinreißenden Farbenfluß eines Rubens zu vereinen und dabei Delacroix zu bleiben, war sein Ehrgeiz.

Wie arm erscheint das Bild unseres Landsmanns neben solchem Glanze! Aber wer von unseren Zeitgenossen hier und dort verlöre nicht neben diesem letzten der alten Meister. Delacroix gehört noch zu einer Zeit, die den fürstlichen Anspruch an die Pracht der Kunst gleichberechtigt neben die Forderung des persönlichen Ausdrucks stellte. Seine nahezu vollkommene Synthese aller die Erscheinung bereichernden Elemente der alten Kunst machte ihn nach der alle Traditionen stürzenden Revolution zum Buonaparte unter den Malern. Alle Großen der modernen Kunst haben aus seinem Werke die Lehre geschöpft, die ihnen die Zeit weigerte. Aber was ihm der lebendige Zusammenhang mit allen Zeiten gab, diese fast willkürlich strömende Mannigfaltigkeit des Reichtums, das hat keiner seiner Nachfolger je wieder erreicht. Daher muß bei jedem Vergleich mit einem von ihnen, um überhaupt eine Übereinstimmung zu erkennen, ein wesentlicher Abzug gemacht werden. Auch bei Marées. Bei ihm noch mehr als bei den anderen, da ihm jede persönliche Fühlung mit den Formen Frankreichs abging. Die Beziehung muß notwendig eine Reduktion sein. Es fragt sich lediglich, ob sie legitim ist, ob sie den Kern Delacroixschen Wesens nicht verleugnet, ob sie neben der Einbuße positive Werte bringt.

Marées' Apostelbild ist nicht lediglich Verarmung Delacroix'. So erscheint es nur dem Unsinnigen, der den Plafond der Galerie d'Apollon damit vergleicht. Er könnte geradeso gut von Marées den Bau des Louvre verlangen. Man denke an andere Bilder, in denen es Delacroix weniger auf Pracht der

Materie als auf die augenblickliche Auslösung einer Stimmung ankam, die in ihrer Art, obwohl fern von dem Ruhm seiner Hauptwerke, nicht gering zu achten sind. Zum Beispiel an eins der merkwürdigsten, den freskohaften »Roi Rodrigue«, den hageren Reiter auf flüchtigem Roß, der die Krone verliert.[6] Ich nenne es weniger des Motivs wegen, denn der muntere deutsche Schimmel hat mit dem gespenstischen Klepper des Romanzerohelden außer einer ganz entfernt ähnlichen Haltung nichts gemein; sondern weil in dem Bilde die Tempera das gewohnte verwirrende Beiwerk Delacroixscher Malerei beiseite läßt und den Meister in einer einfacheren Form zeigt. Da wird das Gemeinsame schon leichter sichtbar. Und hat man es einmal erfaßt, so bleibt es bestehen, auch wenn man die reichsten Ölbilder Delacroix' betrachtet. Es steckt in den rapide gestaltenden Strichen, mit denen beide Maler ihre Hauptsachen sichern. Im vorliegenden Beispiel am deutlichsten in Mähne und Rücken des Maréesschen Schimmels und in der Stirn und den Vorderfüßen des Pferdes auf dem anderen Bilde, auch in den Reflexen der Rüstung des Don Rodrigo. Freilich, sobald man dem Vergleich näher rückt, wird die Verschiedenheit immer größer. Die Striche sind in dem Delacroix entscheidender. Sie machen fast allein das Bild, nicht nur das Licht, sondern den ganzen Inhalt. Der Maler hatte es eilig. (Er kam zwei, drei Stunden bevor das Bild fertig sein sollte, wußte nicht, was er malen sollte, ließ sich von Dumas die Szene aus dem Romanzero erzählen und warf das Gehörte auf die Leinwand.) Die Striche verbergen bei aller Eile nicht die dem Deutschen ungleich überlegene Malerkultur. Ihre Geschmeidigkeit genügt, auf nackter Leinwand in einem Zug die vollkommen deutliche Bewegung des Pferdes zu malen. Es war, schreibt Dumas, der zusah, in drei, vier Strichen fertig. So schnell ging es bei Marées nicht. Er besaß nicht im gleichen Maße die »Prestesse de la main«, die Delacroix für den Maler so notwendig erachtete, wie für einen Paganini die Gelenkigkeit der Finger; die »Finesse dans le doigt«, auf die Courbet stolz war. Und er vermied absichtlich das, was er von dieser Gabe besaß, so unverhohlen wie ein Franzose zu äußern. Nur aus Einzelheiten entsteht in dem Apostelbild der Eindruck rapider Gestaltung. Man entdeckt nebeneinander, übereinander alle möglichen Malarten, die ein kecker Autodidakt zu seinen Zwecken vereint. Lasuren raffinierter Art decken die pastosen Teile und werden wiederum zum Teil von Übermalungen gedeckt. Leibl würde sich entsetzt davon abgewendet haben. Die hervortretende Pinselschrift ist viel primitiver als die Einzelheit der Struktur auf dem Delacroix, aber sie hat eine viel weniger entscheidende Aufgabe. Die belichtenden Striche sind unentbehrlich, aber sie tragen nicht allein das Bild, stehen keineswegs allein auf der nackten Leinwand, sondern begrenzen nach außen ein aus der Tiefe langsam hervorwachsendes Gebilde. Sie ziehen mit wenigen starken Fäden ein unter ihnen liegendes Netz von allen möglichen Fäden zusammen. Das ist nicht nur bei diesem Bilde so, sondern bei allen. Der Eindruck des Spontanen ist bei Marées nicht, wie bei so vielen Franzosen, die notwendige Folge der Genesis des Werkes, sondern eine Qualität unter anderen. Er entspringt einer Überlegung des Künstlers, einer Objektivierung des Werkes, und ist nur deshalb keine handwerksmäßige Vorspiegelung, weil er sich als unmittelbares Resultat der im Laufe der Arbeit gesteigerten Einsicht ergibt. Alle Maréesschen Bilder zeigen auf einer Fläche die Entstehung des zusammenfassenden Flecks aus objektiveren Gebilden. Man sieht, wie sich der Künstler durch alle möglichen Phasen zum Ziel durchtastet. Das gibt seinen Bildern die merkwürdig verzweigte Wirkung. Während Delacroix mit dem Gegenteil, der unfehlbaren Treffsicherheit, von Anfang bis zu Ende unsere Bewunderung erzwingt.

Die Einsicht in diese Eigentümlichkeit der Maréesschen Gestaltung läßt die rücksichtslose Koloristik des Bildes in anderem Lichte erscheinen. Die paar lebhaften Farben, die zur Zeit der Entstehung des Werkes selbst dem duldsamen Betrachter ungeheuerlich erscheinen mußten, sind nicht das ein und alles des Bildes, sondern leuchten in das eigentliche Geheimnis seiner Struktur. Es bedurfte ihrer brutalen Energie, um das lose Gewebe zu festigen. Sie sind das vereinfachende Element, das dem weichen Spiel des Lyrikers den notwendigen Schwung gibt. Wie sie sich zu dem Rest des Bildes verhalten, so etwa verhält sich Marées' Koloristik zu Delacroix. Was man anfangs geneigt war, neben der verwirrenden Pracht des großen Franzosen Verarmung zu nennen, wird jetzt Vereinfachung. Diese erscheint um so berechtigter, als sie innerhalb eines größeren Komplexes von Wirkungsmöglichkeiten gewisse Faktoren betont, ohne alle anderen auszuschalten. Die Vereinfachung der Koloristik vollzieht sich auf Kosten einer Art von Delacroixschen Mitteln und zugunsten einer anderen Art, die ebenfalls in Delacroix enthalten sind. Die zu kurz kommenden erscheinen verhältnismäßig als Schmuckelemente, die gewinnenden dienen dem Eindruck des Spontanen. Der Philippus hat nur Teile des juwelenhaften Delacroix', aber die Rapidität der Wiedergabe des besonderen Eindrucks ist nicht nur erhalten, sondern größer geworden und zwar dank den paar die Erscheinung zusammenraffenden Farben, trotz der Hemmungen einer viel weniger gelenken Technik. Wir wissen, wie hoch Delacroix die zum Ausdruck gelangende Schnelligkeit stellte, und sehen in ihm neben dem großen Erhalter den noch größeren Vorläufer, weil sein Werk der entschiedensten Forderung einer neuen

Kunst Rechnung trägt. Ihre Erfüllung in dem Maréesschen Bilde wiegt die Verluste an Reichtum der Materie auf. Die Einbuße ist nicht Mangel, sondern notwendige Qualität der neuen Form.

Solche Vereinfachung ist keine alleinstehende Erscheinung. Die Kunstgeschichte hat uns mit vielen berühmten Beispielen gewöhnt, damit zu rechnen. Die Epoche nach Delacroix bestätigt in ihrer Gesamtheit und mit dem Werke jedes einzelnen ihrer Führer die Entwicklung unseres Meisters. Wie es Marées mit Delacroix machte, vielleicht nur mit dem Begriff des Delacroixhaften, der einem Menschen von seiner Intelligenz und seinem Instinkt aus dem Hauch einer Anregung anfliegen konnte, so – nur noch freier von allen Hemmungen des Deutschen – verfuhren Manet und seine Genossen mit demselben Erbe, das als Hinterlassenschaft der ganzen Tradition ihres Volkes in einem einzigen Werke gesammelt vor ihnen lag. Zwischen Delacroix und Marées steht der Geist der Zeit Edouard Manets.

Diese Doppelbeziehung ist ein neuer bedeutsamer Beitrag zu Marées' Universalismus. Sie zeigt die ganz selbständige Logik seiner Entwicklung, denn sie ist von jeder materiellen Anregung unabhängig, entstand von innen heraus und ist nur als ganz loses Band bemerkbar, wenn man von allem Besonderen der einzelnen Persönlichkeiten absieht. Der Marées nach der spanischen Reise gleicht nicht Manet, ebensowenig den Genossen des Malers der Olympia. Was den Kern seines Wesens von Delacroix trennt, scheidet ihn noch mehr von den Nachfolgern. Erst wenn man an das Gemeinsame in dem Verhältnis dieser Künstler zu Delacroix denkt, tritt in dem Marées jener Zeit etwas Ähnliches zutage, ein verwandtes, wenn auch im einzelnen besonderes Verhalten den überlieferten Werken gegenüber, dieselbe rationelle Vereinfachung, man kann sagen, dieselbe Neuheit der Anschauung. Vielen unter uns ist heute diese Neuheit vertraut und für deren Empfinden deckt sie so vollkommen alle, der bildlichen Darstellung zugänglichen, Seiten zeitgenössischer Art, daß sie, so meinen sie, einem Menschen von starkem Instinkt und klarem Denken etwa ebensowenig entgehen konnte, wie sich ein ganz in unserer Zeit wurzelnder Dichter einer näheren oder ferneren Vorstellung von der Notwendigkeit einer Flaubertschen Prosa entziehen kann, auch wenn er zufällig nie ein Buch des Romanciers gelesen hat. Die Entwicklungsgeschichte bestätigt mit solchen Beispielen das Gültige der Richtung. Die Welt könnte nicht fortschreiten, wenn die Probleme einer Zeit nicht unsichtbar auf derselben Ebene lägen und die Geister zu ökonomischer Arbeitsteilung nötigten.

Nichtsdestoweniger ist das Resultat erstaunlich genug. Wir befinden uns in der Blütezeit Courbets. Der feierte gerade in München seine Triumphe und bahnte einer neuen Generation von Deutschen den Weg nach Frankreich. Nicht zu Delacroix. Keiner von diesen besser Vorbereiteten, kein Victor Müller, kein Scholderer, kein Thoma oder Leibl haben geahnt, was nach Delacroix und Courbet zu tun blieb. Sie malten alle damals ihre besten Bilder, die meisterlichsten der deutschen Kunst im neunzehnten Jahrhundert, ungleich vollendeter als die Marées', die wie Skizzen daneben erscheinen. Aber ihre Vollendung hat etwas Stillstehendes. Ich meine das nicht im Hinblick auf das, was sie nachher malten. Aus den Werken selbst spricht dieser Eindruck. Es sind glänzende Dokumente einer Gegenwart, die uns heute Vergangenheit ist. Von der Zukunft melden sie nichts. Es gibt keine malerischeren Werke als die, die Leibl damals malte, und es sind die echtesten Bilder Leibls. Aber man gelangt mit ihnen immer zu den alten

Meistern zurück; nicht vorwärts in eine neue Sphäre von Empfindungen. Es ist, als wären alle Anstrengungen dieser deutschen Meister darauf gerichtet gewesen, Tendenzen, die sie bei den Franzosen als Andeutungen fanden, deutlich und stabil zu machen. Mit ihrer Gründlichkeit blieben sie darin stecken. Marées war Pfadfinder wie die Franzosen, die damals jung waren. Und das geht nicht nur aus dem Verhältnis der damals entstandenen Werke zu den folgenden hervor, sondern dieser Eindruck haftet den Bildern selbst ebenso an wie der entgegengesetzte den Bildern seiner Landsleute. Man entbehrt das Abgeschlossene der »Cocotte«, der »Alten Pariserin«, des »Bürgermeisters« Leibls, dafür dringen ganz neue Möglichkeiten der Form in die losen Bilder; eine Kühnheit der Vorstellung, die das Ziel der anderen als gegeben voraussetzt und von da aus neue Zumutungen an die Aufnahmemöglichkeiten des Betrachters aufstellt. Natur wollten sie alle, Thoma nicht weniger als Leibl, Marées nicht weniger als Leibl. Man braucht also keinen Gattungsunterschied zu konstruieren. Aber die Differenz zwischen den Naturbegriffen, die sich etwa zwischen einem Bilde Thomas aus der Pariser Zeit und der Leiblschen »Tischgesellschaft« findet – ein Unterschied nicht nur von persönlichen, sondern Kulturwerten, – wiederholt sich zwischen Leibls und Marées' gleichzeitigen Bildern. Und was man gegen die Verluste Marées' bei diesem Vergleich sagen kann, ist im Prinzip nichts anderes, als was man gegen Manet im Vergleich zu Courbet einzuwenden findet. Alle Einwände schmälern nicht den unverlierbaren Wert des Neuen. Es steckt mehr Natur in der aus dem Kopf gemalten Maréesschen Szene mit den beiden Heiligen, als in manchen streng nach dem Modell gemalten Bildern der anderen, die man als entscheidende Zeugnisse des Naturalismus feiert; mehr überwundene Natur, mehr von unserem Empfinden der Natur, von unserem, dem gegenwärtigen Sinnenleben.

Merkwürdig genug, daß das einem Freunde Böcklins und Feuerbachs einfiel, einem Deutschen, der sich in Italien in Sehnsucht nach der Seele Roms verzehrt hatte, dem das Ideal, das die Landsleute in Paris suchten, im Grunde ganz fernlag. Noch merkwürdiger, daß Marées' Vorläufertum, auch wenn man die führenden Franzosen jener Zeit selbst zum Vergleich heranzieht, kaum in Frage gestellt wird, freilich nicht, ohne alsbald grundverschiedene Richtungen erkennen zu lassen.

1869 hatte längst für Manet, aber noch lange nicht für die entscheidende Bewegung der modernen französischen Kunst die Stunde geschlagen. Manets Genossen, Renoir und Claude Monet, wurden damals noch von Courbet und Corot zurückgehalten und malten Courbetsche Motive im Geiste Courbets. Cézanne steckte noch in dem Schwarz und kämpfte ohne zureichende Mittel mit dem Geiste Delacroix'. Manet selbst hatte soeben mit seinen Bildern des Salon von 1869, dem »Balcon« und dem schönen »Déjeuner à l'atelier« seine Beziehung zu den Spaniern dokumentiert. Wohl lagen die Hauptwerke seiner Jugend, die »Olympia« und das »Déjeuner sur l'herbe« längst hinter ihm. Aber sein Anteil an der neuen Form seiner Generation, die wir Impressionismus nennen, war noch nicht fixiert. Also auch von ihm war die Kühnheit der Farben des Maréesschen Apostelbildes nicht abzugucken. Sie soll nicht überschätzt werden. Die ganze Periode hat, selbst wenn man das in seiner Art isolierte Marbachbildnis von 1871 dazu rechnet, noch nicht zwei Jahre gedauert, war nur der Übergang zu ganz anderen Zielen, eine Improvisation wie das Tagebuch eines Reisenden. Nur daß zu seinen Möglichkeiten auch Manets Weg gehörte, ist wichtig. Man findet diesen, wenn man so sagen

Orangenpflückender Reiter und nackte Frau. 1869-70

darf, Präimpressionismus am deutlichsten in dem Bilde mit dem orangenpflückenden Reiter. Wer überhaupt nach Verwandten der köstlichen nackten Frauengestalt sucht, wird in die Nähe Manets gelangen. Diese Art, aus dem Vollen zu malen, ohne konventionelle Modellierung, aus einer Farbe, deren tiefere, unvermischte Stufen die weichen Schatten hergeben, so daß der Körper wie von Luft umflossen erscheint, erinnert unabweisbar an den Manet der siebziger Jahre. Wenn Manet das, was hier angedeutet ist, ganz unvergleichlich vervollkommnete, vergessen wir nicht, daß seine Malerei auf diesem Wege nicht wenig von der körperlichen Fülle des Maréesschen Mädchenkörpers einbüßen mußte, die dem gehauchten Fleisch die seltene Konsistenz gibt.

Denn gerade das ist der Reiz des Bildes: das in einem Zug Hinfließende der Gestaltung, das unversehens die Tiefen-Dimension mit zur Wirkung heranzieht; die Geschlossenheit in einer ganz losen Form; die Sicherheit der Vorstellung, ohne daß die Illusion der Wirklichkeit zu nahe kommt. Der Mädchenkörper auf dem Rande des Brunnens wird Farbe und Linie, sobald sich die Sinnlichkeit seiner bemächtigen möchte. Und Farbe und Linien weisen das Auge sofort auf die anderen Gestalten des Bildes, auf den Reiter und den Knaben und auf die Landschaft, die auch ihr Teil daran hat. Nicht Fleisch und Körper, sondern das Rosa ist das Medium, oder das Licht in dem Rosa. Es verstärkt sich ein wenig in dem Reiter, fällt in eine dunklere Tonart in dem beschatteten Knaben und löst sich in dem Himmel. Langsam verschwindet die letzte Röte in dem Grau der Wolken, die das blaue Firmament einbetten.

Ein viel ruhigeres Bild als der Philippus, stiller und kühler, viel weniger Delacroix. Marées hat mit dem Motiv zum erstenmal ein Thema angeschlagen, dem viele Variationen folgen werden. Alle besingen die Ruhe. Er hat mit sehr seltenen Ausnahmen von jetzt an bis zum Ende nichts anderes gemalt und hatte vorher in Rom und in München für seine bedeutendsten Werke keinen besseren Inhalt gefunden. Darin war er echter Deutscher, wie Feuerbach, Böcklin, wie Leibl und Thoma, wie Holbein und Cranach. Ihnen allen steht die Ruhe am besten. Wenn sie bewegte Motive bringen, fallen sie aus ihrer Art und dabei nicht selten aus dem Bereich gesetzmäßiger Gestaltung. Auch dem deutschen Betrachter ist diese Gangart des Temperamentes angemessen. Langsam hat sich eine mystische Fülle von Gedankenreihen um die schweigsame Idylle gebildet, und es gibt nichts, das den fügigen Genießer leichter unterwirft als das friedliche Beisammensein der beiden ersten Erdenmenschen. Nicht immer verbirgt sich Gesittung allein in dieser Enthaltsamkeit. Die Gewohnheit erleichtert die Formenträgheit der Erfinder, und unter dem friedlichen Motiv schlummert zuweilen das Nichts. Dem Temperament eines Marées wäre – der Anfang in München zeigt es – Bewegung lieber gewesen. Ich will nicht sagen, daß er sich zu anderem zwang, aber sicher wählte er es mit vollem Bewußtsein. Je einfacher der Gegenstand war, um so deutlicher und von allen Nebenabsichten frei mußte die Form sprechen. Er nahm ruhige Motive, um an ihnen das Bewegliche seiner Anlage zu klären. Dieses bleibt erhalten. Man fühlt es in dem Leuchten der Bilder, in dem Vielerlei der Flecken in den Flächen, die wie die Körperchen im Blut den stillen Fluß der Erscheinung beleben. Die Materie spricht an Stelle der Geste, und gerade der Gegensatz zu der Ruhe des Gegenstandes macht sie wirksam, der geheimnisvollen Sprache ähnlich, die einem beschaulichen Bildnis die Hand des Meisters verleiht. Die Materie verrät, daß diese die Ruhe schildernden Bilder in Höhemomenten der Erregung gebildet wurden, und zwar nicht, wie bei Manet, unter dem Eindruck eines Sichtbaren, sondern etwa wie die Akkorde einer Symphonie von dem schaffenden Musiker notiert werden, unter dem Eindruck einer ganz im Geiste erfaßten Vision. Marées improvisiert unter einem ganz inneren Zwange hier das nackte Mädchen, dort den Reiter als Gefäße des Rhythmus, sowie der Dichter erst die Worte sucht, nachdem das Gedicht bereits entstanden ist. Als er dem Philippusbilde die entscheidenden Akzente gab, gehorchte die Hand kaum dem inneren Bilde, und in uns zittert etwas von dem Schöpfungsfieber nach. Wir sehen nicht so sehr das Bild auf der Leinwand, als sein Erlebnis, das ihn fortreißt, und der Blick in die Seele eines anderen öffnet uns die eigene. Wir ergänzen, verhundertfachen das äußere Zeichen. In dem Hl. Martin ist der Heilige selbst nur mit ein paar Flecken gemacht, und wir würden vielleicht leiden, wenn mehr von ihm da wäre. Denn nicht, daß der Heilige so war, sondern, daß ihn Marées so sah, bringt uns in Wallung. So wurde das alles in einem wunderbaren Augenblick gesehen. Plötzlich, im Bruchteil einer Sekunde stand die Szene vor seinem Auge. Der Außenwelt gehörte nur ein ganz zufälliger, durchaus unbewußter Anteil. Vielleicht hatte er mittags in der Stadt mitten im Trubel, während alles mögliche um ihn herum vorging, einen berittenen Gendarmen mit einem zerlumpten Kerl hantieren gesehen, und dabei war ihm, ohne daß er die beiden in dem Lärm der Straße hörte, die sprechende Bewegung aufgefallen, das Auf- und Niederblicken, das Hin und Her der Bewegungen. Während des Bruchteils der Sekunde verschwand auf einmal unter der Macht des Fernblicks alles, was nicht dazu gehörte, und er sah unter eleganten Herren, zwischen Damen und bunten Hüten, neben schreienden Zeitungsverkäufern und knallenden Droschkenkutschern diesen Reiter im blinkenden

Helm, der den Mantel teilt, und den Bettler, der die Hände danach ausstreckt, und die in leuchtenden Farben prangende Ferne. Das Visionäre solcher Anschauung unterscheidet Marées von Manet und macht ihn zu einem Geistesverwandten Delacroix', den man in den Gestalten dieses Bildes, zumal in dem Heiligen, besonders nahefühlt. Auch Manet überträgt die Wirklichkeit. Auch seine Kunst wie alle Kunst ist Dichtung des Gesehenen. Ihn lockte, der Materie des Erschauten durch Steigerung des Sichtbaren eine Verewigung zu sichern. Dazu gehörte eine nahezu physiologische Bedingung: die Verbindung eines phänomenalen Auges mit einer phänomenalen Hand zu einem Organe, das blitzschnell die differenzierte Wahrnehmung fixierte. Marées dagegen wie Delacroix, wie Rembrandt, wie Greco, gewinnt aus typischen Eigenschaften derselben Realität, die sich mit anderen im Hintergrund schlummernden Erinnerungen von vielerlei Art verbinden, die Bausteine erdachter, in ihrer Gesamtheit der Wirklichkeit entgegengesetzter Visionen.

Wir wollen uns nicht mit der Untersuchung aufhalten, ob Gemälde wie der »Hl. Martin« Skizzen oder Bilder sind. Denn diese Bezeichnungen sind willkürlich. Es ist vollkommen gleichgültig, ob diese Werke, an dem Grad der Ausführung eines späten Leibl gemessen, skizzenhaft zu nennen sind, oder ob sie neben einem Cézanne wie »Bilder« erscheinen. Wesentlich ist nur, ob seine Vision mit aller Eigentümlichkeit ihrer Art deutlich gemacht und ob sie gesetzmäßig ist. Diese Bedingung scheint mir nicht trotz der andeutenden Behandlung erreicht, sondern die Erfüllung beruht gerade in dieser Behandlung. Die eigentümliche Empfindungswelt dieser Legenden ist auf solche Malerei angewiesen. Ihr Inhalt würde weniger glaubhaft sein, wenn die Form bestimmter wäre. Gewiß ist es Marées später gelungen, sich viel plastischer zu äußern. Er hat sogar dasselbe

Motiv, einen Heiligen Martin, mit der ganzen Kraft der reifsten Epoche gemalt. Aber trotz der Einheitlichkeit des Gegenstandes wäre es nicht gerecht, den frühen Martin im Hinblick auf den späteren unvollendet zu nennen; denn was hier angestrebt wurde, lag dort ganz fern, und wenn man vergleichsweise den Marées des frühen Martin als Jüngling, den des anderen als Mann feiern darf, so ist doch nie zu vergessen, daß beide ihre Art vollkommen erfüllen. Übrigens läßt der Vergleich der beiden Martinsbilder Marées' Verhältnis zu dem Impressionismus, das, was vorübergehend daran war und was er beibehielt, klar erkennen. Was ihn schon damals von den Bestrebungen der Franzosen grundsätzlich schied, wird durch die Entwicklung von der einen Fassung des Martin zu der anderen nur noch deutlicher. In dieser tiefergehenden Hinsicht allein darf man den Martin und die anderen Bilder dieser Zeit allenfalls Skizzen nennen; nicht Skizzen für bestimmte Werke, die er nachher besser machte, sondern Skizzen für Marées' ganze Art, so wie die Bilder der Münchener Zeit, obschon sie, wenigstens zum Teil, ihre Art vollkommen ausdrücken, als Andeutungen für diese gegenwärtige Phase gelten können. Die farbigen Flecken auf dem Martin, an sich vollwertige Träger einer zarten, aber durchaus unzweideutigen Form, sind gleichzeitig der Humus, aus dem eine ganz andere, unendlich stärkeren Anforderungen gewachsene, Form entstehen sollte.

Als Farben- und Kompositionszentrum im »Martin« tritt das Pferd des Heiligen auf. Es ist der Halter all der losen Flächen, und in seinem festen Fleisch glüht die Farbe am tiefsten. Die breite Brust mit dem gedrungenen Hals hebt sich gewaltig vom Horizont ab. Wenn man von einer Rasse dieses gemalten Pferdes reden könnte, so möchte man es in die Nähe der schweren Hengste des Velazquez verweisen.

Marées hat sich den Prado genau angesehen. Wir wissen nicht, ob ihn Velazquez, dessen Spuren er zuerst in Schleißheim begegnet und dem er nachher in Florenz in der merkwürdigen Kopie nach dem Bilde im Pitti nachgegangen war, begeisterte oder enttäuschte. Nur, daß er nichts von ihm mitnahm, als allenfalls den Typ eines Pferdes. Nicht die Konstitution, noch weniger die Haltung der Theaterrosse des Spaniers. Dafür hatte er bei Steffeck und später sein Lieblingsmodell zu gut studiert. Auch die Art der Darstellung ist die natürliche Entwicklung der frühen Pferdestudien. Die farbensprühende Epidermis des gewaltigen Tiers – der rechte Unterbau für die Geste des gewappneten Ritters – hat mit der blankgeputzten Hohlheit der spanischen Renner nichts gemein.

Der extreme Illusionismus des Velazquez konnte einen Marées nicht anregen. Wohl aber mag ihm der Spanier Gelegenheit zur Kontrolle wichtiger Tendenzen der Malerei gegeben haben, und dafür kann er ihm dankbar gewesen sein. Mag sich doch auch so die rückhaltlose Verehrung Manets erklären, den freilich schon ein rein ethnographisches Interesse zu den Spaniern hinzog. Die Auseinandersetzung mit Velazquez, die Manet zur Fläche trieb, bestärkte in Marées eher eine entgegengesetzte Richtung. So unverhältnismäßig reicher die Palette seit den Römischen Landschaften geworden ist, so sichtlich er die Gestalten enger mit der Landschaft verbindet, er verzichtet in den Bildern nach der spanischen Reise – mit Ausnahme des Philippusbildes, wo ihn das Motiv verführte – nicht auf die ihm eigene Illusion des Räumlichen. Ja, mit der Vertiefung dieses Mittels gelang ihm sicher der entscheidendste Fortschritt gegen die alte Münchener Zeit, zu der sich in der gegenwärtigen Periode so viele Beziehungen finden. Damals waren die Körper verhältnismäßig flach; in Rom machte das ausschließliche Interesse am Räumlichen sie eckig und steif, zu düsteren Schattenwesen; jetzt erst sind alle ihre Organe entwickelt. Die Farbe hat sie zum Leben gerufen.

Und es ist, als ob die Farbe, nachdem sie ihre Pflicht getan, wieder verschwinde. Marées war mit seinem Sinn noch auf der Reise, als er den »Philippus«, den »Orangenpflücker«, den »Martin« malte. Er war wieder in Rom, als die »Abendliche Waldszene« entstand, das Hauptwerk der bilderreichen Epoche. Die Palette ist annähernd die der römischen Fragmente, die bekannten verhaltenen braunen, grünen und blauen Tonarten, die an van Dyck erinnern. Das Resultat tritt in dem gleichen Rahmen noch überraschender hervor.

Ich möchte das Bild wohl einmal im Velazquezsaal des Prado sehen. Es ist ja möglich, daß der Autor hier, ich weiß nicht, auf Grund welcher Ideenverbindungen, eine äußerliche Förderung erfuhr. Im Anfang würde das Bild in dieser vornehmen Gesellschaft sicher kaum oder nur mit Mißfallen bemerkt werden. Ein Bettler neben Königen. Es würde alle möglichen, namentlich soziale Instinkte gegen sich haben. Nun, es bettelt nicht, es ist nur nicht so schön wie die anderen gekleidet. Also ein Proletarier. Wenn von zwei Menschen der eine gut angezogen ist, und der andere nicht, geht man immer zu dem ersten. Und in der Kunst hat man sogar ein verbrieftes Recht, so zu tun, weil ja hier Schein und Sein eins ist. Vom Proletarier hat es nichts. Es ist ganz still, viel stiller als die anderen in dem Saal. Dann fehlt ihm vielleicht die Stärke des Ausdrucks, vor allem die Sicherheit, die stolze, siegbewußte Sicherheit. Und daran mag schon etwas Wahres sein.

Als ich das Bild fand, sah es wirklich wie ein Bettler aus. Es hing in Fetzen. In der Schulter des Mannes war ein Loch. Da konnte man die Hand hineinstecken. Die ganze Epidermis war von groben Schrammen, wie von Säbelhieben zerstückelt. Sattler machte sein Meisterstück, als er es zusammenflickte. Ich wußte gleich, daß er es treffen würde. Für einen Künstler war es leichte Arbeit. Denn sonderbarerweise war das Bild sofort zusammen, als wir es aus dem Bündel, in dem es ein Menschenleben lang gelegen hatte, aufwickelten. Eigentlich schien ihm nichts Wesentliches zu fehlen, obwohl es nur ein Lappen war. Das zerschlissene Gewand saß auf einem herrlichen Körper. Langsam trat er aus dem Staub hervor. Die Vernichtung hatte ihm nichts anhaben können. Ich habe selten so sehr die Gewalt des Genius gespürt.

Ob sie nicht auch in dem Velazquezsaal vernehmbar wäre? Ach, sicher nicht den Schwärmern, die gleißende Kulissen für Historie nehmen. Sicher nicht den ewig Willigen, denen jede Botschaft Glauben ist, den feilen Herzen, die sich kampflos geben, zufrieden mit der Einsicht: wir sind dagewesen. Nicht den hochmütigen Dienern niederen Handwerks, die vor dem Genius zu Registern werden, die alles kennen, nur sich selber nicht, zum Sterben peinlich, wo es Kleinigkeiten gilt, und leichtfertig wie Kinder, wenn sie Werte bekennen sollen. Denen allen nicht. Aber in diesem Saal der Massenfreude flüstern zuweilen beklommene Seufzer. Bange Blicke fliegen von Bild zu Bild. Sie sehen alles, was den Geschwätzigen die Lippen regt: die schöne Pose, das Dekorative der Einzelheit, die Üppigkeit der Farbe. Sie sehen das auf den ersten Blick, zu schnell für ihr Verlangen. Sie möchten mehr. Was sie zu Hause, als die Reise wie ein verschlossenes Buch vor ihnen lag, geträumt haben, was sie sehr lange träumten. Nicht eitle Neugier, das Verlangen eines ganzen Lebens trieb sie her, die Erwartung des Höchsten. Ihnen, den Bangenden, die nicht wissen, ob sie oder die Bilder die Enttäuschung verschulden, wäre der Marées ein willkommener Fund. Kein Ersatz. Kein Zeitgenosse könnte die Erwartung befriedigen, die das zertrümmerte Idol zu erfüllen versprach. Nur die stille Bestätigung, daß kein Wahn zu der Erwartung trieb. Nur die Andeutung des Unaussprechlichen, das all dem allzu Ausgesprochenen dieser Bilder mangelt.

Marées' Gestalten haben mit den Leuten, die auf dem Velazquez abgebildet sind, nichts gemein; aus dem einfachen Grunde, weil sie nicht abgebildet sind. Marées' Sachlichkeit rührt von nichts Abzubildendem her. Das, was in den Bildern des Saales im Prado Natur scheint, mannigfaltige Natur, weil der Bilder viele sind, bleibt außerhalb seiner verschwiegenen Szene. Tausend Bilder, wie die zwanzig oder dreißig des Saals, würden nicht ein Atom von dem geben, was den Marées von jedem einzelnen unter ihnen unterscheidet. Doch ist es, nach Worten gemessen, dasselbe, was in dem einen wie in dem anderen wirkt: Natur, Wahrheit. Wir können es nicht anders nennen. Aller Wahrscheinlichkeit zum Trotz, müßte es bei Marées also wohl ein stärkeres Bewußtsein von der Natur sein, ein tieferes Gefühl für Wahrheit.

Velazquez kommt die Möglichkeit einer Kontrolle an der Wirklichkeit zustatten. Wenn wir auch diese Spanier nie gesehen haben, wir können uns sehr wohl denken, daß sie so waren. Und an die auffallendsten unter ihnen glauben wir am leichtesten. Solche Zwerge, solche Narren – gleich steht der Hof des Königs vor uns – erfindet man nicht. Und überdies, das sieht man mit der geringsten Erfahrung, sie wurden alle, wie sie da sind, nach dem Modell gemalt. Es sind Dokumente. Manchmal glaubt man, es sei die Wirklichkeit selbst. Wer aber hat je einen splitternackten Mann mit einer bekleideten Frau an einem Tisch im Walde sitzen gesehen, daneben ein Pferd, das von einem kleinen nackten Jungen geführt wird? Die Situation kann sich

Abendliche Waldszene. 1870

der Harmlose vielleicht zur Not in der Wirklichkeit denken, aber ganz gewiß nicht den Vorgang dieses Bildes, diesen nackten Mann und diese bekleidete Frau. Ist der Mann wirklich nackt? Ist die Frau wirklich bekleidet? Die Frage scheint überflüssig, das sieht man ja. Es ist aber Tatsache, daß die Geschwindigkeit, mit der wir Fragen ähnlicher Art vor den Dokumenten des Saales im Prado beantworten, hier trotz des Augenscheines versagt. Es ist etwas in dem Bilde, das uns solche Details nicht wahrnehmen oder uns vielmehr darüber hinwegsehen läßt, trotzdem wir sie bemerken. Vielleicht etwas Mythologisches. Das Pferd mit dem Knaben, der im Schatten poussineske Formen annimmt, könnte darauf hindeuten. Aber das Paar steht aller Mythologie fern. Der Mann sitzt regelrecht am Tisch, so wie jeder von uns ohne Kleider sitzen könnte, und die Frau hat auch nichts Besonderes. Die Szene frappiert durch ihre Realität. Und zwar die Szene mehr als die Teilnehmer. Es ist nicht möglich, den Mann ohne die Frau, die Frau ohne den Mann zu betrachten. Sie sprechen zusammen, daran liegt es. Aber merkwürdigerweise erregt uns nicht der psychologische Inhalt dieses Zwiegesprächs. Denn sonst würde uns vermutlich die Nacktheit des Mannes beunruhigen oder in irgend eine bestimmte Richtung, z. B. ins Erotische, drängen. Nichts von beidem trifft zu. Aus einem ganz abseits von solchen Erwägungen liegenden Grunde ist es ganz natürlich, so empfinden wir, daß der Mann gerade bei dieser Art von Zwiegespräch nackt ist. Denn sie reden nicht wie gewöhnliche Menschen miteinander. Schon daß die Frau dem Manne die Hand auf die Schulter legt – ein kaum bemerkbares Detail –, scheint uns innerhalb des angeschlagenen Gefühlsniveaus ein wenig zu viel, so fein reagieren wir auf die dunkle Absicht des Künstlers. Was sich die beiden Menschen mitteilen, ist nichts Besonderes, das nur sie angeht, nichts, das wir wissen möchten, nichts Persönliches. Der Wald hat daran teil, das Pferd, die anderen Gestalten, der Himmel. Wirklich steht alles das in ebenso engen Beziehungen zu den beiden, wie sie zueinander. Die Betrachtung vermag nicht nur nicht das Paar zu teilen. Es ist ebenso unmöglich, die Gruppe ohne den Schatten dahinter, den Schatten ohne das Licht wahrzunehmen. Jede Betrachtung, die man anwenden mag, treibt selbsttätig und unvermerkt den Sinn, ähnlich dem Stein, der ins Wasser geworfen wird, in immer weitere Kreise, die sich schließlich in das Meer ungreifbarer Empfindung verlieren.

Man vergleicht zuweilen die Malerei der Musik und meint dann gewöhnlich rein sensuelle Farbenkombinationen, die auf die feinsten Gefühlskomplexe, die dem von Malerei gebildeten Kunstwerk zugänglich sind, verzichten. Gleicht sie im Besitz dieser Gefühlswerte immer noch der Musik, so ist sie das Wunderbarste, das Menschengeist erschaffen kann.

Das fehlt den Velazquez. Sie haben das Wahrscheinliche, die notwendige Fessel des Werkes an die Erde, und innerhalb des Wahrscheinlichen vielerlei Buntheit, vielerlei Merkwürdigkeiten. Nicht das Unwahrscheinliche, das Jenseits von dem Irdischen, den Zauber, der alles wirkliche Geschehen, und sei es noch so sonderbar und bunt, vertraulich macht und das einfachste Erlebnis zum Wunderbaren bildet, weil er uns zwingt, innerlich zu erfahren, was wir von außen zu gewahren meinen.

Marées kam nicht gleich zu solchem Werke. Wir kennen den Anfang der Komposition, als er das Paar erfand und das Pferd mit dem Mann – wie rätselhaft sind die Wege der Schöpfung, daß einzeln wurde, was dann so unlösbar verbunden ist – und kennen die wichtigste Zwischenstufe, die schöne Skizze, die bereits das ganze Motiv enthält. Sie ist dem Bilde sehr ähnlich, aber die Eigenschaften, die sie unterscheiden, scheinbar Nuancen, sind unentbehrlich. Sie bestätigen, daß unser Gedankengang dem Wesen des Werkes nahekommt, und daß sich Marées der von uns angedeuteten Wirkungen durchaus bewußt war. In der Skizze reden die beiden ganz anders miteinander; sie spricht sehr eifrig, und er hört aufmerksam zu. Die stärkere Neigung des Kopfes der Frau und die Bewegung ihrer Hand auf dem Tisch, das Vorgebeugte ihrer ganzen Haltung und die lässige Zuhörerhaltung des Mannes, alles das unterstreicht die Aktualität. Das Zusammensein ist wirksamer im ersten Augenblick, der Art einer Skizze angemessen, aber unvergleichlich banaler in der Art der Wirkung. Das Geknickte der Gruppe macht die Anwesenheit der zweiten Frau notwendig, und diese schmälert die natürliche Bedeutung des Motivs. Infolgedessen wäre der Zusammenhang mit der linken Gruppe, dem Pferd und dem Mann (der Knabe ist kaum sichtbar), viel weniger überzeugend, wenn nicht Marées die viel bewegtere Landschaft zu Hilfe zöge, deren energische diagonale Lichtung den Blick über den Hintergrund auf Umwegen zum anderen Ende leitet. Wie viel komplizierter ist das alles, wie geringer die Übersichtlichkeit, des Gemäldes unentbehrlicher Vorzug, der allein schon die Gelassenheit der Stimmung trägt! Trotz alledem ein kleines Meisterwerk, und vielleicht auch infolge der Eigenschaften, die dem Gemälde Abbruch tun würden. Das kleine Format verträgt die größere Beweglichkeit des Motivs. Der Pinsel benützt sie zu reichen Spielen. Der Palette fällt ein viel größerer Anteil zu. Man möchte nicht eine der flinken Improvisationen missen, die in dem Gemisch von Farben und Tönen, von Email und zartestem vaporösen Duft die Details zu Leckerbissen des Auges formen. Auch Marées wußte, was der reine Oberflächenreiz an Köstlichem bietet, war, wo es anging, ein raffinierter Techniker, in allen Tricks des Handwerks erfahren, nie um Einfälle verlegen, wenn es galt, die Farben spielen zu lassen; ein Kolorist, der nur zu wollen brauchte, um an dem Farbenrausch des Jahrhunderts in erster Reihe teilzunehmen. So wenig die kleine Skizze neben dem Philippus und anderen Bildern als erschöpfende Probe dieser Maréesschen Gaben gelten kann, ein Blick von ihr auf das Gemälde erschließt die Summe aller Gründe, die Marées zur Abkehr von den Zielen des absoluten Kolorismus bestimmten. Er hatte mehr zu wollen und zu geben.

Dieselben Gründe bestimmen schließlich auch das Verhältnis zu den drei Künstlern, die uns bei der Betrachtung der Bilder nach der spanischen Reise ins Gedächtnis kamen. Weder mit Velazquez, noch mit Manet, noch mit Delacroix läßt sich der Kern des Wesens dieser Bilder identifizieren. Das Gemeinsame ist am äußerlichsten in der Beziehung zu Velazquez, der Marées selbst vielleicht die größte Bedeutung zuerkannt hätte. Der Gegensatz ist am schärfsten in der Beziehung zu Manet, dem Marées stellenweise nahe kommt. Er ist am geringsten in der Beziehung zu Delacroix.

Das Gemeinsame erkannten wir in der Koloristik. Marées' Bilder wurden farbig, als er von Spanien und Frankreich zurückkam. Und vom Apostelbilde zu dem Hauptwerk, der »Abendlichen Waldszene«, nimmt die Palette langsam wieder ab. Mancher mag sich fragen, warum ein Künstler, der mehr als irgend einer seiner Landsleute der Palette Herr war, mit einer seltenen Gabe so haushälterisch umging. Die Armut unserer Maler an blühender Sinnlichkeit macht jede Ausnahme verdächtig. Ohne die unzweideutigen Belege könnte der Zweifler bei Marées' Enthaltsamkeit an die Geschichte mit den sauren Trauben denken. Und diese Belege bleiben doch immer das

Produkt einer verhältnismäßig kurzen Periode. Sie waren vielleicht vorher vorbereitet, kamen aber jedenfalls plötzlich, und zwar nach einer Reise ins Ausland, zum Vorschein. Ist nicht doch der fremde Einfluß bestimmend gewesen? Handelt es sich wirklich um eine individuelle bleibende Qualität?

Diese Frage läßt sich dem Hartnäckigen nur mit dem Hinweis auf die Darbietungen der folgenden Perioden beantworten. Und das soll gewiß geschehen. Aber um später untersuchen zu können, wo die Gabe blieb, ist es notwendig, ihre Art in dem gegenwärtigen Moment so genau wie möglich zu erkennen. Es wird nicht beabsichtigt, Marées aus der Würdigung einer bestimmten Periode seines Schaffens einen Ruhmestitel zu schaffen. Nichts würde seinem wirklichen Wert weniger entsprechen, der nur im Ganzen seines Werkes gefunden werden kann und bei ihm wie bei allen großen Menschen in der bis zum Schluß aufsteigenden Entwicklung offenbar wird. Doch würde man ohne die Stationen nicht den Weg des Wanderers erkennen.

Marées' Beziehung zu Velazquez, Manet, Delacroix beruht auf gewissen gemeinsamen Faktoren der spezifisch dekorativen Wirkung des Farbigen. Von den drei Künstlern zeigt Velazquez das Dekorative in der denkbar primitivsten Form. Seine Kunst, die man sich gern auf den Höhen der Kultur denkt, ist raffiniert nur in den eigentlich unästhetischen Wirkungen, in der Nachahmung des Wirklichen. Dieser Illusion widerstrebt lediglich und bis zum gewissen Grade die Koloristik. Denn wenn auch Velazquez seine Farben der Wirklichkeit entnimmt und sie zur Verdeutlichung der Einzelheit benutzt, sie schmükken nichtsdestoweniger nicht nur diese oder jene Gestalt, sondern auch das Bild, in dem sich die Gestalten befinden. Mehr oder weniger gefällige Farbenkombinationen sind der ausschließlich ästhetische Reiz seiner Bilder. Es klingt paradox, mit den vielartigen Wirkungen eines Velazquez den Begriff des Primitiven zu verbinden, weil man nie daran gedacht hat, diese Vielartigkeit nach rein ästhetischen Grundsätzen zu analysieren. Das Komplexe der Erscheinung beruht aber keineswegs auf dem Reichtum an malerischen Werten, sondern auf der Fülle aller möglichen Suggestionen der Wahrscheinlichkeit. Was darüber hinaus geht, ist der primitive Reflex unverstandener Werte Grecos und anderer; primitiv, nicht etwa weil die Palette des Reichtums entbehrte, auch nicht weil die Wirkungen des Malerischen dem Künstler verschlossen gewesen wären. Sondern weil diese an sich reichen Mittel nur zu einer ganz ärmlichen und ihren Zwecken nicht entsprechenden Organisation des Werkes verwendet werden. Velazquez kommt von außen zur Kunst und bleibt, sozusagen, draußen. Wie seine Abbildung gleichsam auf der Wirklichkeit draufsitzt, so sitzen seine artistischen Mittel auf dem Bilde. Sie sind deshalb von dem gefügigen Laien leichter abzusehen. Jeder kann sie sich zu einer geschmackvollen Schärpe umbinden. Für höhere Ansprüche, die aus der Einsicht in den Sinn des Kunstwerks erwachsen, sind solche Wirkungen zu dekorationsmäßig.

Auch Manet kommt von außen zur Kunst, und das trieb ihn in einer Zeit, als man nur von einer energischen Rückkehr zum Naturstudium die Rettung von der Akademikerschablone erwarten konnte, zu Velazquez. Aber er bleibt nicht draußen. Wenn zwei Maler dasselbe sagen, ist es nicht dasselbe. Zumal dann nicht, wenn sie verschiedenen Zeiten, verschiedenen Rassen und Kulturen angehören. Selbst wenn Manet dasselbe gewollt hätte, wäre es unter dem unsichtbaren Druck seiner Gesittung etwas anderes geworden. Für den Naturalismus des Velazquez ist der letzte Grund das nicht völlig überwundene

Motiv. Für Manet war die Natur Form, sobald er sie ansah. Er gewann aus der Beschränkung auf das Sichtbare eine rein künstlerische Anschauung, und sein Naturalismus war die Konsequenz, mit der er sie zum System ausbaute. Das System ist Teilung, die Skepsis gegen jede von der Tradition erbrachte Behauptung von einem Ding an sich im Gemälde. Er gleicht dem Chemiker, der alle als fest überlieferten Körper früherer Wissenschaft in neue Elemente zerlegt, in Striche und Flecke, an denen nichts Begriffliches haftet, Kraftatome, denen erst die Gemeinschaft mit anderen, und zwar mit allen des Bildes, Bedeutung gibt. Nichts ist charakteristischer für Manet, als wie ein Auge als schwimmendes Etwas aus Schwarz und Weiß in einem anderen Weiß sitzt, das dadurch zum Gesicht wird; wie ein aufquellendes Braun, das aus den Strichen der Stirne wächst, zum Haar wird; wie hochstrebende leichte Flecken in einer saugenden Lache von Grün dieses zu einem See gestalten und selbst zu Körpern werden, die sich mit vielerlei Bewegung darin baden. Die rücksichtslose Beschränkung auf das in einem Moment, von einem Platz aus Gesehene ist es nicht allein, was zu dieser Reduktion des Plastischen auf ein Minimum treibt. Es treibt ihn das, was er als Treibendes hinter diesem physiologischen Phänomen ahnt, seine Lust, so zu sehen, nicht das sichtbare Ding oder die Summe der Dinge, sondern der Rhythmus der Freude an den Dingen, der sie wie in einem Strudel nach innen zieht und von da aus wie Blumen, die mit Windeseile emporschießen, auf die Leinwand wirft. Die objektive Erkenntnis, der analytische Teil des Verfahrens, ist nur eine Fiktion, erschöpft im besten Fall nur das Negative und sagt gar nichts Besonderes von Manet. Schon Delacroix begann die Teilung, indem er gleichsam seine Geste zum Teiler machte und gestikulierende Malerei schuf. Und wenn die Nachfolger nichts anderes getan hätten, als seine Teilung fortzusetzen, wäre die Auflösung in das Nichts das letzte Ziel. Aber die zerlegenden Striche Manets, die den alten Bildinhalt rücksichtslos über den Haufen werfen, fügen neue Begriffe zusammen. Es entsteht ein neues Bild, das nur von Materie, von Fleisch, Sonne, Atmosphäre handelt. Und diese Beschränkung auf eine rein physiologische Beziehung, die Reduktion aller alten Gefühlssuggestionen auf eine bewegliche Materie, vollbringt, weil sie systematisch ist, in uns die Umwandlung des rohen Stoffs in ein immaterielles, die Natur machtvoll steigerndes Gebilde. Was uns bezwingt, ist der Eindruck des Lebendigen. Dieser weckt neue Energien, die zu neuen Deutungen, zu neuen Empfindungen treiben. Das Primäre bleibt der Anprall an den seherischen Natureindruck. Es weckt durchaus nicht sofort unsere artistischen Lustgefühle, wie etwa eine Venus der Venezianer oder ein Fruchtstück der Holländer, sondern erregt uns, spannt uns an, zwingt uns zum Sehen. Der ästhetische Reiz geht aus der Einsicht in die Zweckmäßigkeit der Darstellung hervor, in die Ökonomie der Mittel, die dem Minimum vom Stofflichen das Maximum sinnlicher Wirkung sichert. Mit der Überwindung des alten Dualismus von Fläche und Raum, von Umriß und Füllsel erreicht der Rhythmus eine einzigartige Darstellung der Gleichzeitigkeit des Geschehens und erfüllt damit mit denkbar größter Überzeugungskraft eine grundlegende Forderung der Ästhetik der bildenden Kunst.

Der Rhythmus ist das Farbige. Daran denken wir erst zuletzt. Der rein koloristische Reiz Manetscher Bilder dringt erst allmählich und nur mit vielerlei anderen Eindrücken gemeinsam in unser Bewußtsein. Die Striche, die nur das Leben der sichtbaren Materie interpretieren, sind selbst schöne Materie. Die Zweckmittel des ausspürenden Malerphysiologen werden gleichzeitig Träger reicher Dekorationen. Diese sind so wenig gesondert zu betrachten, wie sich etwa die Farben einer Frucht von den Eigenschaften, die gleichzeitig auf unser Tastorgan und auf andere Sinne wirken, trennen lassen. Manets Steigerung der Natur ist die Summierung aller sinnlichen Wirkungen im Sichtbaren. Die Sichtbarkeit muß daher das Sinnliche überwinden. Sie wird Symbol.

Hier liegt der Unterschied zwischen Velazquez und Manet. Velazquez hat kein Symbol hinterlassen, sondern eine durch geschickte Verwendung überlieferter Farbenwerte verfeinerte Illusion der Wirklichkeit, und es bleibt von ihm, wenn man den Geschichtschreiber abzieht, eine billige Dekoration übrig. Manet bedient sich aller Möglichkeiten des Malers, um die Illusion zu überwinden. Er läßt sich nichts, was nicht zum Malen gehörte, von ihm abziehen. Abstrahieren wir von dem Gegenständlichen, so bleibt eine Anschauung übrig, die auf vielerlei flüchtigen unnennbaren Dingen beruhen mag, aber unserer Vorstellung durchaus deutlich ist und die wir für eine typische Errungenschaft unserer Zeit erachten. Gemeinsam ist beiden ein Teil des Werdeprozesses ihrer Bilder, das erste Stück, der Anschluß an die Wirklichkeit, und eine ihren Äußerungen unentbehrliche Gabe, eine eminente Geschicklichkeit. Das Virtuosentum des Koloristen ließ Velazquez mehr oder weniger deutliche Hinweise auf neue Möglichkeiten der Zusammenfassung von Details geben, die suchende Nachfolger anregen konnten. Er fand, ähnlich wie später Turner, diese Vervollkommnungen als Techniker, erfand sie nicht, denn sie waren vor ihm da, aber benutzte sie zum Schmuck der Einzelheiten seiner Bilder und verdankt ihnen den Anschein eines die Jahrhunderte überspringenden Modernismus. Wo wir diese velazquezhafte Geschicklichkeit bei Manet zu finden glauben, erscheint er uns klein. Wir sind vor modernen Bildern von großer Empfindlichkeit gegen den Manierismus. Was würde aus dem Spanier, wenn man ihn mit gleicher Vorsicht betrachtete! Doch ist das Velazquezhafte nicht der Kern des Manetschen Wesens. Seine Geschicklichkeit ist das notwendige Mittel zum Zweck. Zur Gestaltung seiner die Erscheinung im Fluge treffenden Konzeption bedurfte es eines seltenen Auges und einer seltenen Gefügigkeit der Hand. Er erfand gleichsam während des Sehens die Möglichkeiten der Interpretation. Um der Erscheinung die volle Energie, mit der er sie erfaßt hatte, einzuflößen, war er zu einer Schnellschrift genötigt, und diese an sich begrenzte Form erschwerte er sich noch dadurch, daß er zur Verfeinerung der Technik nicht nur auf das Palettenmesser, Courbets und Constables unentbehrliches Werkzeug für das Fortissimo der Materie, sondern auch auf alle irgend wesentlichen Differenzen des Auftrags verzichtete und alle Modulationen lediglich der flächigen Bewegung des Pinsels und der Palette entnahm. Insofern steht er Delacroix näher als irgendeiner seiner Genossen. Er wollte mit der Glätte eines alten Meisters moderne Eindrücke wiedergeben, Erscheinungen flüchtigster Art bis zur äußersten Deutlichkeit in einer einwandfreien Technik realisieren, ein halsbrecherisches Ideal.

Die Gefahren, denen sich Manet aussetzte, liegen auf der Hand; die Abhängigkeit von physiologischen Faktoren war die größte. Sie wurden zumal deutlich, als er sich enger zu dem Programm der Impressionisten bekannte, von denen kein einziger das Spezialistentum des modernen Landschafters ungestraft betrieben hat. Claude Monet, der Anreger, hat am schwersten darunter büßen müssen und sich schließlich ganz in physiologische Spielereien verrannt.

Wenn die Nachwelt einmal zögern sollte, Manet den Vorrang vor seinen drei größten Kameraden, zumal vor Renoir und Cézanne, zu lassen, den ihm heute die Geschichte seiner Führerschaft im Anfange der Bewegung sichert, wird sie sich darauf stützen, daß diese beiden Genossen Manets trotz ihrer Teilnahme an den Problemen des Impressionismus ihre Entwicklung breiter und eindringlicher zu individualisieren vermochten. Freilich ist jedem von ihnen die ungleich längere Lebensdauer von Vorteil gewesen.

Marées ist nicht älter als Manet geworden, und hätte ihn das Geschick schon nach der »Abendlichen Waldszene« abberufen, seine Absichten wären auch dann nicht mit dem Impressionismus verwechselt worden. Er berührt sich mit Manet, wie ein Philosoph sich bei einem bestimmten Problem mit einem praktizierenden Physiologen berührt, der ihm eine Sondererfahrung vermittelt. Er profitiert davon wie von einem Exempel. Dieses verliert dabei alle Aktualität. Nur ein ergänzender Zug wird in den weiteren Bereich herübergenommen.

Man kann seine Technik nicht ohne Rücksicht auf den weiteren Komplex von Erregungen, die ihn zur Kunst trieben, vergleichen. Jede Einzelheit verliert neben Manet, nie hat er Manets Eindringlichkeit in der Wiedergabe der Materie erreicht. Ja, gibt es überhaupt auf seinen Bildern nach der spanischen Reise Materie in Manetschem Sinne? Wohl sehen wir hier und da das Email des Auftrags, die Akzente des Pinsels, erkennen die Zusammenhänge der Farben und Töne, das organische Gewebe von Flecken. Aber alle diese Faktoren, die bei Manet mit größter Energie ausgebildet sind, um derentwillen der Meister des »Déjeuner sur l'herbe« später zu immer helleren Farben griff, um jede Unklarheit aus seinem System zu verbannen, sind bei Marées in Dämmerung gehüllt und treten schon in dem »Orangenpflückenden Reiter«, noch mehr in dem »Hl. Martin«, noch weiter in der »Waldszene« zurück. Man kann sogar bei manchen Details beobachten, daß eine spätere Übermalung die Energie der ursprünglichen Anlage gemildert hat. Es scheint schon bei diesen Bildern zuzutreffen, was die Schüler einstimmig von den späteren berichten, daß sie ursprünglich viel »klarer«, »entschiedener«, »reiner«, »leuchtender« waren.

Aber man denke sich einmal die »Waldszene« in dieser vermeintlichen Verbesserung, übertrage auf das abendliche Dunkel der Idylle die Struktur einer Manetschen Pinselschrift, verdeutliche sich das Mädchen und den Reiter des anderen Bildes mit der Materie einer Manetschen Fleischmalerei oder stelle sich den »Heiligen Martin« etwa im Sinne eines späteren Freilichtbildes vollendet vor. Es ist ebensowenig denkbar wie die Bereicherung eines Bach oder Mozart mit dem Sensualismus Wagnerscher Tongebilde.

Manet konnte Velazquez ergänzen. Wir verdanken vielleicht niemandem so sehr wie ihm die Einsicht in die Schwächen des Spaniers; wie ja überhaupt die Kenntnis der modernen Franzosen die Revision vieler Werke der alten Kunst erleichtert hat. Er konnte Marées nichts hinzufügen. Beide haben Werte gemein, wie eben zwischen allen Meisterwerken irgendeine Beziehung existieren muß. Es sind peripherische Werte ganz verschiedener Vorstellungswelten.

Es gibt ein frühes Bild Manets, das ein wenig besser als die anderen zu der Maréesschen Welt paßt, »La Pêche«, bei Durand Ruel, ein Vorgänger des »Déjeuner sur l'herbe«; der Teich mit den Fischenden, an dessen Rande im Vordergrund Manet und seine Gattin in Rubens-Kostümen promenieren. Das Bild hat noch nicht die gespannte Geste des eigentlichen Manet, noch nicht die Schärfe des Eroberers einer neuen Natur, noch nicht die notwendige Einseitigkeit der Persönlichkeit. Das Genie liegt wie träumend in den weichen Farbenschleiern der Landschaft, und die Landschaft ist weit von dem Schlachtfeld der Farben- und Lichtspiele des Impressionisten. Es war kein Landschafter, der sie schuf. Ein Hauch von Corot schwebt darüber, von Poussin. Hier bildet sich eine Möglichkeit, mit Marées anzuknüpfen. Der junge Manet erkannte noch nicht den Weg der Pflicht, der Vernunft und des Ehrgeizes, die Sonderung des Rationellen aus dem Meer von Vorstellungen und Darstellungsmöglichkeiten. Die Welt lag vor ihm. Da hat er etwas mit unserem Landsmann gemein. Es ist das Weltsüchtige, das Sehnen nach einer Zusammenfassung allmächtiger Gefühle vor den Wundern der Schöpfung, kein Verlangen nach Analyse, nach Psychologie. Die Forderung der »Contemporanéité«, die er später formulieren sollte, wäre ihm damals kleinlich erschienen, noch kleinlicher die Forderung einer bestimmten Technik, einer bestimmten Farbenwahl. Ein weder von Zeit noch Ort, von keinem spezifischen Mittel begrenztes Symbol des Menschentums stand vor ihm. Er trug den Keim einer »Olympia«, eines »Déjeuner sur l'herbe« in sich. Und mag man die späteren Bilder so hoch schätzen wie man will, mögen sie größere Selbständigkeit, einen ungleich verfeinerten und gleichzeitig bewußteren Modernismus und ein viel höheres Malertum zeigen, nie wieder hat Manet Symbole von gleicher Macht in die Welt gesetzt. Wenn in hundert Jahren der Geschichtschreiber nach entscheidenden Dokumenten unserer Kunst suchen wird, wird er von Manet die beiden Frühwerke nennen.

Aber wir begreifen, daß Manet zur »Nana«, zur »Serre« und zu dem »Argenteuil« ging; in Frankreich, in Frankreichs Malerstand, in Frankreichs Kultur, als einer, der sich in Gemeinschaft mit vielen glauben durfte, dem die Teilnahme berufener Genossen an seinem Ideal gesichert war. Für ihn galt es Beschränkung des Umfangs seiner Aufgabe, um sie in allen Einzelheiten auszufüllen, den Weg zu wählen, der seiner angeborenen Gabe die beste Nutzbarkeit sicherte. Vorteil oder Nachteil, jedenfalls unvermeidliche Folge der allgemeinen verfeinerten Gesittung seines Volkes und insbesondere des hohen Niveaus französischer Malerei, aber – und das ist ebenso sicher – unübertragbar auf die Verhältnisse einer anderen Kultur, zumal auf die deutsche, am wenigsten auf die Möglichkeiten eines Marées, des trotz all seines Universalismus und gerade infolge seines Universalismus reinsten Repräsentanten unserer Rasse in der Kunst.

Marées kam von innen heraus zur Malerei. Nicht nur jetzt nach reifen Erfahrungen; schon früher in München in der Zeit des Bauerbildnisses, das im Grunde mehr typische Ähnlichkeiten mit dem Impressionismus aufweist als die gegenwärtigen Bilder. Später immer mehr von innen heraus, aus einer Vorstellungswelt, die wohl von äußeren Eindrücken gebildet wurde – wie konnte sie anders entstehen? – aber nur mit der in ihrem Schoß vollzogenen Sammlung vieler Eindrücke aller möglichen Art zum Ausdruck führte. Manet sah etwas, das Auge und Hand unwiderstehlich reizte. Schnell mußte es zum Vorschein, die Geschwindigkeit wurde Trumpf; eine Anspannung der Sinne und Nerven aufs äußerste. Sein Glück hing nahezu von physischen Kräften ab. Die Form entstand aus der von der Eile gebotenen Reduktion des Sichtbaren auf die wesentlichen dem Pinsel, seinem Pinsel, zugänglichen Teile. Marées sah etwas und ging spazieren, sah es nochmal, ähnlich in anderer Situation, sah etwas davon in einem Bild von Tizian oder Rubens oder van Dyck wieder, in einer Plastik, in Bildern der

Bibel, in Shakespeare, und vergaß es schließlich. Eines Tages, als er sich besonders wohl (oder besonders unglücklich) fühlte, kam ihm die Lust, etwas zu malen, nicht weil er Maler war, sondern weil er gerade einen Pinsel in der Hand hatte; um noch wohler (oder womöglich noch weniger glücklich) zu werden. So, wie man im stillen aus nichts als dem Tempo seiner Stimmung Luftschlösser heiterer oder finsterer Lust erbaut, fern von dem kleinen oder großen längst vergessenen Anlaß der Stimmung, fern von der Außenwelt. So entstanden ein paar Striche, hieroglyphenähnlich, ohne jeden Sinn für andere, nur für ihn ein Zeichen jenes schönen Tempos. Das zog ihn wieder an, wenn er anderen Tags dieselben Flecken erblickte. Er baute weiter daran, begann, auch wenn er nicht träumte, daran zu denken, wenn er im Freien war, überall wo er war, morgens, mittags, abends. Er achtete auf das Brauchbare seiner Begegnungen und brachte, wie der Vogel die Halme zum Nest, Stücke der Natur nach Hause. Sie einten sich mit den Flecken, die schon da waren. Neue Striche umschlangen sie. Die Hieroglyphen wurden Dinge. Bis er sein Luftschloß wohnlich hatte, bis es Bild geworden war, Wirklichkeit von innen nach außen.

Mehr oder weniger malt jeder Meister so. Ganz ohne Traum ist keine Wirklichkeit im Bilde möglich. Aber eben das Mehr-oder-weniger bestimmt die Verschiedenheit der Gattungen. Nicht der Werte. Man kann nur feststellen, daß dem Mehr-oder-weniger der größere oder geringere Komplex von Gegebenheiten entspricht, daß ein Rembrandt ohne den vollen Umfang dieser Möglichkeiten undenkbar wäre. Nichts folgt daraus für die Intensität des Wertes. Manet malte am wenigsten so und war stolz darauf. Er hätte sein Resultat auf keinem anderen Wege erreicht.

Je weiter die Erkenntnis dieser Wege Marées von dem Impressionisten, mit dem ihn Äußerlichkeiten zu verbinden scheinen, entfernt, desto geringer läßt dieselbe Erkenntnis die Entfernung zwischen Marées und dem Meister erscheinen, von dem unsere Betrachtung ausging. Ein Jenseits von Farben und Linien verbindet Marées mit Delacroix, dem Vater der Impressionisten. Beide stehen an der Urquelle künstlerischer Schöpfung, allem zugänglich, was die Welt der Erscheinung bietet, Künstler von gleichem Umfang des Begriffes ihrer Tätigkeit. Der eine ist Deutscher, der andere Franzose. Nichts vermag den Unterschied zu überbrücken, und zumal der Marées im Stadium nach der spanischen Reise, weit von der Reife, verschweigt nicht, welchen Vorteil die Geburt dem anderen gab. Aber was sie verbindet, ist ein so hohes und seltenes Gut, daß die große Verschiedenheit an Umfang der Produktion, um nur einen Unterschied zu nennen, zu einer verhältnismäßig nebensächlichen Erscheinung wird. Delacroix errang die Sonderstellung in der Kultur seines Volkes nicht mit dem Reichtum der Mittel des Künstlers, nicht mit seiner in unseren Zeiten einzigen Fülle des Geschaffenen allein. Der Schöpfer einer Kunst, die man (mit einer Variation des Velazquezschen Wortes über Greco) die Bibel der modernen Malerei nennen könnte, war als Künstler nichts so sehr als Maler, als Mensch nichts weniger als Diener seiner Malerei. Er stand der Kunst wie dem Leben gegenüber, mit jenem unbegrenzten Verlangen nach allem Wertbaren des Universums. Das gab ihm das tiefgehende Bewußtsein einer Verantwortlichkeit für die Gesamtheit seiner Wirkungsmöglichkeiten. Er wäre gern alles geworden. Sein Intellekt war fähig, sich Zusammenhänge auf jedem Gebiet menschlichen Schaffens zu erschließen. Wir glauben, er hätte alles werden können. Die großen Menschen eigene Ökonomie trieb ihn zu einem Beruf, die Einsicht in die Eigenart seiner Fähigkeiten ließ ihn Maler werden. Er machte sich selbst dazu, sammelte sich in seiner Malerei, gab schließlich alles dafür hin, lebte nur noch für sie. Aber seine Kunst behielt stets den Stempel der Selbstbestimmung. Daher das nach vielen Seiten Hindeutende seines Werkes. Es liegt wie ein von Säulen getragener offener Tempel auf dem Hügel. Man kann von Osten und Westen, von Norden und Süden hinein und erblickt von hier aus nicht irgendeinen besonders schönen Punkt der Umgebung, sondern das ganze Land. Delacroix ist Frankreich, ebensosehr der Repräsentant der Malerei wie der Kultur seines Landes.

Ein Menschentum gleichen Grades beschwingt Marées' viel sparsamere Kunst. Wir ahnen schon in der gegenwärtigen Phase seiner Entwicklung, wenn wir auf den bis dahin durchlaufenen Weg zurückblicken, die Intensität seines Weltbürgertums, und zwar nicht wie ein biographisches Detail, das neben dem Schaffen hergeht, sondern als Zentrum der Schöpfung, das die Kraft seines Impulses in jedem Bilde, ja, in den Einzelheiten jedes Bildes äußert. Auch in seinem Herzen brannte jene Liebe zur Kunst, die alles zu dem einen Zwecke verzehrt, alles außer dem Bewußtsein von der Notwendigkeit der Hingabe. Das Isolierte des Schauspiels in unserer Kultur modifiziert seine Gebärde. Vergessen wir bei der Einschätzung nicht, daß jede besondere Vervollkommnung einer bestimmten Seite seines Wesens das Ganze undeutlich, unvollkommen machen mußte, daß jede engere Konkurrenz mit dem strahlenden Schicksal eines Delacroix ein Unding, eine Lüge, eine Selbstverkennung, und zwar ebensosehr Überschätzung wie Unterschätzung gewesen wäre. Er war ein kühner Opferer, dem die Welt für das Heil seiner Seele feil war, ein lachender Sichselbstzerstörer, Romantiker, wenn man so will. Und ein kalter Denker, der wußte, was er tat, und insofern nicht mehr Romantiker als Delacroix, dem nie das Ziel der Opferung entging. Wir kennen in dem stolzen Gallier dieselben Auf- und Niedergänge von Hoffen und Zweifeln, dasselbe Heldentum gegen des schwachen Fleisches Lust, das Marées zu Äußerungen trieb, die sich fast wörtlich im »Journal« des anderen wiederfinden, dieselbe Feindseligkeit gegen alle Routine. Sie gleichen sich in den Grundlagen ihrer Kunstanschauung, die Weltanschauung war, und gleichen sich im negativen Teil des Verhältnisses ihrer Landsleute zu ihren Werken. Delacroix erkannte den Wert der Persönlichkeit nicht in dem besonderen Talent, das bei ihm immens war, sondern in der Umsicht, mit der sie, gestützt auf alle vorhergehenden Werte, sich und die Mitwelt zu fördern weiß. Das hat ihm den Tadel der Unselbständigkeit eingetragen, der noch heute bei unseren, ach so persönlichen, Künstlern noch nicht verklungen ist. Und Marées, so berichtet sein Schüler Pidoll, betrachtete die künstlerische Tätigkeit als einen »zusammenhängenden Entwicklungs- und Erkenntnisprozeß«[7], der nur durch eine folgerichtige Auseinandersetzung mit allen tauglichen Werten der Überlieferung möglich werden konnte. Und daraus hat man auch bei ihm auf einen Mangel der Persönlichkeit geschlossen; von allen Einwänden gegen ihn sicher der törichteste. Es ist ebenso unsinnig, sich eine Kunst vom Umfang Delacroix' oder Marées' vorzustellen, ohne die Mitwirkung aller Werte, aus denen sie hervorgingen, wie einen Universalismus ohne Universum. Große Menschen sind Ordner ihrer Zeiten. Der Materialismus, der auch vor dem Heiligtum der Kunst nicht zurückscheut, möchte das Atelier zu einer Geheimkammer und den Künstler zu einem Hexenmeister machen, der aus Nichts neue Werte zaubert, und schätzt gering, was eitler Neugier die Würze weigert. Blitzende Neuheit ohne

Inhalt lockt die Hast der ewig Besitzlosen, die der Drang der Geschäfte um die Besinnung bringt. In altgewohntem Hause wohnt die Offenbarung. Sie kennen den friedlichen Ort. Hundertmal führt sie der Weg daran vorbei. Nie kam ihnen der Gedanke, hineinzugehen durch die freundlich geöffnete Pforte. Weil sie sich bücken oder in die Höhe strecken müßten, weil sie etwas tun müßten, das abseits von ihrem dumpfen Begehren liegt, sei es auch das Geringste. Große Menschen sind die Besinnung ihrer Zeit. Die Sehnsucht nach dem Schönen, die Lust, aufzunehmen, treibt sie zum Geben. Sie schaffen, nicht um sich, sondern um das Gut, das sie erobert haben, zu zeigen, um ihre Beute in Sicherheit zu bringen, weil ihnen das Schaffen die einzige Möglichkeit gibt, ihres Besitzes teilhaftig zu werden. Die Absicht, etwas Neues hervorzubringen, wäre Nonsens, und sie liegt ihnen so fern, wie das Interesse an dem Schnitt der Sohlen, auf denen sie flüchtigen Schritts die Welt durchziehen. Große Menschen sind Wanderer. Sie bleiben nie an derselben Stelle, auch wenn sie nicht den Ort ihres Schaffens verlassen, und behalten, was sie sind, auch wenn sie sich tausend Meilen fortbewegen. Die Reise trieb Marées in einem großen Bogen von Italien über Spanien, Frankreich zu sich selbst zurück. Er brachte vieles mit. Das beste war eine gesteigerte Selbsterkenntnis, ein Ahnen, sein Sehnen würde Erhörung finden. Große Menschen sind heiße Sehnsüchtige. Die Lust an der Fremde ist die Lust an der eigenen Seele, und sie reisen um sich selbst herum, indem sie die Welt durchmessen. Was sie heimtragen, hatten sie im Keim, als sie davonzogen.

Es ist nicht ganz sicher, ob Marées die hier im Zusammenhang betrachteten Bilder wirklich hintereinander gemalt hat. Wohl kaum alle während seines Aufenthalts in Crostewitz im Jahre 1869, der von Mitte September bis Mitte November, also zwei Monate, dauerte. Dagegen könnten noch mehrere Skizzen in diese Zeit fallen. Das dekorative Panneau dürfte, nach dem Putto zu schließen, noch vor der spanischen Reise entstanden sein. Die »Abendliche Waldszene« hat sicher in der Crostewitzer Zeit keinen Platz. Am 15. November ging Marées auf ein paar Tage nach Dresden zu Koppels. Am 21. kam Fiedler nach und am nächsten Tage reisten sie zusammen nach Wien. Man besuchte die Galerie im Belvedere und die Sammlung Liechtenstein, sah in der Burg Hebbels Maria Magdalena, in der Oper den Don Juan. Am 25. ging es über Malvasine, Mestre, Padua, Ferrara und Bologna nach Florenz. Dort trafen sie Theodor Heyse, Marées' treuen Mentor, den Fiedler noch nicht kannte. Es gab gemütliche Plauderstunden über die Reise, über Deutschland. Marées' Sympathie für den alten Gelehrten mit dem jungen Herzen, der auch für die Dinge außerhalb seiner gelehrten Studien lebendiges Interesse hatte, teilte sich Fiedler mit. Sie sind bald Freunde geworden. Am ersten Dezember reiste Marées nach Rom. Ein paar Tage darauf kam Fiedler nach. Er blieb bis in die ersten Januartage.[8]

Rom sah anders aus, als Marées nach den acht Monaten zurückkam. Es hatte für ihn keine Schrecken mehr. Man sollte meinen, er habe damals die »Abendliche Waldszene« gemalt, als Antwort auf die stumme Frage des Genius der ewigen Stadt nach seinem Tun und Treiben. Jedenfalls hat er sich bald energisch an die Arbeit begeben. Neben diesem großen Gemälde dürfte er sich mit den Entwürfen für die beiden Parkbilder, die »Römische Vigna« und für »Villa Borghese«, beschäftigt haben. Es steht fest, daß beide Bilder erst nachher in Berlin die endgültige Form erhielten. Aber man kann sich nicht recht denken, daß Berlin die erste Anregung dazu bot. Er wird in Rom flüchtige Skizzen für sie gemacht haben.[9]

Zeit war genug. Er ist noch ein halbes Jahr in Rom geblieben. Die beiden Bilder modifizieren die Resultate der spanischen Reise nach einer gemeinsamen Richtung, die wiederum bestätigt, wie fest der Ankergrund war, den der Vielgewanderte gefunden hatte.

DREI JAHRE IN DEUTSCHLAND
1870-73

Schon vor der spanischen Reise hatte Marées erwogen, nach Deutschland zu übersiedeln. Als er im Winter 1869 Crostewitz verließ, stand der Plan fest, und er kam eigentlich nur nach Rom, um Abschied zu nehmen. Es ging ihm wie jedem Tätigen, der eine Zeitlang im Ausland gewesen ist. Er war nun lange genug draußen, um in ein neues Verhältnis zum Vaterlande zu gelangen, nicht so lange, um sich in der Fremde einzubürgern. Jeden, der ein Stück vorwärts gekommen zu sein scheint, lockt es nach der Heimat zurück. Es braucht nicht nur die kleine Eitelkeit zu sein, sich zu Hause in neuen Kleidern zu zeigen. Man denkt weniger an die anderen dabei als an sich selbst, möchte an der Heimat sehen, wie man selbst zu sich steht; ausprobieren, was draußen isoliert entstand, an der Wirkung auf Landsleute, die man von der gleichen Art wähnt, weil sie dieselbe Sprache sprechen, sich über den Fortschritt klar werden. Marées hatte in der Fremde immer nur aufgenommen. Das Gefühl einer Zusammengehörigkeit mit anderen, das bei jeder Produktion im Ausland auf schwachen Füßen steht, mußte zumal einem Menschen wertvoll werden, dem die Kunst immer mehr zur würdigen Form einer Zusammenfassung der höchsten geistigen Besitztümer wurde. Daß Marées bisher jedem den Zutritt zu seinem Atelier verwehrt hatte, war durchaus nicht die Folge eines Zweifels an der Fähigkeit der Welt, ihn zu begreifen, keineswegs Verkennung des Anspruchs der Allgemeinheit an den Berufenen, kein Egoismus des Anachoreten, der von den anderen Störung seiner Freuden fürchtet, sondern im Gegenteil höchst gesteigertes Vertrauen auf die Welt, ein schrankenloser

Optimismus, der dem großen Künstler die Tragkraft des Sehers zutraute, davon unendliche Besserung des Volkes, eine sichtbare, folgenreiche Bekehrung der Ungläubigen, entscheidende Förderung der im Dunkel lebenden Gleichgesinnten erwartete und deshalb von der ganzen Verantwortung seines Tuns durchdrungen war. Nur das Reinste, das Höchste, das er geben konnte, ausgepreßt aus tausend schmerzlichen Stunden, das Ganze aus den Stücken, die ihm jetzt gelangen, das eine ganz sichtbare und unzweideutige Werk war wert, gezeigt zu werden, und würde dann ganz sicher mit einem Schlag allen offenbar werden. Bis dahin galt es abwarten. Jede Voreiligkeit konnte Gefahr bringen. Abwarten, vorbereiten, sich bereithalten! Es war wohl noch ein langer Weg. Aber klopfenden Herzens ahnte er zuweilen am fernen Horizont den Punkt, wo festes Land sein mußte, wo er aufbauen konnte, was er jetzt von allen Seiten geduldig zusammentrug. Sicher, die Heimatluft würde es fördern. Nach dem bewegten Leben des letzten Jahres fühlte er sich jetzt doppelt allein, hatte auch wirklich kaum einen Intimen in Rom. Hildebrand war in Berlin, Fiedler im Orient, Koppels in Dresden. Von den in Rom angesessenen alten Bekannten war wenig zu erwarten. Feuerbach blieb der einzige, mit dem man Berührungspunkte finden konnte. Teile der Anschauung hatte Marées mit ihm und mit Böcklin gemein, glaubte wenigstens zuweilen sie mit ihnen gemein zu haben. Gern hätte er Böcklin in Rom gehabt. Der Verkehr mit Feuerbach war nicht mehr recht im Gange, befriedigte eigentlich keinen von beiden. Sie redeten sich etwas vor und hatten manchmal beide das Gefühl, daß es Gerede war. Auch der Meister der Medea sehnte sich, nicht minder als Marées, und hielt nicht damit zurück, viel weniger als Marées. Er polterte zuweilen hundert bunte Wünsche grollend heraus. Recht kindliche Wünsche. Die ließen sich alle erfüllen und würden, schneller als der Verlangende ahnte, erfüllt werden. Die Anerkennung nach den vielen, so bitteren, so ungerechten, so nichtswürdigen Erfahrungen mit der undankbaren Mitwelt; Anerkennung mit fliegenden Fahnen, mit klingenden Verkäufen, mit Titeln und Staatsaufträgen. Ein Weihnachtsbaum mit Flitter und Lichtern und oben auf der Spitze ein segnender Engel. Marées juckte es manchmal, dem stolzen Kinde in das glühende Gesicht zu lachen. Im Mittelpunkte aller dieser Erwartungen, dieses Stolzes, dieser Schmerzen und Freuden stand – was? War es wirklich die Kunst, was verteidigt, gefördert, d. h. prämiiert, patentiert werden sollte? Feuerbach selbst war felsenfest davon überzeugt. Es gehörte zu seinen Illusionen, den Mantel naiver Selbstigkeit für die Kunst zu nehmen. Hinter dem Zorn auf die Unverständigen, die ihn nie erkennen würden, auf das verrottete Vaterland, das seiner nicht wert war, stand – zu unverhohlen, als daß ihm einer, der Sinn fürs Naturwüchsige hatte, ernstlich zürnen konnte – das Ich, von allen Feinden Feuerbachs der schlimmste, weil er ihn nie erkannte. Dafür stritt er, nie mit unedlen Gesten, immer naiv – hätte ihn einer überzeugt, wäre er vom Himmel gefallen und es hätte ihm nie etwas genützt –, zuweilen geräuschvoll, ebenso geräuschvoll wie Marées für das entgegengesetzte, für die Sache, eintrat. Der eine stellte, guten Glaubens voll, sich selbst in den Mittelpunkt. Den anderen nahm man für einen über das Maß eingebildeten Egoisten, weil er Ideen rücksichtslos hinstellte, weil er sein Ich vergrub, so gründlich, daß selbst seine Freunde es nie zu Gesicht bekamen, selbst da, wo es bereits zum außerhalb liegenden Objekt, zum Kunstwerk geworden war. Sie verstanden sich nicht. In Marées war zuviel Platz, da verlor sich Feuerbach, wurde farblos. In Feuerbach war viel zu wenig Raum für einen anderen. Wie sollte er, dem für die wichtigste Erkenntnis des Eigenen die Zeit gebrach, für Marées Muße finden, dem eben diese Erkenntnis über alles ging. Ein Maler ohne Bilder – das Urteil war fertig, wäre nicht anders geworden, wenn er die Bilder, alle von Anfang bis zu Ende, gesehen hätte, und bedeutete ihm, dem die Kunst nur aus Bildern bestand, das Todesurteil des Künstlers. Zu dem Menschen kam er noch viel weniger. Ist er überhaupt je zu einem Menschen gekommen? Marées quälte sich, statt zu malen, folglich war der Mensch ein verrannter Spintisierer. Fiedler, Marées' Freund, war Anhänger Schopenhauers. Folglich war Marées dem Pessimismus verfallen. So etwa folgerte er; wir haben es schriftlich.[1]

Es ist, überlegt man sich's recht, weiter nicht merkwürdig, sie konnten sich nicht verstehen. Doch bleibt es ein sonderbares Schauspiel, die beiden bedeutendsten Landsleute, die Rom damals beherbergte, zusammen zu sehen. Beide Deutsche, beide Maler, Enthusiasten des Schönen. Der Zufall wies sie aufeinander an. Und sie redeten zusammen wie Menschen aus verschiedenen Erdteilen. Der sichtbare Stein des Anstoßes wurde Fiedler. Feuerbach, immer sehr empfindlich, sah, wie sich Fiedler zu ihm und wie er sich zu Marées stellte. Er hatte ihm ein paar Bilder verkauft, die dem Käufer, der auch in diesem Fall mehr Helfer als Liebhaber war, Freude machten, aber hatte mehr erwartet, alles; Fiedler sollte ihm werden, was er tatsächlich Marées geworden war. Er hatte sich in Fiedler getäuscht, wie er sich über jeden Menschen täuschte, die Intensität ihrer Beziehungen überschätzt und den nicht leicht durchsichtigen Fiedler unterschätzt. Hat Marées dabei mitgespielt? Sicher nicht bewußt. Fiedler ist nie unmittelbar beeinflußt worden. Es ist zweifelhaft, ob ihm seine Mittel gestatteten, der Mäzen im großen zu werden, der Feuerbach, dessen Ansprüche in keiner Hinsicht gering waren, vorschwebte. Die Posten, die Marées bezog, kamen da nicht in Betracht, und zu der Rolle eines spekulierenden Vermittlers hätte sich Fiedler nicht verstanden. Davon abgesehen, war ein dauerndes intimes Verhältnis zwischen beiden ausgeschlossen, weil Fiedler immer zu wenig Amateur war, um seine Ansprüche an den Menschen auf Bilder zu beschränken, auch wenn diese noch viel wertvoller als die Feuerbachs gewesen wären, und weil ihm der Mensch in Feuerbach viel zu wenig gab. Wir wissen, mit welcher unerbittlichen Schärfe er ihn bald am Anfang durchschaut hatte, und damals dachte Marées an keine praktischen Folgen ihrer Rivalität. Marées hat nichts getan, als Fiedler das Beispiel eines Menschentums zu weisen, das über einen Feuerbach hinausging. Das begriff Fiedler wie kein anderer seiner Zeit. Ja, es war das einzige, das er an dem Unterschied zwischen beiden vollkommen zu begreifen vermochte. Wie weit ihm zum greifbaren Bewußtsein wurde, daß dies verschiedene Menschentum gleichzeitig den Unterschied zwischen den beiden Künstlern bestimmte, bleibt dahingestellt.

Daraus ergab sich die Folge von selbst. Daß Fiedler mit Marées nach Spanien gegangen war, verzieh ihm Feuerbach nie. Mit Recht, denn das Jahr vorher war dasselbe Reiseprojekt mit ihm beredet worden. Als ihn im Sommer 1869 Allgeyer nach Fiedler fragte, ging es in ihm über: »Fiedler glaubt einen größeren als mich in Hans von Marées gefunden zu haben. Warten wir's ab!«[2]

Es kam zu keinem offenen Bruch, aber man rieb sich aneinander. Marées verletzte das latente Mißtrauen, und die souveräne Art Feuerbachs, über den vermeintlichen Widersacher hinwegzusehen, forderte den Spötter heraus, den ohnehin die sichere Selbstzufriedenheit wie ein persönlicher Angriff reizte. Schließlich schlief der Verkehr ganz ein.[3]

Viel empfindlicher als diese Verschiebung eines nie sonderlich innigen Verhältnisses fühlte Marées die Abwesenheit Hildebrands. Der Junge war mit Fiedler der einzige, auf dessen Sympathie er sich verlassen konnte, und er hatte vor Fiedler zwei merkbare Vorzüge. Der eine: es gab keine Geldfrage zwischen ihnen. Nur eine Nuance, aber sie legte, so rücksichtsvoll, weitherzig, vornehm Fiedler diese Frage behandelte, Marées, wie er nun einmal war, eine gewisse, ihm selbst vielleicht nicht mal bewußte Reserve auf. Und dann: Hildebrand war Künstler, einer der ganz seltenen, vielleicht der einzige Künstler, der ihn verstand. Man konnte sich ohne alles Begriffliche, mit einem losen Wort, mit einem Blick aussprechen. Hildebrand ging es geradeso, wenn auch Jugend und schweifende Lebenslust es ihm weniger fühlbar machten. Dem Jungen fehlte der Ältere, der Meister, der nicht nur meisterte. Es gab niemand in Berlin, der zu wecken wußte, was in der Brust des Strebenden schlief: nicht nur das Künstlerische, vielmehr das Gewissen, das höhere Künstlergewissen. Das entbehrte in dem Treiben Berlins jeder Nahrung. Und dann, sie waren eben in Rom zusammen gewesen; in einer für beide entscheidenden Zeit. Marées hatte sie die glückliche Wendung im Leben und Schaffen gebracht, Hildebrand den Beginn des Künstlertums. Die Erinnerung webte schon ihr bestrickendes Netz darüber. Diese Zeit wollte man fortsetzen. Man dachte kaum daran, wie wenig Berlin Rom war. Man würde es dazu machen. Sie wollten zusammen wohnen, zusammen arbeiten. Jeder hatte allerlei erlebt, was er mitbrachte. Es konnte nicht fehlschlagen. Fiedler war sehr zufrieden. Er bekam beide Freunde in die Nähe und würde, so oft er konnte, der Dritte im Bunde sein. Die Ferien wollten sie dann immer zusammen in Crostewitz verleben.

Schon im März 1870 wird eifrig über das gemeinsame

Atelier korrespondiert, das Hildebrand zu mieten übernommen hatte. Die Übersiedlung soll im Herbst erfolgen. Bis dahin war in Rom noch Arbeit genug. Er habe Angst und Hoffnung für Berlin, schreibt Marées im Mai; manches werde man da entbehren. Von den Menschen mache er sich gar keine Erwartungen. Soviel stand fest, man würde nicht etwa in Berlin zum Gesellschaftstier werden. Man könne sich nicht genug vorsehen, dem Strudel modernen Treibens zu entgehen, »dieser Hast, dieses Nippens statt Genießens«. Verwandte Fiedlers waren gerade in Rom, liebenswürdige Menschen, und nötigten ihn, in Gesellschaften zu gehen. Der glänzende Tischgenosse für Leute seinesgleichen spielte da eine seltsame Rolle. »Ich bin da immer der steinerne Gast«, schreibt er selber; »denn der Henker weiß, wie es zugeht, daß, wenn ich in irgend so eine Gesellschaft komme, ich auch nicht so viel Phantasie habe, nur einen Satz zu komponieren«.

Mitte Juni schreibt er Hildebrand, er werde vor September kaum von Rom fortkommen. Er fühlt sich wohl in Rom. Das Klima ist in diesem Jahre erträglich; seine Gesundheit vortrefflich und er gut bei der Arbeit. Da bricht der Krieg mit Frankreich aus. Hals über Kopf muß er seine Sachen zusammenpacken, um der Einberufung zu folgen. Am 27. Juli trifft er in Koblenz ein.

Nun ade, Malerei. Der Meister wird der Unteroffizier Soundso im Besatzungsbataillon Nr. 29. Die Ideen von den hohen Zielen der Kunst, seine Bilder, seine Pläne verschwinden hinter Uniformen, Kommandos, Strapazen. Er wird auf einmal durch und durch Soldat, mehr als er es je vorher gewesen. In Rom bei den ersten Zeichen des herannahenden Krieges war ihm der Gedanke, mit zu müssen, seiner Arbeit wegen äußerst fatal gewesen, und er hatte nach Haus telegrafiert, man möchte ihn nur im äußersten Falle kommen lassen. Schließlich konnte er hier mehr für das Vaterland tun. Kaum ist er in der Heimat, so packt ihn das Fieber. Es geht ihm, wie auf der anderen Seite einem nicht weniger differenzierten Menschen, der alle Skepsis, alle Abneigung gegen die Ideale der Menge, alle Liebe zu seiner Arbeit beiseite warf und die Finger, die eine Education Sentimentale geschrieben hatten, an dem Flintenkolben wundrieb, gegen den verfluchten Erbfeind. »In den Reihen von Männern, die alle Gut und Blut so freudig daransetzen, wie es wohl in ganz Deutschland der Fall ist, vergißt man seine eigenen Angelegenheiten. Wenn man unsere Männer so in Masse zusammensieht, so kräftige Gestalten und so intelligente Bürger, dann kann man unmöglich glauben, daß wir je einer anderen Nation unterliegen könnten.« Auch ihm ist der Franzos nur der verfluchte Erbfeind. Der Haß des Knaben kommt wieder durch. »Zu bedauern ist es nur, daß das Blut, was auf unserer Seite vergossen wird, so ungleich edler ist als das unserer Feinde.« Mit zuschlagen möchte er. Er hofft, zu den Vorposten zu gelangen, meldet sich von Köln aus freiwillig zur mobilen Feldarmee und wird einen Augenblick für das 74. Regiment, das so schwer mitgenommen werden sollte, bestimmt. Die alte Passion des Schlachtenmalers mag auch ihr Teil daran gehabt haben. Was wären jetzt für Bilder daraus geworden! – Prachtvoll ist der alte Marées, der zwei Söhne im Felde hat und dem dritten das gleiche wünscht.[4] Dazu kam es nicht. Marées wurde für zu schwach befunden. Das Piedestal war Kriegsmärschen nicht gewachsen. Er mußte in der Garnison bleiben. Auch da gab es Anstrengung genug. In Köln hatte er gutes Quartier, aber im September ging es nach der Wehner Heide, wo das Bataillon eine Armee von Kriegsgefangenen zu bewachen hatte. Die Nächte wurden im Zelt zugebracht, und Kälte und Dienst verbannten den Schlaf. Es fehlte nicht an malerischen Bildern. Ein Brief an Fiedler beschreibt ein Hochamt der zehntausend Gefangenen (darunter tausend Turkos) im Freien. Gezeichnet oder gemalt scheint er nicht zu haben. Anfang Oktober wird er entlassen, und gleich ist der Soldatentraum verflogen. Er ist ein paar Tage in seiner Heimat Koblenz und fühlt hier nur, daß er nicht mehr dazu gehört. Die Sehnsucht packt ihn nach seiner Welt und seinen Menschen, nach seiner Tätigkeit. Am 12. ist er bei Fiedler in Leipzig. Dann kommt er endlich nach Berlin. Mittlerweile waren seine beiden Brüder verwundet worden; Georg, der älteste, schwer. Es wurde ihm bei der Belagerung von Verdun von preußischer Artillerie, die mit französischen Geschützen schoß, ein Bein zerschmettert. Das Unglück brachte die Geschwister enger zusammen. Georg und Hans waren sich immer die nächsten gewesen. Nun hielt es Marées für seine Pflicht, dem Schwerverletzten, der auch nach langwieriger Heilung der Wunden die Gesundheit nie ganz wiederfinden sollte, zur Verfügung zu sein, und er wurde ihm, so gut er konnte, eine Stütze. Er bot dem Bruder an, zu ihm nach Berlin zu kommen. Georg litt noch an den Folgen der im Felde vorgenommenen Amputation und mußte zunächst in Köln bleiben.

Das Atelier, das Hildebrand gemietet hatte, war inzwischen von Ewald, einem Kameraden aus dem Atelier Steffecks, besetzt worden. Mit dem Suchen nach einer passenden Unterkunft – Marées hatte Ansprüche – vergingen Wochen. Erst Mitte November fand er in der Behrenstraße 59 einen großen Arbeitsraum mit Wohnung, in der er sich mit Hildebrand einrichtete. Nur langsam kam er wieder in die Arbeit hinein. Er fand es nicht leicht, »aus der kahlen Prosa der Umgebung in das Gebiet hinaufzurücken, wo einem die Muse wieder lächeln kann«. Zudem schwebte er bis zur Kapitulation von Paris fortwährend in der Unsicherheit, ob ihn die Militärbehörde wieder einberufen würde. Es ist daher nicht sicher, ob er überhaupt vor Januar 1871 zur Arbeit gekommen ist. Wahrscheinlich begann er mit den beiden Parkbildern. Er hat sie später in Berlin oft wieder vorgenommen, hat viel daran gemalt. Sie mögen ihm zum Band mit Italien geworden sein, ein Buch, in dem er blätterte, wenn ihm die Gegenwart unbehaglich wurde. Es sind noch weniger als manche anderen Bilder Werke für die anderen, und er hätte sie nie als gültige Zeugnisse seiner Kunst zugelassen. Sie sind es trotzdem, denn sie sind da, er hat sie gemacht, und wir danken Fiedler, daß er sie vor der Zerstörung, der sie ihr Urheber bestimmt hatte, bewahrt hat. Das eine ist eine Erinnerung an Villa Borghese, das andere die römische Vigna, auch eine Erinnerung. Berlin hat Anteil daran. Es sind Erinnerungen, die fern von Italien, in einem rauheren Klima, in einer Atmosphäre von derberen Realitäten, verdichtet wurden. Sie verschweigen neben den weichen und lang schwingenden Akkorden der »Abendlichen Waldszene« nicht die Kahlheit eines an Dissonanzen überreichen Milieus. Der Genius hat auch sie mit göttlichem Odem berührt. Aus den fast abgerissen klingenden Lauten entstehen neue lebensvolle Variationen vertrauter Melodien.

Die »Vigna« ist eine der vielen sommerlichen Plätze, in denen die Freunde nach den Spaziergängen in der Campagna zu rasten pflegten. Keine besondere Vigna – sie hatten ihre erwählten Lieblingsplätze –, jedes das Lokal auszeichnende Detail ist vermieden. Ein paar Tische, ein paar Bäume dahinter und der Blick ins Freie. An den Tischen sitzen Frauen, Männer und Kinder. Am ersten im Vordergrund Fiedler, ihm gegenüber Marées. Man erkennt sie nicht, wenn man es nicht vorher weiß; jeder Versuch einer Individualisierung ist unterdrückt. Marées sitzt so tief im Schatten, daß kaum die Umrisse des Oberkörpers sichtbar werden: man soll sie nicht erkennen. Daneben steht der Wirt mit dem Käppi, in Hemd und Hosen, ein richtiger Locandiere. Am anderen Tisch die Frauen in der richtigen Campagnastimmung, schauend, träumend, sich selbst überlassen. Eine Vigna, wenn man nach einem schönen Tag bei Sonnenuntergang mit dem Vetturino vorbeifährt. Das kann sehr merkwürdig aussehen, wenn man in der Laune ist, darauf zu achten. Man blickt von einer Welt in eine andere hinein und fühlt, wie man selbst von dort aus angeblickt wird. Es bilden sich im Augenblick des Vorübergleitens merkwürdige Fernbeziehungen, nicht mit diesem oder jenem der flüchtig gesehenen Gruppe, sondern mit dem ganzen Fleck. Man hört die Menschen nicht sprechen, sie bleiben einem als Menschen ganz fern. Man sieht sie als Teile des Stückchens Landschaft, ohne ihr gewohntes eigenes Wesen, von dem Organismus des Lichtes und des Schattens umfangen. Das Merkwürdige ist die Intensität der flüchtigen Erscheinung, die pralle Deutlichkeit der von der roten Sonne gebadeten Gesichter vor dem saugenden Dunkel der Bäume, das mit einmal zu umfassende Dasein dieses Winkels. Würde man näherkommen, so fände man etwas ganz anderes, Menschen, die plaudern, sich bewegen, dies und jenes tun, würde sie kennen lernen, das heißt deutlicher sehen. Aber die Intensität des ersten Blickes wäre vorbei. Der Zauber ginge verloren. Und es gehört zu dem Zauber vielleicht das unbestimmte Bewußtsein, daß man nie näher kommen wird. Unser Schicksal ist es, dies so und nie anders, nie wieder zu sehen, keine andere Beziehung zu jenem Stück Erde mit lebenden Menschen zu behalten, als den Augenblick gemeinsamer Existenz an einem von der Sonne beschienenen Abend.

Römische Vigna. 1870-71

Marées hat diesen Eindruck nicht flüchtig gemalt. Das Skizzenhafte der Einzelheit ist die dem Eindruck unentbehrliche Form. Und es entstand allmählich, aus jener Abendstimmung, die machtvoll erweitert wurde, heraus, mit langsamem Loslösen des Wirksamen von der Realität. Wie sich Hildebrand erinnert, wurde das Stück blauen Himmels Dutzende von Malen übermalt – es hat der Stelle nicht geholfen –, weil Marées nicht den Himmel, sondern den geheimnisvollen Lichtträger der Szene suchte. Und unter den groben Flecken der Gesichter stecken Untermalungen, die auf eine ursprünglich viel eingehendere Detaillierung hinweisen. Er ist nicht vor stellenweise brutalen Farbenwirkungen zurückgeschreckt, um die Figuren so zu verbinden, daß sie sich wie beleuchtete Massen vor dem Dunkel bewegen.

Der natürlichen Anordnung der Szene, die wir so oder so ähnlich schon gesehen zu haben glauben, die so absichtslos und so sicher unser Vertrauen gewinnt, daß uns nicht mal die starken Farben ernstlich beunruhigen, liegt eine äußerst abgewogene Komposition zugrunde. Eine Kombination von Geraden und Kurven, die man nahezu auf ein Schema zurückführen könnte. Die Geraden sind namentlich die Horizontalen der Tische und Bänke. Sie laufen parallel und tun schon nicht wenig dazu, den Blick von der Gruppe mit den Männern zu der mit den Frauen zu leiten. Auf ihnen erheben sich Vertikale, die mit wenigen Geraden – am deutlichsten in der Gestalt des Wirtes und in dem Baum hinter dem Tisch mit den Frauen – gesichert und durch viele von unten nach oben laufende Kurven von sehr gemäßigter Bewegung ergänzt werden. Sie betonen viel versteckter als die Horizontalen den Parallelismus. So wiederholen sich die sanften Rundungen, die das Blättermassiv nach dem Himmel zu abgrenzen, in vielen Details der Gestalten, namentlich in der den rechten Teil des Bildes entscheidenden Nackenlinie des Wirtes. Die Figuren erscheinen einerseits wie krause Noten zwischen waagerechten Richtungen und helfen andrerseits unbemerkt zur Gestaltung einer von oben nach unten laufenden Wellenlinie, die sich mehrere Male wiederholt und am stärksten in der zentralen Frauengruppe erscheint. Diese Wellenlinie hat etwa die Form eines waagerecht gelagerten S, eine Form, die Marées später noch oft in reicheren Variationen wiederholen sollte. Und schließlich hindern alle diese Systeme nicht die Bildung der beiden Diagonalen des Rechtecks, von denen namentlich die von der oberen linken Ecke zur unteren rechten Ecke deutlich ist.

Man könnte aus den rein mathematischen Hinweisen dieser Anlage ein das Auge angenehm erregendes Ornament gewinnen, von dem Reiz der Komposition gewisser Japaner oder Primitiver, und würde damit vom Wesen des Bildes nur sehr wenig sagen. Man müßte die hinter diesen Geraden und Kurven liegende, ganz europäische, ganz und gar nicht primitive Tendenz aufdecken, die Richtung ins Kubische; müßte zeigen, wie sich das lineare System mit einem System von Ebenen bereichert, wie jedes Teilchen, das an dem Schmuck der Fläche mithilft, gleichzeitig in die Tiefe geht und dort neue verschwiegenere, ergreifendere Bewegungen hervorbringt. Der Wirt, der wichtigste Halter des Liniengewebes in diesem Teil des Bildes, ist gleichzeitig von einer geradezu phantastischen Leibhaftigkeit. Man glaubt, um ihn herum sehen zu können. Die Gestalt brennt sich wie eine Flammenerscheinung ins Gedächtnis ein, und nichts wie eine Wendung des Körpers nach den Bäumen zu scheint das waldige Dunkel zu beleben und dort weitreichende Pläne zu erschließen. Deshalb mußte die Farbe so herb und einfach sein. Man könnte sagen, der Maler machte es auf, als er es mit starken Farben deckte.

Das Pendant »Villa Borghese« ist loser komponiert und gemalt, bei ähnlicher Palette. Auch hier entscheiden die roten Töne der Beleuchtung, die wie im anderen Bilde gegen Grau gestellt sind und nach Erdbeerrosa hin abgetönt werden. Aber ihre Intensität verletzt nicht, weil das harte, massive Ultramarin des Himmels fehlt. Das tiefe, umhüllte Saphirblau gibt dem ganzen Bilde eine sonore, wärmere Harmonie. Dem entspricht die bei aller Kühnheit geschmeidige Kurve der Gruppen. Diese besetzen fast nur eine Ecke des Bildes, wie ein Strauß voller Blumen, den kecke Laune zusammenband. Degas hat uns an die Asymmetrie solcher Ausschnitte gewöhnt, und der lernte sie bei den Japanern. Aber die Erinnerung daran bleibt dem Betrachter fern. Man empfindet das kompositionelle Wagnis durchaus nicht als ein artistisches Experiment, nicht mal als besonders originell, während uns beim Anblick einer Degasschen Komposition im ersten Augenblick ein den Atem beklemmendes Gefühl dunkler Angst beherrscht: wird dem Tollkühnen der Sprung glücken? weil wir das Degassche Mittel haarscharf wie ein gespanntes Seil vor uns sehen. Ebenso schnell, wie das Gefühl entstand, verschwindet es wieder. Nur ein zweiter Blick, und das Wagnis ist glänzend gelungen. Aber die Überwindung der Angst gehört zur Degasschen Wirkung. Sie ist nicht allein der Träger unseres Genusses, aber ein unentbehrlicher Hebel. Ein satanischer Nervenkitzel schnellt uns in reine Gefilde. Bei Marées nichts dergleichen. Die Mittel sind viel komplizierterer Art und führen daher nie zu einer ähnlichen Spannung. Keinen Augenblick fühlen wir das Wagnis. Die Ranke von Menschen in der einen Ecke, die den Schwerpunkt des Bildes gefährdet, wird im entgegengesetzten Teil des Bildes von den starken Vertikalen der Bäume und der schweren Masse des Blattwerks balanciert. Das Prinzip ist uralt. Niemand kann ohne seine Hilfe fertig werden. Das Besondere in der Anwendung liegt hier in der scheinbar von selbst entstehenden, sehr großen Mannigfaltigkeit des Ausgleichs, die trotz der ganz modernen Anlage der Komposition die Frage nach der Balance überhaupt nicht oder so wenig aufkommen läßt wie bei einem Rembrandt, und zwar ohne jede Beihilfe stofflicher Suggestionen. Die Ranke von beleuchteten Gestalten ist im Vergleich zu der dunklen Masse der Bäume Arabeske und bringt vor dem geschlossenen Hintergrund einen bewegten Reigen hervor. Sie macht sich aber nirgends dem Betrachter als lineare Erscheinung bemerkbar, denn sie setzt sich nicht aus flächigen, sondern aus räumlichen Einzelheiten zusammen. Die Gestalten befinden sich alle auf verschiedenen Plänen, kaum zwei von ihnen sitzen zusammen, und ohne den Brunnenrand wäre der erste Plan nicht gesichert. Was sie bindet, ist die Beleuchtung und die Farbe, das Spiel von Rosa und Rot und den Begleitfarben. Das Bindemittel, das in diesem Bilde nicht weniger summarisch verwendet ist als in der »Vigna«, hindert nicht die vollendete Modellierung der Gruppe der Mutter mit dem Kind im Vordergrund. Unbemerkt wird diese Gruppe in dem Ornament der Drehpunkt des Ganzen. Mit einem winzigen Radius überwindet hier die Kurve nahezu einen rechten Winkel. Jedes Detail der Mutter und jedes Detail des Kindes, man könnte sagen, jedes Partikelchen Farbe trägt zu der Aufgabe bei und muß dazu beitragen, hängt irgendwie mit allen Teilen des Bildes zusammen. Und dabei könnte man sich die Gruppe allein als Vorwurf eines Werkes der Plastik denken. Mutter und Kind behalten in dem Rahmen den ganzen Reichtum, die ganze Natürlichkeit eines aus der Wirklichkeit entnommenen Motivs. Man erlauscht aus der Haltung des kleinen Körpers, aus der Wendung des Kopfes der Mutter eine Menge intimer Gesten.

Sucht man nun nach dem Ende der Kurve, so wird das Auge über die Gestalten weg mächtig in die schattige Tiefe gezogen, die vorher nur Hintergrund schien. Da nehmen auf einmal die Bäume mit ihren Durchblicken die Diagonale auf, und die Pferde, in den Tönen des Brunnens, verbreitern und sichern den Weg. Die Kurve ist nicht die Ranke, die nur den Vordergrund schmückt, sondern dringt durch das ganze Bild. Der Blick lichtet sich selbst die Richtungen und dehnt sich gemächlich, wie im Bade der Schwimmer die Glieder nach allen Richtungen streckt.

Die Bilder zeigen deutlich den Zusammenhang mit den unmittelbar vorhergehenden. Der Hintergrund der Villa Borghese erinnert an den Himmel der »Abendlichen Waldszene« und des »Orangenpflückenden Reiters«. Die Mutter der Hauptgruppe ist der Frau an dem Tisch der Waldszene verwandt, und der Tisch mit den beiden Schweigsamen könnte in einer noch nächtlicheren, geheimnistrunkeneren Stunde wohl in der Nähe der »Vigna« stehen. Die Bilder vollbringen aber auch eine merkbare Wendung in die Richtung der beiden »Römischen Landschaften« von 1868, von der sich Marées durch die spanische Reise so weit entfernt hatte. Es sind verwandte Motive, von aller Aktivität des Gegenständlichen befreite Schilderungen stillen Daseins. Die Wendung stärkt die persönliche Form. Die Bilder sind in höherem Grade als die unmittelbar nach der Reise entstandenen das ausschließliche Eigentum Marées' und unverhältnismäßig zeitgemäßere malerische Werke als die Römischen Landschaften. Man merkt auch jetzt noch – am meisten in der »Vigna« – einen die Form beschränkenden Zwang. Aber dieser Zwang ist nicht mehr die Dumpfheit des nach Italien verschlagenen Autodidakten, der in den Römischen Landschaften zum neuen Künstlertum erwachte und damals der Farbe nur widerstrebend Anteil an der Schöpfung ließ; vielmehr die Reaktion auf die schnelle Befreiung von dem Bann, die in dem »Philippus« allzu dramatisch vor sich ging, als daß sie nicht manche mühselige Errungenschaft der Vorzeit ungenutzt lassen mußte. Der Zwang, der vorher aus einem Mangel an Kräften, mindestens an geeigneten Kräften, die Flüssigkeit der Gestaltung hinderte, ist jetzt zu einem ganz subjektiven Drang geworden. Er bändigt den Reichtum und schreibt dem Vielerlei der durch die Reise wachgewordenen Tendenzen eine einheitliche Richtung vor. Das nüchterne Milieu Berlins mag dieser Wendung günstig gewesen sein. Mir will scheinen, als ob schon in einer noch weiter zurückliegenden Zeit die ersten Andeutungen des Weges zu bemerken wären. Das Dunkel des Waldes der »Vigna«, der Schatten der Bäume der »Villa Borghese« beherbergt stille Gedanken, die schon in dem Kopf des Münchener Meisters spukten. Nicht nur die Pferde, die in der Tiefe der »Villa Borghese« warten, sind den Pferden der »Schwemme«, des »Bades der Diana« und des köstlichen »Soldatenlagers« verwandt. Die Tiefe selbst ist die gleiche, dieser fruchtbare, urdeutsche Waldesbrodem, dem Marées seine ganze Kunst entlockte.

Die äußeren Ereignisse ließen ihn nicht lange bei der Arbeit. Um Weihnachten fuhr er zu Fiedler nach Leipzig, während Hildebrand die Seinen in Jena besuchte. Kaum zurückgekehrt, erhielt er zum zweiten Male die Einberufungsorder. Er sollte wieder Soldat spielen. In den ersten Tagen des Januar reiste er nach Koblenz. Schon am elften war er dank energischer Reklamationen wieder frei. Er nahm seinen Bruder Georg, dessen Wunden inzwischen einigermaßen geheilt waren, nach Berlin mit, und quartierte ihn für einige Wochen bei sich ein. Hildebrand war in Jena an Diphtheritis erkrankt. In der Folge stellte sich eine Blutvergiftung ein, die lange sein Leben ernstlich bedrohte und Marées in beständiger Sorge hielt. An eine Rückkehr Hildebrands nach Berlin war vor Monaten nicht zu denken. So hausten die Brüder allein. Georg fand sich mit bewunderungswertem Gleichmut in sein Geschick und behielt den derben Soldatenhumor. Sobald er sich des künstlichen Beins bedienen konnte, trat er wieder in den Dienst ein. Er wurde in den Großen Generalstab versetzt und hat seinem Lande noch manchen wichtigen Dienst geleistet. Aus seiner Feder stammt der Text des Generalstabswerkes über den Deutsch-Französischen Krieg. An geordnete Tätigkeit war zunächst natürlich nicht zu denken. Er saß bei dem Bruder und pflegte sich, und der Bruder hatte nichts Besseres zu tun, als ihn zu malen. Nach den Berichten der Familie Georgs hat Marées schon in Köln Studien zu dem Porträt gemacht.

So entstand wieder ein Porträt, das dritte seit Spanien; ebenso verschieden von seinen beiden Vorgängern, wie diese untereinander und noch viel weiter von dem Kopf Hildebrands entfernt, den Marées in Rom, mehr aus dem Bedürfnis, sich mit Italien, als mit dem Modell auseinanderzusetzen, gemalt hatte. Mehr Bildnis als alle Gesichter, die er bisher nach sich und anderen geschaffen hatte; Bildnis eines Menschen, eines Daseins, obwohl es eigentlich nur das Gesicht gibt. Außer dem Kopf und dem Fleisch der Hände sinkt alles in braune, blaue Schatten. Mit den anderen verglichen, erinnert es noch am nächsten an die am weitesten zurückliegenden, an die Münchener Selbstbildnisse, so etwa, wie die Parkbilder an das »Bad der Diana« usw. erinnern. Wieder eine Bestätigung der vorhin angedeuteten Zusammenhänge. Marées hat, als er mit vollen Taschen nach Deutschland kam, zu allem anderen auch noch seine Jugend wiedergefunden und band damit zusammen, was ihm die Zwischenzeit beschert hatte. In dem Hornemann, in dem Knoll und in dem Schleißheimer Selbstbildnis, drei ganz verschiedenen Zeugnissen der Frühzeit, stecken die rohen Bestandteile des neuen Bildnisses; die Energie, die damals zuweilen zu schnell umfaßte, das vorsichtige Aufspüren der Eigenheit, das damals in Gefahr kam, sich in weichliches Detaillieren, in das Verschwommene Lenbachs zu verlieren, die vornehme Stille, die das ungezügelte Temperament noch nicht zu füllen vermochte. Alle diese notwendigen Eigenschaften werden jetzt gereinigt und geeint, und zwar in dem Bildnisse Georgs noch umfassender als in den anderen Berliner Bildern. Der Marbach und das Berliner Doppelbildnis vollenden gewisse Sonderheiten, die sich den Motiven eignen; das eine die von dem Temperament erbrachte Schnelligkeit des Eindrucks, das andere die Tiefe des in die Erscheinung eindringenden Gestaltens. Im Georg trifft alles zusammen.

Nach kaum vier Wochen war das Bild einigermaßen fertig. Es setzte die Kollegen »allerdings so ziemlich in Erstaunen«, schreibt Marées an Fiedler, fügt aber gleich hinzu, das wolle gar nichts sagen; er weiß genau, »wo es noch hapert«. Wir wissen es nicht so genau. Es sei denn, er meinte die Hände, die vielleicht – ich weiß es nicht – um einen Schein zu fleischig gerieten, oder die Dunkelheit der linken Hälfte des Hintergrunds. Man kann allerlei finden, nur nichts, was die Hauptsache beeinträchtigt.

Das Bild scheint, wohl auf Veranlassung des Bruders, den viele Bekannte besuchten, einer ganzen Anzahl einsichtiger Menschen zugänglich gewesen zu sein. Denn offenbar ging von ihm der neue Ruf des Bildnismalers aus, der – nach manchen Symptomen zu schließen – nicht auf den engsten Kreis beschränkt geblieben ist und bald in den folgenden Bildern noch andere Stützen fand.

Abgesehen von den beiden Parkbildern, hat Marées während seines Aufenthalts in Deutschland fast nur Porträts gemalt. Der Spiritus loci gab zu anderem keine Laune, und wir haben keinen Grund, dies zu bedauern. Die Bildnisse haben das Werk um schöne Dinge vermehrt und sie sichern die Schätzung des Ganzen. Ein Künstler braucht sich nicht als Bildnismaler zu betätigen, um seinen Wert zu erweisen, wenn schon es schwer fällt, große Maler zu nennen, die sich nie im Bildnis versucht haben. Dagegen könnte das Mißtrauen gegen den Wert eines Œuvre, das schlechte Porträts enthält, kaum groß genug sein. Rembrandt wäre nicht geringer ohne seine Bildnisse, aber wir würden viel weniger von ihm wissen und vielleicht seine Erfindung als Einfälle einer dichterischen Phantasie und sicher falsch einschätzen. Seine Bildnisse sind gewaltige Werke und sie entwirren gleichzeitig die viel verschlungenen Wege seines Genius. Ähnlich wie in ihnen könnte man in denen von Marées elementare Stützen der Erkenntnis erblicken. Und nicht nur uns Nachlebenden werden sie zur sicheren Gewähr, er selbst mag daran kontrolliert haben, ob ihn seine Probleme nicht aus dem Bereich der Realität entfernten. Sie sind ein fortlaufender Maßstab für den jeweiligen Stand der Entwicklung; fast ein objektives Maß, so leicht vermag man im Vergleich zu den anderen Werken den Grad ihrer Vollkommenheit zu bestimmen. Die Farbe in dem Bildnis des Bruders ist noch immer »dreckig«, fast wie in der Münchener Zeit. Das saucige Braun, die fahle Mischfarbe des Gesichtes, das Rot der Aufschläge, das für die Fleischröte herhalten muß, das schmutzige Blau, sind alles keine verlockenden Bestandteile, und sie werden von keinem reizvollen Auftrag angenehmer gemacht. Das Bild wurde oft übermalt und nicht gleichmäßig. So sind die Fleischteile weit pastoser als der Mantel, und in den Händen, deren eine den leuchtenden Säbel hält, häuft sich die Farbe dermaßen, daß sie nahezu wie unförmliche Klumpen aussehen. Woher also wohl die Wirkung? Sicher liegt sie nicht im Objekt. Die in ganz ruhiger, gleichgültiger Haltung gegebene Gestalt kann kein besonderes Interesse erwecken, wenn man auch hinter der hohen Stirn Energie und Intelligenz vermutet. Der Fremde wird auf eine Soldatenpersönlichkeit raten, wie sie der Krieg zu Hunderten hervorbrachte. Aber diese Überlegung ist schon eine Deduktion nicht aus dem Bilde, wie es da gemalt ist, sondern aus dem Motiv, wie wir es nachträglich denken. Der Dargestellte ist durchaus nicht einer von vielen, sondern repräsentiert etwas, eine Gattung. Welcher Art, ist nicht leicht zu sagen. Jedenfalls repräsentiert er nicht den Offizier, noch weniger den Verwundeten, obwohl man beides daraus ablesen kann. Eher einen Mann, noch mehr einen Menschen; ein lebendes Wesen, ein Leben, das da, wo es sitzt, mächtig den Raum füllt, breit, wuchtig. Diese Macht des Volumens bedarf keiner schönen Materie und noch weniger reizvoller Details. Sie bedarf ihrer nicht nur nicht, sondern würde darunter leiden. Es ist viel wichtiger, daß die Hände, das Stückchen Fleisch, das da, wo die Arme aufhören, die Stelle, die beiden entscheidenden Stellen, richtig treffen, als daß sie Finger haben; wichtiger, daß wir den Körper unter dem Rock fühlen, als den Stoff des Rocks; wichtiger das unsichtbar vibrierende Etwas zwischen Körper und Hintergrund, als die Art des Grundes. Mit dem Gesicht aber geht es sonderbar. Die geradgeschnittene ernste Physiognomie mit den ruhigen Augen blickt fast abweisend den Betrachter an. Obwohl das Gesicht der deutlichste Teil des Bildes ist, vermag man nicht so ohne weiteres durch diesen Teil in das Wesen des Menschen zu blicken. War es ähnlich? Verwandte und Freunde Georgs sind nicht einer Meinung. Die einen sagen

Ja, die anderen Nein. Aber das hat für uns und die überwältigende Mehrzahl der Menschen, die den Dargestellten nicht gekannt haben, kein besonderes Interesse. Möglicherweise steckte die Ähnlichkeit nur zum Teil im Gesicht. Die Haltung hatte vielleicht nicht geringeren Anteil daran. Es wirkt auf uns ähnlich, das ist das Entscheidende. Und dieser Eindruck würde auch dann nicht in Frage gestellt werden, wenn uns die Bekannten Georgs einstimmig sagten, das Bild gleiche dem Dargestellten nicht in einem einzigen Punkte. Wir finden sogar in dem sicheren Bewußtsein des Eindrucks gerade bei diesem Porträt, dem der Reiz schöner Stofflichkeit nichts hinzufügt, die größte Gewähr für den Wert des Werkes. Wenn die Gewähr nicht auf Einbildung beruht, und sich die Freunde, die Georg v. Marées in dem Bilde schlecht getroffen finden, nicht täuschen, muß die Ähnlichkeit also auf ein anderes Objekt als das Äußere des Dargestellten bezogen werden können, wodurch ihr Wesen notwendig paradoxal erscheint. Dies Paradox besteht, und zwar nicht nur in diesem, sondern in jedem Fall. Man hat sich in den dreihundert Jahren, seitdem die Diskussion über das Ähnliche dauert, langsam darüber geeinigt, worin es nicht bestehen kann, und spricht heute Vasaris Argument für Tizians Künstlertum – daß die Leute sich vor dem Bildnisse Pauls III. verbeugten, weil sie es lebendig glaubten – keine Gültigkeit mehr zu. Aber worin die Ähnlichkeit bestehen soll, ist noch lange nicht entschieden. Gewöhnlich wird auf den Charakter des Dargestellten verwiesen, den ein gutes Porträt wiedergebe. So von Justi in seiner Analyse der Porträtkunst des Velazquez, den er den »ersten Charakteristiker unter den Neueren« nennt[5], ohne zu ahnen, daß er damit einen der Wege andeutet, auf denen sich Velazquez vom Wesen der Kunst entfernte. Besser scheint das gleiche Argument auf Rembrandt zu passen. Aber einer der jüngeren Biographen des Meisters, Karl Neumann, bezweifelt die Zulänglichkeit des Begriffs und fragt, ob das, was wir Charakter nennen, nicht etwa »ein künstliches abstraktierendes, hundert Dinge verschweigendes, zehn andere willkürlich unterstreichendes Resümee aus tausend zersplitterten Einzeläußerungen« sei, eine »übereinkömmliche Abbreviatur«, die nur der Darstellung der Geschichtschreibung zugänglich werde.[6] Das will sagen, es entziehe sich der Malerei. Und wenn Neumann ungeachtet dessen viel scharfsinnige Bemerkungen über Charakter und Seele der von Rembrandt Dargestellten macht, beweist das nur, daß wir uns nicht zurückhalten können, die Wirkung des Kunstwerks auf solche Art auszudeuten, weil uns kein anderes Mittel zur Äußerung des Eindrucks geläufig ist. So kann man sich auch vor Marées' Bildnis eine Idee von dem Charakter des Bruders machen und wird es vielleicht auch tun, aber von dem Kunstwerk sagt das so wenig, wie die subjektive Einsicht in die symbolische Bedeutung irgendeines anderen Bildes von Marées, gleichgültig, um welches Motiv es sich handelt. Mir scheint, in diesem Falle, wie in allen anderen kann die Ähnlichkeit, um sie nicht zu einem begrifflosen Schemen zu machen, nicht auf den Dargestellten allein bezogen werden, sondern muß auch den Darsteller mit einbegreifen. Ein Bild, das nicht gleichzeitig dem Maler und dem Gemalten gleicht, erfüllt nicht den Wertbegriff, den wir notwendig mit der Ähnlichkeit verbinden, ist immer unähnlich. Das heißt also, den gewohnten Begriff recht erweitern, fast zum Gegenteil umkehren. Aber es geht uns mit ihm nicht anders als mit allen auf das Kunstwerk bezogenen, unserer gewohnten Sprache entnommenen Begriffen. Was im Sinne des kunstfremden Laien wahr, wirklich, edel und wie sonst noch genannt wird, kann von dem Einsichtigen als diametrales Gegenteil erkannt werden. Das erfahren wir alle Tage. So wurden oft die Bildnisse des Rubens unähnlich genannt, und ich bin sicher, sie hatten nicht mit den Dargestellten die enge Beziehung, die einem Detektiv erlaubt hätte, daraufhin den Gesuchten zu erkennen. Es sei denn, daß ihm ein Schmuckstück, ein Kleid oder eine Anomalie der Gesichtsbildung zu zufälligen Handhaben geworden wären. Die früheren Meister mögen objektiver gewesen sein. Aber auch das hat dem Laien nicht unbedingt genutzt. In einem der Berliner Briefe an den kranken Hildebrand meint Marées, in Bildern von van Eyck wirke »die Malerei an und für sich als solche«. »Was der Künstler selbst hinzugetan hat, ergötzt uns wie das Tun eines unverdorbenen Kindes, und nicht mehr.« Unter Malerei versteht er die handwerkliche Übertragung der Natur. Aber er irrt sich. Es ist doch viel mehr. Eycks Adam und Eva sind schon Bildnisse in modernem Sinne, aus einer Durchdringung des individuellen Genius entstanden. »In einem Rubens hingegen«, fährt er fort, »bewundern wir die Macht und Größe des Menschengeistes, der allerdings nur durch die Erkenntnis der Kunstmittel zur Anschauung gebracht wird.« Was ihm als Gattungsunterschied erscheint, ist in Wirklichkeit nur ein allerdings weitgreifender Unterschied von Graden, und er hätte weiter als bis zu van Eyck in der Geschichte der Kunst zurückgehen müssen, um das von der Persönlichkeit unberührte, »unverdorbene«, aber auch noch lange nicht zum Kunstmittel erhobene Handwerk des Malers zu finden. Der Laienbegriff der Ähnlichkeit bleibt von dieser Entwicklung der Subjektivität nahezu unberührt. Als die Darsteller objektiver waren, erschwerten die Vorschriften der Gilde und alles, was vom Stil der Zeit in das Gemälde hineinragt, die Wirklichkeit der Übertragung. Nachher übernahm immer mehr die Persönlichkeit die Rolle der

Gilde. Keiner der großen Meister malte, selbst wenn er wollte, des Objekts wegen, sondern brachte mit der Darstellung des besonderen Falls, der sich vor seiner Staffelei präsentierte, sich selbst zur Geltung. Wir rechnen die Engländer des 18. Jahrhunderts, mit Ausnahme Hogarths, nicht zu den Großen, weil sie sich den plutokratischen Instinkten ihrer Epoche fügten. Der Vorwurf, daß sie ihren Dargestellten schmeichelten und sie deshalb unähnlich machten, meint im Grunde nur, daß sie sich selbst vergaßen, weil sie Handwerker der Mode, Nachbilder des Geschmacks ihrer Zeit, nicht Bildner waren.

Marées verdichtete eine ihm vorschwebende Erscheinung, als er den Bruder malte. Zu der konnte ihm das Modell nur einen Teil beitragen; im Prinzip nicht mehr als die Landschaft, die er draußen sah, für seine Legenden. Der Teil gewann praktisch eine größere Bedeutung, weil das in der Landschaft auf vielerlei Sachlichkeiten verteilte Objekt hier in einer einzigen, fest zusammenhängenden Gestalt gegeben war. Insofern stand er also Courbet nicht fern, für den der abzubildende Mensch ein Stück Fleisch war. Auch für Marées war das Modell Materie, nichts weiter. Daß etwas ganz anderes, und zwar Weiteres als bei Courbet daraus wurde, kam nicht von einer besonderen Schätzung des Bildnisses, sondern von seinem grundverschiedenen Verhältnis zur ganzen Kunst her, das ihn zu viel stärkeren Abstraktionen trieb. Wie er in der Landschaft dem Baum, dem Wald etwas Allgemeineres als die einem Courbet teure Materie abzugewinnen suchte, um so zur Vereinigung einer Fülle von Eindrücken in einem Bilde zu gelangen, so kam es ihm im Bildnis nur insofern auf den Menschen, der vor ihm saß, an, als dieser beitragen konnte, den Menschen seiner Vorstellung, sagen wir, seinen Typus zu vervollständigen. Das ist, ich weiß wohl, ein bedenkliches Wort. Man darf sich nicht etwas so Leserliches, Bestimmtes darunter vorstellen wie den Typ der Florentiner des Quattrocento, an dem Hunderte, Tausende bildeten, und muß sich hüten, ihn mit der »Idealfigur« der Klassizisten zu verwechseln. Es war keine Gestalt mit einer besonderen Nase, sondern ein Gesicht von der Art des Gesichtes, das uns z. B. aus der Fülle Rembrandtscher Gestalten anblickt. Wir erkennen in den Bildnissen Rembrandts ein allen gemeinsames Wesen. Es ist anders in der Jugend des Meisters, anders in der Zeit der »Nachtwache«, anders im Alter, aber nimmt nichts von der Verschiedenheit der Dargestellten an, hängt nur mit sich selbst zusammen wie ein sich organisch ausdehnendes wachsendes Wesen. Es ist nicht in Worten faßbar, denn wenn wir es statt Typ Form nennen, setzen wir nur einen Namen für einen anderen. Aber wir können es ohne weiteres empfinden. Bei Rembrandt so gut wie bei Tizian, bei Michelangelo, bei Greco, bei Delacroix, bei allen Meistern. Es ist die zum Symbol treibende Kraft in der Gestaltung, die aus jedem geeigneten Objekt das sie fördernde Naturagens auszieht und sich damit stärkt. Allem, was sie darzustellen unternimmt, flößt sie ihren vergrößernden, vereinfachenden, zum Bildlichen drängenden Rhythmus ein. Der Rhythmus gibt die Macht des Ausdrucks und macht das Bildnis Georgs glaubhafter als die früheren, die vielleicht zum Teil objektiver waren; macht es auch reicher, obwohl manche der früheren mannigfachere artistische Reize enthielten. Die Farbe, die auf jeden Schmuck verzichtet, der Auftrag, der sich jede zeichnerische Einzelheit versagt, die Wahl dieser Mittel einer nur auf Einfachheit und Größe zielenden Darstellung gibt uns einen so plastischen, hinreißenden Begriff von der Anschauung des Darstellers, daß der Dargestellte in den Hintergrund rückt und die wenigen Andeutungen seiner Sonderheiten, die das Porträt als solches charakterisieren, verhältnismäßig nebensächlich erscheinen. Daß die Macht der Anschauung auch noch einen besonderen Menschen verkörpert, bestärkt uns nur wie das erste praktische Resultat einer umfassenden Erkenntnis. Es ist der Schenkung rechtsverbindliche Urkunde, und wir untersuchen sie mit dem schwellenden Bewußtsein, nur ein Teilchen der Gabe ablesen zu können. Den Betrachter, der Georg von Marées kannte, müßte es angesichts solcher Offenbarung des Kunstwerks durchschauern, in diesem Abbild einer höheren Welt den vertrauten Blick eines Auges, einen Mund, der Worte zu ihm sagte, zu erkennen. Vom Rhythmus getroffen, wird jede Andeutung ins Außerordentliche gesteigert. Fast könnte einem schon der virtuos gemalte Säbelgriff zu viel werden, so ausschließlich sieht man in dem Licht des Metalls einen Stützpunkt der Form, nicht das materielle Detail. Und wenn uns nun jemand sagte, das Bild sei nicht ähnlich genug, würden wir kaum wissen, was damit gemeint sei, und das Paradox so weit treiben, zu behaupten, daß größere Ähnlichkeit das Bild unähnlich machen müßte.

Man wird einwenden, solcher Standpunkt werde dem Dargestellten nicht gerecht, erfülle nicht die natürlichen Ansprüche des Bestellers. Justi versteigt sich sogar in der Charakterisierung des Velazquez als eines »Charakteristikers« zu dem Kuriosum, »es hause oft in Bildnissen berühmter Maler ein den Urbildern fremder Geist, z. B. der des Künstlers«.[7] Solche Ansprüche, die vom Künstler verlangen, er solle eines Motivs wegen den Künstler ausziehen, meinen etwas anderes als Kunstwerke und dürfen daher billig übergangen werden. Für sie war Marées nicht da.

Er malte nur seine Intimen, den Vater, Fiedler, den Bruder; dann den Dichter Hans Marbach, dann seinen Jugendfreund aus Koblenz, den Grafen Seyssel d'Aix, den er in Berlin als Adjutanten des Prinzen Karl wiedergefunden hatte. Dann

Hildebrand und Charles Grant, schließlich die Dresdner Freunde.[8] Kein Fremder ist unter der stattlichen Zahl. Weder jetzt, noch zu irgendeiner anderen Zeit hat Marées einen wirklichen »Auftrag« angenommen und ausgeführt, obwohl es, so scheint es, nicht an Gelegenheiten fehlte. In der Familie des Bruders Georg hat sich darüber eine drollige Episode erhalten. Ein reicher Berliner Bürger, der sich keiner besonderen Fühlung mit dem Reich der Musen erfreute, gab, ich weiß nicht, bei welcher Gelegenheit, den Wunsch zu erkennen, sich von Marées malen zu lassen. Eines Tages kommt er ins Atelier. Die einfache Ausstattung des Raumes veranlaßt ihn, dem Maler gnädig anzudeuten, es komme ihm nicht auf ein paar hundert Taler an. Marées schweigt und betrachtet eingehend den Besucher. Nur, bedingt der Geschäftsmann, müsse es schnell gehen, er sei sehr okkupieret. Schnell gehe es bei ihm nicht, antwortet Marées. Nun, nun, meint der andere, diesmal würde der Herr Maler wohl eine Ausnahme machen, das Honorar werde dementsprechend erhöht werden; ob tausend Taler genug seien. Da reißt Marées die Geduld und er erklärt dem erstaunten Mäzen: nicht für zehntausend Taler würde er solche Visagen malen. Worauf die Szene ein jähes Ende fand. Nicht glücklicher soll eine sehr vornehme Dame gewesen sein, die sich in der gleichen Absicht zu ihm bemühte. Er ließ sie nicht vor und tat so, als wäre er der Diener des Malers. Herr von Marées sei verreist und käme sobald nicht wieder.

Was Marées abhielt, war nicht allein der Stolz des Junkers, der sich nicht kommandieren ließ; auch nicht die Moral des Unbestechlichen. Der Gedanke an merkantile Ausnutzung ihrer Gaben schließt sich bei vernünftigen Künstlern von selbst aus, ohne daß sie der Moral bedürfen. Was sie zurückhält, ist ein Instinkt, der heute ebenso sicher zur Entfernung des Künstlers von der Masse treibt, wie er früher, in Zeiten einer mehr geebneten Kultur, die Masse abhielt, sich von dem Künstler zu entfernen. In der Epoche eines Holbein, selbst noch in der eines Rembrandt war das Verhältnis zwischen Besteller und Künstler nahezu von dem die Kunst bedrohenden Materialismus frei, und jeder Auftrag schloß stillschweigend alle die persönlichen Ansprüche des Bestellers aus, die der Künstler, ohne seine Pflicht zu verletzen, nicht erfüllen konnte. Heute kann man diesen abwehrenden Instinkt der Künstler Egoismus nennen. Er hält sie von den Lockungen des Goldes zurück. Sie wissen, was sie der natürlichen Erfüllung ihrer Pflichten verdanken. Keine Schätze der Welt vermöchten ihnen den Schöpfer-Rausch zu ersetzen. Sie wären nicht schlecht, sondern sinnlos, wenn sie den Gedanken an den Erwerb über die Freude an ihrer Kunst setzten. Und sie könnten nicht, selbst wenn sie wollten, haben nicht das Geschick der Käuflichen, denen nur die Entwöhnung von der Pflege eigener Impulse jene Fähigkeit des »Manufacturers« erlaubt, die auch einer Schulung bedarf. Porträtisten, die für jedes Gesicht eine Larve zu finden wissen, sind die Schauspieler unter den Künstlern. Die Nachwelt flicht ihnen keine Kränze, und sie wären töricht, wenn sie es mit ihrer keineswegs verächtlichen Industrie nicht wenigstens zu Geld und Ehren brächten. Künstler aber können nicht gleichzeitig Industrielle sein. Sie sind nur erfinderisch und behende, wo sie ihrem Genius nachspüren, und würden mit dem Betrug an sich selbst den Besteller nicht weniger betrügen. Marées konnte es um so weniger, als er in noch geringerem Maße als andere Künstler sein Stoffgebiet absondern wollte und konnte und mit der äußeren Begebenheit nur mittelbar Fühlung nahm. Für seine Bildniskunst eignete sich jedes Gesicht, seine Bilder zeigen die verschiedensten Arten von Physiognomien, aber er wäre nicht imstande gewesen, aus einem ihm ungewohnten, ungelegenen Vorbild eine Gestalt seiner Welt zu formen. Er brauchte Zeit dazu, mußte erst mit dem Objekt in eine ganz bestimmte Beziehung kommen, auch wenn nicht Freundschaft daraus wurde.

Die im gegebenen Fall angewandte Technik entsprach der besonderen Vorstellung von dem dargestellten Menschen, und daraus erklärt sich die im gleichen Maße bei kaum einem anderen Maler nachweisbare Verschiedenheit der Form gleichzeitiger Bildnisse. So entfernt sich der Marbach von dem Bildnis des Bruders wie ein ganz deutlich ausgesprochenes Temperament von einem ebenso durchsichtigen, das vollkommen entgegengesetzt ist, und steht den vorhergehenden und den folgenden ebenso fern. Die Verschiedenheit ist um so merkwürdiger, als sie innerhalb fast derselben Palette bleibt. Alle Berliner und Dresdner Bildnisse zeigen dieselben diskreten Farben, nur die Dominanten wechseln und dementsprechend die Schattierungen des Schwarz und zumal des Weiß, das einmal bläulich, einmal grünlich, einmal rosa angehaucht wird. In der Farbe stehen sich namentlich der Fiedler und der Marbach nahe, sie haben sogar manches Verwandte im Auftrag und sind dabei in den Vorstellungen, die sie in uns erwecken, die denkbar schärfsten Kontraste. Es ist, als ob die Unterschiede lediglich durch die Verschiedenheit der Spannung im Netz der Flecken entstanden seien. Und zwar bringen geringe Schwankungen die Modifikationen hervor, sowie die leiseste Veränderung der Geschwindigkeit eines elektrischen Motors den Strom verändert und infolgedessen die Lichtfülle, die er speist. Der Marbach hat etwas von dem Hochgespannten Manets, während der Fiedler mehr dem Temperament des Dargestellten entspricht. Marées muß das Bild viel schneller gemacht haben. Das Fleisch hat die volle Lebendigkeit spontaner Gestaltung, und es sieht diesmal so aus, als habe der Maler diesen Eindruck von vornherein beabsichtigt und gleich erreicht. Immerhin ist auch hier der Auftrag viel zäher – keineswegs prima – als in einem Manet. Die Ähnlichkeit kommt zumal von dem lebhaften Kontrast des leuchtenden Fleisches mit dem starken Dunkel der Kleidung her und von der Vertiefung des Kontrastes durch den weitgehenden Ausbau des Hellen und des Dunklen. Sobald sich das Auge an das Leuchten gewöhnt hat, entdeckt es darin alle möglichen Schattierungen von Weiß, sowie das als Masse wirkende Dunkel zu satten Farben wird, deren sublimierte Grade in den Helligkeiten wiederkommen. So umspielen die Töne den Kontrast, mildern ihn in vielen Einzelwirkungen, ohne die Massen zu schmälern, und tragen zu der im ersten Augenblick bestimmenden, starken Woge des Rhythmus viele Wellen bei. Die Eleganz der Erscheinung des Marbach erinnert von Ferne an das Bremer Selbstbildnis. Details, zumal der Haaransatz an der Stirn, die Modellierung des Ohrs usw. bestätigen die Verwandtschaft, die auch in der gemeinsamen leisen Beziehung zu van Dyck gefühlt wird. Neu ist die allem Vandyckhaften fremde Bestimmtheit der Form, die leidenschaftliche Prägnanz der Massen, die kühne Maestria, die das dem Münchener Maler geläufige Spiel malerischer Andeutungen mit sicherem Griffe sammelt. Hans Marbach war ein aus Leipzig zugewanderter junger Dichter und hatte damals gerade sein Debüt – Verse und ein Drama – hinter sich, das mehr versprach, als er zu halten wußte. Die Freunde schildern ihn als weitstrebenden Idealisten, der im Ideologischen stecken blieb. Er hatte, angeregt von Marées und Fiedler, der ihn von Leipzig her kannte und lange Jahre hindurch hilfreich unterstützte, ein gewisses Interesse an ästhetischen Problemen und bekannte sich in einer später veröffentlichten halbphilosophischen Schrift recht unklaren Geistes zu der Richtung Fiedlers.[9] Marées war über die Grenzen der Gaben des Dichters nicht im unklaren, ließ sich den munteren Plauderer gefallen und behandelte den Menschen mit freundlicher Zurückhaltung.

So behandelte er viele. Marées hatte in Berlin manchen Bekannten, aber so lange Hildebrand fehlte, kaum einen Freund. Durch Hildebrand hatte er Reinhold Begas kennen gelernt, aber sah ihn selten. Häufiger scheint er mit dem Schauspieler Dessoir – auch wohl mit anderen Schauspielern – und mit dem bekannten Baumeister Schwechten zusammengekommen zu sein; auch mit Offizieren aus dem Kreise des Bruders, der sich inzwischen in Berlin mit seiner Familie häuslich eingerichtet hatte; am seltensten mit Malern. Er beschränkte sich auf die Meister im Alten Museum, die ihm noch von seiner Lehrzeit her bekannt waren und die er jetzt mit besserem Gewinn wiedersah. Mit den lebenden Malern Berlins fühlte er nichts Gemeinsames. Der einzige, der ihm auch jetzt noch Respekt abnötigte, war Menzel, und auch von dem trennte ihn eine Welt. Im Verkehr mit Malern störte ihn am meisten das Berufsmäßige, der Atelierklatsch und die Eifersüchteleien, das Ungeneröse der Zünftler. Er war nichts weniger als Fachsimpler, sprach ungern von einer Sonderheit der Kunst und kehrte nie den Maler heraus. Fremde hätten Mühe gehabt, seinen Beruf zu erraten. Seine Gespräche handelten nicht von Kunst, sondern waren es. Er verstand, jedem Thema den höheren Gesichtspunkt abzugewinnen, und tat das ungesucht. Man sah, er brachte keine fertigen Redensarten mit, sondern erfand das Argument im Augenblick. Sein Intellekt sprach, nicht der Redner, von Ideen, nicht von Dingen. Das machte ihn geistreichen Leuten anderer Berufe lieb, auch wenn sie der Kunst fern standen. Man fand immer mit ihm eine gemeinsame Basis, sei es, um was es sich handelte, wenn man ihm nur mit gleicher Sachlichkeit begegnete. Freilich mußte man mit seiner schnellen Art, jede Frage immer gleich bis hintenhin zu nehmen, vertraut sein und sich regen können. Er brachte oft nur die Enden von Reflexionen zu Worte und ließ den Rest unter den Tisch fallen. Für den Bierphilister war das keine Speise, zumal Marées, sobald er keine sachliche Opposition, sondern den Widerstand verbissener Trägheit spürte, mit Wonne über die Stränge schlug und dann wirklich mit Paradoxen um sich warf. Eine in Berlin ungewohnte Atmosphäre umgab ihn. Seine nonchalante Liebenswürdigkeit gegen Männer und die ein wenig unterstrichene Galanterie gegen Frauen konnten über den Grad seines Entgegenkommens täuschen, und mancher war nicht wenig erstaunt, plötzlich zwischen sich und dem Gefälligen eine Kluft zu entdecken, die mit jedem vermittelnden Wort weiter auseinander ging. Es konnte geschehen, daß er auch nicht den leisesten Kompromiß mit seinen Überzeugungen zuließ und, ohne den lässigen Ton zu wechseln, dem Partner, der sich schon, wer weiß wie, intim mit ihm glaubte, ein Distanzgefühl von unbehaglicher Ausdehnung beibrachte. Da kam der Aristokrat zum Vorschein. Nicht der Besitzer eines verbrieften Geburtsrechtes. Er ließ zuweilen, um jemand abzuweisen, den Stolz auf seinen alten Namen sehen, aber rechtfertigte damit die dem überlieferten Geburtsrecht genau entgegengesetzten Ansprüche. Sein Maßstab für den Anstand kam aus eigener Wertung, und er verstand unter Anstand zum Beispiel, daß sich einer bei ernsten Diskussionen nicht aus faulem Dünkel um die Einsicht drückte und Gewissensfragen nicht mit Berliner Witzen beantwortete. Das fand man zuweilen sonderbar.

Berlin gefiel ihm immer weniger. Es war eben doch schließlich alles ganz anders geworden, als er es sich gedacht hatte. Von den schönen Plänen mit Hildebrand war nicht viel übriggeblieben, schon weil Hildebrand fehlte. Er sah den Einzugsfeierlichkeiten als Unbeteiligter zu und fand die dekorativen Figuren, die Begas dafür gemacht hatte, recht mäßig, obwohl man natürlich von solchen Gelegenheitsarbeiten nicht viel verlangen konnte. So mußte man ungefähr alles, was jetzt in Berlin entstand, beurteilen. Und das Alte war nüchtern, noch weit nüchterner als vor fünfzehn Jahren. Es würde schon etwas Neues daraus werden, man mußte Geduld haben, es war Energie in den Menschen. Nur das Licht fehlte. Die ewige Dunkelheit in den monotonen Straßen könne einen zur Verzweiflung bringen, schrieb er dem Freunde. An diese Dunkelheit mitten im Sommer, wenn in Rom alles von Licht strahlte, hatte er vorher nie gedacht. Sie hinderte ihn nicht so sehr an der Malerei als vielmehr am rechten Leben. Man konnte hier ohne weiteren Grund, und trotzdem Berlin in ewigem Jubel schwamm, zum Hypochonder werden. Wenn nur Hildebrand bald gekommen wäre!

Dem ging es langsam besser. Die Ärzte hatten ihm, nachdem er endlich das Bett verlassen durfte, eine Nachkur verordnet, und er war im Juni nach dem nahen Köstritz gegangen. Charles Grant war bei ihm gewesen und brachte Marées gute Nachrichten. Aber vor dem Herbst war nicht an Berlin zu denken. Dieser Grant, Hildebrands Lehrer und Freund, wurde in Berlin Marées' engerer Verkehr und sie blieben auch in den kommenden Jahren befreundet, obwohl sich kaum zwei verschiedenere Menschen denken ließen. Grant war Engländer und Dichter. Seine Eltern hatten in Afrika gelebt; der Vater als kleiner Kaufmann, die Mutter als Missionarsfrau. Eine Fieberepidemie hatte sie nach England zurückgetrieben. Charles Grant wurde in einer Privatschule erzogen, und als er genug gelernt hatte, Lehrer an derselben Schule. Weil er einmal energisch für ein paar Jungen, die ungerecht Schläge bekommen hatten, eintrat, verlor er die Stellung, gab England auf und ging nach Jena, um Philologie zu studieren. Das war 1859, als er achtzehn Jahre alt war. In Jena unterhielt er sich und sein Studium mit Stundengeben und Vorträgen über englische Literatur. Die Professoren halfen ihm mit Freitischen, und so war er auch zu Hildebrands Vater gekommen, der seit 1861 den Lehrstuhl für Staatswissenschaften in Jena bekleidete. Der junge Hildebrand erhielt bei ihm Unterricht im Englischen, und daraus entwickelte sich – sie waren nicht gar so weit im Alter auseinander – ihre Freundschaft. Man konnte lernen von Grant. In den Ferien machte er große Reisen, immer zu Fuß, als Tourist oder mehr als Handwerksbursche, mit anderem fahrendem Volk zusammen, mit unwahrscheinlich geringen Mitteln. Er hatte einen Fanatismus für die Armen und verstand überall, in Whitechapel, in Tirol auf dem Lande, in Italien in den Schlupfwinkeln der Camorra, mit ihnen fertig zu werden. Es steckte ein Missionar in ihm. 1869 siedelte er von Jena nach Berlin über. Auch dort schlug er sich mit English lectures durch, schrieb daneben gebildete Aufsätze für englische und deutsche Zeitschriften, arbeitete an seinem Werk »The last hundred years of English literature, 1760-1860«[10] und dichtete harmlose Verse, die sein Ideal des »plain living an high thinking« verherrlichten. Auch Dramen hatte er in petto, die edlen Schwungs das Wahre und Gute Germaniens verherrlichten. Seine Gutmütigkeit war grenzenlos. Man hätte von Grant alles verlangen können. Jeglicher Besitz an materiellen Gütern erschien ihm als der Übel schlimmstes. Sein Vater hinterließ ihm später ein Stück Land in Gambia. Als es ihm die englische Regierung abkaufen wollte, verweigerte er die Annahme des Geldes und verschenkte sein Erbgut. Dagegen war er auf den Erwerb geistiger Besitztümer um so eifriger bedacht, kannte die englischen und deutschen Dichter gründlich und hatte für alle generösen Regungen Verständnis. Daher auch für Marées, wenn der ihm auch ein wenig unheimlich vorkam. Er war in dem großen Schauspiel des Idealismus, das um den Namen Marées spielt, wie Marbach eine Nebenfigur, die das Thema des Helden in ihrer Weise fortführt, und Marées machte sich wohl zuweilen über die Weise lustig. »Er ist mir zu gutmütig«, heißt es in einem Brief an Hildebrand, »so daß ich mich in seiner Gegenwart so schlecht wie möglich machen möchte, damit er einen nicht zu gut beurteilt.« Dagegen freute er sich, mit Grant über seinen geliebten Shakespeare reden zu können, trieb mit ihm Englisch und ließ sich von Hildebrand erzählen. So nahe wie Hildebrand kam ihm keiner. Hildebrand war für ihn Heiterkeit, Zuversicht, Italien, und er hätte sich sehr gut mit Berlin abgefunden, wenn er den Freund bei sich gehabt hätte. Nie sagte er das offen heraus. Zärteleien zwischen Männern waren ihm ein Greuel. Er ließ Hildebrand zuweilen seine Mißstimmung merken, schimpfte auf seine immer schwankende Gesundheit, – den obstinaten Kadaver, der sich immer gleich mausig mache, wenn man ihn nicht mit Zärtlichkeit behandle, – auf seine Hypochondrie usw. Glaubte aber dann Hildebrand, ihn trösten zu müssen, so ließ er ihn ablaufen. Nur kein sentimentaler Briefwechsel. »Wenn du fortfährst, mir stets als Antwort das Bulletin meiner Gesundheit oder Stimmung zu senden, so kann ich dir gar nicht mehr schreiben; man schreibt doch mehr, um die Stimmung loszuwerden, als davon auch noch überzeugt zu werden.« Seine Hypochondrie war im

Grunde nur Wartefieber. Man mußte stillsitzen, bis es in einem klar wurde. Er wußte, es ging nicht anders, und doch wurde es ihm zuweilen schwer, auch Fiedlers wegen, dem er gern mehr gegeben hätte. Und noch viel mehr der Welt wegen, um Berlin, dieser sich in allem möglichen Unsinn wälzenden »Kaiserstadt«, etwas Entscheidendes zu zeigen. Hildebrand schrieb, er solle sich an seinen Freunden genug sein lassen, die ihn doch wirklich schätzten – und was man sonst so schreibt. Und darauf kam derbe zurück: Freunden genug zu tun, sei keine Kunst. Nur wenn man die Gleichgültigen aus ihrer Ruhe erwecke und die Widersacher überzeuge, habe man etwas geleistet. »Gibt man zu viel auf das Urteil der Freunde, so verfällt man leicht in Weichlichkeit und in die Verliebtheit gewisser Dinge, die keine allgemeine Berechtigung und Bedeutung haben.« Und im selben Brief: »Ich möchte dir überhaupt raten, mich, wenn du an mich schreibst, nicht als den mit Obstruktionen und versetzten Winden geplagten Menschen zu betrachten, sondern als etwas beliebig allgemeines, als eine Gelegenheit und weiteres nicht. Mir macht es wenig Spaß, an meine Hindernisse, und meine Person ist das größte, erinnert zu werden. Von einem hübschen Frauenzimmer läßt man sich schon eher am Kopfe herumkrauen, das hat seine Gründe. Die persönliche Teilnahme versteht sich ganz von selbst und braucht nicht besonders betont und angedeutet zu werden. Du weißt ja von je, wie sehr mir banal kameradschaftliche Verhältnisse zuwider sind, mich geradezu abstoßen. Mir würde es ein demütigendes Gefühl sein, in cliquenhafter Verbindung mit irgend jemand zu stehen, ja, mich im Leisten hindern.«

So faßte er Freundschaft auf. Die Sätze sind nicht willkürlich herausgegriffen. Hundert andere geschriebene und gesprochene ergänzen sie. So verkehrte er mit dem einzigen, der ihm ganz nahe stand; er, der Wortemacher, der hinter Reden seine Impotenz verbarg, der Cliquenhäuptling, der Größenwahnsinnige. Wahrlich, ein Größenwahnsinn besonderer Art. Fürstlich kann man ihn nennen. Die Größe einer Selbstigkeit von spartanischer Selbszucht. Wahnsinn, weil selbst ein Hildebrand vor der eisigen Höhe solcher Ansprüche schließlich zurückschrecken mußte.

Die Arbeit unterbrach ihre Korrespondenz. Fiedlers Schwager hatte Lust, sich von Hildebrand einen Gartenbrunnen machen zu lassen. Marées trat lebhaft dafür ein, schon damals erkennend, daß auf diesem Wege, in einer mit Architektur verbundenen Plastik, Hildebrands Ziel lag. Auch ihm selbst winkte neue Arbeit. Frau Irene Koppel hatte Fiedlers Bildnis gesehen und bewundert. Fiedler fragte in ihrem Namen an, ob Marées wohl ein Damenbildnis übernehmen würde. Frau Schäuffelen, die Mutter der Frau Koppel, wäre vielleicht bereit. Marées teilte nicht die Bewunderung des Fiedlerschen Porträts, fand aber die Idee der Frau Koppel aller Erwägung wert. Die alte Dame war ihm sehr sympathisch, und es ließ sich sicher daraus etwas machen. Er wollte mal nach Dresden fahren und zuschauen. Sehr gern würde er, ehrlich gestanden, auch von Frau Irene ein Bild machen. Doch solle Fiedler ja nichts von solchen Wünschen verlauten lassen. Im Hintergrunde schlummerte die Hoffnung, allmählich als Bildnismaler zu materieller Unabhängigkeit zu gelangen und Fiedler entlasten zu können. Die Geldgeschichte machte ihm zuweilen Kopfschmerzen.

Ende Juli fuhr er denn auch richtig nach Dresden und wurde von der alten Frau Schäuffelen, die mit Koppels im selben Hause wohnte, mit aller Herzlichkeit aufgenommen. Das tat ihm sehr wohl. Er hatte Koppels seit Rom nur selten wiedergesehen und die harmlose Art des Verkehrs mit ihnen nicht wieder genossen. Frau Irene war auch ein Stück jener sturm- und drangvollen Romzeit. Ihr Gatte hatte sich in diesem Jahre als Privatdozent der Geschichte am Dresdner Polytechnikum installiert und war von anregender Arbeitsatmosphäre umgeben. Und nicht weniger gut kam Marées mit der alten Frau Schäuffelen aus. Sie war, nicht nur dem prachtvollen Kopf nach, eine breit angelegte Natur, ein Temperament, das gern überlief und im Affekt – eigentlich war sie immer im Affekt – keine kleinlichen Hemmungen kannte, und hatte den richtigen derben fränkisch-schwäbischen Humor von ihren Ahnen her.

Nach einigen Tagen behaglichen Zusammenseins begann Marées zwei Bildnisse nach der alten Dame und nach Frau Irene, sah aber gleich, es würde nicht so schnell gehen. Das Arbeiten in einer Wohnstube war nicht bequem und die Aufgabe sehr schwierig. Seit der Münchener Zeit war ihm keine Frau vor die Staffelei gekommen. Auch damals hatte er nur ausnahmsweise ein Damenbildnis versucht und nicht die entschiedene Form gefunden, die ihm dem männlichen Modell gegenüber zu Gebote stand. Man war tief im Sommer. Koppels wollten verreisen. Notgedrungen mußte Marées die Arbeit aufschieben. Er versprach sich und den Frauen, sie, sobald es anging, wieder aufzunehmen. Die wenigen Wochen in Dresden waren so angenehm verlaufen, daß es ihm sichtlich leid war, sich von seinen Gastgebern zu trennen. Koppels wollten nach Oberammergau und in die Berge und baten, er möchte mitkommen. Nachher sollte er mit ihnen nach Dresden zurückkehren und so lange malen, wie es ihm paßte. Vielleicht fand sich in der Nähe ein Atelier, wo er sich besser installieren könne. Marées sagte nicht Nein. Fiedler und sein Bruder ließen sich bestimmen, mitzukommen. Auch Adolf Stern, der Literarhistoriker, ein Freund Koppels, schloß sich an. Ein paar

Wochen trieb man sich in Bayern herum. Am 27. August saß die ganze Gesellschaft im Passionsspiel in Oberammergau. Zwei Tage darauf bestieg Marées mit Koppel von Partenkirchen aus die Zugspitze und war nicht wenig stolz auf die Leistungsfähigkeit seines verrufenen Piedestals. Dann war man in München zusammen. Marées führte die Freunde an die Stätte seiner ersten Freuden und Leiden. Gegen den zehnten September traf er mit Koppels wieder in Dresden ein. Es blieb ihm nur kurze Zeit, er hatte Fiedler zugesagt, ein paar Wochen in Crostewitz zu verbringen und wollte dann nach Berlin, wo er noch allerlei an den Bildern der letzten Zeit fertig zu machen hatte. Die Frauenbildnisse mußten bis zum nächsten Jahre bleiben. Dann würden Koppels in einem neuen Hause an der Sidonienstraße wohnen, wo mehr Platz war. Marées sollte zu ihnen ziehen und sich ganz wie zu Hause betrachten. Die paar Wochen hatten gezeigt, sie würden sich vertragen. Er schlug es mit schwerem Herzen ab. Seine Art zu arbeiten, paßte nicht in einen geordneten Haushalt, und ohne sein gut abgeschlossenes Atelier, das er gern in der Wohnung hatte, gab es für ihn keine Existenz. Da kam Koppel auf die Idee, ihm den Garten des neuen Hauses, der groß genug war, zur Verfügung zu stellen. Den Platz sollte er umsonst bekommen. Vielleicht baute Fiedler dem Freunde eine rechte Arbeitsstätte mit ein paar Zimmern, einen Pavillon, wo er ganz allein mit einer Wirtschafterin hausen konnte. Das wäre der Traum, gab Marées zu, aber wie sollte er Fiedler das neue Opfer zumuten! – Das besorgten Koppels. Sie wiesen Fiedler auf die Notwendigkeit, dem Künstler das Behagen zu geben, das er in Berlin nimmermehr finden würde. Die Arbeit würde die Ausgabe, die nicht gerade unerschwinglich war, einbringen. Ein paar tausend Taler kamen schon bei dem Bildnis der Frau Schäuffelen heraus. Gefiel es in Dresden, würden weitere Aufträge nicht ausbleiben. Als Fiedler in der dritten Septemberwoche nach Dresden kam, wurde das Projekt endgültig besprochen und angenommen. Marées machte den Plan. Man übergab ihn einem Architekten, der gleich mit der Arbeit begann. Im Frühling sollte der Pavillon fertig sein. Nachdem alles geordnet war, fuhren Fiedler und Marées nach Crostewitz.

Marées war mit der Wendung der Dinge wohl zufrieden. Er betrieb von Berlin aus, wohin er in der ersten Oktoberwoche zurückgekehrt war, eifrig den Bau des Dresdener Ateliers. »Ich kann Ihnen nicht ausdrücken«, schrieb er Fiedler, »wie sehr ich mich auf die neuen Zustände freue. Nicht sowohl die Veränderung, als vielmehr die sichere Aussicht, mich dauernd konzentrieren und meine bisher so gänzlich verschleuderten Kräfte mit Umsicht verwerten zu können und zu müssen, erfüllt mich mit Heiterkeit und Zuversicht.« Er gesteht dem Freunde, er könne alles bisher Geleistete »nur als provisorisch« betrachten und müsse sich gefallen lassen, deshalb für einen Unbeständigen zu gelten. Aber er hoffe, in Dresden, »wenn auch nur einen kleinen Teil des vorschwebenden erfaßlichen Ideals« zu verwirklichen. In demselben Brief spricht er auch von der Absicht, von nun an von allen zu unternehmenden Bildern vorher Skizzen zu machen. Er hoffe, auf diese Weise schneller vorwärts zu kommen. Schon damals hatte er also die Mängel übertriebener Überarbeitung eines und desselben Bildes erkannt. Die »Römische Vigna« wird ihm die Einsicht nahegelegt haben.

Noch im Oktober begann Marées das Bildnis des Grafen Seyssel d'Aix. Wir wissen heute nicht mehr, wie es aussah. Man hat die Dekorationen der Uniform von einem Handwerker übermalen lassen. Dabei ist ein Major zutage gekommen, und der Mensch, den Marées dargestellt hatte, ist verblichen. Da

Marées das Bild nebst anderen Bildnissen für eine Ausstellung bestimmt hatte, kann es nicht ohne Bedeutung gewesen sein. Noch weniger wissen wir von dem Porträt der Frau Hauptmann von Seelhorst, das Marées selbst in einem Anfall von Ärger über die unzufriedene Bestellerin, eine Verwandte, zerstört haben soll.

In der ersten Dezemberwoche war er mit Fiedler zusammen in Dresden, um nach dem Atelier zu sehen. Sie reisten zusammen nach Berlin zurück und damals sah Fiedler im Atelier die Bilder der letzten Zeit. Er war nicht sonderlich entzückt. »Immer nur Anfänge«, notierte er, »indessen diese wenigstens hoffnungsvoll und bedeutend (im Gegensatz zu Marbachs dichterischen Versuchen).«[11] Das ging auf Bilder wie den Bruder und den Marbach. Marées hat schwerlich die Reserve bemerkt, und hätte er sie bemerkt, wäre er wahrscheinlich mit Fiedler einverstanden gewesen. Schon daß Koppels das Bildnis Fiedlers bewunderten, war ihm gar nicht recht, und er hatte sich ein wenig geärgert, daß sie das Bild gesehen hatten. Er fühle sich, schrieb er, genötigt, nur reife Früchte darzubieten. »Meine ganze Art und Bestrebung sind lächerlich, wenn sie nicht durch Vollendung gekrönt werden.«

Hildebrand war seit Oktober wieder in Berlin und Marées freute sich seiner Fortschritte. Der Junge erfüllte alles, was man erhofft hatte, und war noch immer der lustige Kumpan. Die Abende bei Lanzsch, am Gendarmenmarkt, nahmen zuweilen kein Ende. Am Tage wurde fleißig gearbeitet. Sie wohnten zusammen, aber hatten getrennte Ateliers, und Marées vermied es geflissentlich, zu oft zu Besuch zu kommen. In einem Punkt machte ihm Hildebrand Sorge. Der Jünger hing zu bedingungslos an seinem Urteil. Er faßte alles und mit überraschender Leichtigkeit, aber man konnte zweifelhaft sein, ob es ihm wirklich zum Eigentum wurde. In seiner überempfindlichen Gewissenhaftigkeit begann Marées sich ernstlich zu fragen, ob er recht tue, den Freund an sich zu fesseln. Hildebrand arbeitete ihm zu fix. »Er erkennt bei den Dingen«, schrieb er Fiedler, »mögen sie gesagt oder gemacht sein, schnell den Punkt, auf den es ankommt, er ist gleich bis hinten hin. Nun hat aber jedes Ding einen Anfang, und es ist schwer und unpraktisch, denselben im Ende auffinden zu wollen. An diesem Dilemma leiden wir alle mehr oder weniger, und dadurch entstehen dann auch Produktionen, die ich hypermodern nennen möchte.« Der Sinn ist nicht zweifelhaft. Marées war von der sauren Notwendigkeit, sich allein durchzuringen, indem man sich zur Welt und zur Kunst in ein beständig steigendes Verhältnis setzte, so durchdrungen, weil er neben den Bitternissen des langen Werdens doch auch die Früchte reifen sah. Selbst die beste Abkürzung mußte, so schien ihm, den Preis kürzen. Es handelte sich ja doch nicht um die Erkenntnis eines konkreten Einzelresultats, nicht um die intellektuelle Einsicht in diesen oder jenen Zusammenhang, sondern um die Erfindung einer eigenen Vision. Die war es erst, die besondere Ausdrucksmittel zutage brachte. Nur aus Eigenem konnte das Mittel des Künstlers entstehen. Die Not mußte es gebären, der Drang von innen nach außen. Vielleicht tat er dem Künstler keinen Gefallen, indem er dem Menschen die Not abnahm. Und ihm selbst paßte die Rolle des Pädagogen nicht, gerade weil er sich immer dafür bestimmt fühlte. Er mußte dabei zu sehr auf sich aufpassen und geriet in Gefahr, die Harmlosigkeit zu verlieren. Vielleicht sagte er dem anderen nur das, was auf ihn selbst paßte, und verpaßte dabei den Nutzen der Lehre fürs Eigene. Fiedler gab ihm recht. Das beste für Hildebrand war Italien. Er versprach, sich zu überlegen, wie man es ermöglichen könnte. Marées blieb Weihnachten allein in Berlin bei der Arbeit; vielleicht hat er damals nochmal an den Parkbildern gesessen. Auch zu Neujahr ließ er sich nicht nach Crostewitz verlocken. Als Hildebrand und Grant nach den Feiertagen wieder eintrafen, überraschte er sie mit der Bitte, ihm für ein Doppelbildnis zu sitzen.[12] Es wurde das merkwürdigste Bild der Berliner Zeit.

Man sieht ihm an: es entstand im Norden, im Dunkel, man hatte nicht viel Sonne, in einem traurigen Berliner »Arbeitswinter«. Darüber hat er viel geklagt. Darüber ist das Bild so farbig geworden, und zwar ohne Palette. Der Marbach und der Bruder sind Juwelen daneben, die Parkbilder bunte Dinge. Trotzdem ist es farbiger und konnte es vielleicht nur hier in der ärmsten aller Städte werden. Nie hätte Marées der Helligkeit bedurft. Er sehnte sich wie alle seiner Art, sein Sehnen war seine Kunst, nie und nirgend wäre er zufrieden gewesen. Licht in sich selbst wollte er spüren. Das was draußen war, blieb draußen oder war ihm nur der zufällige Angelpunkt für die Laune. In der Sahara hätte er Schatten gefunden. Viel Licht konnte seine Bilder einen Grad leuchtender machen, nie ihn, den deutschen Waldmenschen, in ein lächelndes Sonnenkind verwandeln. Im Schatten regen sich die beiden Menschen. Im Hintergrund Charles Grant, breit, gewaltig, die Höhe bis nahe an den Rand des Rahmens füllend. So stand vielleicht einmal der Doktor Johan Deyman auf dem verbrannten Amsterdamer Bilde. Vorne jugendlicher, blonder, scharf im Profil, Adolf Hildebrand. Er ist ernster geworden. Die Krankheit hat das Antlitz reich gemacht. Man scheut sich, diese ungreifbare Materie Fleisch zu nennen. Diesmal sind beide sehr ähnlich getroffen. Der eine lebt noch unter uns, wir können sein Gesicht wiederfinden, das strahlende Auge im Blond. Können wir es wirklich? – Grant, Hildebrand, sind es nicht doch nur Namen,

Titel für Realitäten, die uns allerlei sagen? Nennen sie wirklich diese beiden Gestalten? Wir möchten vielleicht eher einen jungen Edelmann darin sehen und seinen Lehrer. Es kommen Unterschiede zwischen den beiden heraus, für die keine Lebensgeschichte der beiden Platz hat. Wenigstens könnten wir nie auf Grund von Realitäten darauf hingewiesen werden. Auch der beste Freund der Dargestellten vermöchte aus seinen Erlebnissen mit ihnen nichts zu dem Bilde hinzuzufügen. Seine Erfahrung würde ihn höchstens hindern, wie den mit dem Dichter befreundeten Leser die Kenntnis der Geschichte, die zum Dichtwerk wurde. Das Bild ist noch weniger als das des Bruders, viel weniger als der Marbach, Bildnis. Noch deutlicher formt sich die über den Einzelfall hinausgehende Erfahrung. Die Abstraktion ist wenn möglich noch geistigerer Art, und es wäre vielleicht nicht allzukühn, daraus auf die verschiedenen Arten von Intimität zu schließen, die ihn mit dem Bruder und Marbach und mit den beiden Freunden des Doppelbildnisses verbanden, und daraus einen höheren Begriff der Ähnlichkeit zu gewinnen. Die Zweiheit des Motivs trägt sichtlich zu der Sonderheit bei. Man kann sich weder Hildebrand noch Grant allein denken. Jedes der beiden Stücke gäbe ein nicht vollendetes Bildnis, bliebe nahezu formlos. Erst die Zusammenwirkung gestattet die lose Art der Behandlung. Der eine ergänzt den anderen. Hildebrand gibt dem schattenhaften Grant ab, der, allein, ein Schemen wäre, und gewinnt selbst von dem Partner die Atmosphäre. Darauf aber beschränkt sich das sichtbar Gemeinsame der beiden in demselben Bilde. Es fehlt jede verbindende Legende. Hildebrand blickt nicht etwa zu Grant hinüber, sondern erscheint ganz unabhängig von der Anwesenheit des Freundes. Ebenso deutet nichts in dem physiognomischen Ausdruck Grants auf den Partner. Die Anordnung ist typisch für Marées. Die Zusammengehörigkeit wird mit Körpern, Massen, jenseits von allen aus der Psychologie abgeleiteten Beziehungen bewirkt und erobert stillschweigend unser Bewußtsein. Gerade der Ausschluß aller Eselsbrücken des Intellektes sorgt für die Zufuhr geheimnisvoller Gefühlsmomente. Es muß etwas sein, was die beiden zusammen haben. Es ist weder zu ergründen, noch möchte man es ergründen. Wem fiele es ein, der Luft nachzugehen, die zwischen zwei Personen schwebt!

Auch das erste Doppelbildnis aus früher Zeit, auf dem er sich selbst mit Lenbach gemalt hat, entsprang einer als frei gefühlten Anschauung. Aber das Gefühl der Freiheit stand auf niedrigerem Postament. Der Reiz beruhte nicht so ausschließlich auf der künstlerischen Abstraktion, war nicht so unabhängig von jeder Nebenabsicht. Da wirkte vielmehr die treffende Charakterisierung mit und die an Karikatur streifende Verschiedenheit der beiden Gestalten. Die Art war vollendet, aber wurde ein Hindernis auf der Bahn zu einer weiteren größeren Art von Wirkungen. An dem Aufbau hatte der Zeichner stärkeren Anteil als der Maler, und daher war nicht das Räumliche zwischen den Köpfen gewahrt, das wir empfinden müssen, um den Zusammenhang als überwindende Kraft zu spüren. Dagegen spürte man das Geistreiche des Menschen, dessen Künstlerhand den Unterschied zwischen den beiden Dargestellten greifbar und mit einem Minimum von Mitteln zu schildern vermochte. Aber dieses Geistreiche erscheint nur niederer Wert neben der Gewalt des Ausdrucks in dem späteren Doppelbildnis, wie etwa ein witziger Mensch neben dem Geist vollkommener Größe versagt. Es ist mehr Raum zwischen Grant und Hildebrand als zwischen Lenbach und Marées. Und dieses Distanzgefühl überträgt sich auf alle Möglichkeiten des Vergleichs und wird schließlich zu einem Gefühlsmoment wachsenden Umfangs. Die Gestalten erscheinen selbständiger für sich, obwohl sie tatsächlich weniger individualisiert sind. Die Malerei läßt sie entstehen, sie wachsen langsam aus dem Dunkel hervor. Man empfängt die Ahnung einer weit zurückliegenden Genesis. So bildet sich in allmählichem Werden ein Stück Natur, um in denkbaren Zeiten nie wieder zu verschwinden. Nicht das Mittel des frühen Bildes vermag solches Werden. Es war dafür zu eindeutig, zu sehr Schriftzeichen, Ziffer. Wohl beschränkte sich die Zeichnung nicht auf den Strich. Wir konnten auf die Modellierung, auf eine Andeutung des Raumes hinweisen. Aber es blieb Andeutung eines Autodidakten, und daran hatte des Malers eigenstes Mittel, die Tonwelt, die der Pinsel aus der Farbe lockt, nur geringen Anteil. Eine nahezu barbarische Farbe bekleidete die Gesichter, barbarisch, nicht weil sie die schönen Tinten verschmähte, sondern weil sie innerhalb ihres Gefüges das System vermissen ließ. Das Organische war auf ein primitiveres Gebiet, die Flächenkomposition, beschränkt. Trotz seiner heterogenen Materie wirkt das Bild sehr stark. Die Hinstellung eines überzeugenden kompositionellen Gedankens riß den Betrachter fort. Dagegen ist der Einfall in dem neuen Bilde nichts weniger als überraschend. Ist es überhaupt das, was man einen Einfall nennen könnte? Das Spontane wird hier zu einem untergeordneten Faktor. Es ist auch in diesem Bilde nicht ganz verschwunden, aber zu einer bedingten Erscheinung, zu einem Detail geworden. Spontan ist zum Beispiel das Fleisch behandelt, das in dem Schleißheimer Werke so schlecht wegkam. Es verdichtet die Lichtteile des Bildes zu der umflossenen Materie, in der sich alle Substanzen des Schattens als schwimmende Farbe wiederfinden. Die Modellierung raubt dem blonden Antlitz Hildebrands mit dem losen Haar nichts von der Weichheit des Fleisches. Vielleicht stellte Marées den Kopf ins Profil, um die zart geschnittenen Züge nicht zu stark modellieren zu müssen, während das breite Gesicht Grants für die leicht gedrehte Vorderansicht gegeben erscheint. Dagegen forderte die Art, wie in dem frühen Doppelbildnis die Köpfe gestellt waren, die Modellierung heraus, und über den großen, nicht erfüllten Rest dieser Forderung täuschte nur mit Mühe der Esprit des Bildes hinweg. Es sind mehr Gesichter als Köpfe, und man kann sich nicht mit Sicherheit die dazu gehörenden Körper vorstellen – auch wenn es feststeht, daß man nie danach suchen würde. In dem späteren Werk wirken die Gestalten und zwar nicht nur, weil der gewählte Ausschnitt mehr von ihnen sehen läßt, sondern weil die Art der Darstellung aus einem größeren Komplex von Wirkungen die Einheit gewinnt. Nicht die Modellierung allein hat den entscheidenden Anteil. Das Werk gehört nicht in die unwirtliche Gegend von Doppelbüsten, die aus der Plastik in Malerei übertragen werden. Ein Maler hat es für Malerei ersonnen. Ein Künstler von geläutertem Instinkt gewinnt aus dem gründlich erforschten Mittel der eigenen Kunst allein die volle Reinheit seiner Abstraktionen. Es ist der Weg Rembrandts. So sind auf manchen späten Legenden Rembrandts die Menschen beisammen. Aber der Marées ist frei von dem Mittel Rembrandts, das ihm früher so teuer war. Nie hat sich der Holländer mit neutralen Farben begnügt, nie war seine Lichtskala von so geringem Umfang, nie mochte er den Schwung des Pinsels missen, der seine Menschen wie aus Erz zusammenschmiedet. So fest wußte Marées seine Leute nicht zu fügen. Sie kommen uns nicht so nahe wie die durchdringend blickenden alten Männer, wie die in leuchtendem Geschmeide prunkenden Mädchen, die uns wie Grüße aus lebendem Munde scheinen, wie die Inbrunst der ehrwürdigen Legenden. Und doch ist ihr

Schöpfer ein Enkel des gewaltigen Künders menschlicher Gesichter. Er behauptete sich ohne die ungeheure Wucht des Ahnen. Unserer vielzerrissenen Zeit fehlt die Möglichkeit solcher Konzentrationen, nicht so sehr, weil es dem Einzelnen an der Kraft gebricht, als weil ihm das Zutrauen fehlt, die Kraft gleich unverhohlen sehen zu lassen. Man hat Angst vor der Geste, möchte halb aus Versehen das Kunstwerk entstehen lassen. Die Isoliertheit drängt die Persönlichkeit in das schattenhafte Reich verstecktester Wirkungen. Man möchte alles andere, nur nicht vorlaut erscheinen, nichts sagen, was schon gesagt wurde, und doch auch nicht mit Neuheit reizen. Die Persönlichkeit schwelgt im Unpersönlichen. Das schwächt auch die Robustesten unter unseren vornehmen Repräsentanten. Marées, der mimosenhaft Empfindsame, erfuhr es nicht weniger, zumal in jener Zeit, in dem Berlin, das alles tat, ihm die Fremdheit seiner Eigenart zu erweisen, zumal bei einem Werke, das ihn mehr als andere zur Empfindsamkeit lockte. Ein stillerer, wählerischerer Geist spricht aus dem Doppelbildnis; ein Rembrandt, dem das Malen nicht alle Regungen der Seele löste, der sich scheute, seine Empfindungen unverhüllt in nackten Strichen zu zeigen, der nach einem ganz anderen, weniger durchdringlichen Netz von Wirkungen suchte. Man dürfte es vielleicht einen spiritualisierten Rembrandt nennen, einen Rembrandt, der ohne das verlockende Mittel des Großen, auf anderen verschwiegeneren Wegen dahin kam, sich auch ein Gehäuse für die sehnende Seele zu bauen.

In der letzten Februarwoche verließ Hildebrand endgültig Berlin. Marées kann also etwa sechs Wochen an dem Bildnis gemalt haben. Er war in bärbeißiger Stimmung, die ihn, schreibt er Fiedler, anderen nicht angenehm mache, für ihn selbst aber der notwendige Reflex guter Arbeit war, denn, gesteht er, er finde sich wieder. Es war ihm nicht entgangen, daß er in den anderen Bildern mehr oder weniger – weniger, als er vielleicht selbst glaubte – Einflüssen nachgegeben hatte. Das Doppelbildnis ist der echteste Marées jener Zeit.

Hildebrand ging nach Italien. Die bärbeißige Stimmung des Freundes mag vielleicht den Entschluß mitbestimmt haben. Fiedler hatte mit gewohnter Generosität Hildebrand instand gesetzt, in Florenz in Ruhe arbeiten zu können. Marées dankte dafür, als ob es ein Geschenk für ihn selbst wäre, und sagte voraus, wenigstens würde Hildebrand die Opfer reichlich lohnen. Von seiner eigenen Zukunft zögerte er immer noch, dasselbe zu prophezeien.

Inzwischen schritt der Bau des Ateliers vorwärts. Mitte April siedelte Marées nach Dresden über, froh, zu freundlichen Menschen und in die Nähe einer freundlicheren Natur zu gelangen; wohnte zunächst aber noch im Hause Koppels. Anfang Mai bezog er dann seinen »Palazetto« im Garten. Das Atelier mit der behaglichen Wohnung entsprach durchaus seinen Wünschen, und Dresden gefiel ihm, mindestens besser als Berlin. Das sächsische Spießertum hatte seine drolligen Seiten, und die Stadt verbarg nicht die Reste einer künstlerischen Vergangenheit. Man geriet hier wenigstens nicht auf Schritt und Tritt in Widerspruch mit dem Geiste der Umgebung, auch wenn er nicht gerade zum Schaffen antrieb. Zudem waren Koppels ideale Freunde. Man ließ ihm seine Launen. Er hatte eine aus bescheidenster Zurückhaltung und größten Ansprüchen gemischte Art, verstand jeden Spaß und wußte tausend Späße, manchmal hätte man ihn für einen Studenten gehalten. Und er wurde ein störrischer Bär, wenn ihm etwas gegen den Strich ging. Das hing immer irgendwie mit seiner Malerei zusammen, von der er übrigens im Gespräch nie das geringste Wesen machte. So fand er die Rücksicht auf seine Arbeit selbstverständlich und setzte sie über alle Gesetze des Hauswesens. Er betrachtete sie durchaus nicht als Rücksicht auf seine Person, sondern forderte sie wie für einen Dritten. Rief man ihn zum Beispiel zu ungelegener Zeit zum Essen, so konnte er, alle Galanterie vergessend, fuchswild werden und zwar, nachdem er kurz vorher den tollsten Ulk gemacht hatte. Koppel sah mit gelassener Bonhomie zu, war selber Künstler genug und half sich mit einem herzhaften Witz, wenn den andern die Mucken packten. Und die Frau des Haues war zu groß angelegt, und von zu heiterer Lebensart, um dem Genossen etwas nachzutragen. Sie verstanden sich, namentlich wo es galt, sich über andere lustig zu machen, und wetteiferten an Bosheit über die Dresdner Philister. Dafür hatte Marées die Kyriacusprache erfunden, ein Kauderwelsch, in dem man alle möglichen Tollheiten sagen konnte und das zumal dann an Reiz gewann, wenn andere Ahnungslose dabei waren. Die Nachbarn in der Sidonienstraße, schon lange aufmerksam auf das verdächtige Kleeblatt, zerbrachen sich den Kopf über den sonderbaren Menschen, der in dem Gartenhaus sein Wesen trieb. Manchmal des Morgens, wenn die Sonne es gut meinte, erschien er, eingehüllt in farbige Gewänder, auf dem flachen Dach seines Hauses, neigte sich dreimal gen Osten und krähte, ohne die Miene zu verziehen, ein Gebet in unverständlichen Lauten. Die Nachbarn schauten, hinter einem Zaun versteckt, mit offenen Mäulern zu, und Frau Irene und ihr Gatte beobachteten das Schauspiel hinter einer Gardine der Villa und schüttelten sich.

Koppel machte Marées zum Mitglied seines literarischen Clubs der »Vierzehner«, dem Hermann Hettner, der Bildhauer Hähnel, Karl von Beaulieu-Marconnay, Karl Andree, Schlömilch, Freiherr von Biedermann und andere geistvolle Leute angehörten. Man traf sich Mittwochs in Koppels Wohnung. Frau Irene führte das Protokoll, das manchen literarischen Genuß verzeichnete. Man las gewählte Dichtungen vor und diskutierte darüber; Marées war fleißig dabei und erwies sich als geistvoller Kritiker. Von seiner Malerei ließ er nur den Karikaturisten sehen. Keiner ging ungemünzt von dannen. Bei einem Stiftungsfest der »Harmonie«, des polytechnischen Kegelclubs, hatte Koppel die Biographien der Mitglieder in schwungvollen Versen festgehalten. Marées machte aus dem Stegreif die Moritaten der Dargestellten dazu. Leider hat sich keins der Scherzbilder erhalten; es seien denn die beiden Karikaturen auf Schopenhauer, mit denen Fiedler beglückt wurde. Marées scheint sich übrigens damals ernstlich mit dem Plan getragen zu haben, zu dem Don Quichotte seines geliebten Cervantes Illustrationen zu zeichnen. Wenigstens betonte er oft zu Koppel, wie schmählich er alle bekannten Illustrationen finde. Daumiers Bilder waren ihm unbekannt.

Er fand in Dresden den alten Bürkner, den Freund der Eltern, wieder, dessen Zeichnungen er als Kind kopiert hatte.[13] Von jüngeren Künstlern sah er des öfteren den Maler Heinrich von Doernberg und den Bildhauer von Meyenburg[14], von jüngeren Literaten Adolf Stern, der auch zu den »Vierzehnern« gehörte. Stern war durch seinen Freund Andreas Oppermann, den Biographen Rietschels, mit dem Leipziger Kapellmeister Karl Riedel und durch diesen mit Wagner und Liszt bekannt geworden, hatte infolge dieser Beziehungen die Stelle eines Sekretärs bei dem von Riedel gegründeten Allgemeinen Deutschen Musikverein erhalten und galt als Streber. Er versuchte, sich enger an Marées anzuschließen, fand aber keine Gegenliebe. Marées war die Wortfülle des nicht sonderlich profunden

Schwärmers unsympathisch, zumal seine grenzenlose Verehrung für Richard Wagner. Damals waren Wagners Getreue Feuer und Flamme für das Bayreuther Festspielhaus, dessen Grundstein soeben gelegt worden war, und es gab in Leipzig und Dresden kaum einen Kreis, in dem nicht mit Macht für oder gegen die Gründung gestritten wurde. Marées war, ohne besonders musikalisch zu sein, mit Bach, Mozart und Gluck vertraut. An Wagner störte ihn die übertrieben sensuelle Note; für die positiven Neuerungen des Orchestervirtuosen hatte er vermutlich kein rechtes Verständnis oder achtete sie als Mittel zu unzureichenden Zwecken gering. Dagegen durchschaute er ohne weiteres den Ästhetiker Wagner, dessen Schriften er unabhängig von der Musik würdigen konnte. Stern zitierte gern »Das Kunstwerk der Zukunft«, und Marées konnte bei dem rohen Satz von der Einheit aller Künste in dem Drama der Zukunft aus der Haut fahren. Ihm kam dies neue Drama wie das neue Deutsche Reich vor, eine quantitative Vereinigung ohne organisches Gefüge. Wagners Reorganisationsversuch bedeutete für ihn keine Wiederherstellung gesunder Bedingungen für die Gesittung der Masse, sondern einen weiteren Schritt hinab auf der Bahn zur Entgeistigung des Kunstwerks; ein Gründer-Ideal, das den Mangel an inneren Werten unter äußerlichem Pomp verbarg und durch den Umfang ersetzen wollte, was ihm an Intensität gebrach. Er war und blieb in dem Kreise der energischste Gegner Wagners, während sich Fiedler nicht dem Einfluß Leipziger Freunde entziehen konnte. Auch Hildebrand, der in bescheidenem Umfang selbst Musik trieb, hat sich nie zu Wagner bekehrt. Bei einer besonderen Gelegenheit wäre Marées' Gegnerschaft bei einem Haar öffentlich geworden. Man gab zu Ehren Wagners in Dresden ein Bankett, an dem auch Marées mit seinen Freunden teilnahm. Wagner hielt eine

Rede und sagte unter anderem, man müsse Schillers Wort heute umdrehen und behaupten: heiter sei das Leben, ernst sei die Kunst. Marées war nur mit Mühe zurückzuhalten, dem Gefeierten offen zu widersprechen. Das geringfügige Wort schien ihm für Wagner typisch und es galt ihm als Entwürdigung. Nie durfte die Kunst von dem sichtbaren Ernst des Schaffenden getrübt werden. Heiter sollte sie sein, aller sichtbaren Anstrengung entrückt, auch wenn der Künstler dabei blutige Tränen vergoß. Jede Anspielung auf das Mühselige der Schöpfung war verächtlich. Die Diskussion nach dem Bankett dauerte bis in den Morgen.

Gerade er, dem die Arbeit jetzt nicht leicht wurde, durfte einem anderen, dem es leichter wurde, das unüberlegte profane Wort vorwerfen. Es traf ihn in dem gegenwärtigen Moment wie eine unwillkommene Bestätigung geheimer Sorgen. Er wollte nicht Wort haben, daß er sich mit den beiden Bildnissen nach den Frauen quälte, und quälte sich vergeblich. Weder das der alten Schäuffelen, noch das der Frau Koppel wollte von der Stelle. Er hatte nach Frau Irene schon ein halbes Dutzend Fassungen mit und ohne Kind gemalt. Keine einzige vermochte das endgültige Bild zu geben. War die »Bestellung« daran schuld, daß man ihm für die Bilder reichliche Bezahlung zugesagt hatte, oder seine Ansprüche an sich selbst, die nun, wo er alle äußeren Bequemlichkeiten genoß, von ihm eine über das Maß hinausgehende Aufbietung forderten? Oder vielleicht gerade dieses behagliche, ihm ganz ungewohnte Dasein mit den zahlreichen Unterbrechungen geselligen Treibens, das manche neue Lockungen brachte. In dem Menschen Marées ging in Dresden eine Veränderung vor. Mancher seiner römischen Freunde hätte sich schon über seinen drolligen Umgang mit Koppels gewundert. Noch mehr, wenn er ihn im Verkehr mit einer jungen Dame beobachtet hätte, einer Wienerin, die in Dresden bei Verwandten zu Besuch war und die er auf dem Ludwig-Richter-Fest kennen gelernt hatte. Fräulein Melanie T. war jung und sehr schön und brachte Marées, der bisher nur Frau Irene für eine Ausnahme unter den Frauen gehalten hatte, eine entschieden mildere Auffassung des weiblichen Geschlechts bei. Was Marées keiner ihrer Geschlechtsgenossinnen verziehen hätte, wurde ihr zu besonderem Vorteil angerechnet. Sie malte. Sie brachte es fertig, in das Atelier zu dringen und sich von ihm malen zu lassen, und zwar wurde, so scheint es, ein sehr schönes Bild daraus, das dem Maler glatt von der Hand ging, auch wenn er sich nicht sonderlich beeilte. Und als sie glücklich in der Höhle des Löwen war, kostete es sie nur einen Wink, um den Strengen zu dem devoten Anerbieten zu veranlassen, bei ihm als Schülerin einzutreten. Als sie das erstemal in dieser Eigenschaft kam und sich die Schürze umband, fand sie ihre Palette mit Blumen bekränzt, und der Meister hielt ihr eine Rede: Über »die Wesen ohne Schnurrbart«. Im allgemeinen seien diese Wesen wohl aus diesen und jenen Gründen nicht zur Kunst berufen, und zwar zumal, weil sie in erster Linie immer nur Damen sein wollten, was so viel heiße, als die Männer vom Arbeiten abhalten; dann, weil sie nie das Comme-il-faut aus dem Auge ließen und nur an die gute Gesellschaft dächten, wofür der Verstand eines Nußknackers leidlich ausreiche. Wenn die kleine Schülerin aber all diesen verruchten Unfug abtun wolle, so sei er nicht abgeneigt, sich ihrer anzunehmen, und sehe nicht ein, warum sie es nicht weiter bringen solle als ein Mitglied des Senats der Königlichen Akademie in Dresden. Wir wissen nicht, ob sich diese Hoffnungen erfüllten, nur daß er sich tatsächlich Mühe mit der Schülerin gab, ihr nicht nur erlaubte, zuzusehen, wie er ihr Konterfei machte, eine Gunst, die bis dahin niemand widerfahren war – Frau Koppels Porträt malte er hinter einem Schirm verborgen –, sondern ihr auch eingehenden, sogar bis zum gewissen Grade theoretischen Unterricht erteilte. Er machte die piccola pittrice darauf aufmerksam, daß man niemals einen Gegenstand für sich betrachten, vielmehr beobachten müsse, wie er sich zu seiner Umgebung verhalte; sowohl in seiner Begrenzung als auch in seiner Farbe. Dabei erkenne man dann die höchst merkwürdige Möglichkeit, rund zu malen, ohne zu modellieren. Das Auge nehme in der Natur zunächst nur verschieden begrenzte und gefärbte Flecken wahr, und nur die Erfahrung lasse diese Flecken als Gegenstände erkennen. Es komme also darauf an, die Flecken, nicht die Gegenstände nachzuahmen, wie das denn auch alle großen Maler seit dem 17. Jahrhundert getan hätten. Aus der rechten Organisation der Flecken gehe das Bild hervor. Er riet ihr, einmal ohne an ihn zu denken, so eine Organisation zu versuchen. Denn die müsse sie selbst finden. Zwischen Auge und Natur dürfe sich kein Lehrer drängen.[15] In simpelster Form war das goldene Lehre. Daneben wurde nach allen Regeln Cour geschnitten. Marées verguckte sich in seine Schülerin. Sie war Jüdin und hatte ein gutes Profil. Er hat es später unzählige Male gezeichnet; die schöne Nase, die gerade in die Stirn läuft, die von krausen schwarzen Locken gerahmte Stirn, die er sich gern von dem antiken Helm beschirmt dachte. Er nannte sie Pallas Athene und zeichnete sie immer als Griechin, auch wenn er ihr nicht den Helm gab. Manche der zarten Bleizeichnungen erinnern an die Evokationen griechischen Wesens, die eine Generation später Bonnard erfand. Man möchte fast glauben, das Blut der Jüdin, dem der Mutter, die ihm die ersten griechischen Märchen erzählt hatte, stammverwandt, habe ihn auf die Spur geleitet. Zunächst blieb es ein Flirt ohne Bedeutung. Man machte angenehme Wagenpartien, spielte im Winter Theater zusammen, amüsierte sich. Als Fräulein Melanie nach Wien zurückkehrte, machte er sich aus, einmal hinkommen zu dürfen, und wurde freundlich ins Haus der Eltern eingeladen.

Fehlte dagegen die zierliche Pallas dem Kreise, so war Marées bärbeißiger als je, schützte Arbeit vor, wenn man ihn zu dem gewohnten Skat oder zu der Partie Billard verleiten wollte, und ließ niemand zu sich. Auch Fiedler nicht. Der kam gern zu gemeinsamen Ausflügen herüber und bat manchmal, ins Atelier zu dürfen. Marées blieb starr, und der andere ärgerte sich ein wenig. Sich vor Besuchern zu verschließen, von denen falsche Beurteilung erwartet werden konnte – dagegen war nichts zu sagen; daß Marées aber die gleiche Maßregel gegen den Freund anwandte, das glaubte Fiedler einem Mangel an Vertrauen zuschreiben zu müssen. Darüber konnte er »einige Empfindlichkeit nicht unterdrücken« und »hatte auch gar nicht die Absicht, dies sehr zu verhehlen«. Marées meinte, die Bilder, namentlich das der Frau Koppel, seien noch nicht so weit, um gezeigt zu werden, und Fiedler konnte sich nicht enthalten, daraus auf einen Mangel an Leistungsfähigkeit zu schließen. Er überzählte die Jahre. Kam jetzt nicht bald eine ganz unzweideutige Leistung zum Vorschein, mußte man ernstlich fragen, ob es überhaupt je dazu kommen würde. Nicht an dem Talent zweifelte er, auch nicht an dem Ernst des Wollens. Aber an der Möglichkeit, die Schwierigkeiten zu überwinden, die wohl zum guten Teil in der Störrigkeit des Menschen lagen. »Ein so bedeutendes Talent, gepaart mit einem so vortrefflichen, aber zugleich so stolzen Charakter, hat einen schweren Weg durch dieses Leben zu nehmen; aber wer es von vornherein für unmöglich hält, daß ihn ein Freund mehr als nur äußerlich fördern kann, der macht sich einsam, wo er doch nur selbständig zu sein brauchte.«[16] Koppels glätteten die Verstimmung, und Marées' wiederholter Aufenthalt in Crostewitz während des Sommers trug auch dazu bei. Aber es blieb ein leiser Mißton, der Marées entging, aber dem stillen Fiedler viel Kopfzerbrechen machte.

Im August ging Fiedler auf mehrere Monate nach Italien, zunächst zu Hildebrand. Nicht ohne Neid ließ ihn Marées ziehen. Italien – das tauchte zuweilen wie ein schweigendes Memento auf. Nicht die Heiterkeit der italienischen Atmosphäre lockte ihn. Er war nie da unten so fröhlich wie in Dresden gewesen, hatte nie Komfort und Behagen gekannt. Dafür etwas anderes, für das es in Dresden, mochte das Milieu auch noch so vergnüglich sein, keinen Ersatz gab und das ihm die Arbeit zu einer fühlbaren Last machte. Er kam weiter, er merkte es wohl, auch mit den beiden Porträts. Er hatte nicht nachgelassen. Seine Einsicht war größer, die Tätigkeit ruhiger, gefaßter geworden. Er hatte gelernt, die Exzesse der Begeisterung und der Unzufriedenheit zu überwinden, fand sich zuweilen fast ein Spießer, der sein Tagewerk tat. Es war vielleicht ganz gut so. Alle Großen waren schließlich stille Bourgeois geworden und hatten dann erst das höchste vollbracht. Aber sie waren eingesessene Leute, fühlten sich zu Hause, waren an dem Platz, der ihnen ungewollt, wenn es endlich so weit war, die Schichten von der Seele löste. Davon war bei ihm keine Rede. Koppels waren reizende Menschen, das kleine Fräulein auch, andere auch. Sie hatten Respekt vor ihm, sogar so viel Respekt, daß man kaum ein Wort über das, was einen eigentlich anging, mit ihnen reden konnte. Wenn er nur einen, einen einzigen Menschen gehabt hätte, mit dem er ganz harmlos über seine Sache reden konnte. So wie mit Hildebrand. Hätte er ihn gehabt, so wäre das Bedürfnis nach Aussprache vielleicht gar nicht so groß gewesen, denn eigentlich war es doch seine Sache nicht, sich in des Freundes Busen zu ergießen. Das fand er sogar von Rechts wegen unwürdig. Er schrieb aber doch einmal ganz unverhohlen an Hildebrand, er sehne sich nach ihm; wie sehr, brauche er weiter nicht zu versichern; in seinem Alter schließe man nicht mehr solche Bekanntschaften usw. Er wurde fast rührselig. Natürlich war Fiedler da, ein Freund, wie man ihn zum zweitenmal in der Welt nicht finden würde, sie könnten wahrhaftig beide das Schicksal nicht genug preisen usw. Und das meinte er so, wie er es schrieb. Aber im übrigen war eben Fiedler ein Mensch mit sieben Häuten und saß jetzt in Italien, von wo strahlende Briefe über Hildebrands neue Arbeiten kamen. Und er saß in Dresden. Zu Hause? es wäre ihm schrecklich gewesen, dieses sanfte Wohlleben in der matten Stadt sein Zuhause zu nennen. Man konnte hier leben, man konnte sich sogar ganz ausgezeichnet und gebildet unterhalten. Aber schaffen – das, was ihm in Italien vorgeschwebt hatte? In der ganzen Zeit war ihm nicht eine Komposition eingefallen. Einmal hatte ihn nolens volens der Drang gepackt, von den Bildnissen loszukommen, er mußte etwas anderes machen, um sich wieder zurechtzufinden, um den Pinsel zu fühlen, den er bei den Porträts fast nur zum Wegwischen brauchte. Und da hatte er einen Rubens nachgemalt, halb aus dem Kopf, halb nach einem Kupferstich, der in seinem Atelier hing. Ein vortreffliches Bild, eine in seiner Art mit velazquezhaften Farben übersetzte Paraphrase der Vision Heinrichs IV. Höchst geistvoll, der Coup de force eines produktiven Gedächtnisses, und von prachtvoller Materie, etwas für den Kenner. Nur nichts für ihn. Er wäre sich verächtlich vorgekommen, wenn er solche Sammlerbilder weiter gemalt hätte. In seiner Konzeption war dank der ewigen Bildnismalerei etwas eingeschlafen. Man konnte hier

Knabe in einer Landschaft (Untermalung). 1873

Karikaturen malen, dafür eigneten sich die Dresdener Vereinsbrüder vortrefflich, man konnte Porträts malen, und Levi, sein Rattler, war gut genug dazu. Da ließ sich sogar ein gewisser Schwung hineinlegen, der dem Köter schnurrig genug zu Gesicht stand. Man konnte auf solche Art beinahe ein Franz Hals werden und womöglich sogar berühmt. Nur durfte man nicht an Italien denken. Es rumorte mächtig in ihm. Er sehe schon ein, schrieb er an Hildebrand, daß etwas Krankhaftes in seiner Sehnsucht nach Italien stecke. »In uns selbst liegt Italien, und ehe sich das nach außen hin gestaltet, ist auch an innere Behaglichkeit nicht zu denken.« Immerhin mußte man irgendeine Veranlassung zur Äußerung aus der Umgebung gewinnen. Es brauchte durchaus keine Sympathie zu sein. Es konnte aus dem energischen Gefühl des Widerspruchs gegen die Umgebung hervorgehen. Das Schlimme war, daß er gar kein Bedürfnis, künstlerisch zu reagieren, spürte. Woran es lag, fühlte er nur zu gut. »Das ist eben bei jedem idealen Streben das schwierige, daß Pflichtgefühl und Ehrlichkeit gar nichts sagen wollen, wenn man sich nicht über sich selbst und seine Erbärmlichkeiten erheben kann. Dazu gehört Begeisterung, und die ist oft bei unserem modernen Leben schwer zu erhalten.« So ließ er sich zu Fiedler aus: Begeisterung. Der scharfe Spötter, der über den himmelblauen Idealismus sächsischer Mundart gute Witze zu machen verstand und behauptete, die Dresdner seien nur kalt zu genießen, in der Hitze würden sie zu wollüstigen Heringen, war im Norden geblieben, was er im Süden gewesen war: ein unerbittlicher Deutscher, dem kein Vaterland das Sehnen nach der Heimat stillte, und vegetierte, wo er sich nicht zu begeistern vermochte.

Im Winter näherten sich endlich die beiden Bildnisse dem Abschluß. Es fehlt uns die Möglichkeit, diese Zeugnisse vieler

Anstrengungen zu beurteilen, da ein unglücklicher Zufall beide im verborgenen hält, wenn sie nicht zerstört sind. Von dem Porträt der Frau Schäuffelen besitzen wir wenigstens die erste Fassung, die nach dem Urteil Hildebrands und seiner Gattin weit hinter der zweiten zurück blieb. Trifft das zu, so kann man den Wert des verlorenen Werkes kaum hoch genug anschlagen. Denn die wenigen Stellen auf dem uns gebliebenen Bild, denen man die Ermüdung der Leinwand anmerkt, tun dem Eindruck des Ganzen keinen Abbruch. Gerade die Einheit, für die man nach der vielen Arbeit fürchten mußte, ist durchaus gewahrt. In mancher Hinsicht steht das Bildnis sogar höher als die Männerbildnisse von Marées. Und zwar in einer überaus wichtigen Hinsicht: die Vitalität der Erscheinung ist hinreißend und kommt wieder im Räumlichen zustande. Nie wurde im Bildnis einer Frau, wo der Maler mit den Komplikationen der Toilette rechnen muß, das Volumen so sicher getroffen. Man muß schon auf die Alte in der Holford-Collection zurückgehen, um eine ähnliche Stabilität zu finden. Und mir scheint die Maréessche Frau noch überzeugender, weil alles Beiwerk, das die Aufmerksamkeit von dem Wirksamen des Aufbaus wegziehen könnte, als Nebensache behandelt ist. Wie sitzt die Frau! Alle Organe, diese dicken behaglichen, zum Aufliegen bestimmten Hände, die bis in die Fingerspitzen detailliert sind und doch Fleisch bleiben, dieser taillenlose Leib, der kurze quellende Hals, scheinen zum Sitzen bestimmt. Zugestanden, die Dargestellte schien für diese Pose geboren. So lebte sie. Da merkte man erst, welche Lebhaftigkeit in ihr steckte, weil sie sprach, sich rührte, nie still saß. Wenn sie stand oder ging, war sie nicht die Frau Schäuffelen, sondern eine ganz andere. Wir können sie uns unmöglich anders denken, wir, die sie nicht gekannt haben. Und daher ist es doch des Meisters

Kunst allein, was uns so unerschütterliche Überzeugungen beibringt, so wie es die des unbekannten Ägypters war, den Ramses für alle Ewigkeit sitzend in unsere Vorstellung zu bringen. An dem Kragen und dem Haar treten Übermalungen hervor, es gibt verkrustete Stellen. Dagegen ist, merkwürdig genug, das Gesicht ganz intakt und von unberührter Frische. Es scheint ohne Bedenken in einem Zuge entstanden. Die Farbe, das Rot mit den violetten Tönen, ist ein greifbares Symbol unverwüstlichen Lebens. Wenn Daumier Damen gemalt hätte, würde er es so gemacht haben, so weiblich, daß ganze Reihen des Geschlechtes von den paar Pinselstrichen aufgezogen werden und daneben oder vielmehr mit ihnen ein ganz besonderer Zug der Dargestellten zur Geltung kommt. Neben dem Frauenhaften, das bis zu der Bürgerin aus der deutschen Renaissance zurückgeht, neben dem Mütterlichen, das zu Kindern und Enkeln zu sprechen wußte, steht da eine auf das Urmenschliche, Uranimalische zielende Andeutung des Temperaments, eine prachtvolle, mitten im Leben thronende, aus jedem Alter gesunden Gewinn greifende Sinnlichkeit; Maske wie manche Masken, die Daumier den Männern entriß, nicht ohne das Unheimliche eines in alle Winkel dringenden Sehens, aber ganz ohne den ätzenden Schwung des Karikaturisten, ohne jede Bitterkeit der Satire, nur von einer klaren Erkenntnis geformt, die über ihr Resultat weder weint noch lächelt und uns überläßt, welches Register von Empfindungen wir von ihr anschlagen lassen wollen. Als Marées das Bild endlich fertig hatte, meinte er, nun würde er ein neues Bildnis in einem Zuge malen können, und als Frau Schäuffelen, eingedenk der Jahre, die er mit der Arbeit verbracht hatte, gelinden Zweifel merken ließ, bot er eine Wette an, binnen acht Tagen würde er sie malen und besser. Es ist weiter nicht merkwürdig, daß er die Wette mühelos gewann. Was ihn so lange zurückgehalten hatte, war ja nicht die Malerei gewesen, sondern das Ausdenken der letzten Form. Hätte man nur bei allen Maréesschen Bildern solche Wetten geschlossen!

Das machte ihm bei dem Bildnis der Frau Koppel, der langwierigsten Arbeit dieser Zeit, die unsägliche Mühe. Er suchte unablässig die Formel der Abstraktion und übersah, daß das Gelingen keineswegs von seinem Willen allein abhing, daß es aus der Natur abzuleitende Formeln geben konnte, die sich ihm schlechterdings entzogen. Er malte die Bildnisse, wie er seine Idyllen gemalt hatte, deren Ersatz sie sein sollten. Aber das Motiv der Idylle war von vorneherein ein von seinem Genius gegebenes, so geartet, um sich der Umformung durch die weiter dringende Anschauung zu unterwerfen, während nur menschliche Sympathie die Freundin vor die Staffelei gebeten hatte. Es ist aber keineswegs ausgemacht, daß die Sympathie den Tastsinn des Genius in der von dem Menschen gewünschten Weise beeinflussen muß. Es mag Sympathien geben, die sich geradezu widersetzen und doch Maler und Modell aufs innigste verbinden, und zwar gerade, weil sie so intimer Art sind. Man könnte sich sogar einen Maler denken, der nie imstande wäre, seine Geliebte zu malen, eine Geliebte, der er mittelbar die stärkste Befruchtung seiner Kunst verdankt, weil er sich mit Recht scheut, die verschlungenen Beziehungen zu Zwecken zu vergröbern, die ihm utilitaristischer Art erscheinen.

Aus den Studien zu dem verlorenen Bildnis kann man immerhin die Wahrscheinlichkeit folgern, daß es Marées schließlich doch gelang, eine abschließende Form zu finden. Und zwar lag diese offenbar am Ende des Weges, der mit der Skizze begonnen und mit dem in der Begrenzung schon ganz bildmäßigen Entwurf weiter geführt wurde. Wahrscheinlich hatte er sich in den Kopf gesetzt, das Bild bei aller Abstraktion aufs äußerste zu detaillieren. Das gelang ihm mit den schönen Händen des Entwurfs wiederum vollkommen, während offenbar das Gesicht in dem Bestreben, die einfachste Form herauszuarbeiten, immer weniger ähnlich wurde. Der Verlust des endgültigen Gemäldes ist deshalb so beklagenswert, weil das Problem, ob es nun gelöst wurde oder nicht, sicher Marées zu einer ganz abseits stehenden Leistung getrieben hat. Es mögen dabei Dinge zutage getreten sein, die auf eine viel spätere Phase Maréesscher Kunst hinwiesen und in den anderen Bildnissen – das der Frau Schäuffelen nicht ausgenommen – kaum berührt wurden. In dem Porträt der Frau Schäuffelen mußte das ungemein charakteristische Gesicht die Entscheidung bringen. Die Züge der alten Dame waren zu unverkennbare Gegebenheiten, um nicht einen naiven Maler zur plastischen Ausdeutung in einer ganz bestimmten Richtung zu treiben. Die Natur lockte zur Übertreibung, und es kam nur auf den Takt an, nicht zu einseitig zu übertreiben. Bei dem Bildnis der Frau Koppel galt es die Schöpfung eines Typs vergleichsweise ohne Hilfe der Natur, wenigstens ohne daß die Eigenart der Dargestellten sofort einen sicheren Weg zur Charakterisierung der Form erkennen ließ. Frau Koppel war eine unbedingt bedeutende Erscheinung, schön in der natürlichen Konsequenz, sich ihrer Art nach zu geben, im Ausdruck, in der Bewegung, in tausend ungreifbaren Dingen; keineswegs eine Schönheit im konventionellen Sinn. Marées hatte den Sinn für ihre Art, fand sie deshalb schön und suchte nach dem Mittel, die zum Teil doch auch auf intellektuellen Eindrücken beruhende Anschauung von der Schönheit dieser Frau ohne weiteres sichtbar, auf einfachstem Wege plastisch zu machen. Nichts zeichnet besser die furchtlose Naivität Marées', als daß er sich allen Ernstes einbildete, mit diesem, jeder Konvenienz entgegengesetzten Frauenbildnis eine Brücke zum – Publikum schlagen zu können.[17]

Daß beide Bildnisse schließlich als vollendete Werke gelten konnten, steht fest, weil Marées, der sein vorsichtigster Beurteiler war, von ihnen sagte, was er nur sehr selten von seinen Arbeiten verlauten ließ: er sei damit zufrieden. Er merkte nicht, wie allein er mit diesem Urteil stand. Die Freunde, Koppels einbegriffen, waren entsetzt. Fiedler, der im Frühling die Bilder zu Gesicht bekam, war nahe daran, jede Hoffnung auf Marées aufzugeben, und hat sich eigentlich nie ganz von der grausamen Enttäuschung, die ihm gerade diese Bildnisse bereiteten, erholt. An dem Porträt der Frau Schäuffelen fand er »einiges Gute«. Dagegen war es ihm »geradezu unbegreiflich und vollständig rätselhaft, wie Marées von Frau Koppel ein derartiges Bild hatte malen können«. Marées hatte ihm sehr befriedigt davon erzählt, und auf Grund dieses Porträts und der anderen von einem glücklichen Wendepunkt in seiner Entwicklung gesprochen und daß er nun ruhig in die Zukunft sehen könne. Auf Fiedler machte die gemalte Frau Koppel einen »wahrhaft entsetzlichen Eindruck«. »Das Schlimmste daran ist«, schrieb er, »daß es kein gleichgültiges Bild ist; es steckt wohl etwas von den eigentümlichen Vorzügen Marées' darin. Gerade dadurch treten aber die schlimmen Seiten des Bildes besonders hervor. Von einem Verständnis der merkwürdig reizenden und zugleich bedeutenden Erscheinung dieser Frau trägt dieses Bild auch nicht die leiseste Spur. Marées hat aus ihr ein Bild des Jammers, der Krankheit und Verlassenheit gemacht, und ich könnte mich nicht überwinden, das Bild auch nur einen Tag im Zimmer zu haben. Die frappante Ähnlichkeit gewöhnlicher Porträts, die eben nichts weiter braucht, als daß der Künstler nicht mit anderen Augen begabt ist als die große Menge, ist gewiß kein

Vorzug; aber wo der Maler eine selbständige originelle Natur ist, als welche wir doch Marées kennen, da muß ein Porträt, auch wenn es jener oberflächlich frappanten Ähnlichkeit entbehrt, doch davon Zeugnis ablegen, daß hier tiefere Einblicke in das Geheimnis der Erscheinung getan worden sind, als den blöden Augen gewöhnlicher Menschen vergönnt ist. Gerade davon ist aber nicht das geringste zu erkennen, und das ist es, was mich geradezu bekümmert hat; denn, wenn nur der malerische Ausdruck tieferer künstlerischer Erkenntnis mißlungen wäre, so könnte man sich mit einem zukünftigen besseren Gelingen trösten; hier aber fehlt die künstlerische Erkenntnis selbst, und dieser Mangel ist es, der mich an Marées' Begabung von neuem vollständig irre gemacht hat; um so mehr, als er es selbst nicht zu fühlen scheint . . .«[18]

Wenn ein Freund so sprach, zweifellos der Mensch, der sich am intensivsten mit Marées beschäftigte, kann man sich denken, wie die anderen urteilten. Selbst ein Fiedler war nicht imstande, in Marées etwas anderes als das vornehmere Glied einer Kaste zu sehen, die schließlich nur dazu da war, von einem Objekt der Natur mehr oder weniger geläufige, jedenfalls aber einem gebildeten Menschen ohne weiteres zugängliche Eigentümlichkeiten abzulesen. Was verstand er unter dem malerischen Ausdruck, auf den man verzichten könne, wenn künstlerische Erkenntnis da war? War wirklich davon nichts zu entdecken? Oder war er nicht doch vielleicht der Freund der schönen Frau, der nichts anderes als ihre Schönheit – auch er schwärmte für sie – entdecken wollte? Nicht einen Augenblick fiel ihm, dem Nachdenklichen, ein, zu überlegen, ob denn sein Anspruch an das Bildnis unbedingt gültig war, ob es nicht neben den Eigenschaften, die er an dem Porträt vermißte, andere geben konnte, die das Werk an sich und in Hinsicht auf Marées' besondere Kunstanschauung wertvoll oder mindestens bedeutungsvoll machten. Der Irrtum kam von Fiedlers Unterschätzung der vorhergehenden Bilder her, fand er doch in allem, was Marées bisher geschaffen hatte, im Grunde nichts, was über Versprechungen hinausging. Sicher stellte er ihn, »nicht nur menschlich, sondern auch künstlerisch hoch über die meisten seiner Zeitgenossen«, sah in seinen verunglückten Versuchen »ernstere künstlerische Potenz, als in ganzen Bildersammlungen moderner Maler«, aber kam eben doch immer wieder zu dem Schluß, Marées habe bis jetzt nichts geleistet, »was nur einigermaßen vollendet wäre und auf ein größeres Publikum überzeugend wirken könnte«. Darin war Fiedler doch Kind seiner Zeit, ohne eine Vorstellung, wie weit Marées darüber hinausging. Ganz naiv wiederholte er, was die Fernstehenden schon damals über Marées sagten, daß er sich nach frischen Anfängen jedesmal in unentwirrbare Komplikationen verwickele. Selbst das dürftigste aller Argumente: es fehle ihm an der rechten »Fertigkeit im Zeichnen«, machte er sich zu eigen. Bis zum gewissen Grade hatte Marées Fiedlers Irrtümer selbst verschuldet, weil er den Freund zu wenig mit seinen früheren Arbeiten vertraut gemacht hatte. Er hatte ihm eigentlich nur seine eigene Geringschätzung alles Vorhergegangenen mitgeteilt, ohne die Hoffnung auf den Fortschritt, die das schroffe Urteil über sich selbst immer milderte. Der sehr ideale, aber zweischneidige Platonismus ihres Verhältnisses begann Schatten zu werfen. Von der Entwicklung, die Marées vorschwebte, hörte Fiedler immer nur, ohne sich darunter etwas Positives vorzustellen. Wir haben es heute leicht, wo wir die Werke bis zur Dresdener Zeit und darüber hinaus, schön geordnet, vor uns sehen, über Fiedlers Kleinmut zu lächeln. Aber wie sollte er sich besser unterrichten, wenn der Autor der Werke selbst jede Möglichkeit sorgfältig verbaute.

Für Marées galt nur das Ziel, nicht der Weg, der dahin führte. Er täuschte sich wohl auch über Fiedlers Verständnis, hielt ihn für sicherer und nahm an, der Instinkt werde dem Freunde sagen, was ihm selbst mit deutlichen Worten auszusprechen, die natürliche Zurückhaltung verbot.

Zu Weihnachten schenkte Marées Koppels sein Selbstbildnis. Es ist das Brustbild mit dem lächelnden Gesicht; wohl die Studie zu dem im Ausdruck veränderten Selbstbildnis im japanischen Mantel, das kurz darauf entstanden sein wird.

Diese Selbstbildnisse sind die objektivsten, die wir von Marées besitzen. So wird er damals ausgesehen haben. Zumal das kleinere gibt allerlei Aufschlüsse. Man fühlt den beweglichen Geist in den fleischarmen, ausgearbeiteten Zügen. Es ist etwas von dem Spott des Menschen darin, der seinen Cervantes nicht ohne praktische Nutzanwendung zu lesen verstand. Daß er sich mit dem Mantel drapierte, war auch so eine Don-Quichotterie. Der Spott trifft uns tiefer, als er dachte. Es sind die sachlichsten Marées', und sie verdienen das Prädikat »fertig«. Was gewollt wurde, ist erreicht. Er hätte nicht lange mit solchen Exempeln auf die Unsterblichkeit in deutschen Auen gewartet. Für den Moment waren sie dem Zeitalter der Piloty und Makart vielleicht zu strenge, aber man hätte sich in Bälde zu dieser persönlichen Note bekannt, namentlich, wenn andere Exempel derselben Art dazu gekommen wären. Jeder konnte sie sehen und verstehen, und es blieb auch das Stückchen Jenseits übrig, das nicht zu sehen ist. Niemand durfte wagen, von mangelhafter Zeichnung, von unentwirrbaren Komplikationen zu reden. Klar und deutlich steht der Mann vor uns. Die Hand des großen Selbstbildnisses hätte Leibl bewundert; man glaubt, sie abformen zu können. Und so glaubt man den ganzen Menschen abformen zu können. Selbst das Anormale seines Wesens hat einen leserlichen Ausdruck angenommen. Man weiß schon ungefähr, wohin der Mann gehört. Ein konsolidierter van Dyck. Der Ton liegt auf der lückenlosen Materie. Das Fleisch hat das Email guter alter Galeriebilder. In derselben Tonart ließe sich noch vielerlei in knappen Sätzen sagen. Man wird nicht recht froh dabei. Es bleibt ein Rest. Ist das, diese spröde Sachlichkeit, diese saure Selbstironie wirklich Marées? Der Marées, der den Grant und Hildebrand und den Bruder malte, der Marées der Abendlichen Waldszene und des Philippus, der Parkbilder und der Römischen Landschaften? Fiedler hätte mit Recht Bedenken äußern können, aber aus Gründen, die den seinen entgegengesetzt waren. Gerade das Fertige dieser Bilder erschreckt. Wohl sind sie ein Abschluß. Man findet Steigerungen von dem Bremer Selbstbildnis her, von dem Marbach. Aber man ist gerade mit solchen mehr technischen Verbesserungen nicht gewohnt, bei Marées zu rechnen. Der Abschluß gleicht mehr einem äußerlichen Aufräumen, als einer Konzentration. Die Vollendung beschränkt den Kreis von Vorstellungen, den alle Bilder von Marées bisher, jedes auf seine Art, erweiterten. Möglicherweise liegt es an dem Motiv. Hätte sich Marées hier nicht in Selbstbildnissen, denen man immer unwillkürlich noch eine besondere Deutung zuschreibt, ausgesprochen, so würde vielleicht das Beschränkende weniger hervortreten. Tatsächlich ist das Bildnis Koppels, obwohl ganz ähnlich gemalt, davon frei. Der derbe Vortrag bringt die leicht lesbaren Eigentümlichkeiten des Modells vortrefflich zur Geltung. So etwa malte ein paar Jahre später Wilhelm Trübner seinen Martin Greif. (Ich meine nicht die Maltechnik, sondern das Resultat.) Die Art gehört zu den Möglichkeiten großer Bildnismaler. Eine wohlausgefüllte Existenz, ein glänzendes Prestige läßt sich darauf begründen. Nur nicht ein Marées. Das beste, was wir ihm danken, ist, daß er uns nicht relative, sondern die schlechterdings höchsten Anforderungen an Kunst und Menschentum lehrte. So redlich wie er konnte auch ein Stillebenmaler schaffen, und es wäre geschmacklos und überflüssig, zu sagen, dieser Stillebenmaler sei geringer. Man beweist nichts mit dem Nachweis der Überlegenheit Rembrandts über Vermeer. Die Kritik hat da einzusetzen, wo ein Vermeer mit unzureichenden Mitteln in Rembrandts Gebiet hinein will, oder wo sich ein Rembrandt mit Vermeers Sphäre begnügt. Unausgesprochen, viel weniger präzisierbar, als es meine Worte erscheinen lassen, bleibt von den Dresdener Männerbildnissen eine gewisse Ernüchterung zurück. Sie verhehlen nicht ganz die Atmosphäre, die sie entstehen ließ.

In der Technik ähneln sie sich alle. Das Fleisch ist mit grüner Erde, die Lichter sind mit rotem Fleischocker, die Schatten mit Caput mortuum untermalt. Und dann, so erzählte mir die gelehrige Schülerin in Wien, »zog er eine durchsichtige Haut über das Fleisch, was ihm niemand nachmachen konnte«. Dieses Email sollte ihm später zu anderen Zwecken dienen.

Im Januar kam Anton Dohrn auf einem seiner Werbezüge für seine zoologische Station nach Dresden. Marées hatte ihn schon vor dem Kriege in Jena getroffen, wo der junge Physiologe, eifriger Anhänger Darwins, bis dahin Privatdozent an der Universität gewesen war. Hildebrand oder Grant, mit dem Dohrn nahe befreundet war, hatte die Bekanntschaft vermittelt. Schon damals war viel von der Neapeler Gründung die Rede, für die Dohrn, ungeachtet der sehr großen Schwierigkeit, als junger Gelehrter für ein im Ausland gelegenes selbständiges Institut, dessen Zwecke den wenigsten geläufig waren, Unterstützung zu erhalten, seine unermüdliche Beredsamkeit einsetzte. Es galt, eine geeignete Stätte für Untersuchungen der

Lebensweise der Seetiere zu schaffen, ein für die Biologie entscheidendes Unternehmen.[19] Der Krieg hatte das Projekt aufgeschoben. Nun aber war es nahezu realisiert. Die Station war im Bau. Dohrn hatte halbwegs genügendes Kapital und die Zusage des Reiches, sich an den jährlichen Unkosten – wenn auch zunächst nur bescheiden – zu beteiligen. Ähnliche Versprechungen anderer Länder standen in Aussicht. Selbst der Laie, der Dohrn eine halbe Stunde zuhörte, wurde mitgerissen. So ging es Marées und Fiedler, der gerade auch in Dresden war. Marées gefiel an dem Projekt die republikanische Verfassung, daß sich da Leute zu einem vernünftigen Zweck zusammentaten, ohne sich unter staatliche Oberhoheit zu begeben. Dohrn dachte sich eine Familie von Gelehrten aller Länder. Nur ein gemeinsames ideelles Ziel würde sie zusammenhalten. Und es galt nicht nur vernünftige Arbeit. Da unten, an einem der schönsten Flecke der Welt, auf oder hart neben dem Meer, immer im Kontakt mit der Natur, würde sich leben lassen. Anders als in Dresden, dachte sich Marées. Kein Gelehrtenphilisterium sollte da einziehen. Schon das Gebäude würde nicht gleich an trockene Wissenschaft erinnern. Dohrn beschrieb es. Italienisch würde es werden, mit einer Loggia. Natürlich, kein Palazzo, einfach, aber doch würdig, zu dem herrlichen Platz in der Villa Neapels passend. Die Loggia ging aufs Meer, und der Raum hinter der Loggia, der schönste im ganzen Hause, würde der Erholung gehören, der Drawing Room für die Arbeiter. Dohrn war leidenschaftlicher Musikfreund. Dort würde man Musik machen, Kammermusik, Beethoven, Mozart, Brahms. Marées wurde nachdenklich. Italien, Italien! Es packte ihn wieder einmal, er hätte heulen mögen. – Wenn er sich doch irgendwie mit der Biologie verbinden könnte! Eigentlich müßte dieser Musiksaal etwas Feierliches haben, meinte Dohrn. Das fand

Marées auch. Es war sogar dringend notwendig, es wäre kindisch gewesen, ihn nicht feierlich zu machen, und es war gar nicht schwer, es zu erreichen. Als er Dohrn einen Moment allein hatte, gab er ihm seine Idee. Ein paar anständige Bilder mußten in den Raum, und zwar keine Ölbilder, sondern Fresken, Fresken mit lebensgroßen Figuren. Und Plastik, Kolossalstatuen der Kunst und der Wissenschaft zum Beispiel. Die würde der kleine Hildebrand machen, und zwar so, daß man sich wundern würde. Von dem kleinen Hildebrand könne man alles erwarten. Dohrn begeisterte sich. Er wußte nicht viel von bildender Kunst, aber mit seiner Energie hatte er Instinkt für die Energie eines anderen. An den Augen von Marées sah er, was geplant wurde. Nur, es gab einen Haken. Den gab es nicht, meinte Marées, Dohrn werde ihnen doch wohl nicht zutrauen, Geld zu nehmen. Die Kosten und damit gut. Dann war es abgemacht. Aber Marées sah doch einen Haken. Er wußte nicht recht, wie sich Fiedler dazu stellen würde. Oh, der freute sich sicher, es gab keinen, der an dem Projekt größeren Anteil nehmen würde. Nur war es vielleicht besser, Dohrn wende sich, wenn er wieder zu Hause sein würde, an Fiedler, und der würde dann mit ihm reden. Übrigens müsse man sich's ja auch wirklich noch überlegen, es käme auch auf Hildebrand an. Dabei verblieben sie, und als Dohrn wieder in Neapel war, schrieb er richtig an Fiedler, ob Marées wohl geneigt wäre, den malerischen Teil der Ausschmückung besagten Raums oder eines anderen nach seiner Wahl zu übernehmen.

Marées hatte mit seinem unbestimmten Gefühl, das ihm den Umweg riet, recht gehabt, ohne zu ahnen, in welch verzwickte Lage er Fiedler damit brachte. Als Marées das nächste Mal nach Leipzig kam, wurde die Angelegenheit genau durchgesprochen, und da merkte Fiedler wohl, wie der Freund auf die Sache brannte. Es ergab sich nun eine schwere Frage, die den fürsorglichen Fiedler zu keiner rechten Freude an dem an sich ja recht lobenswerten Unternehmen kommen ließ. Er wagte nicht, sie Marées direkt zu stellen, wohl wissend, wie sie, selbst in mildester Form geäußert, den Empfindlichen verletzen würde, empfand es aber als unumgängliche Pflicht, sowohl Dohrns als auch vor allem Marées' wegen, sie auszusprechen. War Marées fähig, die Aufgabe zu lösen? – Er glaubte nicht daran, hatte mindestens die stärksten Zweifel. Damals hatte er die Dresdener Bildnisse noch nicht gesehen, war nur unter dem Eindruck, Marées scheue sich, sie zu zeigen. Hätte er sie gesehen, so wäre ihm das ganze Projekt wie ein Nonsens erschienen. Mindestens machte er das eine aus: Marées sollte sich nicht entschließen, bevor er das Gebäude gesehen, sollte nach Neapel reisen, Hildebrand mitnehmen, und dann konnten sich beide an Ort und Stelle überlegen, ob der Auftrag ausführbar war oder nicht. Kamen sie zu einem positiven Resultat, so konnte gleich angefangen werden, da Marées im Sommer nichts an Deutschland fesselte, und Hildebrand, der soeben seine Wiener Ausstellung vorbereitete, dann auch frei war. Sahen sie nicht mit Sicherheit ein gutes Ende voraus, so war das ganze »eine Frühlingsreise« gewesen. Jedenfalls sollte Dohrn solange von aller Verbindlichkeit frei sein.

Dies sei die offizielle Antwort, schrieb Fiedler in seinem Brief an Dohrn vom 15. März. Er fügte hinzu: »Was meine persönliche Meinung in der Angelegenheit anlangt, so halte ich mich nicht für berechtigt, dieselbe ohne Ihren ausdrücklichen Wunsch auszusprechen. Sollten Sie dieselbe aber zu hören wünschen, so würde sie Ihnen, aber nur als eine Meinungsäußerung Ihnen gegenüber, gern zu Gebote stehen. Übrigens werden Sie ja so gut wissen wie ich, daß bei solchen Dingen vielerlei vorauszusehen ist, um der Ausführung einen ungestörten Fortgang zu sichern.«

Natürlich bat Dohrn um weitere Aufklärung, dachte sich, Fiedler würde ihn darauf hinweisen, daß bei seinen knappen Mitteln für die Station nur an das Notwendige, nicht an Schmuck zu denken sei, und gab ihm im voraus recht. Gewiß war es gewagt, vielleicht ein recht jugendlicher Leichtsinn. Er mußte nur immer an Marées' leuchtende Augen denken, als er von den Fresken gesprochen hatte. Fiedlers Antwort aber kam aus einer anderen Ecke. Der Brief hat später eine Rolle gespielt. Darum sei er hier wiedergegeben.

Leipzig, den 29. III. 1873.

Verehrter Herr Doctor!

Es drängt mich, Ihren letzten Brief möglichst bald zu beantworten, um Ihnen das zu sagen, was ich mich neulich schon zu sagen nicht entschließen konnte. Es betrifft dies keineswegs die Fresken-Frage an sich – daß Sie überhaupt eine künstlerische Ausschmückung Ihres Gebäudes beabsichtigen, konnte nur anerkennende Bemerkungen hervorrufen, und die will ich Ihnen nicht in extenso zumuten; auch bin ich überzeugt, daß Sie an H. und M. zwei Ratgeber haben werden, die Ihnen meine schwachen Erfahrungen auf diesem Gebiet vollständig entbehrlich werden erscheinen lassen. – Nein, das, worüber ich mich lieber mündlich als schriftlich mit Ihnen ausgesprochen hätte, betrifft die ev. von Ihnen beabsichtigte Ausführung des malerischen Schmuckes durch Marées. Ich weiß nicht, wieweit Sie M.s Charakter und eigentümliche Fähigkeiten etwa durch Mitteilungen Hildebrands kennen. Ich für meinen Teil fühle einerseits eine Verpflichtung, Ihnen zu sagen, was Sie meiner Ansicht nach von M. erwarten können, andererseits wandelt mich eine gewisse Scheu an, mich in Angelegenheiten Dritter, wenn auch mir Nahestehender, zu mischen. – Die enge Freundschaft, die mich mit M. verbindet, die hohe Achtung, die ich vor ihm als Mensch und als Künstler habe, beruht weniger auf dem, was er positiv leistet, als vielmehr darauf, daß er über die letzten Aufgaben seiner Kunst wie wenige klar ist und in seinem künstlerischen Schaffen mit Hintansetzung aller Nebenrücksichten den Kampf zwischen dem, was er von sich fordert, und dem, was ihm die Natur an Leistungsfähigkeit zugeteilt hat, rücksichtslos durchführt. Wie selten solche Erscheinungen sind, wissen Sie so gut wie ich; ebenso, daß nur solche Eigenschaften zur Leistung des wirklich Vortrefflichen befähigen; daß aber jener Kampf ebensogut mit einer Niederlage endigen kann als mit einem Sieg, das ist leider ebenso unbestreitbar. Ob M. jemals das Ziel erreichen wird, nach dem er ringt, das kann niemand voraussagen. Vorderhand kann das, was er leistet, nur diejenigen befriedigen, die an einem bedeutenden Streben, selbst bei mangelnder Vollendung, mehr Anteil nehmen als an den trefflichen Leistungen derer, die ihr Ziel immer erreichen, weil es eben nicht weit gesteckt war. Damit hängt zusammen, daß er bei dem Beginn eines Werkes nie mit Sicherheit wissen kann, ob er dasselbe auch wird zu Ende führen können. Er ist an Anfängen sehr reich, fertige Sachen gibt es verhältnismäßig nur wenige von ihm. Es ist ihm das oft genug zum Vorwurf gemacht worden, weil die Menschen eben nicht wissen, daß der Bedeutende in dieser Welt viel öfter vor Schwierigkeiten und unübersteiglichen Hindernissen steht als der Unbedeutende. Wenn Sie somit an M. eine der ausgezeichnetsten und feinsten künstlerischen Individualitäten haben werden, die mir wenigstens unter den Lebenden begegnet ist, so werden Sie doch für die Ausführung Ihrer Wandmalereien vielleicht keine geeignete Persönlichkeit in ihm finden. Seine Art wird jedenfalls vortrefflich sein, vielleicht auch – wer kann das wissen – gelingt ihm der Wurf gerade diesmal, und daran wird – so paradox es klingen mag – nicht die Inferiorität, sondern gerade die Superiorität seiner Begabung schuld sein. –

Ob Sie mir dies alles zugeben werden, weiß ich nicht. Es ist mir oft genug bestritten worden. – Wie sehr ich mich freuen würde, wenn die Station, die ja ein Beweis ist, was energisches Wollen selbst den schwierigsten Verhältnissen abtrotzen kann, einst auch die Spuren von M.s Geist und Hand trüge, brauche ich Ihnen nicht erst zu versichern. Gerade deshalb aber würde es mir doppelt leid tun, wenn ein Verhältnis, das sich so schön gestalten könnte, die Quelle von Differenzen würde.

Das ist es, was ich Ihnen sagen wollte, was ich aber *nur* Ihnen gesagt haben will. Wollen Sie Hildebrand diesen Brief mitteilen und die Sache mit ihm besprechen, so kann mir dies nur lieb sein. Er kennt meine Ansichten über M. genau und wird beurteilen können, warum es mir daran lag, Ihnen diese Ansichten auszusprechen. Leben Sie wohl, lieber Herr Doctor! Viele Grüße an Mr. Grant; ich bin sehr begierig auf sein Stück und möchte gelegentlich erfahren, wann und wo es herauskommen wird.

Ihr treu ergebener
Dr. C. Fiedler.

Der Brief bezeichnet die skrupulöse Sauberkeit Fiedlers. Er mußte so schreiben, da er nun einmal so empfand. Aber daß er so empfand, bezeichnet auch Marées' unhaltbare Stellung in Deutschland. Marées hat sicher nie gefühlt, wie zweifelhaft selbst dem engsten Kreis seine künstlerische Zukunft erschien. Sonst wäre ihm das Dasein in der Heimat wohl unerträglich geworden. Aber hätte bei der engen Berührung die Fiktion noch lange gehalten? Man darf daran zweifeln.

Drolligerweise ließ sich Dohrn, der Physiologie, der von dem ganzen Kreise sicher die geringste Fühlung mit dem Künstler Marées hatte, nicht abschrecken. Er hielt sich an die strahlenden Augen und meinte, er solle nur kommen. Marées konnte kaum noch ruhig sitzen, als die Frage entschieden war. In allen Gliedern stecke es ihm, schrieb er Grant, der bereits in Neapel war. »Ich kann Ihnen gar nicht ausdrücken, wie sehr ich mich freue, wieder einige Zeit im heimatlichen Italien zu leben und unter Menschen, mit denen man rückhaltlos sprechen kann . . .« Mit Eifer machte er die Frauenbilder fertig. Vielleicht wären sie nie ohne die Aussicht fertig geworden. Er war zum erstenmal seit Jahren wieder zufrieden mit der Arbeit und sagte es Fiedler, als er Abschied zu nehmen kam. Fiedler würde Augen machen, nun dürfe er ins Atelier und werde sich freuen, solange gewartet zu haben. Es sei alles nach Wunsch gegangen, der Augiasstall im Hirn beginne sich zu leeren. Fiedler wurde beinahe angesteckt und versprach, sobald als möglich nach Dresden zu fahren und sich die unverhofften Resultate anzusehen.

Am 9. Mai reiste Marées nach Neapel ab, über Wien. Mit einer »kleinen Nebenabsicht«, gestand er. Außer dieser sorgsam verborgenen Freude fand er eine andere, die ihn jubeln ließ. Er lief gleich am ersten Morgen nach seiner Ankunft in Wien, statt zu der Nebenabsicht, in die Ausstellung und das erste, was er sah, waren Hildebrands neue Sachen. Die Begeisterung, mit der er sich zu Fiedler äußerte, ging über das gewohnte Maß. »Wenn ich ein reizendes Frauenzimmer wäre, würde ich glauben, Hildebrand hätte mir ganz allein eine wohlberechnete höchste Überraschung bereitet. Ich habe mich noch nie in meinem

Leben so gefreut, auch noch nie so sehr den Zauber der Kunst empfunden. Das mag jetzt alles sehr exaltiert klingen, aber die Folgezeit wird es rechtfertigen. Sie können ruhig ein Haus um den Jungen bauen.« Und dem Urheber schrieb er, der Gedanke, ganz unverdientermaßen eins dieser Werke – es war die Büste des alten Heyse, die nun in Marmor dastand – in Zukunft sein eigen nennen zu dürfen, mache ihn sprachlos. Er fühlte sich Hildebrand und allen Menschen, der ganzen Welt gegenüber wie neugeboren. Die Stunden, die er im Hause der Eltern der kleinen Malerin verbrachte, bekamen auch von dem Glück etwas ab und fügten Freude hinzu. Ein paar Tage blieb er. Dann ging es über Graz nach Italien. Von Graz an fuhr Hildebrand mit. Am 20. Mai trafen sie in Neapel ein.[20]

1. *Römische Landschaft I. 1868*

2. Rast der Diana. 1863

3. Ruderer. 1873

4. Drei Jünglinge unter Orangenbäumen. 1874-80

DIE NEAPELER FRESKEN
1873

Auf der Reise nach Neapel wurde, so sehr es die Freunde zum Ziele drängte, dreimal Station gemacht. In Venedig, in Florenz, in Rom. Marées mußte seine Lieblingsstätten begrüßen. Er fuhr durch das Land wie einer, der aus der Verbannung in die Heimat zurückkehrt. Nie hatte ihm Italien so gelacht. Was ihm, dem Unruhigen, wie ein Segen erschien, war, daß alles so geblieben war, wie er es verlassen hatte. Im Norden war man, wenn man den Rücken wandte, nicht sicher, alles auf den Kopf gestellt wiederzufinden. Es war ein Sommer wie selten. Das vergaß man im Norden, daß es solche Sommer gab, solche Sonne, solche Luft. Die Dinge schienen anders darin. Sie lockten, sprachen, hatten Gesichter. Man kam immer gleich in ein Verhältnis zu ihnen. Die Menschen waren erst recht anders. Sie hatten ihre bedenklichen Laster, stahlen und betrogen. Das war, von Nuancen abgesehen, wohl überall so. Aber außerdem hatten sie etwas ganz für sich allein, an dem man in seiner Weise ohne Umstände teilnehmen konnte. Man sah sie an und lachte, und sie sahen einen an und machten es geradeso. Es war kein sehr intensives Verhältnis. Intensiv lebte man nur im Norden, mit Zweckbewußtsein und Würde. Wie hatte er das nur so lange aushalten können! Er war auf dem besten Wege gewesen, zu versimpeln. Auch mit den Landsleuten stand man hier besser. Schon weil es wenig Landsleute unter vielen Fremden waren. Sie hatten doch irgendeine Beziehung zu ideellen Dingen oder taten wenigstens so. Man hatte nicht die hunderttausend Gleichgültigen um sich, die dieselbe Sprache redeten und nur deshalb etwas von einem verlangten, eine Zugehörigkeit, die gern zur Hörigkeit ausartete. Man zersplitterte nicht in zufällige Geselligkeit, machte, was einem paßte, und fiel auf Dinge, die einem am besten paßten. Italien war schön, weil man hier dem Leben näher war. Nicht dem Leben, das im Norden zur Kultur wurde; dem Leben, das Natur war und Kunst werden konnte. Gleich stand es für ihn fest: Dresden konnte auf ihn warten. Schade um das schöne Geld, das man an den Bau des Ateliers gewendet hatte. Es wäre noch viel leichtsinniger gewesen, wenn er darin geblieben wäre. So wirkte der deutsche Künstler: in einem Atelier. Man hätte es noch so groß und prächtig bauen können, es blieb immer das Atelier, der Brutkasten mit künstlicher Atmosphäre. Er machte einen großen Strich unter die Zeit und schrieb darunter: Nie wieder!

Die Station war noch im Bau. Die Mauern standen, doch am Innern wurde noch überall gearbeitet. Das Haus lag hart am Gestade, in der Mitte der schönen Villa Nazionale, des freundlichen Stadtparks. Es war damals wesentlich kleiner als heute, bestand nur aus dem einstöckigen Hauptbau, der auch heute noch im Parterre das Aquarium beherbergt. Von oben hatte man prachtvolle Aussicht auf das Meer. Der einzige Saal, der in Frage kommen konnte, war ein langer Darm, glücklicherweise mit drei großen Glastüren. Das beste Licht hatte die den Türen gegenüberliegende Wand. Es war die Frage, wie man ihre übertriebene Länge verkürzen könnte. Marées dachte an Einzelfiguren. Vielleicht konnte man auch so die beiden schmalen Seitenwände schmücken. Nur sah er nicht die Möglichkeit eines Ganzen. Nun, man hatte noch Zeit genug zum Überlegen; vor zwei Monaten war an ein Arbeiten in dem Raum nicht zu denken.

Die Schwierigkeiten waren beträchtlich. Wohl konnte man Marées die Anlage für eine Art von Monumentalkunst zutrauen, ihm eher als irgendeinem Deutschen. Das Architektonische hatte ihn gereizt, als seine ersten Bilder auf italischem Boden entstanden. Wie ein Baumeister hatte er die römischen Landschaften, fast könnte man sagen, gezimmert. Die Abendliche Waldszene war Dekoration edelster Art. Man hätte sie um das Vielfache vergrößern können. Und in mancher kleinen Skizze steckte derselbe Zug ins Große. Nichts anderes als dieser Zug hatte ihn bei Bildern, wie der Villa Borghese und der Vigna, dahin gebracht, die Rücksicht auf die Malerei gering zu achten und der Einfachheit und Macht des Ausdrucks jedes Opfer zu bringen. Die Sehnsucht nach größeren Wirkungen rumorte schon lange in ihm. Sie unterschied den deutschen Impressionisten nach der spanischen Reise von den französischen Kollegen, trieb zu dem von Innen heraus gestaltenden Prinzip, das kein Realismus bedrohte, war vielleicht die dunkle Macht, mit der er sich in den Dresdner Bildnissen so lange herumgeschlagen hatte. Aber: ging diese Disposition wirklich über den Rahmen seiner gewohnten Tätigkeit hinaus? Würde sie sich bei einer nur auf sie gestellten, der Staffeleimalerei ganz fernliegenden Aufgabe behaupten? War sie nicht einfach eine Eigenschaft seiner Art, die nur, solange sie vom gerahmten Bild gebändigt wurde, ihre Kraft behielt? Das Dekorative zeigten viele Zeitgenossen. Die Beschränkung auf die Staffelei konnte schließlich die Malerei nicht ohne weiteres aller Eigenschaften entkleiden, die früher zu anderen Zwecken gebraucht worden waren. Es blieben Stümpfe von Organen übrig, die noch reagierten. Man sah sie in Delacroix zucken, auch in manchem Zeugnis seiner Nachfolger. Der Trieb hatte Delacroix eine Reihe von Werken beschert, die man monumental zu nennen pflegte, unter anderem den Plafond im Louvre; ein herrliches Werk, aber schließlich nichts anderes als ein Delacroix in größerem Format; ein edler Kompromiß, denn viele kleine Bilder zeigten kostbare Seiten. Und den Franzosen half eine durch Jahrhunderte geübte Anlage. Das Flächige ihrer Malerei ließ sie leichter den Anschluß an die Dekoration finden. Marées – wir sahen es wiederholt – suchte mit allen Mitteln räumlich zu wirken, verschmähte nicht einmal, antiquiert zu erscheinen, um nur die Tiefenwirkung zu behalten.

Dazu hatte er sich das Fresko in den Kopf gesetzt. Marées, der Bildnismaler, der gern ein Jahr an demselben Werke saß, der Stimmungsmensch, der viele Übermalungen brauchte, um zu seiner Form zu gelangen, der »ungeschickte« Marées – und Fresko! – Sicher war er lange gewöhnt, große Phasen des künstlerischen Entstehungsprozesses, die anderen zur Darstellung genügten, im Kopfe abzumachen, war nicht nur der temperamentvolle Draufgänger, für den ihn manche hielten; das Temperament hatte er längst zum Gehorsam gezwungen. Aber war nichtsdestoweniger der Mensch seiner Zeit, von der Sensibilität des modernen Künstlers, alles andere nur nicht primitiv, weder im Empfinden, noch in Formen, und sollte sich in dieser, längst vergangenen Vorstellungen angepaßten Technik ausdrücken? Wo gab es Vorbilder? – Freilich, alte waren in Menge da. Santa Maria Novella, Siena, Orvieto, Pisa, die Fresken Michelangelos und Raffaels – er kannte sie alle und fuhr in den ersten Tagen mit Hildebrand und Grant nach Pompeji, um sich die Antiken anzusehen. Es gab auch zeitgenössische Fresken, das heißt Fresken, die im 19. Jahrhundert entstanden waren; sogar von deutschen Händen: die in der Casa Bartholdy und die in der Villa Massimi. Sie lagen schließlich Marées noch viel ferner, als die des Quattrocento und der Antike. In Paris hatten andere Leute, ähnlichen frommen Geistes, die Schüler Ingres', ein paar Kirchen ausgemalt. Alles belanglose Nachahmung, die mit nichts die alten Vorbilder fortsetzte. Einem einzigen seit dem 16. Jahrhundert war mehr gelungen: wieder Delacroix, als er mit dem Ungestüm seines aller Fesseln lachenden Genius die Mauern der Kapelle in S. Sulpice entflammte. Marées hat diese Fresken nie gesehen, und sie hätten ihm vielleicht nicht einmal gefallen. Sonst nichts, was eine Brücke von den alten Freskenmalern zur Neuzeit zu schlagen vermochte, kaum die Andeutung eines Weges.

Er schien sich darum wenig zu kümmern, zeichnete und skizzierte die braungebrannten Burschen, die in der Villa auf den Bänken herumlungerten, oder die Schiffer auf dem Meer. Er war viel mit Hildebrand auf dem Wasser. Sie grasten die Umgebung ab, Ischia, Capri und Sorrent, dessen Orangengärten Marées besonders gefielen. Irgend so etwas, meinte er, müsse man auch in die Fresken bringen, Orangenwälder mit nackten Menschen. Im übrigen natürlich die See. Ein Stück Wasser durfte eigentlich auf keinem Bilde fehlen. Das verlangte schon die Rücksicht auf die Station. Die Idee, sich mit Einzelfiguren zu begnügen, hatte er als viel zu bescheiden verabschiedet. Man mußte Bilder geben. Dies Neapel schrie ja förmlich nach Bildern. Jeden Tag sah er Hunderte. Landbilder, Seebilder, wenn möglich, Dinge, die untereinander zusammenhingen. Schließlich würde für alles, was man wollte, nicht mal Platz genug sein. Im Notfall nahm man auch die Fensterwände hinzu. Man konnte sie abends beleuchten, mit mächtigen Kandelabern. Die würden sogar ganz gut zu den riesigen gemalten Statuen passen, die die lange Wand teilen sollten. Hildebrand fand das auch ganz einfach und praktikabel. Sie waren wieder ganz in der Don-Quichote-Laune.

Eine äußere Schwierigkeit meldete sich. Dohrn hatte Geldsorgen. Die Kosten des Baues überstiegen den Anschlag. Die

Station konnte als gesichert gelten, da bereits genügende Beteiligung angemeldet war. Aber momentan saß der Gründer in der Klemme. Er sprach Marées davon, und der erbot sich gleich, Fiedler um die Kleinigkeit, 20 000 Lire, zu bitten. Da genügende Sicherheit vorhanden war, würde sich Fiedler ein Vergnügen daraus machen. Er schrieb gleich nach Leipzig. Fiedler aber reagierte sauer. Er bringe der Station alles mögliche Interesse entgegen, aber usw. Wenn jedoch das Dasein des Unternehmens bedroht wäre, würde er den Fall nochmals in Erwägung ziehen. Dohrn blieb in Schwierigkeiten, und die Folge war, daß er für die notwendigen Materialausgaben für die Fresken, Handwerker usw. nicht aufkommen konnte. Aber gerade war Marées der Plan der Dekoration eingefallen. Er hatte das gesuchte Ensemble. Alle Wände wurden bemalt. Jede bekam ein in sich abgeschlossenes und doch zu den anderen hinleitendes Stück. Bereits waren die Skizzen fertig, in Öl gemalt, aber von einem Gefüge, das sich den großen Flächen anpassen mußte. Nun hätte er den Ring des Papstes verpfändet, wenn es nicht anders gegangen wäre. Die Ausgaben für die Arbeiten und den Putz waren wirklich eine Bagatelle. Was bedeuteten sie, wenn das Werk gelang. Er schrieb am 20. Juli Fiedler, da man Dohrn im gegenwärtigen Moment nicht mit Geldfragen plagen könne, werde er die Ausgaben für die Arbeiten aus eigener Tasche zahlen, und da die eigene Tasche leer sei, bäte er für sich und Hildebrand um einen Vorschuß. Selbstverständlich würden aber alle auf das Konto Dohrns gehörenden Posten genauestens gebucht werden. Im übrigen werde morgen mit der eigentlichen Arbeit begonnen. Der Plan sei soundso. Bei einigem Glück würde ein Teil bis zum Herbst fertig werden, und dann sei Fiedler freundlich eingeladen, herzukommen und das Treiben seiner Schützlinge zu inspizieren.

Das ging Fiedler denn doch über den Spaß. So kam es schließlich dahin, daß Dohrn nicht nur die künstlerische Arbeit umsonst bekam, sondern auch noch von einem anderen die Kosten ersetzt erhielt. Nur, weil es Marées gefiel, mit fremdem Gelde zu imponieren. Denn schließlich hatte Dohrn doch mindestens mit diesen Ausgaben rechnen müssen, wenn nicht etwa Marées von vornherein mit bekanntem Großmut alles zu decken unternommen hatte. Auch das war möglich. Und das alles für eine totgeborene Sache. Nie brachte Marées Fresken zustande. – Das Geld kam aber doch, Dohrn wurde sogar die Anleihe bewilligt. Aber der generöse Borger erhielt trockene Briefe.[1] Doch der merkte nichts mehr von den Dingen draußen in der Welt. Ein ungeahntes Glück hielt ihn in Spannung. Es gelang! Es gelang besser, als man in kühnsten Träumen gehofft hatte. Alle Schwierigkeiten zerrannen von selbst, sobald man die nasse Fläche vor sich hatte. Das war Schaffen. Man wurde ein neuer Adam. Er war der Jahreszeit gemäß leicht gekleidet. Am liebsten hätte er ganz nackt gearbeitet. Nicht der Hitze wegen, die spürte er nicht. Er spürte nichts, nur die herrliche körperliche Ermüdung, wenn er sechs Stunden ununterbrochen gemalt hatte. Oh, die Abende nach der Arbeit draußen am Posilipo, im Meere! Er schwamm und glaubte zu malen, zerteilte die Wogen, wie er am Tage die nasse Wand zerteilte. Göttlich war das, zu fühlen, daß man Kräfte hatte und nackt war. Nackt war er vor seiner Aufgabe, ein ganz einfacher Organismus, der nur das Natürliche tat. Nackt mußte man malen, ohne allen Ehrgeiz, ohne das unterhöhlende Sinnen und Grübeln. Ein Tanz der Muskeln, Spiel recht gearteter Sinne – so, nur so entstanden reine Werke! Er war immer viel zu bepackt gewesen. Erst wenn man schwamm, so wie einen Gott geschaffen hatte, wenn die Kunst ohne Umweg über tausend leidige

Fiktionen zur Schwingung wurde – dann! Die kleine Schülerin in Wien erhielt viele Briefe. Nach Dresden flogen lustige Botschaften. Und Dohrn hatte das Gefühl, das Leben zu sich gebeten zu haben.

Es steckte Hildebrand an. Der Bildhauer hatte bis Neapel keinen Pinsel in der Hand gehabt und seine Beteiligung an dem Werke nur als Bildhauer gesehen. Er malte.[2] Es wäre verkehrt, zu sagen, daß Marées es ihm beibrachte. Die Fläche tat es, die Aufgabe, die Notwendigkeit und Neapel. Sie wunderten sich nicht einmal darüber. Daß es Bildhauer und Maler gab, war auch nur so eine Atelier-Geschichte. Es gab Künstler.

Hildebrand machte sich zumal um die Rahmung der Bilder verdient und bewährte dabei die Gaben des Baumeisters, die Marées schon lange an ihm schätzte. Er brachte Marées auf die Einteilung der Hauptwand, mit der die übergroße Fläche überwunden wurde. Diese Einteilung scheint weiter nichts Besonderes, weil sie sich von selbst zu ergeben scheint. Ein Beweis für sie. Sie mußte gefunden werden. Der glückliche Einfall war, eine scheinbare architektonische Beziehung zu der gegenüberliegenden Südwand herzustellen ohne die Mißstände dieser arg zerstückelten Fläche. Das gelang mit der Wiederholung der rechts und links liegenden Fenstertüren durch gemalte Muschelnischen. Die Fiktion stärkte die beiden Kamine unter den Nischen, für die Hildebrand das Gesims aus gebranntem Ton oder Stuck mit dem Kranz und Schädelmotiv erfand. Sie sind leider nicht mehr vorhanden. Über den Kaminen waren die Konsolen angebracht mit den von Hildebrand modellierten Büsten der beiden Gelehrten Darwin und Baer, in deren Geist die Station gegründet worden war. So entstanden nahe den Enden der Wand symmetrische Punkte. Gegenüber der Mitteltür der Fensterwand wurde in dem von Fresken unbedeckten unteren Teil ein korrespondierendes Stück geschaffen, der gemalte Springbrunnen, der später durch die gegenwärtige Eingangstür ersetzt wurde. Möglicherweise hat Marées einmal daran gedacht, den Brunnen mit den beiden Kolossalstatuen zu flankieren, von denen in dem Brief an Fiedler die Rede ist. Oben wurde die durch den Brunnen bezeichnete Mitte natürlich nicht durchgeführt, denn sonst wäre die banale Zerstückelung der Fensterwand wiederholt worden. Wohltuend dehnt sich hier die große Fläche. Da sie für ein einziges Bild immer noch zu lang war, wurde noch je ein Pilaster eingeführt, von derselben Art, wie die Pilaster in den Ecken und in annähernd gleichem Abstand von den Muschelnischen, wie diese von den Eckpilastern. So entstanden also auf der Hauptwand vier schmale Felder und ein langes von angenehmen Verhältnissen.[3] Da die Dekoration der Seitenwände unmittelbar an die der Hauptwand anstößt, war man hier auf dieselben Höhenverhältnisse angewiesen, um so mehr, als der Blick von der Loggia aus gleichzeitig die drei Wände zu umfassen vermochte. Dagegen galt dieselbe Vorschrift nicht für die Fensterwand, deren seitliche Öffnungen den Ecken so nahe liegen, daß hier kaum die Dekoration Platz hatte. Daher konnte Marées für die beiden Bilder zwischen den Glastüren eine andere Höhe wählen. Er ließ die Dekoration wesentlich tiefer beginnen und erhielt so für die beiden Bilder ein energisches Hochformat. Damit wurde eine sehr schätzenswerte Abwechslung gewonnen, gleichzeitig eine Konsolidierung der zerstückelten Wand, die nicht der Architektur widersprach, und ein wohltätiges Gegengewicht gegen die ins Breite gehende Dekoration der Hauptwand. Hildebrand ist sicher der entscheidende Anteil an dieser Disposition zugefallen. Er erfand selbständig die reizenden Stücke in Grisaille, die alle Bilder umgeben. Man könnte von ihnen auf die beste Gabe des Bildhauers schließen, seinen seltenen Takt in der Belaubung der Fläche. Ich sehe die Friese immer als Stuckreliefs vor mir, zarter als die der Renaissance in den Hallen und Gemächern des Vatikans, derber als die köstlichen Improvisationen hellenischen Geistes, mit denen die Stukkateure des alten Roms die Wände der Paläste schmückten. Marées strahlte, wenn er den Jungen malen sah. Das sprudelte von Einfällen und hielt doch Maß und Ziel. Er hätte sich keinen besseren Mitarbeiter denken können. Er übertrieb anderen gegenüber die Teilnahme Hildebrands an den Fresken und stellte es womöglich so dar, als wenn er allein nie zu Rande gekommen wäre. Tatsache war, daß ihn nie das Behagen verließ, wenn er den Freund neben sich fühlte. Das war abgemacht: von jetzt an wollten sie immer zusammenbleiben, in Florenz oder irgendwo, jedenfalls in Italien, dem einzigen Lande.

Mit der Ornamentik des Saals wurde angefangen. An den Bruchstücken mit der Maske haben wohl beide gearbeitet. Das Stilleben in der Mitte mit den Vögeln und dem Glase hat Hildebrand allein gemalt. Diese drei farbigen Friese, der bei weitem schwächste Teil, waren offenbar Proben für die Palette. Als Modell für die ganz nach der Antike gemalten Stücke mit der Maske diente das schöne Mosaik im Neapeler Museum. Damit erschöpft sich die Anlehnung der Fresken an berühmte Muster. Während Hildebrand die Rahmen malte, begann Marées eine andere Melodie.

Er machte sich an die Hauptwand. Das Problem war, die Einheitlichkeit der von der gemalten Architektur geteilten Fläche wiederherzustellen und doch die fiktiven Gliederungen zu erhalten. Er legte über die ganze Wand eine zusammenhängende Landschaft, das Meer mit zwei etwa an Capri erinnernden Felseninseln, deren von der Architektur unterbrochenen

Teile hinter den Pilastern und Nischen fortlaufend gedacht werden. Das gab ihm zwischen den Vertikalen der Architektur eine große Waagerechte, die Horizontlinie des Meeres. Die Wellen und Wölkchen des leicht bezogenen Himmels, der plateauähnliche Gipfel des Inselberges in den ersten Feldern links und andere Einzelheiten bilden dazu vielartige Parallelen. Von aufsteigenden Linien bietet die Landschaft nur die Abhänge der im Hintergrund liegenden, daher niedrig gegebenen Felsen. Sie modifizieren die Vertikale. Das Schiff mit den Ruderern, nahe dem Vordergrund, steht ganz frei vor dem riesigen Himmel, selbst ein Gebirge. Gewaltig ragen die vier Menschen empor. Der Parallelismus steigert ihre Erscheinung, wie die gemeinsame Anstrengung der Ruderer die Triebkraft des Bootes vervielfacht. Stählerne Muskeln, Fechternacken umspielt der Wind. Man könnte leicht den skandierten Cantus finden, mit dem die vier die langwuchtenden Stöße der Ruder begleiten. Ein Liliencron könnte ihn ins Deutsche übertragen. Derbe Lebenslust, kein Hauch von dem süßlichen Gedudel, das der bella Napoli vor den Ohren der Fremden gesungen wird; viel eher ein Echo aus der griechischen Zeit Neapels mit ihren die Körper straffenden Spielen, mit ihren unverweichlichten Sängen, die Neapels Dichter aus der römischen Antike vergeblich nachzubilden suchten. Mit derber Lebenslust hat Marées das Bild gemalt. Man meint, er habe den Pinsel geführt, wie die vier Kerle ihre Ruder. Mit Schwung und ohne Sorge. Einsetzen und ankommen war dasselbe. Während der Arbeit wurde zwischen den Zähnen gepfiffen. In den beiden ersten Schmalbildern mit der Felseninsel, die wohl den Anfang bildeten, war er noch der Anfänger, experimentierte, wagte noch nicht recht, draufloszugehen. Die kleinliche Detaillierung der Vegetation steht schlecht zu den großen Felsenmassen, wenn auch diskrete

Tönung den Schaden zudeckt. In den Rudern aber ließ er sich los. Er sauste über die Wellen. Die ganze Wand setzte er damit in Bewegung. Es hätte gefährlich werden können, wenn die Fläche nicht so groß wäre, wenn bei aller Wucht der Draufgänger nicht sehr genau das Verhältnis der Körper zu der Höhe des Himmels, der Entfernung des Bugs, das ein wenig die Mitte der gerahmten Meeresfläche überschreitet, von dem linken Ende berechnet hätte, oder wenn das Stück des Schiffs länger gewesen wäre. Die große Studie in Öl ist sehr ähnlich wie die Freske gemalt, mit fast denselben Farben, mit annähernd denselben, auf Fernwirkung bestimmten, rauhen Akzenten. Freske wird sie an der Wand durch den Raum, der um sie herum ist. In dem Raum glaubt man nichts wie Luft und Wasser zu finden. Die paar Steine scheinen zufällig hingestreut, haben aber ihre sehr wesentliche Bedeutung. Der Felsen, der links in das Bild hineinragt, wirkt als Magnet für das Schiff. Seine Höhe entspricht der Höhe der Köpfe, deren Richtung er gleichsam wie die Blicke verschiedener Menschen nach einem gemeinsamen Punkte sammelt. Daß das hohe Vorderteil des Schiffes nicht ganz senkrecht, sondern mehr parallel mit dem Bergabhang in die Höhe geht, ist auch kein Zufall. Schließlich bestätigen auch die flachen Steine im Vordergrund merklich die Richtung und tragen dazu bei, das Gleichgewicht zu sichern, die conditio sine qua non, die von jeder Freske die denkbar sinnfälligste Erfüllung verlangt.

Wohl ist die Erfindung von keiner unergründlichen Tiefe. Mehr »Motiv«, als Marées sonst zuzulassen pflegt. Er sah und nahm. Man kann die Harmlosigkeit dem glücklichen Einfluß Neapels zuschreiben. Seit langen Jahren, schrieb er Fiedler, fühle er sich zum erstenmal in seinem Element. Es war ein Element, in dem er, wie Goethe in Rom, »schwimmen« konnte, während er in Dresden nur zu »waten« vermeint hatte. Er bekam eine andere Sinnlichkeit, einen anderen Pulsschlag. Nie wäre ihm in Deutschland dergleichen eingefallen, auch wenn er es gesehen hätte. Nicht aus Mangel an Kühnheit. Eher, weil er nicht bescheiden genug gewesen wäre, weil die Einfachheit des Ausdrucks, das kecke Hinaustreten, die freundliche Hingabe, das freiwillige Verzichten nicht zu seiner Stimmung in Deutschland gepaßt hätten. Man könnte fast sagen, er hätte sich in Deutschland nicht so deutsch gegeben. Etwas von unserem treuherzigen Volkslied schwebt um die zweite Gruppe im Boot, die der Pfeiler von den Ruderern trennt. Es ist der Teil des Schiffes, der gefahren wird. Eine träumende Frau läßt sich treiben. Wir glauben mitzufahren. Ein Insichgekehrtsein, das von der Energie der vorderen Gruppe die aller Sentimentalität entrückte Stimmung erhält; ein Träumen kerngesunder Menschen; eine Grazie, die der Natur angeboren scheint, wie die Kraft den rudernden Männern, ganz unbewußt, als könnte sie wirklich nur von den Möwen bewundert werden, die das Schiff begleiten. Und eine bei aller Einfachheit geniale Konstruktion, in der kein Detail, nicht eine Falte der Bekleidung, nicht die Form der Mütze des prachtvollen Alten, nicht ein Bruchteil des auf ein Minimum beschränkten Profils des Kindes dem Zufall überlassen blieb. In drei Absätzen sinkt die Linie von dem Kopf des Alten, der den Rhythmus mit den Ruderern vermittelt, zu der sitzenden Frau hinab. Sein faltenreiches Hemd und das dunkle Netz, das ihm über den Arm hängt, vervielfachen die Kurven. Und in wieder drei Absätzen, die nicht so steil gehen, steigt die Linie über Schulter und Kopf der Träumenden zu dem stehenden Kinde hinan. Der winzige Rahmen enthält, meint man, mehr Farben, Linien, Flächen, als das große Hauptbild. Auch mehr Raum. Oder vielmehr, es liegt an dem

Die Fischer. 1873

Räumlichen, das mit geringen Wendungen der Körper angedeutet wird, daß alle Linien und Flächen viel reicher erscheinen. Die Palette hat hier ihre reinsten und reichsten Farben. Und man meint die Farben in den drei eng zusammengerückten Gestalten, voller, harmonischer, rhythmischer vereint zu sehen, als in dem Hauptbilde, ohne daß man dort einen Mangel empfindet; so als passe für diesen kleinen Raum eine graziösere Schönheit, die der rauheren Gewalt des großen Bildes nicht anstünde. Es ist das melodische Trio der schwungvollen Polonaise. Das Finale im letzten Feld erinnert an den Anfang. Es ist ebenso bescheiden, wie die ersten Schmalbilder, aber lichter, heiterer. Der Felsenblock im Hintergrund hat seine wohlbemessene Bedeutung, auch für das vorhergehende Feld. Die ein wenig spielerischen winzigen Segel vor der Steinmasse machen die Horizontale deutlicher. Die weiße Möwe betont dieselbe Richtung vorn im Plan des Schiffes und beglaubigt das Ende des Schiffes, das soeben vorüberglitt.

Aller Wahrscheinlichkeit nach war noch vor Ende August die ganze Wand vollendet. Am 21. Juli hatte man mit der Freskomalerei begonnen. Inzwischen war auch die ganze gemalte Architektur des Saales nebst den farbigen Friesen fertig geworden. Bedenkt man, daß zu Beginn der eigentlichen Arbeit an der Wand, wie aus dem Briefe an Fiedler vom 20. Juli hervorgeht, die Entwürfe noch nicht in allen Einzelheiten feststanden (damals hat Marées noch im Schiffe die Porträts der Pergola zeigen wollen), rechnet man weiter Marées' Anteil an den ornamentalen Stücken, die wenigstens seine intellektuelle Teilnahme und doch auch wohl seine Zeit beanspruchten, so läßt sich die für die ganze Nordwand verwendete Zeit auf etwa vier Wochen anschlagen. Eine sehr große Leistung schon allein physischer Art. Ein junger französischer Künstler hat neulich im Hause eines Pariser Freundes eine winzige und rein ornamentale Kamindekoration in Fresko geschaffen und daran drei Monate gearbeitet. Berühmtere Leute brauchten noch mehr Zeit. Aber solche materiellen Bestimmungen bedeuten nichts. Auch liegt in unserem Fall das Verblüffende der materiellen Leistung mehr in der Vollendung des ganzen Saals in so kurzer Zeit, als in der geschwinden Schöpfung der Nordwand, der größten, aber bei weitem einfachsten Freske. Ein Kritiker ist naiv genug gewesen, den Umfang der Fläche auf etwa siebzig Staffeleibilder normaler Größe zu schätzen. Setzt man diese Berechnung weiter fort, so würde also der ganze Saal ein paar hundert Staffeleibilder enthalten, so viel, als Marées in seinem ganzen Leben gemalt hat. In Wirklichkeit aber enthält der Saal kein einziges, und das ist sein größter Vorzug. Man kann in der Rechnung nicht fünf Bilder der Nordwand ansetzen, denn die fünf geben ein einziges. Und man muß auch dieses unterdrücken und die ganze Wand nur als einen Teil der Fresken des Saales betrachten. Denn sie sind ein einziges Bild. Nimmt man sie aber als ein Bild, so ist es immer noch ungerecht, die Geschwindigkeit, mit der sie entstanden, über das Tempo eines Bildnismalers zu stellen, der an seinen paar Handflächen dieselbe Zeit gesessen hätte. Gewiß war Marées selbst überrascht, er hatte nicht annähernd dieses schnelle Resultat vorausgesehen. Daraus ihm einen wesentlichen Ruhmestitel abzuleiten, hieße im Grunde nichts anderes, als einem Dichter die schnelle Abschrift seines Opus zum Ruhme zu rechnen. Denn so etwa verhielt sich die manuelle Tätigkeit bei den Fresken, zumal bei der Nordwand, zu dem Opus selbst. Die Hand tat nur die grobe Arbeit. Bei sehr großen Teilen dieser Wand hätte er einem anderen, einem Handwerker, der ihn leidlich verstand, den Arm führen können. Daher fiel die gerade bei Marées sonst ungemein wichtige Stimmung des Schaffenden weniger ins Gewicht. Zur Freske war immer Lust da, sobald man wußte, was kam. Es galt nicht zu lasieren oder zu übermalen, um ein Ding, das zu vorn war, ein wenig nach hinten zu bringen, um eine Farbenkombination, die zu ausgesprochen war, zu verdecken, eine andere, die unklar blieb, herauszuholen. Alle diese Finessen waren bei der gegebenen Entfernung des Betrachters überflüssig und schädlich. Es gab kein Übermalen. Zudem wurde jede Fortsetzung von dem Anfang bestimmt. Auf die fünf Felder der Nordwand trifft ohne weiteres zu, was mit einer gewissen Einschränkung von dem ganzen Saal gelten könnte: die notwendigen Zusammenhänge besorgten sozusagen selbsttätig einen großen Teil der Arbeit. So etwa wie sich im Vergleich zum Roman ein Drama von selbst schreibt, sobald die Disposition da ist. Die Worte, die sonst allein die Geschäfte besorgen und ebensoviel verschweigen wie sagen müssen, sind hier nur noch das Äußerste des Wahrnehmbaren und müssen Hals über Kopf mit der Handlung Schritt halten. Es gab nicht alle die unzähligen winzigen Teile, die das äußere Erlebnis mit inneren Regungen verknüpfen, das notwendig nie zu vollendende Netz von Andeutungen, das immer wieder die Einheit verschiebt, das nie endende Spiel mit der eigenen Phantasie, sich selbst in immer neuen Formen zu zeigen. Er malte nicht. Dazu kam er gar nicht. Es schien ihm Anstreicherei. Mit einem Hundertstel der Gespanntheit, deren er sonst bedurfte, um die Massen eines kleinen Bildes in das rechte Licht zueinander zu bringen, machte er hier alles, leichtsinniger, als er sonst die erste Untermalung gab. Es kam nicht darauf an. Blau und ein bißchen Weiß war Meer. Ein wenig heller war es Luft. Blau und Grün durcheinander gab Gras und Bäume. Braun und Schwarz das Schiff, da konnte man wie ein richtiger Malermeister loslegen. Mit den Menschen mußte man sich schon ein wenig mehr vorsehen, konnte aber doch noch hundertmal verwegener verfahren als in der allerfrechsten Skizze. Die Hauptsache, daß man nicht über die Ränder kam, daß die Schatten dunkel, die Lichter hell wurden. Freskentechnik! Ein Maler fragte ihn eines Tages, ob er für Neapel den Vitruv studiert habe von wegen der Technik. Er schüttelte sich vor Lachen und fuhr mit den Armen durch die Luft. Das war die Freskentechnik, die seine.

In der Tat, nur die seine. Wenn man ein Stück Maréesscher Wand mit einem Stück Wand von Cornelius vergleicht, hat man hier barbarische Pinselstriche, dort ein sauberes Aquarell, wie es Damen machen. Sieht man die beiden von weitem, so wird aus den Pinselstrichen Fleisch und Luft, aus dem Aquarell Papier. Es geht einem aber auch entfernt ähnlich bei den Fresken der Italiener. Würde man wirklich von Giotto das Wesentliche verlieren, wenn man seine Geschichten in Padua statt auf den Wänden der kleinen Kirche auf Pergament in einem Kirchenbuch sähe? Ich sage nicht, man würde nichts verlieren. Wir sind gewohnt, sie an dem Platz zu sehen, den sie seit vielen Jahrhunderten einnehmen. Und der Platz ist reizend, das lange schmale Schiff mit dem kleinen Chor von lieblichster Poesie. Aber fügt wirklich Giottos Genie – wenn wir uns ohne Sentimentalität und ohne geschichtlichen Aberglauben fragen – der Kirche Entscheidendes hinzu? Würde, wenn nicht das Genie da in einzelnen wunderbaren Szenen seinen Odem auf die Wände gehaucht, sondern ein braver Handwerker der Zeit schlecht und recht sein Bildchen gemalt hätte, jene stille Poesie fehlen? Man muß doch recht genau zusehen, die entsetzlichen schwarzen Apparate vor die Augen halten, die das Benachbarte verdecken, um – Bildchen von der Größe zu erhalten, wie sie nicht kleiner oder größer auf dem Pergament sein könnten. Und hier ist die Freske einfach, der Raum sehr hell und in der Größe günstig. Im Campo Santo in Pisa war Giottos Schule nicht so rein und einfach, der Raum unförmlich. Da wird die Freske zu einem zufällig hingeschriebenen Bericht, den man, zuweilen gesträubten Haares wie asiatische Greuel, studiert, wenn anders man kulturhistorischen Interessen zugänglich ist. Den ästhetischen Genuß glaube ich keinem. Das Argument, Michelangelo habe sich hier dokumentiert, ist albern, wenn es uns zur Freude helfen soll. Genossen habe ich immer nur auf der anderen Seite, wo Benozzo Gozzoli die Weinernte gemalt hat. Und jedem nicht verbildeten Europäer dürfte es ebenso gehen. Doch gibt es auch im Quattrocento nur wenige Fresken, die sich so leicht dem Sinn einprägen wie die Weinernte des Benozzo. Wer nicht bei der Restaurierung in Santa Maria Novella auf den Gerüsten herumgeklettert ist, hat Ghirlandaio nicht gesehen. Und in welcher Kirche Italiens sehnt man sich nicht nach Gerüsten? Wohl bleiben von unten immer erhabene Fragmente sichtbar, die stolzen Umrisse der Edelfrauen, die Linien um die Locken der Knaben, die kühle Pracht der Gesten; genug, um uns hinzureißen, zu wenig oder zu viel, um uns den Eindruck zu geben: hier ist ein Ganzes. Orvieto hält man dafür. Verhältnisse und Licht machen die Kapelle ideal zum Wandschmuck geeignet. Hier konnte ein Ganzes entstehen. Es entstand das glorreiche Werk einer weit über die Zeit reichenden Persönlichkeit. Aber sie reicht auch über den Rahmen, den sie sich hier gestellt hat. Kaum eins der Felder mit den vielen zappelnden Menschen erlaubt dem Auge ruhigen Überblick, geschweige die Gesamtheit aller. Man genießt das Herbe der Formen, genießt die Willkür, unter der man gleichzeitig leidet. Aber versteckt sich in der Toleranz, die über die groben Mängel der

Disposition hinwegsehen möchte, nicht ein wenig eitle Liebhaberei? Darf man sich da mit fragmentarischen Empfindungen, seien sie auch noch so aussichtsreich, begnügen, wo der Sinn des Ganzen unbedingte Geschlossenheit des Eindrucks verlangt? Und wir legen kein Maß unserer Zeit an ein Werk vergangener Epochen, um den Fehler zu erkennen. Signorelli selbst erfüllte in Werken kleineren Umfanges das Gesetz, das seine Fresken verletzen, war also doch wohl der größeren Aufgabe nicht gewachsen. In seinem »Pan«, dem Meisterwerk der Berliner Galerie, trieb er das Spiel mit nackten Körpern, wenn auch nicht mit der Menge, viel weiter. Und hier, im Tafelbild, gelang ihm das Wagnis. Er zwang die Massen zum Bilde, zur Harmonie.

Der Mangel der Renaissancefresken beruht nicht etwa in einer technischen Eigentümlichkeit, z. B. dem kleingefügten Auftrag, sondern in dem mißlichen Verhältnis der Massen zur Wand und zum Standpunkt des Betrachters. Man kann ihn mit vielen Argumenten persönlicher Art entschuldigen, die den Künstler entlasten und den Auftraggeber und alle möglichen anderen Faktoren verantwortlich machen, aber wird ihn bei aller Bewunderung des Genies, das sich in ungeeignetem Rahmen verschwendete, nicht wegdiskutieren. Dagegen wird unsere Schätzung der antiken Fresken nicht von der Einsicht geschmälert, daß den Handwerkern, die sie malten, die der Gegenwart geläufigen Begriffe des Malerischen, unsere Möglichkeiten der Illusion nur unvollkommen zugänglich waren. Sie schufen übersichtliche Darstellungen und erreichten die Hauptsache, die Einheit von Raum und Bild. Und das schien den Künstlern des neunzehnten Jahrhunderts, die Dekorationen geben wollten, so viel wert, daß sie die rechte Freskenart zu gewinnen meinten, indem sie sich die primitiven Vorstellungen der Alten künstlich anzueignen suchten und vergaßen, was die Jahrhunderte an Naturerkenntnis erschlossen hatten. Dadurch aber wurde die sogenannte Monumentalmalerei zu einer unwesentlichen Sonderkunst, die neben der Staffeleimalerei herlief wie ein Füllen, das nur eben mit dem Kopf an den Wagen festgemacht ist und nichts zur Vorwärtsbewegung des Gefährtes beiträgt. Und das Füllen hatte immer einen übergroßen Kopf, einen hageren Leib und greisenhafte Bewegungen. Zum ersten Male wagte ein Moderner das Nächstliegende. Er quälte sich in keine verschwundene Vorstellungswelt hinein, die er nicht auszufüllen vermochte, die ihn doch immer nur zum Epigonen gemacht hätte, sondern malte, wie er es gewohnt war. Es war das Ei des Kolumbus. Endlich kam ein Maler, dem seine Kunst kein Surrogat für andere Äußerungsmöglichkeiten, sondern die gegebene Form war, zur Freske. Er erfand sofort notwendig ein neues Fresko, weil er sich nicht von der Aufgabe bestimmen ließ, sondern seine Form mitbrachte. Er blieb der Mensch, der er vorher gewesen war, und freute sich der neuen Möglichkeit, sich auszudehnen. Die moderne Staffeleimalerei, auch die seine, wiegte sich in der Vorspiegelung einer Fernwirkung. Man malte kleine Bilder mit Pinselstrichen, die für große Flächen paßten. Nun fand seine Fleckentheorie, von der er gerade an die Freundin in Wien eine Epistel losließ, die rechte Verwendung.

Das war die neue Freskentechnik. Aber wenn er sie wirklich erfunden hätte, es würde seinem Ruhme nichts hinzufügen. Marées' gutes Recht war, aus dem Fresko herauszuholen, was es hergab. Und uns gäbe das Erstaunlichste an Technik nichts, wenn nicht das Resultat längst vergessene Ansprüche an die Malerei so überraschend erfüllte. Nicht nur die Technik, der Gedanke ist Fresko. Solche Konzeptionen wie dieser Kahn mit den Ruderern, so erfunden wie hier, mit dieser breiten epischen

Sinnfälligkeit, kann man an die Wand bringen. Hatte man sie, so ergab sich für einen Künstler, der gewohnt war, jedem Zweck das Mittel zu erfinden, der Übergang von der Pinselführung des Staffeleimalers zum Freskoauftrag von selbst. So war es, nach allem, was wir von den Zeugen wissen; und, was viel wichtiger ist, so wirkt das Bild. Wir sehen nichts Neues an der Technik, dem das Freskenhafte zuzuschreiben wäre. Das Besondere, das den Auftrag hier von dem Auftrag der Ölbilder unterscheidet, war schon vorher Marées' Besitz. Nur verbargen es andere Eigenschaften. Die notwendige Vereinfachung hat es zum Vorschein gebracht.

So der erste Akt, licht und versprechend, wie ein erster Akt sein soll. »Das Werk werde nicht ohne Neuheit sein«, schrieb Marées an Fiedler, »und vor allem nicht ohne Takt.« Takt und Neuheit waren hier dasselbe. Der Rhythmus der Ruderer tut immer wohl, auch wenn man nicht gelaunt ist, Bilder zu betrachten. Auch den Gelehrten, die hier Ruhe nach der Arbeit finden sollten, müßte er wohl tun. Man kann plaudern dabei und wird doch bereichert. Es strömt von dem Bild wie freundliche Frische um unsere Sinne.

Der zweite Akt setzt stärker ein. Die Skizze verschweigt die schwerere Tonart. Marées scheint sie nur gemalt zu haben, um das Gleiten grünlicher Reflexe zu zeigen. Man sieht nur das leuchtende Email, das die flüchtige Hand flüssig gelassen hat. Die Körper gleiten darunter hinweg wie Fische unter silbernem Wasser, sind ganz unreal, nur als farbige Wesen glaubhaft. Nie könnte man sie sich außerhalb dieser feuchten Atmosphäre denken. Es ist das Staffeleibild mit all seiner unleiblichen Schönheit. Ich kannte es, bevor ich in Neapel gewesen war, und vermochte mir nie vorzustellen, wie die Art dieses Bildes zur Freske werden konnte. Wer nur die lebensgroße Studie zu den

Netzeträger und Fischer am Gestade des Meeres. 1873

Netzträgern sieht, würde es auch nicht vermögen oder vielmehr glauben, die Schönheit des kleinen Bildes sei bei der Vergrößerung abhanden gekommen. Und so ist es auch in der Tat. Die Skizze und die Freske stehen sich gegenüber wie zwei grundverschiedene Anschauungen! Das Gemeinsame, das Motiv, das in beiden Fällen mit annähernd der gleichen Palette behandelt ist, bedeutet kaum mehr als das, was zwei sich fremde Menschen, die dieselbe Begebenheit berichten, gemeinsam haben. Das Merkwürdige ist: auch die Freske besitzt ihre Schönheit.

Eine uns fremdere Schönheit, robuster, primitiver, materieller. Sie bringt genau das zum Vorschein, was die andere zu verschweigen sucht. Das flüssige Flimmern ist zerrissen, die Reflexe sind von den Gestalten geglitten. Nackte Menschen tragen ein Netz und schieben dort einen Kahn in das seichte Meer. Felsen ragen zum Himmel. Das Bild besteht aus Tatsachen. Man kann sie aufzählen. Die Anatomie der Körper ist deutlich. Man sieht die Muskeln. Die dunklen Konturen heben sich scharf von dem Hintergrunde ab. Es ist keine präzisere Realität denkbar.

Der Auftrag ist nicht anders als in dem Fresko der Hauptwand. Die Ruderer sind zu Netzträgern geworden. Es sind Gestalten derselben Welt. Nur rückt in dem neuen Bild alles näher zusammen. Es geht vergleichsweise viel mehr vor. Die Landschaft ist außerordentlich bewegt. Man hat den ersten Felsen wie eine drohende Masse vor sich. Und in der Landschaft spielen die Menschen eine ganz andere Rolle. Man zweifelt, ob sie wirklich nur das Netz tragen und den Kahn schieben. Sie sind nackt. Sie wären wohl auch geeignet, antike Kämpfe darzustellen, oder könnten die Odyssee illustrieren, den Abschied vom Lande der Phäaken, wenn die Diener die Geschenke in das Boot schleppen, das bald, vom Winde

Athenens beschwingt, der Heimat zueilen wird. Vollbringt diese im Grunde äußerliche Deutbarkeit den Eindruck traditionellen Gefüges, den die Freske der Westwand mehr als irgendeine des Saals hervorbringt? Aber das Traditionelle weist nicht auf die Antike, dafür ist das Bild viel zu schwer und wuchtig. In den Körpern steckt eher ein machtvoller Zug zur Renaissance. Zum erstenmal merkt man die Meister Roms, zu denen Marées, als er in Rom war, keine Beziehung zu finden vermochte. Etwas von Michelangelo glaubt man zu spüren. War es der Reflex im Hintergrund lagernder Erinnerungen, die von der mächtigen Aufgabe gelockt wurden? Hatten ihm etwa die Wiener Zeichnungen zu der Schlacht bei Cascina, die er gesehen haben könnte, Mut gemacht? Der erste Netzträger links scheint darauf zu deuten, doch kann die teilweise Übereinstimmung mit dem Aktfragment der Albertina ein Zufall sein. Jedenfalls verliert die Gruppe der drei Netzträger nichts, wenn man an Roms mächtigsten Bildner denkt. Sie könnte gemeißelt werden. Mehr geknetet aus Pinselstrichen als gemalt sind die muskulösen Gestalten. In der Gruppe der rechten Seite wird die Detaillierung von der gleitenden Tendenz dieses Motivs etwas gemildert, aber auch hier widersteht die Einzelform jeder Verwischung zugunsten des farbigen Ganzen. Scharf umrissen, so daß jeder Bruchteil der Linie sichtbar bleibt, sind die nackten Glieder gezeichnet. Wie stählerne Maschinenteile stemmen sich die parallel gerichteten Beine der beiden vordersten Männer gegen die dunkle Masse des Bootes. Man könnte auf eine ganz neue Art Maréesscher Gestaltung schließen, die ein wesentliches Wirkungsmittel seiner Malerei aufgibt und vielleicht sogar manchen Anschauungen, denen er früher Geltung verschafft hatte, widerspricht. Er hätte Mühe gehabt, der Wiener Schülerin an diesem Bilde seine »Fleckentheorie« klar zu machen.

Natürlich gibt es Flecken genug. Faustgroß liegen sie auf dem Felsen, und im Himmel scheinen Wolken und Pinselstriche eins. Aber das Organisatorische der Freske ist mit dieser Theorie nicht zu begründen. Man käme sogar zu schwerwiegenden Einwänden, wollte man sich an das Prinzip des Staffeleimalers halten, denn es läßt sich leicht manche Willkür in dem Auftrag nachweisen. Aber was Marées Fleckentheorie nannte, war im Grunde nur die Theorie von der Verteilung der Massen. Ob die Massen von farbigen Partikeln oder von Menschen oder von Felsblöcken oder von allen diesen Dingen zusammen dargestellt wurden, war gleich, vorausgesetzt, daß daraus ein Ganzes entstand, eine Einheit, die, sei es nach den Gesetzen der Farbe oder nach denen der Linie, sei es, wie immer, organisch zusammenhielt, so, daß aus der zusammengetragenen Materie der immaterielle Rhythmus hervorging. Dazu bedurfte es hier der gewaltigen Konstruktion. Es ist nicht so wichtig, daß die Felsen eine andere Struktur zeigen als die Menschen, daß sogar innerhalb der Landschaft merkbare Differenzen der malerischen Behandlung hervortreten – wieder eine gewisse Kleinlichkeit in der Vegetation, die gar nicht zu der großzügigen Malerei der Felsen und des Himmels paßt. Die Entscheidung liegt in dem schlagenden Verhältnis der Menschen zu der Landschaft, wie die Massen der Körper zu der Masse der Felsen und zu dem Ausschnitt des Himmels stehen, in der phantastischen Auftürmung des Gebirges, die allein den starken Bewegungen der nackten Gestalten die schützende Hülle verleiht. Ohne die sehr reiche Struktur des Hintergrundes liefen die beiden Gruppen der Netzträger und der Bootsleute Gefahr, getrennt zu bleiben, denn außer der summarischen Koloristik findet man beim ersten Blick nichts Gemeinsames. Der Rhythmus der einen Gruppe scheint sogar dem Rhythmus der anderen zu widersprechen; hier die schwere Vertikale, dort die gleitende Diagonale. Freilich trügt der Schein, und der Trug ist Kunstmittel. Die Vertikale der einen Seite ist so differenziert, daß bei aller Behauptung der tragenden Tendenz eine Beziehung zu der Diagonale der anderen Gruppe entsteht. Nicht zufällig bereitet die Schrägstellung der Beine der Netzträger, zumal die des Mannes auf der untersten Linken, die Schräge der Beine der anderen Gruppe vor, und die schwere ebenso horizontale wie vertikale Masse des Bootes, noch mehr der Mann zur äußersten Rechten, sind auch sehr beträchtliche Vermittler. Die Landschaft aber gibt eine viel verzweigtere Verbindung, weil sie ihre Wirkung in Plänen äußert und dem Vordergrundmotiv eine Resonanz in der Tiefe sichert. Der größte Felsen wiederholt mit seinem rechtwinkligen Aufbau das entscheidende Motiv der linken Gruppe, den Netzträger mit seiner Last. Das phantastische Felsendreieck, durch das, ein wenig spielerisch, der blaue Himmel hereinschaut, überträgt die Bewegung des Armes des Mannes zur Linken. Der sich zum Boden Bückende wird in dem mächtigen horizontalen Querbalken des Felsens, der oben die Architektur abschließt, wiederholt. Die Farbe tut ihr Teil dazu. Sie läßt die Materie der Felsen aus dem Fleisch hervorgehen. So wachsen die Menschen in die Felsenmasse hinein und werden um das Vielfache vergrößert. Die Felsen aber spielen das Motiv nach der andern Gruppe hinüber. Vom hinteren Gipfel sinkt die Linie über den bewachsenen Abhang hinab und schließt sich unmittelbar an das Boot an, um in dem Oberleib des abschließenden Mannes rechts noch einmal aufzusteigen. Wieder bewundert man neben der reichen Erfindung den Takt, der ihr die rechte Stelle wies. An dieser schmäleren, den Saal nach der einen Seite abschließenden Wand durfte und mußte ein machtvolles Motiv den Blick gefangen nehmen. Es wäre unmöglich gewesen, die viel größere Fläche der Nordwand mit solchen Gesten zu belasten, schon weil der Betrachter nie den notwendigen Abstand gefunden hätte. Die Unebenheiten der Komposition und der Malerei wären störend geworden. Sie bleiben auch jetzt merkbar. Der enorme Schritt von der Einfachheit des Rudererbildes zu diesem Wagnis konnte nicht ohne jedes Schwanken gelingen. Die Benutzung der Landschaft ist zuweilen zu durchsichtig, als daß man sich nicht fragens sollte, ob solche Szenerie gesehen, empfunden oder konstruiert wurde. Die Intimität des Lebens in der reizenden Bucht, die das Willkürliche der Hauptpläne vergessen machen soll, wirkt auch nicht ganz überzeugend. Doch sind die Mängel nicht beträchtlicher als die Flecken im Stein eines gelungenen Monumentes und schmälern nicht die Bewunderung der kühnen Tat. Kaum spürte Marées in dem neuen Handwerk Boden unter den Füßen, als er zu springen wagte und die Kräfte, ganz anders als in der Hauptwand, an ein mit gleicher Sinnfälligkeit wohl überhaupt kaum zu lösendes Problem einsetzte. Als er im Fluge die Wand mit dem Meer und den Ruderern füllte, spielte er vergleichsweise, ließ sich von dem Fresko treiben, erreichte, was sich leicht erreichen ließ. Eine scharfe Kritik könnte in den Ruderern vielleicht etwas von der genügsamen Art Feuerbachs entdecken, eine Dekoration, die mehr an die Fläche als an die Sammlung des Ausdrucks denkt. Es wäre ungerechte Kritik, denn ein Mehr des Ausdrucks würde das Gleichgewicht stören, und diese Harmonie ist von keinem Kompromißler, sondern von naivem Sinn erfunden. Recht hätte sie allenfalls nur in der sehr bedingten Weise, in der man z. B. von manchen Rembrandts sagen kann, sie neigten zu der Art des van der Helst, während andere mehr dem von Rembrandt aufgestellten Ideal entsprechen. Wenn man an die Entwicklung denkt, die Marées während der Arbeit in Neapel durchmachte, erscheint das Rudererbild als eine verhältnismäßig niedrige Stufe, die etwa der Art Feuerbachs entspricht. Mit den Fresken der Westwand dagegen zerreißt jedes Band mit dem Maler der Medea. Das Motiv entfernt sich nicht zu weit von Feuerbach. Eine im Prinzip ähnliche Komposition liegt der »Flucht der Medea« zugrunde; auch ein von links nach rechts gehendes Motiv, mit einer Gruppe am felsigen Gestade und einer anderen, die das Schiff in die Fluten schiebt. Marées hat das Bild sicher gesehen und vielleicht daran gedacht, als er die Freske malte. Man darf bei dem Vergleich nicht vergessen, daß die Flucht der Medea in dem Gesamtwerke Feuerbachs viel höher steht als die Freske im Werke Marées'. Ich liebe das Gemälde als vollkommensten Ausdruck von Würde, zu dem Feuerbach gelangen konnte, ohne zu Eis zu werden. Nie hat er sich eine große Aufgabe schwerer gemacht. Vier Jahre ging ihm die Melodie mit den Bootsleuten durch den Kopf. Die hatte er gleich, und dazu das Meer und die Berge, wie auf der Breslauer Skizze. Die Gestalten am Land sind schon in diesem ersten Entwurf nicht mehr von demselben Wurfe, zumal die Gruppe im Vordergrund wirkt unmotiviert. Es wäre schön, wenn das Schiff, dem die Einbuchtung in das Land den Anlauf gibt, das einzige Lebende wäre. Aber Feuerbach wollte eine Medea malen. Der ganze Unterschied zwischen den beiden Künstlern liegt darin. Feuerbachs Skizzen fesseln alle. Niemand kann sich ihren lyrischen Reizen entziehen. Aber er wollte Historienmaler sein, etwas, das es nicht geben sollte und nie so, wie er es sich dachte, gegeben hat. Historienmaler höherer Art. Nichts Kleines hielt ihn auf. Erhabene Begebenheiten lagen ihm von Haus aus im Bewußtsein, die Legenden der Menschheit, von Sagen umwobene Gestalten, die dem wörtlichen Bildnis entrückt sind, in denen wir bedeutende Vorstellungen und Schicksale sehen, Träger großer Empfindung. Das malte er, weil er große Empfindungen in sich spürte und den anderen mitteilen wollte. Aber er vergaß, daß alle diese Gestalten und Begebenheiten, und wären sie noch so sicher in unseren Vorstellungen begründet, von jedem, der sie in Wort oder Bild uns zeigen will, neu erfunden werden müssen, sollen wir neues Leben aus ihnen gewinnen. Das unterließ er. Er malte sie nur, machte sie kenntlich. Wir wissen, auf was dieser Faltenwurf, jene heroische Pose, deutet, wissen es nur zu gut. Zu schnell gelang ihm der Bann, als daß er bleiben könnte. Wir bewegen uns mit ihm im Kreise ehrwürdiger Dinge, aber gelangen nicht zu ihm, durch den wir allein den Begebenheiten näher, als wir vorher waren, zu kommen vermöchten. Diese Medea durfte von keinem stehenden oder sitzenden Weib mit Kindern in erhabener Stellung dargestellt werden, sondern müßte eine Fremde sein, etwas dem Historiker Unkenntliches, nicht mal eine schöne Frau, wenn überhaupt eine Frau, ein gemaltes Etwas, das lediglich infolge seines Zusammenwirkens mit anderen Teilen des Bildes, mit Felsen und Meer, oder auch mit Dingen, die ganz außer dem Bereich der gewohnten Szene liegen, Schwingungen einer besonderen Art erzeugte, die in dem Menschen, der den Mythus kennt, vielleicht die Geschichte der Medea, vielleicht auch etwas anderes von ganz ferner Art, nur ebenso ehrwürdig, ebenso düster und stolz hervorbringen könnten. Medea dürfte immer nur ein Vergleich sein, den der Betrachter erfindet, denn nur als Vergleich, als Sinnbild lebt sie in uns, nur so weit, als wir auf Grund unserer Erlebnisse solche Vergleiche wagen können. Feuerbach aber wollte die Medea malen, die einzige, die dies und jenes getan hat. Es wurde nicht nur keine Medea, das wäre zu ertragen, sondern sein Gedicht starb. Sein Erlebnis in Porto d'Anzio, als die Schiffer das

Segelboot in das Meer stießen und am Ufer der in seinen Bademantel gehüllte Mann saß, ein Erlebnis, das gar nichts von der Medea hatte, aber voll von Leben und Gestalt war, erstarrte. In der Maréesschen Freske stecken Kompositionsfehler, in dem Feuerbachschen Gemälde nicht weniger. Marées' Freske wäre besser geworden, wenn er die Fehler vermieden hätte. Es ist nicht schwer, sich die ungleiche Behandlung des Landschaftlichen geglättet zu denken. Von dem Feuerbach kann man nicht dasselbe sagen. Tatsächlich hat er nach und nach den denkbar günstigsten Aufbau der Medea gefunden. Die sitzende Frau mit den beiden von ihr umschlossenen Kindern ist eine seiner schönsten Gruppen. Doch fällt beim Vergleich der endgültigen Fassung in der Pinakothek mit dem Berliner oder dem Breslauer Bild auf, daß diese Verbesserung das eigentliche Wesen des Bildes ganz unbeeinflußt läßt, daß trotz der Isolierung der Medea und der Amme in den Studien das Ganze damals viel inniger zusammenhing, ja, daß die Art dieses Zusammenhangs in dem fertigen Gemälde nahezu verschwunden ist, ohne ersetzt zu werden. Die Materie war in den beiden ersten Bildern ein loses, geschmeidiges Netz, das alle Dinge umspann und zusammenhielt. Man spürt sie im Wasser, dessen Wellen sich regen, dessen Staub feucht ist, in dem sich regenden Fleisch, in den Stoffen, in dem Duft über der Landschaft. Dieses lebendige Netz ist in dem Münchener Gemälde vertrocknet, die Materie ist Farbe geworden, objektive Lokalfarbe, der Stoff zur Gewandfalte, das Fleisch zu mechanisch bewegten neutralen Formen, und aus der Landschaft ist die Atmosphäre gewichen. Wir blicken auf profilierte Kulissen. Während Feuerbach komponierte, zerrann ihm der Zauber, das Leben. Und was wäre Sinn und Zweck jedes künstlerischen Komponierens, wenn nicht jenes gesteigerte Leben! Deshalb gewährt uns das äußerlich Vollendete der Medea keinen Ersatz für die Lücken einer Maréesschen Erfüllung. Feuerbach vollendete nicht, sondern endete. Er deckte zu, während Marées offen ließ. Und die farbige Decke, die in die Falten einer Medeengruppe gelegt ist, deckt eine gewesene Existenz, in die kein Gott mehr Leben hineinbringt. Marées' Lücken können wir mit unserem eigenen Dasein füllen. Auch wenn er die Fehler, die wir heute leicht entdecken, vermieden hätte, wäre Marées nie an das Ende gekommen, weil er das Ziel da sah, wo Menschenwerk zum Zauber wird, und da gibt es kein Ende. Feuerbach besaß die beiden Fähigkeiten, die in Marées vereint waren, getrennt. Er war Maler und hatte den Sinn für die Ansprüche der großen Dekoration. Seine Schwäche beruht nicht auf der Unfähigkeit, die beiden Eigenschaften zu vereinen, denn sie sind keine Gegensätze, sondern ergänzen sich notwendig; vielmehr auf der Scheidung, die er fast gewaltsam vornahm. Ihm war Komposition und Malerei nicht dasselbe. Er träumte, überließ sich wie ein geborener Maler, und dann komponierte er wie ein Akademiker reinsten Wassers. Seine freiesten Schöpfungen zeigen immer das an der Oberfläche Haftende der Schule Coutures. Das konnte von einem unabhängigen Temperament zur Qualität ausgebildet werden. Und es lag ihm, paßte sich seinem schnell aufflackernden Enthusiasmus an und hätte auf dem Felde der Dekoration zu einem neuzeitigen Tiepolo führen können. Man ahnt es noch in der Skizze zur Amazonenschlacht, ja selbst in der Berliner Skizze zur Medea, in der man sich die Hauptfigur so leicht durch ein Geschöpf leichteren Blutes ersetzt denken kann. Nur eins lag unbedingt außerhalb des Bereichs, eine auf strenge Stabilität gegründete Form, der Ernst antiker Monumente, die Medea. Dafür fehlte ihm vor allem das synthetische Vermögen, die Konzentrationsfähigkeit, die zappelnder Ungeduld unerreicht bleibt, der bis zum Äußersten gehende Opfersinn eines Marées; artistisch und allgemein menschlich gedacht: Tiefe. Er malte die Medea, als hätte Phidias seine Gruppen mit dünnen Linien in Stein geritzt. Seine Erfindung kannte immer nur das Nebeneinander der Dinge, die Wirkung auf einen von vornherein beschränkten Plan. Indem er diese eine schwache Basis überlastete, machte er das Manko nur noch greifbarer. Ein Vorhang wird zu keiner festen Mauer, auch wenn man ihn mit Palästen bemalt.

Auch Marées zerriß in dem endgültigen Gemälde den Stil seiner Skizze. Es wäre vielleicht sehr schön, wenn das Fresko die gleitenden Reflexe des Entwurfs hätte, und man kann sich Liebhaber denken, die das kleine Bild vorziehen. Aber Marées ersetzte die Form, die er aufgab, durch eine andere, die ihm für die Aufgabe, für das große Format passender schien. Und ich glaube, er hatte recht.

Nie war der Unzufriedene so glücklich. Zum erstenmal in seinem Leben fühlte er den sicheren Verlaß auf seine Kunst. Er konnte, was er wollte. Das Ei hatte sich gepellt, er kam sich näher, sah an der Arbeit, wie unbedingt er auf seine Kräfte rechnen konnte. Selbst bei einem so abgekürzten Verfahren hielt die Produktivität aus. Fiedler, der seine Verstimmung über die Geldgeschichten nicht verschwieg, wurde auf das bald zu erwartende Resultat gewiesen. Es war gewiß recht fatal, daß die Station nicht mal die Ausgaben aufbrachte und die ganze Angelegenheit wieder zu einer Belastung Fiedlers führte, wenn sich auch Dohrn verpflichtet hatte, die Kosten später zu bezahlen, und sicher zahlen würde. Künstlerisch aber war der Gewinn für Marées so groß, daß er sich – so schrieb er Fiedler – »doch quasi gegen Dohrn verpflichtet fühle«. Er bat, Fiedler möge ihm doch die paar Wochen »wirklichen Glückes« nicht mißgönnen. Der Freund schwieg. Gern gönnte er jedem jede Freude. Wenn er nur der frohen Botschaft hätte glauben können! Seitdem Marées Deutschland verlassen hatte, war Fiedlers Zweifel an der Bestimmung des Malers der Dresdner Bildnisse fast zur Gewißheit geworden. Nun schrieb Marées auch noch, er wolle nicht nach Deutschland zurück, und gab unklare Gründe dafür an. Er müsse reine Luft zum Schaffen haben. Und daraus folgerte Fiedler wieder eine Bestätigung des Verdachtes, Marées suche allem anderen die Verantwortung für mißlungene Projekte zuzuschieben, an denen er nur allein beteiligt war. Er erwartete mit Bestimmtheit über kurz oder lang die Nachricht, die Fresken seien aufgegeben.

Marées aber nahm das dritte Bild vor. Bis Ende September waren Nordwand und Westwand fertig geworden. Jetzt wurde das Tempo wenn möglich noch beschleunigt, und das kam der Malerei zugute. Es gibt von nun an keine Lücken mehr. Schade, daß weder die Gesamtskizze dieses Bildes, noch die des vierten erhalten ist. Man hätte sicher nicht die Differenz gefunden, die zwischen der Skizze zu der Westwand und der Freske nachzuweisen ist. Die Studien sind kaum flüssiger gemalt als das Fresko. Allenfalls mag die Studie zur Kindergruppe als Ausnahme gelten; ein Stück glorreicher Malerei, von einer Saftigkeit und einer die ganze Fläche umspannenden Kraft der Farbe, die eben nur in einem auf normale Dimensionen beschränkten Bilde denkbar ist. Dagegen kommen die Skizzen zu dem Grabenden Mann und zu dem Kopf des Kindes der Freske sehr nahe, und bei dem Orangenpflücker kann man zögern, ob man der Studie oder der endgültigen Gestalt den Vorzug geben soll. Die Studien, die von jetzt an immer schöner werden, sind mir immer wie das Geschenk eines genialen Verschwenders erschienen, der den Luxus seiner Lebensführung auch da innehält, wenn er allein ist. Man muß sich immer wieder vorstellen, daß die lebensgroßen Studien des Morgens in den wenigen Stunden vor der Arbeit an der Wand entstanden, »und zwar in der größten Eile«, schreibt er selbst an die Wiener Freundin. Und in dieser Eile, die kaum geringer war als die Hast, mit der später ein van Gogh seine züngelnden Farben entfachte, wurden stille Kunstwerke geschaffen, Bilder, die man zum Teil, so wie sie sind, ganz abgesehen von ihrem Zusammenhang mit den Fresken, zu den Meisterstücken deutscher Malerei rechnen muß, und die Marées, als er fertig war, auf der offenen Loggia liegen ließ wie das Wachs eines Gusses, das man wegwirft, nachdem es seinen Zweck erfüllt hat. Bei manchem Karton unserer Zeit, den religiöse Pietät behutsam aufbewahrt, muß ich an die Loggia in Neapel denken.

Kartons zu der Neapeler Dekoration gibt es überhaupt nicht mehr, und bei den Fresken, die jetzt entstanden, würde man ohne die Punktierungen, die hie und da sichtbar sind, zweifeln, ob sie überhaupt nach Kartons gemalt wurden. Jedenfalls haben wir mit den Kartons nicht viel verloren. Denn sicher waren es keine zierlichen Arabesken, nach denen die Umrisse an der Mauer punktiert wurden. Die Verschwendung mit den Studien dagegen war kein überflüssiges Opfer. Die Hand, die sich auf der Leinwand geübt hatte, blieb vor der dünnen Pinselei bewahrt. Das Auge, dem die geschmeidige Ölfarbe den Abdruck des Temperaments gewiesen hatte, behielt den Schwung. Die Studien waren die Kraftzufuhr zum Widerstand gegen die Gefahren des Fresko. Die stete Berührung mit der gewohnten Kunst trieb Marées immer wieder, in den losen Gefilden der Dekoration sich selbst im Auge zu behalten, und so stählte er sich, ein glücklicher Antäos. Der mörderischen Umarmung, die alle seine Vorgänger neuerer Zeiten

Orangenpflücker. 1873

zerdrückt hatte, widerstand er, weil er auf seinem Boden blieb.

Die dritte Freske unterscheidet sich durchaus von der vorhergehenden im Gegenstand und in der Form. Nach der starken Bewegung der westlichen Wand ein ganz stilles Bild. Das sagt man sich, fern von Neapel, beim Anblick der Photographie. Im Saal selbst glaubt man, die Bewegung sei gewachsen. Es ist eine andere Art von Bewegung, wesentlicher, durchdringender, aus dem Spiel der Farben und Flecken gewonnen, die das Leben, das nachgebildet werden soll, zu einem höheren Dasein erhebt. Man wird beobachten, daß diese Art von Bewegung von der ersten bis zur letzten Freske immer mehr zunimmt, während die andere, die materielle, die nur dem Motiv ihren Schein verdankt, in gleichem Maße zurückgeht.

Das Bild bringt die Lebensalter, Kind, Knabe, Mann und Greis, ein Motiv, das Marées noch oft beschäftigen sollte und das in seine eigentliche Welt, das Land der Hesperiden, einführt. Orangen wachsen darin, und Menschen führen in ihrem Schatten ein friedliches Dasein. Jenseits, in der Ferne, hinter der niedrigen Brüstung ahnt man das Meer. Die Brüstung und die Bäume unter dem bezogenen Himmel setzen sich in dem anderen Bilde mit den beiden Frauen fort und geben der ganzen Südwand den Zusammenhalt. Die Orangenbäume hätte sich auch keiner der bekannten Dekorateure unserer Zeit entgehen lassen. Man kann sich den Engländer denken, der, frei nach dem Frühling des Botticelli, die Blätter zu sauberen Ornamenten wandeln würde. Eine schöne Linie, gleichförmig durch die zackigen Ausschnitte bewegt, hätte die Höhen verbunden, und Marées wäre der Liebling aller nach Italien reisenden Ladies geworden und längst in die Reisehandbücher gekommen. Er aber wollte nun einmal, es sollte ein Wald bleiben. Das Ideal des

Engländers war ihm wohl vertraut, und er gab ihm auch in gewisser Weise recht: ein Ornament mußte daraus werden. Nur nicht aus Blättchen, die den Baum zur Farce machten, nicht aus Wölkchen, die an keinem Himmel trieben, nicht aus Löckchen an Puppengesichtern. Aber aus dem Wald, in den man tief hineinschaut, aus dem ungeteilten Erdboden von sämiger Fruchtbarkeit, die das Grün werden läßt, aus Menschen, die ihre Atmosphäre um sich haben, aus Luft und Licht. Wo steckt der Stil? Wenn man ihn zeigen könnte wie auf den Bildern der Florentiner, wäre es nicht der unsere. Wir kräuseln nicht mehr die Hände, wenn wir greifen wollen, und säuseln nicht mehr mit der Stimme, wenn wir sprechen. Aber auch unsere Sachlichkeit läßt sich formen, und gelingt es, so kommt ein stärkerer Stil zum Vorschein als alles, was Archaismus aus vergangenen Zeiten hervorzerrt. Stil ist das Band um das ungeordnete Chaos. Wir leiden es nicht als Fessel, so wenig wir uns selbst fesseln lassen würden, und mißtrauen der Linie, die allein die Körper verbindet. Wir glauben an nichts Körperliches mehr und wollen den Geist verehren. Die Linie ist uns der tote Buchstabe des Gesetzes vergangener Völker. Quellend überströmt unbändiges Freiheitsgefühl alle festen Formen der Erfahrung und Gesittung unserer Vorfahren. Nichts ist ewig, nichts ist unbedingt gültig. Zeigt mir, verlangt der Lebende, das Notwendige der Satzung, damit ich glauben kann, den Zweck. Und überlaßt mir, den Zweck nach neuem Gesetz zu erfüllen. Ordnung soll sein, doch verlangt nicht, daß ein Sinn, der längst den Inhalt verlor, neue Besitztümer ordne. Nie hatten die Alten an die Atmosphäre gedacht, wenn sie Fresken malten. Diese wunderbaren Frauen und gelockten Männer taten alles mögliche in luftleeren Räumen, taten es so feierlich und stolz, mit so glaubhafter Schönheit, daß kein Mensch, der sie heute sieht, sich fragt, wo sie den Atem zu ihren Gesten hernahmen. Heute aber haben wir keine solchen Gesten mehr, und wer Zeitgenossen mit alten Gebärden malte, würde sich lächerlich machen. Ohne Pathos vollzieht sich der Würdigsten Dasein. Nicht ohne Größe. Aus tausend früher undenkbaren Beziehungen wächst die Macht neuer Erscheinung. Sie hat des Künstlers Symbol zu verewigen. Aus dem Ungreifbaren, das sich früheren Kunstmitteln entzieht, kann seine Kunst neue Empfindungen sichtbar machen. Wir werden sie Kunst, Form, Stil nennen, wenn sie leuchten.

So hat Marées das Bild mit den Frauen gemalt. Schon in dem anderen mit den Lebensaltern gab er Atmosphäre. Aber noch glauben wir um manche Einzelheiten eine gewisse Leere zu spüren, versuchen mit den Augen den Sprung von dem einen Umriß zum anderen. Es gelingt immer, es gelang ja schon bei den Ruderern – dort vielleicht zu leicht. Auch von der einen gewaltigen Gruppe der Westwand zur anderen gelangten wir sicher. Aber fühlten doch lebhaft den Sprung, fühlten ihn auch noch bei dem Orangenpflücker. Über das Bild mit den beiden Frauen gleitet der Blick, umhüllt alles auf einmal, die Frauen und ihre Gewänder, das Farbigste des ganzen Saals, von dem man glauben sollte, es müsse das Auge an eine Stelle bannen, den Rasen mit dem über den schlafenden Knaben huschenden Licht, die Durchsicht durch die Stämme der Bäume. Mir ist es immer so, als wenn diese Wand, die dunkelste des Saals, die ursprünglich – wer könnte es Marées verdenken – leer bleiben sollte, von innen erleuchtet wäre und stärker strahle, als die im vollen Licht gebadete Seite mit den Ruderern. Man kann die Einzelheit hier viel schwerer erfassen als bei der Nordwand und drückt sich oft verzweifelt zwischen den schrecklichen Bücherregalen herum mit einer wahren Angst, die kühnen Farben der

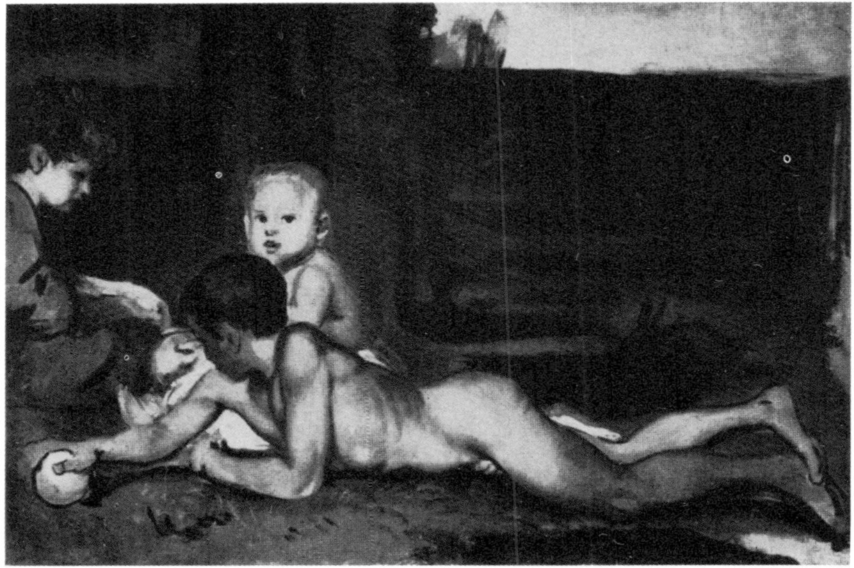

Skizze zur Kindergruppe. 1873

Frauen, die man immer bemerkt, könnten zuviel sein. Bis man einen Blick über das Ganze gewinnt und dann auf einmal bemerkt, daß gar keine greifbare Farbe da ist. Das Bunt steckt gar nicht in den Gewändern. Jedes Blatt der Bäume scheint ein Teilchen davon zu tragen, die ganze Atmosphäre ist voll davon, und man fühlt, wie sie in einen eindringt wie Wasser in trockenen Boden.

Und so malte er schließlich die letzte Wand, die Freske mit der Pergola.

Ich zeigte einmal die Bibliothek einem Pariser Bekannten, der gut mit der Kunst Bescheid weiß, am besten mit der seiner Landsleute. Wir speisten vorher zusammen, und ich war so ungeschickt, ihn merken zu lassen, wie bestimmt ich auf den denkbar größten Eindruck der Fresken auf sein den Musen wohlgeneigtes Gemüt rechnete. Er wußte nichts von Marées, aber kannte Böcklin und andere Deutsche und war skeptisch. »Sie werden etwas sehen, was Sie noch nie gesehen haben«, sagte ich ihm schließlich. »O sicher!« antwortete er und lächelte freundlich, und ich ärgerte mich, etwas recht Dummes gesagt zu haben. Übrigens traue er der deutschen Kunst durchaus merkwürdige Fresken zu, während die moderne französische Kunst gar kein Talent dafür mitbringe. Puvis und Moreau, die solche Geschichten machten oder hätten machen können, wirkten deshalb auf ihn ganz unfranzösisch. Es war nicht nötig, ihn zu fragen, wie er über den Wert solcher Geschichten denke. Ich machte meine Dummheit gut, indem ich ihn zuerst allein in die Bibliothek ließ. Nachher fand ich ihn an einem Bücherregal hängen. Er war gar nicht der zurückhaltende Skeptiker mehr, er fluchte, wie man nur vor schönen Dingen flucht, und versuchte vergeblich, der Pergola näher zu kommen. Er wette alles, was man wolle, das sei im Leben keine Freske. Ich führte ihn vor die Bilder der Südwand, an die man leichter herankann. Er überzeugte sich, fand es sehr merkwürdig und auffallend, aber wenn auch alle anderen Bilder Fresko seien, die Pergola mit den Bildnissen – das sei ausgeschlossen. »Nun, und wenn es schließlich kein Fresko wäre?« fragte ich, »was das wohl an der Sache ändern würde.« »Oh, sehr viel!« – er wurde eifrig. Auf Leinwand hätte das auch ein Franzose fertiggebracht. Zum Beispiel – er zögerte ein wenig, und ich ermunterte ihn – Manet. Darauf machte ich ein skeptisches Gesicht, weil mir nichts von Manet bekannt war, was seine Vermutung unterstützen konnte. Manet hatte äußerst lebendiges Fleisch gemalt, göttliche Dinge, aber nie solche Köpfe auf Körpern, solche Menschen und ein solches Zusammensein von Menschen. Das gab er zu und suchte weiter. Schließlich proponierte er eine Mischung von Courbet, Manet, Cézanne und noch etwas anderem, das sich nicht ohne weiteres bezeichnen ließe. Er sprach von latenten Beziehungen, wurde kompliziert und gab schließlich zu, es sei nicht so sehr wichtig, ob das nun eine wirkliche Freske sei oder ein Surrogat. Da ich aber merkte, daß er sich doch noch im letzten Fältchen seiner Skeptikerseele einen Schlupfwinkel aus dieser Frage für sein Nationalbewußtsein bereitete, ließ ich eine Leiter bringen und er stieg hinauf. Oben meinte er, die Mixtur, die er vorher genannt habe, sei nicht richtig. Von Franzosen sei doch nur wenig zu spüren; vielmehr eine Mischung von Franz Hals, Rembrandt und noch etwas anderem. Er blieb ziemlich lange oben. Als er wieder unten war, meinte er, der Mann, der vor dieser Freske von Puvis oder Moreau sprechen könne, sei nicht ganz vernünftig, und die Mischung Hals und Rembrandt sei auch nicht richtig. Man könne überhaupt von keiner Mischung reden und er habe heute zum erstenmal einen deutschen Maler kennen gelernt.

Er notierte sich den Namen. Von der Frage, ob Fresko oder nicht, wurde nicht mehr gesprochen.

Wie diesem Franzosen, der vielerlei kennt, haben sich manchem anderen vor der Pergolafreske die Begriffe über Malerei verwirrt. Man findet sich mit den anderen Wänden ab, bewundert, analysiert die Bewunderung. Da die wenigsten Betrachter sich die Zeit nehmen, die Südwand hinter den Regalen zu suchen, wird man schneller fertig. Und gerade deshalb, wenn man das Frauenbild der Südwand, die Vorstufe für die Pergola, nicht richtig aufnimmt, wirkt das letzte Fresko so verblüffend. Anders kann man kaum sagen. Diese fünf schweigenden Menschen an dem Tisch verblüffen, auch das Mädchen auf der Treppe und die Frau vor der Mauer, die arme eingeduselte Austernfrau, die vielleicht am meisten. Und auch die Mauer, das Haus mit den Bögen, durch die man in den Himmel schaut. Dies Fresko ist das stillste von allen. Es geht gar nichts mehr vor. Die Leute sitzen da und lassen sich abmalen, sie schauen einen ruhig an, und man wird unruhig, erregt, als ob da eine erschütternde Aktion vor sich ginge. Was soll das an der Wand? – Der Franzose hatte schon recht, es wäre viel leichter, damit fertig zu werden, wenn es kein Fresko wäre. Man könnte es in die Rubrik der Gruppenbildnisse einsperren. Alle Bilder, die gerahmt sind, kann man unterbringen. Dieses nicht, weil es da an der Wand ist. Gehört es dahin? Wenn sich die Frage so ohne weiteres bejahen ließe, würde man vermutlich viel ruhiger sein. Die Ruderer gehören viel eher dahin. Wenn sie nicht den gewohnten, geschwungenen Rhythmus der Wandmalerei zeigen, so sind sie von einem anderen beseelt, von einem einer neuen Art, an den man sich gleich gewöhnt, denn er erfüllt die Bedingung des alten. Man übersieht gleich die Wand. Sie wird sozusagen von dem Rhythmus verschluckt, ohne Widerstände.

Hier aber stemmt sich eine ganz spröde Komposition dagegen. Ist es überhaupt eine Komposition? Man kann allerlei finden. Die Architektur, die eigentlich das ganze Bild einnimmt, ist ein mächtiger Halter. Großen Leuten, die der Tradition näher waren, Leonardo, Tizian – von den Verwegenen, die sie mit Bewußtsein brachen, zu schweigen – genügte weniger zum Halt ihrer Wandbilder. Hundert Beispiele fallen einem ein, wo ein langer Tisch, ein paar Säulen, oft nur der Schein einer Architektur im Hintergrund die einzigen festen Linien geben, und denen man doch den zum Wandbild gehörenden Begriff des Monumentalen nicht absprechen kann. Aber unser Bewußtsein lehnt, ohne daß wir etwas dagegen tun können, diese Beschwichtigung des Historikers einfach ab. Es ist, scheint eine innere Stimme aufrührerisch zu sagen, ganz gleich, ob dieses Bild monumental ist, oder nicht. Es genügt nicht, wenn es zutrifft, um die Wirkung zu erklären, und stürzt das Bild ebensowenig, wenn es nicht zutreffen sollte. So etwas sah man noch nicht! Ich hatte ganz recht, als ich es dem Franzosen sagte. Und als er da oben herumkletterte und Mixturen von Empfindungen zusammenbaute, ging es ihm wie es jedem ergeht, der etwas wirken sieht, dessen Wirkung er nicht deutet. Ich bin auch oft oben auf dem Regal herumgeklettert, mit dem Gesicht vor der Freske, ganz bewußt meiner Lächerlichkeit. Als ob man sich selber näher käme, wenn man sich die Nase an dem Spiegel glatt drückt!

Ganz triviale Fragen schwirren zuerst durch den Kopf. Die Litanei von dem Kostüm, die bei Courbets »Begräbnis von Ornans« anfing. Sind unsere Röcke und Pantalons der Monumente würdig? Courbet half bei seinem Bilde das Pittoreske kirchlicher Gewänder. Das moderne Kostüm erschien als Gegensatz, und der Ärger über das Motiv absorbierte den Widerspruch gegen die Einzelheit. Wenn man sich über den Marées ärgern könnte, wäre er längst klassiert. Aber es ist nicht die leiseste Veranlassung dazu da. Man könnte höchstens in dem Mangel jedes anreizenden Momentes die Quelle der Erregung entdecken. Der Minorität, die für Courbet war, kam die Erinnerung an niederländische Gruppenbilder zu Hilfe, an die Schützenstücke des Franz Hals und an die Nachtwache. Diese Freske aber gehört nicht zu der Art, wenn schon sie eine Gruppe von Menschen enthält. In den Schützenstücken hört man die Becher klingen, Courbets Begräbnis ist traurig und komisch, die Nachtwache ist mystisch, und selbst die gemächlichen Staalmeesters in Amsterdam poltern förmlich, im Vergleich zu diesem Marées, mit ihren Blicken und Gebärden, kokettieren beinahe mit ihrem Witz oder dem Esprit ihres Urhebers. Die Atmosphäre des Marées wärmt nicht die leiseste Andeutung solcher Zutat. Eine ganz kalte Objektivität, wie sie in keinem Stilleben des nüchternsten Holländers zu finden ist, regelt den Ausdruck. Diese Objektivität hat die Eigenschaft, unser eigenes Dasein als zu laut, zu beweglich, zu belangreich erscheinen zu lassen. Man kommt sich vor wie ein auf ein Eiland Verschlagener, der da Menschen sitzen sieht, die ersten Menschen seit soundso lange. Und diese Leute verraten gar kein Interesse an dem Eindringling. Sie sind unter sich, und ohne daß sie es aussprechen, wünschen sie, unter sich zu bleiben. Es wäre auch schwierig, zu ihnen zu dringen. Der Winkel neben der Treppe schützt sie. Er ist eine Welt für sich. Die hohen Wände gebieten Schweigen. Doch möchte man gern, fürs Leben gern, ihnen näher kommen, ihnen oder ihrer Welt, der stillen Sicherheit ihres Zusammengehörens. So sieht man zuweilen vom Fenster im hohen Stockwerk der Großstadt in ein gegenüberliegendes Zimmer, wo jemand liest oder schreibt, bemerkt eine zufällige Geste, ein Nichts, das einen zu Tränen rührt, ohne daß es etwas Positives, geschweige etwas Sentimentales ausdrückt, möchte hinüber und weiß doch, wie ganz kindisch und unausführbar selbst der leiseste Gruß wäre. Es gibt hundert solcher Beziehungen zwischen Menschen und Dingen, die ganz abseits von den gewohnten liegen. Ganze Märchen spielen sich mit ihnen ab. Man gewöhnt sich an sie und lernt den Respekt vor ihrer Art. Man denkt schließlich gar nicht mehr daran, sie in der gewohnten Weise zu materialisieren, lebt mit ihnen ein ungesprochenes Dasein.

Das sind Empfindungen, die wenig zu den Genüssen passen, die man vor Wandbildern zu erleben pflegt. Sie passen auch nicht ohne weiteres zu den Illusionen der anderen Fresken der Bibliothek in Neapel. Die robuste Grazie der Ruderer gehört einer anderen Welt, und die Felsenmenschen der Westwand könnten sich schwerlich mit den geistreichen Köpfen der Pergola verständigen. So wäre also das Besondere der letzten Wand etwa ein Fehler gegen den Stil des Ganzen? – Aber so leicht kommen wir nicht davon. Gewiß kann das Phänomen einer weitgetriebenen Stilkritik nicht unerreichbar bleiben. Denn wo sollte es sonst liegen? Keinesfalls ist es aber ohne weiteres greifbar. Zu oft schon haben wir Dissonanzen im Stil als Bereicherung des Stilbegriffs zu erkennen gelernt, und wir fühlen zu deutlich, daß Marées bewußt oder unbewußt mit dem Beginn seiner Arbeit Bedingungen schuf, als deren letzte Konsequenz auch die Pergola gelten kann. Sein bestes Stilmittel bei den Neapeler Fresken, der Takt, wußte die groben äußerlichen Differenzen zwischen den einzelnen Wänden zu vermeiden und in der Einheit der Farbe, der auch die Ostwand treu geblieben ist, ein sicheres Bindemittel zu schaffen. Wir sind, sobald wir irgendein Bild akzeptieren, längst nicht mehr frei, die

Uniformität einer zusammenhängenden Serie von Gobelins zu verlangen, wir würden sie sogar als stillos zurückweisen, und wir akzeptieren die aus der Entwicklung des Künstlers während der Arbeit hervorgehende relative Verschiedenheit wie eine Bereicherung. Wir folgen von Akt zu Akt, fühlen, die Akte gehören zusammen, werden, ohne zu wissen, wie, zu dem letzten Akte gezwungen – es braucht niemand zu wissen, daß Marées die Pergola zuletzt malte, er fühlt es. Und erst beim Schluß fragt man sich: wo bin ich! und gewahrt die Kühnheit des Aufstiegs, die Ferne von allem Gewohnten.

Das ist das Besondere der Pergolafreske, das letzte, das darin steckt. Die anderen sind alle Vorbereitungen für sie, halten sich in einem Rahmen, in dem man sich allerlei noch neben ihrer Art denken kann. Hier aber spannen sich die langsam gestrafften Fäden: es geht nicht mehr weiter, darüber hinaus gibt es nichts. Wir sind am Ende oder sind schon jenseits in einer neuen Welt. Die Höhe dieses letzten Aktes liegt ausschließlich in der Form und bedeutet das Maximum der Transformationsfähigkeit des Künstlers. Ohne jedes sich aufdrängende artistische Mittel, auf natürlichstem Wege – man könnte glauben, es sei nichts als Verdeutlichung beabsichtigt – wird tatsächlich die Begebenheit, wenn anders dieser begebnislose Gegenstand so genannt werden darf, aller Wirklichkeit entkleidet und gleichzeitig zum stärksten Extrakt der Natur gemacht. Die Illusion ist auf die Spitze getrieben, und doch ist alles Greifbare einer bestimmten Deutbarkeit überwunden, ja man möchte paradoxerweise glauben, daß gerade das Extrem von Sachlichkeit diese Überwindung vollbringe. Marées kehrt die Dimensionen um. Die Maße der Wand geben ein entschiedenes Breitformat. Das Fresko dagegen wird jeder für ein Hochbild nehmen. Und diese Umkehrung des Formats, die notwendigerweise unerträglich, mindestens auffallend, kapriziös oder dergleichen sein müßte, wird als durchaus notwendig empfunden und ist tatsächlich einer der versteckten Hebel der Wirkung. Sie erlaubt die Auflösung der Perspektive. Die Architektur zeigt mehrere Pläne, die von Menschen und Tieren belebt sind. Die scharfe Kante der Mauer, die Treppe und die Bogen der Ruine unterstreichen die Perspektive. Trotzdem ist keine Wand fester, bei keiner ist die trügerische Illusion einer künstlichen Öffnung, durch die man in die Natur schaut, sicherer vermieden. Das wird mit der übertriebenen Höhenrichtung des Perspektivischen erreicht. Die Maréessche Tiefenwirkung unterscheidet sich hier vollkommen von dem Mittel des Naturalismus, das noch Courbet darin sah. Wohl bleibt sie ein Mittel der Illusion, aber diese Illusion strebt jenseits von der Natur nach einer Übertragung des Eindrucks in höhere Dimensionen, ist in den Händen von Marées lediglich ein Gegengewicht für andere, die Fläche begünstigende Mittel. Er jongliert mit Fläche und Tiefe so lange, bis wir sie nicht mehr unterscheiden, bis wir nur noch den Ausdruck im Auge haben. Das gibt die ungreifbare Vitalität seiner Erscheinung.

Die Pergolafreske ist eine Sammlung mächtiger Bildnisse. Ihre Macht beruht auf derselben ungreifbaren Äußerung des Ausdrucks. Früher hing die Studie zu der Gruppe Hildebrand-Marées-Grant, die dem Fresko sehr nahe kommt, im Elberfelder Museum neben einem recht guten alten Trübner. Es war erschreckend, zu sehen, wie der Trübner, den man allein glänzend fand, zu einem wesenlosen Fleck wurde, sobald man den Blick zwischen den beiden Bildern spielen ließ. Das Auge verlor die Fähigkeit oder den Trieb, den Fleck zur Form zu bilden, weil ihm eine höhere Gestaltung vorschwebte, und versagte die Vermittlung des Zeichens. Ein anderes Mal sah ich

Die Freunde. 1873
(Bildnis von links: Dohrn, Kleinenberg, Grant, Marées und Hildebrand vor dem Palazzo Donn'Anna in Neapel)

am selben Ort eine Ausstellung moderner französischer Gemälde und nahm dieselbe Kontrolle vor. Es ging mir ähnlich. Ich fand andere Farben, die an sich schöner waren, eine geklärtere Palette. Die Sinne vibrierten in einer gewohnten Richtung, in der ich oft zu göttlichen Sensationen gelangt war. Der Marées aber drückte dies alles zu einer Reaktion niederer Sinne herunter. Anfangs glaubte ich auf eine Art von Verhältnis schließen zu müssen, wie es sich etwa zwischen Rembrandt und modernen Franzosen findet, die man ohne besondere Abstraktionen nicht wohl vergleichen kann, weil die relative Robustheit Rembrandts der viel differenzierteren Materie der Modernen nicht entspricht. So wie man ohne gewisse Einschränkungen auch Shakespeare und Ibsen nicht vergleichen dürfte. Aber diese Einschränkung, die bei dem Vergleich von Zeitgenossen oft nur zur Eselsbrücke wird, um über Wertdifferenzen hinwegzukommen, erwies sich in diesem Fall als überflüssig. Es ließ sich kein Gattungsunterschied zwischen Marées und den Franzosen konstruieren. Auch war das eine Bild nicht materieller als die anderen gemalt. Die Gruppe von Marées war viel vollständiger, aber bestand ebenso lose, mit demselben geringen Aufwand von Materie. Die größere Vollständigkeit war keine weiter getriebene Detaillierung, sondern deckte Daseinsmöglichkeiten auf, die den anderen entgingen. Indem Marées innerhalb seiner viel umfassenderen Möglichkeiten ebenso ökonomisch vorgeht wie die anderen in den ihren, entsteht eine viel sicherere Realität, ein viel plastischeres – Über-Reales, müßte man sagen. Diesen höheren Begriff der Realität ergibt auch der Vergleich der Freske mit Marées' eigenen vorhergehenden Bildern. Und das ist das merkwürdigste. Er hat an der Wand Dinge realisiert, die ihm vorher in der Bildnismalerei nur als Andeutungen gelungen waren. Man erkennt ohne weiteres in dem Hildebrand und in dem Grant die Vollendung des Berliner Doppelbildnisses. Damit soll nichts anderes gegen dieses schöne Bild gesagt werden, als was Marées selbst mit seinem Fortschritt dagegen gesagt hat. Es wirkte in der Berliner Zeit wie eine verhaltene Offenbarung, und gerade das Zögernde der Gestaltung gab ihm seinen Reiz. Neben der Freske wird es auf einmal fleckig, unsicher, dunkel. Man ahnt die tausend Schleier einer unwirtlichen Atmosphäre, die fast krankhafte Zurückhaltung eines sich stetig selbst beobachtenden Menschen, die Skepsis, die das Gesprochene gern zurücknähme, die es fast wider Willen gesagt hat. Rembrandts Geist lastet auf den beiden mit seiner Schwermut. Freie gesunde Luft weht um die Gestalten der Freske. Ein ganz männlicher, durchdringender Geist hat sie gesehen. In dem Hildebrand steckt etwas von der Unverzagtheit der Ruderer; in dem Grant, der in dem Berliner Bild nur die sentimentale Seite ahnen ließ, das trotzig Aufsichselbstgestellte des freien Armen. Die Individualitäten kommen ganz anders heraus, man ahnt in jedem eine feste Meinung, eine eigene Welt. Am zurückhaltendsten hat sich Marées selbst gemalt; ohne alles Problematische der Dresdner Bildnisse. Es ist ein fast fremdes Gesicht, das Gesicht des heiteren, überlegenen Autors der Neapeler Briefe. Nur der prachtvolle Schädel ist haarscharf getroffen, man kann ihn noch an der Totenmaske erkennen. Der stehende ist Kleinenberg, auch einer des Jenenser Kreises, damals Assistent Dohrns, einer der Menschen, die Marées am höchsten geschätzt hat. Er hat ihn damals noch nicht gut gekannt. Kleinenberg war kein leicht zu durchschauender Mensch, und das kommt ein wenig in Marées' Darstellung zum Vorschein, zumal in der Studie. Der merkwürdigste von den Fünfen ist Dohrn. Das Leibhafte der Realität hat hier, wo der grünliche Ton des Fleisches den Höhepunkt erreicht, gleichzeitig etwas Gespenstisches bekommen. Die Skizze zu dem Kopf war, als sie im Keller gefunden wurde, ganz durchlöchert, und trotzdem konnte man sich bei ihrem Anblick nicht desselben fast erschreckenden, weil so greifbaren Eindrucks des Geisterhaften erwehren. Dohrn war, als die Fresken entstanden, von Arbeit und Aufregung schwer erschöpft, und das hat das Bildnis nicht verschwiegen. Übrigens treten die meisten Studien zu der Ostwand vor der endgültigen Fassung zurück, wie ja auch die Gesamtskizze nur einen sehr schwachen Begriff von dem Bilde gibt. Dohrn und Kleinenberg haben erst an der Wand den vollkommenen Ausdruck gefunden. Das Mädchen auf der Treppe zeigt in der Studie und in der Freske dieselbe Einfachheit. Die Austernfrau dagegen übertrifft im Fresko ganz unverhältnismäßig die Studie. Gerade das, was man bisher für unvereinbar mit dem Fresko hielt, die selbsttätige Leuchtkraft des Pinselstrichs, ist hier am deutlichsten erreicht. Die Studie – so schön sie ist – sieht wie eine Zeichnung daneben aus. Die Farbe hat erst an der Wand ihr eigenes sprühendes Leben erhalten. Auf der Gesamtskizze fehlt das Stück Mauer mit der Austernfrau. Das Bild schließt rechts mit der Treppe ab. Die Höhentendenz wird dadurch noch deutlicher, aber das Ganze rückt, weil die Betonung des Vordergrunds fehlt, viel zu nahe. Ob Marées jemals eine Gesamtskizze, der endgültigen Komposition entsprechend, gemalt hat? Hildebrand meint, es habe nie eine andere Skizze gegeben. Auch von Kartons für diese Wand ist nichts bekannt, und ich habe keine der Punktierungen, die bei den anderen Fresken auf eine Vorlage deuten, gefunden. Daraus muß man fast schließen, Marées habe erst an der Wand im Augenblick des Beginnens das vollständige Bild gefunden. Wird der Schluß einmal an der Hand neuer

Studien widerlegt, so bleibt eins jedenfalls mit Sicherheit stehen: Das Fresko der Pergola erscheint so, als sei es von Anfang bis zu Ende erst an der Wand konzipiert worden.

Die Vorstellung schreibt sich leichter nieder als sie in den Kopf hinein will, wenn man ihren ganzen Umfang begreift. Daß hier die Mauer zur Leinwand, die Leinwand zur Mauer wurde, ist nicht das Phänomen. Es könnte eine technische Angelegenheit niederen Interesses sein. Es wäre auch nichts Neues. Hundertmal war dergleichen da. Venedig ist voll von vergrößerten Staffeleibildern, die zu Fresken wurden. Aber nie gelang es wie hier, bei der Verwandlung der Unterlage die relativen Verluste des Bildes zu vermeiden. Darum kümmerten sich Venedigs Meister nicht. Sie waren Verschwender. Wir aber schätzen uns reicher, weil wir vom Reichtum höhere Begriffe besitzen, weil uns die Verschwendung des Kostbarsten – und sei es prunkender als wir je erfinden können – den Schatz verleidet. Die Ökonomie ist Teil unserer Gesittung. Marées opferte nichts. Nicht die Leinwand wurde zur Mauer, sondern das Staffeleibild zum Fresko. Wir wissen nicht viel von der Art des neuen Fresko, von seinem Stil, denn wir haben nur eins, Marées hat nur eins gemalt und hat keine Nachfolger gefunden. Nur das wissen wir, die edelsten Eigenschaften unserer Malerei sind restlos an die Mauer gelangt. Nie wäre diese Konzeption in anderem Format, in anderem Material, unter anderen Verhältnissen vollendeter denkbar. Unsere Kunst aber ist seit den Zeiten der Venezianer verschwiegener geworden. Wohl lockt sie von weitem, aber die Fernwirkung ist nur einer ihrer Reize. Hundert andere ziehen den Liebhaber in die engste Intimität. Man muß näher kommen, viel näher als man je einem Fresko gelangt, es gehört augenblicksweise fast die Illusion körperlicher Berührung dazu, um alle Stufen der Struktur zu durchschauen.

Und das, selbst das erfüllt Marées' Verwandlung. Wir haben ein Fresko vor uns, wenn wir auf das Regal klettern, in unmittelbarster Nähe. Von weitem überzieht sich die Farbe mit dem zartesten Hauch, wir sehen alle die tiefverzweigten Schönheiten, mit denen die geübte Hand die Materie schildert, und wissen, sie können nur von weitem, also freskohaft wirken. Es wäre Torheit, hinaufzuklettern. Was uns bei dem modernen Ölbild in kleinstem Format entzückt, der Hauch des Persönlichen, den wir in der flüchtigsten Skizze erkennen, ist hier zum Monumentalen geworden.

Ist dem aber wirklich so, dann wird uns eine frohe Erkenntnis. Dann ist trüber Irrtum, was bisher jedem Einsichtigen unumstößliche Tatsache erschien, daß es zwei Arten von Malerei gebe: eine monumentale, nach unseren Begriffen unpersönliche der Alten, die an die Wand gehört, von erhabenem Gegenstand und erhabenem Schwunge, der ehrwürdige Rest einer Epoche von ungeteilter Empfindung; und eine neue Malerei, die dem Bauwerk und jeder Gemeinschaft mit anderen Künsten fern bleibt und fern bleiben muß, eine persönliche Kunst, übersinnlich und von undurchdringlichen Zwecken, ein Reich für sich, mit eigenen dunklen Satzungen, von wenigen für wenige ersonnen, frei, so frei, daß sich niemand mehr ernstlich um ihr Tun und Treiben kümmert, ein funkelndes Pünktchen, das über den Völkern dahin tanzt, während es rundherum Nacht wird und die erhabenen Massengedanken, die Gefäße heiliger Symbole, der Vernichtung zutreiben. Jede Vermischung der beiden Arten war bis dahin unausführbar. Generationen von Künstlern hatte der schwache Versuch dem Verfall ausgeliefert. Die neue Malerei zeigte sich zu schwach oder zu stark, um den Zwecken der alten zu dienen. Entweder zerriß sie, an die Wand gezerrt, den Raum, oder, der häufigste

Fall, verleugnete ihre Herkunft, entblößte sich aller Eigenschaften, mit denen geniale Meister in hundertjähriger Arbeit ihr künstliches Wesen zu einem lebendigen Organismus gemacht haben. Und nun kam einer, der alle Geheimnisse des funkelnden Pünktchens besaß, stieg auf das Gerüst und malte so ruhig und sich selbst überlassen, als säße er wohlgeborgen in seinem Atelier. Malte ein Riesenfresko, ein zweites, drittes und viertes, jedes mit größerer Vollendung, mit neuen weiteren Ausblicken. Und als er das fünfte malte, stellte es sich heraus, daß ihm nie auf der Leinwand gleiches geglückt war. Nicht nur kein Opfer kostete ihn die neue Aufgabe. Sie vollendete ihn, machte ihn zum sicheren Besitzer seiner Eigenheit.

In den Fresken triumphiert eine Methode. Einer Malerei, die sich ohne engen örtlichen Anschluß an das Modell nicht zu äußern vermochte, wäre nie der Sprung geglückt. Es gehörte die lange Gymnastik des Gedächtnisses dazu, die Marées von Anfang an, noch ohne Einsicht in die Wohltat des Prinzips, lediglich aus einem Instinkt, dem jede Enge des Gesichtspunkts, jeder Mechanismus in der Kunstübung verdächtig war, betrieben hatte. Es gehörte seine Selbständigkeit dazu, seine kühle Unerschrockenheit und sein Intellekt, die Fähigkeit, Traditionen zu durchschauen, ohne an ihren Formen hängen zu bleiben; und vor allem das eine, sein Takt. Der Bescheidenheit, mit der er selbst auf diese im allgemeinen bei uns nicht zu hoch geachtete Gabe wies, die der Neuheit der Fresken zugute komme, lag nüchterne Erkenntnis zugrunde. Man würde mich schwerlich der Überschätzung zeihen, wenn ich tönendere Vokabeln wählte, und ich dürfte es wohl, wollte ich mich auf das stützen, was andere Meister in unseren Zeiten an die Wand gemalt haben. Es geschähe mit Recht, wenn die Neapeler Fresken Marées' letztes Werk gewesen wären. Kein schlechter

Abgang! Nach seinen Kritikern zu urteilen, wäre es besser für seinen Ruhm gewesen, er hätte damit seine Laufbahn beschlossen.

In Wirklichkeit war es der Abschluß seiner Jugend, einer Lebenshälfte, sagen wir es gleich, der kleineren, das größere Stück kommt nach. Und dieses bestimmt das Relative der Vokabel, mit der wir die Fresken preisen. Kein anderer, nur er selbst konnte das Urteil mäßigen, weil er nach den Fresken mehr geben sollte, viel mehr, im Grunde erst das, was den Typus Marées' entscheidet. Das Vielseitige der ersten Hälfte ist das Vorrecht der Jugend. Die Fresken sind das letzte Werk des Draufgängers, der als junger Bursche in Schleißheim zu seinem ersten Gönner Swertschkoff sagte, die große Dekoration sei für ihn Kinderspiel; sind das Werk eines glänzenden Improvisators, dem die Lösung gelang, weil er sie nicht lange gesucht hatte. Der Maler fühlte sich auf allen Gebieten seiner Kunst zu Hause und brauchte alle, um sich für den Kampf um das höchste Ziel zu stählen. Der Ausgleich mit den Bedürfnissen der Freske war mehr eine spontane malerische Leistung unerhörter Art, mehr das gelungene Wagnis eines genialen Instinktes als eine des Ziels vollkommen bewußte Willenstat. Stellt man sich ans Ende der Maréesschen Laufbahn, vierzehn Jahre weiter, so erscheinen die Fresken wie der Anfang einer neuen Epoche, die nur von der Stärke eines eisernen Willens gekrönt werden konnte. Doch, wenn wir, gezwungen durch die Fülle, nicht das Relative des künstlerischen Wertes verkennen und die Meinung zurückweisen, die in den Fresken den Höhepunkt erblickt, nie können wir die Bedeutung dieser Schöpfung für Marées' Entwicklung hoch genug anschlagen. Es gibt kein zweites Werk, das mit gleicher Entschiedenheit seinen Werdegang bestimmt hat. Er war ein anderer, als er es vollendet hatte.

Und das zeigt sich nicht so sehr in dem Werke selbst, als in den Arbeiten, die nun folgten. Der kühne Sprung ist ihm erst nachher zum vollen Bewußtsein gekommen, und es ist seinem Genius nur nach großen Anstrengungen und Entbehrungen von vielerlei Art gelungen, aus der Objektivierung, die sein Intellekt nachträglich mit dem Resultat vornahm, alle Folgerungen zu gewinnen.

Marées war während der Arbeit an den letzten Bildern oft allein. Hildebrand konnte ihm nicht dabei helfen, und es war bei der beständigen Erregung während der Malerei Marées auch ganz recht, wenn man ihn für sich ließ. Gern hätte er Fiedler den Saal gezeigt. Er bat wiederholt darum, aber Fiedler konnte nicht oder hatte kein Vertrauen, er glaubte noch an ein Scheitern des ganzen Projektes, als es nahezu realisiert war. Nicht wenig erstaunte Fiedler daher, als ihm Hildebrand, mit dem er im Oktober in Wien zusammentraf, enthusiastisch von dem Werk erzählte.[4] Es erschien ihm unglaublich, und wenn er schließlich an dem Faktum des Gelingens nicht zweifeln konnte, jedenfalls vermochte er sich kein Bild zu machen, wie es möglich geworden war. Deshalb, bat Hildebrand nochmal in Marées' Namen, möchte er eben nach Neapel kommen. Aber Fiedler konnte sich nicht entschließen. Vielleicht wünschte er, sich ein Urteil ohne den Autor zu bilden. Erst ein halbes Jahr später ist er allein hinuntergereist. Wir haben sein Urteil in einer Tagebuchnotiz jener Zeit. »Der Anblick des Saals machte es mir sofort verständlich, wie Marées gerade das hatte leisten können. Einen eigentlichen Fortschritt gegen seine früheren unfertigen Produktionen konnte ich nicht darin sehen. Gewisse Eigenschaften, die man in allen seinen Sachen wahrnehmen kann, sind auch hier zum vollen Ausdruck gekommen, Originalität der Erfindung, Großartigkeit und Breite der Anordnung, Kühnheit und

Energie der Ausführung, Kraft der Farbe. Wenn er aber bei seinen Ölbildern bisher immer auf den Punkt kam, wo er sie verdarb, weil er sie vollenden wollte, so hat er hierzu bei den Fresken keine Zeit gehabt, sie vielmehr in einer gewissen talentvollen und geistreichen Roheit stehen lassen. Auch glaube ich nicht, daß diese Bilder mit Ausnahme eines einzigen einer größeren Vollendung fähig gewesen sein würden, und so sehe ich in ihnen zwar die bedeutenden Eigenschaften, die Marées' Wert ausmachen, zugleich aber auch alle die Mängel, die ihn bisher an einer wirklich befriedigenden, fertigen Produktion gehindert haben.« Folgt die Beschreibung der Fresken, und dann zum Schluß: »Das Ganze macht den Eindruck einer geistreichen Improvisation; wirkliche Vollendung ist und konnte nirgend erstrebt werden, aber das Verdienstliche der Sache liegt in gewissen Qualitäten, die der heutigen Kunst so ziemlich abhanden gekommen sind. Die Absichten sind rein malerische, in der Erfindung zeigt sich keine Armut und Ängstlichkeit, nichts mühsam Gesuchtes und Gekünsteltes, vielmehr eine ausgiebige Phantasie, eine reiche Vorstellungskraft; die Ausführung in Zeichnung und Farbe ist frei von Zaghaftigkeit und Schwächlichkeit, und vielmehr voll von Kraft und jener Energie, die, ohne zu schwanken und zu zweifeln, direkt auf das erkannte Ziel losgeht.«[5]

Der zweite Teil dieser Kritik schwächt den Einwand des ersten. Fiedler spart nicht das Lob, aber man hat den Eindruck, er lobte, wie um sich zu einer Überzeugung zu bringen, die der Einwand nicht zuließ. Alle Anerkennung bekämpfte nicht das innere Mißtrauen Fiedlers gegen den eigentlichen Wert Maréesscher Kunst. Er irrte nicht, wenn er in den Fresken keine endgültige Schöpfung erblickte. Das durfte er, und die Einsicht konnte ihn von den tausend Banalen scheiden, die heute Marées'

Fresken, nur weil es Fresken sind, in den Himmel heben. Er irrte, weil ihm diese Einsicht nicht die Größe des Maréesschen Genius offenbarte, weil er lobte, trotzdem es Improvisationen waren, während er hätte sagen müssen: weil sie es waren. Er sah nicht den göttlichen Spieltrieb des Menschen, der auch hier wieder über die Vollendung hinausdrang und jenseits von den für unumstößlich gehaltenen Begriffen des Freskenhaften neue Welten fand, in die er sich ausdehnte, die er für sein eigen erklärte. Er sah nicht den unbändigen Entdeckertrieb, das heilige Feuer, das einst ihn selbst entzündet hatte, das flammende Wollen, das ihn hätte mitreißen müssen, ihn am ersten, da ihm das Glück geworden war, den Menschen zu kennen. Er versagte. Ihn verwirrte das Ideal einer anderen Welt, die nie schnell genug verzichtet, und er ging so weit, den Zeitmangel für den inneren Grund der Vollkommenheit zu halten. Wo war der Fiedler der ersten römischen Künste geblieben, der jeden Wucher mit dem Talent verdammte und die Reinheit des Strebens von keinem Utilitarismus getrübt wollte? War ihm auch jetzt noch der tiefe Unterschied zwischen einem Feuerbach und einem Marées, den er damals – nicht nach ihren Bildern, sondern nach dem mündlichen Ausdruck ihrer Empfindungen – feinhörig zu erkennen wußte, vollkommen klar? Hätte er Marées nicht anders geschätzt, wenn ein Gran jener Feuerbachschen Fertigkeit die Fresken gerundet hätte? Doch erkannte er, die Bilder seien keiner größeren Vollendung fähig, »mit Ausnahme eines einzigen«. Welches meinte er wohl? Sollte es nicht gerade das letzte sein, die Pergola?

Seit bald einem Menschenalter schmücken die Fresken die Bibliothek in Neapel. Die Zeit ist nicht spurlos an ihnen vorübergegangen. Die Maréessche Generation schätzte sie gering, und der Leiter der Zoologischen Station machte keine

Ausnahme. Die Skizzen, die Marées zurückgelassen hatte – sie lagen lange in der offenen Loggia –, verschwanden. Ein barmherziger Diebstahl rettete sie, wenigstens den größten Teil, vor dem Untergang. Die Station wurde berühmt. Tausende von Menschen besuchten das Aquarium, belehrten sich über die Mimikry der Tiefseebewohner, erbauten sich an der Schönheit der Mollusken und zitterten unter den Schlägen des Zitteraals. Mancher Künstler hat sich die seltsamen Farben der Tiere notiert, und ein talentvoller Bildhauer erklärte mir einmal, die Zoologische Station sei geradezu eine Fundgrube künstlerischer Formen. Kein Bädeker meldete, daß es eine Treppe in ein höheres Stockwerk gab. Eine Zeitlang waren Teile der Fresken mit Büchern zugestellt, und man hat einmal geglaubt, die Bilder, die niemand sah, würden den Blicken ganz entzogen werden. Die Station wurde unter Dohrns rastloser Energie immer größer. Umbauten erschütterten die Wände, die ohnehin keinen festen Boden unter sich hatten. Schwere Risse entstanden, und, eine viel bedenklichere Folge, der Intonaco löste sich von der Mauer. Heute scheidet den größten Teil des Belags eine Luftschicht von der schützenden Mauer, viele Flächen federn unter der Hand, und es läßt sich mit Sicherheit voraussagen, eine einzige ernsthafte Erschütterung des Bodens, der bisher von vulkanischen Erschütterungen leidlich verschont blieb, liefert Marées' Werk dem Verderben aus.

Diese Bedenken sind der jüngeren Generation, die neben dem Interesse an den physiologischen Belegen für die Lehre Darwins Raum für die Liebe zu dem unsterblichen Dokument menschlicher Entwicklungsgeschichte behielt, nicht verborgen geblieben. Sie ließen den Plan entstehen, die Fresken abzutragen und an gesichertem Ort zu bewahren. Schon der Gründer der Station hatte dem Plan seine Zustimmung erteilt, und nur seine Erkrankung hinderte die Ausführung. Seine Söhne, die gegenwärtigen Besitzer der Station, treue Gläubige der Marées-Gemeinde, waren von Anfang an energische Förderer des Projekts und erklärten sich bereit, das Gut, das sie nicht als das ihre betrachteten und das, wenn die Ansicht des Schöpfers der Fresken Gewicht hat, in der Tat nicht als Dohrnsches Eigentum gelten kann[6], der deutschen Heimat zu überweisen. Die Überführung wird hoffentlich vonstatten gehen, sobald der würdige endgültige Platz geschaffen ist.

Alle für das Projekt sprechenden Momente anzuführen, ist hier nicht der Raum. Es sei mir nur erlaubt, die ideellen Gründe anzudeuten, gegen deren Gültigkeit man sich wehren könnte. Es wird nicht an prinzipiellen Gegnern fehlen, die für die unverletzliche Zugehörigkeit der Fresken zu dem Ort, an dem sie entstanden, selbst dann noch stimmen, wenn ihnen die Gefahren, denen dort das Werk ausgesetzt ist, bekannt sind. Es mag, sagen sie, an seinem angestammten Ort leben und untergehen; es wäre pietätlos, es zu retten. Ich würde nicht wagen, diese Meinung dem Leser mitzuteilen, wenn sie nicht allen Ernstes von einem angesehenen Manne verfochten worden wäre, in dem ich den Vertreter vieler Meinungen zu sehen allen Grund habe. Es war kurioserweise ein Deutschtümler, und er hatte, das war mir weniger auffallend, die Fresken nie gesehen. Gründe für seine Ansicht hatte er wohl, viele ganz entscheidende Gründe, aber er verschwieg sie mir, weil ich ihn doch nicht verstehen würde, so sagte er. Es sei eine Gefühlsfrage. Da er nie in der Station war, glaube ich, er dachte sich die Fresken an der Außenseite des Gebäudes ähnlich denen in den Kolonnaden des Englischen Gartens in München. Dann wäre wenigstens ein ganz roher Grund gegeben, verkehrt, aber nicht unsinnig. Man könnte sich einen Skythen denken, dem nun mal der

Golf mit den Inseln nicht mehr wie Neapel erschiene, wenn er ihn nicht mit Marées' Malerei vergleichen könne. Die Zugehörigkeit müßte logischerweise doch irgendwie äußerlich bemerkbar werden. Oder sollte der Gegenstand der Fresken zu einem noch viel roheren Argument herhalten? Dann könnte man geradeso gut behaupten, Delacroix' Orientbilder seien nur in Algier zu genießen, und käme in nicht geringe Verlegenheit, wollte man für Poussins Bacchanalien das rechte Lokal finden. Von den Gründen triftiger Art aber, die mit Recht gegen die Deplacierung eines Kunstwerks sprechen, weil man sein Lokal, mit dem er Körper bildet, nicht mittransportieren kann, kommt hier nicht ein einziger in Frage. Das Lokal ist ein viereckiger Kasten. Es gehört kein Genie dazu, diesen Kasten unter einem anderen Himmel wieder aufzubauen, ganz genau so, mit allen Lastern des Raumes, unter denen die Fresken jetzt zu leiden haben. Vernünftiger wäre es, man korrigierte die Fehler, verbreiterte ein wenig die Seitenwände, was durch Modifikation der Pilaster leicht zu erreichen wäre, und schaffte die Möglichkeit, die Fresken der Südwand sichtbarer zu machen. Hildebrand wäre der geeignete Architekt für den Einbau, auch wenn er nicht als Marées' Mitarbeiter das größte Anrecht dazu hätte.

Ernste technische Schwierigkeiten bei der Abhebung des Intonaco mit den Fresken sind nicht vorauszusehen. Ein Abrollen der Farbenschicht kann man in diesem Falle natürlich nicht versuchen. Der Zustand des Intonaco wird das Abbrechen leicht machen. In Italien gibt es zuverlässige Spezialisten für solche Arbeit. Hoffentlich wartet man nicht, bis die Stücke am Boden liegen.

Der Wunsch, das Werk nach Deutschland zu bringen, ist keine Gefühlsfrage, kein Gebot der Pietät, sondern der Ökonomie. Wir sind nicht reich genug an Werken, um dieses außerhalb der Grenzen zu lassen, eines der ergiebigsten, die unsere Rasse hervorgebracht hat. Und unsere Künstler können beanspruchen, daß ihnen nicht ein Beispiel von solcher Fülle der Belehrung entzogen werde. Ob sie daran lernen, wie man Fresken malt, kommt nicht zuerst in Frage. Es ist nicht sicher, ob in unseren Zeiten das Fresko eine Renaissance erlebt und ob man es wünschen soll. Viel weiter reichenden Nutzen kann das Werk bringen. Es könnte einer Generation, die gar zu leicht sich aller Ornamentik in die Arme wirft, erweisen, wie sich ein Mensch gegen den Stil zu wehren vermag, und könnte einer anderen, die wieder der Naturalismus bezwingt, zeigen, wie man aus der Natur und mit der Natur zum Stil gelangt. Der Freund Maréesscher Kunst wird wünschen, die Fresken in der Nähe der Bilder zu sehen, die Fiedler dem bayerischen Staat gestiftet hat, weil sie, wie jedes bedeutende Werk großer Künstler, die Eigenschaft haben, in der Nähe der anderen Hauptwerke selbst eine weitere Bedeutung zu erhalten und den anderen neues Licht zu geben. Jugend und Spätzeit, die jetzt in der Schleißheimer Sammlung recht unvermittelt nebeneinander stehen, würden verbunden werden.

Außer dem Freunde der Kunst und dem Künstler hat ganz Deutschland, als Einheit unseres Volks gedacht, das dringende Interesse, ein Zeichen seiner Art in Sicherheit im eigenen Hause zu wissen. Wir mangeln nicht der allzu öffentlichen Monumente unserer neuen Herrlichkeit. Es fehlt an solchen, die ohne Diplom und Auftrag von selbst zustande kamen und unsere Art nicht äffen, sondern prägen. Spätere Geschlechter werden unsere diplomierten Monumente für Makulatur ansehen und in den Fresken von Neapel nicht den zufälligen Niederschlag der Freude eines Fremdlings an Italien, sondern ein bleibendes

Dokument für Deutschlands Geist in unserer Epoche erblicken.

Am 12. November wurden die Gerüste aus der Bibliothek geschafft. »Ich hatte wieder einen rechten Katzenjammeranfall«, schrieb Marées an Fiedler. Und am 25. November meldet er: »Sonntag habe ich den letzten Strich getan.« Die letzten Neapeler Tage verbrachte man in heiterer Laune, und sie stellten das von »mancherlei Mißverständnissen« getrübte gute Verhältnis zwischen allen Beteiligten wieder her. Marées ging mit der Illusion fort, nicht nur für sich, auch für den Neapeler Kreis etwas geschaffen zu haben. Am 26. reiste er mit Hildebrand über Perugia, Cartona und Siena nach Florenz. In Perugia waren sie einen Tag mit Hildebrand zusammen.

INHALT

Kunst, Musik, Leben und Werk
insel taschenbuch

Lou Andreas-Salomé. Leben. Persönlichkeit. Werk. Eine Biographie von Cordula Koepcke. it 905

Aus der Kunst des polnischen Volkes. Herausgegeben von Willy Fleckhaus. Mit zahlreichen Fotografien. it 448

Johann Sebastian Bach. Leben und Werk in Daten und Bildern. Herausgegeben von Klaus Peter Richter. it 788

Johann Sebastian Bach. Eine Lebensgeschichte von Charles Sanford Terry. Deutsch von Alice Klengel. it 802

Ernst Batta: Obelisken. Ägyptische Obelisken und ihre Geschichte in Rom. Mit zahlreichen Abbildungen. it 765

Alban Berg. Leben und Werk in Daten und Bildern. Herausgegeben von Erich Alban Berg. it 194

Besuche im Städel. Betrachtungen zu Bildern. Herausgegeben von Klaus Gallwitz. Mit biographischen Notizen von Dolf Sternberger. it 939

Heinrich Bornkamm: Das Jahrhundert der Reformation. Gestalten und Kräfte. it 713

Bertolt Brecht. Leben und Werk im Bild. Mit autobiographischen Texten, einer Zeittafel und einem Essay von Lion Feuchtwanger. it 406

Jean Anthèlme Brillat-Savarin: Physiologie des Geschmacks oder Betrachtungen über das höhere Tafelvergnügen. it 423

Die Schwestern Brontë. Leben und Werk in Texten und Bildern. Herausgegeben von Elsemarie Maletzke und Christel Schütz. it 814

Hans Carossa. Leben und Werk im Bild. Herausgegeben von Eva Kampmann-Carossa. it 348

Caspar David Friedrich: Auge und Landschaft. Zeugnisse in Bild und Wort, interpretiert von Gerhard Eimer. it 62

Goethes Gedanken über Musik. Eine Sammlung aus seinen Werken, Briefen, Gesprächen und Tagebüchern. Herausgegeben von Hedwig Walwei-Wiegelmann. it 800

Van Gogh in seinen Briefen. Herausgegeben und mit einem Nachwort versehen von Paul Nizon. Mit Abbildungen. it 177

Heinrich Heine. Leben und Werk in Daten und Bildern. Von Joseph A. Kruse. it 615

Hermann Hesse. Leben und Werk im Bild. Herausgegeben von Volker Michels. it 36

Ödön von Horváth. Leben und Werk in Daten und Bildern. Herausgegeben von Traugott Krischke und Hans F. Prokop. it 237

Christoph Wilhelm Hufeland: Makrobiotik oder Die Kunst, das menschliche Leben zu verlängern. Mit einem Brief Immanuel Kants sowie einem Nachwort von Rolf Brück. it 770

157/1/5.87

Kunst, Musik, Leben und Werk
insel taschenbuch

Max Imdahl: Picassos Guernica. Eine Kunst-Monographie. Mit Abbildungen. it 806

Erhart Kästner. Leben und Werk in Daten und Bildern. Herausgegeben von Anita und Reingart Kästner. it 386

Harald Keller: Die Kunstlandschaften Italiens. Mit 188 Abbildungen. 2 Bde. it 627

Heinrich von Kleist. Leben und Werk im Bild. Herausgegeben von Eberhard Seibert. it 371

Gertrud von le Fort. Leben und Werk in Daten, Bildern und Zeugnissen. Herausgegeben von Gisbert Kranz. it 195

Claude Lévi-Strauss: Der Weg der Masken. Deutsch von Eva Moldenhauer. Mit farbigen Illustrationen. it 288

Peter Ludwig. Sammler. Von Reiner Speck. it 533

Julius Meier-Graefe: Vincent van Gogh. Mit zahlreichen Abbildungen. it 1015

Malwida von Meysenbug: Memoiren einer Idealistin. it 824

Michelangelo: Zeichnungen und Dichtungen. Ausgewählt und kommentiert von Harald Keller. Übertragung der Dichtungen von Rainer Maria Rilke. Mit einem Essay von Thomas Mann. it 147

Mozart-Briefe. Ausgewählt, eingeleitet und kommentiert von Wolfgang Hildesheimer. Mit zeitgenössischen Porträts. it 128

Wolfgang Amadeus Mozart: Don Giovanni. Italienisch und Deutsch. Mit Kierkegaards Essay »Das Musikalisch-Erotische« und den Illustrationen von Max Slevogt. it 1009

Nijinsky. Der Gott des Tanzes. Biographie von Romola Nijinsky. Vorwort von Paul Claudel. Deutsch von Hans Bülow. it 566

Edith Piaf. Die Geschichte der Piaf. Ihr Leben in Texten und Bildern. Von Monique Lange. it 516

Julius Meier-Graefe: Renoir. Mit einem Nachwort von Andreas Beyer. it 856

Rainer Maria Rilke. Leben und Werk im Bild. Von Ingeborg Schnack. it 35

Rainer Maria Rilke: Worpswede. Fritz Mackensen. Otto Modersohn. Fritz Overbeck. Hans am Ende. Heinrich Vogeler. Mit farbigen Abbildungen. it 1011

Auguste Rodin. Von Rainer Maria Rilke. Mit 96 Abbildungen. it 766

Karl Friedrich von Rumohr: Geist der Kochkunst. Vorwort von Wolfgang Koeppen. it 326

Schiller. Leben und Werk in Daten und Bildern. Ausgewählt und erläutert von Bernhard Zeller und Walter Scheffler. it 226

Reinhold Schneider. Leben und Werk im Bild. Von Edwin Maria Landau u. a. it 318

157/2/5.87

Kunst, Musik, Leben und Werk
insel taschenbuch

Dolf Sternberger: Über Jugendstil. Mit farbigen Abbildungen. it 274

Richard Wagner: Ausgewählte Schriften. Herausgegeben von Dietrich Mack. Mit einem Essay von Ernst Bloch. it 66

Richard Wagner. Leben und Werk in Daten und Bildern. Herausgegeben von Dietrich Mack und Egon Voss. it 334

Wagner-Parodien. Parodien auf Richard Wagner. Ausgewählt und mit einem Nachwort versehen von Dieter Borchmeyer und Stephan Kohler. it 687

Robert Walser. Leben und Werk in Daten und Bildern. Herausgegeben von Elio Fröhlich und Peter Hamm. it 264

Oscar Wilde. Leben und Werk in Daten und Bildern. Herausgegeben von Norbert Kohl. it 158

Gabrielle Wittkopp-Ménardeau: Unsere Kleidung. it 774

Stefan Zweig. Leben und Werk im Bild. Herausgegeben von Donald Prater und Volker Michels. it 532

157/3/5.87

Hans von Marées, geboren am 24. Dezember 1837 in Elberfeld (heute Wuppertal), ist am 5. Juni 1887 in Rom gestorben.

Julius Meier-Graefe, geboren am 10. Juni 1867 in Resitza/Banat, ist am 5. Juni 1935 in Vevey gestorben.

In einer seiner umfangreichsten und engagiertesten Monographien hat Julius Meier-Graefe sich dem Künstler und Werk Hans von Marées' gewidmet, hat als einer der ersten auf seine künstlerische Einzigkeit hingewiesen und ist zu seinem glühenden Verfechter geworden.

Hans von Marées' Werk gipfelt äußerlich in einer Antikenrezeption, in ihrer Ausdruckskraft der großen pompejanischen Malerei verwandt, womit sich der Künstler von vorhandenen Formen der Malerei und allem Zeittypischen seiner frühen Werke löste. Doch auch bei seiner Verarbeitung antiker Themen und bei Bildern südländischer Sonnen ist Hans von Marées weit entfernt von einer gründerzeitlichen, vorjugendstilhaften Kostümbildnerei, vielmehr führt er den Betrachter seiner Bilder hin in ein Arkadien von Eindrücken und Empfindungen, hin zu Träumen des Vergangenen oder noch Harrenden, auch zu Unbewußtem und Unterbewußtem, schlicht, »nackt«, und damit zeitlos.

Erkämpft hat Hans von Marées dies in einem Künstlerleben der Einsamkeit.

»Neu an Marées ist die Frucht, die er seiner Einsamkeit abgewann. Sie hebt sein Los auf eine von aller Sentimentalität gefeite Höhe. Wir bedauern andere, weil sie allein waren; wir begreifen, dieser mußte es sein«, urteilt Julius Meier-Graefe.

insel taschenbuch 1046

Meier-Graefe

Hans von Marées

Julius Meier-Graefe

HANS VON MARÉES

Sein Leben und sein Werk

Mit farbigen Abbildungen

Zweiter Band

Insel Verlag

insel taschenbuch 1046
Erste Auflage 1987

Hinweise zu dieser Ausgabe am Schluß des zweiten Bandes
Vertrieb durch den Suhrkamp Taschenbuch Verlag
Umschlag nach Entwürfen von Willy Fleckhaus
Satz: LibroSatz, Kriftel
Druck: Nomos Verlagsgesellschaft, Baden-Baden
Printed in Germany

1 2 3 4 5 6 — 92 91 90 89 88 87

HANS VON MARÉES
LEBEN UND WERK

DAS IDYLL VON SAN FRANCESCO
1874-75

Marées kam erst allmählich in Florenz zur Besinnung. Unterwegs war immer noch Fest, und er befand sich in der losen Verfassung eines Menschen, der irgendwo zu Besuch ist. Auch in Florenz war es ihm die ersten Tage, als sei er zu Besuch. Er hatte mit Hildebrand in Neapel zwischen der Arbeit oder abends am Posilipo oft von Florenz gesprochen und es klug und schön gefunden, wieder zusammenzuziehen und weitere Früchte gemeinsamer Tätigkeit zu ernten. Aber während er sonst gern alles ordentlich vorherbedachte, sogar die Kleinigkeiten, war ihm diesmal in der Hitze der Arbeit das Nachher ganz entschwunden. Das würde sich alles finden. Das stolze Gefühl der Sicherheit hielt eine Weile an. Florenz war schön, es ließ sich hier leben. Nur handelte es sich darum, anständige Arbeitsbedingungen zu finden. Mit wahrer Rührung dachte er an die erste Florenzer Zeit mit Lenbach zurück und erzählte Hildebrand davon. Wie klein war damals alles in seinem Leben: Schack, Lenbach und er selbst mit seinem Kopistendasein. Er hatte etwas Väterliches im Ton, wenn er davon sprach.

Vor allem durfte man nicht in den engen Straßen wohnen. Draußen auf einem der Hügel, die die Stadt beherrschen, war es besser. Um keinen Preis ging er wieder in ein Mietsatelier. Er war kein Ateliermensch mehr, wollte es nicht mehr sein, war es immer nur zähneknirschend gewesen.

Gleich in den ersten Tagen fand sich das passende. Auf dem linken Ufer des Arno, vor Porta Romana, gleich an der Barriera di Bellosguardo liegt das Kloster und die kleine Kirche San Francesco di Paola. Gerade hoch genug, um über der Stadt zu sein, und doch ganz nahe bei Florenz, eine Viertelstunde Wegs vom Zentrum. Von den oberen Fenstern des Klosters hat man einen schönen Blick. Jetzt dehnt sich die Vorstadt nahe heran und bedroht die Stille des Gartens. Damals war es freier. Es gab noch nicht die Mauer und das Grundstück. Die Straße führte direkt am Kloster vorbei und man sah in die behäbige Bogenhalle und den Garten. Die kurz vorher ausgesprochene Aufhebung der Klöster hatte auch dieses Paradies herrenlos gemacht. Hildebrand hatte schon im vorigen Winter versucht, dort ein Atelier zu finden. Es gab im Parterre einen großen Raum, der sich glänzend dafür eignete. Da aber damals ein englischer Maler darin hauste, hatte sich Hildebrand ein anderes Atelier gesucht, das er während des Sommers behalten hatte und auch jetzt wieder bezog. Der Engländer war fort und der Raum frei. Marées mietete sofort. Der Traum wäre gewesen, das ganze Grundstück mit dem Kloster zu erwerben und daraus einen würdigen Künstler- und Herrensitz zu machen. Auch Hildebrand lachte der Plan. Es war so viel Platz, daß man zu zweien fürstlich residieren konnte. »Für nicht ganz 10 000 Taler«, schrieb Marées an Fiedler, »ließe sich das Ganze akquirieren, und dann würden wir schon dafür sorgen, daß es eine künstlerische Ausschmückung, einer Stadt wie Florenz würdig, erhielte«. Am liebsten hätte er den Dom von Florenz ausgemalt.

Er ertappte sich in den ersten Tagen des Morgens oft auf der fixen Idee, nun müsse er sich schleunigst fertigmachen, um zur rechten Zeit auf dem Gerüst zu sein. Der Rausch kam über ihn. Besann er sich dann, daß Florenz nicht Neapel war, daß die Geschichte mit dem Saal und den großen Figuren der Vergangenheit angehörte, so wurde ihm leer im Magen, und er fühlte das Stechen in den Beinen und das Turnfieber in den malträtierten Armen. Das war schließlich das einzige Überbleibsel der

Idylle. 1873-74

verrückten Zeit. Die Stimmung kippte allmählich. Er hätte guten Grund gehabt, erschöpft zu sein. Sechs Monate lang hatte er sich über jedes vernünftige Maß angestrengt. Die selbstgesponnene Arbeitsatmosphäre in dem Saal der Station hatte die Kräfte zusammengehalten. Nun durften sie zusammenklappen wie mürbe Reiser. Aber das war es nicht. Er fühlte sich nicht marode, er fühlte sich sozusagen überhaupt nicht, war wie ein vom Zuge losgerissener Wagen, der allein lief, schnell und langsam, wie es das Terrain wollte, und nächstens stehen bleiben würde. Hildebrand bekam schlechte Laune zu kosten, mußte manchmal schroffe Zurechtweisungen über sich ergehen lassen wie ein Schuljunge. Es war kaum zu antworten auf seine Redensarten. Geringfügige Dinge erregten ihn über Gebühr.

Er dachte ohne jede Lust an die Fresken zurück, eher mit dem Ärger auf eine treulose Maitresse. Die ganze Geschichte hatte nur den einzigen Effekt, höchst peinliche Auseinandersetzungen mit Fiedler notwendig zu machen. Die kamen nun wie die Gliederschmerzen, wie die Rechnung am nächsten Morgen nach einer tollen Nacht. Oh, die ewige Misere! Gerade jetzt hätte er doch wohl erwarten dürfen, davon verschont zu bleiben. Da malte man Fresken in großartiger Stimmung, als wäre es für den lieben Herrgott, und stand nachher wie ein bankrotter Seifensieder da und bekam noch Vorwürfe.

Fiedler hatte sich nur erlaubt, in freundlicher Weise darauf hinzuweisen, daß in beider Interesse die pekuniäre Seite ihres Verhältnisses doch nur ein Übergangsstadium sein dürfe. Jedenfalls müßten von nun an so bedeutende Ausgaben wie die für das Dresdener Atelier und die Station in Neapel unbedingt unterbleiben. Das war die Antwort auf die suggestive Idee der Erwerbung des Klosters. Für das Jahr 1874 wurden 1500 Taler bewilligt.[1] Es war genug. Fiedler hatte noch Hildebrand zu unterstützen, und Marbach lebte ganz von ihm.

Frau Koppel war in Florenz. Marées sah sie nicht viel. Hildebrand war häufiger mit ihr zusammen. Marées hatte früher geglaubt, er stehe ihr geistig näher. Aber es schien wohl, daß er sich über alle Menschen, mit denen er verkehrte, täuschte. Er mußte etwas an sich haben, was die Leute ihm allmählich entfremdete. Anfangs vergötterten sie ihn, und dann, ohne jeden Anlaß, gerade wenn er gemeint hatte, ihnen etwas gegeben zu haben, wurde das Verhältnis unklar, unbestimmt, oder er bildete es sich wenigstens ein. War es mit Fiedler nicht geradeso? Der hatte zum Beispiel früher Hildebrand nur als seinen Freund geschätzt, weil er ihn schätzte. Es hatte eine gewisse Mühe gekostet, ihm ein sicheres Gefühl für Hildebrands Kunst beizubringen. Nun sah es zuweilen so aus, als habe sich das Verhältnis gerade umgedreht, als müsse Hildebrand Fiedler von Marées' Wert überzeugen. Komische Welt! – Fiedler hatte Liebesschmerzen. Bekümmerte Briefe ließen es merken. Auch war seine Gesundheit nicht zum besten. Marées bot sich herzlich zum Vertrauten an, war aber wohl nicht der rechte für zarte Konfidentien. »Unsereiner, d. h. einer wie ich, gelangt allerdings nach und nach zu einer vielleicht rohen Rücksichtslosigkeit gegen sich und andere, die dann wohl klaffende Wunden reißen mag, aber einen doch schneller über Übel hinwegbringt.« So schrieb er selbst, kränkte sich aber doch im stillen, daß er selbst zum Trostspender für zu arm befunden wurde und keine Antwort erhielt. Nun, für ihn gab es jedenfalls nur eins: ruhig seinen Weg gehen und die Kunst zum Vertrauten erheben.

Zum Malen hatte er keine Lust. Es lohnte sich nicht, wenn man keine Mauer hatte. Er saß ganze Tage und zeichnete auf gefügigem Papier Variationen zu den Fresken, führte Entwürfe aus, die er in Neapel flüchtig hingeworfen hatte. Namentlich die Motive der Südwand gingen ihm durch den Kopf. Ganze Serien mit dem Orangenpflücker und der Bank der zweiten Südfreske entstanden, nicht abgeschickte Briefe an eine verlorene Geliebte. Er schrieb zuweilen nach Wien. Frau Koppel hatte erzählt, die Schwester der kleinen Malerin würde nach Florenz kommen. So hoffte er, auch die Freundin selbst bald in der Nähe zu haben. Gerade jetzt wäre sie ihm willkommen gewesen. Es war eine dumme Zeit. Er fühlte schwüle Luft um sich. Die anderen schienen ihm aus dem Wege zu gehen.

Schließlich brach das Gewitter los. Es kam von einer ganz unerwarteten Seite. Zwischen Hildebrand und ihm gab es eine heftige Auseinandersetzung, deren Gegenstand Frau Koppel war. Hildebrand hatte die junge Frau lieben gelernt, und die Neigung wurde erwidert. Zur Rede gestellt, hatte Hildebrand dem Freunde zu verstehen gegeben, Frau Koppel wolle ihren Gatten verlassen und ein neues Bündnis eingehen. Marées fiel geradezu aus den Wolken. Der kleine Hildebrand wurde auf einmal erwachsen und trieb die Selbständigkeit in ungeahnte Bahnen. Den Nachweis war er aber noch schuldig, ob er Entschlüsse solcher Tragweite zu übersehen vermochte. Marées behandelte ihn etwa, wie ein jovialer Großpapa seinen leichtsinnigen Enkel. Und als sich der also Gerüffelte zu solcher Gemütlichkeit nicht herbeiließ, kam es zu harten Worten. Wenn wirklich die Einsicht in die noch ungesicherte Situation des Künstlers Hildebrand nicht zur Vernunft brachte, hatte er an Koppel zu denken. Koppel stand beiden nicht nahe, Marées war weit davon entfernt, ihn zu überschätzen, aber fühlte sich denn doch verpflichtet, ihn vor unüberlegten Streichen jugendlicher Durchgänger zu schützen. Hildebrand brauste auf. Das überschritt die Grenzen der Freundschaft. Wieweit es ihm mit der Angelegenheit ernst war, konnte niemand außer ihm selber wissen, und es ging niemanden außer den Beteiligten an. Das traf. Marées hatte sich eingebildet, es könne im Leben des Freundes nichts geben, was ihn als Unbeteiligten ausschloß. Die Kunst hatte er für eine gemeinsame Geliebte gehalten, stark genug, alle anderen Fragen zu sekundären Angelegenheiten zu machen. Er ließ es darauf ankommen, versteckte sich hinter Konventionen, an die er im Ernst kaum glaubte, und ließ Hildebrand die Wahl: wenn der Leichtsinn recht behalten sollte, waren sie geschieden. Nach schweren Kämpfen gab der Jüngere nach, stellte sich wenigstens so. Marées atmete auf. Erst als der Krach vorüber war und sie wieder ins ruhige Geleise kamen, sah er, was ihn der Bruch gekostet hätte. Er bat Fiedler um ein Rendezvous. Es sei ihm unmöglich, über die Angelegenheit zu schreiben. Sie habe ihn »physisch reduziert«.

Hildebrand reiste nach Hause. Er hielt es wohl für gut, für kurze Zeit aus der überhitzten Florenzer Atmosphäre herauszukommen. Außerdem hatte seine Reise einen praktischen Zweck. Das Kloster, das sich die Freunde zum gemeinsamen Wohnsitz erkoren hatten, sollte demnächst versteigert werden und drohte ihnen, wenn sie nicht selbst zugriffen, verloren zu gehen. Hildebrand stellte seinem Vater die günstige Gelegenheit vor und erhielt die notwendige Kaufsumme vorgestreckt. Er telegrafierte Marées, und dieser ersteigerte darauf am 25. Februar die schöne Besitzung. Damit wurde den Freunden ein sehnlicher Wunsch erfüllt. Marées schien es ein Zeichen, daß nun alles, Freundschaft und Kunst, wieder in das rechte Fahrwasser kommen würde. Der Schaffensdrang meldete sich. Er fuhr nach Rom, um mit Ludwig über die Petroleumfarben, Ludwigs Erfindung, zu reden, die er von jetzt an zu verwenden gedachte. Bei seiner Rückkehr lagen schlimme Nachrichten aus

Koblenz vor. Der Vater war hoffnungslos erkrankt. Marées wollte nur Hildebrands Rückkehr abwarten und dann reisen. Am 18. März kam die Todesanzeige. Er machte sich sofort auf den Weg und konnte nur noch auf dem Bahnhof den eben angekommenen Hildebrand sprechen. Am 20. traf er in Koblenz ein und sah zum letztenmal »das schöne und würdige Antlitz«. Eine Stunde nach seiner Ankunft wurde der Vater neben der Mutter auf dem kleinen Friedhof von Vallendar, nahe dem früheren Wohnsitze der alten Marées begraben. »So wäre denn«, schrieb Marées an Fiedler, »keiner von uns in diesem trübseligen Winter so ganz verschont geblieben; ich hoffe, dies wird uns alle um so näher bringen.« Mit dem Tode des Vaters wurde die letzte Verbindung mit der Heimat gelöst. Das Band zwischen Vater und Sohn war seit dem Kriege recht schwach geworden. In dem greisen Herzen des Vaters fand die Kunst schon längst keinen Widerhall mehr. Man hatte kaum noch, wenn man, selten genug, zusammen war, darüber gesprochen.

Fiedler erhielt die Nachricht in Paris und schrieb gleich, Marées möge auf ein paar Tage hinkommen. Marées ordnete die Hinterlassenschaft. Es war keine große Arbeit. Der Alte hinterließ seinen Söhnen einen geachteten Namen und seine Gedichte. Marées las sie und versprach sich, sie würdig herauszugeben. Als er die wenigen Andenken verteilt hatte, fuhr er nach Paris. Er traf dort am 27. März ein und blieb eine knappe Woche als Gast Fiedlers. Sie sprachen sich aus. Marées' gedrückte Stimmung wich, wenn er an San Francesco dachte: Er erzählte mit Begeisterung von der schönen Lage, von der Fülle von Raum, die man zum Arbeiten haben würde, von dem prachtvollen Garten. Jetzt war das sichere Daheim in dem geliebten Lande doppelt willkommener Besitz. Sie hatten schon den Platz verteilt. Er bekam, wenn der Umbau fertig war, ein

Riesenatelier, einen »Salon«, ein Schlafzimmer, ein Fremdenzimmer, ein Zimmer für die Wirtschafterin – jeder wollte eigene Wirtschaft führen –, natürlich ein Speisezimmer und noch alle möglichen anderen Räume, nicht zu vergessen eine sehr große Loggia. Das alles einfach, aber behaglich eingerichtet – ein Traum. Fiedler sagte nichts dazu, aber dem Nüchternen kamen allerlei Bedenken. Schließlich gehörte das Haus also Hildebrand, und Marées würde Hildebrands Mieter sein. Das ging gut, solange der Hausherr in dem Mieter keine störende Zugabe des Grundstücks, sondern den Freund sah, und solange der Freund sich nicht als Mieter betrachtete. Ob diese Bedingung erfüllt werden würde?[2] Offenbar hatte Fiedler greifbare Gründe für sein Bedenken. Hildebrand drückten die Beschränkungen, die ihm der Verkehr mit Marées auferlegte, zuweilen empfindlich. Fiedler irrte, wenn er sich im stillen sagte, durch das Mietsverhältnis »müsse« die Beziehung zwischen beiden »jede Harmlosigkeit vollkommen verlieren«. Dafür waren beide zu breite Naturen. Bedenklich wurde die Situation erst, wenn die Freundschaft einen Riß bekam. Doch schien mit der Erledigung der Liebesaffäre die Gefahr beseitigt. Fiedler fand, Marées fasse diese Episode etwas hart und rücksichtslos auf. Doch gesteht er freimütig in seinem Tagebuch: »Dies ist insofern sehr gut, als man selbst im Umgang mit ihm immer einen gewissen Läuterungsprozeß durchmacht; aber ich verstehe vollkommen, daß für Hildebrand die beständige Gegenwart eines solchen kontrollierenden Prinzips unangenehm und peinlich wird. Wenn er einmal darüber hinaus ist und sich seine selbständige Stellung Marées gegenüber erobert hat, so wird das Verhältnis zwischen beiden wieder richtiger und besser werden.«[3] Marées erfuhr nichts von Fiedlers Gedankengängen, die sich höchstens in einer gewissen Zurückhaltung bei den begeisterten Schilderungen des zukünftigen Lebens in San Francesco äußerten. Ein bestimmter äußerer Anlaß wie die vermaledeite Liebesgeschichte konnte zu einem Zerwürfnis führen; das war ihm allenfalls klar, wenn er auch jetzt kaum mehr an die ernste Gefahr, die er besiegt hatte, glaubte. Die Bedenken Fiedlers aber hätte er für echte Hirngespinste des Schopenhauerianers erklärt und sie nicht einen Moment ernst genommen.

Von Paris sah er nicht viel. Sein Sinn stand nach Florenz. Am 3. April kam er zurück und traf Hildebrand gesund und munter. Gleich gingen sie an den Plan für den Umbau des Klosters, der sofort in Angriff genommen werden sollte. Nach vierzehn Tagen kam auch Fiedler, der über Deutschland nach Italien (zunächst, der Fresken wegen, nach Neapel) gereist war, dazu und fand das Loblied auf das Kloster nicht übertrieben. Auch für ihn sollte ein nettes Absteigequartier geschaffen werden. Das untere Stockwerk, Hildebrands Bereich und viel zu groß, ließ sich bequem teilen, so daß eine recht komfortable Wohnung übrig blieb. Fiedler zögerte zuerst. Es war vielleicht nicht klug, den beiden, so lieb sie ihm waren, gar zu nahe zu kommen, man wurde womöglich in allerlei Konflikte hereingezogen. Aber es war doch zu verlockend, zu wissen, daß man nicht mehr in das Hotel mußte, sondern in der reizendsten Lage von Florenz bei guten Freunden sein eigenes Heim habe. So schlug er ein und wurde der zweite Mieter des neugebackenen Hausherrn; und zwar für die Dauer. Den ganzen nächsten Winter wollte er in Florenz zubringen und jedenfalls jedes Jahr auf kurze oder längere Zeit wiederkommen.

Marées' zukünftiges Atelier und Wohnräume wurden durch Erhöhung des zweiten Stockwerks gewonnen. Das war der eigentliche nicht unbeträchtliche Umbau. Er kostete eine runde Summe, die Hildebrand um so weniger vorgesehen hatte, als sich der Kaufpreis dank aller möglichen Abgaben recht wesentlich erhöht hatte. Marées schienen solche Details wenig zu kümmern. Er traf mit großer Umsicht seine Dispositionen. Hildebrand und Fiedler glaubten zu bemerken, daß er sich als Mitbesitzer des Klosters fühlte, keinesfalls als Mieter. »Er ist eben«, schreibt Fiedler bekümmert, »in diesen Dingen ein rätselhafter Mensch.«[4] Auch Hildebrand ärgerte sich ein wenig. Eigentlich hätte man darüber lachen sollen. Es war wirklich ein Verhältnis von Mieter zum Hausbesitzer, wie es nicht alle Tage vorkam, und man konnte sich fragen, wie es erst gewesen wäre, wenn Marées wirklich seinen rechtlichen Anteil an dem Hause gehabt hätte. In Fiedler regte sich der Jurist. Es durfte nicht so bleiben. Marées hatte durchaus kein Recht, in Hildebrands Rechte einzugreifen. Viele Seiten im Tagebuch handeln davon: »Ich habe das ganze Verhältnis mit Hildebrand genau durchgesprochen und werde es auch mit Marées tun.« Er tat es aber nicht. Sie waren sich unter sich ganz klar, nur Marées erfuhr kein Wort davon. »Die ganze Sache ist nicht zu redressieren, und man kann sich eben weder die Verhältnisse, noch die Menschen machen, wie man sie haben möchte, sondern muß beide nehmen, wie sie sind, und namentlich bei Menschen sich durch das Hervortreten von Eigenschaften, die man weder billigen noch lieben kann, nicht den Blick für den eigentümlichen Wert gerade dieser Menschen trüben lassen. Man fühlt oft genug, daß man Marées ertragen muß, und doch möchte man ihn nicht verlieren.«

Zum Schluß dieser Epistel kommt ein Trost. Marées habe in dem Atelier in San Francesco »einiges« gemalt, was allerdings wohl das beste sei, was er – Fiedler – bis jetzt von ihm gesehen habe. Das habe doch wieder einige Hoffnungen für die Zukunft erweckt, mehr als die neapolitanischen Fresken. Was waren das für Bilder, die Fiedler so hochstellte? Ich habe auf kostbare verloren gegangene Werke geraten, bis mir eine spätere Tagebuchnotiz aus demselben Jahre den Nachweis brachte, daß er eins der vier Selbstbildnisse meinte. Es läßt sich sogar feststellen, welches von den vieren.[5] Das gefiel ihm so gut, daß er es sich als Geschenk ausbat. Marées versprach es ihm, doch wolle er es erst fertig machen.

Man hat Mühe, Fiedlers Urteil zu begreifen, geschweige ihm zu folgen. Diese Bilder und die Neapeler Fresken – es ist nicht leicht, unter Maréesschen Werken, die nicht durch große Zeitdifferenzen getrennt sind, stärkere Wertgegensätze zu finden. Fiedler hat an die Pergolafreske gedacht, an diese Gruppe von Menschen, von gesammeltem Dasein, die jeden Gedanken an Porträtmalerei, an jeden von außen an das Dasein tretenden Zweck zurückdrängt. Die Florenzer Bildnisse sind schlecht oder gut gemalte Bilder, mehr oder weniger interessante Abbildungen, aber nichts weniger als Selbstbildnisse in dem Sinne, in dem jedes Werk eines großen Menschen, ob es sich selbst zum Gegenstand nimmt oder nicht, Selbstbildnis sein muß. Es sind vier Spiegelungen, die innerhalb einer Gattung untereinander so verschieden wie möglich sind. In jedem der Bilder steht die Gestalt vor einer Landschaft. Man erkennt unschwer den Typus der Umgebung von Florenz. Aber Stellung und Ausdruck bringen in jedem Bild etwas anderes, und es sieht so aus, als habe es der Maler darauf angelegt. Unter Stellung meine ich die Pose und unter Ausdruck das Gesicht. Aus den Posen und Gesichtern lassen sich vielerlei biographische Schlüsse gewinnen. In dem Bildnis mit dem gelben Hut, mit der bitterbösen Stirnfalte, Fiedlers Lieblingsbild, kann man den Sanguiniker erkennen, der seinen Freunden nicht bequem war; in dem anderen mit dem Hut auf dem Kopf und dem durchdringenden Blick, z. B.

den Ernst des Gestalters. Das dritte mit dem Hut in der Hand eignet sich zu Schädelstudien, und das vierte, das einzige von ernsthafter Qualität, könnte Marées als Denker verewigen. Aber ließen sich solche Zwecke nicht vielleicht auch mit Fotografien erreichen? – Es stecken noch andere Wirkungen in den Bildern. Der Maler verleugnet sich nicht. Das Porträt mit dem gelben Hut hat interessante Farbenkombinationen; das Schädelbildnis, das mir am wenigsten gefällt, ein paar malerische Details; und das diskreteste, mit der meisterhaften Hand am Kinn, hat Atmosphäre. Nur tritt, zumal in den drei anderen, das Objektive – oder das von einer nicht unbedingt auf die Form gerichteten Subjektivität Gesehene – stärker als das Malerische hervor. Der physiognomische Ausdruck wird nicht zur Abstraktion, bleibt Rohprodukt. Nur als solches ist er vollendet, das heißt, präzis, so präzis, daß z. B. der Kopf auf dem Bilde wie ausgeschnitten vor der kalten Luft wirkt. Es friert den Betrachter dabei. Die Blättchen des Hintergrundes beleben nicht die Luft, sondern dekorieren dürftig eine blaue Fläche; nach der Dürftigkeit könnte man unter anderen Umständen auf einen Engländer raten. Was Fiedler gefiel, war, nach seinen eigenen Worten, daß das Bild »der Vollendung nahe« war; und zwar, daß dieser Grad von Vollendung ohne die gewohnten Maréesschen Übermalungen erreicht war. Endlich einmal ein Bild ohne störende Flecke, ohne die Verdickungen unwirtlicher Akzente. Fiedler übersah nur das eine: in diesem Falle war nicht nur das Mittel dünn, sondern auch das Resultat. Anstatt die Bilder fertig zu nennen, könnte man genau das Gegenteil sagen und auf sie, wenigstens auf drei von ihnen, einen Satz anwenden, mit dem Marées selbst einmal engherzige Vergleiche anderer Werke seiner Hand mit Gemälden der Tagesgrößen schlagend zurückwies: die seien noch nicht angefangen. Das bis zur Pein Verstimmende der Bilder ist der Eindruck, den kein anderes Werk von Marées, auch nicht das beste, äußert: der Schein einer Vollendung.

Der Kritiker steht vor den Florenzer Selbstbildnissen einigermaßen hilflos. Es gibt andere Werke, die ein gewisses Unbehagen, Widersprüche, schwere Bedenken hervorrufen. Die Dresdner Selbstbildnisse gehören dazu. Auch sie wirken zu fertig, aber aus ganz anderen Gründen. Angesichts der Florenzer Bilder möchte man das Urteil über sie revidieren. Sie sind kein Gegenstück, sondern das entgegengesetzte, nicht leicht genug, zu schwerfällig entstanden. Eine nach Klarheit ringende Anschauung hat sich mit ihnen bis zu Ende gequält, ein Kampf zwischen Geist und Materie, der nur äußerlich, gleichsam mit einem Waffenstillstand entschieden wurde. Man kann ihnen jeden Vorwurf machen, nur nicht den der Banalität. Es stecken grimmige Banalitäten in dem Schädelbildnis und in dem mit der finsteren Stirnfalte. Ich gestehe, daß mich im ersten Augenblick, als sie zum Tageslicht kamen, ein Fälschergelüst packte. Ich hätte sie gern in dem Winkel gelassen, in dem sie einige Jahrzehnte zusammengewickelt gelegen hatten.

Wenn diese Bilder das Maß gäben, nach dem der Marées der Zeit nach Neapel zu messen wäre, so hätten die Leute, die in den Fresken die Höhe und in der Folge den Niedergang sehen, recht. Doch stützt man solche Behauptungen nicht auf die Florenzer Bildnisse, die sich auf den Marées-Ausstellungen der letzten Jahre großer Beliebtheit erfreuten, sondern auf die späten römischen Werke, z. B. auf das letzte Selbstporträt. Nur wenige sehen den klaffenden Abgrund zwischen den Florenzer Bildnissen und den vorhergehenden und den folgenden Werken.

Versuchen wir, eine Erklärung zu finden. Der Abstand zwischen den Bildnissen und der Neapeler Zeit wird nicht unerheblich verringert, wenn man eine der Hilfsstudien betrachtet, deren sich Marées für die Pergolafreske bedient hat; z. B. das Bildnis Kleinenbergs. Es steht weit höher, an sich und weil man der Anspruchlosigkeit der Studie mit Recht höheren Kredit gibt. Überträgt man nicht auf den Kopf, was in der Freske der Körper, die Gruppe und die ganze Atmosphäre dem Detail hinzufügen, hält man sich nur an den Kopf, wie er da gemalt ist, so kommt eine ähnliche Anschauung zum Vorschein. Wir würden das, was bei den Florenzer Bildnissen leer und banal erscheint, hier füchtig nennen. Das Oberflächliche ist annähernd dasselbe. Daraus könnte geschlossen werden, daß Marées mit den Florenzer Selbstbildnissen so etwas wie platonische Studien für Fresken meinte, Spielereien technischer Art (wie z. B. die »Badenden Kinder«), die aus Versehen zu Bildnissen wurden. Viele solcher Banalitäten mögen unter anderen Bildern stecken, die ersten Niederschriften unreifer Gedanken, von denen Marées nur den Impuls zur Weiterarbeit behielt. Die Maltechnik hat ihn damals ernstlich beschäftigt, vielleicht zum ersten Male. Er hatte sich bei den Fresken von den Vorteilen eines durchsichtigen Auftrags überzeugt, sah, wieviel Kraft ihm das Übermalen kostete, ganz abgesehen davon, was er sich durch Übermalen verdarb, und hörte wohl auch, was die Kollegen, z. B. Böcklin, dazu sagten. Er versuchte ein Mittel, das, wenn es ihm gelegen hätte, unbedingt seiner gewohnten Methode vorzuziehen war. Es lag ihm nicht. Er hat nicht lange gebraucht, bis er sich davon überzeugte.

Gegen Ende August sollte der Umbau von San Francesco fertig sein. So lange hielt man es in der heißen Stadt nicht aus. In der zweiten Maihälfte machte Fiedler mit Marées und Hildebrand einen Ausflug nach Siena, Orvieto und Arezzo zu Piero della Francesca.[6] Auf dieser Reise fanden sie das Fresken-

Am Ufer des Meeres. 1875

fragment mit dem hl. Michael, das Fiedler später dem Leipziger Museum geschenkt hat. Als sie noch vor Ende des Monats zurückgekehrt waren, zogen alle drei trotz der Bauerei nach San Francesco hinaus und richteten sich, so gut es ging, in den alten Räumen ein. Es war nicht für lange. Am 20. Juni reisten Fiedler und Hildebrand nach Deutschland, und ein paar Tage darauf fuhr Marées nach Neapel. Dort wollte er den Umbau und die heiße Jahreszeit abwarten.

So war er wieder an der Stätte froher Arbeit. Es hatte ihn mit Gewalt hingezogen, um zu sehen, ob die Fresken inzwischen nicht verloren hatten, ob die Erneuerung ihn nicht getäuscht hatte. Und es freute ihn nicht wenig, konstatieren zu dürfen, daß zu dem, was er bisher für tadelnswert gehalten hatte, nichts Neues hinzukam. Von der »modernen Krankheit, die alles so bald in Verwesung übergehen läßt«, war nichts zu entdecken. Die Mängel, die ihm schon früher bewußt gewesen waren, glaubte er jetzt vermeiden zu können. Vor allem schien die Fläche unterhalb der Fresken verbesserungsfähig. Wahrscheinlich mißfielen ihm die Kamine mit dem Brunnen, die den unteren Teil der Hauptwand zu unruhig gemacht haben könnten, und daraus mag später Dohrn die Erlaubnis abgeleitet haben, diese Stücke zu entfernen. Von den Bildern hätte er gern eins weggehauen, um »die Wand so zu behandeln, daß der ganze Saal einen anderen aspetto böte«. Vom Standpunkt des Zusammenhangs aus, den er im Auge hatte, kann er wohl nur die Pergolawand gemeint haben. Er dachte ernstlich daran. Dem Bruder Georg schrieb er, der Freskensaal werde, solange er in Neapel weile, sein Atelier werden. Es kam nicht dazu, vielleicht weil Dohrn keine Unruhe haben wollte. »Die grenzenlose Gleichgültigkeit von allen gegen unsere Bemühungen hält mich vor der Hand davon ab.« Wir wollen uns dessen freuen.

Mit den Leuten der Station stand er auf freundlichem Fuß. »Ruhig, beschaulich, wenn auch gerade nicht sehr traulich.« Dohrn hatte keinen Platz für Marées' Interessen. Und dem braven Grant, der einen Roman aus ihm machen wollte, blieb er im Grunde eine unheimliche Größe. Die Möglichkeit eines intimeren Verkehrs bot nur Kleinenberg. Der war krank gewesen und saß zur Erholung in Castagnetto bei Cava. Marées fuhr einige Male zu ihm und blieb ein paar Tage und begleitete ihn schließlich in die Bäder von Lucca. Es war ein anderer Sommer als der vorige mit seiner rastlosen Arbeit. Marées kam nicht recht zur Ruhe und hat sicher nicht viel gemalt. Noch weniger wird davon übriggeblieben sein. Vielleicht entstand in Neapel oder in Castagnetto das Bild mit den Männern am Meer mit seiner an den Süden erinnernden Szene. Wenigstens hat ihm Kleinenberg im Frühling des nächsten Jahres ein Bild geschickt. Und es wäre nicht unmöglich, daß er damals auch die »Lebensalter«, die viel später erst zum Vorschein kommen sollten, begann. So würde sich die große Differenz zwischen den Daten der Zeichnungen zu dem Werke, die wie die »Idyllen« offenbar der Neapeler Zeit nahestehen, und des Gemäldes erklären. Marées hat vielleicht die Tafel bei Kleinenberg gelassen, bei späteren Besuchen wieder daran gearbeitet und hat sie sich dann schließlich nach Rom schicken lassen, um sie zu vollenden.

Es kam ihm nicht darauf an, jetzt viel zu schaffen, wenn er nur zum Herbst frisch war. In Florenz sollte es wieder von Herzen losgehen. Er freute sich darauf, hatte Bruder Georg in das neue Heim eingeladen. Auch Kleinenberg mußte ihm versprechen, hinzukommen.

Luccas Badeleben war ihm zu langweilig. Er schrieb nach Florenz. Und als die Nachricht kam, die Wohnung sei annähernd fertig, hielt er am 23. August seinen Einzug. Einige Tage darauf traf der Bruder Georg ein. Sie verlebten drei behagliche Wochen zusammen. Dann kam Kleinenberg zu Besuch. Schließlich rückten Fiedler und Hildebrand in ihre Quartiere. Er traf sie selten, obwohl er mit ihnen im selben Hause wohnte. Wie ein Hamster im Bau saß er in seinem Atelier. Die Tür war verschlossen.

Eins hatte er in Neapel erkannt, die Notwendigkeit, mit dem nackten Körper so umzugehen zu lernen, wie mit dem bekleideten. Die Pergolafreske war die beste, weil sie keine Lücken zeigte. Aber es wäre ihm nicht gelungen, die Gruppe mit dieser Natürlichkeit und Geschlossenheit hinzusetzen, wenn es nackte Körper gewesen wären. Die Kleider gaben Farbendifferenzen. Mit denen half man sich, um Formen zu schaffen. Es war nichts dagegen zu sagen. Die Gegenwart legitimierte den Brauch. Man konnte sogar mit allen Argumenten des zünftigen Realismus darauf bestehen. Aber die Theorie war zu billig. Man machte es sich zu leicht mit den dunklen Bratenröcken, der weißen Wäsche und den farbigen Schlipsen, und erschwerte sich tiefere Erkenntnisse, reichere, reinere Abstraktionen, wenn man der Alten teuerstes Motiv, den nackten Körper, ausschloß. Die Geschichte erwies es immer wieder mit unwiderstehlicher Deutlichkeit. Wenn er in die Stadt ging, pflegte er den Weg über S. Maria del Carmine zu nehmen und ging oft hinein. Man hatte noch nicht das indiskrete Fenster gebrochen, das heute die Fresken der Brancaccikapelle entgeistert. Mystische Dämmerung lag auf den beiden nackten Gestalten Masaccios, die der Engel aus dem Paradies vertreibt. Das war ein Anfang. Wenige hatten ihm etwas zugefügt: Piero della Francesca, Signorelli. Der Rest der florentinischen Malerei war reizendes Rankenwerk. Es paßte gut zu der Stadt, man ließ es sich im Vorbeigehen gern gefallen wie Tafelmusik, die nicht zu nahe kommen darf. Es war eine Kunst, die immer nur im Zusammenhang mit etwas anderem Würze behielt. In der letzten Zeit hatte er ein wenig zu viel davon bekommen. Er hatte den Bruder Georg, der Florenz noch nicht kannte, in die Kirchen und Museen begleitet. Auch bei Kleinenberg hatte er zuweilen den Cicerone spielen müssen – es gab keinen besseren – und dabei wieder erfahren, wie schnell der Schwung Botticellis und seiner Genossen den Reiz verlor. Der Stil des Quattrocento hatte manches mit dem senilen Rokoko gemein. Seine jugendliche Kraft erstreckte sich zumal auf das Kostüm und dergleichen. Die Menschen waren immer nur angezogen und fühlten sich so, wollten so gefühlt sein, und selbst wenn sie nackt waren, umzog sie die zierliche Arabeske und machte sie unleiblich. So waren die Bilder, angezogen, geschmückt; mit reizender Anmut, mit keckem und sehr sicherem Geschmack. Das Auge brauchte nur einmal ganz oberflächlich zu blicken, so hatte es schon den tänzelnden Reim erfaßt. Und so hatten die Quattrocentisten selbst die Welt gesehen, als Arabeske. Die Madonna so gut wie Minerva, Christus und Holofernes, Paradies und Olymp waren nur dazu da, um zu gleichschwingenden Rhythmen zu werden. Deshalb war Rom größer. Welches Gewand vermochte seine Schwingung zu fassen? Welcher Griffel bannte den Stil seiner Gesten? Es war größer, nicht nur weil es der Antike näher war. Mit dem marmornen Torso hatte es ein reineres Verhältnis zur Natur wiedererlangt. Der nackte Körper bot das Ebenbild der Gottheit. Vor seiner stillen Pracht prallte der kleine Malerdünkel ab wie der Pfeil vom unverwundbaren Leib des Gottes. Es gab keine strengere Kontrolle. Es gab für den, der zu gestalten wußte, keinen reicheren Schatz. Nie war das Marées früher so tief ins Bewußtsein gedrungen. Wohl hatte das Nackte ihn schon immer gereizt, gleich beim ersten Eintritt in Italien. Das brachte das Land mit sich. Aber dieser Reiz erschöpfte nicht, was er sich jetzt von dem Nackten versprach. Früher hatte er nur das Fleisch darin gesehen. In den Bildern vor und nach der spanischen Reise war das Nackte mehr Farbenfleck als Körper, im Grunde nichts anderes, als was es in dem frühen Münchener Bilde, dem »Bad der Diana«, der ersten verschwiegenen Hymne an das Nackte, gewesen war. Nun konnte man es sicher nicht ganz dieser Rolle entziehen, wollte man es als Teil eines bildhaften Ganzen behalten. Die Malerei war dazu da, jedes Objekt, das sie mit der Farbe gab, wieder mit Farbe zu lösen. Der Körper mußte Fleisch, das Fleisch Farbe bleiben. Bis zu welchem Grade das so sein mußte, war die Frage. Daß man mit der Verkörperlichung des Nackten viel weiter, als er früher gewagt hatte, gehen konnte, hatten die Fresken bewiesen. Aber bei den Fresken war alles neu, und die Gebote des Wandbilds entschieden. Nie hatte er in Neapel bei der Arbeit an die Frage gedacht. Er hatte mit dem Instinkt das richtige getroffen. Nun galt es, Klarheit zu schaffen.

Alle nächsten Bilder sind mehr oder weniger Antworten auf dieselbe Frage; Antworten ganz verschiedener Art, von ganz verschiedener Überzeugungsstärke. Nicht eine verfehlt ihren Zweck. Wir brauchen uns nicht zu wundern, daß die unter ihnen uns am besten überzeugen, denen man den Zweck am wenigsten anmerkt.

In dem Bilde mit den Männern am Meer scheidet sich die Landschaft von den drei Gestalten. Die Landschaft war vorher da. Man kann sich die Menschen wegdenken. Die drollige Modifikation des Baumes im Vordergrund verrät, wie es gemacht wurde. Marées hat begonnen, den Baum zu einem Menschen zu verwandeln, der offenbar das Gegenstück zu dem Mann mit den verschränkten Armen werden sollte. Der Baum

Komposition mit vier nackten Männern. 1875

war aber der natürlichere Akteur. Der Jüngling daneben, an sich eine reizende Gestalt, hat keinen rechten Platz. Marées hat die Beine des Baumes ruhig stehen gelassen. Das Bild war, wie viele andere dieser Zeit, nur Experiment und wurde weggeworfen. Besser gelang die Kombination in der Landschaft mit den Männern, von denen der eine einen Stab trägt. Da sind die drei Gestalten eng zusammen zu einer Gruppe vereinigt. Die Landschaft wird zum Hintergrund. Die Bäume schließen sich sehr geschickt der Gruppe an. Das Massiv rechts – es könnte vielleicht massiver sein – steht an der rechten Stelle und die paar kleineren Bäume links sind glückliche Vermittler. Man würde die Kulisse nicht merken, wenn Marées sich nicht mit ein paar ganz überflüssigen Einzelheiten verriete. Die lächerlichen Pflanzen links neben dem Stabträger mit ihrer ganz aus dem Rahmen fallenden Detaillierung sind Surrogate von Lebewesen, so unorganisch wie die Blümchen auf Bildern Böcklins. Sie haben den einzigen Vorzug, daß man sie wegnehmen kann, und daß dann etwas unbedingt Gültiges übrig bleibt. Merkwürdig, wie das immer mehr erwachende Bewußtsein des Künstlers gerade solche Schnitzer beging, vor denen Marées früher, als er sich nicht so in der Gewalt hatte, selbst in der Münchener Zeit, durchaus gefeit geblieben war. Es kam zu bedenklichen Taktfehlern. Das harte blaue Band des Stabträgers wirkt auf dem Fleisch wie ein Orden auf der Brust einer Statue. Nie hätte der rasche Fluß seiner früheren Bilder solche Isolierungen der Farbe geduldet. Geschah es aus Unachtsamkeit, aus Leichtsinn? Mir scheint, es war eher die Unfähigkeit daran schuld, zwei Anschauungsarten zu vereinen, die jetzt, einen Moment lang, getrennt in ihm bestanden. Die Absicht, Körper zu erfinden, besiegte den Erfinder der Bilder, nahm ihn so in Beschlag, daß er die paar Striche vergaß, mit denen heute jeder Maler die

Korrektur dieser Unebenheiten vornehmen könnte. Selbst einen Menschen, der nie den Pinsel in der Hand gehabt hat, lockt es, diese kindlichen Fehler auszumerzen. Ich möchte übrigens die Vermutung nicht unausgesprochen lassen, daß sich fremde Hände später an den Bildern, die Marées nach der Florenzer Zeit nie wieder vor Augen kamen, versucht haben könnten. Das Schicksal, das einige Tafeln von Marées in Florenz betroffen hat, läßt solche Möglichkeiten nicht als ausgeschlossen erscheinen, auch wenn keine zwingende Notwendigkeit, dergleichen anzunehmen, vorliegt. Jedenfalls wirken die störenden Einzelheiten wie fremde Zutaten. Das blaue Band schmerzt um so empfindlicher, als die Gestalten selbst vollkommen dem Grad der Dichtigkeit, mit dem die Landschaft gegeben ist, entsprechen. Die Umrisse beschränken nicht die Elastizität des Fleisches, und die Klarheit des Gliederspiels wird nicht auf Kosten der Materie gewonnen. Das Licht umgibt die Körper.

Die drei Gestalten hat Marées nach demselben Modell gemalt. Das ist kein Zufall. So wollte es sein erhöhtes Gefühl für Erfindung. Es sind drei ganz verschiedene Menschen daraus geworden. Die Pose hat an der Differenzierung keinen unbeträchtlichen Anteil. Nur einer von dreien bietet dem Betrachter Gesicht und Körper unverhohlen dar. Er steht nachdenklich, der andere spricht zu ihm, der dritte sitzt und birgt, anscheinend bekümmert, das Gesicht in der Hand. Gleich deuten wir Symbole. Tat, Überlegung und Geschehnis könnte man daraus lesen. Aber noch vieles andere käme ebenso gelegen; nur nichts Aktuelles. Nichts zwingt zur Deutung einer Episode, die den drei Menschen einen Zusammenhang gibt. Nur die Form bindet sie zusammen.

Aus einer dem Sitzenden entfernt ähnlichen Gestalt hat Marées seinen »Merkur« gemacht. Ein Mercurio in riposo;

vielleicht ein wenig zu ruhig. Die Malerei begnügt sich mit Licht und Schatten, die allmählich ineinander übergehen wie auf den Bildern zünftiger Akademiker. Jede Teilung (wo blieb die Fleckentheorie!), alle energischen Akzente sind vermieden. Langsam, ganz langsam rundet sich der Körper. Die Malerei ist Zeichnung geworden, eine Zeichnung der Deutschen von 1830, die Leinwand beinahe Karton. Das Fleisch ist die neutrale Malerei der bekannten Gestalten, deren einzige Eigentümlichkeit darin besteht, plastisch zu sein. Nur in dem Arm und der Hand, die den Kopf stützt, steckt noch der Maler. Nicht umsonst ist der Hintergrund Chaos geblieben. Welche Landschaft hätte diese Gestalt aufnehmen können! Wären die Wandbilder in Neapel von der Art dieses Merkur, so hätte Cornelius einen Enkel erhalten.

So weit trieb er die Selbstenteignung, bis zum Buchstabieren. Er, der Feind alles Schulmäßigen, der seit Lehrlingszeiten Revolutionäre gegen alle landläufigen Begriffe, wurde zum fleißigen Klippschüler der Kunst, der unter eiserner Fuchtel, eiserner, als sie je ein Lehrer geübt hätte, alles Bemühen auf die plastische Wiedergabe des Modells richtete. Ich übertreibe, wird man vielleicht einwenden, weil man das Bild recht brav findet. Auch ich finde es so, es scheint mir wertvoller als vieles andere. Man muß aber wohl übertreiben, will man dem Meister der Hesperiden gerecht werden.

Er muß Qualen bei der Arbeit ausgestanden haben. Es konnte wohl nur einem Menschen wie ihm einfallen, sie auf sich zu nehmen, einem Deutschen, der ohne die Stütze einer sicheren Tradition, wenn einmal der Zweifel an der rechten Richtung kam, das Kind mit dem Bade ausschüttete und auf alles mißtrauisch wurde, was ihm bis dahin natürlich gewesen war. Der »Merkur« ist wieder ein Anfang wie früher die Römischen

Landschaften, einer der Tiefpunkte der Entwicklung, von denen aus Marées neue Ansätze gewann. Einem Franzosen würde solche Kraftvergeudung wie etwas ganz Unsinniges erscheinen.

Er erholte sich an Zeichnungen. Es sind nur verhältnismäßig wenig Blätter, die sich mit Sicherheit in die Florenzer Zeit rechnen lassen, erhalten. Und er hat sicher gerade in Florenz sehr viel gezeichnet. Forderte doch, was ihn jetzt beschäftigte, besonders die Gaben heraus, die sich mit dem Stift in der Hand erweisen. Wir finden in manchen Zeichnungen dieselbe Voreingenommenheit des Künstlers, dieselbe Suche nach sicheren Umrissen. In anderen überwiegt das Element, das Marées im Bilde zurückdrängt, das Malerische. Die Entwürfe, aus denen die »Drei Männer« gewonnen wurden, zeigen immer mehr Massen als Einzelheiten. Auf dem Blatt »Nestor im Lager der Griechen« ist nicht der Nestor, sondern das Lager das Wirksame, man glaubt das Lagerleben zu hören. Ähnlich wirken die Blätter. Sie haben Atmosphäre. Und diesen Eindruck hat auch der die ursprüngliche Komposition lediglich auf Konturen hin korrigierende Stift nicht zu zerstören vermocht.

Welcher Härte aber der Zeichner fähig war, zeigt der Entwurf für die erste Fassung des Gemäldes »Zwei Jünglinge«, der nicht der einzige seiner Art geblieben ist. Es ist die »Akademie« in ihrer ganzen Nüchternheit. Die Klippe wird mit eisiger Schärfe sichtbar. Die Diagnose, die man allein auf solche Dokumente hin einem Maler stellen könnte, wäre trostlos. Zur selben Zeit aber entstanden ganz ungezwungene Kompositionen wie »Die Frau zwischen den beiden Männern«. Die nackten Männer sind Hildebrand und Marées, und man errät ohne Mühe, wer die schöne Mittlerin sein sollte. Der Scherz führte zu einer magistralen Erfindung. Man versteht, daß Marées einen Augenblick daran gedacht hat, daraus ein Gemälde zu machen.

Wir erleben nur zu oft in der Geschichte der neueren deutschen Kunst das Zurückweichen des subjektiv Malerischen, dem sich der Künstler in der von keiner Doktrin geknebelten Jugend überläßt, vor der Starrheit eines Objektivismus, der zu harten Linien versteint. Aber alle Beispiele zeigen das langsame Absterben, und ich glaube, es gibt keins für das Wiederaufnehmen der rechten Fährte oder gar für die Gleichzeitigkeit beider Tendenzen. Die einmal begonnene Verkalkung der Arterien führt zum Ende. Der Dualismus, den wir bei Marées bemerken, steht, wenigstens in dieser extremen Form, allein. Denn es handelt sich nicht um ein Hintereinander von Tendenzen, sondern, wie aus vielen Daten hervorgeht, um ein Nebeneinander. Man kann den Dualismus, der, wie wir sehen werden, noch wiederholt, wenn auch nicht wieder in so krassen Formen auftritt, nur mit der Annahme erklären, daß Marées die Klippe gekannt hat, nicht zu ihr hingetrieben wurde, sondern sich ihr mit Bewußtsein näherte. Und seine Absicht kann nur gewesen sein, sich über die Grenzen seiner Möglichkeiten Gewißheit zu verschaffen und das, was der Instinkt vollbrachte, für die Erkenntnis zu zerlegen. In einer Reihe sehr reizender Bilder, die wir wohl mit Recht in die Zeit unmittelbar nach den genannten legen dürfen, kommt das Malerische zum Übergewicht. In den »Drei Männern«, die aus einer großen Serie von Zeichnungen hervorgingen, gelang ihm die glücklichste Fassung des Dreifigurenbildes, das er mit wahrer Hartnäckigkeit damals gesucht hat. Es ist von allen Lösungen die einfachste. Nicht eine der Lücken der beiden früheren Bilder schwächt die robuste Haltung. Wieder nehmen die Männer den Vordergrund ein. Aber

Die Frau zwischen den beiden Männern. 1875

(Der Mann rechts trägt die Züge Hildebrands, der andere die von Marées)

diesmal scheidet sich nicht das Bild in Akteure und Kulisse. Die Farbe spielt, ein herber Dreiklang von Smaragd, Rot und Blau mit reichen Nuancen. Es ist ein sehr männliches Spiel. Wie junge Krieger stehen die kraftvollen Gestalten da. Man meint durch Lanzen zu blicken. Das Rot des Gewandes um den in der Mitte stehenden Gesellen leuchtet wie ein Banner im Felde.

Diese Stimmung war es wohl, die Marées zu dem leuchtenden Bilde mit den fünf Kriegern brachte. Er übertrug die gesteigerte Körperlichkeit auf verschiedene Pläne und bereicherte gleichzeitig die Palette. Man hat schon jetzt den sicheren Eindruck, daß einem so erfindungsreichen Temperament keine Doktrin gefährlich werden konnte. Das Bild war wohl nie vollendet, und der schlimme Zustand, in dem es gefunden wurde, konnte bei aller Sorgfalt nicht ganz repariert werden. Aber auch als Fragment zeigt es unverkennbar die »raumbildende« Kraft der im kleinen mächtigen Gestalten. Wenige sehen das Bild, wenn sie es nicht genau im Gedächtnis haben, im rechten Format vor sich. Man denkt an ein großes Gemälde. Die körnige Farbe, dieses Orange, das die Körper vergoldet, erhellt alle Winkel des Bildes. Man sieht in weite Fernen. Das Plastische, das Marées vorher in ängstlichen Konturen gesucht hatte, ist zugleich mächtiger und ungreifbar geworden. Steckt es in der Linie, in den Flächen, in der Farbe? Wir fühlen nur seine Kraft. Wie es den Raum des Bildes dehnt, so weitet es in uns die Empfindung.

Marées regte sich. Er hatte wieder den Anschluß an das kreisende Temperament. Man möchte ihn einem stolzen Schiff vergleichen, dem erst die Last der Güter, die es im Innern birgt, die sichere Bewegung verleiht. Er spielte wieder. Nie waren ihm so reine, so zierliche Weisen gelungen. Er, der sich kurz vorher wie ein deutscher Bär plump mit plumpen Begriffen gebalgt hatte, dichtete zwei Lieder an Italiens Schönheit, das süßeste, das je ein nicht auf dieser Erde Geborener gesungen hat. Es sind zwei Friese, die kaum über das Format von Zeichnungen hinausgehen. Dachte er an Staffelbildchen von der Art der kleinen Trilogie Raffaels unter der Krönung der Maria im Vatikan? Oder bestimmte sie eine frohe Laune zum Schmuck eines Schreins? Sie waren ursprünglich gleichen Formats, ein drittes ist mindestens noch als Zeichnung begonnen worden. Vielleicht sollte die Wiener Freundin, die er erwartete, mit dem Kästchen überrascht werden. Es wäre der Pallas wert gewesen.

Jeder, der in jener Zeit einen Abend in San Francesco zugebracht hat, schwärmt davon; nicht so sehr von der Natur, sondern von der Schwärmerei, die sich seiner bemächtigte. Es trug allerlei dazu bei, bei Fremden die Stimmung, die sie mitbrachten und die in der Geistesart der Menschen, die hier wohnten, eine sichere Hülle fand. Der stille Fiedler versteckte mit Mühe, wenn er der Abende gedachte, die dichterische Laune. Marées hat auf der Loggia von San Francesco die glücklichsten Stunden, die er mit anderen verleben sollte, genossen. Davon melden die beiden Bildchen. Es sind zarte Niederschläge spielender Gedanken, wenn man still saß, wenig sagte und auf das dämmerige Land schaute. Wie schwer hatte er es sich schon in diesem Italien gemacht! Es hatte ihn einst, als er das erste Mal kam, wie einen Barbaren, der nicht bleiben durfte, zurückgewiesen, hatte den Bangenden an den Rand des Abgrunds gebracht. Wieviel drückende Sorgen hatte ihm die Liebe zu diesem Lande gegeben! Wie schwer war es hier! Und wie leicht, wie ganz von selbst gelang alles, wenn man froh war, wie es dieses Land wollte, wenn man Ruhe im Innern hatte. Ungerufen nahten Gestalten, ordneten unter schweigenden

Bäumen die leuchtende Nacktheit ihrer Glieder und begannen den Reigen. Nur still mußte man sein, nicht das heiße Gelüst des Jägers auf dem Anstand verraten, nicht den wilden Empörersinn, der Fremdes erobern wollte. Mit unter ihnen mußte man sein, ohne Waffen, freundlich, so wie Raffael war, dieser göttliche Jüngling, den er vor Sehnsucht gehaßt hatte, weil ihm, dem spätgekommenen Fremdling, der Gott des Landes den ertrotzten Segen geweigert hatte.

Man denkt an Raffael bei den Bildern, zumal bei dem zweiten, dem kleineren. Aus der lauschigen Ferne des ersten mit den drei Gestalten im Vordergrund klingt noch das Echo vergangener Zeiten. Die ganze Jugend, die erste Zeit in Rom, die Sehnsucht nach Venedig in Rom wird den schlanken Gestalten zum Hintergrund. Wunderbar, wie viel Unendlichkeit in so einem winzigen Bilde steckt! Wieviel ein Mensch von sich und der Welt träumend in einer glücklichen Stunde in ein paar Farben wirkt! Ich kann keinen treffenden Anhalt für die Verwandtschaft der tanzenden Männer mit Raffael nennen. Und das Bild wäre nicht so zart, wenn man es ohne weiteres könnte. Der Eklektizismus – man braucht das Wort ungern bei Marées – steckt nicht im Kern des Bildes. Er liegt darauf wie ein Hauch, der die Nacktheit der Gestalten verhüllt, und man möchte ihn so wenig entbehren wie das Rokoko Mozarts. Man könnte etwa sagen, das Bild erinnere an Raffael, wie er in Poussin erscheint, als Teilnehmer an einer und derselben Welt, die der früher Gekommene notwendig dem späteren Ankömmling übermittelt. Man sieht bis in die Antike hindurch. Pompeji erscheint wie in einem Traum gesehen, verjüngt und von allem Handwerkhaften entkleidet, traumhaft, aber immer noch freskenhaft als Freske an den Wänden eines diminutiven Palastes, in dem nur für Empfindungen Platz in Fülle ist. Das Bildchen ist viel einfacher als das erste. Es fehlt die tiefgründige Fernsicht. Dafür treten die Gestalten heller und klarer hervor. Sie geben einen Sextakkord, in dem jeder Ton seine Eigenheit behält. Ein Bekannter hat mich auf die Ungenauigkeit des Titels hingewiesen. Es sind in der Tat keine tanzenden Männer. Sie sitzen oder stehen ruhig, ein einziger ist in schreitender Bewegung. Doch möchte ich an dem Titel festhalten. Er trifft das Motiv. Ich kenne nichts Gemaltes, was die verzaubernde Seligkeit, die tanzende Menschen in schwingende Wellen verwandelt, treffender erraten ließe, und möchte selbst das klassische Exempel, die Figuren griechischer Vasen, nicht ausnehmen. Die holde Körperlichkeit der Maréesschen Gestalten schwingt reicher als die edelste Linie. Es ist, als gewännen seine Tänzer aus nichts als dem Rundlichen ihrer zierlichen Leiber ein unendlich vervielfachtes Mienenspiel, das kaum noch der Gliederregungen bedarf, um seinen Ausdruck erraten zu lassen. Vielleicht ist das verschollene Bacchanal, an das sich Bruckmann erinnert, ein ähnliches Bild in größerem Format gewesen.

Es will dem Überlegenden schwer in den Kopf, daß der Finder solcher Poesien ein so unwirtlicher Mitmensch gewesen sein soll. Wohl mußte er die Zartheit verbergen und eher im Äußeren rauher als ein anderer sein. Aber man sollte meinen, ein wenig Seelenkenntnis und ein wenig Wärme hätten die Schale brechen müssen, die solche Perlen enthielt. Waren sie wirklich nur in den Formen des Malers zu ersehen? Er war doch keins von jenen traurigen amphibienhaften Wesen mit zwei Hälften, die nichts voneinander wissen, von denen die eine einem Maler, die andere einem Maniak gehört; war ein besonderer Mensch, der besondere Aufgaben hatte, Aufgaben, die nicht den Maler allein erfüllten, die lediglich von einer vollen Persönlichkeit zu erdenken und zu lösen waren. Dieser Mensch war doch wohl, sollte man meinen, reich genug an Äußerungs-möglichkeiten, um Ohren, die hören konnten, Dinge zu sagen, die in der Empfindung irgendwie jenen reinen Geschöpfen seiner Bilder glichen. Er mußte außer seinen Bildern noch andere Gesten haben, die, sicherer als seine zuweilen harten Worte, den reinen Kern seines Wesens sehen ließen, den beglückenden Rhythmus, der alles, seine Bilder und sein Leben, trieb.

Gewiß hatte er schuld an dem Mißverständnis. Fiedler fragte ihn nach dem Selbstbildnis mit dem gelben Hut, das ihm zugesagt war und auf das er sich wirklich gefreut hatte. Marées wußte kaum, um welches Bild es sich handelte. Wo waren die Selbstbildnisse und wo war er? Es sei ein Topf Farbe darauf gefallen, antwortete er beiläufig, und da habe er es vernichten müssen. Wie gewöhnlich, fügte Fiedler im stillen dazu und gab wieder einmal eine letzte Hoffnung auf. »Rettungslos«, steht im Tagebuch. Marées hätte ihn ins Atelier führen und ihm die zahlreichen neuen Bilder zeigen und erklären müssen. Aber nun erwartete Fiedler das Selbstbildnis und er hätte etwas ganz anderes gesehen; wieder etwas anderes. Marées war sich über Fiedlers zweifelhafte Eindrücke in der Bibliothek von Neapel nicht im unklaren und hatte gute Ohren. Wem die Fresken nichts sagten, der konnte die neuen Bilder wohl noch weniger verstehen.

Das war seine Schuld: sein Tempo. Wie sollte einer, der die Art und die Notwendigkeit dieses Tempos, das Bestimmende im Leben von Marées, nicht erkannte, Sinn für das treibende Element seiner Bilder haben! Inkonsequenz war für den behutsamen Fiedler dieses ganze Leben und Schaffen. Es kam Marées nicht darauf an, wenn er in der rechten Laune war, die geheimen Gedanken der anderen in unerwarteter Weise zu rechtfertigen. Er selbst sprach aus, was die anderen kaum dachten. Es war alles Stückwerk, belanglos, was bisher geschaffen war, selbst die Fresken. Was er vor einem Jahr darüber gesagt hatte, war zu widerrufen. In der eitlen Freude an einem größeren Komplex, der man nun einmal schwach genug war, sich hinzugeben, hatte er das damals Gewordene für die Krone der Schöpfung gehalten. Trat man aber zurück, wie er jetzt tun konnte, so sah man das Unzulängliche haufenweise vor sich.

Das war seine Inkonsequenz. Er war sehr klug, auch wenn es einmal ein egoistisches Interesse zu verteidigen galt, erreichte, was er wollte, verstand, die Stimmung, in die er seine Leute wie ein Hypnotiseur zu versetzen wußte, auszunutzen. Und das entging den anderen nicht, sie fügten sich murrend und hielten sich dann womöglich für die Gefoppten. Er war durchaus nicht so klug, das, was in seinem Wesen zwiespältig schien, zu verbergen. Er versperrte sein Atelier, aber gab trotzdem, ohne es zu ahnen, den Anlaß zu Schlüssen über seine Tätigkeit, indem er über Sachen, die Fiedler und Hildebrand kannten, schimpfte und von den anderen, die er gerade machte, schwieg. Und Fiedler wollte endlich einmal ein fertiges Bild sehen. Fertig, Marées gestand es selbst, war nicht eine der Sachen, die er im Atelier hatte. Es würde noch im Verlauf des Jahres, vielleicht sogar noch im Sommer, dies und jenes fertig werden. Aber damit meinte er nicht eins der Bilder, die er jetzt gemalt hatte. Die blieben so, wie sie waren. Es war ganz gleichgültig, ob er auf der Landschaft mit dem Baum, der Beine hatte, die Beine wieder wegmachte. Sie blieb mit oder ohne Beine mißraten. Und es war ebenso gleichgültig, ob er den drei Kriegern oder den fünfen auf dem anderen Bilde ein paar Unebenheiten nahm; sie waren geraten, das heißt, hatten ihm gezeigt, was er sehen wollte, die erhöhte Körperlichkeit des Nackten in der

Landschaft. Klug wäre zum Beispiel gewesen, den Grund hinter dem Merkur sauber zuzustreichen, ebenso klug, nicht dem Farbentopf zu gestatten, das Bildnis mit dem gelben Hut zu verunzieren – klug, aber infam. Die Vollendung, die Fiedler wollte, konnte man mechanisch herstellen; nicht aber den Entwicklungsprozeß des Menschen und des Künstlers, das Resultat höherer Konsequenz.

Es entging Marées nicht, daß Fiedler sowohl wie Hildebrand sich langsam immer mehr von ihm entfernten. Die beiden aßen zusammen, das war von vornherein so eingerichtet worden, weil sie einen gemeinsamen Koch hatten. Aber man traf sich auch abends nach der Arbeit immer seltener. Die beiden hatten ihren Verkehr, er hatte den seinen, der sich übrigens im wesentlichen auf Böcklin beschränkte. Er tat nichts gegen die Entfremdung, vergrößerte sie vielmehr noch, erst absichtslos, solange er keine Tendenz in der Zurückhaltung sah, dann mit Willen, als er gemerkt hatte, daß sie lieber für sich allein blieben. Fiedler schrieb ihm die Schuld zu und wird wohl darin recht gehabt haben, wenn überhaupt jemand die Schuld beigemessen werden darf. Die Veranlassung lag in dem Verhältnis Hildebrands zu Marées. Hildebrand konnte nicht länger die Bevormundung durch einen anderen ertragen und empfand die Befreiung von einer Fessel, die er nicht mehr als Förderung fühlte, als Notwendigkeit für die eigene Entwicklung. Marées schätzte Hildebrands Arbeiten sehr hoch. Was er von anderen kannte, kam daneben nicht in Betracht. Deutschland hatte im neunzehnten Jahrhundert keinen zweiten der gleichen Art besessen. Diese Art hatte sich fast sofort offenbart. Marées hatte den Genius des Freundes kaum berührt, um ihm solche Früchte zu entlocken. Aber, nun hieß es, weiter vorwärts. Marées drängte. Das Glück, von vornherein ein hohes Niveau zu treffen, entband nicht von der Pflicht, es zu überholen. Hildebrand aber, der über viele Fragen der Kunst wie Marées dachte, hatte eine ganz andere Art von Fähigkeiten und einen anderen Willen, sie zu leiten. Er war nicht so heißhungrig, sah nicht die scharfe Spitze des Berges, die unbedingt erklommen werden mußte. Sein Talent drängte zu einer Ausdehnung in die Breite. Marées beging den Fehler, hier das Maß anzulegen, mit dem er seine eigene Laufbahn beurteilte. Das Maß paßte für keinen anderen, am wenigsten für Hildebrand. Man kann ohne weiteres behaupten, daß Hildebrand seine Bildhauerei und sich selbst zu nutzlosen Experimenten verbraucht hätte, wenn er mit seiner Art versucht hätte, Marées zu folgen. Es war kein voreiliger Verzicht, sondern vernünftige Einsicht in gegebene Grenzen. Das schätzte Fiedler an ihm. Marées ließ zuweilen eine gewisse Ungeduld merken, wenn Fiedler gar zu beredt den Intimus pries, und konnte dann aus irgendeinem Anlaß eine Diskussion hervorrufen, die Hildebrand entweder zu scharfen Antworten zwang oder ihn aufs Trockene setzte. Fiedler mischte sich nie in den Streit, aber dachte sich sein Teil, und wenn dann nachher, wenn sie allein waren, Hildebrands Ärger über Marées' schroffe Reden überlief, mußte er ihm recht geben. Man war schon so weit, die Worte, nicht den Sinn zu wägen. Das nächste Mal fühlte sich dann Fiedler schon aus Ehrlichkeit verpflichtet, Marées noch deutlicher zu verstehen zu geben, wie hoch er Hildebrand schätzte. Marées, ahnungslos, um was es sich handelte, machte einen derben Witz und überließ den anderen seinen Gedanken. Solche Geschichten addierte Fiedler unwillkürlich zu dem Urteil über Marées' künstlerische Bedeutung.

Aber auch ohne alle Reibereien wäre Hildebrand Fiedler näher gekommen. Er erfüllte alle Ansprüche Fiedlers an die Kunst und hatte das rechte Tempo. Obwohl viel jünger als

Marées, ging Hildebrand in allem bedächtiger vor und tat als Künstler eins, was für Fiedler alles bedeutete: er hielt haus mit einem glücklichen Einfall, vollendete. Jetzt war er an dem Adam. Die große Statue wuchs gelassen und sicher. Fiedler durfte dabei sein. Nichts hinderte den Bildner an der Arbeit. Er hätte auf der Piazza della Signoria vor den Augen aller schaffen können, und Florenz, das alte, an Bildhauern reiche Florenz, das Florenz der Ghiberti, Donatello und Verrocchio, hätte staunend zugesehen, wie da ein blonder Tedesco die lang entschlafene Kunst wieder zum Leben rief. Das ging ohne viel Worte, still, fast behaglich. Da gab es nicht das Hin und Her sich widerstreitender Empfindungen, nichts Bedingtes, dem nur ein entlegener, kaum faßbarer Standpunkt Bestand gab. Es war alles sichtbar. Fiedler war immer wohl, wenn er dabei saß. So hatten sicher die Alten die Kunst geübt, wie eine edle Gymnastik. Es sah schön aus, wie sich der gedrungene Körper des Bildhauers bei der Arbeit reckte und dehnte. Man wurde angesteckt von so urwüchsiger Schaffensfreude. Fiedler erinnerte sich an das entstellte Gesicht von Marées, als er ihm in Crostewitz Modell gesessen hatte. Es war eine Pein, ihn malen zu sehen. Jetzt saß er wieder oben allein in seinem fest verschlossenen Atelier und starrte mit verzerrtem Gesicht auf verzerrte Bilder. Bei Hildebrand gab es keine Komplikationen. Ruhig zugreifen, war seine Devise. Man sah jeden Tag, was entstand und wie es entstand. Es war schlicht und gesund, hielt, was es versprach, kam geradeswegs zum Ziele.

Und so war Hildebrand selbst. Fiedler fand den Freund, der ihm nottat. Ihm, der in allem, was sich darbot, immer gleich die zweite Seite sah, die sich vielleicht abkehrte, wurde der immer heitere Geselle, der lachend über die Untiefen blickte und doch sah, wo sie saßen, zum idealen Genossen. Marées verstand, was

Fiedler zu dem anderen hinzog; er hatte an sich selbst das Beglückende dieser Lebensfreude erfahren und genoß sie selbst jetzt, wo man gespannt stand, immer noch, wenn die Stunde günstig war. Fiedler aber verdankte ihr mehr. Der intime Verkehr mit Hildebrand brachte ihm Förderungen besonderer Art, die im Frühling zu einem greifbaren Resultat führten. Man hatte ihm im Laufe des Winters die Leitung des Berliner Kupferstichkabinetts angeboten. Er hatte die Stellung abgelehnt, weil ihm nach seiner Meinung die Kenntnisse dafür abgingen, und er keinerlei Lust hatte, sie sich anzueignen, da er sie für durchaus unwichtig hielt. Er schrieb darüber in sein Tagebuch: »Je weiter ich in der Ruhe des Florentiner Aufenthalts in dem wesentlichen Verständnis alles künstlerischen Schaffens vordrang, desto unwichtiger und unberechtigter mußten mir alle die Beschäftigungen mit den Kunstwerken vorkommen, die den Inhalt solcher Stellungen bilden. All dieses Treiben, welches die Kunst nur ganz äußerlich zum Gegenstande hat, steht in schneidendem Widerspruch zu dem, wonach ich strebte und was ich im Laufe dieses Winters allerdings bis zu einem gewissen Punkte erreichte. Die Nähe von Hildebrand, die Beobachtung seines Schaffens, der lebendige Austausch unserer Gedanken förderten mich unendlich, und ich wurde diesem Winter einen bedeutenden Fortschritt schuldig; wieweit es nun gelungen ist, dem, was als errungene Klarheit in mir steht, einen verständlichen Ausdruck zu verleihen, weiß ich noch nicht.« Damals ist Fiedlers erste Arbeit, die er für die Öffentlichkeit bestimmte, entstanden: »Über die Beurteilung von Werken der bildenden Kunst.«[7] Sie erschien im nächsten Winter zu Beginn des Jahres 1876.

Auch Fiedler also hatte gearbeitet. Und dazu hatte ihm Hildebrand Mut gemacht. Es war ein sehr großes Plus zugunsten des jüngeren Freundes. Wohl verdankte Fiedler Marées die ersten Anregungen, und sie sind in allen Schriften zu erkennen. Marées hatte ihn erst auf die Kunst gewiesen, und der Jünger hatte in der ersten Romzeit die Anschauung des Künstlers, so wie er sie begriff, zu seinem Evangelium gemacht. Nie aber wäre Fiedler damit zu der zielbewußten literarischen Tätigkeit gelangt, die seinen geachteten Namen begründet und ihm wohlberechtigte Genugtuung verschafft hat. So weit zielte Marées' Anregung nicht. Ich glaube nicht, daß er an Fiedlers Fähigkeiten zweifelte, er hätte ihn sicher eher als einen anderen für fähig gehalten, über Kunstprobleme zu schreiben. Er hielt überhaupt nicht viel von der Kunstschreiberei, glaubte schwerlich an die Möglichkeit, jemand könne ohne ganz intensive, an eigener praktischer Tätigkeit erprobte Erfahrungen Wesentliches auf literarischem Wege beitragen, und er hätte sicher nie Fiedler zum Schreiben ermuntert. Zudem war es nicht leicht, seine hingeworfenen Bemerkungen zu einer organischen Kunstanschauung zu ergänzen. Seine pfeilschnell formulierten Beobachtungen konnten im rechten Moment, wenn der Kontakt da war, erstaunliche Zusammenhänge entschleiern und den Zuhörer für das ganze Leben fördern. Aber wenn diese Bedingung nicht gegeben war – und das brauchte durchaus nicht Schuld des Zuhörers zu sein –, richtete sie noch leichter Verwirrung an. Seine sich gerade in diesen Jahren immer tiefer verzweigende Anschauung von der Kunst widersetzte sich der Systematisierung, und er gebrauchte oft seine Paradoxa nur, um den Umfang eines Problems anzudeuten. Für einen an sich so wenig einfachen Menschen, wie Fiedler, der immer eher geneigt war, den Kreis der Dinge weiter zu ziehen, als ihn zu beschränken, wurden Marées' Hinweise eher zu Warnungen, sich auf einem so wenig durchsichtigen Gebiet zu betätigen. Hildebrand aber lag das Theoretisieren im Blute. Sein klarer Verstand, der seiner Kunst immer alles Problematische fernhielt, trieb den Künstler, seine Sphäre mit Sicherheit zu begrenzen, und erlaubte dem Denker, sie mit dem Scharfsinn des Mathematikers zu durchforschen. Er verzichtete lieber auf eine wesentliche Perspektive, wenn dadurch die Präzision des Resultats gefährdet wurde. Wir wissen heute, was ihm diese intellektuelle Rolle der Kunst gegenüber genützt und was sie ihm geschadet hat. Sie war für sein begrenztes Vermögen eisernes Gebot, das ihn vor dem Straucheln bewahrte; für einen Menschen, an den Marées glaubte, eine lastende Fessel. Ich halte es nicht für unmöglich, daß Marées' hellseherischer Instinkt schon damals die Kehrseite der kühlen Reflexion, die mit Hildebrands sonstiger Art in Widerspruch stand, erkannte und sich darüber aussprach. Und sicher haben gerade solche Hinweise den Gewarnten am empfindlichsten verletzt und zur Entfremdung am meisten beigetragen. Für Fiedler dagegen, dem die unmittelbare Beziehung zur Kunst versagt war, dem sie nicht wie bei Marées von innen nach außen, sondern wie bei Hildebrand von außen nach innen zur Erscheinung kam, war gerade Hildebrands spekulative Anlage willkommen. Er sah darin eine Bestätigung seiner Schätzung der Kunst des Freundes und gewann daraus für seine philosophische Tätigkeit eine gewisse Kontrolle. Mehr war der Anteil Hildebrands – abgesehen von der nicht zu unterschätzenden Ermutigung – nicht, und selbst unter dieser Kontrolle darf man sich nicht einen positiven Eingriff Hildebrands denken. In seiner fast krankhaften Bescheidenheit pflegte Fiedler das, was seine Erfahrung Marées und Hildebrand verdankte, über die eigene Leistung zu stellen. Doch ist die auffallendste Eigenschaft an dem glänzenden Debüt des Schriftstellers, dem später viel reifere Arbeiten folgen sollten, gerade die Unabhängigkeit seiner Gedanken. Wohl dachten über vielerlei, was Fiedler in dem Aufsatz berührte, Marées und Hildebrand ebenso oder ähnlich, und manches hat Marées mit anderen Worten gesagt. Aber der eigentliche Inhalt dieser Schrift und der folgenden, der Versuch einer theoretischen Synthese der Kunst, ist eine ganz persönliche Schöpfung Fiedlers. Das muß man auch Marées selbst gegenüber, der sich darüber nicht immer klar war, aufrecht erhalten.[8] Nicht nur die Pflicht, einem noch immer zu wenig bekannten Denker zu geben, was ihm gehört, zwingt zu dieser Feststellung. Ohne sie wäre auch das für die Geschichte Marées' so wichtige Verhältnis zu Fiedler nicht recht zu verstehen, und zu den Verwicklungen, die sich jetzt in San Francesco vollzogen, könnte man kaum den würdigen und gerechten Standpunkt gewinnen.

Der Philosoph Fiedler stand dem, was er an der Tätigkeit seiner Freunde beobachtete und was ihm aus ihren gelegentlichen Mitteilungen zuflog, durchaus subjektiv gegenüber, als einem Rohprodukt, das er zu verarbeiten hatte. Es ist zur Gewohnheit geworden, ihn mit Marées und Hildebrand zu einem Kreis zu vereinen, und ein junger Kunstphilosoph, Herr Hermann Konnerth, hat vor kurzem in seiner sehr verdienstvollen und klugen Analyse des späteren Hauptwerks Fiedlers den Kreis wie einen geschlossenen angesehen und den dreien bestimmte Anteile daran zuerkannt. Er meint, man könne vergleichsweise sagen, »es stelle sich in Marées die Beobachtung und erste Hypothese, in Fiedler deren begriffliche Entwicklung und in Hildebrand die Bestätigung im Experiment und die letzte Formulierung dar«.[9] Auch vergleichsweise möchte ich das nicht gelten lassen, denn der Vergleich teilt allen dreien nicht ganz entsprechende Rollen zu, namentlich Marées, der in diesem Kreise etwa wie ein embryonischer Zustand erscheinen könnte. Fiedler hat keine Maréessche Hypothese begrifflich entwickelt. Er hat mehr und weniger getan, namentlich aber etwas anderes. Noch viel bedenklicher aber wäre der Anschein, der aus diesem Bild hervorgehen könnte, Hildebrand habe mit seiner »letzten Formulierung« einer Maréesschen Hypothese Marées irgendwie vollendet. Hildebrand hat später als Schriftsteller seine Anschauungen, die in sehr vielen Punkten mit denen von Marées übereinstimmen, formuliert (und zwar mit Hilfe Fiedlers, der an der Gestaltung des »Problem der Form in der bildenden Kunst« mitbeteiligt war)[10], nicht aber als Künstler wesentliche Beiträge zu dem Maréesschen Ideal gestellt. Marées selbst hat sicher an eine intensivere Teilnahme Hildebrands an seiner eigenen Anschauung geglaubt, aber täuschte sich, wenn er von der Teilnahme eine wesentlich praktische Förderung seines Ideals erwartete. Die Zusammenhänge zwischen beiden Künstlern sind schließlich doch nur ganz oberflächlicher Art. Nur die Denker hängen zusammen.

Fiedlers Kunstschriften sind durchaus produktive Äußerungen eines sich seine eigene Welt bauenden Denkers. Doch können sie in einem Werk über Marées nicht übergangen werden, weil sie zu viel Gedanken von Marées enthalten, und weil sich die Sphäre der Fiedlerschen Betrachtungen zu oft mit dem Gedankenkreise berührt, in dem sich die Kritik der Maréesschen Kunst bewegt.

In Fiedlers erster Schrift nimmt das Negative, die wohltätige Reinigung des Urteils von begrifflichen Irrtümern, notwendig einen großen Raum ein. Nach einer Andeutung der unsicheren Stellung der Kunst im Rahmen der Ästhetik untersucht Fiedler die zweifelhafte Beurteilung von Werken lediglich vom Standpunkt des Geschmacks aus, geht dann dem landläufigen Urteil auf Grund des gedanklichen Inhalts zu Leibe, findet treffende

Worte gegen die gelehrte Kunstkennerschaft, dic sich auf die rein historische oder die kulturgeschichtliche Forschung stützt, und wendet sich schließlich auch gegen das philosophische Verständnis; denn, meint er, »die höchsten Erkenntniskräfte, solange sie philosophisch tätig sind, sind untauglich, wo es sich um die Erkenntnis des innersten Wesens der Kunst handelt«. Er kommt zu dem Schluß: »Die Kunst ist auf keinem anderen Wege zu finden als auf ihrem eigenen. Nur indem man es versucht, sich der Welt mit dem Interesse des Künstlers gegenüberzustellen, kann man dahin gelangen, seinem Verkehr mit den Kunstwerken denjenigen Inhalt zu geben, der sich einzig und allein auf die Erkenntnis des innersten Wesens künstlerischer Tätigkeit gründet.« Das sieht fast so aus, als wolle Fiedler der Kunst eine Stellung außerhalb der geordneten Welt unserer Vorstellungen einräumen. Eine Tatsache, die nur auf Grund ihrer Eigenart besteht, wäre Willkür. Aber Fiedler versteigt sich hier nur scheinbar, getrieben von einem Enthusiasmus, der für seine Göttin kein Piedestal hoch genug findet und die Unzulänglichkeit aller vorhandenen erkannt hat. Konnerth hat diese Exklusivität richtig als eine Frage der Terminologie erkannt. Es kommt auf die Resultate an, nicht auf die Frage, zu welcher Art Wissenschaft die Kunsttheorie zu rechnen ist. Daß sie dem Gesetzmäßigen aller unserer Erkenntnisse unterliegt, das hat gerade niemand besser als Fiedler bewiesen. Er mußte tabula rasa machen, das Objekt außerhalb aller bisher gemachten Forschungen, die ihm wohl bekannt waren, stellen, die Bedingungen, auf die er sich im Verlauf stützen konnte, selbst schaffen. Insofern hat seine Arbeit eine gewisse Verwandtschaft im Geiste mit dem von Grund aus aufbauenden Künstlertum Marées'.

Bei der Untersuchung der Anschauung, in deren selbständiger und freier Ausbildung er die eigentümliche Stärke künstlerischer Begabung erkennt, gelangt er zu einer scharfsinnigen Begrenzung der Aktion der Empfindung. Wohl ist die Empfindung die Vorbedingung zur künstlerischen wie zu jeder anderen geistigen Produktion, denn wer die Welt nicht schon mit den instinktiven Kräften seiner Natur zu packen sucht, der wird auch niemals dahin gelangen, sie endlich einem höheren geistigen Bewußtsein zu unterwerfen. Was den Künstler zum Künstler macht, ist, daß er sich in seiner Weise über den Standpunkt der Empfindung erhebt. Wohl begleitet ihn die Empfindung in allen Phasen seines künstlerischen Tuns, sie erhält ihn in beständig naher Beziehung zu den Dingen, sie nährt die Lebenswärme, in der er als ein Teil der Welt mit dieser verbunden ist, sie führt ihm unaufhörlich das Material zu, in dessen Verarbeitung sein geistiges Dasein besteht; aber so gesteigert sie ist, so muß er sie doch immer noch mit der Klarheit seines Geistes beherrschen können; und wenn das künstlerische Resultat auch nur auf Grund einer außerordentlichen Stärke des Gefühls denkbar ist, so wird es doch erst durch die noch außerordentlichere Stärke des Geistes möglich, die dem Künstler selbst in den Momenten intensivster Empfindung die Ruhe objektiven Interesses und die Energie der Gestaltungskraft bewahrt.«

Die Anschauung führt mehr oder weniger schnell zur Bildung von Begriffen. Leben und Wissenschaft benötigen der Begriffe und ziehen den Menschen von der immer flinker betriebenen Wahrnehmung ab. Da diese im allgemeinen nur als Mittel zum Zweck, also in Fesseln, auftritt, verkümmert sie im gewöhnlichen Sterblichen. Ihre Unbefangenheit und Freiheit macht den Künstler. »Dem Künstler ist die Welt nur Erscheinung; er naht sich ihr als einem Ganzen, was er als Ganzes in seiner Anschauung zu reproduzieren strebt. Ihm beruht das

Wesen der Welt, das er sich geistig anzueignen, zu unterwerfen bemüht ist, in der sichtbaren und greifbaren Gestalt der Dinge. So begreifen wir, wie dem Künstler die Anschauung, da ihr kein außerhalb ihrer selbst liegendes Ziel mehr gesetzt ist, eine unendliche werden könne.« »Ursprung und Dasein der Kunst beruht auf einem unmittelbaren Ergreifen der Welt durch eine eigentümliche Kraft des menschlichen Geistes. Ihre Bedeutung ist keine andere, als eine bestimmte Form, in der der Mensch die Welt sich zum Bewußtsein zu bringen nicht nur bestrebt, sondern recht eigentlich durch seine Natur gezwungen ist.« Da es sich um Bewußtsein handelt, kann die künstlerische Tätigkeit keine Nachahmung sein. Fiedler meint, man könnte mit demselben Recht die Wissenschaft eine Nachahmung der Natur nennen, und wagt den bedenklichen Satz: »Die Kunst ist so gut Forschung wie die Wissenschaft, und die Wissenschaft ist so gut Gestaltung wie die Kunst.« Damit widerspricht er dem vorher Gesagten über die Anschauung als Element des Künstlers. Und er geht noch weiter: »Die Kunst tritt ebenso notwendig wie die Wissenschaft in dem Augenblick auf, in dem der Mensch für sein erkennendes Bewußtsein die Welt zu schaffen gezwungen ist.« Auf so vage Analogien hat er später verzichtet. Ganz einwandfrei dagegen ist die weitere Entwicklung der Anschauung zum Weltbewußtsein des Künstlers. Das Kunstwerk ist ein Blick in dieses Bewußtsein, »nicht die Summe der künstlerischen Tätigkeit, sondern ein bruchstückartiger Ausdruck für etwas, was sich in seiner Gesamtheit nicht ausdrücken läßt«. Im Verlauf dieses Gedankens verirrt sich Fiedler in einen Subjektivismus, an dem wohl Schopenhauer beteiligt war. »Das Bewußtsein, welches im Kunstwerk vollendet, ist nur dieses einzige Mal vorhanden, das Kunstwerk ist nur dieses einzige Mal vollständig lebendig, nur in diesem einzigen Moment und nur für diesen einzigen Menschen hat es seine höchste Bedeutung ... und wenn es im Moment der Entstehung mit Notwendigkeit hervortrat, so muß es in jedem späteren Momente mehr oder weniger willkürlich und rätselhaft erscheinen.« Da verrät sich dunkle Metaphysik, die vor lauter Abscheu vor dem Instinkt, vor vergleichender und entwicklungsgeschichtlicher Betrachtung schließlich in die Gefahr kommt, jede greifbare Vorstellung von der Kunst zu verlieren. Daher hat es denn auch Fiedler sehr schwer, auf das eigentliche Thema seiner Arbeit, die Beurteilung des Kunstwerks, zu kommen. Er läßt jede Möglichkeit eines ernsthaften Verständnisses von der Frage abhängen, wie wir uns das Hervorgehen des Werkes aus dem künstlerischen Bewußtsein zu erklären haben; eine Frage, die, ob lösbar oder nicht, nicht allein das Urteil begründet, und von dem Urteiler eine Wiederholung der Tätigkeit des Künstlers verlangt, während es sich doch nur darum handeln kann, den Wegen der Gestaltung, wie sie sich im Werke äußern, nachzugehen und ihren Reichtum und ihre Wirkung auf ihre Gesetzmäßigkeit zu untersuchen. Fiedler findet für dieses in der Tat produktive Verhalten keine Norm, weil er hier eben doch dem von ihm anfangs verurteilten Philosophieren verfällt. Er mahnt zur größten Toleranz, verlangt mit Recht die größte Strenge des Beurteilers gegen sich selbst, um »das Gebiet eigentlich künstlerischer Produktion aus der Gesamtheit der Leistungen für den Verstand auszuscheiden«, zeigt aber nicht, woran man diese Produktion erkenne. Er weist auf die Höhepunkte künstlerischer Tätigkeit, auf denen allein »der Urteilende die reine Erkenntnis dessen gewinnt, was ihm sonst nur in unendlich vielfachen Mischungen, Trübungen, Verkümmerungen entgegentritt«, aber unterläßt es, uns den Weg dahin zu öffnen.

Fiedlers erster Aufsatz erfüllt nicht alles, was er sich vorgenommen hatte, aber stellt mit einer in der Form abstrakter Darlegung bewunderungswürdigen Klarheit die Frage, auf die es ankommt, und weist, das ist ein weiteres wertvolles Ergebnis, mehrere Grundirrtümer sicher zurück. Er ist später viel weiter gekommen, hat viel klarer zu formulieren gelernt und zumal die vor lauter Gewissenhaftigkeit gar zu breite, das Nebensächliche vor der Hauptsache betonende Methode gestrafft. Eins fällt bei diesem Aufsatz auf: der Verzicht auf jedes Beispiel. Es kommt, glaube ich, in der ganzen Abhandlung kein Künstlername vor. So hat er es auch in den anderen theoretischen Schriften gehalten. Es war sicher Absicht. Der Stil hat dadurch gewonnen. Das Exempel hätte den kühlen wissenschaftlichen Ton gefährdet, und die Logik bedurfte nicht der Eselsbrücke, um sich deutlich zu machen. Aber wäre nicht vielleicht eine weniger rigoros durchgeführte Methode nützlicher gewesen? Nicht weil man Fiedlers Schriften populärer möchte; dieser Mangel ist ihr edelster Vorzug; vielmehr ihres wesentlichen Inhalts wegen, weil der rein begrifflichen Behandlung künstlerischer Probleme, und wenn sie noch so vorsichtig wägt, gar zu leicht die lebendige Beziehung zu dem Objekt, auf die es Fiedler ja gerade ankam, durch die Maschen geht. Ist nicht Fiedlers ungeschriebenes Urteil über einen Lebenden, den größten deutschen Künstler seiner Zeit, dem er der nächste war, ein eindringliches Zeichen?

Liest man die stillen Sätze Fiedlers von der Reinheit der Kunst und der hohen Verantwortlichkeit der Menschen, zu der sie Gestalter und Empfänger verpflichtet, so geht es einem wie bei der Betrachtung der stillen Bilder von Marées, von denen vorher die Rede war. Man fragt sich wieder, wie konnten sich solche Menschen, die in ihrer Kunst – denn auch Fiedlers Theorien kann man eine Kunst nennen – von so wundervollen und noch dazu allen dreien gemeinsamen Empfindungen

Zeugnis ablegten, in Gefahr kommen, das Gefühl füreinander zu verlieren? Man könnte die Kunst beinahe dafür hassen. Denn schließlich war sie wahrscheinlich allein der wirkliche Störenfried. Je mehr in jedem der drei füreinander bestimmten Menschen, die einst die Kunst zusammengebracht hatte, die Kunst groß wurde, desto gebieterischer setzte jeder seinen Eigenwillen durch und suchte sich abzuschließen. Nur Fiedler und Hildebrand steigerten mit dem Bewußtsein ihrer Persönlichkeit die Freundschaft füreinander. Der dritte saß in seinem Stockwerk und malte an neuen Bildern. Er brauchte nicht mehr die Tür zu schließen; es klopfte niemand mehr an.

Fiedler sah nichts Gutes voraus. »Das bedenkliche Element«, notiert er, »ist natürlich nur Marées; es ist verhängnisvoll, daß er fast allen, die ihm näher stehen, nachdem er eine bedeutende Wirkung auf sie ausgeübt hat, schließlich lästig fallen muß . . . Man kann Marées' Eigenheiten nur ertragen, solange man unter dem wirksamen Einfluß seiner ausgezeichneten Eigenschaften steht. Diese Periode ist auch für Hildebrand vorbei, und da ihm Marées in der einen Hinsicht nicht mehr unentbehrlich ist, so kann er ihm in der anderen nur immer lästiger werden. Auch würde ich mich nicht wundern, wenn sich das Verhältnis über kurz oder lang löste. Ich für meine Person leide geradezu unter Marées' Umgang und muß mir immer alles ins Gedächtnis zurückrufen, was mich im Grunde nahe mit ihm verbindet, um ihn nur überhaupt zu ertragen.«[11] An einer anderen Stelle: »Ich glaube die Art meiner Beziehungen zu Marées vollständig in der Hand zu haben; leider sind sie so äußerlicher Natur geworden, daß ich sie mit Bewußtsein und Absichtlichkeit handhaben kann. Die Teilnahme an seiner Person und an seinem Schicksal ist sehr objektiver Natur geworden, und wenn es früher Herzensbedürfnis war, ihm Beweise der Freundschaft zu geben, so ist es jetzt eine moralische Erwägung, die mich zu der oft genug erlahmenden und erschwerten Opferwilligkeit antreibt. Und zwar sind die Opfer, die ich ihm bringe, keineswegs nur materielle; vielmehr sind die Opfer viel größer, die man ihm im Umgang mit der eigenen Persönlichkeit zu machen beständig gezwungen ist, um das gute Einvernehmen zu erhalten und es nicht zur Aussprache kommen zu lassen, wie weit man eigentlich voneinander entfernt ist. Er selbst gehört zu denen, die, während sie andern Opfer auferlegen, doch immer selbst diejenigen zu sein glauben, die Opfer bringen. Sein ganzes Benehmen ist aus seiner Natur vollständig zu erklären, und wenn es anderen oft genug drückend und lästig erscheint, so darf man nicht vergessen, daß ihm selbst sein Naturell die meisten Nachteile bereitet. Wer ihn nicht kennt, der kann leicht dazu kommen, seiner Handlungsweise Bewußtsein, Absicht, Berechnung unterzuschieben, so daß dann freilich vieles verwerflich erscheinen muß, was nur beklagenswert ist. Er hat bei anderen unter diesem Mißverständnis der Motive seiner Handlungsweise oft genug leiden müssen, und wird ihm das auch in der Zukunft nicht erspart bleiben. Dies würde kaum anders werden, wenn er durch Leistungen aus einer der falschen Positionen herauskäme, in denen er sich zur Welt befindet. Und dazu schwindet auch nach und nach alle Hoffnung . . .«

»Bei seiner zunehmenden Isoliertheit wäre es freilich sehr hart, wenn er auch Hildebrand und mich verlöre. Leider ist er aber nicht klug genug, um den unwillkürlich sich verändernden Beziehungen zwischen Menschen Rechnung zu tragen und den anderen die Notwendigkeit zu ersparen, einen Umgang zu beschränken, den sie in der alten Weise nicht mehr fortsetzen können. Wie sehr er mich durch vieles im Innersten geradezu verletzt, fühlt er selbst nicht . . .«

Über den Grad der Erbitterung der beiden war sich Marées keineswegs klar. Namentlich entging ihm durchaus, wieviel Fiedler gegen ihn auf dem Herzen hatte. Und man kann es Fiedler nicht hoch genug anrechnen, daß er ihm darüber keine Gewißheit verschaffte. Als Fiedler im Mai abreiste, hatte Marées kaum das Bewußtsein, daß sie nahezu als Fremde schieden. Sie waren sich eben nie so vollkommen nahe gekommen, daß die tiefe Veränderung im Verhältnis des einen Teils zu dem andern entscheidend hervortrat. Marées dachte nicht darüber nach; wenn die Arbeit gut ging, achtete er nicht auf seine Umgebung. Zudem fand er in seinen persönlichen Beziehungen außer dem Hause Behagen genug. Sein Hauptverkehr war damals der Künstler, in dem wir heute den stärksten Gegensatz zu allem Maréesschen Wesen zu sehen gewohnt sind. Er war mit ihm herzlich befreundet. Marées sind die Grenzen Böcklins nie verborgen geblieben, auch damals nicht. Er fand Böcklins Kunst und Leben zu »mikroskopisch«[12], bemerkte vielleicht sogar, daß seine eigenen Ziele nicht von des anderen Art gefördert wurden (hat das Mikroskopische nicht damals zuweilen ein wenig auf ihn abgefärbt?), aber fühlte sich in Böcklins harmloser Atmosphäre wohl. Er schätzte die unausrottbare »Passion« des Kämpfenden, der sich zu keinem bewußten Kompromiß verstand und, trotzdem grobe materielle Sorgen den Vielgeplagten noch immer nicht losließen, rücksichtslos seinen Weg schritt. Böcklin ging es ähnlich. Vielleicht glaubte er damals an einen Parallelismus ihrer Bestrebungen, jedenfalls entging ihm der tiefe Unterschied, der sie eines Tages trennen sollte. Er wußte nur sehr wenig von Marées' Bildern, vielleicht hat er nie etwas in Florenz davon gesehen, aber hatte allen Respekt vor dem Scharfsinn des Freundes und liebte den Menschen, während er zu Hildebrand kein rechtes Verhältnis finden konnte und daher auch Fiedler ferner blieb. Durch Böcklin kam Marées zuweilen in den Kreis junger Leute, die damals Schüler oder Anhänger des Schweizer Meisters waren und von denen später mancher ihm selbst näher treten sollte. Es waren namentlich die Maler Karl von Pidoll, sein Vetter Viktor zur Helle und Albert Lang und der Bildhauer Peter Bruckmann. Auch Adolf Bayersdorfer hat damals mit Marées verkehrt, ohne recht intim mit ihm zu werden (Marées machte sich immer ein wenig über ihn lustig), und Bayersdorfers Freund, Graf Lanckoroński aus Wien. Von älteren Bekannten sah er zuweilen Theodor Heyse und Karl Hillebrand. Des Sonnabends fand sich gewöhnlich ein kleiner Kreis in Marées' Wohnung zusammen. Es gab reichlich Toskaner und stramme Debatten. Es machte ihm nach der Arbeit nicht geringe Freude, in der behaglichen Wohnung der Wirt angenehmer Gesellen zu sein. Teresina, die Köchin, wurde auf kulinarische Spezialitäten dressiert.

Marées arbeitete im Sommer wahrscheinlich zumal an drei Bildern. Sie sind alle drei nicht in Florenz vollendet worden und haben erst mehrere Jahre später ihre endgültige Gestalt erhalten. Es sind die »Sechs nackten Männer«, »Zwei Jünglinge« und die »Drei Jünglinge unter Orangenbäumen«. Die Entwicklung bleibt auch dann noch deutlich, wenn man sich die letzte malerische Behandlung, die uns nötigt, diese Werke einer viel reicheren Periode zuzuzählen, mehr in der Art der anderen Florenzer Bilder denkt. Da Marées sonst nichts aus Florenz mitgenommen hat, darf man sicher sein, daß die Bilder bereits eine versprechende Form angenommen hatten. Näheres ist über ihren früheren Zustand nicht bekannt. Marées übertrug die im kleinen Format erlangten Resultate auf größere Flächen. In den »Sechs nackten Männern« dürfte ihn die Erinnerung an

Signorelli geleitet haben. Die Körper, wenn auch frei von aller Gewaltsamkeit, die in den Gestalten in Orvieto die Verzerrungen hervorbringt, zeigen eine dem Signorelli verwandte Struktur, zumal der Mann in der Mitte im Profil und der sich Bückende auf der linken Seite. Und diese Beziehung mag in der ersten Fassung noch deutlicher gewesen sein. Freilich kann man sich gerade dieses Bild am wenigsten in einer anderen Farbe denken. Weiß man doch nicht, wie das wunderbare Leuchten von den Gestalten zu trennen wäre.

Die Entstehung der »Zwei Jünglinge« in Florenz ist durch keinen Zeugen verbürgt, aber man darf sich wohl auf den Hinweis der Zeichnungen einigermaßen verlassen. Auch deutet die ganze Komposition, trotzdem sie nachweisbar später geändert wurde, immer noch den Zusammenhang des Motivs mit Bildern wie den »Drei Männern in einer Landschaft« u. dgl. an. Unter der dicken Farbe mögen viele Varianten stecken.

Am sichersten kann man bei dem Orangenbild, dem letzten Werke der Florenzer Zeit, von den späteren Zutaten absehen. Nicht weil sie entbehrlich wären, sie haben sicher viel verbessert, sondern weil hier in der Komposition eine so zündende Gewalt steckt, daß sie, sollte man meinen, immer mitreißen mußte. Vielleicht wurden die Gestalten in der vorsichtigen Art des »Merkur« begonnen. Man glaubt unter dem graugrünlichen Ton des Fleisches das Holzbraun der Untermalung zu erkennen, mit dem der Merkur gemacht ist. Selbst in dieser Form, über die man in dem früheren Bilde nicht hinwegkommt, mußten die drei Gestalten wirken. Man sucht anfangs vergebens, worin das Ornamentale beruhen könnte. Die Körper sitzen oder stehen in einfachsten Posen, die nur nach dem Maréesschen Prinzip, die Horizontale und Vertikale zur Geltung zu bringen, gewählt scheinen. Sie verraten nicht einen Anklang an bekannte Vorbilder, deren Linien uns in gewohnte Rhythmen treiben, sind stilisiert, nur weil uns unsere Erfahrung sagt, sie könnten sonst nicht so wirken, und es dauert geraume Zeit, bis man dahinter kommt, wieso sie, abgesehen von der Farbe, zusammenhängen. Immer bleibt dem Zusammenhang jeder Zwang fern. Tatsächlich kann man sich die hinteren beiden wegdenken, dann würde der im Vordergrund Sitzende immer noch allein wirken, kann den im Hintergrund Sitzenden allein nehmen und hätte immer eine monumentale Gestalt von majestätischer Würde. Und selbst der Orangenpflücker gäbe, ausgeschnitten mit seinem Baum, ein herrliches Gebilde. Folglich war vermutlich ursprünglich das Ganze ein schlechtes Bild mit guten Figuren, ist es vielleicht jetzt noch. Wenn es Marées aber doch gelungen ist, das Ganze unzerreißbar zu machen, kann nur die Farbe das Bindemittel gegeben haben. Dieser Schluß liegt sehr nahe, aber gilt nicht unbedingt. Sicher hat die nachträgliche Übermalung geholfen, zumal im Hintergrund. Aber so wenig ich mir verhehle, dem Leser mit der Forderung eines fiktiven Verzichts auf die endgültige Farbe eine recht arge Zumutung zu stellen, ich möchte doch wenigstens anzudeuten wagen, daß die drei Gestalten schon in dem früheren Zustand ein Besonderes enthielten, das den Zusammenschluß ihrer Formen zu einem Ganzen erleichterte. Die Zumutung erscheint insofern weniger willkürlich, als dies Besondere auch jetzt noch wirksam ist. Das Verbindende, dies sei zunächst konstatiert, kann nichts an sich Neues sein, das Marées erfunden hat. Es könnte sich nur um eine neue Verwendung der gegebenen Mittel des Bildhaften handeln. Das Gleichgewicht kommt mit den gewohnten Gewichten zustande, nur sind sie anders verteilt.

Sieht man das Bild öfter, so geht in jedem Betrachter, der der

Kunst zugänglich ist, eine eigentümliche Veränderung vor. Er sieht nicht mehr die Körper als Körper, die ihm anfangs allein der Betrachtung wert dünkten, sondern das Bild. Und das geschieht nicht willkürlich, weil der Betrachter nun einmal so veranlagt ist, sondern weil ihn der Künstler unmerklich zu solcher Betrachtung treibt, weil in dem Bilde die zwingenden Hebel dafür liegen. Fiedler hat in seinem Aufsatz die Gründe offengelegt, warum in diesem und so manchem anderen Bilde die Absicht des Künstlers nicht sofort erkannt wird, und ahnte nicht, daß in seiner nächsten Nähe ein überzeugendes Exempel für das, was er Anschauung nannte, entstand. Was den Betrachter hindert, ist die von Fiedler nachgewiesene Unlust aller Menschen, in der Anschauung zu verharren, ist der Drang, wie im Leben so auch in der Kunst so schnell wie möglich Begriffe zu bilden. Drei Körper sind da gemalt. Sofort isoliert der Betrachter den Begriff Körper, und das Bild, die Welt, verschwindet. Ich glaube, nichts hat Marées so lange den Zeitgenossen entfremdet wie diese trübe Geschäftigkeit, gegen die er sich selbst zeit seines Lebens wehrte. Sie ist ihm als der Laster schlimmstes erschienen. Hat aber der Betrachter ein Bewußtsein von der Anschauung, die er jedem Kunstwerke schuldet, so gelangt er leicht dahin, in diesem Bilde den Zusammenhang zu entdecken, und vollzieht damit nicht eine Analyse, die den Genuß zugunsten der Erkenntnis verkleinert, sondern gelangt zu einer Steigerung, weil ihm so erst die höhere Bedeutung des Gegenstandes, das Vielfältige außerhalb des Begrifflichen bewußt wird.

Die drei Körper sind drei Formen und diese drei Formen geben eine neue, eine einzige, von ganz anderer Art. Man kann die drei Formen mit Auge und Hand abtasten, die neue ist im Vergleich zu ihnen unsichtbar, unsichtbar für grobe Sinne; wir können uns nur vorstellen, auf welchem Niveau der Wahrnehmbarkeit sie liegt, nur ungefähr ihre Umrisse feststellen und zwar mittels eines innerlichen Abtastens, einer Empfindung. Da wo die beiden Hände des Orangenpflückers in die Zweige langen, da beginnt sie, gleitet den schmalen Körper entlang und geht in den mächtigen Rücken des am Boden Sitzenden über. Dort vollbringt sie die stärkste Kurve und wird dann, wie mit dem Kolben einer riesigen Maschine, von dem aufgestützten Schenkel nach vorwärts geschnellt und wieder in die Höhe in die Glieder des Dritten, wo sie den Umlauf vollbringt. Auf einmal erscheinen die Gestalten in ganz anderem Licht. Aus der Vertikalen und der Horizontalen, die sich verbindungslos gegenüberstanden, ist eine Kurve geworden, die alles eint. Nun erst erkennt man das Unverrückbare der Gestalten, die man zuerst so getrennt sah, daß man die eine von der anderen absondern zu können glaubte, erkennt außer der einen Form noch andere Bindungen ähnlicher Art, so vor allem die Einfügung der in sich geordneten Gruppe in das Format des Bildes, alles Momente, die zunächst noch unabhängig von dem Farbigen erscheinen. Doch bleibt trotz dieser vielfachen Beziehungen das Individuelle der Körper auch dann noch erhalten, wenn man das Gefüge des Ganzen erkannt hat. Und jetzt läßt uns die Einsicht in die eigene Organisation jedes einzelnen Körpers nur Bewunderung übrig. Wir staunen, daß die Einzelheit, trotzdem sie als Teil einer umschlingenden Form erscheint, ihre volle Wirksamkeit behält. Und nun vollzieht sich im Betrachter gewissermaßen eine Rückkehr vom Ganzen zum Detail. Er fühlt sich selbst gedrängt, die Kraft des Eindrucks zu verteilen. Da erst erhalten die Gestalten ihre volle Wirkung. Man erkennt, daß sie nicht nur infolge des Anteils an der Form des Ganzen über ihre irdische Herkunft erhoben werden, sondern daß sie, auch jede für sich, keineswegs Abbilder der Natur, sondern Abstraktionen sind. Und diese Abstraktion ist um so merkwürdiger und ergreifender, als sie ohne merkbare Reduktion der natürlichen Bedingungen der Natur zustande kommt. Man bemerkt keine Deformation der Glieder. Jede Einzelheit, die das Auge instinktmäßig sucht, ist da. Außerdem ist jede der drei Gestalten nahezu vollständig sichtbar. Von der Geschlossenheit des Ganzen bleibt also die volle Körperlichkeit der Gestalten anscheinend ganz unberührt.

Marées ist nicht der erste Künstler unserer Zeit, der diesen unmerkbaren Kompromiß zwischen individueller Körperlichkeit und dem Gefüge des Bildes gesucht hat. Courbet schwebte zuweilen etwas Ähnliches vor. Der kühne Neuerer wollte auf seinem Eroberungszug nicht auf die Besitztümer der Alten verzichten, deren Handgriffe ihm besser als irgendeinem Modernen geläufig waren, und stürzte sich, wo er Gelegenheit sah, mit Eifer auf die Modellierung. Diese Tendenz hat in manches seiner Bilder das Problematische gebracht, ja sie teilt den ganzen Courbet in zwei nie vollkommen geeinte Teile, von denen nur der eine vor jedem Angriff der Kritik gesichert erscheint. In dem war er Anschauung, nichts als das, und die fruchtbarste Anschauung des neueren Frankreichs. In der anderen ist er voreilig zum Begriffbildner geworden. Ich habe das Hauptwerk dieser kleineren Hälfte, die »Lutteurs«, schon einmal in einem anderen Zusammenhang zum Vergleich herangezogen, um die Vorteile der über Courbet hinausgehenden französischen Malerei zu zeigen. Man kann an demselben Bilde auch Marées' Fortschritt erkennen, der einen anderen Weg genommen hat, an dessen Ende ihm gelang, Courbets kühnste Träume zu erfüllen. Courbet besaß die unbegreifliche Fähigkeit, jedes beliebige Stück Natur zu einem Bilde zu verwandeln. Er sah da, wo er gerade zufällig stand, seine Landschaft und malte sie mit der stürmischen Gewalt eines Entdeckers. Aber derselbe Courbet war nichtsdestoweniger in dem anderen Teile seines Herzens ein fanatischer Liebhaber von Motiven; nicht aus banalen Genremalerinstinkten, sondern aus Freude am Neuen, das ihm neue Schwierigkeiten des Metiers zu überwinden aufgab. Er liebte komplizierte Motive, verzwickte Stellungen, zumal von nackten Körpern. Die Ringer mögen ihm eine wahre Wollust bereitet haben. Diese beiden Riesen mit ihren durcheinander verschränkten Armen und Beinen in einem bestimmten Moment des Kampfes so darstellen, daß nicht der kleinste Muskel verborgen blieb – das konnte nur Courbet. Aber dieser Drang nach äußerster Realisierung eines an sich schwer übersichtlichen Motivs trieb ihn notwendig zu einer Übermodellierung der Formen. Es wurde eine Plastik daraus. Und diese Plastik ist schlecht, weil ganz unsinnig, denn sie ist nur gemalt. Hätte Marées von Anfang an seine Gestalten so angelegt, so hätte keine Farbe vermocht, sie zu einem Bild zu vereinen. Wohl konnte es Courbet mit Übermalung gelingen, die Muskulatur seiner Ringer wieder zu verwischen, aber er hätte dann immer nur Ringer ohne Muskeln erhalten. Die Konzeption war verfehlt. Er hatte kein Bild gesehen, sondern ein Detail, das nicht besser noch schlechter als jedes andere Motiv ein Bild werden konnte, und die subalterne Virtuosensucht hatte es verschlungen.

Doch könnte jemand, dem es einfiele, die Gruppe Courbets näher zu analysieren, auf allerlei Momente kommen, die denen zu gleichen scheinen, die wir in dem Maréesschen Bilde fanden. Auch in den »Lutteurs« entdeckt man ohne Schwierigkeit Parallelismen von Gliedern, schwungvolle Kurven, einen mächtigen Aufbau, sogar, wenn man will, eine Vereinigung der beiden Körper zu einem. Und diese Faktoren bleiben keineswegs wirkungslos. Sie tragen nicht weniger, als sie in dem Vorbild in der Natur vermöchten, zu dem Eindruck von Kraft bei. Nur findet diese Kraft im Bilde keine Verwendung, und dadurch wird das, was in der Natur vielleicht schön war, hier zum Häßlichen. Parallelismen, Kurven usw. treiben das Nutzlose auf den Gipfel. Sie machen einen Menschenleib wirksam, der aus zwei Rümpfen besteht, vier Beine und ebensoviel Arme hat.

Wir wissen, daß Marées auf seinem dornenreichen Pfade keineswegs von den Versuchungen, denen Courbet in diesem Falle und auch sonst zuweilen unterlag, verschont blieb. Einen Vorteil hatte er immer vor dem französischen Kollegen: Wenn ihn damals ein Nebeninteresse das Ganze des Bildes zuweilen aus dem Auge verlieren ließ, so gehörte dieses Interesse doch immer noch zu den Mitteln der Kunst, und es versagte nur gleichsam in der Verteilung der Mittel. Deshalb lief er weniger Gefahr, in der Steigerung der Körperlichkeit zu weit zu gehen. Nicht das Virtuosentum lockte ihn, sondern die Steigerung seiner Wirklichkeit. Es ist leicht möglich, daß auch die drei Jünglinge einmal übermodelliert waren. Die Korrektur ergab sich von selbst. Er brauchte nur aufzumachen, was zu fest geschlossen war, und tatsächlich ist die höchst summarische Korrektur, die er später vornahm, nichts anderes gewesen. Um zu unterliegen, hätte er die ursprüngliche, ganz bildhaft gedachte Konzeption aufgeben müssen, während Courbet genötigt gewesen wäre, gegen seinen ersten Einfall anzukämpfen, um zu siegen.

Wieder ähneln sich die Gestalten der drei Jünglinge und sie haben auch manche Beziehungen zu den Gestalten der vorhergehenden Bilder. Sie sind sicherer und bestimmter, breiter, männlicher geworden. Man hat im Anschluß an dieses Bild von einem Idealtypus gesprochen und Marées die Absicht unterschoben, er hätte seine ästhetischen Ansprüche an die Schönheit des männlichen Körpers formulieren wollen. Ebensogut könnte man sagen, er habe ein anderes Mal sein Idealpferd und seinen Idealbaum hinstellen wollen, vielleicht auch seinen Idealhimmel. Dies ist alles ebenso richtig wie verkehrt und, vor allem, unwesentlich. Dagegen kann man mit einem gewissen Recht von einem Maréesschen Typ reden, den nicht er konstruierte, sondern den wir uns aus der Summe aller Bilder absondern. Diesen Typus hat jeder Künstler. Es läßt sich eine Welt mit den Gestalten Michelangelos, Rembrandts, Grecos und des Rubens bis zu denen unserer Zeigenossen, eines Renoir, eines Cézanne bevölkern. Jede erkennt man auf den ersten Blick. Die verschwiegensten haben nicht vermocht, ihren Typus zu verstecken, und wo uns der Mensch, den unsere Phantasie aus den Hunderten von Bildern loslöst und verdichtet, nicht als besonderer Typ in der Erinnerung haftet, bleiben auch die Bilder nicht haften.

Der Maréessche Typus begann mit dem ersten Bilde, das er malte, zu entstehen und blieb bis zum letzten fortwährenden Veränderungen unterworfen. Er entwickelt sich ganz organisch bis zu den Fresken. Da kommt ein Einschnitt. Wohl überbrücken ihn fortlaufende persönliche Werte, die die Identität des Künstlers vor und nach dem Einschnitt verbürgen. Aber die Gestalt im Bilde ringt nach einer neuen Stellung. Es kommt zu einer durchgreifenden Verschiebung der Massen, zu einer Dezentralisierung, wenn man an das Typische der früheren Bilder denkt, zu einer Zentralisierung zugunsten der menschlichen Gestalt. Menschen waren auch vorher in den Bildern, aber sie standen in anderen Beziehungen zu der Anschauung des

Künstlers und infolgedessen zum Bilde. Nun ändert sich die Betonung. Einen Moment erscheint der Mensch als Bildinhalt gewissermaßen nackt, nur als objektive Tatsache; in manchen Florenzer Landschaften mit Gestalten hängt ihm das Bild wie ein nicht sitzender Rock am Körper. Der Mensch drängt, Form an sich zu werden. Die Differenz entsteht nicht infolge übertriebener Modellierung, sondern aus einer Art Platzmangel. Die Konzeption bedient sich zur Hervorbringung desselben Bildes verschiedener Konstruktionsmethoden, die sich nicht ergänzen. Den »Merkur« könnte man – nicht ohne Übertreibung – einen »Idealtypus« im bösen Sinne nennen. Das für Marées Typische aber ist in solchen Bildern gerade in Gefahr, ausgeschieden zu werden. Die beiden gelungenen Bilder haben Marées Mut gemacht, aber sie können – was für die Bilder belanglos ist – doch nicht als ausschließliche Resultate des neuen Weges gelten. In beiden ließ er bei beschränktem Format die Palette reichlich spielen und enthielt sich der Details. Die »Fleckentheorie« gewann wieder die Oberhand. Erst das letzte Florenzer Werk ist eine konsequente Auseinandersetzung mit dem Problem der Verkörperlichung der Gestalt im Bilde. Es bringt nicht die Entscheidung, brachte sie zumal nicht in der Form, die dem Bilde in Florenz wurde, aber ist ein weiter Schritt auf dem Wege, der von dem Saal in Neapel ausgeht. Vielleicht hätte Marées an ein Bild wie dieses als Ersatz der Pergola gedacht, wenn er den Plan, die Fresken zu überarbeiten, ausgeführt hätte. Nur ein ganz flüchtiges Urteil könnte meinen, ein solches Bild hätte, weil es nackte Gestalten enthielt, besser zu der gegenüberliegenden Wand mit den Netzträgern und den Leuten, die den Kahn ins Meer schieben, gepaßt. Die Nackten hier und die Nackten dort haben weniger miteinander gemein als die Gestalten der Westwand mit der Gruppe der Gelehrten und Künstler.

Das neue Bild hätte Marées gezwungen, alle Wände zu erneuern, um ihnen denselben Ausdruck zu geben. Er hatte sich in der kurzen Zeit weit über das Niveau der Neapeler Fresken erhoben. Wir aber, und das ist das Schöne, haben keinen Grund, zu bedauern, daß nicht das Bild mit den drei Jünglingen, sondern die Pergola als Freske entstand. Denn die Mittel, über die Marées in Neapel verfügte, entsprachen genau dem Ausdruck, der den Fresken ihren besondern, durch nichts, auch nicht durch Marées, zu ersetzenden Charakter gegeben hat. Das hätte Fiedler meinen können, als er in seinem Aufsatz von den »tief in die geheimnisvolle Werkstatt der schaffenden Menschennatur hinabreichenden Vorbedingungen« sprach, die das Werk im Momente der Entstehung mit nie zu wiederholender Notwendigkeit hervortreten lassen. Nicht an sich, nicht uns, nicht der Welt erscheint das Werk, wie Fiedler meinte, »in jedem späteren Momente mehr oder minder willkürlich und rätselhaft«. Wir erfahren zu gut an unseren Sinnen, an unserem Geiste seine Größe und erkennen, was organisch an seiner Flüchtigkeit ist. Wohl aber dem Genius, der es schuf, erscheint es später immer willkürlich. Weil der Genius, was Fiedler an Marées entging und was noch in unseren Tagen so viele Zweifler an Marées nicht begreifen, ein Rastloses ist, das heute nicht mehr die Stelle kennt, wo es gestern war, und morgen dem heutigen fern ist, ein Unwägbares, auf nichts als den eigenen, nie stillbaren Trieb gerichtet, ein Unendliches, das noch besteht als eine der ewigen, im Weltall kreisenden Kräfte, wenn die Formen, die es nahm, vergangen sind, und wenn die Hand, die sie entstehen ließ, längst ihrer Leiblichkeit entrückt ist.

Der Sommer verging unter tüchtiger Arbeit. Marées residierte meistens allein in San Francesco. Hildebrand war viel unterwegs und reiste im Juli zum gewohnten Sommeraufenthalt nach Deutschland. Der alte Heyse bezog besuchsweise Hildebrands Quartier und war ein stiller behaglicher Hausgenosse. In der zweiten Julihälfte ging Marées mit Albert Lang zusammen auf 10 Tage nach Siena; wie er schrieb, um seiner Brust Erleichterung zu verschaffen. Er wurde einen Bronchialkatarrh nicht los. Mitte August kam Bruder Georg. Große Reisepläne wurden dieses Jahr beiseite geschoben. Er wollte Georg zu den Manövern von Capua begleiten und im übrigen durcharbeiten. Er war im guten Zuge, und eine so behagliche Arbeitsstätte wie San Francesco, wenn die Hitze wie dieses Jahr einigermaßen erträglich war, fand er nirgends.

Da kam im September ein Brief Fiedlers, der einem schönen Traum ein Ende machte. Hildebrand hatte auf einer mit Fiedler unternommenen Reise nach Norddeutschland den Entschluß kundgetan, dem Verhältnis mit Marées, das er auf die Dauer nicht ertragen könne, ein Ende zu machen. Fiedler gab ihm recht, wünschte aber der Lösung eine Form zu geben, bei der ein leidenschaftlicher Bruch vermieden und Marées die Situation erleichtert würde. Nach einiger Überlegung entschloß er sich, Marées so zu schreiben, daß dieser die Möglichkeit erhielt, in der Angelegenheit die Initiative zu ergreifen. Fiedler schrieb mit gewohntem Zartgefühl und mit Wärme, hielt sich an das Terrain der Künstler-Individualitäten, die selbst bei größter gegenseitiger Schätzung nun einmal nicht mehr zusammen auskamen und bei der beständigen persönlichen Berührung im selben Hause die Sympathien der beiden Menschen füreinander in Gefahr brachten. Er habe von Anfang an dem Plan eines Zusammenwohnens in San Francesco, so angenehme äußere Seiten für alle das Projekt im ersten Augenblick darbot, mit einer gewissen Skepsis gegenübergestanden und sich, als dann Hildebrand das Besitztum erwarb und umbaute, ernste Bedenken nicht verschwiegen. Diese hätten sich nun leider immer mehr bestätigt. Er schrieb nicht im Auftrag Hildebrands, sondern gab den Brief als Resultat persönlicher Eindrücke, die er sich in San Francesco und nachher bei dem Wiedersehen mit Hildebrand in Deutschland gebildet habe.

Auf Marées muß der Brief wie ein Blitzschlag aus heiterem Himmel gewirkt haben. Hildebrand verließ ihn. Warum? Beim Lesen des Briefes fehlte ihm jedes Bewußtsein eines ernsten Anlasses. Als Hildebrand in Deutschland war, hatte er ihm gefehlt, wie das immer so war; da hatte er sich über ihre kleinen Zwiste geärgert und sich vorgenommen, seine »Eigenheiten zu meistern« und das Verhältnis wieder in das rechte Geleise zu bringen, und das war ihm sehr leicht erschienen. Nie hätte er geglaubt, diese Bagatellen könnten einen Menschen, der ihn gut kannte, endgültig entfernen. Die Kunst hielt ihn nun einmal in einer beständigen Spannung, und was da an Funken heraussprang, schrieb er nie sich selbst zu. Und nun Hildebrand, ein Künstler wie er und der Mensch, der als erster an ihn geglaubt hatte, mit dem er sich in allen großen Fragen eins gewußt hatte, sein Kamerad, sein Schüler, ein Stück von ihm selbst, mußte der nicht wegschauen können, wenn der Ältere, der Vielgeplagte, seinen dummen Tag hatte. Nun, jedenfalls gab es nichts mehr zu tun, als den zarten Wink zu befolgen, und zwar sofort. Er werde morgen nach Rom gehen, schrieb er Fiedler, und sich dort nach einem Atelier umtun. Ungewollt lief ihm der Schmerz in die Feder: »Lieber Fiedler, bedenken Sie, daß Sie mein letzter Freund sind. Wenn ich glauben sollte, daß auch unserer Freundschaft ein solches Ende bevorstehen sollte? Tiefgebeugt, wie ich bin, nehmen Sie mir diese Zeilen nicht übel.« Am nächsten Tag ärgert er sich über den »recht schlappschwänzigen Brief«. Der sei freilich vielleicht verzeihlich, wenn man bedenke, wie mancherlei auch er habe ertragen müssen, ohne sich »die Erleichterung des Aussprechens gewähren zu können und zu dürfen«. Das war der einzige stille Vorwurf. Auch zu anderen ließ er sich nicht über die Angelegenheit aus. Am 9. schrieb er Hildebrand, er werde seines Bronchialleidens wegen den nächsten Winter in Rom verbringen. So war alles äußerlich in Ordnung. Er fuhr noch am selben Abend nach Rom, machte mit dem Bruder, wie vorgenommen, die Manöver mit und suchte sich dann ein Atelier. Er fand eins zu seiner Zufriedenheit an der Trinità. Am 20. September ging er nach Florenz zurück, um seine Sachen zu packen. Das Befinden des Bruders, der sich bei dem Manöver überanstrengt hatte, zwang ihn, noch einige Tage in San Francesco zu bleiben. Hildebrand kam. »Er war sehr niedergeschlagen«, heißt es in einem Briefe an Georg. Es kam zu keiner Aussprache. Marées nahm gelassen Abschied. Es war in den ersten Tagen des Oktober. Böcklin und sein Schwiegersohn, der Bildhauer Peter Bruckmann, brachten ihn auf die Bahn und schienen ihm »ganz niedergeschmettert«. Sie nahmen sicher herzlichen Anteil. Niedergeschmettert war er selbst.

Marées' Entwicklung beginnt als Rinnsal, wird Bach, wird Fluß, den Nebenflüsse speisen, wird Strom. Ein weitverzweigtes Gelände, dessen Matten von vielerlei Art von Vegetation die Farben erhalten, tut sich auf. Ein Reichtum, von nahem nicht zu überblicken, zu mannigfach und wirr. Doch der Strom richtet den Blick. Man muß von weitem stehen, der Täler Lichtung, der Berge Klüfte, das Vielerlei der Ebene mit einem überfliegen. Dann glättet sich das Gewirr und wird zu beglückenderem Gefüge.

Im einzelnen aber bleiben stumme Rätsel. Neben dem natürlichen Trieb, der die Einsicht in die Entwicklung nach Werken und Gruppen von Werken, die sichere Fixpunkte geben, sucht und nur darauf bedacht ist, die Linie von Anfang bis zu Ende zu verfolgen, gibt es einen anderen banaleren Trieb, mehr Neugier als Drang der Anschauung, der endliche, nur äußerlich mit der Entwicklung verknüpfte Tatsachen zutage fördert. Er zielt auf ziffernmäßige Darstellung der Entwicklung, auf die Kontrolle des Buchführers, begnügt sich nicht mit der Summe des Lebens, auch nicht mit der Erkennung einzelner Schöpfungsperioden, hält sich nicht an die Kunstjahre, die ihre eigene Dauer haben, sondern addiert und subtrahiert nach Lebensjahren. Seine Schlüsse können der Biographie nützen. Für die Kritik ist die Frage, ob der Fundus von Werten in siebzehn oder in zwanzig Jahren geschaffen worden ist, ohne Belang.

Konstruiert man sich das bekannte Statistikernetz aus Karos, trägt unten auf die Horizontale die dreißig wesentlichen Arbeitsjahre des Menschen, von 1857 bis 1887, ein, teilt die Vertikale in so viel Striche, als es Bilder gibt, und zieht nun in dem sauberen Netz von der Ecke unten links bis zu der oben rechts die rote Linie entsprechend der auf jedes Jahr fallenden Anzahl von Bildern, so ergibt sich, daß die notwendig aufsteigende Tendenz der Kurve in den auf die Florenzer Zeit folgenden drei Jahre nahezu aufhört. Die Linie läuft noch horizontaler als während des ersten Aufenthalts in Rom zur Zeit der Gönnerschaft Schacks.

Es bedarf nicht des Hinweises, wieviel dem rohen Mechanismus solcher Statistik entgeht. Wenn es schon nicht ganz leicht ist, das ursprüngliche Werk von Marées festzustellen, das zumal in dieser Zeit ohne jede Kontrolle durch Freunde, die ins Atelier kamen, blieb; noch schwieriger, das vorhandene mit Sicherheit zu datieren; zu alledem bleibt eine Berechnung ganz außer acht, die Berücksichtigung der relativen Bedeutung des einzelnen Werkes, das seiner Art nach unter Umständen mehr zeitraubender Vorbereitungen bedarf als zehn andere zusammen. Von diesen Erwägungen kann der Verlust von Bildern mit einiger Wahrscheinlichkeit in Betracht gezogen werden. Marées hat in den ersten drei Jahren in Rom dreimal das Atelier gewechselt, und man weiß, was er unter dem Aufräumen bei solchen Gelegenheiten verstand. Einige Tage nach dem Umzug ins Drebersche Atelier im September 1876 schreibt er, er hoffe noch zu erleben, Gelegenheit zu einem Freudenfeuer zu geben, wozu man seine Sachen verwenden könne. Immerhin haben die aus Florenz mitgenommenen Bilder allen Umzügen widerstanden. Die zerstörten schienen also Marées vermutlich weniger wert. Irrtümer in der Datierung der katalogisierten Gemälde sind nahezu ausgeschlossen, da ich mich, abgesehen von der Stilkritik, auf genügende dokumentarische Belege stützen konnte. Über die vorbereitende Tätigkeit läßt sich nichts Bestimmtes sagen. Natürlich ist Marées in den »mageren Jahren«

nicht untätig gewesen. Er hat namentlich viel gezeichnet. Und unter den verlorenen Zeichnungen dieser Zeit, deren Anzahl nach Marées' eigenen Worten sehr groß gewesen sein muß[1], mag es manche Kostbarkeit und unter allen Umständen unschätzbare Dokumente für Marées' Sein und Werden gegeben haben. Denn während der größte Teil der späteren Blätter, die den Hauptstock des vorhandenen Materials bilden, der Belehrung der Schüler dienen sollte, hat er die Zeichnungen der Jahre bis 1879 nur für sich selbst gemacht.

Doch drängt uns vieles, am meisten Marées' Verhalten selbst in dieser Zeit, zu der Annahme, daß die heute bemerkbare große Lücke im Werke auch dann zu sehen wäre, wenn wir alles, was Marées damals gemacht hat, besäßen; nicht als Pause in seiner Tätigkeit, die Arbeit war vielleicht damals angespannter als je; aber als eine verhältnismäßig leere Stelle in der Kontinuität der Resultate. Wie ist sie zu erklären? Wir haben Marées in Florenz mitten im Schaffen verlassen, allem Anschein nach im guten Zuge. Er mußte, als er die »Drei Jünglinge« malte, seinen Weg vor sich sehen. So sollte man annehmen. Nun finden wir ihn in Rom schwankend, zögernd, auf einer Stelle. Man wird genötigt, den Verlust des Idylls von San Francesco für einen tiefen Einschnitt zu halten.

Er selbst hätte das nie gelten lassen. Niemand merkte, wie nahe ihm die Geschichte ging, vielleicht er selbst nicht. Fiedler bekam außer dem ersten Ausbruch des Schmerzes kaum ein Wort darüber zu hören. Als sich Ende Oktober in der Via Sistina ein »ganz angenehmes Logis« fand, schrieb Marées, er fühle sich keineswegs unglücklich. Das wiederholte er auch im April sehr energisch dem Bruder, der wohl die trübe Stimmung zwischen den Zeilen gelesen hatte und trösten wollte. Er sei weder von Weltschmerz, noch von übler Laune geplagt, im

Gegenteil. Als er Anfang Juli zur Hochzeit Bruckmanns mit der Tochter Böcklins nach Florenz fuhr, scherzte er über »das verlorene Paradies«. Freilich gestand er Fiedler nachher, er habe sich zusammennehmen müssen, um »traurigen Empfindungen keinen Eingang zu gestatten«. Albert Lang sprach er von seiner Übersiedelung nach Rom wie von einem »kleinen Intermezzo«. Dem Bruder hatte er kurz gemeldet: »Mein Verhältnis zu Hildebrand ist durchaus gebrochen; das geht niemand weiter etwas an, auch dir würde ich das nicht schreiben, wenn nicht des Grabsteins wegen.« (Ein ursprünglich Hildebrand übertragener Schmuck für das Grab der Eltern.) Selbst Böcklins und Kleinenberg haben nie etwas Näheres durch ihn erfahren.

Was Marées mit Florenz verlor, war nicht allein Hildebrand. Dem nachzuhängen, hätte einem Menschen seiner Art nicht gut gestanden. Hildebrand ist nie in seinem Herzen ersetzt worden, das dürfen wir annehmen; kein Verlust an Menschen hat ihn empfindlicher betroffen. Das ist sicher. Aber jede Einbuße solcher Art mußte, wenn nicht besondere Umstände dazutraten, der Selbstschätzung eines Marées zum Gewinn werden. Nicht er verlor, sondern Hildebrand. Man zuckte die Achseln und ging weiter. Aber mit diesem Verlust hing ein anderer zusammen, ein viel weniger sentimentaler, anscheinend viel geringfügigerer, der im Grunde, ohne daß man die Stelle wußte, wo er saß, empfindlich schmerzte. Marées war in Florenz zufrieden gewesen. Schon der bescheidene Komfort der Wohnung hatte ihm wohlgetan. Es war keine Angelegenheit, um viel Worte darüber zu machen. Keine Seligkeit hing davon ab, aber Behagen; das was einem Menschen wie ihm, der sich seine höheren Seligkeiten selbst zu schaffen wußte, die Umgebung geben konnte. Er hätte als Millionär kaum viel anders gelebt und sicher jeden besonderen Luxus vermieden, weil der nur sein geistiges Sybaritentum gestört hätte. Das Behagen aber schätzte er. Marées war nichts weniger als Abstinenzler, stand keiner irdischen Freude ohne Organe gegenüber und war zumal solchen Genüssen zugänglich, die ihm eine gewisse Breite der Lebensführung zu suggerieren vermochten. Noch immer steckte etwas von einem Junker in ihm. San Francesco hatte alle Ansprüche des Phantasten vollkommen erfüllt. Das Kloster lag nicht nur prachtvoll bei Florenz, sondern hatte dank der besonderen Umstände, unter denen die gemeinschaftliche Residenz erwählt worden war, eine einzige Lage im Dasein des junkerhaften Künstlers. Er konnte sich dort als Besitzer fühlen. War es wirklich so unbegreiflich und unverzeihlich? War der Don Quichotte nicht zu durchschauen? Er maßte sich im Grunde keine anderen Rechte an, als die seiner Phantasie.

»Sicherlich sieht man mit den zunehmenden Jahren immer mehr sein Glück in dem Beruf, zu dem man bestimmt ist oder bestimmt zu sein glaubt; oder vielmehr verzichtet man wohl überhaupt auf das, was man Glück zu nennen pflegt und bemüht sich, womöglich der Absicht der Natur nachzukommen. So halte ich auch für das Schlimmste, was Einem widerfahren kann, abzudorren, ohne Frucht getragen zu haben. Und doch kann man die Schuld in solchen Fällen nicht immer dem betreffenden Individuum beimessen. Wir sind schließlich wie die Pflanzen, unser Gedeihen hängt nicht allein von der angeborenen Qualität ab, sondern von tausend anderen Umständen. Der Vorzug von Bewußtsein und Willen wird durch unsere größere Verletzbarkeit fast aufgehoben.« So schreibt er im Dezember an Fiedler.

Die Ernüchterung war peinlicher als schrecklich. Ein schwerer Schlag ist bei allem Unheil produktiv. Miseren töten. Die Banalität der Lösung war das lähmende. Fiedler irrte. Mit stärkerer Brutalität geführt, hätte der Schlag weniger getroffen. Man trennte sich wie Hauswirt und Mieter. Ein paar Wochen nach seiner Übersiedelung erfuhr Marées den wesentlichsten der Gründe Hildebrands. Koppels lagen in Scheidung, Frau Irene wurde Frau Hildebrand. Er hatte nicht »die leiseste Vermutung von etwas Ähnlichem« gehabt und hätte es lieber gleich erfahren. Nun war er ganz fertig mit dem Treulosen. Offenheit konnte er doch wohl zum mindesten erwarten. Die Art dieser Behandlung lockerte ihm wie dünner Dauerregen den Erdboden. Wie es kaum anders sein konnte, kehrte er nun die Waffe gegen sich selbst. So etwas durfte einem nicht passieren. Wenn es geschah, hatte man irgenwie Schuld. Natürlich betraf es ihn als Künstler. Es war ein verstecktes Mißtrauensvotum. Ein weniger verhohlenes hätte ihn sofort zur Abwehr gestimmt. So aber stach es und stichelte. Was war seine Kunst, wenn sie nicht den einzigen Künstler, der zu ihm gehörte, festzuhalten vermochte? Was war er selbst, wenn alles von ihm abfiel? Nun blieb als Künstler noch Böcklin. Er korrespondierte sehr eifrig mit ihm, besuchte ihn in Florenz und hatte ihn in Rom als willkommenen Gast in seiner kleinen Wohnung. Aber er verhehlte sich nicht, daß eines Tages die Differenz zwischen ihren Überzeugungen unüberbrückbar werden mußte. Ob auch dann noch ein Verkehr möglich sein würde, nachdem ihm ein Anhänger, der erste und wahrscheinlich letzte Gesinnungsgenosse, den er für überzeugt halten konnte, die Freundschaft gekündigt hatte? Fiedler teilte ihm im März seine Verlobung mit. Er werde dieses Jahr nicht nach Italien kommen. Auch der ging seine Wege.

Auf einmal sah er sich allein. Es mag ihn ein Schwindel vor dem Zukunftsbild erfaßt haben: Tatsächlich handelte Hildebrand ganz folgerichtig, wenn er sich lossagte. Künstlerisch hatte er sich schon längst von ihm getrennt. Es war eine optische Täuschung, in den Arbeiten Hildebrands und seinen eigenen einen Zusammenhang zu sehen, eine Illusion wie San Francesco. Hildebrand hatte ganz andere, viel gesichertere Vorbilder. Der brauchte ihn nicht. Wer brauchte ihn überhaupt? War es etwas Nützliches, was er trieb?

Man muß immer, um ein Ereignis im Leben eines Menschen zu beurteilen, daran denken, an welchem Punkt es eintritt. Der Tod kann in einem bestimmten Moment die Wollust des Lebenden stacheln, und die freche Larve eines Unbekannten oder der Laut einer Drehorgel kann im richtigen Augenblick zum Selbstmord treiben. Marées' Kunst hatte in Florenz die denkbar gefährlichste Wendung gemacht, eine Wendung gegen sich selbst. Es war eine Belastungsprobe, die im günstigsten Fall eine Möglichkeit, keinesfalls in kurzer Zeit eine sichere Entscheidung ergeben konnte. Der Fortschritt mußte über das Sumpfland des Problematischen gehen. Diese Verkörperlichung des Nackten barg alle Gefahren, an denen die Deutschen in Italien seit zwei Menschenaltern gescheitert waren. Wurde das Terrain nicht im Sturmschritt genommen, so blieb man im Sumpfe stecken. Die Florenzer Episode traf im psychologischen Augenblick ein. Das Gefühl, allein zu stehen, war in keinem Moment schmerzhafter. Der ideelle Hintergrund seines Schaffens, der ihm, so seltsam es auch immer wieder erscheinen mag, unentbehrlich war, verdunkelte sich. Die Rücksichtslosigkeit und Sicherheit seines Auftretens, seine persönliche Unzugänglichkeit und die Abneigung, seine Bilder vorzeitig zum Gegenstand allgemeiner Betrachtung zu machen, alles das läßt ihn leicht als konsequenten Individualisten erscheinen. So gab er sich, so war er auch wirklich in allen Einzelheiten. Aber der Kern, um den sich sein Denken und Empfinden in weitem Kreise bewegten, widersprach. Dem war das Typische des modernen Künstlers, der exaltierte Egoismus des Persönlichen durchaus fremd. Der Moderne lebt für seine Gaben. Dem Talent die größte Nutzbarkeit zu sichern, ist das Ziel. Er spielt darauf wie auf einem kostbaren Instrument und ist sich selbst Zuhörer genug. Die Rücksicht auf andere würde ihn hindern, seine Visionen mit immer verfeinerten Sensationen auszustatten, und es würde ihn kaum bedrücken, wenn schließlich nur er selbst noch in Momenten der Erleuchtung fähig wäre, allen Andeutungen des verschlungenen Spiels der eigenen Phantasie zu folgen. Seine Kunst entbehrt nicht der Beziehungen zu anderen, zu den Alten und zu den Zeitgenossen. Aber sie sind ihm immer nur Mittel, mit denen er die eigene Vision steigert. Er ist sich selbst die Welt. Marées träumte eine andere Kunst, eine, die nicht auflöste, sondern band, der das in jener Zeit oft von ihm zitierte Wort »Après nous le déluge!« kein Programm war. Ein Sturmbock sollte sie werden gegen die steilen Mauern der Persönlichkeit, ein Hort gegen den ins Uferlose wuchernden Sensualismus der Auserwählten, eine Sprache, die wieder einem größeren Kreise verständlich werden konnte, ein Monument, groß genug für alle Edlen des Volkes, nicht das von Stürmen umheulte Haus auf unwirtlichem Berge. Wie aber sollte er daran glauben, daran schaffen können ohne jede persönliche Gemeinschaft mit anderen! Man mußte sich wenigstens einbilden können, nicht allein zu sein. Wie eine Generation nach ihm ein gleich edler Kämpfer, auch ein Germane, der von den Franzosen herkam und sich mit Inbrunst gegen die unausbleiblich sich selbst zerstörende Tendenz der modernen Kultur wehrte, wie Vincent van Gogh unter den Qualen des Gebärens nach Mitarbeitern rief, die das drückende Schicksal eines Bildners der Menschheit mittragen könnten, so sehnte sich Marées' heller Geist, im

Vertrauen auf eine Einsicht, ohne die Vincents Ruf immer ungehört verhallen mußte, nach Helfern. Das war das rein menschliche Ideal, das unter dem artistischen Problem aller Bilder seit den Neapeler Fresken steckte. Mit der Verkörperlichung des Nackten kam man der Vermenschlichung der Kunst einen Schritt näher, glättete die Straße zu dem Heiligtum, die selbst dem edelsten Willen kaum zugänglich war. Er hat es oft in seiner Art damals ausgesprochen. Fiedler hatte im April 1876 geheiratet und war im Sommer mit seiner jungen Gattin, einer leidenschaftlichen Verehrerin Wagners, zu den Festspielen nach Bayreuth gefahren. Von dort schrieb er Marées über den tiefen Eindruck der Aufführungen. Marées antwortete: »Daß eine Erscheinung wie Wagner beschäftigen muß, jedenfalls jeden, der über Kunst ernstlich nachdenkt, liegt außer allem Zweifel. Mir wäre es freilich auch interessant gewesen, zu erfahren, ob durch die letzten Werke das Miß- oder Unbehagen, welches W. bisher in mir erzeugt hat, aufgehoben worden wäre. Wissen möchte ich wohl, ob durch Bestrebungen wie die W.schen dem Publikum nicht gänzlich die Fähigkeit benommen würde, Kunst, die nur durch sich selbst wirken kann und will, zu erkennen und zu genießen. Ich verlasse mich schon sehr auf Ihr Urteil und glaube gern, daß die betr. Leistungen nicht ohne vortreffliche Eigenschaften sein mögen. Was mir in Ihren Andeutungen bedenklich erscheint, ist, daß Sie sich doch auch auf einen *besseren* Genius verlassen, um auf dem von W. betretenen Weg das Richtige zu leisten. Ich glaube nur, daß man einen guten Anfang oder eine gute Strömung daran erkennen kann, daß sie auch anderen minder befähigten Geistern es ermöglicht, ja, sie zwingt, wenn auch nicht Großes, so doch Vortreffliches, Erfreuliches zu leisten. In der bildenden Kunst ist es sicher so, und ich wüßte nicht, warum es in anderen Künsten anders sein sollte. Und leider sehen wir, daß häufig hochbegabte Individuen die geebnetste Straße verbauen und verbarrikadieren, indem sie sich selbst freilich ein unvergängliches Monument quer auf dieselbe hinsetzen. So haben es meiner Ansicht nach Raffael und Michelangelo gewiß ohne diese Absicht getan. Denn mit ihnen staut sich die Strömung, in der einige ihrer Vorgänger schwammen und ist bis auf den heutigen Tag noch nirgend wieder hervorgesprudelt. Damals begann die moderne Zeit: es wurde den Menschen zu langweilig, immer an den Ufern eines Flusses zu wandeln, und man baute großartige Portale zu einem Irrgarten, in dem es uns jetzt nachgerade doch auch langweilig wird.«

Marées hat, als er diese Zeilen zwischen der Arbeit niederschrieb, sicher nicht beabsichtigt, sein Programm zu umschreiben. Davon hat er nie gesprochen. Sein Programm war so ungeheuer, daß jede Andeutung ihm, dem wahrhaft bescheidensten aller Künstler, zu anspruchsvoll erschienen wäre. Auch mag er gewußt haben, daß es in seinen Tagen von niemand verstanden worden wäre, am wenigsten, wenn es aus seinem Munde kam. Zwischen diesen Zeilen aber steht, was ihm in Wirklichkeit als teuerste Aufgabe vorschwebte. Und er mag dumpf im Innern das, was ihm in San Francesco widerfahren war, wie eine Verhöhnung solcher Ziele empfunden haben. Das träumte er, den Bau einer Straße, auf der andere mit ihm und nach ihm gehen konnten. Er dachte, es müsse ihm gelingen, die allen willkommene, allen geläufige Möglichkeit von Formen zu entdecken, aus der die Kunst wieder als breiter und mächtiger Strom ins Leben zu dringen vermöchte.

Dem Naiven könnte Marées' Ziel leicht erscheinen. Es ließ sich leicht erreichen, wenn er einwilligte, ein leichter Mensch zu werden. Es war unerreichbar, wenn er Marées blieb. Nur eine

Annäherung war ohne Schaden möglich. Die Zugänglichkeit des Kunstwerks galt schon in der Zeit, als Michelangelo die Straße »verbarrikadierte«, als vieldeutiger Begriff und fordert in unseren Tagen mörderische Beschränkungen. Die Opfer können hohen Idealismus verraten und doch das Ideal schänden. Sie werden nur dann der Gottheit wohlgefällig, wenn sie dem Kunstwerk nützlich sind. In den Instinkten eines Künstlers, der sich der Denkungsart eines Marées verwandt fühlt, mag zuweilen die edelste Hingabe der Versuchung, der Menge zu dienen, die er erleuchten soll, benachbart sein. Seine Moral treibt ihn zum einen oder zum anderen, aber die Weisheit allein läßt ihn unterscheiden, ob er Führer oder Geführter ist. Nur eine Messerschneide trennt vielleicht in solchen Persönlichkeiten das Erhabene von dem Gemeinen, und es gehört höhere Männlichkeit dazu, da sicher zu wägen, als von vornherein jede bewußte Rücksicht auf die Allgemeinheit zu verbannen. Auch Wagner sah das weitgeöffnete Monument. Weihrauch füllte die Halle. Aber in der Tiefe seiner alles umwallenden Mystik treibt das Sensuelle seiner aller Grenzen spottenden Persönlichkeit ein um so verwegeneres Spiel. Er hielt vielleicht wirklich die Musik an sich für »etwas Abstruses«. Andere machten es sich leichter. Es stieß mancher hochgemuten Herzens den Nachen ab, um in das Land der Hesperiden zu gelangen, und landete im Banalen.

Deshalb liegt kein Grund vor, die Pause in Rom zu preisen. Wir wissen nicht, ob ihrer der Künstler bedurfte. Einem Schwächeren hätten die Begebnisse, die dazu führten, mehr Nachteile als Vorteile gebracht. Daß Marées aus den Versuchungen und Wirrnissen dieser Zeit gestärkter und gereifter hervorging, das mag uns mit der Bitternis versöhnen, die er damals reichlich zu kosten bekam.

In Rom hatte er Schlösser, den Elberfelder Landsmann, und

Heinrich Ludwig; der eine ein Maler in Verfall, der andere ein Kranker. Schlösser war ein liebenswürdiger Mensch, hatte eine schöne Frau und besaß den Takt, über seine Kunst zu schweigen. Ludwig ist derselbe Freund, den Marées schon in der Schackzeit gewonnen hatte. Er ist eigentlich der einzige Römer, zu dem Marées die langen Jahre in Beziehungen blieb, die über die Rolle des »Ernährungsgenossen« hinausgingen, obwohl der Verkehr oft lange Unterbrechungen erlitt. Ein jüngerer Bruder wohnte mit Ludwig zusammen. Er hat keine bestimmten Züge. Marées scheint diesen »Fratello«, der schon 1879 starb, gern gehabt zu haben. Sie sind jedenfalls viel zusammen gewesen.

Dagegen war Heinrich Ludwig ein ganz ausgesprochener Typ.[2] Er hatte seines schweren Leidens wegen schon damals die Malerei eingeschränkt und trieb die Kunstschriftstellerei mit umso größerer Leidenschaft; ein regsamer Geist, scharfsinnig und witzig, dem es fast immer gelang, der physischen Leiden Herr zu werden. Es ist kaum Zufall, daß Marées mit den beiden Schriftstellern befreundet war, die mit einem in ihrer Zeit einzigen Idealismus und einer noch selteneren Eindringlichkeit, beide von ganz verschiedenen Seiten, die Nacht des deutschen Kunstgelehrtentums zu erhellen suchten. Aber er hat auf den älteren der beiden nicht den Einfluß gehabt, der dem Jüngeren zugute kam. Ludwig hatte vor Fiedler einen Vorteil, seine praktischen Beziehungen zur Malerei. Sie bestimmten seine ganze Tätigkeit, die der eines Fiedler nahezu entgegengesetzt war. Er erkannte mit Recht in dem Mißverhältnis zwischen der sinnlichen Wahrnehmung und dem abstrakten Denken den Grundfehler der Deutschen, und während Fiedlers viel weitere Absichten infolge seiner abstrakten Darstellung in Gefahr gerieten, unplastisch zu bleiben und wiederum nur zu jener platonischen Auffassung beizutragen, die das Kunstwerk über dem Kunstgedanken vergaß, hat Ludwig das nie genug zu schätzende Verdienst, Gelehrte und Laien auf das Objekt gewiesen zu haben, von dem alle unsere Betrachtungen immer wieder ausgehen sollten. Er hat der Wissenschaft gezeigt, welche Quellen aus den Erkenntnissen der Künstler zufließen könnten, und hat für die systematische Erschließung der Inkunabeln künstlerischer Bekenntnisse das meiste getan. Nur fiel er in den entgegengesetzten Fehler. Er nahm den Standpunkt zu eng. Es sind kaum je geistvollere Satiren gegen den Kunstphilologen, gegen den Schematismus, der damals bei uns der Bestimmung der Bilder wenigstens in der Regel zugrunde lag, geschrieben worden. Wie vieles paßt noch heute auf die Gelehrtendiagnose, die plumpster Fälschung unterliegt. Es gelang ihm, einen besseren Weg zu zeigen. Er irrte, mußte irren, weil er in der Mitte stehen blieb. Seine Leidenschaft waren die großen Meister der Renaissance: Michelangelo, Leonardo, Raffael, bei uns Dürer und Holbein und alle, die damit zusammenhingen. Die studierte er, und zwar so nahe wie möglich, so nahe, daß ihm das Wesentliche entging. Er glaubte an eine objektive Kunstschöpfung, deren Regeln einmal für allemal damals in den großen Zeiten Italiens gegeben worden waren. Zu denen müsse man unbedingt zurückkehren. Befangen von seiner Liebhaberei, hielt er die Realisierung seiner Meister für die einzig erstrebenswerte Vollendung, sah in Poussin und Claude, die er verehrte, nur die Fortsetzer antiken Formgefühls, die Festsetzer einer bestimmten Sachlichkeit, und in den Holländern nur das, was sie mit Poussin und Claude gemein hatten. Es entging ihm vollständig die mächtige Entwicklung, die von den Venezianern über Rembrandt und Rubens zu dem achtzehnten Jahrhundert und von da zu großen Meistern des neunzehnten fortschritt, von denen er nichts oder nur das wußte, daß sie etwas anderes als seine Meister wollten und daher abzulehnen waren. Daher übersah er, daß z. B. einem Poussin eine ganz andere Bedeutung zukam, als wenn man ihn lediglich als Anhängsel an die Antike betrachtete. Er war konsequent genug, Rembrandt nur eine sehr bedingte Anerkennung zu lassen, weil der in seinem Clair obscur eben doch nicht alles zeigte, was er, Ludwig, nun einmal an seinen Meistern zu sehen gewohnt war, und Velazquez aus Gründen abzulehnen, die der gleichen Willkür eines unverrückbaren Standpunkts entsprangen.[3] Karl Hillebrand, der »ästhetische Ketzer«, Marées' und Ludwigs gemeinsamer Freund, hat, ohne es zu wollen, auch diese Irrtümer, noch bevor sie – drolligerweise durch seine Vermittlung – in die Öffentlichkeit kamen, gerichtet.[4] Ludwigs Forschungen litten an dem zu engen Beobachtungsfeld. Er sah die moderne Kunst mit Augen, die in Düsseldorf die Schwächen der Gegenwart erkannt hatten. Er traf die Schule Schadows und hatte recht, ihre Genrebilder, ihre Ritter- und Religionsgeschichten niedriger einzuschätzen als die gebildeteren Bestrebungen der Deutschen, die vorher in Rom Anschluß an die Alten gesucht hatten. Aber er täuschte sich grimmig, wenn er in dem Genremotiv als solchem das Unheil sah und daher Hogarth ablehnte, noch grimmiger, wenn er den Carstens, Overbeck und Cornelius positive Resultate nachrühmte und sie, weil er ihnen gleiche Absichten zutraute, in der Nähe der Meister des Cinquecento sah. Die Bilder Kochs und Schicks schienen ihm »wie Edelsteine neben dem trüben oder bunten schwerfälligen Farbengeknete moderner Koloristen«.[5] Welche Koloristen mag er gemeint haben! Ludwig konzentrierte sein ganzes Interesse auf die Reinigung der Darstellungsmittel und schrieb wohl dokumentierte Bücher über alle Techniken der Malerei. Aber er hatte von dem Malerischen als künstlerischem Begriff kaum die leiseste Vorstellung. Nur das »Gesunde der Lokalfarbigkeit« schien ihm erstrebenswert. Über der Freude an richtig gezeichneten Perspektiven mit richtig modellierten und mit klaren Farben ausgefüllten Körpern vergaß er den organisatorischen Zweck solcher Gebilde und verschloß sich daher anderen Organisationsmöglichkeiten des Malers. Seine Kurzsichtigkeit mag seine Einseitigkeit mit verschuldet haben. Übrigens scheint er selbst seine Grenzen zuweilen geahnt zu haben. Er schreibt einmal: »Das ist wohl der Kapitalirrtum, an dem wir leiden und den wir bekennen, deren Geist nicht in philosophischer Schule zum schrankenlosen Fluge der Spekulation gedrillt ward, daß wir immer so sehr an der Scholle allzu deutlicher Vorstellungen kleben wollen.«[6] Damit berührt er seinen wundesten Punkt und den großen Vorsprung der Resultate Fiedlers. Ohne Detailkenntnisse kam Fiedler, weil er philosophisch denken konnte, viel weiter und gelangte zum Gesetzmäßigen, das im Prinzip alle Lösungen, die es erfüllen, zuließ. Man täte Fiedler daher unrecht, wollte man Ludwig als eine Ergänzung seiner Forschungen betrachten. Dagegen liegt eine gewisse Tragikomik in dem Zusammentreffen beider Forscher mit Marées, der dem einen wie dem anderen, so verschieden sie voneinander waren, aus demselben Grunde unerreichbar blieb, weil er, nach ihrer Meinung, mit seinen Bildern nicht fertig zu werden wußte. In den Schriften Ludwigs der siebziger Jahre glaubt man zuweilen die Opposition gegen Maréessche Anschauungen zwischen den Zeilen zu lesen, und mancher Spott auf die verhaßten »Flecken« wurde sicher auf Marées gemünzt. »Er ist wohl«, schrieb Marées, »gerade keine künstlerisch angelegte Natur, und was seine Kenntnisse anbelangt, so scheint es mir, daß ihm die Hauptsachen, auf die es ankommt, gänzlich verborgen sind.« Als ihm Ludwig die »Grundsätze« verehrte, meint er zu Georg, genau genommen, brauche das Buch auch nicht geschrieben zu sein; »für Dilettanten ist es eigentlich doch nicht, und wehe dem Maler, der aus Büchern seine Weisheit holen muß!« In der Tat war Ludwig naiv genug, von seinen Büchern einen unmittelbaren Einfluß auf die Kunst zu erwarten, und ließ sich sogar zur Aufstellung einer Art von System zur Kunstübung verleiten; ein Versuch, der auf Marées wie eitler Dünkel wirkten mußte.[7] Bei dieser Gelegenheit erzählt Marées dem Bruder von Fiedlers Broschüre; die sei eher lesenswert. Auch Fiedler selbst verhehlte er nicht seine Anerkennung. Die Arbeit war ihm eine freudige Überraschung. Er hat darüber das beste gesagt, was man ihr nachrühmen kann: sie stelle bei aller Sachlichkeit nicht nur Probleme, sondern unbewußt einen Menschen dar, nämlich den Autor; das gebe ihr die überzeugende Kraft. Es entging ihm nicht das Anfängertum des Schriftstellers, aber es war ein guter Anfang, »die Garantie eines weiteren Vordringens«. Und das sehr schöne Wort, das mit verschiedenem Sinn auf Ludwig, Fiedler und ihn selber paßt: »Übrigens liegt im Anfang das Ende.«

Im Sommer, kurz nachdem er in Florenz zur Hochzeit gewesen war, traf er sich mit Böcklin in Perugia und verlebte mit ihm zwei angenehme Wochen. Dann ging er auf zehn Tage zu Kleinenberg nach Ischia, wo die jungen Bruckmanns ihre Flitterwochen verbrachten, und rückte nach der kurzen Pause über Gaeta und sein geliebtes Terracina wieder in Rom ein. In den nächsten acht Monaten hat er sich kaum von der Arbeit entfernt. Der Winter war unbehaglich. Das Drebersche Atelier, das er im September bezogen hatte, erwies sich als unbrauchbar, da man das Haus umbaute. Monatelang wurden ihm »Ohren und Seele durch Hämmern und Lärmen zerrissen«, und er mußte sich schließlich wieder nach einer anderen Arbeitsstätte umsehen. Dazu ging es Ludwig sehr schlecht und von Georg kamen traurige Briefe. Der Beruf gefiel dem Inaktiven, der mit Leib und Seele Soldat mit der Waffe gewesen war, immer weniger. Er brachte allerlei Nörgeleien und Schikanen mit sich, die dem leicht Reizbaren nahe gingen. Dazu war das Befinden des früher Kerngesunden immer schwankend. Auch andere noch drückendere Sorgen verdunkelten seinen Horizont. Marées tröstete, so gut er konnte. Er riet dem Bruder, es so zu machen, wie er. Es half alles nichts, man mußte sich, koste es, was es wolle, über sich selbst erheben und alle Miseren von oben ansehen. Das war Trost für einen Gesunden. Georg entschloß sich, sicher nicht leicht, zu einer weiteren Andeutung. Die Krankheit und das Unbefriedigende der Stellung waren es nicht allein, Geldsorgen peinigten ihn. Er hatte große Familie, und die Folgen des Krieges hatten ihn in Schulden gestürzt. Das ging Marées, der die strenge Redlichkeit des Bruders kannte, nahe genug. Aber er selbst besaß nur gerade so viel, um Arbeit und Leben zu erhalten. Er konnte nicht helfen, jetzt wenigstens noch nicht, später vielleicht, wenn endlich einmal die »Penelope-Rolle« seines Künstlertums ausgespielt sein würde, und er mit vollen Kräften, Weg und Mittel kennend, schaffen konnte. Geduld! er sagte es dem Bruder, Fiedler und sich selbst, und ihm selbst wurde es wohl am schwersten, nicht die Lust zu verlieren. Und doch, nur wenn man der Muse gelassen und heiter entgegensah, kam sie näher. Nur dem Freudigen, er wußte es aus Erfahrung, gab sie sich hin. Lebensfreude! Das war, was er am nötigsten brauchte, die humoristische Lebensanschauung! Es war eigentlich seine einzige Theorie, und sie nahm sich zuweilen seltsam in seinem Kopfe aus. Er plädierte dafür mit Tränen in den Augen, wenn ihm die

Bitterkeit das Blut zur Galle machte. Und zwar mußte es der echte, rechte Humor sein. Der brave Schlösser konnte beim Weine lustig sein, Ludwig, wenn er Witze riß, Bruder Georg aus Galgenhumor. Das alles war nicht das Wahre. Böcklin hatte die rechte Art. Böcklins Kunst mochte sein wie sie wollte. Daß sie den Mann dahin brachte, über alle Misere, die nicht gering war, hinwegsehen zu können, das mußte schon für etwas gelten. Und Kleinenberg hatte das Wahre, die stille, natürliche Sorglosigkeit. Fiedler und andere nannten es Leichtsinn und ein dem Leben Fernstehen. Ein Darüberstehen war es, die Kunst, den Dingen die rechte Beziehung zu geben. Darum fühlte man sich bei Kleinenberg, selbst unter einfachsten Verhältnissen, so behaglich. Man konnte nur dann von ernsthaften Dingen ernsthaft reden, wenn man die anderen über die Achsel nahm. Von diesem Humor war bei den kranken und verfahrenen Bekannten in Rom wenig zu spüren. Marées sehnte sich nach Jugend und Frohsinn.

So kam denn ein Besuch gerade recht, der den Frühling des Jahres 1877 vielversprechend einleitete. Die kleine Schülerin aus Wien erschien mit ihrer Schwester und deren Gatten, und ihr Lachen trieb alle Trübsal zum Tore hinaus. Man fand gleich den ausgelassenen Dresdener Ton wieder. Die Freundin war noch ebenso reizend und wurde jetzt erst recht zu der göttlichen Pallas, und Marées selbst bildete sich ein, er sei nicht älter geworden. Die Damen bekamen ein schönes Rom zu sehen. Hugo von Tschudi, der seit kurzem als junger Kunstbeflissener in Italien war, kam durch einen gemeinsamen Bekannten, den Arzt und Kunstfreund von Fleischl, in den kleinen Kreis und war oft mit von der Partie, wenn die Gesellschaft durch Rom zog. Er meint, Marées' Analysen der Kunstwerke seien selbst Kunstwerke gewesen, und er habe nie einen zweiten Menschen getroffen, der mit solcher Sicherheit das Wesentliche jeder Erscheinung erkannt und ausgesprochen hätte.

Als die Damen sich zur Heimfahrt rüsteten, wurden sie von ihren beiden Kavalieren bis Verona begleitet. Auf dem Rückwege blieben Marées und Tschudi noch ein paar Tage in Florenz. Dann kehrte Marées in seine Einsamkeit zurück. Sie schmeckte ihm jetzt bitterer als je, und dabei fühlte er, jetzt würde er unter anderen Verhältnissen schaffen können. Er schrieb Fiedler, ob er nicht zu ihm nach Deutschland kommen dürfe. Er habe allerlei Dinge »rein persönlicher wie sachlicher Natur« auf dem Herzen. Wenn ihn nicht alles täusche, so werde noch in diesem Jahre die Stunde der Entscheidung schlagen, die äußere und innere Notwendigkeit würden eben zusammenkommen. Aber Fiedler winkte ab. Ihm lag im Interesse des Freundes nichts an einer Aussprache, die womöglich die Geldverhältnisse berührte. Wenn Marées jetzt auf eigene Füße zu kommen gedachte, und nachher die Hoffnung wieder einmal fehlschlug, war es noch peinlicher für ihn, von neuem an Fiedlers Börse zu appellieren. Fiedler wußte, wie drückend Marées die pekuniäre Abhängigkeit, so wenig fühlbar sie auch gestaltet wurde, empfand. So antwortete er, für eine Aussprache sei doch Rom der bessere Ort, und er hoffe diesen Winter wieder einmal nach Italien zu kommen. Marées gab sich zufrieden. Aber es litt ihn nicht in Rom. Im Juli ging er über Portici, wo er ein paar Tage mit Dohrn und Grant zusammen war, nach Ischia zu Freund Kleinenberg und fand, wie immer, behagliche Aufnahme. Er führte, schrieb er der Freundin nach Wien, ein reines Schlaraffenleben, um sich für »neuere, frischere Tätigkeit« vorzubereiten. Man müsse schon versteinert sein, wenn man nicht an dieser glücklichen Küste eine etwas heiterere Physiognomie wie gewöhnlich annehme. Hier hoffte er auch die stille Bucht zu finden, wo er »die zukünftige Villa« bauen könne. Die Pallas in Wien bekam in jener Zeit viele Briefe. Der »getreue Ritter Hans« schmiedete Pläne. Er hatte Zeit genug. Kleinenberg mußte Anfang August nach Deutschland und ließ ihn allein. Marées gedachte noch den ganzen Monat in Ischia zu bleiben. Aber ein Brief des Bruders rief ihn fort. Georg wollte ihn in Rom besuchen. Statt des Bruders traf eine Meldung aus Florenz ein, daß Georg dort von einem schweren Anfall von Ischias heimgesucht sei und sich nicht bewegen könne. Marées reiste nach Florenz und brachte den Kranken nach Rom. Georg hatte schwer zu leiden. Die Ischias saß in dem Beinstumpf und machte die Benützung des künstlichen Beins nahezu unmöglich. Marées pflegte den Armen, der bei allem Unglück nicht den Humor verlor, mit brüderlicher Liebe. Täglich brachte er ihn nach S. Spirito, um ihn elektrisieren zu lassen, und tat alles, was er ihm an den Augen absehen konnte. Als der Herbst kam, war Georg denn auch so weit hergestellt, daß er ohne Gefahr die Heimreise antreten konnte. Zu Hause fing freilich bald wieder das Leiden von neuem an.

Nach der Abreise des Bruders brachte Marées die Angelegenheit zum Abschluß, die ihn seit dem Frühling mehr oder weniger ernstlich beschäftigt hatte. Unter den Briefen vom Ende Juni fehlt offenbar einer, in dem er Fiedler von dem Besuch der Pallas in Rom erzählte und das Projekt angedeutet hat, das ihn wohl am meisten bewogen hatte, den Freund um eine Zusammenkunft zu bitten. Er dachte an Heirat. Fiedler hat ihn damals wahrscheinlich auf die Unsicherheit seiner Verhältnisse gewiesen. Marées selbst wird sich gesagt haben, daß die Heirat ihn unter Umständen zwingen konnte, seine künstlerischen Pläne zu übereilen. Er antwortete: »In der Wahl zwischen dem scheinbar Wünschenswertesten und der Pflicht (und meine Pflichten sind mir deutlich genug) habe ich mich doch für die letztere entschieden und eigentlich von Anfang an darauf hingearbeitet. So bin ich auch wieder ich selbst geworden, und wenn das auch eben nicht viel sagen will, so ist's doch das Mögliche. Man wird so alt wie eine Kuh und lernt noch immer dazu; und hoffentlich wird die Fähigkeit zu letzterem andauern. Wenn es auch hart ist, der Verstand muß schließlich oben bleiben. Das Klügere wird auch das Bessere sein. Kurz, ich glaube nun alles so eingefädelt zu haben, daß von äußeren Folgen keine Rede mehr sein kann. Nun ich mich freier fühle, bin ich auch wieder gesünder . . .« Mit der Freiheit war es nun wohl doch nicht so weit her, und das Wünschenswerte hat ihn mehr als ein bloßer Schein gedrängt. Ischia verlockte zu angenehmen Träumen, und Ritter Hans übte sich in Liebesbriefen. Wie die Sache ein Ende nahm, wissen wir nicht, da nur Bruchstücke der Briefe bekannt sind. Nach Andeutungen, die mir die liebenswürdige Empfängerin ein Menschenalter nach der Episode, kurz vor ihrem Tode gemacht hat, dürfte sich Marées einen Korb geholt haben.[8] Es war eine Enttäuschung, die ein Zufall – er hielt infolge einer halbverstandenen Bemerkung einen Bekannten, unzweifelhaft mit Unrecht, für den glücklichen Nebenbuhler – noch fühlbarer machte. Nur darf man sich nicht vorstellen, in Marées' Adern habe für die schöne Pallas ein verzehrendes Feuer gebrannt.[9] Damit soll nicht etwa gesagt sein, der Gegenstand der Verehrung sei nicht aller Flammen wert gewesen. Bis zu ihrem Tode hat sich die liebenswürdige Frau eine seltene Anmut des Geistes bewahrt, die jeden, der in das gastliche, allen Künsten geöffnete Wiener Heim kam, entzückte. Vielmehr muß man, der Wahrheit zu Ehren, feststellen, daß die Pallas, für die sich Marées nicht nur als Briefschreiber zu verzehren vermochte, immer nur die Göttin war, der er als Künstler diente.

Nur die konnte unbeschränkt über sein Herz und seine ganze Existenz verfügen. Jede Ehe, die nicht die Vorherrschaft dieser Nebenbuhlerin bedingungslos anerkannt hätte, wäre unglücklich verlaufen, und zwar für die Frau, nicht für Marées. Und es gehörte eine sehr weitgehende weibliche Toleranz dazu, um Marées als Ehemann zu ertragen. Den Mangel an Rücksicht in Kleinigkeiten, über den sich die Freunde beschwerten, hätte sicher die Gattin nicht weniger empfunden, obwohl es dem Ritter mit seiner drolligen Galanterie durchaus ernst war, und das hat der Instinkt einer gesunden Frau wohl vorhersehen können. Er betrachtete die Lösung recht kühl. Mit derbem Zynismus teilt er dem Bruder im November das Faktum mit und schreibt dann: »Mich hat diese Angelegenheit, wie Du wohl bemerkt haben wirst, über die Gebühr beschäftigt; jedoch bei meinem Mangel an Sentimentalität komme ich auch schnell über dergleichen weg.« Im Dezember geht ihm immer noch »die dumme Weibergeschichte mehr als billig im Kopfe herum«. Dann ist nicht mehr davon die Rede, und man kann sicher sein, daß sie nach probatem Rezept zu einem der vielen Erlebnisse des Künstlers geworden war, die nur glückliche Spuren in der Kunst hinterlassen.

Statt der Schülerin verband sich ihm ein Schüler für das Leben. Es war Artur Volkmann. Volkmann war ein Landsmann Fiedlers.[10] Der hatte dem Fünfundzwanzigjährigen, der 1876 mit einem Stipendium nach Rom ging, eine Empfehlung an Marées mitgegeben. Im Dezember desselben Jahres hatte ihn Marées kennen gelernt, und es scheint, daß er sofort den bestimmenden Einfluß auf den bis dahin Führerlosen ausübte. Das geschah ohne Absicht. Marées wehrte sich sogar dagegen. Anfangs war ihm in seiner Einsamkeit der verständige und bescheidene Zuhörer, »der vor einem Glase Wein nicht in

Ohnmacht fiel«, recht. Ende Februar 1877 aber schrieb er an Fiedler, er halte sich jetzt Volkmann etwas ferner, weil er bei ihm die Neigung bemerkt habe, »Dinge anzunehmen, die ihm schlecht bekommen könnten«. Von Erfahrungen gewarnt, wollte Marées selbst den »Schein einer Verantwortung« vermeiden und lobte Böcklin, der alles tat, um seinen talentvollen Sohn von der eigenen Bahn zu entfernen. Aber Volkmann ließ sich nicht abweisen. Es ging ihm, wie es Hildebrand im Anfang gegangen war, wie es allen ging, die aus enger Schule nach Italien kamen, das Gelernte vor den Schöpfungen der Alten wie Spreu im Winde vergehen sahen und Marées kennen lernten. Da war ein Mensch, der das alles, was sie dunkel empfanden, gelassen aussprach. Ganz so war es ihm ergangen, und so mußte es jedem Ehrlichen ergehen, das war recht so. Was man als Qual und heimliche Beschämung empfand, was man gern zugedeckt hätte, das Unvermögen vor den riesigen Vorbildern, das mußte so sein. Es war die einzige Gewähr, zu Besserem zu gelangen. Und nun hieß es, von vorn anfangen und bevor man anfing, sich ruhig klar werden, gelassen abwarten. Es kam nicht darauf an, ob man gleich das Richtige traf, nur mußte es vernünftiger Anfang sein, keine dumme Nachahmung, wie es gelehrt wurde, die ja doch vor solchen unnachahmlichen Dingen sofort versiegte. Die Natur sehen, sehen lernen, und nur insofern sich nach den Besten richten, daß man alles Kümmerliche, Kleinliche, Nebensächliche beiseite ließ und in seiner Art so einfach wie möglich das Wesentliche faßte. Wo das saß, wie das aussah, das konnte er so wenig wie irgendeiner einem anderen ohne weiteres verraten. Es war kein Geheimnis, das verschlossen in einem Kasten lag und von einem Hexenmeister, mechanisch geöffnet, mitgeteilt werden konnte, kein Rezept, überhaupt nichts Artistisches im engeren

Sinne. Es kam, wenn man der Mensch dazu war, wenn man sich die gefräßige moderne Hast, das um jeden Preis Produktive, abgewöhnt hatte, wenn man reif geworden war, die Kunst der Alten, die hier ausgebreitet lag, und die Kunst überhaupt ohne feile Nützlichkeitsgedanken zu betrachten, wenn sich das Trachten nicht mehr um die »eigene kleine Person« drehte, sondern auf die Sache bedacht war. Und es kam sicher nicht wie der Blitz oder die Liebe, sondern allmählich, wie Wachstum. Es konnte nur Bestand haben, wenn es organisch wurde.

Dergleichen hatte Volkmann nie gehört. Er begriff wohl nicht gleich alles, aber fühlte instinktiv die breite Basis, auf der Marées stand. Da war auch Platz für ihn selbst. »Er hat sich«, schrieb Marées im Juni 1877 an Fiedler, »mit Gewalt in meine Hände gegeben; ich werde mich hüten, Mißbrauch davon zu machen.« Der Jünger mußte noch zwei Jahre warten, bis er ins Atelier durfte. Marées besuchte ihn, gab Anweisungen, wie man von der ledernen Schablone der Hähnel und Wolff, die er aus eigener Erfahrung kannte – oft genug hatte er sich darüber mit Hähnel in Dresden gestritten –, loszukommen vermochte, ging mit ihm in die Sammlungen und abends zum Weine. Auch einem anderen Bildhauer, Karl Begas, suchte er damals nützlich zu werden und saß ihm für die nach seiner Ansicht ähnliche, recht trockene Büste, die heute die Nationalgalerie besitzt. Es ist weiter nicht merkwürdig, daß Marées' erste Schüler Bildhauer waren. Was er ihnen mitteilte, waren zunächst ganz allgemeine Begriffe des Künstlerischen, die der Malerei und Plastik gemein waren und deren Wohltat in einem befreienden Einfluß in der Bereitung des Bodens für eine natürliche Entwicklung bestand. Allmählich aber kam Marées, weil Volkmann sich arg quälte, dazu, näheren Anteil zu nehmen, drang selbst tiefer in die Plastik ein und konnte sein Resultat in der Form von unmittelbaren Korrekturen äußern. Dazu ist es in seinem Verhältnis zu Hildebrand nie gekommen. Daher kann man Volkmann und die anderen, die nach ihm kamen, nicht in einem Atem mit Hildebrand Schüler von Marées nennen.

Volkmann gab sich redliche Mühe, sein Streben war ehrlich. Er lauschte bedächtig auf des Meisters Rede und gab bedächtige Antworten. Aber es waren Worte, was er aufnahm, Worte, was er erwiderte. Sein Ziel war nicht, was Marées sah und sich und anderen als Zweck aller Anstrengung hinstellen wollte. Er verwechselte, voll gläubiger Verehrung, den Menschen mit der Sache. Marées gewann einen bedingungslos ergebenen Anhänger. »Er ist nur mein Schatten«, schreibt er im Januar 1878 an Fiedler, »freilich wäre mir ein lichtspendender Gegenstand in meiner Nähe lieber.« Der Verkehr war zu einseitig, um Marées zu befriedigen. »Ich muß ihn geradezu zwingen, mit anderen Leuten zu verkehren, wenn es auch nur wäre, um seine Persönlichkeit zu behaupten und mich aus dem verdammten Präzeptortum herauszureißen.«

Fiedler kam auch diesen Winter nicht. Marées hatte ihn nach Weihnachten erwartet und die Absage war ihm bitter. Obwohl sich beide bemühten, einen regelmäßigen schriftlichen Verkehr aufrechtzuerhalten, wurde die Lücke in ihrem Verhältnis fühlbar. Seit drei Jahren hatten sie sich nicht gesehen. Marées hatte von Fiedlers Besuch »neue Anknüpfungspunkte« erwartet. Die Notwendigkeit, die geistige Intimität ihrer Beziehungen zu erhalten, entsprang nicht allein aus dem natürlichen Bedürfnis des Einsamen, der sich trotz mancher Divergenzen doch von allen Menschen immer noch am meisten mit Fiedler verbunden fühlte; er empfand sie geradezu als eine moralische Forderung. Und doch ertappte er sich oft beim Schreiben auf dem Gedanken, daß manche Briefe nur da waren, um die Lücken zwischen den Empfangsbestätigungen des Geldes passend auszufüllen. Das Gefühl der Unklarheit über den Empfänger der Briefe gab ihnen zuweilen eine gewisse Unsicherheit in der Empfindung. Er brach ab, da wo er anfing, sich auszusprechen, weil er nicht wußte, wie es aufgenommen werden würde, oder behielt wohl gar den ganzen Brief zurück. Hätte Fiedler nicht mit wohlmeinender Vorsicht sein Inneres vor Marées verschlossen, die Briefe wären wohl noch sparsamer ausgefallen. Fiedler gaben die drei tatenlosen Jahre Marées' die sichere Bestätigung eines Urteils, das schon lange feststand, und er empfand vielleicht die Unverwüstlichkeit des Vertrauens auf die Zukunft, die Marées in keinem Brief verschwieg, wie eine Äußerung gewohnter Selbsttäuschung, die kaum noch ernsthaft genommen werden konnte. Wir haben nach der Florenzer Zeit keine Tagebuch-Notizen Fiedlers mehr, aber können annehmen, daß Marées' Künstlertum in jener Zeit für Fiedler ein leeres Blatt war. Wieviel hatte in derselben Zeit Hildebrand Unversprochenes erfüllt! Es mag Fiedler genug Überwindung gekostet haben, trotzdem den Menschen nicht fallen zu lassen, und wir wollen ihm dafür dankbar sein.

Im Frühling 1878 mehrten sich für Marées die Zeichen einer besseren Zeit. Er muß das Herannahen mit der Gewißheit gespürt haben, mit der wir, wenn der Winter geht, auf die Sonne hoffen. Es war ein nahezu mystischer Zustand. Denn er schien von selbst gekommen und war eine unerschütterliche Tatsache. Die unerquickliche Arbeit, die Qual, war vorbei. Jetzt begann freies Produzieren, das Vergnügen.

»Endlich bin ich über die Darstellungsmittel im reinen und werde mehr halten, als ich versprochen habe. Manches Jahr bin ich selbst erbarmungslos mit mir umgegangen, habe keine Mühe gescheut, alles versucht, Tausende von Zeichnungen usw. gemacht und wurde bei diesem Beginnen wohl von allen aufgegeben, nur von mir selbst nicht und, wie sich zeigen wird, auch nicht von meinem guten Genius. Statt ermattet zu sein, fühle ich eine größere geistige und körperliche Regsamkeit wie je. Wenn nicht Krankheit und Mangel mich am Produzieren hindern werden, so wird nun die Sache, denke ich, unaufhaltsam bis ans Ende meiner Tage fortgehen. Die Schlacken sind beiseite geschafft und das reine Metall übergeblieben. Jetzt wird nicht länger mehr gezögert.

Aber geheimgehalten wird mein Zustand gegen alle; Ihnen teile ich ihn mit, weil ich glaube, daß es Ihnen Freude macht und weil Sie gewissermaßen mein Kompagnon sind. Ich bitte Sie, also auch fernerhin auszuharren, bis ich mehrere Bilder vom Stapel laufen lassen kann.

Gelingt es mir wirklich, und ich zweifle kaum, das Richtige und Natürliche zu tun, so scheint mir das wohl der Mühe wert, so ungeheure Opfer gebracht zu haben, und auch Sie werden zufrieden sein, wenn Ihr Verstand das gutheißen wird, wozu Sie Ihr Herz veranlaßt hat.«

So fand sich später der erste Erguß seines Glücks unter den nicht abgesandten Briefen an Fiedler. Aber er brachte es nicht fertig, zu schweigen. Am 31. März schrieb er:

»Etwas, was vor der Hand noch unter uns bleiben mag, muß ich Ihnen mitteilen. Mein Genius, den ich mit geduldiger Seele erwartet habe, ist wieder über mich gekommen. Da das nicht rein zufällig, sondern nach ungeheurem Ringen geschieht, so denke ich auch, daß er mich nicht wieder verlassen wird. Wenn nicht Krankheit und Mangel hinderlich dazwischen kommen, so werden nun wohl meine Bemühungen schöne, wenn auch späte Früchte tragen.

Nach zwanzig langen Jahren fortwährender Bitternisse, denn ›ben duro è mangiar il pan d'altrui‹, bin ich gegen die Beständigkeit des Glückes sehr mißtrauisch geworden; ich bitte Sie also, mir mit freudiger Zuversicht noch so lange Geduld zu gewähren, als nötig ist, zwei oder drei Bilder zu malen, was bei der vollständigen Freiheit, die ich nun erlangt habe, nicht lange über den Sommer hinaus währen soll. Nehmen Sie mir diese Zeilen nicht übel, lieber Fiedler.«

Ein paar Tage darauf meint er, Fiedler würde wohl über das verrückte Schreiben gelacht haben. Aber es sei nicht zu widerrufen. Am Abschluß dieses Jahres würde man das beurteilen können.

Damals ist wahrscheinlich die erste Idee der »Hesperiden« entstanden.

Was Marées die Jahre gequält hatte, war nicht etwa ein technisches Problem. Mit den »Darstellungsmitteln«, über die er sich nun im reinen fühlte, meinte er nicht Pinsel und Farben. Nie hätte ihm für einen bestimmten Vorwurf, den es ihn darzustellen drängte, der Ausdruck versagt. Was ihm gefehlt hatte, war der Vorwurf. Das erscheint sonderbar, wenn man an den modernen Maler denkt, dem das Motiv vom Himmel fällt wie den Vögeln die Nahrung, der, der Außenwelt zugetan, überall der Darstellung werte Dinge sieht. Alles dient seiner Laune, mit jedem Vorwurf kann er sich illustrieren, Proben seiner Anschauung, seines Talentes, seines Farbensinnes, seines Geschmacks geben. Und alles, was er sieht, drängt ihn dazu. Es gibt nichts, was ihn nicht reizen könnte, seine Eigenart daran zu probieren; und wenn er aus der Unmenge von Erscheinungen, die ihn umgeben, Lieblingsmotive ausscheidet, wird deren Umfang immer noch so groß sein, daß ihm jeder Spaziergang aus der Verlegenheit hilft.

So malte und zeichnete ein Menzel und entwürdigte sein Talent zu der Bonne à tout faire, deren Betriebsamkeit man nicht ohne Pein betrachtet. So malten aber auch ein Corot, ein Renoir und viele andere, und sie erscheinen uns gerade deshalb mit unermeßlichem Reichtum gesegnet. Es war ihnen nicht bewußt, wählerischer als ein Menzel zu sein, und sie waren es wohl auch in Wirklichkeit nicht oder wenigstens nur in zufälliger Weise, in ihren unmittelbaren Beziehungen zu dem Vorwurf. Sie waren es im Mittel. Sie hätten vielleicht aus den zahllosen Szenen, die Menzels Gourmandise verschlang, reizende Bilder gemacht, weil sie bildhafter sahen, weil sie aus denselben Motiven andere Formen gewinnen konnten. Sie hatten für die Unzahl der Motive eine Unzahl von Möglichkeiten in ihrer Kunst, verstanden mit Format, Ausschnitt, Farbe und der Massenverteilung zu wirtschaften. Menzels Mangel war die Disharmonie zwischen der Vielseitigkeit seines nicht geringen Appetits und der Art seiner Organe, die im Grunde ungemein beschränkte Tonleiter seiner Kunst, der viel zu viel zugemutet wurde. Wie hätte er auch sonst so schnell fertig werden sollen! Doch kann man mit gewissen Einschränkungen der ganzen modernen Kunst im Vergleich zu der alten etwas Ähnliches nachsagen, ohne einen unbedingten Vorwurf damit zu verbinden. Sie ist zu vielseitig. Das ist insofern kein Vorwurf, weil die Vielseitigkeit in der ganzen Art unserer Kunst begründet liegt. Wir können von einer organischen Äußerung unserer Welt, die unendlich komplizierter ist als die der Alten, nicht die Einfachheit der älteren Kunst verlangen. Auch muß man die Vielseitigkeit als notwendige Folge aller möglichen Errungenschaften unserer Zeit vor der alten ansehen. Sie wird unserer größeren geistigen Freiheit verdankt und ist ein Symbol dieser Freiheit. Jede Beschränkung von außen würde uns wie ein frevelhafter Eingriff erscheinen. Doch können wir uns wohl eingestehen, daß die Freiheit uns auch den Mangel einer gewissen freiwilligen Beschränkung gebracht hat, der dem Betrachter unserer Kunst, auch dem dankbarsten, immer fühlbarer erscheint, je mehr sie sich der Gegenwart nähert. Unsere großen Meister haben es im Instrumentieren viel weiter als die alten gebracht. Man könnte sogar sagen, das gute Instrumentieren sei bis zu einem gewissen Grade populär geworden. Aber es wird fast nur noch instrumentiert. Der Vorwurf, den man mit viel größerem Recht unserer Musik machen kann, trifft die moderne Malerei an einer edleren Stelle. Man kann sich bei aller Bewunderung der Fruchtbarkeit eines Renoir nicht der Einsicht verschließen, daß seine überreiche Produktion auf Kosten der Konzentration seiner Gaben zustande kommt. Er unterliegt keinem verdammungswürdigen Trieb, vielmehr jener überquellenden Lebensfreude, die wir auch an Rubens bewundern. In seinem Œuvre überwiegt die Improvisation. Sie ist so kostbar und reizvoll, daß man um nichts darauf verzichten möchte. So wenig man sich

Rubens anders denken kann, sowie alle Einwände gegen des Flamen Überproduktion vor seinem siegreichen Lachen zunichte werden, so wenig kann irgendein ethisches Bedenken uns von Renoir zurückhalten. Doch schickt sich seine Art nicht für alle. Was wir an seiner Malerei bemerken, was hier wie bei Rubens eine mit der Anlage untrennbar verbundene Notwendigkeit scheint, wiederholt sich in der ganzen modernen Malerei der Franzosen, und da sie die Führerin ist, in der modernen Kunst aller Völker. Immer werden wir im einzelnen hundert Entschuldigungen finden, in glücklichen Fällen nicht einmal der Entschuldigung bedürfen. Sobald wir aber das Symptom als Eigenschaft der Kunst, nicht als ein Merkmal eines Künstlers auffassen, wird es bedrohlich. Denn dann bedeutet es eine mit keinem Vorteil wettzumachende Degenerationserscheinung. Wir können sie mit der Entwicklungsgeschichte erklären, aber kommen damit nicht über die Schlüsse hinweg, die sich unheilvoll genug für die Zukunft ergeben.

Diese Einsicht trieb Marées zum Monumentalen. Wir sahen, das schwebte ihm schon seit vielen Jahren vor und es hatte die Produktion in den verschiedenen Phasen seiner Entwicklung mitbestimmt. Seit den Fresken war der Drang immer mächtiger geworden. Nichts anderes hatte ihn gelähmt. Denn so stellte sich die Frage: war es überhaupt möglich, ohne die individuellen Kräfte des Talents, die doch irgendwie und zwar so innig wie möglich mit den allgemein wirksamen Kräften der modernen Kunst zusammenhängen mußten, zu gefährden, dem Genie zu gehorchen, das zum Monumente drängte. Und wenn schon diese Frage, die bisher praktisch noch nie mit positiven Resultaten beantwortet worden war, eine Lösung fand, wie stand es mit der zweiten: war solche den herrschenden Instinkten nahezu entgegengesetzte Umzüchtung ohne materielle Grundlagen möglich? Kunst ohne von außen gesetzte Schranken, sagte Marées einmal, sei wie eine Frau, die der leitenden Hand des Mannes entbehre. Aber wo war diese Schranke? Wer setzte sie? Dieses von außen Kommende, das dem Künstler Ersatz für das vom äußeren Zweck genesene Spiel seiner Laune brachte, das seine Vielseitigkeit richtete, seiner Improvisation eine gleichzeitig beschränkende und erweiternde Spannung geben sollte, was konnte es anders sein als die Aufgabe, einen würdigen Raum würdig zu zieren! Das hatte Marées damals an San Francesco gelockt. Sein erster Gedanke, als die Erwerbung zur Diskussion stand, war die Aussicht auf ein Besitztum gewesen, das man mit der Zeit zu einer harmonischen Kunststätte verwandeln konnte. Ob mit Fresken oder mit anderen Malereien, das war eine Nebenfrage. Wenn man nur erst den Raum hatte! Fehlte der aber, so kam die Tendenz einer Monumentalkunst beinahe der Utopie gleich, Fresken zu malen ohne Wände.

Mauern! Gebt uns Mauern! Wir kennen seit Jahren den Ruf in allen Sprachen. Er war am lautesten in den Ländern, die mit Frankreichs Kunst nicht Schritt gehalten hatten und sich, da sie nicht vorwärts konnten, zur Vergangenheit zurückwandten. Aber er wurde auch in Frankreich selbst vernommen, und zwar kam er da nicht nur von den Reaktionären, die nach dem Staatsauftrag lüstern waren, sondern auch von den Jungen, von den Erben desselben Impressionismus, der alles gegen die Monumentalmalerei getan hatte. Die jungen Franzosen sehen sich heute am Ende einer jahrhundertelangen Entwicklung, zu der viele Meister anderer Kulturen mit und vor den Franzosen beigetragen haben, die aber für Frankreich, dank der entscheidenden Teilnahme seiner Meister, zum roten Faden seiner Kunstgeschichte geworden ist. Die Impressionisten von 1870 haben den Kampf gegen die von den Alten überlieferte Form entschieden, am konsequentesten Cézanne und Monet. Die beiden sind so weit gegangen, daß die anderen, Manet, Renoir, Degas, neben ihnen und ihren Anhängern verhältnismäßig altmeisterlich erscheinen, namentlich wenn man sich an ihre Hauptwerke hält. Monet glaubte, der bildlichen Erscheinung die optischen Phänomene der Natur zugrunde legen zu können und gelangte von Stufe zu Stufe schließlich dazu, sich mit der Darstellung des farbigen Staubs in den Strahlen der Sonne zu begnügen, ein Spiel für Kinder. Es gibt kaum ein erschütternderes Beispiel für das, was unsere schrankenlose Zeit von der Kunst an Opfern fordert, als das Schicksal dieses Enthusiasten der Natur, der, einst der Anführer einer ruhmreichen Generation, den Schauplatz mit dem Prestige verläßt, an der Natur wie an einer fixen Idee, man könnte fast sagen, an einer perversen Leidenschaft, zugrunde gegangen sei. Er führte seine Richtung zum Absurden und erleichterte der Jugend die Reaktion. Noch bevor er seiner Malerei den letzten Stoß ins Wesenlose gab, waren van Gogh und Gauguin, beide seine direkten Nachkommen, auf dem Platz und plädierten mit machtvollen Werken für eine neue Synthese. Man muß sich diese Geschichte, die erst nach Marées begann und unmittelbar nichts mit seiner Geschichte zu tun hat, vor Augen halten, einmal, um zu erkennen, daß sein Instinkt, der sich nach der allgemeinen Meinung ein weltfremdes, ergrübeltes Ziel setzte, in Wirklichkeit nur der Zeit voraneilte und eine ihrer wichtigsten Aufgaben, im Grunde die entscheidende, die den Lebensnerv der Kunst angeht, vorwegnahm; zweitens, um den Umfang unseres Problems zu erfassen und begreiflich zu finden, daß sich Marées nur allmählich, mit großem Aufwand von Anstrengung und Zeit, seiner bemächtigen konnte.

Monet galt Gauguin, als er zu eigener Persönlichkeit erwachte, und Gauguins Anhängern, die bald zahlreich wurden, als der Pol, von dem man sich nicht weit genug entfernen konnte. Alles dem Impressionismus so entgegengesetzt wie möglich zu machen, wurde das Ziel. Hart werden! predigte Gauguin. Keine Töne, sondern Farben, starke Kontraste, kein Auflösen im Licht, sondern feste Schriftzüge! Am liebsten hätte man Bilderbogen gemalt. Der Gegenstand des Bildes, der Monet so gleichgültig wurde, daß er einen und denselben indifferenten Ausschnitt der Natur zehnmal mit verschiedenen Lichteffekten wiederholte, rückte in den Mittelpunkt des Interesses. Man malte Heiligenbilder. Die Wände der Herberge der Kolonie in Pouldu bedeckten sich mit kindlichen Fresken. Man pflegte Beziehungen zur Literatur und trieb jegliche Art von Symbolismus. Die Natur wurde zur Feindin gestempelt und wem es einfiel, nach Modell zu malen, der wurde jählings verbannt. Von der vorhandenen Kunst galt das, was der zukünftigen dienen konnte. Degas schätzte man, weil er Linien hatte, und die Olympia des frühen Manet, weil sie Konturen besaß. Ingres wurde verehrt. Gauguin gewann aus Degas einen neuen scharfkantigen Umriß. Er stärkte ihn mit Reminiszenzen der Primitiven und umgab damit möglichst schematische, stark farbige Flächen, wie sie die Japaner zeigten. Gauguin tat sich im Primitiven nicht genug. An der Kultur des impressionistischen Europas verzweifelnd, zog er sich nach Tahiti zurück und schnitt barbarische Sagen in Holz. Es ist weiter nicht merkwürdig, daß er bei alledem ein großer Künstler blieb und trotz des wilden Eklektizismus die Eigenart behielt. Seine künstlerischen Triebe widerstanden dem Intellekt, der der Kultur entfloh. Doch kann man sich denken, was aus einem weniger von der zeitgenössischen Kultur durchdrungenen Empörer geworden wäre, und es ist noch viel weniger merkwürdig, daß die Richtung, die er auch mit den Werken seiner Genossen zu inaugurieren meinte, bald im Sande oder im Kunstgewerbe verlief. Die anderen hatten nicht seine immanenten Widerstände, und soweit sie sich nicht von ihm frei machten, hat sie der einst so ungestüme revolutionäre Sinn ins Akademische getrieben. Van Gogh, der größere Freund Gauguins, den ein viel tieferes und edleres Sehnen, ein starkes Naturgefühl zur Synthese zog, der für die gläubige Einfalt der Bauern und Fischer, weil er sie der Natur am nächsten glaubte, zu schaffen wähnte, ist zeitlebens einsam geblieben und hat nach seinem Tode, während seine Bauernbilder in die Gemächer des Luxus wanderten, ein wenig edle Nachfolgerschaft gefunden, die wiederum nur das billig Nutzbare seines Stils ersieht. Und ihn selbst hat vielleicht nur das rasende Temperament von einer Verbilligung seiner dekorativen Formen zurückgehalten. Man spürt in manchem seiner spätesten Bilder die Gefahr.

Aber es scheint, daß auch den Impressionisten selbst die Grenzen ihrer Kunst zuweilen zum Bewußtsein gelangten und sie zu einer vorübergehenden Modifikation der Richtung bestimmten. Wir wissen, welche Nachklänge die entscheidenden Frühwerke Manets in seinem Schaffen fanden, und daß er sich nur zögernd zu den Theorien Monets bekehrte. Im Dasein Renoirs gibt es eine nicht unbeträchtliche Periode, die deutlich in die Richtung des Monumentalen gravitierte und die beispiellose Fruchtbarkeit seines Schaffens eine Zeitlang unterbrach. Die Periode liegt in den achtziger Jahren. Man schätzt sie heute in Paris nicht sonderlich hoch, weil sie der Vorliebe des Amateurs die losen Reize der gewohnten Pinselführung versagt und das beliebte beau morceau zugunsten einer weiteren, umfassenderen Wirkung vernachlässigt. Damals hat die Verkörperlichung des Nackten Renoir intensiv beschäftigt. Sie drängte seine geschwinde Improvisation zurück. Ingres stritt in seinen Vorstellungen mit Rubens, und daraus gingen die gewaltigen festumrissenen Körper gewisser Baigneuses hervor, die des goldenen Rahmens, der sie umschließt, zu spotten scheinen; Fragmente gewaltiger Fresken, die nur die Notdurft auf die Leinwand gebannt hat. Und selbst Cézanne, der anscheinend nur dem Malerischen Hingegebene, in dem man gern und mit grober Verkennung den am wenigsten Spekulativen der vier Hauptführer erblickt, hat zu dem Problem beigetragen. Cézanne widerstand den Versuchungen, denen Monet unterlag. Er war nicht weniger konsequent, er war unvergleichlich konsequenter, aber bezog sein Folgevermögen nicht auf ein Phänomen der Optik, sondern auf das Gesetzmäßige, das er aus der Natur für die Malerei gewann. Nicht die Natur ist das Phänomen, das uns in seinen Bildern so sehr gefangen nimmt, das uns nur mit Mühe andere Bilder neben den seinen zu betrachten erlaubt, sondern sein Instinkt, der das Ungreifbare zu organischen Gebilden formt. Die Form war für den Maler Farbe, durfte nur aus dem Farbigen entstehen. Das hatte er mit Monet gemein und Monet hat es ihm gesagt. Das organisch Farbige allein hatte alles zu ersetzen, was die Alten mit ihren Mitteln an Illusion erreicht hatten. Man konnte damit modellieren. Trieb man die Abtönung bis zum Äußersten, so entstand die Rundung von selbst, und die Körper und die anderen Dinge des Bildes erhielten alsdann die durch nichts zu ersetzende gleich natürliche wie immaterielle Substanz. Das war im Prinzip nichts anderes als Monets Theorie. Man könnte auch Cézannes unverhältnismäßige Überlegenheit nicht mit dem Hinweis auf die unvergleichlich größere Farbenempfindlichkeit seines Auges oder auf seinen viel subtileren Geschmack erklären. Das sind alles Kleinigkeiten im Vergleich zu dem fundamentalen Unterschied zwischen beiden. Cézanne sah die Form, die er auflöste. Nicht die Analyse trieb ihn zu so außerordentlicher Aufbietung seiner Mittel, nicht das unsinnige Begehren Monets nach dem Licht, d. h. nach einem in der Kunst wesenlosen Abstraktum, sondern die Sehnsucht nach einer neuen Form, deren Möglichkeiten sein Instinkt, der Instinkt eines durch und durch traditionell gesinnten Schöpfers, erkannte. Dieses Formgefühl war nichts anderes als seine Vision, das, was Marées das »Ideal« des geborenen Künstlers nannte, ein bestimmtes Verhältnis zur Welt, das von allen Beobachtungen der Natur nur gereinigt und gestählt, nie gefährdet werden konnte. Die Natur war gewissermaßen nur ein selbst gewähltes Filter, durch das die Eigenart hindurchfloß, um zur Kunst zu werden. Bei keinem anderen Meister der Gegenwart, mit einer Ausnahme, fühlt man das Natürliche der Gestaltung so unabhängig von der Natur. Die Ausnahme ist Marées, der ihm darin gleicht, und vielleicht ist es diese Gemeinschaft, was uns zuweilen bei dem einen an den anderen denken läßt. Aber bei Marées beruht das Natürliche jenseits von der Natur auf ganz anderen Gründen. Man wird vor einem Bild Cézannes im selben Augenblick an Limousiner Emails und an die Landschaft erinnert, die es darstellt. Vor seinen kleinen Legenden steht man wie genarrt. Ein phantastisches Leuchten vielfarbiger, vielgeformter Flächen, die ein Schütteln der Leinwand zusammenbrachte, wahllos durcheinanderschwimmend und wie mit einem einzigen Wurf gebannt, nirgend begrenzt und das kaum Wahrnehmbare mit letzter Genauigkeit sichernd. Auch dies ist eine »Fleckentheorie«, das äußerste, was Flecken geben können. Grecos Mystik, Delacroix' Heroismus und die Heiligenbilder dunkler Zeiten, alles Märchenhafte, das je von Menschen ersonnen wurde, spielt in leichten, kaum die Leinwand bedeckenden Flecken. Man könnte glauben, er habe den Fluß der Farben mit dem Hauch seines Atems regiert. Und auch der sehnte sich nach Monumentalwerken und wäre ohne das Sehnen nicht Cézanne gewesen; saß viele Jahre an einem und demselben Gemälde, das den Traum seiner Jugend verwirklichen sollte, an dem großen Bild mit den Badenden, deren Körper unter dem Baldachin der Baumwipfel zu einem gewaltigen Ornament zusammenwachsen und doch lebend bleiben sollten, so lebendig wie die kleinen Legenden, die Stilleben und Landschaften und – brachte es nicht zusammen. Man kann mit Flecken keine Monumente bauen. Er wollte es nicht glauben und wäre nicht Cézanne gewesen, wenn er sich bekehrt hätte. Kein Wunder, daß es sich seine Nachfolger leichter machen. Auch dieser Große mußte erleben, daß gedankenlose Nachahmung ein Rezept aus ihm gewann, um das Bild auf schnellstem Wege zur Tapete zu verwandeln. Wenn der still Entschlafene den Unfug sähe, den die vermeintlich Geschickten mit seiner vermeintlichen Ungeschicklichkeit anrichten, die vor ein paar Jahren noch aller Popularität entrückt schien!

Ist dieser rapide Niedergang nach einer geradezu einzigen Blüte, dieser Zynismus der Epigonen, dem nichts heilig gilt, dieser Industrialismus, der mit Instinkten Schacher treibt, ein Zufall, eine vorübergehende Erscheinung? Sollte nicht das Schrankenlose einer nur auf die unbegrenzten Anregungen der Natur gestellten, von ungehemmten Persönlichkeiten geübten Kunst mit schuld daran sein? Jede künstlerische Tat, und sei es die reinste Essenz der seltensten Persönlichkeit, wird nur auf die Mache, auf die Instrumentierung hin betrachtet, und es fragt sich, ob diese geschulte Nachahmung besser ist als der naive Diebstahl der anderen Klasse, die sich mit der Entwendung der

Motive begnügt. Haben die großen Meister der letzten Generation das nicht selbst empfunden, als sie zuweilen daran dachten, monumentale Werke zu schaffen, Gefäße, die nicht nur die seltene Eigenart ihrer Vision, nicht nur den raffinierten Organismus ihrer Mittel, sondern damit verbunden den Enthusiasmus der kühnen Eroberer, die sie waren, die weitleuchtende Reinheit ihres Menschentums enthielten? Die vollendeten »Baigneuses« Cézannes, die zur Freske gewordenen Frauengestalten Renoirs wären vor einer lediglich analysierenden Betrachtung sicher gewesen. Die »Olympia« und das »Déjeuner sur l'herbe« haben keinen Techniker zu koloristischen Mätzchen gereizt und sind doch bei weitem, und zwar nur infolge ihrer sicheren Organisation, die bedeutendsten Werke Manets. Damals mag sich Manet auch nach einer Wand gesehnt haben.

Wände! gebt Wände, bevor es zu spät ist! Nicht allein um Kunstwerke zu sichern, die sich in verschlossene Liebhaberhäuser verlieren. Um die Kunst zu retten, die der Rationalismus an der Wurzel bedroht. Freilich, wer soll sie geben, Wände für die Spürenden, für die Unabhängigen, für die Enthusiasten. Und wenn man sie gäbe, wenn sich ein Staatsmann bereit fände, gegen den Willen der Akademiker die Postgebäude, die Handelskammern, die Kasernen der Jugend zu öffnen, wäre geholfen? Oder müßte er womöglich dann erst noch für den Enthusiasmus sorgen? In Frankreich wäre der Versuch kaum erfolgreich, und zwar gerade infolge des unübersehbaren Kunstreichtums der Nation. Das Schöne aller Art hat Frankreich so durchdrungen (Pessimisten könnten hier von einer durchseuchenden Ästhetik reden), daß die große Persönlichkeit kaum noch mit den Mitteln des Malers das Besondere erfassen kann, das sie über die Masse erhebt und nicht gleichzeitig der Masse entzieht. Sie findet nicht mehr die schlichte Geste, die nun einmal zum Wesen des Monumentalen gehört, wagt sie nicht mehr. Der Poesie und der bildenden Kunst und nicht weniger der Musik sitzt die Angst vor der Pose tief im Genick, und die Naiven werden über Nacht zu Poseuren. Karl Hillebrand, dem kein Nationalismus die geringe Formbegabung unserer Rasse verbarg, könnte vielleicht mit seiner edlen Prophezeiung einer neuen Rolle Deutschlands in der Kunst recht behalten. Vielleicht haben ihn Gespräche mit Marées dazu gebracht. Und sicher kann die Rolle nur auf dem Gebiet liegen, das sich die Franzosen verschlossen haben. Freilich, welche Instanz hätte in Deutschland den Mut, einem Marées, wenn er heute käme, ein Denkmal anzuvertrauen! Der große Künstler wird bei uns immer einsam sein. Das ist sein Schmerz und seine Wollust. Und es wird ihm daher nichts anderes übrigbleiben, als sich zur kühnsten Fiktion zu erheben und statt der wirklichen Mauer gedachte Schranken gegen den Verfall zu errichten, die er mit seinen Fresken schmückt.

So dachte Marées. Aber die Fiktion bedurfte eines äußerlichen Anhalts, mit dem man sie irgendwie befestigen konnte. Er suchte nach einer, wenn auch nur scheinbaren, Vermittlung zwischen Staffeleibild und Freske, nach einem Rahmen, vor dem man sich einbilden könnte, vor der Wand zu stehen. Die Alten zeigten ihm den Weg. Er fiel auf das Triptychon und fand einen Vorwurf, der sich auf natürliche Weise auf die Dreizahl von zusammengehörenden Bildern verteilen ließ. Es war ein rein äußerliches Hilfsmittel. Natürlich konnte an sich die Idee, statt einer Tafel deren drei zu nehmen, nichts Positives erbringen. Für einen Menschen in seiner psychologischen Verfassung aber bedeutet sie etwa dasselbe wie für den Dichter, der sich vergebens mit einem Roman quält, die Entdeckung, daß er einen Dramenstoff unter den Händen hat. Die Aussicht auf zyklische Darstellungen machte ihm seinen Genius wohnlich. Ob gleich anfangs die Dreiteilung der Hesperiden feststand, ist fraglich. Er hat wohl das Mittelbild zuerst erfunden, mag aber die Seitenflügel, die später entstanden, schon im Kopf gehabt haben, als er an die Malerei des Mittelbildes schritt. Dieses wurde keinesfalls vor dem Juli 1878 auf der Tafel angefangen. Marées ging mit großer Vorsicht zu Werke und machte, bevor die Malerei begonnen wurde, viele Zeichnungen. Sicher ist nur ein geringer Teil von ihnen erhalten.

Als Fiedler im Juni in Rom war, erfuhr er noch nichts von dem Plan. Dagegen sah er im Atelier verschiedene unvollendete Bilder, über die er sich mit Teilnahme aussprach. Es mögen unter anderen die beiden noch in Florenz begonnenen Bilder gewesen sein und bestimmt die Lebensalter, die damals wohl schon der Vollendung, das heißt dem gegenwärtigen Zustand, nahe waren.

Die »Lebensalter«, die wesentliche Frucht der »mageren Jahre«, sind das Symbol trockener Problemkunst. Das Bild verbindet die Neapeler Fresken mit den Hesperiden und führt das Motiv weiter, das in dem Neapeler Gemälde mit dem Orangenpflücker begonnen wurde. Dort war es ein Wald mit bekleideten und nackten Menschen, die nur als Begleiter des Landschaftlichen auftraten und mit den Bäumen dasselbe vegetative Dasein führten. Keine besondere Absicht schrieb ihnen in dem Zusammenhang eine Rolle vor. Sie waren da, um die Sonne und den Schatten zu genießen. Der Maler hatte lediglich farbige Wirkungen mit ihnen versucht, um das Spiel seiner Atmosphäre zu bereichern, und er hätte das Motiv, so wie es da war, nicht weit von Neapel finden können. Gerade dieser Eindruck unterscheidet die Freske durchaus von den »Lebensaltern«. Das Bild wurde, das empfinden wir, nicht nur nicht aus der Natur entnommen, ist nicht nur undenkbar bei Neapel oder irgendwo, sondern ist unnatürlich. Es entbehrt der eigenen Natur. Dieser Mangel ist bestimmender als alles andere, und das, was man in beiden Darstellungen etwa Gemeinsames finden könnte, tritt vor diesem kapitalen Unterschied zurück. Die Komposition ist reicher geworden. Der Wald der Neapeler Freske ist durch nackte Gestalten ersetzt. Schöne Menschen strecken statt der Bäume ihre Arme gleich Ästen aus. Das Nackte trägt fast allein die Form, die Landschaft hat eine ganz untergeordnete Bedeutung. Und das Nackte ist fast nur Körper, etwas ganz anderes als das Nackte auf dem Fresko. Es gibt einen Orangenpflücker wie dort. Er kehrt sich dem Betrachter zu, hat sonst dieselbe Stellung. Aber er ist nicht dasselbe, er ist fast ein anderes Wesen; eher eine Vergröberung der Gestalten aus dem Kreise Raffaels, die aus der Plastik übertragen scheinen, als ein Geschöpf des Marées, der die Kindergruppe für die Neapeler Bibliothek entwarf. Vielleicht hat das kleine, früher dem Raffael zugeschriebene Bild »Apollo und Marsyas«, das jetzt im Louvre hängt, und das Marées in dem ersten Jahre nach seiner Übersiedlung nach Rom wiederholt bei dem damaligen Besitzer Morris Moore bewunderte, beigetragen, die alte Verehrung für den Kreis des Urbinaten aufzufrischen.

Die »Lebensalter« gehören zum Kreise der Florenzer Bilder, mit denen Marées vergeblich eine Kombination des Nackten mit der Landschaft versuchte, vielleicht unter einem vorübergehenden intellektuellen Einfluß Böcklins. Sie sind viel vollendeter als die »Männer am Meer« usw., will sagen, vollständiger. Jede einzelne Gestalt ist in den Umrissen präzis gegeben. Aber es fehlt das Innere der Körper. Der greifende Mann ist eine Gliederstudie von ängstlicher Anatomie. Man glaubt fast, die Gliederpuppe zu sehen. Etwas ungewollt Greisenhaftes ist ihm

Die Lebensalter. 1878

eigen. Es steckt in der Darstellung, nicht in dem Gegenstande, in diesem zaghaften Abtasten nach dem Modell, das nur auf das Greifbare gerichtet ist und jeder Intuition aus dem Wege geht. Und die Körper bekommen trotz alledem keinen überzeugenden Umriß. Es fehlt ihrem Äußeren an der Wirksamkeit, die fähig wäre, die Linie zur Form und die Form wieder zum Leben zu verwandeln. Man sieht von der Frau, deren Körper zur Hälfte von dem schönen nachdenklichen Jüngling verdeckt wird, wirklich nur die Hälfte, begreift nicht, wo die schemenhafte Hand mit der Frucht neben dem Kopf herkommt, würde es auch dann nicht begreifen, wenn die Anatomie hier sicherer getroffen, wenn die Zeichnung objektiv richtiger wäre. Es fehlt an dem Subjektiven. Die Menschen sind von einem Standpunkt aus gesehen, der immer nur gerade eine Gestalt umfaßte, sie wurden gleichsam aus der Anschauung durchgepaust und auf die Tafel geklebt. Ich will nichts gegen die glatte Malerei sagen. Die beiden Gestalten auf dem vorhin erwähnten Bilde des Louvre sind weit glatter gemalt, und doch ist das Bild entzückend und hat sein eigenes Leben. Was gegen die Malerei der »Lebensalter« spricht, ist das Zwecklose der Pinselei. Es geht dem Auftrag wie dem Umriß. Er kommt nicht von der Stelle, beschränkt sich immer nur auf einen Arm, ein Bein, einen Rumpf, im besten Fall einen Körper. Dadurch verlieren die Gestalten jede über das Motiv hinausgehende Beziehung zueinander. Sie haben keinen gemeinsamen Horizont oder nur den mechanischen Ersatz eines solchen. Der Himmel ist hinter ihnen, statt darüber. Über ihnen ist nur die Leiste des Bilderrahmens. Da hört das Bild auf und geht bestimmt nicht weiter.

Es sind dieselben Mängel, die wir schon in einigen Florenzer Bildern fanden. Sie wären unbegreiflich, wüßten wir nicht, welche Absichten Marées mit den Bildern verfolgte. In dem großen Bild mit den drei Jünglingen unter Orangenbäumen, an dem er auch in dieser Zeit gemalt haben mag, überwand er einen großen Teil der Mängel mit der glänzenden Komposition der drei Gestalten. Man wird vergebens in den »Lebensaltern« nach einem System suchen von der Art des Linienspiels, das wir in den »Drei Jünglingen« fanden. Und was wir dort über die spätere Modifikation der Farbe des Bildes sagten, der sicher ein nicht geringer Teil der Wirkung des Bildes, wie wir es kennen, zukommt, kann, wenigstens im gleichen Umfang, von den »Lebensaltern« nicht gelten, und zwar abgesehen davon, daß das Bild tatsächlich der Übermalung entging. Das Bild mangelt des rechten Bodens für eine ergänzende Übermalung, weil ihm die sichere Konstruktion fehlt, die den »Drei Jünglingen« selbst in primitivster Untermalung einen festen Halt verleihen mußte. Marées hätte das Bild später mit malerischen Reizen ausstatten, den Körpern Fleisch, der Landschaft leuchtende Fernen geben können, aber er wäre schwerlich über den zu eng bemessenen Rahmen hinweggekommen, wenn er nicht die Komposition der Gestalten, namentlich im zweiten Plan, von Grund aus geändert hätte. Die Schwäche der Komposition ist um so erstaunlicher, als sich Marées, wie aus den zahlreichen Zeichnungen hervorgeht, gerade mit dem linearen Bau des Bildes sehr eingehend beschäftigt hat. Wieviel dankbarere Motive gibt es unter den Idyllen-Zeichnungen! (Freilich mag manches Bild nach diesen Entwürfen verloren gegangen sein.) Man könnte meinen, er habe sich absichtlich die Sache schwer gemacht, um auf den Grund seiner Mittel zu gelangen.

Wie lebhaft Marées in Rom noch immer an die Neapeler Bibliothek dachte, bestätigt auch das kleine Bild mit dem grabenden Mann, in dem er eine weitere Gestalt derselben

Freske, an die sich die »Lebensalter« anlehnen, ersetzte. Es ist der Greis in Hemdärmeln, der auf dem zweiten Plan den Boden bearbeitet. Die Stellungen stimmen annähernd überein, nur ist jetzt der Oberkörper viel gebeugter, und der ganze Körper nackt. Die sitzende weibliche Gestalt im Hintergrund ist glänzend dazu erfunden. Im übrigen ist das Ganze ein flüchtiger Einfall. Der Orangenpflücker der »Lebensalter« war ursprünglich auch noch, wie die Zeichnung beweist, in dem Orangenhain mit den drei Jünglingen vorgesehen, den Marées im Juli 1878 begann, aber viel später erst nach zahllosen Übermalungen vollendete. Sicher räumte die ursprüngliche Komposition der Landschaft nicht die breite Beteiligung ein und war nicht so einfach. Man braucht sich nur den dritten, jetzt im Hintergrund sitzenden Knaben dem Vordergrund näher oder durch den Orangenpflücker im ersten Plan ersetzt zu denken, um eine Hauptwirkung einzubüßen. Das Bild hat alles, was den »Lebensaltern« fehlt, trotz der kaum merkbaren Komposition. Wo Luft und Licht ist, hat es der Baumeister leicht. Das Zickzack der Pläne, in das die drei jugendlichen Gestalten in den köstlichen sich selbst überlassenen Stellungen wie Blumen hineingestreut sind, scheint sich ins Unendliche zu verlieren, und wir denken uns leicht noch hundert Glückliche in diesen fruchtbaren Gefilden dazu. Den »Lebensaltern« fehlt das beste von Marées, die Tiefe.

Marées' Freunde aber waren anderer Ansicht. Im Winter brachten die »Lebensalter« einen regelrechten Erfolg. Fiedler kam wieder nach Rom und ins Atelier und bat im stillen dem Freunde das übertriebene Mißtrauen ab. Das Bild hatte ihm schon im Frühling nicht übel gefallen. Jetzt sah er sich's genauer an. Schließlich bat er darum. Marées willigte mit Freuden ein, hätte nur gern noch dies und jenes verbessert. Aber Fiedler hatte

Angst, der Unzufriedene würde wieder wie gewöhnlich das glücklich Erreichte verderben, bestand darauf, das Geschenk gleich mitzunehmen, und entführte es richtig aus dem Atelier. Das war ein Lichtblick. Sie kamen sich wieder näher. Fiedlers Gattin hatte diesmal die Reise mitgemacht. Marées war gegen Frauen mißtrauisch geworden. Er wurde aufs Angenehmste enttäuscht. Sie habe ihm, schreibt er an Kleinenberg, sehr gut gefallen. Es spreche schon genügend für eine Frau, wenn sie alte freundschaftliche Beziehungen des Gatten eher auffrische als störe. Zum Dank sollte die »Signora bionda« das Bildnis des Gemahls erhalten. Er machte nach Fiedler im Dezember mehrere Zeichnungen, die ihm für das Porträt dienen sollten. Ende des Jahres, nachdem man Marées' Geburtstag fröhlich gefeiert, reisten Fiedlers nach Florenz, wo sie bis zum Frühling blieben. Die »Lebensalter« wurden mitgenommen und fanden in San Francesco begeisterte Aufnahme. Hildebrand, dem die den Bildhauer anregenden Qualitäten des Bildes wertvoll waren, setzte sich gleich hin, um das Bild zu kopieren, und Böcklin schrieb einen wahren Hymnus an den Freund. Das Werk »habe ihn ergriffen, wie ihm das nur bei den besten Kunstwerken, die er überhaupt gesehen, geschehen sei«.[1] Die »Lebensalter« erschienen allen wie ein sicheres Zeichen der Reife. Im Interesse der Kunst kann man die voreilige Entführung des Bildes nicht genug beklagen. Wir wissen, was wir von der Furcht vor Marées' Überarbeitungen zu halten haben. Sicher hätte er dem Bilde nicht die trockene Epidermis gelassen, und wenn die alte Komposition fiel, hätte sie besseren Ersatz gefunden. Die Forschung verdankt der schnellen Initiative Fiedlers einen sicheren Anhalt für einen Zustand des Malerischen, den wohl alle Bilder von Marées jener Zeit mehr oder weniger vorübergehend durchgemacht haben, und man kann sich auf diese Weise die Entwicklung jedes einzelnen Werkes ungefähr vorstellen. Für Marées' psychische Verfassung aber war die Entführung des Bildes ein wahres Glück. Die Anerkennung tat ihm not. Fiedler versenkte sich mit der Gründlichkeit, die ihm eigen war, in das Werk und fand immer neue Argumente des Lobes, mit denen er nicht zurückhielt. Er ist noch oft, auch noch später, auf das Bild zurückgekommen. Was ihm daran gefiel, war das, was seine eigenen Gedanken über Kunst anscheinend bestätigte. In Deutschland auf den Ausstellungen sah er immer nur »Einzelanschauungen«, oder den ihm gründlich verhaßten Naturalismus, d. h. Produkte von Schreiern, »die von der Natur nur so viel wissen, als sie gerade im Augenblick sehen«. So schrieb er. Die Lebensalter aber gaben die Summe von Eindrücken. »Nur wer viel von der Natur weiß, kann gleichsam sinnliche Abstraktionen geben, er wird sich dann auf das Notwendigste beschränken können, weil jedes einzelne dem Verstehenden den Blick in eine ganze Welt der Vorstellungen eröffnet: hinter anscheinender Einfachheit wird sich unendlicher Reichtum verbergen, während so oft hinter anscheinendem Reichtum eine grenzenlose Armseligkeit steckt. Mir erscheint auf Ihrem Bilde jede Gestalt, jeder Berg typisch, das Ende und der Ausgangspunkt einer ganzen Reihe von Vorstellungen.«[2] Fiedler hatte recht, alles das ist in dem Bilde. Aber es genügt nicht. Wohl hatte die Reihe von Vorstellungen einen Abschluß gefunden, aber zu früh. Der Abschluß hatte nur die Eigentümlichkeit, Fiedlers und seiner Freunde Vorstellungen zu ergänzen, und wurde bewundert, weil er abschloß. Wohl war das Eigentümliche der Gestalten und der Landschaft typisch, aber es blieb in diesem Bilde doch nur eine Einzelerscheinung besonderer Art. Vielleicht fehlte gerade eine Dosis des verhaßten Naturalismus, um die Abstraktion wieder zu überwinden. Fiedler arbeitete damals an seinem zweiten Aufsatz »Über Kunstinteressen und deren Förderung«, und er mag in seiner generösen Bescheidenheit auch an sein eigenes schwankendes Urteil über Marées gedacht haben, als er wieder, und noch energischer als in dem ersten Aufsatz, auf die künstlerische Tätigkeit als Quelle aller Kunsterkenntnisse wies und sich gegen die philosophisch-ästhetischen Theorien und gegen die Anspruchsvollen wandte, »die selbst der künstlerischen Kraft ermangeln und der Welt den künstlerischen Inhalt, dessen sie bedarf, vorschreiben wollen«. Die Erfahrung mit den »Lebensaltern« zeigte ihm, daß dem Nichtkünstler immer nur übrig bleibe, sich der künstlerischen Kraft unterzuordnen und ihr zu dienen, »damit sie in ihrer Entwicklung weder durch die Ungunst der äußeren Bedingungen, noch durch den Mangel an entgegenkommender Teilnahme gehindert werde«.[3]

Es war für Marées eine Freudenzeit, und er dankte mit überschwenglichen Worten. Nun sei »die Pflanze wieder einmal begossen«, und es werde sich zeigen, wie gut das ihrem ferneren Wachstum und Gedeihen bekomme. Die Teilnahme, das Einverständnis und schließlich das Wohlgefallen der wenigen Menschen, die er schätze, seien ihm mehr wert als alles, was die Welt sonst zu bieten vermöge. Über Böcklins Briefe habe er sich beinahe geschämt. Überhaupt sei »dieser Zustand höchsten Glückes« für ihn etwas so Neues und Ungewohntes, daß es ihm schwer werde, sich zu fassen. Fiedler ließ sich bestimmen, nochmal im März auf ein paar Tage zu kommen, und gab Marées wieder unverhohlene Beweise festen Vertrauens. Wenn Marées je gefürchtet hatte, es könnte etwas zwischen sie kommen, jetzt war er Fiedlers ganz sicher. Die herbe Erinnerung an San Francesco war vergessen. Wenn Hildebrand gekommen wäre, hätte er ihn umarmt. Selbst Schack, der damals als neugebackener Graf nach Rom kam, erhielt kein bitteres Wort und wurde mit freundlicher Herablassung – »scherzando« nannte es Marées – behandelt.

Diese Stimmung verrät den weichen Kern des Zynikers und bestätigt, was ich früher von den Bedürfnissen des Einsamen sagte. Mit einem Schlage war es mit den Zweifeln des übervorsichtigen Kunktators vorbei. Die »Lebensalter« sind kein Abschluß der Gestaltung, die ihm damals vorschwebte, aber der Schluß der mageren Zeit. Die Welt war da, er gehörte zu ihr, sie verlangte nach ihm. Mit vollen Händen gab er sich hin. »Geist und Körper sind gestählt, und der Schaffensdämon tobt gewaltig in mir«, schreibt er im Mai dem Bruder. Im selben Frühling ist die ganze Komposition des Triptychons der Hesperiden entstanden.

Das Mittelbild ging aus einer, der Stimmung und dem Motiv nach, den Hesperiden ganz fremden Welt hervor. Das erste Zeichen für das beginnende Bild ist eine nahezu dramatische Szene. Ein sitzender Mann hält mit flehender Gebärde die gefalteten Hände zu einer nackten Frau empor, die teilnahmslos geradeaus blickt. Sie ist nachher zu der Hauptgestalt des Mittelbildes, der Nymphe zur Linken, geworden: So sah Marées zuerst das Bild, vielleicht in einer Zeit der Sehnsucht nach der sich abwendenden Muse. Nachher verschwindet alles Dramatische. Die Haltung der Nymphen verliert das Abweisende. Weder einladend noch zurückschreckend blicken sie vor sich, wie das Wild eines Waldes, dessen Stille nie die Büchse des Jägers erschütterte. Marées nannte das Bild die »Sehnsuchtslandschaft«.

Unter den zwölf von Eurystheus ersonnenen Arbeiten des Herakles war die vorletzte, die goldenen Äpfel der Hesperiden nach Mykenä zu bringen. Die Hesperiden waren Töchter der

Nacht. Aigle, Erytheia und Hesperia hießen sie und bewachten mit Ladon, dem Drachen, die Früchte, die einst Gäa, die lebenspendende Göttin der Erde, aus ihrem Schoß gezogen hatte, um sie der Hera als Gebinde zur Hochzeit mit Zeus zu schenken. Die Äpfel waren, obwohl wie alles Gewachsene der Erde entsprossen, die köstlichsten aller Früchte, weil der Anblick allein, ihr Leuchten in dem Schatten der Nacht, höchsten Genuß verhieß. Herakles durchwanderte die Welt, weil er nicht wußte, wo der nächtliche Garten lag. Es war eine lange, gefahrvolle Reise. Viele Abenteuer bestand er, bis ihm schließlich Atlas, der Träger des Himmelsgewölbes, den Weg wies. Als er die Äpfel dem Eurystheus brachte, machte ihm der, gerührt von so viel Scharfsinn und Mut, die kostbaren Früchte zum Geschenk. Herakles aber weihte sie der Athene, und die gab sie den jammernden Nymphen zurück und hing sie wieder an die nächtlichen Bäume, wo sie heute noch hängen, von keinem Drachen, nur von heiliger Scheu geschützt, den Blicken der Beharrlichen zum Heil, die sehnenden Sinns die Welt nach Schönheit durchsuchen.

Zu dem Mittelbild, in dem das Weibliche in dreierlei Gestalt seine Schönheit offenbart, hat Marées zwei Seitenstücke erfunden, die dem anderen Geschlecht gehören. Auf dem einen zwei Männer in der Blüte ihrer Jahre, auf dem anderen der Greis und die Kinder. Beide mit den goldenen Früchten, die alle Lebensalter erfreuen. Für die Flügel waren ursprünglich, wie der Brief an Fiedler vom 11. Juni beweist, andere Kompositionen geplant; auf dem Männerbild eine größere Anzahl von Gestalten, auf dem anderen eine anscheinend ähnliche Anordnung, denn das Bild mit dem Greis und den Kindern machte das Ganze »viel mannigfaltiger«. Von den ersten Entwürfen ist nichts bekannt. Dagegen können wir uns die Genesis der Kompositionen für die gemalten Tafeln wenigstens bei dem Bilde mit dem Greise rekonstruieren. Die Verwandlung umfaßt viele Phasen. Die erste Zeichnung ist gleichsam das Ei der Komposition. Der obere Teil mit dem an die Idyllen erinnernden Bankmotiv gehört offenbar nicht dazu. Der Greis und das Kind sind schon Teile des zukünftigen Bildes, aber in Querformat gedacht und fast genrehaft behandelt. Der Alte reicht dem Knaben den Apfel. Auf dem vermutlich nächsten Blatt ist schon die Höhentendenz angedeutet. Doch bleibt der ganze obere Teil leer, und der Greis sitzt nach links. Der Flügel, so ausgeführt, würde von der Steilheit des Mittelbildes erdrückt werden, ob man ihn sich links oder rechts denkt, und nur der banale Sockel für das eigentliche Gemälde sein. Und nun ist es wunderbar, zu beobachten, wie Marées gleichzeitig die doppelte Rolle der Komposition, sich selbst und der Mitte zu genügen, im Auge hält und das Bild immer reicher gestaltet. Der Greis rückt immer mehr zurück, so daß die zu nahe Konkurrenz mit den drei Frauen schon infolge der Verschiedenheit der Pläne aufhört. Dann wird er umgedreht, ein entscheidender Eingriff, denn die mit den Hesperiden gemeinsame Ansicht von vorn wirkt zudringlich und ermüdend, und jetzt ist mit der gewaltigen Rückenlinie des Sitzenden eine vorher schmerzlich entbehrte Kurve gewonnen. Gleichzeitig entsteht der Dreiklang der Putten, die wie eine Leiter von zierlichen Leibern die Höhe füllen. Erst klingt der Reim unrein, er ist noch ungegliedert. Auch droht er, den Greis außerhalb des Gefüges zu lassen. Doch bedarf es zur Klärung nur einer geringen Verschiebung der Gruppe, einer kaum merkbaren Veränderung einzelner Stellungen. Jetzt legt der erste Putto den anderen Arm an den Kopf. Dadurch ist sofort die natürliche Verbindung mit dem Greis gegeben. Hinter dem Ärmchen wächst das Bein des nächsten Knaben hervor. Die

Kette ist gefunden. Glänzend füllt sich das Hochformat mit mächtigen und zart geringelten Gebilden, und es ist immer noch ein Greis, wie er nicht würdiger sein kann, und Kinder, die nicht kindlicher gedacht werden könnten; eine Konstruktion, ganz wie in den »Lebensaltern«, aber nicht wie dort Konstruktion von Körpern und Körperteilen, sondern Bau eines Bildes, eines Rhythmus, der mit seiner Schwingung die Körper aus Formen zu Lebewesen macht. Auch der andere Flügel hat manche Umwandlungen durchgemacht und ist wohl vor dem rechten entstanden. Die Komposition, anscheinend viel einfacher, hat gar keine Beziehung zu dem Flügel mit dem Greise und erreicht dasselbe, den Zusammenhang mit der Mitte, mit ganz anderen Mitteln. Hier wagte Marées, einer Gestalt die ganz aufgerichtete Größe zu lassen, so daß sie im Umfang den Nymphen gleich kommt. Aber sie ist ganz in den Hintergrund gerückt. Auch der vordere Mann steht, aber so gebückt, daß die Verkürzung nur Teile auf dem ersten Plan läßt. Aus der Verkürzung und dem Verhältnis der beiden Gestalten zueinander mußte ein die Erscheinung beherrschender Künstler leicht dieselbe Fülle von Bewegungen schaffen können, die auf dem anderen Flügel aus einem größeren Komplex von Gestalten hervorgeht. Ursprünglich stand der Orangenpflücker ganz im Profil, wie es die Zeichnung und die aufgegebene Tafel zeigen. Dadurch kam eine entfernte Beziehung zu dem anderen Flügel zustande, doch hatte die Profilstellung, die in dem Bilde mit dem Greise unentbehrlich war, hier den großen Nachteil, dem Bild nicht eine unverkürzte Ansicht zu lassen, und sie drängte die Linien zu nahe zusammen. Das ganze Gewicht lag auf der linken Seite, rechts entstand eine Leere. Erst mit der Breitstellung des Orangenpflückers kam die Verkürzung des anderen Mannes zur vollen Geltung, das Bild wurde stabil und das Format wiederum glänzend gefüllt.

Die Komposition dieses Triptychons ist einzig. Weder die ältere Malerei, die zahlreiche Dreiflügelbilder besitzt, noch die neuere, die sich sehr selten dieser Anordnung bedient, kennt eine gleich weise Ausnutzung der Form. Die alten dreigeteilten Altarbilder hält im wesentlichen nur das Gegenständliche zusammen. Die Mitte mit der Legende wird von stehenden Heiligen flankiert. Oder zwei andere Geschichten aus dem Leben des Märtyrers ergänzen die Begebenheit, die im Hauptbild berichtet wird. Die Bilder stehen zusammen, weil sie von derselben Hand sind, zuweilen hat der Maler auch bewußt die Farbenharmonie des Zentrums in den Seiten fortgesetzt. Nie sind die Bilder unbedingt aufeinander angewiesen. Sie würden, auch wenn man sie trennte, ihren wesentlichen Reiz behalten. In unseren Galerien hängt manche Tafel, von der niemand mehr weiß, daß sie einst zu einem Heiligenschrein gehörte. Bei den wenigen modernen Dreiflügelbildern beruht die Anordnung in der Regel auf noch flüchtigeren Beziehungen oder ist reine Willkür. Die Konzentration des modernen Malers auf das Staffeleibild, die ihn der Monumentalkunst entführt, macht ihn zu einer logischen Ausnützung des Triptychons notwendig ebenso ungeeignet oder noch weniger geeignet wie zur raumschmückenden Freske.

Man kann die Hesperiden ohne ernsten Nachteil für jedes der Bilder nicht trennen. Das Mittelbild würde starr, die Wucht des Männerbildes zu groß werden und den isolierten Rahmen sprengen, und der andere Flügel wäre allein ein Nonsens. Und diese Zusammengehörigkeit ist ausschließlich formaler Art. Die drei Motive, soweit sie sich verstandesmäßig deuten lassen, könnten durchaus getrennt bestehen und werden durch keine

Arbeitszeichnung zu den Hesperiden. 1879

Legende verbunden. Das einzig Gemeinsame im Motiv ist eine Landschaft mit Früchten. Aber selbst dieses Bindende wird gegenständlich so wenig wie möglich betont. Es fehlen alle die billigen Anschlüsse, die der Illusion eines in den drei Bildern durchgehenden Terrains förderlich werden könnten. Und doch verschwimmen die drei Kompositionen auf einem ungreifbaren Feld ineinander, sie bevölkern sich gegenseitig, ergänzen sich mit ihren Plänen und mit allen Details. Ich kann hier nicht von der Farbe sprechen, da mir die Harmonie dieser ersten unwiederbringlich verlorenen Fassung des Triptychons nur vom Hörensagen bekannt ist. Über die wesentliche Übereinstimmung der Komposition mit dem späteren Schleißheimer Dreiflügelbild, sind sich alle Zeugen, die das Triptychon noch nach dem Tode des Meisters gesehen haben, einig.

Nun denke man sich einmal nach Neapel zurück und untersuche die Wandbilder der Bibliothek auf das Kompositionelle, das in den Hesperiden den ungreifbaren Zusammenhang vollbringt. Dann meint man, trotzdem offensichtlich das Spätere aus dem Früheren hervorging, trotzdem auch da nackte Menschen wie hier vorkommen, ja, trotz der verwandten Art der Zeichnung, die die Körper begrenzt, eine andere Gattung Kunst, eine andere Welt vor sich zu haben. Wenn bei dem Vergleich der »Lebensalter« mit den Fresken das Bild gegen die Wandmalerei weit zurücktrat, weil es konstruiert wirkt, während die Freske mit dem Orangenpflücker aus einem Guß entstanden erscheint, sinkt jetzt die Freske neben dem Bilde. Die Art der neuen Komposition ist eine höhere Kunst, eine Baukunst in dem Sinne, der die Malerei als eine Kunst unter anderen, die im Bau Platz finden, begreift. Es ist der weitere Begriff, dem der engere unterliegt. Der Neapeler Dekorateur wäre unfähig gewesen, eine Komposition von der Art der

Hesperiden zu erfinden, ganz abgesehen davon, ob er sie zu malen vermocht hätte. Es galt den Begriff zu finden, die Notwendigkeit, so zu komponieren, daß drei Bilder geschlossen zusammengehörten. Hatte man drei, so hatte man zehn und so viel man für den Raum brauchte. In Neapel sind die Bilder der Nordwand nur durch die durchlaufenden Linien des Meeres und des Himmels verbunden. Es sind verhältnismäßig billige, naturalistische Mittel, über die man lächeln würde, wenn die Art der Bilder nicht von solchen Betrachtungen wegzöge. Wir hoben an den Fresken den stolzen Verzicht auf greifbare Stilisierung hervor. Jetzt baut derselbe Künstler Monumente, und wieder wird man vergeblich nach dem greifbaren Merkmale der Stilisierung suchen, an die wir heute nur zu sehr gewohnt sind.

Der Verlust dieser ersten Fassung der Hesperiden ist schwer zu beklagen. Die zufällig erhaltene Variante des einen Flügels, die wohl noch im ersten Jahre verworfen, von Marées jedenfalls während der Arbeit an der ersten Fassung ersetzt wurde, gibt keinen Begriff. Sicher stehen die Schleißheimer Hesperiden viel höher. Aber wenn nicht der Liebhaber verlor, jedenfalls hätte die Forschung Antwort auf die Frage gefunden, wie Marées damals die Macht der Komposition mit der Farbe bewältigte, wieviel der Baumeister dem Maler schuldig blieb. Daß es ohne Schulden nicht abging, darf als sicher gelten.

Die Arbeit an den ersten Hesperiden zog sich bis in das nächste Jahr hin. Sie wurde das erste Mal durch das Bildnis Fiedlers unterbrochen, das anfangs Mai fertig sein mußte, um zum Hochzeitstag der Beschenkten zurechtzukommen. Er hat vier Wochen wie ein Berserker daran gemalt; daran gemeißelt, könnte man ebensogut sagen. Fiedler hatte ihm in seiner Freude über die »Lebensalter« gestanden, was ihm immer so viel Sorgen gemacht habe, welcher Art seine Zweifel gewesen wären. Nun sollte Fiedler sehen, ob es wirklich wahr war, daß er seine Bilder, auch so ein Porträt, nicht bis auf den Punkt auf dem i wie ein alter Meister zu machen vermöchte. Wirklich wurde das Bild bis auf das letzte fertig und zu dem Dokument einer außerordentlichen Energie, von verblüffender Sachlichkeit in allen Details. Man sehe die Hände, die Nase, das Ohr! Ein plastisch gewordener Holbein. Aber in dem Streben nach dem Altmeisterlichen hat Marées den neuen Meister vergessen. Mit seinem auf nichts als Festigkeit gerichteten Fanatismus ließ er die Malerei erstarren. Es ist nicht so fühlbar wie in den »Lebensaltern«, der Bildhauer ließ dem Maler eine geschlossene Form übrig; aber man fragt sich doch, ob ein Relief solche Wirkungen nicht noch besser erreichte. Nur eins auf dem Bilde ist ganz von einem Maler und von einem mit nichts zu vergleichenden Künstler, der wußte, was er konnte und was man können darf: die schmale Lücke auf der Seite hinter der grünen Wand mit der entzückenden Landschaft. Ein Spalt, zwei Finger breit, mit Seen, Bergen, nackten Menschen, mit ganz Italien, gehaucht, gezaubert in edelsteinhaften Farben. Was gäbe man darum, wenn man die dumme grüne Wand noch einen Finger weiter schieben könnte! selbst wenn die Sachlichkeit des anderen Teils dabei zum Teufel ginge! Der Spalt ist wie das Auge von Marées, das da über sich selbst lacht und vielleicht auch über die anderen.

Die Freude der Beschenkten war mäßig und Fiedler war wieder allerlei Zweifeln hingegeben. Am Tage nach der Absendung des Porträts fing Marées die Flügel der Hesperiden an.

Um zu sehen, wie ein anderer über die Ähnlichkeit des Fiedlerporträts denke, auf die Marées größtes Gewicht legte, zeigte er es, bevor es eingepackt wurde, Volkmann, und auf diese Weise kam der Famulus zur Erfüllung seines sehnlichsten

Wunsches. Er wurde ins Atelier gelassen und gelangte nun in beständigere Berührung mit dem Vorbild. Bald kamen noch andere Schüler dazu. Die »Lebensalter« hatten dem Böcklinkreis, in dem Marées ja schon in seiner Florenzer Zeit beliebt gewesen war, nicht wenig imponiert. Im Sommer vorigen Jahres waren Pidoll[4] und sein Freund, der Maler Louis von Skene, auch ein Österreicher, ein paar Wochen mit Marées und Volkmann in Terracina gewesen und hatten schon die Übersiedlung nach Rom erwogen, um in Marées' Nähe zu sein. Nun kamen sie zusammen mit Viktor zur Helle[5], mußten aber zunächst, wie vorher Volkmann, die Quarantäne durchmachen und wurden erst im nächsten Jahr ins Allerheiligste gelassen. Dagegen ging Marées zu ihnen in ihre Ateliers und sparte nicht mit guten Ratschlägen. So verfuhr er auch mit Pausinger[6] und Prell[7], von denen übrigens nur Pausinger später Atelierschüler wurde. Prell hat nie im Maréesschen Atelier gearbeitet.

Im Juli kam Böcklin nach Rom. Marées zeigte ihm die neuen Sachen. Es war eins der wenigen Male, daß Böcklin ins Atelier durfte. Er war auf der Reise nach dem Süden, wo er Heilung von einer schmerzhaften Gelenkentzündung erhoffte, die ihn am Arbeiten hinderte und bis zur Melancholie deprimierte. Da Marées auch eine Ausspannung brauchte – das viele Stehen bei der Arbeit hatte die Füße überanstrengt – und Böcklin zuredete, gingen sie zusammen nach Ischia. Unterwegs wurden die Fresken besucht. Böcklin lobte sie eifrig. Aber Marées war von der Anerkennung nicht sonderlich befriedigt. Sie waren mehrere Wochen in Ischia zusammen und dabei kam es notwendig zu vielen Kunstgesprächen. Böcklin hatte an Marées' letzten Arbeiten und wohl auch an den Fresken Feuer gefangen und rückte mehr als früher aus sich heraus. Und während er an eine Gemeinschaft glaubte, merkte Marées immer mehr, wie »himmelweit« ihre Absichten auseinandergingen. Marées hatte schon in Florenz den Grundfehler der Böcklinschen Anschauung erkannt. Damals schrieb er: »Der Grund, daß selbst so künstlerische Menschen wie Böcklin doch so wenig befriedigend in ihren Leistungen sind, liegt wohl vorzüglich darin, daß fast alle Modernen, oder alle, von der Erscheinung ausgehen, eine Untugend – denn das ist es – die allerdings die Folge des Epigonentums ist. Das natürliche und naturähnliche Entstehen eines Menschenwerkes wird dadurch unmöglich gemacht, die Nebensachen werden zu Hauptsachen und umgekehrt. Die Erscheinung muß, scheint mir, das letzte Resultat der künstlerischen Arbeit sein und bedingt werden durch die Gegenstände, die dargestellt werden. Ich bin überzeugt, daß alle wahrhaft befriedigenden Kunstwerke wie der Mensch aus dem Fötus entstanden sind; erst mit dem letzten Strich war die Erscheinung da. Ich glaube fast, in allen Kunstsachen ist es jetzt so: man will irgendeine Wirkung auf das Publikum machen, statt wirklich darzustellen.« Böcklin machte es genau umgekehrt wie Marées, er »begann mit dem, was das letzte sein sollte«. Das trifft haarscharf den springenden Punkt. »Darum sind seine Sachen in der ersten Anlage eigentlich ebensogut, als nach vieler Arbeit. Sein Wollen ist dann schon gefesselt und artet in Spielerei aus. Aber unser modernes Leben erschwert ein rein gegenständliches Verfahren über die Maßen. Ohne Objektivität und Unbefangenheit ist kein Kunstwerk möglich, und dazu gehören Hingabe, Selbstvergessen und Geduld: Eigenschaften, die aus vielen Gründen heutzutage nicht so leicht zu erringen sind.«

Was Marées an dem Freunde schätzte, war »die Pflanze wie sie gewachsen war«, »das seltene Exemplar«. Und Böcklin wollte doch auch über das Alltägliche hinaus, tat nicht in dem breiten Strom des Naturalismus mit, haßte die Mache. Im Negativen begegneten sie sich. Und zuweilen hatte Marées an ein schmales Stück gemeinsamen Geländes geglaubt. Schwebte nicht auch Böcklin das Monumentale als Ziel vor? Sicher war er kein Staffeleimaler, wollte über den Rahmen des Bildes hinaus. »Man müsse sich beim Malen der Bilder immer vorstellen, man habe die Wand eines Hauses zu bemalen«, das war seine Ansicht.[8] Hier scheinen sich die beiden sehr nahe. Aber gerade an diesem Punkte mag sich in ihren Gesprächen am Gestade von Ischia die Kluft unüberbrückbar aufgetan haben. Denn Böcklin nahm die Fiktion wörtlich. Er verlor, während er an die Wand dachte, tatsächlich das Bild und seine unumstößlichen Gesetze aus den Augen und malte freskenhafte Gemälde, die keine Wandbilder waren und ebensowenig in einen Rahmen paßten. Für Marées war die Sehnsucht nach der Mauer das Symbol seines starken Idealismus. Sie saß in den Tiefen seines vielverschlungenen Wesens und richtete und stählte seine Kräfte. Es war die Mahnung, sich würdig vorzubereiten, wenn wirklich einmal der ersehnte Ruf erging, und doch gewappnet zu sein, wenn der Ruf ausblieb. Das drängte ihn, seine Form zu vereinfachen, seine reiche Malerkultur mit starken Widerständen zu erproben, das Gesetzmäßige zu erkennen, um ihm die Persönlichkeit zu unterwerfen. All sein Sinnen und Trachten war, frei zu werden von dem, was bei Böcklin die beste und letzte Triebfeder war: der Einfall, der Zufall, die Willkür. Wenn er jetzt drei Bretter statt eines einzigen nahm und sich einbildete, nun den Palast seiner üppigen Träume zu schmücken, war er das Kind, das sich mit Stühlen sein Zimmer zurechtstellt, den Don Quichotte, der nie den Glauben an das Wunder verlor. Aber wenn die drei Tafeln dann vor ihm standen, ward er zur eisernen Energie, die an nichts als an die Vollendung dieser drei zu einem Werke dachte, nicht ruhte, bis seine kühnsten Begierden darin geordnet zur Form geworden waren; und erreichte wirklich, daß schließlich aus der Fiktion das Wunder erblühte. Böcklin dagegen hatte kein Gesetz, keine Form, sondern Malmittel und Begebenheiten im Kopfe, und das, was er dekorativ oder monumental nannte, war die damals abgelegene Bezeichnung für ein unkultiviertes Gebaren, die Phrase, mit der sich unzulängliches Denken behalf. Unter all dem Bombast steckte ein wilder Genremaler, der von der Malerei nur die Verdeutlichung seiner phantastischen Episoden verlangte. Gerade in Ischia sollten ihm die Motive seiner populärsten Bilder einfallen. Man begreift, daß Böcklin, wie Marées schreibt, die schwachen wie auch die guten Seiten der Bilder des Freundes nur »sehr seltsam« zu begründen vermochte. »Ich ließ es natürlich dabei bewenden; aber doch, leise und für ihn unmerklich, habe ich ihn auf einiges geführt und bin neugierig, wie und ob er das verarbeitet.« Das blieb ein frommer Wunsch.

Böcklin erholte sich rasch, und auch Marées bekamen die Bäder vortrefflich. Er blieb noch eine Weile allein in Ischia. Den treuen Kleinenberg, der inzwischen Professor in Messina geworden war, traf er in Neapel und verlebte mit ihm ein paar angenehme Tage. Er war von allen seinen Bekannten doch bei weitem der anregendste. Sie gingen zusammen nach Sorrent, wo Gevatter Schlösser in gewohnter »grämlich gedankenloser Spießbürgerlichkeit« Sommerfrische hielt. Im Herbst war er wieder bei der Arbeit. Die Hesperiden gingen voran, aber Marées machte sich keine Illusion, daß von dem »Anflug von Dasein«, den die Bilder nach vielen Anstrengungen gewonnen hatten, bis zur Realisierung aller seiner Absichten noch Jahre vergehen würden. Nie würden diese Tafeln alles, was ihm

Greis und Kinder. 1879

vorschwebte, aufnehmen können. Er brachte sie jetzt in das Stadium der »Lebensalter«, also zu einer gewissen Abrundung, aber war nicht befriedigt. Nur das, schrieb er im Januar 1880, war ihm gelungen: das Triptychon war ein zusammengehörendes Ganze und bildete eine Basis, auf der sich weiterbauen ließ.

Damals traf die Nachricht vom Tode Feuerbachs ein. Sie erschreckte und betrübte Marées. Wieder einer weniger von den Wenigen. »Mag man gegen seine Leistungen einwenden, was man will, aus der Masse erhebt er sich doch in starkem Relief. Bei ihm konnte doch der Blick verweilen, als einem, der von Natur mit der Kunst sicherlich in Beziehung stand.«

Wahrscheinlich wurde um diese Zeit das erste »Goldene Zeitalter« begonnen. Es entstand aus dem rechten Flügel der Hesperiden. Bei den Versuchen, den Greis mit den Kindern so zu verteilen, daß das Höhenformat vollkommen ausgenutzt wurde, mag Marées der Gedanke gekommen sein, eine Komposition zu versuchen, die, unabhängig von den Rücksichten auf das Dreiflügelbild, das schöne Motiv mit dem Greise in breiterer Weise zur Geltung bringen könnte. Die Treppenanordnung des Hesperidenflügels wurde verbreitert. Die drei Pläne, die er dort nur mit ein paar Stufen andeuten konnte, wurden zu großen Flächen, auf denen sich gewaltige Gruppen erhoben. Das Bild verbessert die »Lebensalter«. Diese sind gleichsam dem Rahmen entlang konstruiert und es fehlt ihnen die Mitte. Zumal die gleiche Höhe des Orangenpflückers und des Paars zur Linken, die sich auf demselben Plan befinden, lähmt das Auge. Es bleibt kein Spielraum. In dem unvergleichlich wuchtigeren neuen Bilde macht der Blick eine die ganze Fläche durchlaufende Kurve. Vorn mit dem Bein des Greises, das fast bis an die vorderste linke Ecke reicht, beginnt sie, geht dann ganz nach rechts hinüber bis etwa in die Mitte der Höhe, wo der Knabe, die Frau und das Kind sitzen, weicht von da wieder links zu den beiden stehenden Gestalten des dritten Plans, und dort übernimmt die Landschaft die Bewegung und sendet wieder eine Schräge von links nach rechts, die sich noch in den fernsten Tiefen wiederholt. Man bemerkt die Absicht nicht, weil alle Körper streng vertikal angeordnet scheinen und weil alles offensichtlich Verbindende vermieden ist. Man glaubt, es seien drei ganz getrennte, individuell behandelte Gruppen, die nur ihrer Kraft und der Schönheit ihrer Posen zuliebe gemalt sind. Nichts als das Zusammensein des Alten mit dem Knaben scheint diese zentrale Gruppe zu bestimmen. Man könnte an den ehrwürdigen Gott eines mächtigen Stromes denken, der seinen Nebenfluß ausschickt. Der Parallelismus des Knaben und der Frau schließt die zweite Gruppe an. Auch diese scheint zuerst für sich allein zu bestehen. Unmerklich wellen sich die Körper des Knaben und der Frau, so daß der Blick von rechts nach links gesandt wird. Da steht das schöne Paar ganz isoliert, eine antike Gruppe. Doch es genügt auf diesem fernen Plan schon die Breitstellung des Mannes, um eine Beziehung zu der Frau des zweiten Plans und dem Knaben des ersten zu schaffen, und es genügt das Profil der Partnerin, ihr Blick nach rechts, um die dort beginnende Schräge der Landschaft zu befruchten. Es ist ein kaum merkbares Spiel. Das Mädchen am Boden, in der naiven Pose des Jungen im Hintergrund des »Orangenhains« trägt noch zur Verhüllung bei. Und eben das ist das Schöne: diese Masse von Widerständen, die der Rhythmus überwindet. Der Blick wird nicht gejagt. Langsam gleitet er von Gruppe zu Gruppe, wie das Auge des Fremdlings erstaunt und verwirrt von Palast zu Palast schweift, bis es den geordneten Plan des Forums entdeckt.

In dem zweiten »Goldenen Zeitalter«, das wenige Monate später begonnen wurde, ist die Ergänzung der Lebensalter noch deutlicher. Aus dem Orangenpflücker ist der mächtige, an den Baum gelehnte Jüngling geworden, und das Paar links wurde durch die Frau ersetzt. Wie zwei Säulen stehen sie da. Die Gefahr, die das frühe Bild bedroht, zu einem Rahmen innerhalb des Rahmens zu werden, ist hier noch größer geworden, aber sie wird nicht einmal bemerkt. Die Säulen sind zwei Stützpunkte, um die sich, wieder in einem gewaltigen Zickzack, die Komposition bewegt. Der am Boden sitzende Mann ist mächtig genug, um das Auge nach der Mitte und zum Vordergrund zu zwingen, und der Mann im Hintergrund unter dem Laubdach zieht den Blick in die Ferne. Freilich ist die Fläche mit den Kolossen so beschwert, daß der Betrachter anfangs Mühe haben mag, in Bewegung zu kommen. Ohne die raffinierte Abstufung der Volumen und der Lichter bliebe man stecken. Man schaudert, wenn man sich das Bild in der Materie der Lebensalter denkt. Die Farbe hat wahre Lasten zu bewältigen, und es ist kein Wunder, daß Marées Jahre brauchte, um eine ihn vollkommen befriedigende Lösung zu finden. In dem Jüngling vor dem Baum glaubt man bekannte Züge zu erkennen. Es scheint dasselbe Gesicht, das Marées auf der Florenzer Zeichnung Hildebrand gegeben hat. Jüngling und Frau blicken sich an. Dazwischen spielen Kinder. Der Mann allein im Hintergrund könnte Marées sein. Zu solchen Abstraktionen verklärte sich die Erinnerung.

Der Gegenstand der beiden Werke schließt sich den Hesperiden an. Es ist das Paradies der Alten, das Eden ewigen Lenzes, von Bächen von Milch und Nektar durchflossen, mit saatlos keimenden Blumen und Früchten gesegnet, von Zephyrus' Hauchen gefächelt. Da lebte, von keinem gezüchtigt, das goldene Geschlecht. Es kannte weder Helm noch Schwert, noch Pflug, noch die Drommete von Erz. Freiwillig übte es Treu und Gerechtigkeit und lebte sorglos in stillem Behagen. Keine Neugier zog sie jenseits ihrer Gelände, keine Not zwang sie, sich gefestete Städte zu bauen. Sie kannten keine Menschen von anderer Art und die Natur war ihnen freundlich gesinnt. Ihre Nahrung war der Honig, der aus grünender Eiche entquoll, und die berauschende Frucht des hohen Arbutus und des Bergtals würzige Beere. So besingt Ovid das erste der Zeitalter, das goldene.

Wir wissen, Marées war kein trunkener Schwärmer. Nie kam er den Träumen seiner Muse in körperliche Nähe. Er spottete und klagte über seine Zeit, das papierene Weltalter, aber verstand, mit ihr fertig zu werden, und hätte, wenn es darauf angekommen wäre, nie getauscht, so wenig wie irgendeiner, der aus den Qualen der Zeit zu Taten gelangt. Und das fühlt man in allen diesen Bildern einer uns so fernen Welt. Nie trübt sie verzärtelnde Sehnsucht. Jeder Anachronismus bleibt fern, jede Andeutung einer das Irreale ausmalenden Romantik ist mit Selbstverständlichkeit vermieden. Dieses goldene Zeitalter erschließt uns nicht Böcklins selige Gefilde, die unsere Phantasie, da ihr scheinbar viel mehr geboten wird, zu einer nie zu befriedigenden Gier nach noch viel mehr anstachelt. Es liegt in einer ganz anderen Sphäre. Die Menschen von Marées handeln nicht im Sinne Böcklins. Keine Leidenschaft bewölkt ihre Stirnen, keine versteckte oder laute Wollust bäumt ihre Glieder, nicht mal die leiseste Erregung aus irgendeinem Anlaß malt sich in ihren Zügen. Still stehen und sitzen sie da. Sie handeln nicht nur nicht, sie sind im Vergleich zu den Gestalten Böcklins bewegungslose Geschöpfe, und der Barbar mag sie leblos nennen. Er geht, wenn ihn nicht die Konvention zu geheuchelten

Lob der Bescheidenheit. 1885

Phrasen drängt, mit derselben Stumpfheit an den Gestalten der Antike vorbei. Doch handeln die Maréesschen Gestalten in einem anderen viel höheren Sinne; und dieses Handeln lehrt uns kein Böcklin mit seinen vielerlei erregenden Aktionen. Sie vollbringen mit ihrem Dasein allein eine stille Erfüllung. Das bewundern wir ohne eine unserer primitiven Begierden. Betrachtend, ohne zu fordern, stehen wir vor ihnen, so wie sie selbst sind. Und so überträgt sich wirklich das Goldene Zeitalter auf uns. Wir können nicht so leben und möchten es nicht, aber preisen als höchstes Glück, daß auch unser zerrissenes Dasein Momente kennt, wo wir so zu empfinden vermögen.

Auch das »Lob der Bescheidenheit« mag damals im Frühling 1880, wenn nicht schon kurz vorher, begonnen worden sein. Das Bild gibt dem Deuter von Motiven viele Rätsel auf. Marées hat es selbst getauft. Ob im Scherz oder Ernst, wissen wir nicht. Über Teile des Bildes, die beiden schattenhaften Gestalten im Hintergrund rechts, die von weitem der Zeremonie zuschauen, soll er sich lustig gemacht haben. Er nannte sie die Alten oder die Könige. Wir brauchen uns nicht mit der Symbolik aufzuhalten. Das Bild verlangt keine besondere Deutung. Jeder kann sich, so viele er mag, ausdenken. Auch Marées ist vermutlich erst nachträglich zu einer Deutung gekommen. Das Motiv begann, ähnlich wie das Hesperidenmotiv, mit einer sitzenden Gestalt und einer stehenden. Die hinzukommende Männergruppe machte es bewegter. Auf einer der frühsten Fassungen mit der Männergruppe bleibt die Frau links wie in den ersten Entwürfen, vor ihr kniet in dienender oder huldigender Stellung eine tief gebückte Gestalt, und von rechts kommen zwei Männer dazu. Vielleicht hat diese ein schönes Breitformat füllende Komposition oder eine ähnliche dem verlorenen Gemälde »Die keusche Susanna« zugrunde gelegen. Nachher rückt die Männergruppe nach links, die Frau nach rechts, und die Komposition erhält, sobald der Huldigende mit dem Kranz gefunden ist, die bestimmte Haltung. Es ist typisch für Marées, daß in den Zeichnungen der Kranzträger mit einem gewissen Elan hinzukommt, während er im Gemälde gelassen steht vor einer Gruppe still betrachtender Frauen. Diese Gruppe ist zeichnerisch nicht ganz gelöst. Die zwei, an die Hesperiden erinnernden Frauen hinter dem ausgestreckten Arm stehen zu nahe zusammen, und von der dritten ist so wenig zu sehen und sie wird so unglücklich überschnitten, daß sie zu einem gestaltlosen Schemen deformiert wird. Die letzte Zeichnung ist von diesem Mangel ganz frei, und man kann annehmen, daß erst die Malerei, und zwar in einem weit vorgeschrittenen Stadium, diese Modifikation vornahm aus Rücksichten, die, wie wir später sehen werden, berechtigt waren und deren Folgen der Maler zu überwinden wußte. In der sitzenden Frau liegt der Schwerpunkt der Komposition und das größte Wagnis. Diese demütige, nur sich selbst überlassene Gestalt hält wie ein zum Meer abfallender Felsen die hinter ihr aufgesammelte Masse zusammen und gibt doch dem Bilde die Grazie. Das Bein läuft mit dem rechten Arm und der Horizontlinie des Hintergrunds parallel, ebenso mit den Armen des Bekränzenden, die sich im gleichen Abstande von dem Arm der Sitzenden, wie dieser von dem Bein befinden. Dadurch wird offenbar die entscheidende Neigung der Gestalt gesichert. Der vorderste Putto führt die Linie bis in die Ecke hinunter, und von da steigt sie stufenmäßig wie in dem rechten Flügel der Hesperiden wieder empor, wie ja überhaupt das Schema des ganzen Bildes aus einer Zusammenziehung der Mitte der Hesperiden und des rechten Flügels entstanden ist. Die sitzende Frau hat den Greis ersetzt. Sogar die

Baumgruppe im Hintergrund ist beibehalten. So gehört also auch dieses Bild zu dem Kreise. Ich begnüge mich hier mit den Andeutungen über die Komposition dieser Bilder. Erst mehrere Jahre später, als dem Maler gelungen war, dem Zeichner nachzueilen, haben sie die Form, in der sie heute vor uns stehen, erhalten.

Man sollte meinen, dieser Kreis von Bildern hätte Marées zunächst genug zu tun gegeben. Tatsächlich umfaßt er nur einen geringen Teil der Projekte des Jahres 1880, des fruchtbarsten der »fetten Jahre«. Einen Moment schien die Möglichkeit gegeben, ein Werk ganz nach seinem Herzen in die Hand zu bekommen. Hermann Grimm hatte den Minister bewogen, das Treppenhaus des neuen Landwirtschaftlichen Museums in Berlin mit Fresken schmücken zu lassen. Grimm kannte die Neapeler Fresken, und sie müssen ihm nicht mißfallen haben, denn er fragte bei Dohrn an, ob Marées wohl Lust hätte, den Berliner Auftrag zu übernehmen. Dann würde man ihn vorschlagen. Dohrn schrieb an Marées, und dem genügte die Post nicht, so eilig hatte er es mit der Antwort. Er telegraphierte sein Jawort. Er werde nur Bedingungen stellen, die ein künstlerisches Resultat in seinem Sinne zu sichern vermöchten. Die Sache kam im rechten Augenblick. Jetzt fühlte er sich fähig, Dekorationen in großem Stil zu schaffen, bessere als die von Neapel. Gerade hatte er mit Fiedler eine öffentliche Ausstellung seiner Bilder erwogen. Sie war ihm noch heute wie früher von Grund aus fatal. Die einzig würdige Ausstellung für einen Menschen seiner Art war so ein Auftrag. »Das ist sicher«, schrieb er Fiedler über das Projekt, »daß ich, wenn sich auch eine nur halbwegs günstige Gelegenheit bieten sollte, das Dreifache leisten würde, als es unter jetzigen Umständen der Fall ist. Es mag bis jetzt schon so die beste Art gewesen sein, meine

Kräfte im stillen zu üben und meine Erfahrungen nach manchen Seiten hin zu bereichern. Bleibt's jedoch so, so muß es zur Verzettelung und endlich zur Erlahmung führen. Der Hauptfeind der Kunstausübung bleibt doch immer die Spekulation, und auf die bleibt man doch immer angewiesen, wenn keine äußere Veranlassung zur Herstellung eines Werkes vorliegt. Den bestimmten Anforderungen von Ort und Gelegenheit läßt sich bis zu einem gewissen Grade Genüge leisten; in der alleinigen Konkurrenz mit den Werken der Schöpfung muß man sich ewig als Stümper fühlen und seine eigenen Taten verwerfen. Sie werden darin gewiß auch meiner Meinung sein, daß nur ähnliche Gelegenheiten wie obige mir es ermöglichen können, öffentlich in die Schranken zu treten.«

Vierzehn Tage darauf, im Mai, kam Dohrn nach Rom und mit ihm der Dämpfer. Die Berliner wollten einer Konkurrenz die Entscheidung überlassen, und das schien Marées etwas ganz Unsinniges. Wie konnte man für einen Raum, in dem man sich nicht mit der bestimmten Absicht einlebte, den einzigen würdigen Schmuck dafür zu finden, Projekte machen? Dohrn kam mit dem alten Klagelied: »Wenn der Marées nur einmal etwas ausstellen wollte!« Marées lachte. »Tatsächlich«, schrieb er, »handelt es sich um weiter nichts, als mich in die Lage zu setzen, etwas für die Öffentlichkeit darstellen zu können. Das soll nicht der Beginn meiner Laufbahn, sondern das Ziel derselben sein. Es handelt sich durchaus nicht darum, daß ich eine Karriere mache, sondern daß das Resultat meiner Lebensarbeit nicht gänzlich verloren gehe. Wenn es sich um mein persönliches Wohlergehen handelte, so wäre das schnell und leicht mit einem Male hergestellt.« Das Projekt betrachtete er unter diesen Umständen als ziemlich aussichtslos. Immerhin wollte er nach Berlin gehen und versuchen, ob sich mündlich etwas erreichen ließ. Kam dieses Mal nichts heraus, so hatte es auch einen Vorteil. Dann konnte er ruhig die Projekte zu Ende bringen, die ihm jetzt im Kopf herumgingen, zum Teil schon auf den Tafeln aufgerissen waren oder in Zeichnungen existierten und möglichst hintereinander vollendet werden sollten. Es waren außer dem Hesperidenkreis nicht weniger als zehn Bilder. Darunter zwei neue Triptychen, das eine das Paris-Urteil mit drei Hauptstücken, sechs auf einzelne Tafeln zu malenden Putten und einem um das Ganze gehenden vollständigen Rahmen; das andere die drei Reiter.

Es ist ein ähnlicher Vorstoß wie im Jahre 1873 und in der Zeit nach der spanischen Reise, nur viel gewaltiger. Man steht vor einem Phänomen. Die Kurve steigt senkrecht in die Höhe. Die harte Schale, die das Schöpferische jahrelang gefesselt gehalten hatte, platzt auf einmal wie eine Seifenblase. Und das Phänomen wird noch erstaunlicher, wenn man sich der Worte Marées' von 1878 erinnert, mit denen er die kommende Flut wie etwas Unentrinnbares voraussagte, wenn man des Gleichmuts bedenkt, mit dem er die Zeit der Vorbereitung ertragen hatte. Mit gesetzmäßiger Notwendigkeit, unabhängig vom Zufall, traf die Erfüllung ein; das selbsterworbene Glück des Landmanns, der seine Erde mit rastlosem Fleiß und kluger Einsicht bestellt hatte. Er war nicht einmal überrascht. Nur eins galt es jetzt: ernten, nichts von dem Segen verlieren, umsichtige Vorkehrungen treffen, daß alles hereinkam. Das machte ihm Sorge. Er sah eine Welt von Bildern vor sich. Würde seine physische Kraft ausreichen? Nur darauf kam es jetzt an. Er hatte nur zwei Hände, um die Fülle zu bergen, und hing von seiner nie ganz zuverlässigen Gesundheit ab. Vielleicht gelang es, Jünger heranzuziehen, die wie in alten Zeiten zu dem Werke des Meisters beitrugen. Es waren deren jetzt schon eine ganze Anzahl. Er hatte seine liebe Not mit ihnen. Denen, die vorher bei Böcklin gewesen waren, hafteten »verhärtete Übel« an, die sie erst loswerden mußten, und große Lichter waren sie alle nicht. Aber jeder zeigte guten Willen und brachte ihm Vertrauen entgegen. Und er vertraute auf seine Sache. Sie war so einfach und klar, daß sie schließlich gutgewillten Menschen, die um ihn waren, aufgehen mußte, es konnte gar nicht anders sein. Mindestens hoffte er die besten so weit zu bringen, daß sie ihm in den Anfangsstadien der Arbeit an die Hand gehen könnten. Zu alledem aber gehörte die Möglichkeit, sich freier als bisher zu bewegen. Die Unternehmung kostete Geld. Zweien seiner Schüler, die keine Mittel hatten, wollte er finanziell helfen, um sie auf die Dauer ganz zur Verfügung haben zu können, und er selbst durfte jetzt, wo die großen Hindernisse behoben waren, nicht bei jedem Schritt auf kleinliche stoßen. Das deutete er Fiedler im Juni in einem von froher Hoffnung getragenen Schreiben an. Mit dem Geist eines Apelles, der jetzt über ihm sei, vertrage sich nicht die Philosophie des Diogenes, die ihm seine Lage diktiere. Ein Jahr lang nur möchte er sich einmal »mit aller Breite und Fülle bewegen«. Die großen Opfer, die das erfordere, werde er mit allem, was seine Kraft hergebe, lohnen. Die notwendige Summe hoffe er in Deutschland zusammenzubringen. Fiedler antwortete freundlich, aber warnte vor übertriebenen Anforderungen. Er verstehe wohl die gehobene Stimmung im Gefühl einer errungenen Kraft und die Abneigung gegen alle Hemmungen der Produktion. Aber so wie die innere Befreiung nur das Resultat eines langen Prozesses sein könne, so sei auch die äußere nur langsam möglich usw. Marées übersah in dem Brief Fiedlers die mit Takt angedeutete Mahnung, an die Freundschaft nicht stärkere Anforderungen zu stellen, als freiwillig erfüllt wurden. Er glaubte Fiedlers so sicher zu sein, daß er sich von einem weiteren Brief die bedingungslose Gewin-nung des Freundes für den großen Plan versprach. Er denke natürlich nicht daran, schrieb er, von einem einzigen Privat-mann das Opfer zu erwarten. Aber ob es denn nicht möglich sei, drei Gleichgesinnte zu finden, die sich zu einem jährlichen Beitrag von je 1500 Talern entschlössen, so daß er auf ein Jahr über die ganze Summe, also 4500 Taler, verfügen könne. Dieser Brief verstimmte den Empfänger gründlich. Nicht die Höhe der verlangten Summe erbitterte Fiedler, sondern die Form der Bitte. Marées hatte es nicht für nötig befunden, ihn über den »großen Plan« zu unterrichten. So sah sich Fiedler als Geld-mann und Vermittler behandelt, gerade gut genug, mit seinen Denaren beizuspringen, wenn es der andere für notwendig hielt. Es war ein Mißverständnis mit schlimmen Folgen. Marées lag solche Behandlung des Freundes fern, mindestens war sie ihm ganz unbewußt. Fiedler gehörte auch in den Stunden des Zwistes nicht zu dem Publikum und jetzt weniger als je. Aber es war nun einmal Marées' Art, gerade wenn er sich besonders diplomatisch vorkam, so ungeschickt wie möglich zu verfah-ren. Das Nähere über den großen Plan hatte er sich für die Zusammenkunft aufgespart. Da würde dann, malte er sich aus, Fiedler große Augen machen, wenn er von dem neuen Tripty-chon und den anderen Bildern erfuhr. So ein »Experiment« war nichts, über das man schreiben konnte. Handelte es sich doch um nichts weniger, als einen Raum so mit zusammenhängen-den Bildern auszustatten, daß eine ganze Dekoration entstand. Diese Dekoration, in den rechten Ausstellungsraum gebracht, mußte auch die Fernerstehenden überzeugen, und man durfte wohl wagen, auch bescheidene Hoffnungen materieller Art darauf zu setzen. – Das durfte er sicher. Man kann annehmen, Fiedler hätte ihm diesen Wunsch erfüllt, wie er ihm schon so manchen anderen gewährt hatte. Aber anstatt sein Projekt vernünftig auseinanderzusetzen, erging sich Marées in allgemeinen Redensarten, die von Fiedler mißverstanden und als Großmannssucht und womöglich Schlimmeres ausgelegt wurden. Schon bereute Fiedler, durch ein Werk verführt, dem ewigen Eigennutz des anderen neue Nahrung gegeben zu haben. Seine Antwort war dürr und bitter. Und nun verlor Marées die Haltung. Das hatte er nicht erwartet. Er schrieb einen wirren Brief aus dem Gefühl eines Menschen, dem unerhörtes Unrecht geschah. Seine Empörung rollte alles auf, was er längst begraben hatte, die Episode von San Francesco, Fiedlers Zurückhaltung in den Jahren nach der Trennung von Hildebrand, die tiefe Kränkung des Menschen, die Beleidigung des Künstlers. Berechtigter Groll und Kindereien wechselten in dem Brief miteinander ab. Er verstieg sich bis zu dem empörten Vorwurf gegen Hildebrand, die Lebensalter, »ohne ein Wort verlauten zu lassen, zu seinem Vergnügen benutzt zu haben«, während ihn damals die Nachricht, Hildebrand kopiere das Bild, mehr als alles andere erfreut hatte. Der Ton gegen Fiedler grenzt zuweilen an Beleidigung. Er warf ihm vor, ihn zum Bettler zu machen. Nun, er habe jetzt als Antwort ein Bild gemalt, einen Drachentöter. So stehe er über der Sache. Fiedler war natürlich der Drache, – und er möge tun, was er wolle. Gleich daneben versichert er ihn seiner erkenntlichen Freundschaft.

Fiedler antwortete:

Lieber Marées!

Nachdem ich jahrelang mit einer Selbstüberwindung, die mir oft nicht leicht geworden ist, jeden Ausdruck der Empfindlichkeit Ihnen gegenüber zurückgedrängt habe, um ein Verhältnis nicht zu zerstören, von dem ich mir von vornherein gesagt habe, daß es mir wichtige Verpflichtungen auferlegen würde: haben Sie den Bann gebrochen, und ich kann mir nicht verhehlen, daß durch Ihren letzten Brief unser persönliches Verhältnis unrettbar zerstört ist. Wenn Sie mich sonst fühlen ließen, daß das, was ich tat und meinen Kräften nach tun konnte, nicht im Verhältnis zu den Ansprüchen stand, die Sie machen zu können glaubten, so konnte ich das ignorieren und meinem verletzten Stolze, um des Wertes der Person und der Sache willen, Schweigen auferlegen. Schweigen kann ich nun zwar auch und werde es auch, aber ignorieren kann ich es nun nicht mehr. Was ich dabei empfinde, geht mich allein an. Auch kann ich es meinem Stolze nicht abgewinnen, Ihnen auf die Anklage, daß ich unrecht an Ihnen gehandelt hätte und handelte, zu antworten. Der Verpflichtung, die ich übernommen habe, werde ich nach wie vor nachkommen. Wozu sollte nun aber die Fortsetzung eines persönlichen Verkehrs führen, nachdem Sie die Bande des Zartgefühls, in denen er sich halten mußte, um überhaupt bestehen zu können, zerrissen haben. Ich sehe nur zwei Möglichkeiten vor mir: entweder ich gehe auf die Fragen ein, die Sie so leidenschaftlich anregen und wo ist das Ende einer solchen Diskussion? oder wir versuchen, auf dem alten Fuße weiter zu verkehren, und wie ist das möglich, nachdem die tiefe Differenz aufgedeckt ist, die uns trennt. Oft schon habe ich mit Besorgnis den Moment kommen sehen, wo Dinge zwischen uns zur Erörterung kämen, die besser immer verschwiegen geblieben wären; immer hat es sich abwenden lassen; nun haben Sie ihn gewaltsam herbeigeführt und wir müssen die Konsequenzen tragen.

Ihr K. F.

Fiedler scheint seine Schroffheit bald bereut zu haben. Schon zwei Tage darauf ließ er ein Schreiben folgen, das zwar von dem moralischen Inhalt des ersten nichts zurücknahm, aber mit der formellen Verpflichtung, Marées auf Lebensdauer die Rente wie bisher zu zahlen, die materielle, bisher nicht rechtsgültig fixierte Seite der Beziehungen sicherte. Er ließ auch seine Bereitwilligkeit erkennen, Marées für ein besonderes Unternehmen mit einer größeren Summe beizuspringen, sofern er darüber genauere Angaben erhalte.

Marées' Antwort ist kostbar. Ohne mit einem Wort auf den Grund des Bruchs einzugehen, quittiert er die Anerkennung der Fiedlerschen »Pflichten« wie eine ihm von Rechts wegen zukommende Schuld und behandelt die Sache ganz geschäftsmäßig. Selbstverständlich werde er auch seinerseits seine Pflichten gegen Fiedler erfüllen. Welcher Art die aber seien, verschweigt er. »Und so als freier Mann« empfiehlt er sich bestens. Und nun kommt die ganze Bonhomie Fiedlers zum Vorschein. Kein Wort des Vorwurfs auf die naive Zumutung. Er akzeptiert nicht nur den Maréesschen Standpunkt, sondern meint, er könne die freiwillig übernommenen Pflichten erst in dem Moment als erfüllt ansehen, wenn Marées zu der vollen äußeren Unabhängigkeit gelangt sei, auf die er ein Recht habe. Er ist wieder ganz der demütige Diener der Künstler und der Kunst, der seine eigene Persönlichkeit auslöscht. Marées dagegen bleibt oben und läßt sich auch jetzt noch zu keiner näheren Erklärung herbei. Das Weitere werde sich finden.

Es ist nicht leicht, sich bei diesem Streite, der von Fiedler mit so chevaleresken Waffen ausgekämpft wurde, auf die Seite Marées' zu stellen. In der Form hatte er unbedingt unrecht, und wer ihn nicht näher kennt, könnte sein Verhalten wie schwarze Undankbarkeit und plumpe Dreistigkeit auslegen. Doch verdient Marées nicht die Verurteilung, zu der ihn der Schein verdammt. Und so wenig man Fiedlers generöses Verhalten schmälern darf, so wenig kann man Marées die mildernden Umstände versagen. Nichts weniger als feiler Eigennutz trieb ihn zu seiner sonderbaren Haltung. Selbstbewußtsein und das Vertrauen auf Fiedlers höhere Teilnahme hinderten ihn, in dem Menschen, der für seinen Unterhalt sorgte, den Wohltäter zu sehen, und mir erscheint dieses Verhalten lediglich ein Zeichen seiner Mannes- und Künstlerwürde. Er durfte, ja, er mußte so denken. Fiedlers Geld drückte ihn nur so lange, als er sich nicht zur Vergeltung mit gültigen Werken imstande fühlte. Und dabei sah er davon ab, ob die Werke in den persönlichen Besitz des Freundes übergingen oder nicht, und durfte, darin waren sie sich stets einig, davon absehen. Zögerte Fiedler trotz der Einsicht in Marées' Möglichkeiten, so hatte der Don Quichotte mit seinen brutalen Vorwürfen recht. Fehlte Fiedler die Einsicht, die ihm nach Marées' Meinung nicht entgehen konnte, dann kam es nur darauf an, wer in dem Kampf der Persönlichkeiten der Stärkere war, und Marées konnte in dem Nachgeben Fiedlers eine Schwäche sehen, nicht die Generosität. Jeder von uns muß Fiedler bewundern. Nur ein einziger durfte von seinem Standpunkt aus zu einer kühleren Schätzung gelangen: der Empfänger. Der hatte schon als junger Mensch von einem Mäzen minderer Art dieselbe Opferwilligkeit, ohne zu erröten, verlangt, nicht für sich, sondern für seine Kunst, für die er schon damals hundertmal mehr gegeben hatte als Geld, und erlebte jetzt, wo er dem Ziele nahe war, dieselbe Enttäuschung. Fiedler kam, so viel Mühe er sich gab, nicht bald über die Folgen der »Eruption« hinweg, und Marées' harter Kopf hat es ihm nicht erleichtert. Ihr Verkehr schlief nahezu ein. Es hat anderthalb Jahre gedauert, bis man wieder in das rechte Geleise kam.

Marées hat nicht darunter gelitten. Die nächsten zwei Jahre vergingen in einem Schöpfungsfieber, das keines Antriebs von außen bedurfte. Er gab die Reise nach Deutschland auf und blieb das ganze Jahr, auch während der heißesten Monate, bei der Arbeit. Auch 1881 hat er Rom nur auf drei Tage, die er mit Böcklin in Orvieto verbrachte, verlassen.

Unter den zahlreichen Werken dieser beiden Jahre haben Marées nächst den Bildern des Hesperidenkreises die beiden neuen Triptychen am meisten beschäftigt. Sie und alle anderen Werke dieser Zeit bezeichnen gegenüber den Hesperidenbildern, vor allem den Goldenen Zeitaltern, einen neuen Weg. Verhältnismäßig am nächsten kommt den Hesperiden das Paris-Urteil. Im Mittelpunkt stehen auch hier drei Frauen in betrachtenden Posen. Ebenso hat der linke Flügel eine gewisse Ähnlichkeit mit dem entsprechenden Teil des ersten Triptychons. Wieder zwei Männer. Aber mit diesen Äußerlichkeiten erschöpft sich die Verwandtschaft. Der Grundzug ist vollkommen anders. Am 2. Juni 1880 schrieb Marées an Fiedler, er erkenne jetzt seine früheren Irrtümer und sehe, was auch an den Lebensaltern verfehlt sei, und er werde bei den Bildern, die er auf der Staffelei habe, diesen Mangel »ein für alle Mal beseitigen«. Welche Fehler er meinte, das kann angesichts des Paris-Urteils nicht zweifelhaft sein. Er hatte sich in den Lebensaltern und den darauf folgenden Bildern der Hesperiden, die nach seinen eigenen Worten das Stadium der Lebensalter durchgemacht haben[1], aufs Trockene gesetzt. Man konnte den Gefahren, denen er in Florenz bei den ersten Versuchen dieser Art unterlegen war, nicht lediglich mit einem kompositionellen Aufbau, der sich auf Körper und Bäume und ein paar Fluchtlinien der Perspektive stützte, begegnen, konnte es um so weniger, wenn man die Körper zwang, sich so unbeweglich wie möglich zu verhalten. Das Monumentale, das ihm einen Moment auf rein verstandesmäßigem Wege erreichbar erschienen war, hatte ihn in eine Sackgasse gedrängt, und er war nahe daran gewesen, nicht nur seine Gestalten, sondern seine ganze Kunst in ein Abstraktum zu verwandeln. Auf einmal erblickte er – und wahrscheinlich waren ein paar Gelegenheitsbilder, die er in den Ateliers seiner Schüler malte, daran schuld – ein unendlich reiches Gebiet seiner Kunst, das ihm vollständig entgangen war. Er, der Maler von Gottes Gnaden, hatte beinahe über der Konstruktion die Malerei vergessen und sich einen Zwang angetan. Der Zwang war von Übel. Möglicherweise kam ihm auch das Eindringen in die Probleme der Plastik, die Folge der ständigen Aufsicht über Volkmanns Arbeiten, zu Hilfe, denn es ließ ihn die natürlichen Bedingungen der Malerei mit besonderer Schärfe erkennen. Was einem anderen Künstler von geringerer Aktivität des Denkens zum Verderben gereicht hätte, schlug bei seinem Intellekt ins Gegenteil um.

Es ist eine der Reaktionen, wie er deren schon mehrere erlebt hatte. Schematisch könnte man sich vorstellen, Marées habe immer eine Zeitlang das Konstruktive verfolgt und während dieser Zeit die Farbe vernachlässigt, um dann in einer nächsten Periode das Versäumte nachzuholen. Das Merkwürdige ist nur, daß der anscheinend vernachlässigte Teil in der Zwischenzeit ebenso an Stärke zunahm wie der andere.

Marées holte die Farbe nach. Aber das geschah nicht mit der Palette allein. Er holte das Leben nach. Eine neue Bewegung dringt in die Bilder. Schon die drei Frauen der Mitte des Paris-Urteils stehen traulicher zusammen. Es regt sich das Weibliche in den zierlichen Posen. Ganz harmonisch sinkt in den beiden Flügeln die Linie nach den Seiten hinab. Und das gelingt mit zwei innerlich vollkommen abgeschlossenen Motiven. Sie verraten nicht im geringsten die Abhängigkeit von der Mitte, mit der sie aufs innigste verbunden sind. Eine ganz natürliche Geste eint den mit dem Apfel der Eris vom Olymp

Das Urteil des Paris. 1880-81

herabgestiegenen Hermes mit dem sitzenden Paris, dem ahnungslosen Hirten. Wundervoll ist das Gliederspiel der beiden, die allmähliche Überführung der Enfacestellung in das Profil, das immer noch den ganzen Körper des Sitzenden sichtbar läßt. Wie weiche Wellen fließt es von den abwechselnden Stellungen der Göttinnen zu den beiden Mannesgestalten. Auf der anderen Seite aber ein stark bewegtes Motiv. Da steigt Helena, gestützt auf den Arm des Entführers, in das Schiff. Eine Woge von Bewegung treibt die hohe Gestalt mit dem Geliebten vom Lande hinweg. Aphroditens Sendlinge blasen. Mächtige Arme halten das Schiff noch den letzten Augenblick ans Ufer geankert. Und wie eine Woge wallt es in Farben und Formen von dem Mittelbild zu dem Flügel, der, einer Vogelschwinge vergleichbar, die Masse des Körpers regiert. Die roten und smaragdtrunkenen Gewänder – ihre Falten scheinen Welten von Blut und Wollust zu bergen – werden zum Segel, das der Sturm entfacht. Und darüber bleicht das kühle Fleisch, menschlicher als das der Göttinnen, nackter, obwohl es sich nicht enthüllt, von der warmen Brust des Werbenden umspielt. Das Gleichgewicht kommt mit kühnen Mitteln zustande. Das Profil der Helena ist dem Profil der zunächst benachbarten Göttin entgegengesetzt, und die bewegten Gewänder unterstreichen noch diese die Mitte fliehende Tendenz. Aber in dem Entgegengesetzten der Körper liegt gleichzeitig das Ergänzende der Formen, das sie verbindet. Die gewaltige, das Verhältnis überschreitende Gestalt der Entführten ist so sehr der Nerv der Handlung, daß alle anderen Personen untergeordnet erscheinen. Um für sie ein Gegengewicht zu schaffen, vertieft sich der Plan im rechten Teile des Bildes, und zwar nach zwei Seiten hin; nach vorn in dem gebückten Schiffsknecht, der allein von allen Gestalten des Triptychons den gemeinsamen Vorderplan verläßt, nach hinten in dem Ruderer, der gleichsam aus den Gliedern des Knechtes emporwächst. Links aber hilft der Knabe und noch mehr die Landschaft. Der Umriß des sanft zum Meere abfallenden Berges trifft gerade den Knick der Helena und verhütet, daß sich diese gefährliche Stelle zu stark exponiert. Hier wäre für eine engherzige Kritik der Angriffspunkt. Man glaubt dem Paris nicht leicht, daß er imstande sei, die hohe Gestalt zu tragen. Denn so muß man sich doch wohl die Situation denken. Der unter dem Kleid hervorkommende Fuß kann nur der seine sein. Freilich müßte er dann normalerweise so auftreten, wie in der Zeichnung. Auch versteht man nicht ganz, wie sich das Kleid, so wie es hier angedeutet ist, um sein Bein legen kann. Man sieht nicht, wo sein Knie sitzen könnte, und muß daher annehmen, daß Marées zuerst eine andere Stellung beabsichtigte und nachher die Rücksicht auf die materielle Möglichkeit vernachlässigte. Man sieht an diesem Detail den Vorteil einer Gestaltung, die mit der Bewegung operiert. Bei einem ruhigeren Motiv könnte ein ähnlicher Schnitzer das Schicksal des Bildes besiegeln.

Es ist erstaunlich, daß dieser ungemein lebendige Flügel nicht den anderen gefährdet, und es kann nur daran liegen, daß die Kurve des Triptychons hier ebenso sicher über vier bewegte Gestalten geleitet wird, wie im linken Flügel über die zwei in ruhiger Pose. Das gelingt mit der Belichtung. Helena und Paris erscheinen wie eine Gestalt, der Ruderer und der Schiffsknecht geben wieder eine, der Knabe spricht gar nicht mit. Von Teilen, die in derselben Stärke mit dem linken Flügel konkurrieren, kommt eigentlich nur die Helena in Betracht. Alles andere sind gedämpfte Flächen. Ohne das Ultramarin der in diesem Flügel mehr hervortretenden Landschaft würde das Bild sogar, trotz seines viel lebhafteren Motivs, von dem anderen Flügel gedrückt werden.

Den drei Bildern stehen zu Füßen sechs Putten. Es sind die Geschwister der Kleinen, die den Greis der Hesperiden umgeben und in so vielen anderen Bildern dieser Zeit und der folgenden erscheinen, Nachkommen der Kinder der frühen Familienbilder und der Landschaften; Geschöpfe, die man als etwas Besonderes aus Marées' Werken herausheben möchte, obwohl sie von der Art aller seiner Schöpfungen sind. Seit Donatello und della Robbia bis Marées hat kein Künstler Kinder geschaffen. Man hat ihrer viele gemalt und gemeißelt, und es gelang großen Malern von Rubens bis Renoir, ihr Fleisch, ihre Gesundheit und dies und jenes ihrer Art, das uns teuer ist, zu verewigen. Aber das Ganze des Kindes, Gestalt, Fleisch und Bewegung zugleich und das von seiner Psyche, was darin plastisch ist, das hat nur Marées gegeben, nicht wiedergegeben, sondern erfunden. Vielleicht gelang es ihm, weil er hier wie überall von allem Virtuosentum fernblieb und weil sich nichts so sehr wie die Welt des Kindes gegen das Virtuosentum sträubt; weil er ihm kindlich näher kam. Er erfand die Kinder, wie die Kinder ihre Bilder erfinden. Es gelang ihm mit einem Nichts von Farbe und Strichen, spielend. Er behandelte sie nie als große Menschen, eher stiefmütterlich verfuhr er mit ihren Körpern und Gliedern, und man könnte glauben, sie hätten sich selbst ihre Farbe zurecht gemacht. Deshalb kann man auch nicht ihre Herkunft feststellen. Es ist zu wenig Greifbares an ihnen. Ein Hauch von Italien schwebt darüber, aber mehr vom Lande Italien als von Italiens Kunst. Die Putten der Italiener sind fast immer kleine Engel, die mit ihren Flügeln kokettieren. Das kindlich Drollige ihrer Art kommt uns als pikanter Kontrast zum Bewußtsein. Marées' Putten sind nicht realistischer aufgefaßt, sondern breiter. Es sind Typen der besonderen Spezies Kind, nichts weniger als kleine Männer, kleine Charaktere;

eher kleine Menschen. Die sechs Putten des Paris-Urteils, das sieht man auf den ersten Blick, gehören zu derselben Familie. Jede bewußte Individualisierung fehlt. Kinder sehen sich ähnlich, und das lieben wir an ihnen, daß sie noch frei sind von unserer feindseligen Differenzierung. Es sind sechs Blicke in die Kindheit, in die unsere, in jede, so verschieden voneinander wie die Tage der Kindheit.

Aber diese sechs Putten sind hier noch viel mehr. Da sie für das Gegenständliche der drei Gemälde keine Bedeutung haben, könnte man den Irrtum begehen, sie als Schmuckstücke zu dem Rahmen zu rechnen. Das trifft bis zum gewissen Grade auf den Fries der zweiten Fassung der Hesperiden zu und auf die Putten der drei Reiter. Hier dagegen haben wir es mit wichtigen Bestandteilen der Komposition des Triptychons zu tun. Sie unterbrechen und ergänzen gleichzeitig die große Kurve der drei Bilder. Eine ohne weiteres ersichtliche Ergänzung besorgen die beiden Knaben an den Enden. Sie ziehen die Kurve tiefer hinab. Gleichzeitig einigen alle sechs jedes Bild für sich, indem sie seine individuelle Kurve ergänzen. Das mathematische Schema sieht etwa so aus:

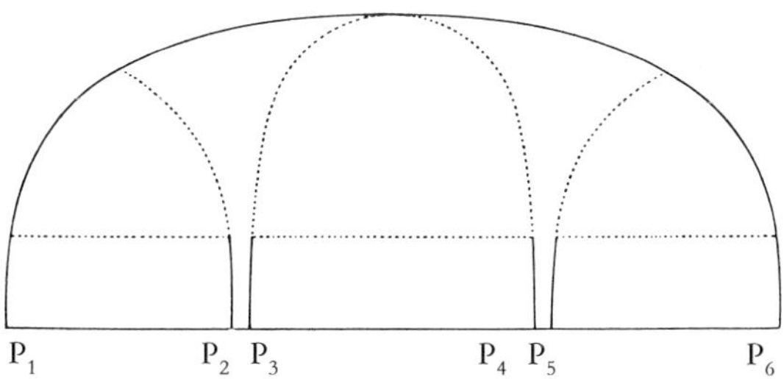

P sind die Putten. Das System der inneren Kurven ist am deutlichsten im Mittelbild, wo die nach den äußersten Ecken zugekehrten Beine der beiden Frauen die Verbindung andeuten. Der ominöse nackte Fuß auf dem rechten Flügel dient demselben Zweck, und hier sind die beiden Putten schon als Äquivalent für die im Bilde dominierende Helligkeit des Fleisches der Helena unentbehrlich. Die kleinen kaum angedeuteten Putten in der Luft sind wohl nachträglich zugefügt, um den Schwerpunkt in die Mitte zu bringen. Das Auge sieht die inneren Kurven nicht in deutlichen Linien vor sich, aber setzt sie sich unwillkürlich zusammen, auch im linken Flügel, wo es über die Beine und den Arm des Hermes springt und die belichtete Stelle des Baumstammes und andere Helligkeiten links in der Höhe benützt, um die Mitte zu finden. So versteckt liegen auch in den sechs Putten die Teile der sinkenden oder aufsteigenden Kurven, viel versteckter als es unser rohes Schema ahnen läßt. Das höchst verzwickte System einer Arbeitsteilung liegt der Anordnung zugrunde. So gehört P_2 ebenso sehr zum Mittelbild wie zum linken Flügel. Das übergeschlagene Beinchen setzt die Diagonale der ersten Göttin fort. Sein Nachbar P_3 rundet die steile Linie des Hermes. P_5 dient wieder nach zwei Seiten, mit dem Bein der dritten Göttin des Mittelbildes, mit den Armen der Helena usw. Gleichzeitig bilden die Putten einen idealen Vordergrund für die Hauptbilder, der für die Wirkung des Ganzen – auch für das Format – von größter Wichtigkeit ist. Ihre Köpfe aber finden sich alle auf dem Plan der Bilder, auf dem sich – anders wie bei den Hesperiden – alle Gestalten bewegen. Man würde die absichtliche Unterbrechung dieses Planes im rechten Flügel, wo ihn nur das Fleisch der Helena betont, ohne die beiden Kinderprofile wie ein Schwanken des Bodens empfinden. Das Auge bedarf gerade hier der sicheren Horizontalen. Den Säulen aber sind die Putten die denkbar glücklichsten vertikalen Vermittler. Und bei alledem bleiben sie immer noch Kinder, die unter sich zusammengehören, sind nichts weiter als das, glückliche, träumende, schauende, erlebende Kinder. Nur der Zufall scheint ihre dicklichen Bäuche, ihre rundlichen Glieder zu Beteiligten zu machen. Wir brauchen diesen Schein so notwendig wie überall, wo wir anschauen wollen.

Der Komposition des Triptychons kommt noch ein geheimes Band zu Hilfe: die Legende. Unter den Haltern des Zusammenhangs gebührt ihm die letzte Stelle, aber die gehört ihm. In den Hesperidenbildern hat Marées nahezu darauf verzichtet. Es fehlt ihnen nicht jede Legende, man kann sich leicht das Sinnbild zusammenreimen. Aber mancher Betrachter entbehrt vielleicht die sichere Deutbarkeit des Vorgangs, die dem Monumentalen mindestens sehr förderlich erscheint. Der Mangel mag beigetragen haben, der ersten Fassung der Hesperiden und den Goldenen Zeitaltern, wie sie anfangs waren, den Anflug des Künstlichen, einer unfruchtbaren Abstinenz zu geben, der uns an den Lebensaltern abstößt. Wir brauchen das allgemein Bekannte wohl in jedem Kunstwerk, denn der Gegenstand soll ja nur die Brücke zu dem Besonderen des Werkes sein und muß daher rationellerweise möglichst zugänglich gewählt werden. Aber da wir uns vor dem Staffeleibild leichter abschließen und sammeln können, vermögen wir hier eher, besondere Situationen zu durchdringen. Zu dem Monumentalen aber gehört unbedingt die Illusion einer Gemeinschaft von Genießenden, und es ist eine Art Scham, die von solchen Kundgebungen konventionelle Motive fordert. Mag auch das Eindringen in das Bild mich weit von dem gedachten Nebenmann entfernen, mag er dieses, ich das Entgegengesetzte im Verlaufe der Betrachtung empfinden, im Anfang waren wir zusammen, konnten uns angesichts des Bildes begrüßen. Das

Weitere vollzieht sich unsichtbar in den Seelen. Man kann den Einwand machen, daß jemand die Paris-Legende nicht zu kennen oder hier nicht zu erkennen braucht und doch die ganze Schönheit des Werkes zu erfassen vermag. Dem Glücklichen wäre nur zu gratulieren. Gälte der Einwand nicht, so wäre das Bild kein Kunstwerk, sondern ein Motiv. Man braucht keine Brücke, um über den Strom zu gelangen. Und vielleicht geht es auch dem Kunstfreund, dem die Legende bekannt ist, so. Nur ein Teil seines Menschen mag gravitätischen Schritts über die Brücke wandeln, während der andere Teil längst den Strom mit kühnen Stößen durchschwamm. Wer nur den Weg über die Brücke kennt, wird sicher nie hinüber gelangen.

Das Paris-Urteil ist Fragment. Marées übermalte wiederholt die Mitte und den linken Flügel und gab das Werk auf, da er keine Möglichkeit sah, auf diesen Tafeln zu einer alle Teile umfassenden Harmonie zu gelangen. Er mag auch schließlich einzelne Teile zum Experimentieren benutzt haben. Nach Pidolls begeisterter Schilderung des ursprünglichen Zustandes, als die Tafeln nur die Eitempera zeigten, muß damals die Farbe sehr schön gewesen sein. Dagegen vermag ich an eine Vollendung in dem ursprünglichen Zustand nicht zu glauben und habe dafür gute Gründe. Der beste ist die Tatsache, daß sich Marées nicht damit zufrieden gegeben hat.

Pidolls und anderer Schüler Schilderungen gewisser Anfangsstadien Maréesscher Bilder, am meisten wohl Pidolls aus aufrichtigster Überzeugung stammende Bemerkungen, haben zu der Legende beigetragen, Marées habe aus einem unkontrollierbaren dunklen Triebe einmal fertige Bilder immer wieder verdorben. Wäre dem so, so könnte man Marées keinen hohen Intellekt zusprechen, und kein Idealismus würde ihn davor retten, in Kunstdingen ein beschränkter Kopf gewesen zu sein.

Vom Gegenteil haben wir unwiderlegliche Beweise. Er stand in jeder Hinsicht so turmhoch über seinem Kreise, zudem zeigen die Werke der Schüler, namentlich die selbständig entstandenen, so wenig Wesentliches, daß man genötigt ist, alle Fingerzeige, die der Kritik aus dem Marées-Kreise zuteil werden könnten, mit großer Vorsicht zu verwenden. Ob Pidoll und die anderen Marées verstanden haben, kann man schwer entscheiden. Aus dem im übrigen wertvollen Aufsatz Pidolls geht das nicht mit Sicherheit hervor. Keinesfalls gelangte das Verständnis zu plastischen Formen des Schriftstellers, noch viel weniger zu denen das Malers. Mangelhafte Fühlung mit dem Wesen des Meisters und seiner Werke und das Mitleid mit dem Schicksal des Menschen ließen ihn nach dem Tode seinen Getreuen tragisch erscheinen, und man glaubte wohl, ihm etwas Gutes zu tun, wenn man auch seine Werke in diese Tragik hineinzog. Marées hat aber stets sehr genau gewußt, was er tat. Er ging mit Bildern wie ein Verschwender um, das ist richtig, hat viele, die uns heute entzücken, nicht beachtet, verschenkt, verloren. Aber die Annahme, er habe vollendete Werke zerstört, ist töricht und entspricht nur dem Unvermögen, seine Ansprüche an die Vollendung zu teilen. Diese Ansprüche waren keine Phantasterei. Sie lassen sich objektiv begründen, und er hat sie in vielen Werken erfüllt.

Das Paris-Urteil war koloristisch nicht vollendet, als Marées es übermalte. Es hatte wundervolle farbige Details und einen in sich nahezu vollendeten Teil, den rechten Flügel mit dem Raub der Helena. Es ist kein Zufall, daß dieser Flügel intakt geblieben ist. In den beiden anderen Bildern blieb er bei der Behandlung des Nackten in der Tempera stecken. Pidoll hat die Umstände angedeutet, die den Meister technisch bestimmten, und nur unterlassen, die sich von selbst ergebenden Schlüsse daraus zu ziehen. Marées teilte den Haß Michelangelos auf die Firnismalerei, denn mit dieser, so drückt er sich aus, sei »die Unklarheit und das ganze Unheil in die Welt gekommen«.[2] Deshalb fing er immer mit der Tempera an. Aber er rechnete dabei als Theoretiker, der die alten Italiener schätzte, und wäre notwendig zu einem seine Eigenheit immer mehr ausschaltenden Eklektizismus gekommen, wenn er ausschließlich dabei geblieben wäre. Denn wir sind nicht mehr die Menschen von früher, können uns nicht mehr einer Form bedienen, die jenen angemessen war, vermögen nur einen unser Wesen ähnlich steigernden Ausdruck zu finden und müssen uns dabei aller Mittel bedienen können, die uns zur Verfügung stehen. Nur mit dem Maß, das wir der Bedeutung des Mittels gegenüber der Anschauung zulegen, mit der Enthaltsamkeit gegen das Mittel als Selbstzweck, gegen den Manierismus jeglicher Gestalt können wir es der hohen Gesittung der großen Meister der Vergangenheit gleichtun. Der prinzipielle Verzicht auf unsere organischen Möglichkeiten des Ausdrucks ist eine zu billige Betätigung der Enthaltsamkeit und gleicht aufs Haar den mechanischen Vorrichtungen, mit denen sich der Ritter des Mittelalters, wenn er die Burg verließ, der Treue der Gattin versicherte. Seine Muse ohne Keuschheitsgürtel gegen die Versuchung zu wappnen, ist die rechte sittliche und, vor allem, die einzige ersprießliche Methode.

Böcklin hat wahrscheinlich den Freund während der Florenzer Zeit in der Vorliebe für die Tempera bestärkt. Auch mag Marées von der Hoffnung auf Freskenaufträge zu der verwandten Technik getrieben worden sein. Er kam so lange damit aus, als ihn die lineare Komposition beschäftigte. Sobald er aber das Bild als Maler ansah und die Architektur auch auf die Beherrschung der farbigen Massen ausdehnte, wurde schon der geringe

Umfang der Palette, zumal die Unzulänglichkeit für die dunklen Tiefen, die gerade ihm unentbehrlich waren, zum Hindernis. Das hat Pidoll richtig erkannt. Aber die reine Tempera widersetzte sich überhaupt der ganzen Art Maréesschen Schaffens, seiner Anschauung von dem Kunstwerk als einem organisch wachsenden Wesen, seinen Begriffen vom Farbigen. Die Unmöglichkeit, mit Temperafarben, die anders austrocknen als sie im nassen Zustande erscheinen, die immer weiter greifenden Modifikationen der Harmonie sicher wahrzunehmen, mußte entscheiden. Die übliche Tempera ist das Material für Zeichner, die ihre Ansprüche an das Malerische auf sauberes Kolorieren der von festen Umrissen bestimmten Flächen beschränken. Die Meister, die sie einst zur Blüte brachten, hatten nichts anderes, und deshalb gelang ihnen, ihr einfaches Wesen darin vollkommen zum Ausdruck zu bringen. Aber die Frühitaliener, so hoch man sie stellen mag, verraten doch immer die Herkunft ihrer Malerei von den geschmückten Büchern der Mönche, und man begreift, daß die Ölmalerei van Eycks, als sie in Italien bekannt wurde, »il naturale« genannt wurde.

Von der Art des früheren Zustandes des Paris-Urteils, die Marées nicht befriedigte, gibt noch heute eine der drei Göttinnen des Mittelbildes einen sicheren Begriff. Die Gestalt im Profil, rechts von der Mitte, ist von der deckenden Übermalung der anderen frei und zeigt unter dem rostroten Ton die glatte Tempera. Ein wundervoller Umriß, eine wie gehauchte Modellierung, eine Pose von seltenstem Reiz. Man begreift bei dieser Gestalt Pidolls kühne Behauptung, »die griechischen Meister, denen die pompejanischen Handwerker ihre Darstellungen entlehnten, müßten ähnlich gemalt haben«.[3] Aber es ist sonderbar, man möchte die Gestalt nicht ohne den zufälligen Schleier von Rot sehen und man kommt dazu, diese ganze Erscheinung für ein Werk des Zufalls zu halten, bei dem unsere, der Antike stets gefällige Einbildungskraft noch verschleiernd mithilft. Die drei Gestalten vor der Reihe von Bäumen, wie sie ursprünglich waren, mögen eine stille Vorhalle der Kunst gewesen sein, durch die eine folgsame Phantasie zum Tempel der Griechen gelangen konnte. Marées aber hatte den Drang, ein eigenes Monument daraus zu machen. Und dafür erschienen ihm die Säulen zu zierlich. Die Gestalten sollten eigenes Leben, nicht nur den Reflex vergangenen Daseins, erhalten. Der Blick sollte nicht spielerisch die reizende Form umkosen, sondern daran haften können. Und dafür mußte sich dem Plastischen eine neue Illusion zugesellen, die Gewalt der Materie. Die konnte hier, wo es sich nur um das Nackte handelte, keine ungemischte Tempera geben. Ein Fleisch, das dem Farbenrausch des Helenabildes, das ein kühner Einfall, eine alle Theorien durchbrechende Eruption des Temperaments hatte entstehen lassen, standhalten konnte, mußte leuchten. Und da griff er zum Firnis. Er wartete nicht ab, bis die Eischicht getrocknet war. Es war zu verlockend, mit ein paar Strichen wenigstens die Vereinfachung der Form und die Leuchtkraft, die sie erhalten könnte, zu erproben. Die Folge war, daß sich die Tempera an dem Treulosen rächte. Die Unterlage wurde rebellisch und zerteilte die deckende Schicht. Er wagte nicht, den Firnis noch mehr zu häufen und alles zu opfern (wir können uns darüber freuen), und sah ein, daß es, wie das Bild nun einmal angefangen war, zumal bei der stark bewegten Anlage des rechten Flügels, unmöglich sein würde, zum Ende zu kommen.

Das Mittelbild machte, als wir es in San Francesco fanden, einen ganz verwüsteten Eindruck, und wir haben daran gedacht, es dort zu lassen, zumal da wir nicht wußten, ob es nicht etwa zu einer aufgegebenen Fassung der Hesperiden gehörte. So trümmerhaft sah auch der linke Flügel aus. Und ich werde nie den Moment vergessen, als wir zum erstenmal die drei Bilder zusammenstellten. Es war, als flösse aus den verkrusteten Wunden funkelndes Blut. Die morschen Glieder reckten sich zueinander und schüttelten die Verwesung ab. Von einem Bild zum anderen begann das längst vergessene Spiel. So steigen im Traum Gestalten aus verfallenen Gräbern und halten ein feierliches Konzil. Und als wir dann in Berlin die Putten dazutaten, diese allem Vergängnis entrückten Kinder froher Laune, und Pallenbergs Rahmen mit den schlanken Säulen und den Girlanden, ganz wie es einst gewesen war, das Ganze umschloß, da war die Illusion nahezu vollkommen. Eine Illusion! das vergaß man nie, keine Tatsache. Nur eins kam ungeschwächt zur Geltung, die wunderbare Linie des Ganzen, die Mauern des Gebäudes. Die wirkten so überzeugend, daß sich die Vorstellung von dem leuchtenden Frohsinn, dem das Innere bestimmt war, von selbst einfand. Seitdem sind diese Bilder und viele andere von Marées, die kein Makel drückt, in die Keller eines Gebäudes verwiesen, das, wie man sagt, der deutschen Kunst gehört.

Es ist kein Wunder, daß die Farbe Marées in dieser Zeit bei einem so komplizierten Werke einen Streich spielte. Wie sicher er auch jetzt schon bei nicht soweit reichenden Aufgaben darüber verfügte, beweisen die zahlreichen Staffeleibilder, die im Jahre 1880 entstanden. Sie zeigen gleichzeitig, bis zu welchem seltenen Grade er die Tempera fast ohne Retusche zu steigern wußte, sobald es sich um Improvisationen, um eine von vornherein feststehende einmalige Niederschrift handelte. Er malte diese Bilder, die sich meist in kleineren Formaten halten, fast alle in den Ateliers seiner Schüler zu Lehrzwecken. Pausinger, auf dessen Begabung er große Hoffnungen setzte, und der sich später des Vertrauens am wenigsten würdig erwies, erhielt mindestens zwei, von denen das erhaltene, der Knabe auf dem Kahn, schwerlich das interessantere war. Marées hat offenbar nur dem Schüler zeigen wollen, wie man eine Einzelfigur so wirksam wie möglich unter Benutzung aller Extremitäten zu einer das Bild ausfüllenden Arabeske verwenden könne. Von dem anderen Bilde wissen wir nur durch Volkmann und eine Zeichnung. Wie groß Marées' Anteil an drei anderen nach seinen Zeichnungen ausgeführten Bildern war, läßt sich nicht mehr feststellen. Viktor zur Helle erhielt die »Labung«. Wahrscheinlich entstand das Bild, ähnlich wie der Knabe auf dem Kahn, aus einer Einzelfigur, dem sitzenden Mann, von dem sich die Pidollsche Zeichnung erhalten hat. Zur Helle, der eine romantische Ader hatte, mag das Motiv zu nüchtern gewesen sein, und so ließ Marées die beiden Frauen und hinter ihnen noch eine weitere Gestalt hinzutreten. In den beiden Zeichnungen zu dem Bilde ziehen im Hintergrunde Rinder vorüber. Solche Ergänzungen entstanden immer aus dem Stegreif, ohne daß Marées zu suchen brauchte. Man könnte glauben, er habe mit seinen Einzelgestalten die Fülle von Bildern, die er im Kopf hatte, zurückhalten wollen, um nicht von dem Wege zur monumentalen Einfachheit fortgedrängt zu werden. Er nahm sie, so scheint es, aus Zusammenhängen heraus und versuchte ihre Formen allein so wirksam wie das gedachte Bild zusammen gewesen war zu machen. Er brauchte nur zu winken, so kamen die verbannten Attribute in vielerlei Varianten wieder und gruppierten sich zwanglos um die Gestalt, und man erkannte nicht, daß sie vorher allein gewesen war. Marées hat bei der »Labung« nicht daran gedacht, ein irgendwie bedeutungsvolles Opus aus der Komposition zu machen, wollte nur einen der vielen Wege andeuten, wie man zu einem Bilde gelangte. Da er

Die Labung. 1880

keine Gelegenheit versäumte, um die Schüler über die Möglichkeiten, die in der nackten Gestalt enthalten sind, aufzuklären, hat er in der gemalten »Labung« den Sitzenden viel eingehender behandelt als den Rest. Mit wenigen Strichen und Flecken sind die anderen Gestalten und die Landschaft getroffen. Die Bevorzugung tritt nicht störend hervor, weil die Massen so überzeugend verteilt sind und die Farbe mit spielender Sicherheit das harmonische Gefüge vollbringt. In der Abbildung erscheint die flüchtige Gestalt auf der äußersten Rechten nicht unentbehrlich. Im Bilde wirkt sie nur als Fleck, der den Wald unmerkbar belebt.

Zu dieser Art des Vortrags, dessen lässige Zurückhaltung und Unbekümmertheit zu sicheren Zeichen des Reichtums werden – man denkt an einen Redner, der im Moment seine Gedanken gestaltet, und damit fortreißt –, eignete sich die durchsichtige Tempera glänzend. Aber Marées machte noch mehr mit ihr, ohne die Grenzen des Materials zu überschreiten.

Im Atelier Hermann Prells malte er den Mann mit der Standarte. Was mag er damit haben lehren wollen? Und was mögen die Schüler davon verstanden haben? Die Komposition? Sicher hat er an sie gedacht, an das beliebte Netz von Horizontalen und Vertikalen. Man muß sich einige Mühe geben, um es zu finden. Aber der Sucher wird belohnt. Da ist vorn das Ufer. Es laufen zwar lappenartige Schattenflecken zickzackartig in den Strom hinein, aber man kann sich schon eine Parallele zur unteren Rahmenleiste herausholen. Dann der Strom. Der fließt offenbar, ohne an Parallelismus zu denken, aber irgendwo hat er auch vor oder hinter der Erweiterung gerade Linien. Deren mag es auch jenseits, wo sich der Hügel von dem Horizont abhebt, geben und womöglich auch in dem Himmel. Dem

Der Mann mit der Standarte. 1880

Mann mit seinen stark gewundenen doppelten Umrissen, so wird er zu dem Schüler gesprochen haben, gibt man eine Senkrechte in die Hand, dadurch bekommen wir das Ragende sicher heraus. Es braucht keine Stange mit einem Fähnchen zu sein, sondern man nimmt ganz einfach eine geraffte Flagge, die den vertikalen Stock ahnen läßt und doch komplementäre Bewegungen zu dem nackten Kerl erlaubt. Das geht alles auf die einfachste Weise von der Welt. Auch die Koloristik ergibt sich ganz von selbst. Man braucht nicht hundert Farben zu suchen, sondern, da sich gegen eine blaue Standarte nichts sagen läßt, taucht man die ganze Landschaft in diese der Natur vertraute Farbe, den Fluß, die Berge, den Himmel. Ein bißchen heller und verschärft wird sie ein Grau, wie es alle Häuser und, bekanntlich, auch die Wolken zeigen. Und nichts steht dazu natürlicher als das Grün der Vegetation.

Nicht viel langsamer, als ich dies hinschreibe, hat er das Bild gemalt. Im Plaudern wurde ein Meisterstück der Malerei, ein Werk, daß alle Eigenschaften des Monuments besitzt. In einem Format, nicht größer als dieses Papier, entstand unversehens ein Fresko.

Den Wegen, auf denen Marées bisher das Monumentale gesucht hatte, schien die Art dieses Bildes notwendig fernzuliegen. Er sah immer nur nach der Konstruktion und hütete sich vor jedem freien Einfall außerhalb des Programms. Nicht irgendeine gesetzmäßige Struktur durfte im Bilde herrschen, sondern die einzige mußte es sein, die den nackten Menschen und nichts anderes als Baumaterial verwandte. Da hatte ihn die Gefahr bedroht, zu einem Dogmatiker zu werden. Eins wird er bei dem Mann mit der Standarte dem erstaunten Schüler nicht gelehrt haben: wie man den nackten Menschen modellieren müsse. Von den unverrückbaren Vorbildern der Alten hat er nie viel gesagt, nie so wenig wie bei diesem Bilde, und Pidoll wurde sicher nicht an die griechischen Meister erinnert. Dieser nackte Geselle mit seiner Fahne konnte nur auf dem Boden unserer Zeit wachsen. Es ist der einzige Mensch des Bildes. Insofern verleugnet Marées nicht die Wichtigkeit, die er dem Nackten beimaß. Der Mensch ist riesig. Nie war bisher in Maréesschen Bildern der nackte Mensch so groß. Aber er wirkt so, trotzdem er nicht allein ist, und deshalb dringt die Wirkung so tief. Er hat keine anderen Menschen neben sich, aber der Gestalten so viele, als man in einer Landschaft, wo vorn so ein Nackter steht, denken kann. Und wenn er nichts wie die Landschaft zu Genossen hätte, den breiten Fluß, der zu seinen Füßen strömt, den Berg und die Bäume hinter seinem Rücken, die Wolken zu seinen Häupten, ja, wenn ihn nur die Luft dieses Bildes umspielte, hätte er Nachbarn genug. Das ist das Neue dieses Monumentalen, die Beteiligung der Imponderabilien, die sich sonst der Konstruktion entziehen, an dem Bereich der Form, die Teilnahme der Atmosphäre. Das macht das Kolossalische dieses zum Himmel ragenden Menschen glaubhaft, weil es ihn vor unseren Blicken wachsen läßt; es erlaubt den Verzicht auf jede hemmende Einzelheit, macht die wie mit dem Messer geschnittenen Umrisse möglich, macht sie notwendig, soll sich aus diesen wie in der Natur zusammenfließenden Farben und ihren Tönen das Feste vom Luftartigen scheiden. Es ist ein ganz anderer Mensch als der, den man unter dem roten Schleier des Mittelbildes der Helena-Legende erblickte. Er ist mehr Mensch vor allem, weniger Figur; nicht wie die liebliche Göttin aus der Form, sondern gewissermaßen gegen die Form gemalt. Erst nachträglich infolge eines ganz neuen Ideenkomplexes, der auf die Isolierung der Gestalt verzichtet und alles, was sonst im Bilde ist, mit zur Beurteilung heranzieht, entsteht er als Form. Vorher ist er im Vergleich zu der Göttin eine krasse Linie, ein sinnloses Gewirr von Flecken, ungefähr dasselbe, was ein nackter Mensch in der Natur wäre, den man das Auge zwingt, ohne die Umgebung zu betrachten.

Sucht man für dieses Bild in irgendeiner Epoche nach gleichartigen Werken, so gelangt man notwendig zu Marées' Zeitgenossen in Frankreich, zu denen wir ihn schon einmal, nach der spanischen Reise, in gewissen latenten Beziehungen fanden. Damals konnte, da er in Paris gewesen war, auf eine direkte Fühlung mit der französischen Kunst, wenn auch nicht mit der besonderen Strömung, zu der man in Bildern wie dem orangenpflückenden Reiter usw. eine Art Parallelismus fand, geschlossen werden. Jetzt, wo Marées, fern von jeder Berührung mit Frankreich, Zielen nachstrebte, die dem Modernismus der Franzosen ganz fern lagen, kommt plötzlich eine ganz unmittelbare Ähnlichkeit mit ihnen zum Vorschein, für die sich sogar ein bestimmter Name aufdrängt. Der Impressionismus, an den so vieles erinnert, ist ein vager Begriff. Man denkt an den Meister der sogenannten Impressionisten, den wir den Konsequentesten genannt haben, an den Visionär unter ihnen, der die äußersten Folgerungen der analytischen Bewegung zog und gleichzeitig, die Nemesis ahnend, mit dunklem Trieb nach einer neuen Synthese rang; an den Maler, an dem heute die Jugend mit sklavischer Vergötterung hängt, an Cézanne. Schon in der die Töne aus der Farbe gleichsam auswaschenden Art der Koloristik steckt eine Verwandtschaft; in diesem aquarellartig leichten Auftrag, in dem Schwimmen der Töne, das die Akzente lose wie die Schaumkämme von Wellen zeigt. Die Technik ist einfacher. Die Abtönung vollzieht sich auf einer anderen Farbenbasis und geht nicht bis in die zentesimalen Grade einer Cézanneschen Landschaft. Aber diese Beschränkung wird nicht als geringere Sensibilität des Organs empfunden, sie ist die notwendige Folge einer weiter umfassenden Anschauung. Die Ähnlichkeit beruht auf gemeinsamen Ausgängen der Konzeption. Auch dieser Marées ist Produkt einer Vision, die erst, wenn man sich wie Cézanne durch alles Farbige der Natur hindurchgesehen hat, ganz von innen heraus zustande kommt, jenseits von Manets Illusionen. Man denke an gewisse Legenden Cézannes, wo das Nackte mit den andringenden Farbenwellen des Lichtes um das Körperliche ringt.[4] Es kommt immer nur zu Inseln in dem Strom, die jeden Augenblick von den Wellen überspült werden, zu zerrissenen Strichen, die sich immer wieder in das flimmernde Gespinst des Ganzen lösen; man kann nur ahnen, da und dort liegt unter den Fluten die Form eines Körpers. Was uns dazu anhält, ist oft ein verstecktes Barock, das auch Renoir zu Hilfe kommt, dasselbe, mit dem Delacroix unbewußt operierte und das Rubens und der Meister aller modernen Meister, Greco, zu verwenden wußten. Es hat uns mit den Bildern dieser und vieler anderen großen Maler gewöhnt, die leisesten Andeutungen seiner Art zu Formen zu ergänzen. Dieses Barock wirkt auch in dem Marées mit, aber es ist noch viel kondensierter als in Cézanne und noch weniger bemerkbar als in den harten Strichen eines van Gogh. Man fühlt es eigentlich nur noch hier und da in den Umrissen des Standartenträgers. Und auch da trifft es anscheinend mit den natürlichen Windungen des Körpers zusammen. Das ganze Bild steht vollkommen lesbar wie ein Fresko vor uns ohne eine der Deformationen, die wir in jedem Cézanne finden, die wir gern hinnehmen, aber die wir nie verzeihen würden, wenn die Leinwand zur Wand würde, auf die doch auch Cézanne bewußt oder unbewußt hinzielt.

Man wird angesichts dieses Bildes nicht auf den Gedanken

kommen, hier sei einer jener Kompromisse versucht, zu dem sich so mancher geschickte Spekulierer entschloß, der die Vorteile der Impressionisten durch Zufügung einer akademischeren Zeichnung zu verdoppeln glaubte. Die Erinnerung an Besnard und Genossen und an die Stilisten jüngeren Datums trübt nicht die Freude an dem Werk, und zwar nicht, weil wir wissen, wie fern es von dem Pariser Getriebe entstand. Die Explorateure des Impressionismus sind von seinen Meistern, ob sie fern oder nahe ihre Nichtigkeiten verrichten, um Welten getrennt, und nie kommt uns vor ihren Bildern eine innere Gemeinschaft mit den großen Führern zum Bewußtsein. Ebensowenig könnte man sagen, Marées habe, ohne ihn zu kennen, Cézanne – etwa mit einer besseren Zeichnung auf Kosten der Farbe – verbessert. Er hat vielmehr aus einer Welt, aus der auch Cézanne schöpfte, einen allgemeineren, geschlosseneren, gesteigerten Ausdruck gewonnen. Man könnte das Verhältnis mit dem zwischen Greco und Rembrandt vergleichen. Die weit über Rembrandt hinausgehende Farbenpracht Grecos entfernt ihn selbst in seinen kühnsten Werken nicht von der Mystik der größten Offenbarungen Rembrandts. Da, wo beide ihr letztes gesagt haben, da scheiden die Unterschiede zwischen ihren Wegen aus, oder vielmehr, die Sammlung des einen dient der Beweglichkeit des andern zum vollkommenen Ausgleich. Vielleicht findet eine letzte Wertung in dem Verhältnis Rembrandts zu Greco eine letzte Differenz zugunsten des nordischen Meisters. Sie entzieht sich dem Artistischen, liegt auf rein menschlichem Gebiete und könnte nur aus einer die ideelle Nutzbarkeit dieser Großen untersuchenden Betrachtung erwiesen werden. So eine letzte Differenz mag in dem Verhältnis unserer beiden Zeitgenossen zueinander zugunsten von Marées noch deutlicher und entscheidender bemerkt werden. Um sie zu begründen, müßte man die unvergleichlich breitere, verzweigtere Genesis des Maréesschen Künstlertums aufdecken, die in seinem Werke sichtbar wird, den Vorteil einer von reicheren Strömen gespeisten Entstehung, der ihm erlaubte, von den Sonderheiten einer zeitgenössischen Kunstströmung Abstand zu nehmen. Das könnte denen zur Lehre dienen, die sich mit der Frage, wie man über Cézanne hinauszukommen vermöchte, die Köpfe zerbrechen.

Noch so ein Fresko im kleinen hat Marées geschaffen, den Drachentöter. Ein »Miniaturbild« nannte er es. Es war die Antwort auf den absagenden Brief aus Leipzig, die Fiedler baß ergrimmte, und Marées hat sich wirklich selbst als Ritter gemalt, in strahlender Rüstung mit der gewaltigen Lanze in den Händen, die den Drachen durchbohrt. Das Selbstbildnis ist unverkennbar. Wenn dem Erzürnten damals das Bild vor Augen gekommen wäre, hätte er nicht die Banalität des Streites mit solchem Ritter erkannt, für den alles, was er selbst dachte und tat, Bild war, und der auch in dem Gebaren anderer, ganz abgesehen davon, ob es ihm zunutze war oder nicht, Bilder, Symbole erblickte? Man sollte es glauben, weil das Bild eins der wenigen war, die Fiedler später in sein Haus nahm. Es ist ungefähr gleichzeitig mit dem Mann mit der Standarte entstanden und, obwohl sich in der Benutzung der Tempera manche Berührungspunkte ergeben, von ganz anderer Art. Es wird ohne Demonstration ad oculos niemand glauben, daß der Autor dieses Bildes an Cézanne erinnern konnte.

Wie im Paris-Urteil geht Marées auf eine Legende zurück, und diesmal ist es die bekannteste von allen, die unzählige Male von Malerei und Plastik dargestellt wurde. Nie, scheint mir, wurde sie wahrscheinlicher gemacht. Damit meine ich natürlich nicht die sachliche Behauptung der Sage, sondern die Legende selbst, das Legendarische, das für uns noch Inhalt besitzt, die Ritterlichkeit der stolzen Tat, ihre Würde. Alle Meister, die uns nahe stehen, haben die Legende objektiviert. Sie machten sich selbst zum Ritter, auch wenn sie ihm nicht seine Züge gaben, ließen ihr Temperament dabei spielen, kämpften kühn wie der junge Donatello am Or San Michele oder zierlich wie der junge Raffael in dem reizenden Bilde des Louvre; immer geschwind oder mit aller Kraft, gewaltig. Keinem fiel es ein, die Sache gemächlich zu nehmen. So macht es Marées. Der berühmte Schimmel geht diesmal im Paradeschritt, und nicht die Spur von Angst oder Mut bläht die Nüstern. Kerzengerade sitzt Sankt Georg im Sattel und mit dem unbändig langen Spieß kitzelt er ernst und gelassen den Molch zu Tode, als wenn er ein Steinchen aus der Erde lösen wollte. Schon der Gegensatz zwischen dieser beschaulichen Gelassenheit, die dem bedauernswerten Wurm nicht die geringste Anstrengung widmet, und unseren Vorstellungen der Geschichte erweitert die Empfindung. Man könnte lachen. Die Darstellung streift von weitem die Komik, und diese Nuance befreit auch den, der nicht das Selbstbildnis erkennt, von allem, was der übertriebene Ernst der Handlung Penibles haben könnte. Zum Lachen aber kommt man nicht. Dafür ist diese Art von Karikatur zu wenig verzerrt und enthält sich zu konsequent jedes Blickes auf den Zuschauer, der dazu ermuntern könnte. Dafür besitzt die Feierlichkeit, die man drastisch nehmen könnte, zu viel von unwiderstehlicher Pracht. Das Material bei dieser Zeremonie ist echtes Geschmeide. Das gilt nicht nur von der Farbe, von dem rieselnden, funkelnden, strömenden Rot, das in allen möglichen Tönen das Bild durchleuchtet, von dem Gelb, das sich wie durch Strahlung aus dem Rot scheidet, von dem womöglich noch reicheren Weiß, das bis zum Schwarz immer noch die Lichtheit behält, von dem starken Smaragd, das, wo es am tiefsten wird und im Dunkel zu verglimmen scheint, zu einem leuchtenden Blau wird; von dieser ganzen prunkhaften Harmonie, die einer Komposition mit strengen Linien bedurfte, um nicht zu viel zu werden, so wie kein Prachtgewand ergreifender wirkt, als wo es starren Ernst bekleidet. Es gilt auch, und nicht weniger, von der Art des Liniengefüges. Auch die Linien dieses auf den ersten Blick so starren Bildes sind verhaltener Prunk, und der Betrachter braucht nur dem Stillstand gebietenden Bilde zu gehorchen, um ihn zu entdecken. Die Starrheit des Pferdes und seines Reiters, die einem zuerst verwunderlich dünkte und die so dringend nach Farbe verlangte, löst sich bei näherer Betrachtung von selbst. Tatsächlich besteht die anscheinend nur auf strengste Stabilität begründete Komposition aus zahlreichen, untereinander zusammenhängenden oder sich ergänzenden Kurven, die wie eine Flagge das ganze Bild durchziehen. Wie bestimmend sie sind, geht aus folgendem Schema hervor, in dem ich nur die wesentlichsten aufgezeichnet und die Vertikalen und Horizontalen unterdrückt habe.

Man braucht sich nun nur den gerüsteten Ritter in dieses Wogen geschwungener Linien hineinzudenken, um zu verstehen, warum er, trotzdem er gegenständlich nahezu unbeteiligt erscheint, sich tatsächlich wie ein Rocher de bronze dem Sturm ganz entgegengesetzter Elemente entgegenstellt, als Kämpfer. Die Lanze kämpft nicht mit dem Drachen als Begriff, sondern mit dem Drachen als Form, als Abstraktion; das heißt, so wie wir uns den Kampf immer nur verwirklicht denken können. Man glaubt, hier einmal dem metaphysischen Übergang der Form in das Symbol beizuwohnen. Freilich vollbringt auch hier die Farbe, die wiederum das Geschwungene zu anderen Gebilden glättend, erweiternd, straffend und dehnend formt, die entscheidende mystische Hülle. Aber sie entzieht uns nicht die Einsicht, daß aus solchen sich fortwährend bekämpfenden und ergänzenden Gegensätzen das nie ersterbende Leben des Werkes besteht. Nicht das Symbol, sondern nur die Geschichte wird aus der Vergangenheit übernommen. Die Kunst formt daraus ein neues Zeichen für einen viel weiteren, allgemeineren und reicheren Begriff, und verjüngt die Legende.

So, wie er sich hier gemalt hat, sieht man Marées gern vor sich, als Sankt Georg mit dem Drachen. Es war immer etwas Ritterliches in ihm, daß der Selbstironie und der Komik des Don Quichotte widerstand. Er hatte immer mindestens einen Drachen zu bekämpfen und tat es stets auf hohem Roß, ernst, aber gemächlich, mit einer Riesenlanze, die den Wurm nicht nahekommen ließ.

Das Bild ist der Vorgänger einer Reihe anderer Gemälde mit Reitern, in deren Mittelpunkt das Triptychon mit den drei heiligen Rittern steht. Marées erinnerte sich an das Lieblingsmodell seiner Jugend, das er ein Jahrzehnt lang über den Menschen vergessen hatte. Es war die Konsequenz der ganzen Änderung der Richtung. Die ausschließliche Beschränkung auf den Menschen als der Darstellung würdiges Objekt hatte nicht wenig das abstrakte Verhalten in den »mageren Jahren« begünstigt. Mit dem Bedürfnis nach größerer Bewegung trat das Pferd wieder von selbst in seine Rechte. Aber nun scheint es ein anderes Tier als das Crostewitzer Gespann, das den Wagen des Kämmerers aus dem Morgenland zog, oder der brave Braune im Schatten der abendlichen Waldszene, oder der Schimmel des orangenpflückenden Reiters. Die hat alle noch der Marées der »Schwemme« gemacht, und man kann ihren Stammbaum bis zu den frühen Pferdestudien unter Steffeck zurückverfolgen. Wohl hat Marées an die Bilder nach der spanischen Reise so gut

Reitertriptychon. 1880-87

Der heilige Martin. 1880-81

gedacht, wie wir jetzt daran denken. In der Zeichnung mit dem Reiter, der einer neben ihm am Boden sitzenden Frau eine Frucht vom Baum pflückt, in der schönen Biga und noch in manchen anderen Bildern dieser Zeit, vor allem in dem Flügelbild mit dem Hl. Martin, sind die Beziehungen kaum verkennbar. Aber die Pferde haben jetzt die antike Allüre. Es ist merkwürdig, daß uns diese Allüre, auf die wir, wenn sie uns in Bildern zeitgenössischer Epigonen begegnet, mit so empfindlichem Mißtrauen zu reagieren pflegen, hier vollkommen natürlich erscheint. Es entgeht uns nicht die gegen die Frühzeit viel weiter getriebene Stilisierung. Sie ist jetzt so streng, daß z. B. in der Nationalgalerie, wo der Drachentöter mit den Rastenden Kürassieren, aus der Münchener Zeit, auf einer Wand hängt, die Pferde des Frühbildes im Vergleich zu dem feierlichen Schimmel des anderen gar nicht stilisiert erscheinen. Aber trotz des Gegensatzes zwischen den beiden Bildern, der kaum stärker gedacht werden kann (denn nie hat Marées loser improvisiert als in dem Münchener Bildchen, nie hat er bewußter das gemeinsame Detail, das Pferd, komponiert, als in dem Hl. Georg), bleibt eine gewisse Gemeinschaft bestehen. Diese findet man leichter, wenn man von so starken Extremen absieht und aus der gleichen Zeit andere Exempel heranzieht. Sicher, einzelne Details an den neuen Pferden zeigen oft unverkennbar die Eigenheiten der Antike oder der an die Antike angelehnten Renaissance, z. B. in dem großen Hl. Georg namentlich die Wahl der Stellung, der gedrungene Hals, der kleine Kopf. Er hat oft staunend vor den Kolossen des Monte Cavallo und vor der Bronze des Marc Aurel gestanden und hat den Gattamelata und den Colleoni nicht nur gekannt, sondern besessen. Oft wird man an die Studien Leonardos, des größten Pferdezeichners der Renaissance, erinnert, manchmal an den naiven Uccello. Nie

Biga. 1880

wird diese oder eine andere Erinnerung peinlich. Alles das hatte er im Kopf, und noch viel mehr dazu. Aber es saß in ihm wie Gedanken einer und derselben logischen Folge. Das Band gab er dazu. Und das ist überall ganz unverkennbar zu spüren. In der Biga oder in dem Feldlager oder in der glänzenden Zeichnung mit mehreren Reitern, wo die Pferde nicht besonders detailliert sind, der Umriß noch nicht endgültig gestrafft ist, wird das Antike vollkommen ungreifbar. Es ist schon da, fühlt man, aber nicht in irgendeinem linearen Detail. Die Pferde der Biga sind, genau besehen, nicht so himmelweit von denen des Kämmerers aus dem Morgenland verschieden. Sie haben denselben breiten Rücken, das Plumpe und Schwere der nordischen Bauernrasse und sind viel zu fleischig, um für edle Griechen gehalten zu werden. Wenn etwas Antikes daran ist, muß es zwischen vielen anderen Suggestionen stecken. Manchmal tritt eher etwas ganz Entgegengesetztes hervor. Nie denkt man bei dem Hengst des Hl. Martin, wie ihn die Zeichnung zu dem verlorenen Bilde zeigt, an Italien. Das ist das treue Roß des deutschen Kreuzritters, der mit seinem Kaiser Barbarossa gegen die Heiden zog. Und wo in anderen Zeichnungen geschmeidigere Linien mehr zur Antike hindrängen, wird man es sicher der Bewegung der ganzen Komposition zuschreiben, die solche Gestaltung zwingend verlangt. Wohl sind die Pferde mehr stilisiert als die früheren, aber der Stil geht aus den neuen Bedingungen hervor, ist an sich nicht mehr oder weniger willkürlich wie die rein malerische Fleckenbehandlung der Münchener Studien, die den Zwecken dieser harmlosen Impressionen vollkommen genügte. Immer sind die Pferde, wie jedes andere Detail, als Organe des Bildes gedacht, entstehen nicht an sich als spekulative Merkmale des Stils, sondern sind die natürlichen Träger des Rhythmus.

Von der ersten Fassung der »Drei Reiter« haben wir einen Flügel und wissen, daß die beiden anderen Bilder ungefähr mit der zweiten Fassung übereinstimmten. Die Komposition unterscheidet sich prinzipiell von der der Hesperiden und des Paris-Urteils. Die Tendenz, das linear Struktive zugunsten des malerischen Zusammenhangs zu unterdrücken, springt in die Augen. Die individuelle Ausbildung des einzelnen Bildes überwiegt. Man kann zumal die Flügel ganz gesondert betrachten. Nur infolge der Profilstellungen der beiden Reiter links und rechts, die auf das ruhig gehaltene Mittelbild zureiten, kommt ein Zusammenhang zustande. Er ist mehr begrifflicher Art. Jedes Überspielen der Linien des einen Bildes in das andere ist vermieden.

Der Verzicht ist, abgesehen von allem Symptomatischen erfreulicher Art, das wir zugunsten einer freieren Regung des Genius auslegen können, wieder einmal ein glänzendes Zeichen Maréesschen Taktes. Mit noch viel größerem Recht als bei dem kleinen Hl. Georg kann man hier seine einzigartige Fähigkeit, das Legendarische zu durchdringen, preisen. Bei dem kleinen Hl. Georg wurde die Legende umgestaltet, ein sehr reicher Sonderfall daraus gemacht, dessen Art unsere Vorstellungen erweiterte. Jetzt erleben wir das noch viel seltenere Glück, Vorstellungen verbildlicht zu sehen, die uns allen, so wie sie da Gestalt annahmen, vorschweben. So jugendlich auf sprengendem Roß ist uns allen Sankt Georg vertraut, so gläubig sieht jeder den Hl. Hubertus vor dem Hirsche knien, und von der stillen Einfalt des Hl. Martin fühlt jeder in uns, der an die Sage denkt, etwas in sich erklingen. Als Marées zehn Jahre vorher einen Martin malte, war die Legende wenig mehr als der Titel einer malerischen Skizze. Das gefiel uns, diese unwillkürliche Gestaltung, das Persönliche, das den Heiligen zu ein paar

Farbenflecken machte. Man sah nicht den Hl. Martin, sondern Marées, und dachte kaum an die heilige Geschichte. Jetzt haben wir nicht weniger von dem Künstler und haben doch gleichzeitig den Heiligen ganz und gar. Die Historie stellt sich nicht zwischen uns und die Kunst, wie wir es in so vielen mißglückten Legendenbildern unserer Tage sehen; sie gibt vielmehr der Kunst die breitere mächtigere Basis, strömt mit ihr in eins auf uns zu wie ein wärmerer edlerer Hauch von Menschentum. Schon die flüchtige Zeichnung zu dem Hl. Martin enthält etwas von dieser bezaubernden Wärme. Nicht die Neugier, nicht die Sentimentalität, keine der an der Oberfläche haftenden Empfindungen wird von ihr berührt. Das Gefühl einer ganz unausgesprochenen, unaussprechlichen Gemeinschaft wird wach, jener geheimen Vertraulichkeit, die sich zwischen Menschen zuweilen in einem unbeabsichtigten Blick offenbart. Man genießt mit strömender Dankbarkeit. Der Genuß geht weit über die tönende Anerkennung künstlerischer Leistungen hinaus, er überspringt sogar die Bewunderung der Persönlichkeit. Wie unheilig erscheint uns alles Persönliche! Ein tief Religiöses erfaßt uns. Die Kunst wird zu dem himmlischen Vater, dem wir uns als gläubige Kinder hingeben.

Solche Legenden durften als Bilder nur ganz lose miteinander verbunden werden, um ihren leicht verletzlichen Gefühlsinhalt nicht einzubüßen. Die Forderung des Dreiflügelbildes trat vor solchen Rücksichten in den Hintergrund. Auch in der ersten Fassung der drei Reiter hat sich Marées mit der Farbe als Bindemittel begnügt, die diskreter als die Linie zu komponieren vermag.

In dem Georg der ersten Fassung hat sich Marées, um den Ritter diagonal in das Bild zu bringen, gezwungen gesehen, das Pferd nahezu auf die Schienbeine der Hinterknochen zu stellen.

Auch der Parallelismus des führenden Armes und der Stirn des Pferdes ist nicht ganz überzeugend. Das entging Marées nicht. Er spottete zu seinen Schülern, die das Bild wie eine Offenbarung ansahen, über das »Schaukelpferd«, aber fand vielleicht den Fehler, dem die schöne organische Fülle der Farbe alles Greifbare nimmt, nicht schlimmer als heute der naive Betrachter, der schließlich nicht das Huftier der Zoologie, sondern das Roß St. Georgs erwartet und alle Mittel, die der Illusion der Legende dienen können, auch die kindlichen, die vor allem, zuläßt. Zu dem Mittelalter gehört diese Stellung des Pferdes, wie zur Antike das hoch auf den Hinterbeinen aufgerichtete Roß und wie zu uns der gestreckte Lauf des Renners, wie das Marées in der Zeichnung der Reiterspiele aus drei Zeitaltern scherzweise skizziert hat. Als er einmal auf die Art, wie Kinder Pferde zeichnen, hinwies, meinte er: »Kinder sollten wir in unserer Anschauung alle wieder werden.«[5]

Am freiesten überließ sich Marées der neuentdeckten Bewegung in der Amazonenschlacht. Das Bild teilt das Schicksal der berühmteren Schlachtenbilder Leonardos und Tizians. Wohl hat die mit größter Hingebung und bewundernswertem Scharfsinn von Sattler und seiner Tochter ausgeführte Ergänzung der Trümmer die Situation des Motivs einigermaßen sicher wiederhergestellt. Aber wie wenig sagt das bei einem Marées! Gerade bei diesem äußerst lebhaften Motiv – sicher dem stürmischsten, das er je gemalt hat – ohne jede merkbare lineare Struktur, und noch dazu in einer fast unberührten hellen Tempera von offenbar ganz durchsichtiger, einfacher Palette, mußte die Nuance alles bedeuten. Die Farbe haben wir wohl annähernd wiedererhalten, nicht das Farbige, das überall wirksame Netz der Belichtung, die nuancenreiche Betonung, die das Zerstreute zusammenzieht, und den Details erst die rechte

Stellung in der Wirkung zuweist. In Einzelheiten mag er mit der dünnflüssigen Farbe so zarte Andeutungen gegeben haben, wie man sie in manchen seiner Zeichnungen findet. Man denke sich nur die gehauchten Silhouetten des Blattes mit den beiden sprengenden Pferden oder die Zeichnung von fremder Hand ergänzt. Der mit Marées gut Vertraute wird vielleicht aus einigen der erhaltenen Stücke des Bildes, z. B. aus Kopf und Hals des ersten Pferdes auf der linken Seite, Schlüsse auf verlorene Nuancen in den ergänzten Teilen ziehen können. Nie wird es möglich sein, von dem Gesamteindruck des Werkes, das noch Jahre nach dem Tode des Meisters ganz intakt gewesen sein soll, einen Begriff zu geben. Von der Kühnheit der Schöpfung ist nur die Willkür übriggeblieben.

Nur deshalb erscheint der Raub der Sabinerinnen, den Marées unter das große Bild als Predella dachte, als alles andere, nur nicht als Ergänzung. Der Zusammenhang der beiden Bilder, der ursprünglich wohl erreicht war, bleibt jetzt vollständig aus. Offenbar wurden in der Predella, schon infolge der dunkleren Schattenstimmung, die Details viel flüchtiger als in der Amazonenschlacht behandelt. Die beiden Reiter rechts und links bestehen nur aus ein paar farbigen Strichen. Aber es fehlt nichts Wesentliches, nichts von der geheimnisvollen Dämmerung, die den Strichen das Leben gibt, nichts von der »Fleckentheorie«, zu der Marées, nicht zuungunsten der Bilder, zurückgekehrt war.

Die Amazonenschlacht, die wohl gegen Ende 1881, spätestens im Frühling des folgenden Jahres vollendet war, ist das äußerste Ende der Reaktion auf die mit Fanatismus betriebene Enthaltsamkeit. Vielleicht hatte ihn die Reaktion ein wenig zu weit in entgegengesetzte Richtung getrieben. Es blieb übrig, das Maß zwischen den Extremen zu finden. Man darf sich allerdings die Entwicklung nicht so einfach vorstellen, wie sie nach meiner dürftigen Andeutung erscheinen könnte, sondern muß immer daran denken, daß, während Marées an der Amazonenschlacht, an den drei Reitern usw. malte, er auch die andere Art von Bildern, namentlich die Goldenen Zeitalter, vor sich hatte. Meine Darstellung, die unwillkürlich die Illusion eines größeren Zeitraums erweckt, innerhalb dessen die Entwicklung vor sich ging, kann nur als ein rohes Schema gelten. Was hier hintereinander erscheint, vollzog sich in Wirklichkeit bis zu einem gewissen Grade nebeneinander. Wenigstens wurden die Möglichkeiten, die Vorteile des einen und des anderen Weges gleichzeitig erwogen, wie das die Arbeit an so verschiedenen Werken notwendig bedingte. Dadurch wurden Marées' Reaktionen so ergiebig. Sie trieben ihn nicht blind in diese oder jene Richtung. Er blieb über ihnen, beobachtete seine Regungen, wie der Feldherr vom Hügel die Bewegungen der Truppen verfolgt, bis er sie zum entscheidenden Schlage sammelt.

Ende des Jahres 1881 kam es mit Fiedler zur Versöhnung. Fiedler war es, der die Hand dazu bot. Marées' gelassene Zurückhaltung mag ihn zum Nachdenken gebracht haben. Er schrieb sehr warm und ließ das ehrliche Bedauern über das »entsetzliche Mißverständnis seiner ganzen Natur«, das in Marées' Worten hervorgetreten sei, merken. Marées ging herzlich darauf ein. Es ist wieder typisch für ihn, wie er, ohne seine Empfindungen über Fiedlers Unterschätzung zu verhehlen, jede Sentimentalität der Aussprache vermeidet und sofort vom Persönlichen auf das Allgemeine kommt. Er stehe nicht an, wenn das Fiedler zur Beruhigung dienen könne, zu erklären, daß er ihn bis auf den heutigen Tag stets »in beträchtlichem Abstand von den anderen« gesehen habe. Viel wichtiger aber scheine ihm, eine Gelegenheit zur Aussprache über ernste

Dinge zu erhalten, über die er viel nachgedacht habe, die allgemeinen Interesses wert seien und, wenn er sich darüber äußern könne, sich weiter klären, reifen und schließlich vielleicht wirken würden. Es handle sich nicht etwa um eine »Fach- und Liebhaberangelegenheit, sondern um eine wahrhaft menschliche«. Noch bevor Fiedlers zustimmende Antwort eintraf, präzisierte er seine Absicht. Er habe nicht die Prätention, zu formulieren, dafür sei Fiedler da; aber könne als Arbeiter zur Herbeischaffung des Materials verwendet werden. »Der Grabende wirft mit seiner Schaufel doch manchmal Dinge ans Tageslicht, die dem Beurteilenden und Ordnenden ein willkommener Anstoß sein können.« Er habe dabei nur die Absicht, »das Aufgeschäufelte zu beseitigen, um weitergraben zu können«.

Mit großer Befriedigung meldet er Volkmann, der seit dem vorigen Jahre in Deutschland war, als bestes, was der Jahreswechsel gebracht habe, die Einrenkung des Verhältnisses mit Fiedler. Wir verdanken der Aussöhnung den Besitz der tiefsten Gedanken des »Schauflers«. Die Briefe an Fiedler vom 29. Januar und 5. Februar sind eine ideale Autobiographie und würden auch dann noch zu den unschätzbaren Dokumenten der Forschung gehören, wenn sie nichts als die wundervollen Hinweise auf die Bedingungen enthielten, die das Menschentum in einem großen Künstler zu erfüllen hat.

Fiedler antwortete mit seinem Aufsatz über den modernen Naturalismus.[6] Es ist Fiedlers schwächste Arbeit. Die Methode, Kriterien für oder gegen aktuelle Erscheinungen aufzustellen, ohne die Kritik an präzisen Beispielen zu erproben, rächte sich gerade bei diesem Aufsatz empfindlich. Was verstand Fiedler unter Naturalismus? War es ein Prinzip, das jeder nach Gutdünken ausstatten und leicht widerlegen konnte, oder war es die

Richtung einer bestimmten Gruppe von Künstlern und Dichtern, die man zu Trägern dieses Prinzips machte? In dem zweiten Fall, den Fiedler in Betracht zog, mußte man genau kontrollieren, wie weit sich die Werke der sogenannten Naturalisten mit dem Naturalismus deckten, und durfte sich nicht allein an Aussprüche Courbets oder Zolas halten. Und dann hätte Fiedler gefunden, daß die vermeintliche Absicht dieser Künstler, nur »das tatsächlich Wirkliche« darzustellen und nur »eine Neugier nach dem noch nicht Gekannten« zu befriedigen, eine willkürliche Konstruktion der Anhänger und Gegner war. Er erkannte nur die negative Wirkung der Richtung, den wohltätigen und berechtigten Kampf gegen die kraftlose Affektation des Epigonentums, gegen veraltete, unfreie Anschauungen, gegen einen innerlich unwahren Idealismus; sah nicht die positiven Werte, das Konservative der Revolutionäre, ihre höchst produktive Verehrung der alten Meister. Man konnte besser von Courbet und seiner Schule sagen, daß sie von einer unendlich fruchtbaren Neugier nach dem noch nicht Gekannten der Kunst, nicht der Wirklichkeit, getrieben wurden. Ihre Erforschung der Natur war von künstlerischen Instinkten geleitet, stand unter dem gebieterischen Zwang der schöpferischen Individualität und brachte Werke hervor, die so wenig wie die glorreicher alter Meister nur das »Bilderbuch gemeinen Bewußtseins« ergänzen, sondern das Postulat Fiedlers, den sinnlichen Stoff zu geistigen Formen zu gestalten, mehr oder weniger vollkommen erfüllen. Fiedler übersah das Fiktive der naturalistischen Schlagworte und nahm die Fähigkeit eines Courbet, Abstraktionen des Gesehenen so zu vollziehen, daß sie unbewußt erschienen, für bewußtloses Nachahmen. Ihm entging, daß mit der Auflösung der alten Werte neue Formenbegriffe entstanden, die zu einer neuen Synthese führen konnten, daß ein

Marées ohne diese in der Zeit begründeten analytischen Tendenzen, ob ihre persönlichen Resultate ihm bekannt und bewußt waren oder nicht, geradezu undenkbar war. Aber darin hatte er recht, in der Erkenntnis der unausbleiblichen Zersplitterung als Folge der naturalistischen Strömung und der Notwendigkeit, »die Produktion aus ihrer Zersplitterung zu retten, um die schaffenden Kräfte um eine einzige große Aufgabe zu versammeln und so der Kunst zugleich mit einem neuen Ziele auch eine erneute Bedeutung zu verleihen«.

Man begreift, warum der Autor dieses Aufsatzes nicht mit Marées in Unfrieden sein mochte. Ein inneres Bedürfnis wird ihn getrieben haben, dem einzigen ihm bekannten Maler, der eine höhere Entwicklung der »künstlerischen Wahrheit« anstrebte, die Hand zu reichen.

Für den Sommer drohte Atelierwechsel, da das Haus abgerissen wurde. Marées hatte in der Via San Basilio ein anderes größeres und bequemeres Studio gefunden, das aber erst umgebaut werden mußte. Das sollte bis zum Herbst dauern. Die Zwischenzeit beschloß er, in Deutschland zu verbringen. Beim Aufräumen des Ateliers fanden sich einige Bilder aus früherer Zeit, die mit geringem Aufwand »in einen erhaltungswerten Zustand« gebracht werden konnten. Das waren die »Drei Jünglinge«, die »Sechs nackten Männer« und »Die zwei Jünglinge«. Damals haben diese Bilder ihre Materie erhalten. Der geringe Aufwand machte wenigstens aus zweien von ihnen vollkommen neue Werke. Die zwei Jünglinge verloren die zeichnerische Vereinzelung der Umrisse, wurden leuchtende Wesen, die nur dem Gegensatz zwischen Schatten und Licht ihre Existenz zu verdanken scheinen. Eine Lava von Farbe ist über sie hingeflossen und hat alles Kleinliche, das ihnen vorher, wenn sie der Zeichnung ähnelten, anhaftete, weggeschwemmt.

Man kann die Methode in diesem Falle brutal finden. Es steht zu vermuten, daß sie nötig war. Weniger summarisch vollzog sich die Umwandlung der »Sechs nackten Männer«. Es ist noch heute ungefähr zu sehen, wie sie vonstatten ging. Alle dem Licht zugekehrten Teile der Körper wurden mit hellen, aus gleitenden Strichen gewonnenen, flächigen Lagen gedeckt. Diese energische Teilung wurde dann durch Übermalung des Ganzen gemildert, blieb aber unterhalb des emailhaften Überzugs wirksam. Ohne die Belichtung mögen die Gestalten künstliche Wesen gewesen sein, deren Sinn und Bedeutung nur aus ihren schwankenden Beziehungen zu einer mehr oder weniger merkwürdigen Wirklichkeit hervorgingen. Nicht Courbets oder Zolas Werke waren, wie Fiedler glaubte, Dokumente des von ihm gegeißelten Naturalismus, sondern eher jene Maréesschen Bilder im Zustande farbloser Vollendung. Allenfalls konnte man die flüchtige Ähnlichkeit mit Gestalten Signorellis als Symptom einer nicht naturalistischen Anschauung auslegen, aber das Symptom vergrößerte noch die Zweifel an dem eigenen Dasein der Gestalten. Wahrscheinlich waren die Umrisse sauberer gezeichnet, d. h. sie markierten genauer. Umrisse und Modellierung verdeutlichten besser den Körper, aber: immer nur einen. Der wurde mittels einer verhältnismäßig mechanischen Addition zu einem anderen gesellt. So entstanden sechs Gestalten auf einer Holztafel. Man konnte sie zählen und kam nie zu mehr. Es blieb immer eine Tafel mit sechs Gestalten. Je mehr Aufwand mit den Körpern getrieben wurde, je genauer das einzelne herauskam, desto weniger wahrscheinlich wurde das Bild, weil das Auge die Geduld verlor, die Teile zu behalten. Nun trat das Einende hinzu. An die Stelle des problematischen Seins der Gestalten, das sich aus der Natur gewaltsam entfernen und auf die Tafel bringen ließ, trat der

Kosmos des Bildes. Da kam Farbe auf die Tafel. Sie umschlang die Körper, sog die harten Umrisse auf, wie es die Sonne macht, wenn sie das Fleisch umspielt. Das Licht erschien und mit dem Licht das Leben. Und nun war es keine Holztafel mit sechs Umrissen von Menschen, sondern die Wirklichkeit eines neuen Daseins, in dem sich lebende Gestalten regten. Nun schmälerte nicht mehr der Gedanke an einen anderen Meister den Glauben an die Anschauung. Man kann diesen selbsttätigen Organismus, der Menschen und Licht und Luft vor unseren Augen werden läßt, so wenig einer Kunst nachempfinden wie einer Natur. Er entsteht aus dem Innern heraus. Nie ist Signorellis primitive Kühnheit in das farbige Wunderland gedrungen, von dem die leuchtende Pracht dieses Gemäldes meldet. Und wenn den Kundigen doch noch ein Detail an den Meister der Fresken von Orvieto erinnert, so beglückt ihn die Einsicht wie ein seltener Fund, wie einer der vielen glücklichen Zufälle, die den Suchenden auf dem Wege zu dem Wesen der Meisterwerke begegnen. Signorelli und vieles andere gehört zu den Lebewesen des Bildes. Es ruht umschlungen, umwirkt, umgossen von Farbe in der Tiefe, wie die schillernde Perlmuschel unter dunklen Fluten.

Bei den »Drei Jünglingen unter Orangenbäumen« mag sich die Verwandlung auf ein paar Schattentöne in den Körpern, deren Fleisch gelockert wurde, beschränkt haben und auf das Zudecken der vorlauten Landschaft. Das war ja überhaupt die ganze Arbeit. Es genügte, wegzunehmen, was zu viel war. Es ging fast von selbst. Die Details verschwanden, wie sich die Blätter unter dem Druck des Windes zu flimmerndem Grün vereinen. Manchmal war es ein recht derber Wind, der die Bilder zusammenfegte. So ging es dem Hintergrund der »Drei Jünglinge«, der mildere Behandlung verdient hätte. Die Ungeduld, Helligkeit in das Bild zu bringen, hat den Sitzenden der drei fast mit einem Heiligenschein umgeben. Es war eine Notiz, um das nächste Mal von vornherein an die Farbe zu denken. Und so mächtig ist die ursprüngliche Struktur des Gemäldes, daß der unvermittelte Fleck keinen Abbruch zu tun vermag.

Marées wurde froh bei dieser Arbeit. Er kam zu den Tafeln wie einst in der Jugend, als man ihn den Feldscher nannte, zu den steckengebliebenen Bildern eines geplagten Kameraden. Es war vielleicht nötig, sich vorher festzurennen. Vielleicht hätte er nicht den Mut zu dem kühnen Schnitt – den Kaiserschnitt nannte er es einmal – gefunden, wenn er sich nicht vorher so mühselig gequält hätte.

*

Zu dieser Fülle von Schaffen kam nun noch eine ganze Kunst hinzu, die Plastik. Er hatte schon oft daran gedacht, sich einen Marmorblock vorzunehmen, und wiederholt die Hand an Volkmanns Arbeiten gelegt, um den Schüler anzuweisen. Nun aber, im Sommer 1882, machte er sich allein ans Werk und knetete in wenigen Wochen einen sitzenden Nestor zurecht, den er in Marmor ausführen wollte. Die Figur war in Ton vollendet, als der Termin der Abreise heranrückte. Gegen den 20. Juli ging er über Koblenz nach Berlin und quartierte sich zunächst bei dem Bruder Georg ein. Dort ist er mit kurzen Unterbrechungen bis zum Oktober geblieben. Der weitere Zweck der Reise war, sich wieder einmal über das Kunstleben in Deutschland zu orientieren. Die Inspektion brachte wenig Ersprießliches zutage. Sein Eindruck von Berlin war, es werde hier »außerordentlich viel Kinderei getrieben«. Der engere Zweck zielte auf die Sondierung der Behörde, ob es möglich sei, einen

Freskenauftrag zu erhalten. Es sah einen Augenblick fast so aus, als könne sich eine Aussicht ergeben. Jordan machte ihm vielleicht auf einen Teil des Auftrags Hoffnung, von dem Grimm an Dohrn geschrieben hatte, oder stellte ihm, was wahrscheinlicher sein dürfte, einen anderen in Aussicht.[7] Wieweit es Jordan Ernst war, bleibt dahingestellt. Jedenfalls ist schließlich nichts dabei herausgekommen. Dagegen hatte Marées Gelegenheit, seinem Schüler Prell bei den Fresken des Architektenhauses zuzusehen. Einmal konnte er sich nicht enthalten, selbst die Palette in die Hand zu nehmen und wenigstens ein paar Striche zu machen. Er übermalte auf dem »Urzeit«-Fresko die bewegte Luft und kam so in Eifer, daß das leichte Gerüst, auf dem er stand, zusammenbrach.[8] Zum Glück kam er ohne Schaden davon.

Ein paar Tage verbrachte er, da Georg als Bezirkskommandeur nach Jüterbog versetzt wurde, in dem märkischen Städtchen und fand es da ganz behaglich. Gegen Ende September ging er nach Dresden zu Koppel, besuchte dann Fiedler, hielt sich kurz in München auf, wo er seinen alten Freund Kunde wiedersah, und traf am 7. Oktober wieder in Rom ein. Das neue Atelier war immer noch nicht fertig. Erst gegen Ende des Jahres kam er wieder zu geregelter Arbeit.

1. *Goldenes Zeitalter II.* 1880/83

2. Drachentöter. 1880

3. Die Hesperiden. 1884/85

4. Die Werbung. 1883/87

5. *Entführung des Ganymed. 1887*

Das Tonmodell des Nestors fand Marées bei seiner Rückkehr nicht mehr vor. Man hatte unterlassen, es in Gips zu gießen, und so war es vertrocknet und zerfallen. Da meldete sich Peter Bruckmann als Schüler. Er schien anstellig, und Marées beschloß mit seiner Hilfe einen neuen Nestor zu formen. An dieser Figur hat Marées bis zum Frühling 1883 viel gearbeitet. Auch sie wurde zerstört. Von seiner sonstigen Tätigkeit in der Plastik, die sich auf die Teilnahme an Schülerarbeiten beschränkte und ihn in den nächsten Jahren sehr beanspruchte, hat sich nichts erhalten. Seine Korrekturen wurden von späteren Überarbeitungen der Schüler verwischt. So fehlt uns von einem Gebiet seines Schaffens, das sicher nicht ausschlaggebend geworden wäre, aber im Dasein des Künstlers einen nicht geringen Platz einnahm, jede sichtbare Spur. Er hat selbst wiederholt auf die gemeinsame Gültigkeit vieler Grundsätze für beide Künste hingewiesen und gesagt, er mache es in der Plastik genau so wie in der Malerei. Aber wie es uns bei einem Géricault, einem Daumier, einem Degas nahe geht, zu erfahren, wie sie sich gelegentlich als Jünger einer anderen Muse verhielten, so treibt es uns auch bei Marées, neben seinen Bildern die Formen des Bildhauers zu sehen. Das Interesse gewinnt in diesem Fall noch an Spannung, da wir Marées so oft das Plastische in der Malerei berühren sahen und da so viele Bildhauer seine Schüler geworden sind.

Nach zeitgenössischen Berichten können wir uns wenigstens einen Begriff von seiner Plastik bilden. Tuaillon, der in der Maréesgemeinde die Reihe der Bildhauer beschließt und sein letzter Schüler war, nach Hildebrand vielleicht der einzige, der

Organe für seine Art hatte, erinnert sich noch an den Bacchus Volkmanns aus der Zeit, als diese Figur ganz unter dem Einfluß Marées' stand und seine unmittelbare Beteiligung zeigte. Er meint, der Bacchus habe sich in der Behandlung der Massen und der Vereinfachung aller Details ganz von der damals gewohnten Bildhauerei unterschieden. Als ich Tuaillon bat, mir ein Beispiel anzugeben, mit dem die Figur, wie sie damals war, etwa verglichen werden könnte, nannte er mir Maillol, der damals – es ist ein paar Jahre her – zum erstenmal in der Berliner Sezession ausgestellt hatte. Man ist mit Marées immer so fern von allen Aktualitäten, daß mich der Vergleich mit dem modernsten unserer Bildhauer nicht wenig überraschte. Aber ich fand mich in den Gedanken, der ja nicht zu eng gefaßt sein wollte. Man durfte nicht an bestimmte Werke Maillols denken, sondern an das, was sie alle mit den edelsten Werken antiker Plastik gemein haben, mit dem der Grieche aus der Provence versuchte, der von genialen Meistern irregeleiteten Plastik Frankreichs gangbare Wege zu weisen. Ob Marées die Werke Maillols gebilligt hätte, steht dahin. Hildebrands ablehnendes Verhalten gegen Maillol spricht, wenn man es als Analogie ansehen kann, dagegen. Vielleicht wäre auch Marées immer noch der Franzose im Wege gewesen, und da er Rodin und die mit Rodin zusammenhängende Bewegung nicht kannte, hätte ihm die Möglichkeit gefehlt, die Wohltat der Reaktion eines Maillol zu würdigen. Aber diese Frage entscheidet nicht die Gültigkeit des Tuaillonschen Vergleichs. Wir haben es nicht mit dem zufällig Persönlichen in Marées zu tun, sondern mit seiner Vorstellungswelt, die unabhängig von ihrer irdischen Hülle besteht und weiter wirkt, und können uns nur an ihren Sinn und ihre Bedeutung halten. Und so betrachtet, erscheint uns Tuaillons Hinweis vollkommen logisch. Die Eigenschaft, die er andeutet, fügt sich organisch in das Netz von Maréesschen Vorstellungen ein. Überdies wird sie von manchen verbürgten Äußerungen des Meisters bestätigt. Wir wissen, wie glühend er in der ersten Romzeit Michelangelo verehrte und daß er 1869, als er zum erstenmal nach Paris kam, fast nur die beiden Sklaven im Louvre einer besonderen Aufmerksamkeit würdigte. Er behielt die Verehrung für den Meister, aber vertiefte sie, und sie raubte ihm nicht die Möglichkeit einer objektiven Kritik. In dem schönen Brief an Fiedler über Wagners Musik, der gerade für diesen Zusammenhang bedeutsam erscheint, rechnet er Michelangelo zu den großen »Verbarrikadierern« der Kunst, die mit ihren unsterblichen Monumenten die natürliche Entwicklung stauen. Als er eines Tages mit seinen Schülern eine Nachbildung der »Nacht« (auf dem Grabmal des Medici) betrachtete, deutete er auf die Entfernung des hinteren Fußes vom Rumpfe und sagte: »Sehen Sie mal die Reise!« Diese Kritik trieb ihn zu den ruhigeren Formen der Griechen. Er hat sich in den Motiven seiner Entwürfe für Plastik immer den antiken Vorbildern genähert, z. B. in dem Merkur der Haltung des bronzenen Idolino des archäologischen Museums in Florenz; in den späteren Entwürfen für den Ulysses dem bekannten bronzenen Hermes in Neapel usw. Das tat er nicht, um seine Schüler zur Nachahmung zu treiben, sondern der Motive wegen, weil diese Einfachheit des Gegenstandes alles Spielerische der Behandlung ausschloß und zur Konzentration des Formensinns anhielt. Mit wahrer Wollust biß er sich an dem höchst undankbaren Nestor fest. Er vermied alles archäologische Beiwerk. Es war ein sitzender Mann, den man so breit und einfach wie möglich herausholen mußte. Als das Modell einmal ausblieb, mußte Volkmann sich in Kleidern hinsetzen, um die Bewegung zu markieren, und Marées betonte in den drei Zeichnungen nach diesem improvisierten Nestor dieselbe Geschlossenheit der Gestalt, die er in den Zeichnungen nach dem Nackten suchte. Man kann in allen Serien von Entwürfen den Fortschritt von der losen Naturstudie zu immer gesammelteren Gebilden verfolgen. Doch bleibt die Form stets weich und malerisch. Viele dieser Zeichnungen sehen wie Reliefs aus. Man kann sich denken, daß Marées auf eine Plastik hinauswollte, die den später von Hildebrand formulierten Gesetzen entsprach. Aber sie wäre einfacher als Hildebrands Plastik geworden. Er achtete darauf, daß das scheinbar Runde aus dem Flächigen hervorging, und daß auch der freistehenden Gestalt das Reliefartige erhalten blieb, die Anordnung nach einheitlichen Oberflächen- und Tiefenvorstellungen. Auch ihm mag das »ideelle Bewegungsgerüst« vorgeschwebt haben, von dem Hildebrand spricht, das, »obschon durchbrochen, uns dennoch ein kontinuierliches Gesamtvolumen deutlich macht«.[1] So stellte er den sich aufstützenden Knaben dar, den Bruckmann modelliert hat. Man glaubt an der Schattierung der Zeichnungen wahrzunehmen, wie er den Schüler auf die Notwendigkeit hinwies, die Flächen so zu ordnen, daß bei einem möglichst reichen Spiel von Bewegungen nach der Tiefe hin genügend sichere Stützen für das Einheitliche der vordersten Fläche gewonnen wurden und kein isolierter vorspringender Teil das Kubische betonte. Auch aus den Entwürfen für den Bacchus und den gewaltigen Lastträger geht diese Tendenz hervor. Stets hatte er einen Hauptstandpunkt im Auge und verurteilte die moderne Gewohnheit, Statuen in die Mitte von Plätzen oder Räumen zu stellen, wo in erster Linie reale Tastbarkeit, nicht die künstlerische Illusion, die Übertragung des Kubischen ins Flächige zur Geltung gelangt. Deshalb hat er oft Nischen um die Figuren angedeutet, um zu zeigen, wie er sich die Aufstellung dachte; für den

Bacchus, für den Ganymed, für die Iphigenie. Manche Entwürfe sind unmittelbar für Reliefs gedacht, und er scheint später immer mehr zu dieser Form übergegangen zu sein. So gibt es aus den letzten Jahren Reliefentwürfe für einen Narziß, für eine ans Pferd gelehnte Amazone, und schließlich den herrlichen Fries mit dem Wagenrennen. Bildhauer, die sehen können, werden in hundert anderen Zeichnungen, bei denen Marées nicht an die Plastik dachte, das latente Relief finden.

In dieser sich unwillkürlich dem Malerischen zuneigenden Tendenz lag das Korrektiv für die Strenge der plastischen Form; eine selbsttätige Kontrolle, nicht mehr, nicht weniger. Marées bestand auf freier Behandlung des Materials und zwang seine Schüler, mit ganz großen, unhandlichen Eisen den Marmor zu behauen, um jede übertriebene Detaillierung auszuschließen. Das Ganze mußte wirken, und zwar so, daß der Eindruck aus den Hauptmassen entstand und von denen auf die Einzelheit hin, von der wieder auf die Hauptmassen zurückgeleitet wurde. Die bewußte Ausnutzung des Fingerdrucks im weichen Ton zu malerischen Zwecken, der unentbehrliche Akzent aller »impressionistischen« Plastik, war streng verpönt. Denn mit dieser den Weg kürzenden Modellierung entstanden Löcher, wo Flächen entscheiden sollten, und man kam unter Umständen dem Zufall in bedenkliche Nähe. Das Mittel diente billiger Charakterisierung bestimmter Eigentümlichkeiten der Natur, wurde leicht zum Selbstzweck und entfernte den Sinn von der monumentalen Größe. Es glich dem Kunstkniff des Malers, mit einem glitzernden Farbenspritzer oder einem eleganten Pinselstrich über tote Stellen des Bildes zu täuschen. Marées verachtete alles, was nur von weitem wie Geschicklichkeit aussah. Darum nötigte er zuweilen seine Schüler, mit der linken Hand zu arbeiten, und machte es ihnen vor. Er verschloß sich nicht etwa den Schönheiten der Materie, jetzt am wenigsten, wo ihm die unnötigen Opfer jahrelanger Enthaltsamkeit zum Bewußtsein gekommen waren und seine Bilder überreich an Reizen des Farbigen wurden. Aber diese Reize mußten ungerufen kommen, wie angeschwemmt von der Macht der Konzeption, Trabanten einer überlegenen Macht, Diener der Form, nicht ihre Herrscher.

Es war das Einzigartige des Lehrers, daß er lehrend von allen Eigentümlichkeiten seiner vielseitigen Begabung, die weniger reiche Naturen verwirren mußte, absehen konnte und eine ganz allgemein gültige Lehre ohne alles Doktrinäre hinstellte. Er vermied, programmatische Grundsätze zu formulieren, wohl wissend, wie wenig Formen dem Künstler zu bieten vermögen, trat ebensowenig dem Besonderen des Schülers zu nahe, sondern suchte durch das praktische Beispiel, das er stets so einfach wie möglich wählte, auf sie zu wirken. Jeder durfte machen, was er wollte. Mit den Ansätzen, die dabei zum Vorschein kamen, operierte er weiter, schied das Unverstandene aus und nötigte zur konsequenten Ergänzung. Es gab für ihn kein Pensum. Er lehrte, ob er draußen in der Natur bei Spaziergängen seine Beobachtungen äußerte oder im Falcone beim Weine über Goethe, Homer oder Dante sprach oder im Atelier korrigierte. Und sprach dabei ebensosehr zu sich selbst wie zu den anderen. Die ganze Atmosphäre um ihn herum war eine beständig fließende, spielende Lehre. Da er sich selbst mit zum Schüler machte, nie, wo es Sachliches galt, seine Überlegenheit betonte, fiel es den anderen leicht, teilzunehmen. Man wurde nie dabei müde.

Übung des Gedächtnisses war das A und O seiner Lehre. Man zeichnete viel nach der Natur. Aber das war immer nur der Anstoß, es nachher auswendig zu machen, oder sollte es

Adam und Eva. 1880

sein. Er zeichnete das Modell, wie es stand, drehte dann das Blatt um und zeichnete, ohne daß das Modell die Stellung veränderte, dieselbe Gestalt von hinten oder von der Seite. Um das Gedächtnis zu stützen, nicht um zur Form zu gelangen, deutete er auf die Beziehungen des Körpers und seiner Teile zu den einfachen geometrischen Formen und verglich den menschlichen Kopf »einer Kugel, die auf einer kurzen Säule, dem Halse, aufruhe, und die Beine nannte er immer die Säulen«. Seine Lehre war mehr eine systematische Gymnastik der Vorstellung als Erziehung zu einer besonderen Art künstlerischer Produktion. Er suchte dem Schüler die Natur geläufig zu machen und richtete sein ganzes Augenmerk auf die Sicherung intuitiver Erkenntnis. Das Zeichnen schien ihm dafür das beste Mittel, und zwar das Zeichnen mit dem Stift, nicht mit dem Pinsel. Um zur vollkommenen Klärung der Vorstellung zu gelangen, war das einfachste Material das beste. »Er hielt den Stift mit den Fingerspitzen ohne Anlegen an die Mittelhand und führte ihn frei aus der Schulter. Das war einer der wenigen praktisch-technischen Winke, auf die er hielt und die er oft wiederholte. Er sah darin eine wesentliche Unterstützung zur Vermeidung von Kleinlichkeiten und namentlich des Schönzeichnens, das ihm gequält und ausdruckslos erschien und verhaßt war.« Die fertigen Zeichnungen, seine eigenen und die der Schüler, die sich massenhaft im Atelier ansammelten, verbrannte er von Zeit zu Zeit ohne weiteres. Die Zeichnung war nur für den Künstler da, und zwar sollte sie ihm nicht bei der darauf folgenden Malerei als enges Vorbild dienen, sondern den sich während der Arbeit an der Tafel erneuernden Vorstellungsprozeß unterstützen. So verbot er auch den Bildhauern bei der Übertragung in Marmor ein zu enges Punktieren nach dem Tonmodell. Z. B. durfte Tuaillon die lebensgroße stehende Figur seines Merkur nur mit zwölf Punkten fixieren.

Ich habe schon an anderer Stelle auf die nahe Verwandtschaft dieser Gymnastik mit der Methode des Lecocq de Boisbaudran, des größten Lehrers der Franzosen des 19. Jahrhunderts, hingewiesen, die so vielen Meistern Frankreichs, unter anderen Rodin, zum Segen wurde und in den Naturalismus, noch bevor er zur äußersten Konsequenz ausgebildet wurde, eine starke Bresche schlug. Boisbaudran dressierte seine Schüler in Freiheit. Er wandte sich gegen die Strenge der Klassizisten, gegen jeden festen Formenzwang und beugte dem entgegengesetzten Unheil vor, indem er, ganz wie Marées, seine Schüler allmählich von der engen Kopie des Modells unabhängig machte und sie zum Auswendigmalen nach individuellen mnemotechnischen Angaben anhielt. Boisbaudran züchtete Persönlichkeiten und verließ sich im übrigen auf die französische Tradition, die, auch wenn man gegen sie kämpfte, immer noch wirksam genug blieb, um grobe Ausschreitungen zu verhüten. Nur gab er dabei anscheinend zu schnell das Struktive des Körpers und des Bildes auf und nährte einen Impressionismus, der reiche Früchte verhieß, aber schließlich in die einem Marées entgegengesetzte Strömung mündete. Marées' Überlegenheit lag in seinem zu einem produktiven Instinkt gewordenen Konventionalismus. Er konnte nicht auf die stille Mitarbeit einer nationalen Tradition rechnen und bedurfte daher des eigenen, von ihm eroberten Besitzes größerer Gebiete, um der Persönlichkeit die Wege zu weisen. Dieser einzelne da unten in Rom, von dem niemand in der betriebsamen Heimat wußte, baute sich mit eigenen Mitteln eine glänzende Akademie, in der alles zur bildreichen Sprache wurde, was dem deutschen Künstler nottat. Seine Doktrin wie jede andere eines großen

Künstlers, soweit sie sich in den Worten des Meisters äußert, ist ein lückenhaftes Gerippe, aus dem keine Ästhetik ein knappes System zu bilden vermag, und ich würde den Versuch für frevelnden Leichtsinn und unsinniges, zweckloses Bemühen halten. Erst die künstlerische Tätigkeit des Meisters gab dem Gerippe das Fleisch. Die Hand führte das Wort und trug hundert unentbehrliche Ergänzungen in den Gedanken hinein.

Einen Mangel hatte die Schule. Sie entstand zwanzig Jahre zu früh. In der kurzen Zeit ihres Bestehens wurden ihr nicht die rechten Schüler. Der Zufall hatte die wenigen, die von ihr wußten, herbeigelockt. Alle brachten redlichen Willen, unbegrenztes Vertrauen zu dem Meister mit und hingen ihm an wie einst in alten Zeiten die Jünger dem Meister. Er gab sich undenkliche Mühe mit ihnen. Prell erzählt, Marées sei manchmal ganze Tage von früh bis abends bei ihm im Atelier gewesen, um ihm gewisse Dinge in der Malerei klarzumachen. Keiner der Schüler ließ es an ernstem Streben fehlen. Das Resultat war bitter gering. Woran lag das? Kaum an der mangelnden Begabung. Pidoll und Volkmann waren nicht talentlos, auch Bruckmann nicht. Der intelligente zur Helle brachte allerlei mit, und Pausinger, der am kläglichsten versagt hat, war wohl von allen der von Natur aus begünstigste. Nie hat sich Marées über ihre mangelnde Anlage beschwert. Das Wort Talent kam kaum in seinen Mund. Es hatte keinen rechten Sinn für ihn. Wer überhaupt den Trieb zur Kunst spürte, der besaß auch das Notwendige, das sich vervollkommnen ließ. Ihm war ja die Kunst nicht der unerklärliche Zufall jenseits der Menschheit, sondern gerade das Menschliche, die Steigerung einer allen Sterblichen verliehenen Anschauung. Vielleicht hatten die Schüler zuviel Gepäck, als sie zu Marées kamen, hatten nicht mehr die Jugendfrische, nicht mehr Harmlosigkeit genug, um den Besitz ihrer Kindheit zurückzuerobern. Die meisten waren vorher bei Böcklin gewesen und hatten für die Gefilde der Seligen geschwärmt. Nun schwärmten sie für die Gärten der Hesperiden. Man spielte unter sich Marées gegen den früheren Lehrer aus und verstieg sich gar zu Scherzen über den Entthronten. Der »konnte einfach nicht anders«, malte, was er mußte, was von selbst kam, »ließ sein Werkel spielen«. Böcklin grollte, als er es erfuhr – »sie tun, als wär' ich gar nüt!« – und verbarg nicht immer die Verstimmung auf den neuen Apostel. Das Böcklinsche Stigma wurden die Entlaufenen aber doch nicht los. Es schien eingebrannt. Sie merkten kaum, wo es saß. Man darf der einseitigen Vorbereitung der Böcklinschule kaum die Schuld an dem geringen Resultat der besseren Lehre beimessen. Jede Erfahrung, auch eine, die sich im schneidendsten Gegensatz zur Vervollkommnung befindet, kann dem Überwinder zum Vorteil geraten. Ich glaube eher, die Schüler hatten zu leichtes Gepäck, hatten zu wenig von Böcklin erfahren, um von Marées gefördert werden zu können. Sie waren keine Überwinder. Die Lehre war ihnen willkommen, sie nahmen sie an, aber erlebten sie nicht. Das Hingenommene ging ohne Reibung in sie über, blieb formloser Eindruck, wurde nicht zum Ausdruck gestaltet. Das aber hieß, das Normale, das Marées vorschwebte, unterbieten. Sie machten sich die Sache zu leicht. Marées' Doktrin war eine milde Lehre für heiße Kämpfer, sie war, was Rom für die nach Ruhe zur Arbeit sehnsüchtigen Übervollen ist, und rechnete mit allen Widerständen einer durch die Erfahrungen der Welt gewitzten Seele. Nur dann war sie mild und fruchtbar. Ohne diese nicht leicht zu übersehenden Vorbedingungen konnte sie verderblich werden. Marées predigte Einfachheit und Einfalt. Aber die Menschen, die er um sich hatte, waren nur gar zu einfach, hatten nichts, was sich zu monumentalem Formengefüge zusammenziehen ließ. Es fehlte ihnen die Frucht überstandener Irrtümer. Sie begriffen, was er ihnen sagte, wie man ein Gesetz der Logik begreift, aber mangelten der Anwendung, des Zwecks. Er hätte sie erst wegschicken müssen in die Welt: Seht euch um, genießt, duldet, werdet hart, damit ich euch weich mache! Bringt Tollheiten mit, schafft euch Götter und Götzen an und kommt wieder, damit ich sie euch wegnehme. Sie hatten zu wenig Gepäck, nicht an Kunst, aber an Erlebnis. Wenn er ihnen jetzt etwas nahm, blieb nichts übrig. Diesen ihm über alles ergebenen Menschen fehlte die innere Richtung zu der Welt der Erscheinung, der fruchtbare Resonanzboden für seine Meinungen. Sie wurden Butter unter seinen Händen und zerflossen.

Der Mangel der Maréesschen Schüler war nicht lediglich persönlicher Art. Sie waren die normalen Opfer schlimmer Zeiten und schließlich auch Opfer von Marées selbst. Die Ironie ist bitter. Sie erfuhren die letzte Konsequenz Maréesscher Lehre. Kunst läßt sich nicht erzwingen. Das wenige, das sie vielleicht in einer weniger rauhen Atmosphäre, vielleicht im Gefolge einer leichtsinnigeren Persönlichkeit als stille Landschafter oder Kleinkünstler hätten hervorbringen können, ging unter der Hand dieses Lehrers verloren. Marées war kein einfacher Prophet. Er bewies oft, fast immer eine Engelsgeduld, dieselbe Geduld, die er für sich selbst gehabt hatte, nahm jedes, auch das leiseste Zeichen des Fortschritts, das ja bei seiner außerordentlichen Suggestionsfähigkeit nicht ausbleiben konnte, für sichere Bürgschaft und wiegte sich in der Hoffnung, die Bildhauer würden weit über Hildebrand hinausgehen, die Maler würden sein eigenes Werk fortsetzen. Sie harrten solcher Zeichen seiner Zustimmung und nahmen sie auf wie Zeichen des Himmels. Sie fühlten sich als erwählte Jünger und sprachen von ihm und ihrer Sache wie von einem Mysterium. Manche klare Nacht wandelte er mit ihnen auf dem Forum oder auf der Via Sistina auf und ab, und wenn er sie schließlich verließ, war ihnen, als sei der Heilige Geist bei ihnen gewesen. Seine Worte klangen in ihnen nach. Roms ehrwürdige Ruinen schienen ihr Echo zu halten, und der Meister wurde zum heimlichen König der Stadt. Dann geschah es, daß der eine dem anderen zuflüsterte: »Heute hat er uns wieder einen Schritt vorwärts gebracht.« Sie waren selig. Man schwur ihm ewige Treue, man sehnte sich, für ihn zu leiden. Er war der Messias. Sie bildeten in Rom eine streng abgesonderte Gemeinde, hatten ihre eigene Sprache, ihre eigenen Gebärden, und lächelten, wenn man über sie lachte.

Zu der optimistischen Schätzung seiner Jünger war Marées namentlich dann am leichtesten geneigt, wenn es mit dem eigenen Schaffen gut vorwärts ging. Dann meinte er, es müsse mit den anderen ebenso gehen. Es war ja so leicht, so einfach. Aber zuweilen, wenn er sie eine Zeitlang allein hatte wirtschaften lassen und sie ihn hoffnungsvoll vor das inzwischen Gewordene führten, klang ein böses Lachen durch das Atelier. Er hatte ein dröhnendes Lachen, das in Rom berühmt war. Il Prussiano con la voce grossa, hieß er noch immer. Er konnte lachen, daß einem angst und bang dabei wurde. Dann übertrieb er die Ungerechtigkeit wie zu anderen Zeiten die Güte. Nun waren es nur »Pygmäen«. Sie stahlen ihm seine Zeit, und er war hirnverbrannt, sich mit ihnen abzugeben. Alles, was er mit ihnen gemein zu haben glaubte, war eitel Unsinn. Eine Last waren sie ihm, eine träge lächerliche Illusion, die man so schnell wie möglich abtun mußte, um sich nicht unsterblich lächerlich zu machen. Dann konnte er mit seiner Macht über sie sein Spiel treiben. Er ließ sie fühlen, was die blödsinnige Welt ihm versagte. Eine Art kalter Wildheit kam über ihn. Denen seiner Schüler, die die Verehrung bis zur Abgötterei trieben, kam er mit phantastischen Einfällen, stellte wüste Zumutungen an ihren Diensteifer und erlebte, daß auch das Unsinnigste, das er mit scheinbarem Ernst vorbrachte, gläubig hingenommen, und sein Befehl blind wie der Wink eines Satrapen erfüllt wurde. In solchen Momenten konnte er an den Menschen, die sich ihm anvertraut hatten, wie ein Verbrecher erscheinen, der es darauf anlegte, ihnen den Rest von Persönlichkeit aus den Knochen zu ziehen, und man begreift, daß sich in dem einen und anderen, die solche Szenen miterlebten, die Verehrung momentweise in glühenden Haß verwandelte. In Viktor zur Helle, der mit Marées fast in gleichem Alter war, speicherte sich einmal die Wut so bedenklich auf, daß er allen Ernstes daran dachte, Hand an Marées zu legen. Das tiefe Wort Carlyles, »Um den Helden ist alles tragisch«, hat sich an Marées Schülern – auch über seinen Tod hinaus – ergreifend bestätigt. Man wird ihre Schwächen milder beurteilen, wenn man seiner Stärke gedenkt.

Einer hat bleibenden Vorteil von seiner Schule gehabt, Marées selbst. Seine Hoffnung, die Schüler könnten seine Helfer werden, blieb unerfüllt. Die mechanischen Handwerkerarbeiten, die sie ihm zuweilen abnahmen, kommen nicht in Betracht. Aber sie halfen ihm unbewußt und ohne daß er es merkte, lediglich durch ihr Dasein. Sie waren da, wenn er mit jemand sprechen wollte, hörten zu und antworteten und gaben ihm die Möglichkeit, den Drang nach innen für eine Weile auszuschalten. Er belehrte viel mehr sich selbst als die anderen mit seinen Worten, wurde sich klar, stärkte sich an dem Kontakt mit der Mitwelt, die er in ihnen erblickte. Das

Lehrhafte, das ihm, mehr als sein Talent, von Natur aus gegeben schien, mußte sich äußern können, um die Kunst auszulösen.

*

Für den Herbst 1883 plante Marées, bewogen von seinem Bruder, eine Ausstellung in Berlin. Dafür waren sieben Werke bestimmt, wahrscheinlich die beiden Goldenen Zeitalter, die Drei Jünglinge in einem Orangenhain, die Sechs nackten Männer und drei neue Bilder, an denen er seit dem Winter arbeitete: der Pferdeführer mit der Nymphe, das Selbstbildnis und die Unschuld. Von den drei neuen wurde der Pferdeführer 1883 vollendet, das typischste Bild dieser Epoche.

Was uns an großen Kunstwerken beglückt, ist das Stück Leben, das auf wunderbare Art auf eine Leinwand, in ein Stück Ton, in eine Folge von Akkorden gelangt ist; die Einsicht, daß die Vergänglichkeit, die alles Irdische bedroht, hier vor einem Uneinnehmbaren steht. Wohl mag ein Bild untergehen, ein Marmor zerbrochen werden, eine Melodie aus dem Weltraum ins Chaos entweichen. Das Schaffende bleibt. Wenn ein unglücklicher Zufall uns heute aller Rembrandts beraubte, würde Rembrandt nichtsdestoweniger bestehen bleiben. Weil er in tausend Werken anderer weiterlebt, weil er mit unserer Art, die Welt zu sehen, auf ewig verbunden ist, weil wir mit tausend ungreifbaren Fäden an ihm hängen. Und man müßte nicht nur die ganze Kunst, sondern die ganze Kultur Europas auslöschen, um Rembrandt zu vernichten.

Das Stück Leben ist der Geist des Künstlers, der im Bilde waltet. Wir lieben nicht die Hagar oder den Abraham oder den Saul oder den Tobias, sondern den Teil Rembrandts. Es ist Teil einer Welt, Teil einer Schöpfung. Der Liebhaber mag dieses oder jenes Bild für Rembrandt selbst nehmen, mag behaupten, daß sich hier einmal der Meister ganz erschöpfte, mag das Bild kaufen und sein Leben in gläubiger Verehrung vor ihm verbringen. Er irrt. Er hat nicht Rembrandt, sondern immer nur ein Stück von ihm, ein ganz winziges, auch wenn es das größte wäre. Denen, die darüber nachgedacht haben, wie man über die Welt nachdenkt, um zu einer Weltanschauung zu gelangen, denen verschwindet allmählich das Einzelne, das sie vorher begeistert zusammentrugen. Ihre Liebe wächst über das Gefühl des Liebhabers hinaus. Sie vermögen sich immer weniger mit einem Tag dieses reichen Lebens, und wäre es der schönste, zu begnügen. Sie wollen das Ganze. Sie sind durstigen Sinnes in der Welt herumgereist und an kein Ende gekommen, sie kennen ihre Fülle. Und wenn ihnen einer strahlenden Auges von einem Kleinod erzählt, das er ferne im Norden, in einem einsamen Schlosse Schottlands oder tief im Süden, an verborgener Stelle gefunden, lächeln sie: sie waren auch da, es ist schön, aber es gibt noch Schöneres. Es gibt immer noch Schöneres. Und wenn mich einer fragte, woran man die Größe eines Künstlers erkenne, würde ich ihn auf dieses Uneinnehmbare, weder von seiner noch unserer Sucht Erreichbare verweisen, das nahe bei uns beginnt und im Unendlichen endet. Das, dieses in den Äther Ragende irdischer Herkunft zu fühlen, ist das Heiligende, Beseligende der Kunst. Wir haben etwas in uns, das unsterblich ist.

Aber man muß irgendwo beginnen, um es zu begreifen. Ein Werk macht immer den Anfang. Da fühlen wir ganz im Innern ein geheimes Stillstehen, etwas wie einen Schauder, von dem wir uns erst abwenden möchten, bis die Mahnung deutlicher wird: diesem sollst du nachgehen. Ich glaube nicht an die Sicherheit der blitzschnell eintretenden Offenbarung, die sofort zum Gelöbnis treibt. In der Jugend wird jeder Fund dem Wanderer zum Heiligtum, auch das Marienbild am Wege. Das Gebet des Gläubigen, dessen Herz überläuft, verlangt keine Wunder, es vollbringt sie selbst. Wie viel Götter legt man ab, bis man zu dem Ewigen gelangt, der einen auch nach heißem Kampfe nicht mehr los läßt. Bleibende Offenbarung ergibt sich nur dem Kampfe.

Es ist wichtig, welche Eindrücke den Anfang machen. Man verliert sie später oder wandelt sie um, vertieft sie dermaßen, daß sie kaum etwas von dem Ursprünglichen behalten. Das Werk, das einem lange das beste erschien, wird später anders geschätzt. Aber die ersten Eindrücke haben insofern Bedeutung, als sie notwendig das Tempo der Erkenntnis fördern oder zurückhalten. Wie lange brauchte unsere Generation, bis sie von dem aufgezwungenen Jugendbegriff Raffaels zu einem tieferen positiven Verhältnis gelangte und die Antipathie gegen den platten Madonnenmaler abstreifte. Welcher Weg von der kindlichen Bewunderung über die weite Ebene der Gleichgültigkeit an der feindseligsten Ablehnung vorbei auf den steilen Berg gereiften Urteils! Trifft es sich aber, daß gleich der erste Eindruck der Erkenntnis die rechte Richtung wies, so gleicht nichts der Dankbarkeit, mit der man später des Anstoßes gedenkt.

So ging es mir mit dem Pferdeführer. Es war das erste Bild von Marées, bei dem ich als junger Mensch die Möglichkeit eines Kontaktes spürte. Alles andere in Schleißheim blieb fremd, gestaltlos, langweilig – verrückt, wie man damals sagte. Wer hatte zwischen Fechtboden und Kneipe Zeit und Lust, sich durch das Dunkel zu arbeiten. Das Herz stand nach leuchtenderen Symbolen. Böcklin brauchte man, um jubeln und toben zu können, um mitzukämpfen gegen den so überaus verächtlichen Naturdienst Liebermanns und der anderen Phantasielosen. Aber dieser Mann mit dem Roß hatte etwas, das einen für einen Augenblick festhielt. Ganz von weitem streifte den Sinn freilich der Gedanke an die Antike; eine bedenkliche Aussicht, die nur die Flüchtigkeit abhielt, das Schicksal des Bildes zu entscheiden. Denn, was war damals überwundener als die Antike, wenn sie sich nicht etwa auf die schönen Buchstaben Franz Stucks beschränkte, der damals gerade begann, den Halluzinationen unserer Generation ein dekoratives Gepräge zu geben. Und das war es wohl, was einem an dem Bilde gefiel, das immerhin Dekorative, das man für eine bescheidene Verkündigung der Anschauungen nehmen konnte, in denen wir uns damals gefielen. Ich bin noch oft nach Schleißheim gekommen, ohne mir mit Bewußtsein mehr als den Pferdeführer anzusehen, und was mir zuerst daran gefallen hatte, behielt den Reiz, auch nachdem die Schwärmerei für alles Dekorative entwichen war und mit ihr die Bedenken gegen die Antike. Ja, je mehr die Reaktion auf das eingepaukte Griechisch der Schule nachließ und die Freude an einem besseren Hellas stieg, desto lieber wurde mir das Gemälde. Es ist mir beinahe so, als verdankte ich dem Bilde einen der Wege, auf denen ich mich zur Antike zurückfand, sowie ich erst über die modernen Franzosen zu den alten Meistern der Malerei gelangt bin. Sicher weiß ich, daß mir bei dem ersten Anblick der Elgin Marbles in London das Bild einfiel und daß ich in den Friesen des Parthenons mit dunklem Instinkt nach etwas unserem Meister Verwandtem suchte. Das geschah nicht etwa, um eine Parallele zwischen Phidias und unserem Zeitgenossen zu konstruieren, nicht um wissenschaftlich zu vergleichen; alles Persönliche der beiden blieb außerhalb des Spiels der Gedanken. Vielmehr, um etwas jenseits von beiden zu finden, das diese merkwürdige Gabe hatte, in Werken, die über zwei Jahrtausende voneinander entfernt lagen, eine aller Wahrscheinlichkeit trotzende Ähnlichkeit des Ausdrucks hervorzubringen.

Dieses Mysterium hat das Gemälde bis zum heutigen Tage für mich behalten. Und auch heute weiß ich nicht, wie man das Antike darin deuten soll. Es fehlt an Vergleichsobjekten. Nie haben die Deutschen in Rom diese Unabhängigkeit von den Vorbildern der klassischen Zeit behalten, dieses Selbstbewußtsein. Aber ist es wirklich bei Marées Selbstbewußtsein, Unabhängigkeit? Diese Begriffe erscheinen vor dem Bilde grob und kleinlich zugleich, und man schämt sich, auch nur mit einem Gedanken an die deutschen Klassizisten ihm eine Piedestal zu bereiten. Alles das liegt jenseits. Und man darf hinzufügen, alles, was deutsche Kunst in irgendeiner Zeit mit der Antike begonnen hat, bleibt jenseits. Schon die Behauptung, hier werde etwas mit der Antike gemacht, wäre mit nichts zu belegen. Es fehlt durchaus der merkbare Dualismus von Subjekt und Objekt, von dem aus man auf irgendeine bewußte Tätigkeit des Künstlers in der Gestaltung seiner Beziehung zu dem Überlieferten schließen könnte. Wohl weiß man, in den Kolossen der Dioskuren auf dem Monte Cavallo steckt etwas Ähnliches. Das sagt man sich in Berlin, in der Arbeitsstube, gleich fern von Rom wie von dem Bilde. Man analysiert daraufhin die Zeichnungen zu dem Werke, die eine zumal, wo das Bild noch Embryo ist und nur aus Gestalten besteht, der Pferdeführer noch nicht die endgültige Stellung gewonnen hat, noch mitgerissen wird von der Bewegung des Pferdes. Die Stellung in anderen Vorstudien findet man vielleicht, entfernt ähnlich, auf der einen der Relieftafeln der Westseite des Parthenons wieder. Steht man aber vor dem Bilde selbst oder vor den Kolossen auf dem Monte Cavallo oder im Britischen Museum vor dem panathenäischen Festzug, so weichen alle engeren

Deutungen wie törichte Spielereien zurück. Keine Ähnlichkeit der Stellung gibt uns Auskunft, selbst wenn sie viel größer wäre. Und zwar nicht, weil das Bild sich so weit von den Vorbildern entfernt, sondern gerade umgekehrt, weil es ihnen so nahe ist, weil etwas in ihm, das sich aller Greifbarkeit entzieht, nicht der Antike ähnlich, sondern sie selbst zu sein scheint.

Zuweilen erleben wir verwandte Empfindungen in einer ganz anderen Welt, vor Bildern Poussins. Auch da gibt uns die Ähnlichkeit der Gesten keinen Aufschluß über die Beziehungen zur Antike. Nur der Barbar wird denken, so war es im Altertum. Der kommt dann leicht in Gefahr, Poussin vorzuwerfen, er habe etwas Gewesenes gemalt, und dann zu folgern, es geschehe durch Ablesen von alten Formen, und Poussin sei Epigone. Poussin malte aber nichts Gewesenes, sondern Werden und Sein seiner Welt, in der es licht, anmutig und naiv zugeht. Der besondere Zusammenklang von Licht, Anmut und Einfalt wird uns zur Antike, weil dort allein, so glauben wir, solche Klänge zu plastischen Begriffen werden.

So ist die Antike hier zunächst etwas, das wir hineintragen, als Vergleich, als Bild des Bildes, bewogen von der Harmonie, die nur auf sich selbst gestellt, in sich abgeschlossen, nicht auf etwas Fernliegendes bezogen ist. Denn wie könnte man Licht, Anmut, Einfalt, unfeste Dinge in so unfeste Form übertragen? In dieser Harmonie begegnet uns im Bilde Poussins die Geste, ein geschwungener Arm, eine Tanzbewegung, die wir von griechischen Werken kennen. Und nun vermehrt sich das Bild um alle Vorstellungen, die an solchen Gesten hängen. Wirklich, so sagen wir, wir sind in der Antike, denn es sind zu allem anderen, was uns zu der Vorstellung trieb, antike Wesen da. Wir brauchten sie nicht einmal. Vielleicht genügte ein

Schwertstumpf, eine Gewandfalte, ein Nichts, um uns nach Arkadien zu versetzen. Und wirklich haben wir ja Bilder Poussins, in denen kaum das geringste materielle Zeichen den Anschluß an die gewohnte Formenwelt vollbringt.

Es ist klar, einem Poussin konnte dieses Spiel mit Beziehungen zur Antike nur gelingen, weil er in Tizian, Leonardo und anderen Vorgänger hatte, die damit begonnen hatten. Er wiederum machte uns geübt, der stillen Landschaft eines Corot das Klassische abzulesen. Und über Corot hinaus verfeinerte einer unserer Zeitgenossen, Pierre Bonnard, das Spiel zu dem leisen Liebesgeflüster der Daphnis und Chloe. So ist also auch die Antike, so wenig und noch weniger wie Rembrandt, Greco oder Rubens, ein von Zeit oder Ort Begrenztes. Sie ist uns im Lauf der Jahrhunderte ein stiller Begleiter geworden, bei dem wir kaum noch an die ehrwürdige Herkunft denken; eine unter den vielen Noten des Orchesters unserer Kunst. Marées war diese Note wohl vertraut, und er spielte mit ihr mit der natürlichen Diskretion, die wir sonst nur an Künstlern von romanischer Kultur bemerken. Sie ist es, die in den Entwürfen für Plastik, z. B. in dem Nestor, noch mehr in den späteren Zeichnungen für die Bildhauer unter seinen Schülern, die Strenge mildert und die jedem seiner für sich selbst gemachten Blätter den unbeschreiblichen Reiz gibt. Man denke an die »Mädchen am Strande«, die damals entstanden sind, wo der flüchtige Wind, der die aus drei Strichen gewebten Kleider bewegt, zum Träger der Erinnerung wird; an die Szene mit drei Frauen, wo das Mädchenhafte in den gehauchten Umrissen uns griechisch dünkt; an das abschiednehmende Paar, an den Schnitter, an die etwas späteren Zeichnungen mit dem Harfnermotiv und das an kondensierten Reizen reichste Blatt, die zwei wandelnden Frauen. In manchen dieser Zeichnungen spielt das Verschwiegenste des französischen Formengefühls für die Antike mit, wie es, sollte man meinen, nur ein Genosse der Rodin und Bonnard empfinden könnte. In anderen Zeichnungen kommt eine der antiken Evokation der französischen Romantiker ähnliche Andeutung zum Vorschein. Man denkt an Pferde Géricaults und zumal Daumiers.[2] Gerade zu Daumier, dem Meister unter den Franzosen, der am leidenschaftlichsten nach einer klassischen Form suchte, finden sich viele Parallelen; die erstaunlichste in dem Blatt mit den Ringern, in dem man die Linie von Daumier bis zu Michelangelo zurück verfolgen zu können glaubt und sie doch über Daumier hinausgehend erblickt, nach einer machtvolleren Einfachheit hin. Wir begegnen jetzt wieder jener mysteriösen – nicht Form-, sondern – Instinktgemeinschaft mit Frankreich, die uns schon früher, schon in manchem Jugendwerke auffiel und die schon damals der Möglichkeit einer Entlehnung widersprach. Jetzt findet diese Begegnung auf einem Niveau statt, das nur ganz selten von einzelnen Persönlichkeiten der französischen Kunst in Momenten stillster Zurückgezogenheit betreten wurde. Auf dem bewegt sich Marées mit der spielenden Sicherheit eines Improvisators. Er brauchte, so scheint es, nur die Hand auf das Papier zu setzen, um solche Gestalten zu zaubern.

Aber es steckt etwas ganz anderes in dem Gemälde mit dem Rosseführer und der Nymphe. Alles das, diese äußerste Verfeinerung des Gefühls für das entwicklungsgeschichtlich Gewordene unserer Antike, gehört zu den Voraussetzungen des Bildes, aber es könnte nimmermehr das Kolossalische seiner Art hervorbringen. Wir sind bei alledem hier nicht bei Marées allein, nicht bei Rodin oder Bonnard, am Ende einer zeitgenössischen Linie; sondern gleichzeitig an dem Anfang, bei dem Dioskurenpaar auf dem Monte Cavallo. Das ist das Entscheidende. Zu dem Griechentum der modernen Franzosen gehört das kaum Wahrnehmbare, das allen Sensationen der Moderne eigen ist. Man spürt es in einem krausen, verschwimmenden Dickicht, wo sich Zweie umarmen. Der Reiz ist, daß man nicht mehr davon sieht, daß es sich unter ganz anderen Empfindungen, die auch zum Idyllischen beitragen, verbirgt, daß wir gleichzeitig an Renoir, an Paris, an eine Stelle an der Seine, draußen bei Neuilly denken. Er ruht in dem Zerstückelten, das wir mit der Seele zartesten Fingern zusammensetzen. In dem Marées aber durchbricht ein mächtiger, ganz geschlossener Akkord die warme Schäferstimmung. Er kommt von derselben Idylle her, aber hebt sich über alle Schäferstimmungen hinaus zum Heroischen. Die Empfindung läuft, geschwellt von anderen aus anderen Bildern und Zeichnungen, die mitschwingen (wenn man nicht mehr das Werk als erstes, sondern an der rechten Stelle im Œuvre sieht), bis in die feinsten Spitzen unserer differenzierten Antike und läuft dann in einem enormen Bogen zurück zu dem Griechentum des Phidias. Dieser Kreislauf ist keine Konstruktion des Analytikers post festum. Man spürt seine Kraft an dem Vibrieren aller Fibern der Empfindung. Er ist das ganz Individuelle in dem Konventionalismus, die Kurve der Tat eines Einzelnen, den ja nur unsere Fiktion mit anderen Erscheinungen der Zeit, mit denen er faktisch nicht verbunden war, die er nicht einmal gekannt hat, zusammenbringt. Das griechische Relief, wie wir es in glücklichen Momenten in den Trümmern einer göttlichen Zeit zu erkennen glauben, steht greifbar vor uns, restlos übertragen, und ist ein vollkommenes Malwerk unserer Tage, nichts als Malerei, mit allen Sonderheiten unserer Kunst. Nirgend spürt man auch nur den leisesten Zwang, der die Form ins Plastische leiten könnte. Die Umrisse sind keine Linien, sondern Lichter oder Schatten, die die Luft umspielt. Keine Einzelheit ist allein. Die Körper sind Fleisch, ein Fleisch, wie er es früher nie getroffen hat, elastisch und dabei ganz weich, wie es junge Körper haben, die nicht der Luft aus dem Wege gehen; mädchenhaft in der Frau, rundlich, unbestimmt in dem Putto, nervig und gedrungen in dem Pferdeführer, ohne eine Anspielung auf die Muskulatur. Alles ist flächig gegeben. Nur Farben und Töne und die natürlichen Größenunterschiede unterscheiden die Gestalten des Vordergrundes von den beiden im Hintergrund, deren Konsistenz von der Art der anderen ist, von derselben losen Struktur, die der Landschaft das Sprossende, Sichregende gibt. Die Materie ist auffallend dünn und der einfachen Tempera näher geblieben als die anderen Gemälde großen Formats. Mit einem durchsichtigen schraffierten Netz über der dunkleren Untermalung derselben Farbe kommt das Spiel der Lichter zustande. Dadurch wird alles Saucige vermieden. Die Schatten sind ohne Ausnahme farbig. Diese ganz leichte, einfache Technik, verbunden mit der wuchtigen Komposition, trägt nicht wenig zu der Vergeistigung des kolossalen Motivs bei. Die Komposition kann man sich schematisch aus dem kleinen Drachentöter entwickelt denken. Die Stellung des Pferdes ist dieselbe, nur fehlen die Starrheiten in der Position der Vorderbeine, in Hals und Kopf. Sie waren hier nicht nötig. Die ornamentale Rolle des Drachens spielt viel natürlicher die Frau. Wie eine Säule von edelsten Verhältnissen steht der Rosseführer an der entscheidenden Stelle der Biegung der Kurve und leitet das Motiv in die Höhe zum Kopf des dunklen Pferdes. Das Bild ist der schönste Ausgleich der nach Bewegung dürstenden Tendenz. Keine Härte stellt sich dem Schwung der Kurven entgegen. Die Änderung der Stellung des Pferdeführers von der flüchtig fortschreitenden Bewegung in der Zeichnung zu der gedrungeneren Bewegung und schließlich zu der mächtigen Sammlung des Körpers in der Zeichnung entscheidet den ganzen Charakter des Werkes.

Motive mit Pferden haben ihn damals, immer im losen Zusammenhang mit den Reiterbildern, noch oft beschäftigt. Im Hintergrund der Ringer, sticht ein nackter Reiter vom Gaul auf einen unsichtbaren Feind ein. In dem Karton der »Sieger« fand er eine neue Variante. Der Karton gehörte wahrscheinlich zu den vorbereitenden Arbeiten, die er in der Hoffnung auf Berliner Freskenaufträge unternahm, vielleicht um Jordan, wenn der wirklich, wie erwartet wurde, zu ernsten Verhandlungen nach Rom kommen sollte, etwas zeigen zu können. Der ganz flüchtige Entwurf hat wieder das Reliefartige[3], wie ja überhaupt gerade die flüchtigen Zeichnungen Marées' das unwillkürlich Antike am deutlichsten zeigen. Das verliert sich bei der Überarbeitung des Entwurfs, dessen endgültige Form eine flüchtige Ähnlichkeit des Motivs mit Leonardos Studien für das Sforzadenkmal verrät.[4] Aber die Anschauung ist ganz und gar nicht leonardesk. Geschwinde Tuschstriche schildern mit der Bewegung das Fleischige des Pferdes, schließen jeden Gedanken an Plastik aus und deuten auf Freskenbehandlung. Leider sind fast alle anderen Teile des Kartons in Kohle geblieben, und diese Differenz des Materials stört ein wenig: die Körper unter dem Pferd hat die zusammenfassende Gestaltung noch nicht ganz von der nüchternen Schale der Naturstudien befreit. Marées kam es offenbar nur darauf an, die Verteilung der Körper anzudeuten. Alles andere versparte er sich auf die Malerei. Das große Format macht diese Mängel, die man Marées natürlich nicht anrechnen darf, noch besonders deutlich. Der kleine, ganz organische Entwurf steht deshalb an künstlerischem Wert ungleich höher. Er wurde sicher ohne Absetzen des Rötelstiftes in ein paar Minuten hingeworfen. Der Gepanzerte ist auffallend jugendlich. Es wäre nicht zu verwundern, wenn Marées dabei an eine Jeanne d'Arc gedacht hätte.

Auch der andere gleich große Karton, die Huldigung, ist in jenem primitiven Arbeitsstadium, das nur die materielle Grundlage für die vom Pinsel vorzunehmende Belebung sehen läßt. Primitiv wollte bei Marées heißen akademisch. Die Komposition, das diametrale Gegenteil des Siegers, sollte vielleicht – da das gleiche Format eine Beziehung nahelegt – den Frieden oder die Belohnung des Siegers darstellen und könnte als Symbol der Ruhe gelten. Wahrscheinlich war die Zeichnung der erste Ansatz. Der schiffbrüchige Odysseus tritt aus dem Gebüsch, in dem er die Nacht verbracht hat, demütig bittend vor Nausikaa, die Tochter des Phäakenbeherrschers. Die Mägde fliehen entsetzt vor dem vom Schlamm des Meeres Besudelten. Nur Nausikaa blieb, einer Unsterblichen gleich an Wuchs und reizender Bildung. Ihr hatte Pallas Athene mit dem Traum Mut in die Seele gehaucht, und sie stand und erwartete ihn.[5] Es ist meines Wissens das einzige Mal, daß Marées für eine bestimmte Stelle der Literatur die Situation erfand und im engeren Sinne illustrierte. Sonst ließ er von seiner nicht gewöhnlichen Belesenheit nur die Vertrautheit mit allen Empfindungen merken und gab dem Motiv sofort eine ins Weitere drängende Bedeutung. Hier hat die flüchtige Hand einmal angedeutet, was sich sonst nur im Geiste vollzog, und so wird uns ein Blick in das innere Getriebe der Gestaltung. Die Situation ließ schon im nächsten Stadium nur den Typ der bekleideten Frau und das Gebückte des nackten Bittenden zurück. Da sitzt die Schöne, längst nicht mehr die Nausikaa, des weisen Alkinoos Tochter, und neben ihr kniet der Mann, längst nicht mehr der edle Dulder Odysseus. Aber formal sind beide Gestalten schon viel enger bestimmt. Die Sitzende richtet bereits die ganze zukünftige Komposition. Ihre Pose gleicht der einer Göttin in einem Tempel. Die Szene ist leerer, aber es scheint nur nötig, die Säulen zu errichten, um sie zu begrenzen, und schon deuten die strebenden Senkrechten das Gebäude an. Die Stellung der Sitzenden verlangt gebieterisch das Gegenprofil des Mannes ihr gegenüber. Seine frühere Rolle neben der Frau übernimmt ein Putto, der sie besser erfüllt. Aus den Säulen werden hohe Mädchengestalten, deren Arme sich wie schwere Fruchtkränze verbinden. Die Komposition ist fertig. Es handelt sich nur noch darum, den Schwingungen Körper zu geben. Und dieses letzte ist vielleicht das Erstaunlichste. Dem Flug des Rhythmus wird nüchterne Realität entgegengestellt. Wir finden die ganz objektive Naturstudie der Frau. So sahen wir hundert Modelle sitzen, blöd und langweilig. Und wir erleben die Kontrolle des Götterbildes an der Wirklichkeit, wie fast Linie um Linie das Profil aus dem gestaltlosen Erdenkloß herauswächst, und an Stelle der Wahrscheinlichkeit der Natur die Wirklichkeit der Form tritt.

Dieser Sommer von 1883 brachte wieder einmal eine reiche Ernte. Am 3. Juli schrieb Marées, er werde den Monat noch zur Vollendung der bereits für die Ausstellung eingerahmten sieben Bilder benutzen. Wie gewöhnlich unterschätzte er, wenigstens bei dem Selbstbildnis und der Unschuld, seine Genügsamkeit. Beide Bilder haben erst ein oder wohl zwei Jahre später – wenn es nicht noch länger dauerte – die volle Abrundung erhalten. Der Zustand, in dem sie zu uns gekommen sind, wäre aus der gegenwärtigen Phase der Entwicklung nicht zu erklären.

Auch die Unschuld ging aus einem antiken Motiv hervor. Einer der Schüler soll, bevor Marées in diesem Jahre nach Deutschland reiste, ihn um ein Andenken gebeten haben und darauf hat Marées spontan den Cheiron gezeichnet, wie er den Knaben Achilles belehrt. Freundlich nimmt der weise Zentaur das Kinn des Knaben und legt ihm die andere Hand auf die Schulter, und ernst und väterlich erklärt er dem Ahnenden, daß nicht im Kreise der Frauen, der ihn bis dahin gehalten, der Lorbeer blühe, der ihm bestimmt sei. Die Frauen sind Zeugen, und eine beugt sich weit vor, daß ihr nichts von der Szene entgehe, und legt, schlimmer Ahnungen voll, die Hand auf das Herz. Die Zeichnung, die zuerst winzig auf einem Briefumschlag entstand, wurde der Vorgänger einer langen Serie von Blättern, die alle dasselbe Motiv zum Gegenstand haben. Die etwas unruhige Gliederung des Motivs dürfte Marées abgehalten haben, ein Bild daraus zu machen. Er hat namentlich durch Modifikationen der Frauengruppe versucht, die Komposition statischer zu machen, und deshalb auf die dramatische Stellung der sitzenden Frau, die den ersten Zeichnungen den entscheidenden Akzent gibt, verzichtet. Einmal hat er sie allein gezeichnet; in wenigen Strichen eine Geste von ungeheurem Ausdruck. Das schwanke Blatt ruft alles wach, was die Antike ihren Heldinnen, einer Penthesileia, einer Medea an Tragischem gab. Wie hat man je Marées mit Kleist vergleichen können! Unsere Dichter sind sicher dem Griechentum näher gekommen, von dem ihre malenden Zeitgenossen nur eine hohle Folie zu zirkeln wußten. Nie aber wird uns, selbst nicht in dem Schrifttum eines Goethe, die ganz spontane Empfindung von griechischem Sein, die so eine einzige Maréessche Geste enthüllt. Marées fand sie wohl zu gewaltig für den Vorwurf, und deshalb wählte er die mehr abwartende Betrachtung, die nun die Frauengruppe bestimmt. Damit gewann die Komposition an Idyllischem, aber der glänzende Aufbau der linken Seite ging verloren. Marées fand einen Ausweg, indem er nun den Zentauren ganz in die Mitte stellte, und sicher erlangte er damit die beste Lösung und sicherste Basis für die Möglichkeit eines

Gemäldes. Die Stellung der Frau aber, die er dabei wiederum aufgab, variierte er in mehreren Rötelblättern, die zu seinen glänzendsten Zeichnungen gehören. Es sind ganz ruhige Gestalten ohne jede sprechende Geste. Die Wucht ihrer Erscheinung, dieses nur aus der Breite der Masse gewonnene Monumentale übertrifft noch die Fülle von Vorstellungen, die uns die erste tragische Gestalt beschert. Diese Einfachheit hielt Marées endlich würdig, der Gegenstand eines Gemäldes zu werden. Und er hatte recht. Es galt hier wie immer, »eine Bestrebung in erkenntlicher Weise und abgerundet zur Anschauung zu bringen«.

Die mörderische Hitze gebot Einhalt. Die Familie der Gattin Pidolls in Luxemburg hatte ihn auf ihren Sommersitz in Steinsel bei Luxemburg eingeladen, wo Karl von Pidoll die Ferien zu verbringen pflegte. Am 10. August reiste Marées ab und blieb in Steinsel und in dem nahen Schengen, wo die mit Mr. Collart verheiratete Schwester der Frau v. Pidoll lebte, den größten Teil des Monats. In den wenigen Wochen, die der behagliche Verkehr mit Scherffs und der Familie Collart sehr angenehm gestaltete, hat Marées zur Erholung eine erstaunliche Tätigkeit entfaltet. Pidoll hatte in Steinsel bei seinen Schwiegereltern, der Familie von Scherff, ein Atelier. Er malte damals seine Fischer. Marées nahm an dem Bild tätigen Anteil und malte außerdem nicht weniger als fünf Bilder. Vier davon waren Bildnisse nach Angehörigen Pidolls, darunter zwei Gruppenbilder größeren Formats. Alle vier sind nach dem Bericht der Baronin Pidoll zerstört, und ich habe nichts Näheres darüber erfahren können.[6] Wahrscheinlich wurden die beiden Zeichnungen für die Bilder gemacht. Feststeht, daß Marées mit der Absicht nach Luxemburg kam, einige Porträts zu malen, und die Hoffnung hegte, damit Geld zu verdienen. Wir wissen aus seiner Dresdner Zeit, als er sich von dem Bildnis der Frau Koppel »eine Brücke zum Publikum« versprach, wie leicht er sich solchen Illusionen hingab. Die gegenwärtige Phase seiner Kunst war sicher noch weniger imstande, die gewohnten Ansprüche des Publikums zu erfüllen, und die Dargestellten mögen einigermaßen verblüfft gewesen sein. Jedenfalls trifft niemand ein Vorwurf wegen der Zerstörung, es sei denn der einer zu gehorsamen Pietät. In der kurzen Zeit waren die Bilder nicht im Maréesschen Sinne abzuschließen, mögen aber den eigentümlichen Reiz der ersten Niederschrift aller Maréesschen Gelegenheitsbilder gehabt haben. Seiner Gewohnheit gemäß sagte Marées, man möchte sie verbrennen, und dem Wunsche ist man leider nachgekommen. Das fünfte Bild aber blieb erhalten. Wenn ein Rückschluß von diesem auf die zerstörten erlaubt wäre, hätten wir viel verloren. Es ist das Hochbild mit drei Gestalten. Wir dürfen es im Maréesschen Sinne kaum ein Gemälde nennen, denn er hat es sicher für ebenso belanglos angesehen wie die anderen vier. Aber es verdient den Namen, weil es auf nichts als auf Malerei beruht. Dächte man sich die Komposition linear ausgedrückt, so erhielte man zwei Gestalten, die einer dritten auf dem Kopfe stehen. Die Kühnheit der Verkürzung wird noch durch die Stellung der vordersten Gestalt gesteigert; sie sitzt, während die Männer hinter ihr stehen. Und so sicher das Verhältnis getroffen ist, das Auge vermöchte doch nie daraus allein die notwendige Differenz mit Sicherheit abzulesen und zu der Vorstellung der Tiefe zu gelangen. Das bewirken Farbe und Auftrag. Die Behandlung ist der Art der Labung sehr ähnlich, dieselbe flüssige Tempera mit einer ähnlichen, auf drei Farben gestimmten Palette, aber dieses einfache Mittel ist viel reicher ausgebeutet. Der sitzenden Gestalt, die auf der Labung infolge der Detaillierung ein wenig aus dem Zusammenhang herausrückte, gelingt hier gerade mit ihrer stärker betonten, reichen Gliederung die Sicherung des Vordergrundes, den sie für das Auge gleichsam festankert (so fest, daß auch die winzige fragmentarische Gestalt neben der Sitzenden, die mehr ausgeführt, stören würde, den Eindruck nicht beunruhigt), während die mehr fleckenhafte Behandlung die hinteren Gestalten der auflösenden Luft zuweist. Das sind Selbstverständlichkeiten. Das Besondere liegt darin, daß die Konsistenz der Gestalt des Vordergrundes die lose Art der beiden anderen mitenthält, daß der Unterschied nicht das Gemeinsame aufhebt, sondern nur den Reichtum einer und derselben Materie vergrößert. Das Verbindende ist das Wasser und die Erde zwischen Vorder- und Hintergrund. Die Mitbenutzung der Fleischfarbe in dem Blau und Grün vergrößert, sichert und raffiniert zugleich das Spiel der Abtönung von vorn nach hinten. Alle erdenklichen Mittel der Illusion wirken mit. Die Verteilung der Volumen der farbigen Flächen ist entscheidender als die Degradation der Farben. Daher konnten auch im Hintergrund noch starke Kontraste verwendet werden, ein seltener Reiz des Bildes.

Ende August war Marées in Düsseldorf bei seinem jüngeren Bruder. Den größten Teil des Septembers verbrachte er bei dem älteren Bruder in Jüterbog. Georg betrieb energisch die Ausstellung, von der er klingenden Erfolg erwartete. Ein Drittel des Ertrags aus den zu erhoffenden Verkäufen hatte ihm Marées zugesagt, das zweite Drittel sollten die Schüler erhalten, das dritte der Meister selbst. Marées besprach das Projekt mit Fritz Gurlitt, der im Prinzip einverstanden war und, sobald es anging, nach Rom kommen wollte, um angesichts der Bilder alles Nähere zu vereinbaren. Marées war nicht wohl in Berlin, er litt fortwährend an Kopfschmerzen. Auf der Rückreise in Bozen, wo er Pausinger besuchte und einige Tage blieb, wurde es besser. Er traf am 3. Oktober wieder in Rom ein und begab sich sofort an die Arbeit. Gurlitt meldete sich im November an. Bis Ende Januar hoffte Marées die sieben für die Ausstellung bestimmten Bilder ganz fertig zu haben. Aber es kam anders. Als Gurlitt gegen Ende November in Rom eintraf, um nach dem Willen des Bruders die »Hebamme« zu spielen, war Marées lahm, das Rheuma steckte in dem Bein. Wahrscheinlich rächte sich die Überanstrengung des vorhergehenden Winters und das lange Stehen auf dem kalten Zementboden des frisch gebauten Ateliers. Marées war ohnehin schon seit Jahren zuweilen von Neuralgie geplagt. Er achtete nicht darauf und sagte die Absendung der Bilder für Ende Januar zu. Die Ausstellung sollte im März eröffnet werden. Man besprach die Aufstellung der Bilder bis in alle Details. Ein Berliner Freund sollte sie überwachen. Gurlitt berichtete dem Bruder Georg von der festen Abmachung. Für das große Publikum seien die Sachen freilich nicht. Aber Georg faßte doch gute Hoffnung. Wenn die Ausstellung nur einigermaßen Erfolg hatte, kam er aus drückenden Schulden heraus, zumal sich dann sicher für Marées auch für die Zukunft weitere Einnahmequellen ergaben. Kurze Zeit nach Gurlitts Abreise zwangen Marées die Schmerzen im Bein, die Arbeit dranzugeben. Gegen Ende Dezember mußte er sich zu Bett legen. Die Schmerzen hielten lange an und das Leiden hat Marées eigentlich den ganzen Winter 1883 und den nächsten Sommer gekostet. Es war wohl mehr als ein einfacher Rheumatismus. Die physische Erschöpfung meldete sich, ein Zeichen der wenige Jahre später eintretenden Katastrophe. Es war nicht das erste. Marées ist sich nie im unklaren gewesen, daß ihm vom Schicksal nur eine beschränkte Lebensdauer gewährt war, und hat in gesunden Tagen nahezu genau seinen Termin vorausgesagt.[7] Er trug die Schickung mit Gelassenheit und verlor »über all dieses nicht das beste Hilfsmittel, die Heiterkeit des Geistes«. Die Verschiebung der Ausstellung machte ihm wenig Sorgen. Georg schrieb er: »Spanne also deine Erwartungen vor der Hand noch etwas ab. Auch kann ich Dir sagen, daß auch Du, wenn ich in der Öffentlichkeit erscheine, mehr Leid als Freude erfahren wirst; das kann kaum anders sein. Ich weiche zu sehr von der gewöhnlichen Straße ab, und erst nach langer Zeit wird man meinem Streben gerecht werden. Ich habe es niemals anders vorausgesetzt; mein altes Beispiel von der Villa wird auch hier eintreffen. Wer nämlich eine sehr schöne Villa[8] herrichten will, muß selber darauf verzichten, im Schatten der angelegten Baumgänge sich zu ergehen.«

Am schlimmsten scheint Marées die mit dem Leiden verbundene Schlaflosigkeit empfunden zu haben, die nach seinem Bericht vom 23. Januar schon damals zwei Monate dauerte. Anfang Februar bestimmten ihn Böcklins und Bruckmanns, zu Bruckmanns zu ziehen, wo man ihm wenigstens die notwendige Pflege zukommen lassen konnte. Er blieb bis zu seiner Sommerreise im Hause der Freunde und wurde von Frau Bruckmann mit größter Hingabe gepflegt. Im Mai und Juni hat er wieder etwas arbeiten können, mußte sich aber zu großer Zurückhaltung bequemen. Sobald er längere Zeit stand, kamen immer wieder kleine Rückfälle. Damals hat er namentlich an der »Unschuld« und dem Selbstbildnis gearbeitet und ein neues weitgehendes Projekt vorbereitet. Georg war infolge der verunglückten Ausstellung sehr niedergeschlagen und schrieb verzweifelte Briefe. Marées vertröstete ihn auf den Winter. Jetzt mußte er vor allem die »Maschine« in Ordnung bringen. Die Ärzte hatten ihm warme Bäder verordnet. Er wollte nach Civitavecchia und nachher zu Kleinenberg nach Messina.

Aber von Georg kamen so schlimme Nachrichten über den drohenden finanziellen Zusammenbruch, daß sich Marées kurz entschloß, nach Deutschland zu reisen, um dem schlimmsten Unheil womöglich vorzubeugen. Gegen Ende Juli war er in Jüterbog. Hat er helfen können? Die geringen Summen, die er zu entbehren vermochte, kamen nicht in Betracht. Er konnte immer nur auf die Zukunft verweisen. Möglicherweise hat er sich damals zu einer Art Bürgschaft für den schwer geprüften Bruder bestimmen lassen. Anders wären die Ereignisse des nächsten Jahres schwer zu erklären.

Seine Gesundheit zwang ihn, im August nach Wiesbaden zu gehen. Die Kur wollte ihm anfangs gar nicht bekommen. Es stellte sich Herzklopfen ein und wieder die nervenzerrüttende Schlaflosigkeit. Aber er war an dem rechten Platz. Am 26. August schreibt er sehr zufrieden an Fiedler. Er fühlte keine Schmerzen mehr und hoffte nach einer linden Nachkur ganz hergestellt zu werden. Man kann es sicher als eine glückliche Fügung betrachten, daß er durch mißliche Umstände nach Deutschland verschlagen worden war, wo ihm tüchtige Ärzte raten und helfen konnten. Er fand in Wiesbaden Freunde. Im nahen Schlangenbad lag, schwer erkrankt, Hillebrand, und eines Tages, als Marées von einem Ausflug nach dem Niederwald zurückkehrte, fand er Hildebrand vor. Sie sahen sich zum ersten Male seit San Francesco wieder. Es bedurfte keiner Aussprache mehr. Marées hatte im Jahre vorher in Levico auf der Rückreise nach Italien die Gattin Hildebrands wiedergesehen, die die Versöhnung vorbereitet hatte. Zudem hatte beide das Leben belehrt, daß Menschen ihrer Art zu selten waren, als daß man sich den Luxus, aufeinander zu verzichten, erlauben könnte. Hildebrand blieb nur eine Nacht in Marées' Badhaus. Sie verabredeten einen Ausflug zusammen. Es kam nicht dazu, weil Hildebrand den armen Hillebrand in Schlangenbad nicht verlassen konnte. Doch wurde ein Rendezvous für den Winter in Rom ausgemacht, und bald hatte Marées die Freude, dem Freund die Werke im Atelier zu zeigen und sein klares, zustimmendes Urteil zu erfahren. Damals hat ihn Hildebrand um die »Unschuld« gebeten. Marées schenkte ihm gern das Bild. Doch bat er sich aus, es noch eine Weile behalten zu dürfen, um es zu verbessern.

Die Rückreise nach Italien ging langsam über München und Tirol. In Italien wütete die Cholera. Daran war Marées seit langem gewöhnt. Sein Fatalismus scheint ihn gegen alle Bedenken solcher Art, die diesmal besonders nahelagen, abgehärtet zu haben. In Florenz zog er sich eine Kolik zu und war in Gefahr, als »caso sospettoso« behandelt zu werden. Er blieb vierzehn Tage in Florenz. Am 21. September 1884 traf er wieder in Rom ein.

DIE ZEIT DER HAUPTWERKE
1884-87

Bei seiner Rückkehr im Herbst 1884 fand Marées Kleinenberg in Rom. Der Freund blieb drei Monate und war Marées wie immer der angenehmste Genosse. Man geht kaum fehl, in Kleinenberg den Menschen zu sehen, der Marées wenigstens in jener Zeit am nächsten stand. Sie schrieben sich nicht viel. Aber es war eine jener sicheren Beziehungen, die nicht der kontinuierlichen Pflege bedürfen, um leben zu bleiben. Man sah sich und merkte, daß der Kontakt gleich wieder da war. Dabei mag die Verschiedenheit der Berufe eher gefördert als gehindert haben. Man begegnete sich in den Impulsen, die schließlich jede geistige Tätigkeit entscheiden. Kleinenberg war aus ähnlichen Gründen zur Wissenschaft gelangt, wie Marées zur Kunst. Er stellte die Entwicklung seiner Persönlichkeit über das nächstliegende praktische Resultat seiner Forschung und suchte in der Tätigkeit weniger einen Beruf als ein Verhältnis zur Welt. Kleinenberg war Deutschrusse[1] und besaß die eigentümliche, in sich gekehrte Unabhängigkeit vieler Balten, die sie als Glieder einer ihrer Stärke bewußten Minorität erscheinen läßt. Als junger Mensch hatte er klassische Studien getrieben und sich viel mit schöner Literatur beschäftigt. 1860 war er in Dorpat Student der Medizin geworden, kam aber als Mediziner nicht recht vorwärts, weil er zuviel Dinge jenseits der Fakultät suchte und der Spezialisierung zum Zwecke des Erwerbs, obwohl er arm war, geradezu geflissentlich aus dem Wege ging. Die Natur reizte ihn, und es gab eigentlich für den Studenten kein Gebiet, in dem er sich nicht versuchte. 1868 ging er nach Jena, besonders um seine Studien in der Botanik zu vervollständigen. Dort begann er seine mikroskopischen Untersuchungen des Protoplasmas, die ihm bald einen gewissen Ruf einbrachten. Er wurde mit Häckel und Ernst Abbe befreundet und trat zu Darwin in Beziehung. Aus dieser Zeit stammt die Bekanntschaft mit Dohrn, die nicht immer ungetrübt blieb. Kleinenberg unterwarf sich ungern dem Willen eines anderen. Dohrn war die geborene Herrschernatur und hielt auf Disziplin. Daher war für Kleinenberg die Zoologische Station, in der ihm zuerst von Dohrn eine leitende Stellung eingeräumt wurde, nicht das rechte Feld. Der kleine Balte erachtete selbst zwingende materielle Rücksichten für gering, sobald er sich auch nur von weitem vergewaltigt fühlte. Das liebte Marées an ihm, dieses nicht totzukriegende Freiheitsbedürfnis, das zuweilen bohémienhafte Allüren annahm, aber nie den legitimen Ursprung verleugnete, und den hellen, intuitiv erfassenden Verstand des Gelehrten. Kleinenberg war kein Stubenhocker. Er arbeitete mit Intensität an seiner Entwicklungsgeschichte des Nervensystems, aber hatte auch Augen für Entwicklungen auf anderen Gebieten. Ein natürlicher Instinkt trieb ihn zur Kunst. Er war passionierter Liebhaber, wußte in Messina – später in Palermo – günstige Gelegenheiten zu nutzen und brachte mit kleinen Mitteln eine nicht unbeträchtliche Sammlung von Altertümern, namentlich Münzen, zusammen. Auch in der Kunst enthielt er sich des Spezialistentums, stand allem Schönen offen und wußte aus dem nicht unbeschränkten Gebiet seiner Erfahrungen Schlüsse zu ziehen. Die Kunst erschien ihm als notwendige Ergänzung der analytischen Wissenschaft und er sah in ihr das zum Bild gewordene Organische. Wie ihm an der Wissenschaft die Auffindung des Gesetzmäßigen das Verlockende schien, so reizte es ihn auch, im Gespräch mit Marées die Möglichkeiten zu ergründen, wo im Gebiete des Schönen das

Gesetz in greifbarer Form hervortrat. So stand er Fiedler nicht fern, war aber, ohne Fiedlers komplexe Vorstellungen zu erreichen, ihm insofern überlegen, als er der künstlerischen Erscheinung naiver, wenn man so sagen kann, bedürftiger gegenüber blieb und gern über dem Genuß das Formulieren vergaß. Kleinenberg hat auch hier und da über Kunst geschrieben. Seine bedeutendste Äußerung, ein Vortrag an der Universität von Messina über die »differenza essenziale fra arte e scienza«[2], dürfte wohl auf Gespräche mit Marées zurückgehen. Freilich hätte Marées der utilitaristischen Kunstanschauung, die in dieser gedankenreichen Arbeit hier und da zum Ausdruck kommt, schwerlich zugestimmt.

Kleinenberg war außer Bruckmanns in den ersten Wintermonaten Marées einziger Umgang. Von den Schülern war damals nur Bruckmann in Rom, und das empfand Marées, der immer mehr zu der Einsicht kam, wie wenig seine an andere gewendete Mühe Erfolg hatte, als Wohltat. Für Bruckmann bemühte er sich, den Läufer, der während seiner Krankheit verunglückt war, wieder in Ordnung zu bringen, und hat damals wohl auch noch andere Arbeiten Bruckmanns beaufsichtigt. Ein Teil der Zeichnungen für die Knabenstatuen mag aus dieser Zeit stammen.

Mit seiner Gesundheit war es auch in diesem Winter noch nicht weit her. In einem nicht abgesandten Briefe vom 19. Dezember heißt es, zwar hätten ihm die Bäder in Wiesbaden entschieden wohlgetan, der Rest der Entzündung sei gehoben, aber die eigentliche Krankheit bestehe ruhig weiter fort. Ein bestimmtes chronisches Leiden ist nicht nachweisbar. Offenbar verstand er unter der eigentlichen Krankheit die Neuralgie, die sich bald hier, bald dort bemerkbar machte. Jedenfalls fühlte er sich so unsicher, daß er die erste Zeit nach seiner Rückkehr noch bei Bruckmanns im Quartier blieb. Er nahm immer noch zuweilen große Dosen Chinin. Das war seit der Krankheit sein Leibmittel.

Der Schaffensdrang überwand die leibliche Schwäche. Die lange Pause hatte Marées erlaubt, ein neues Verhältnis zu seinen Arbeiten zu gewinnen. Sie mißfielen ihm nicht, aber er sah die Möglichkeit, einige unter ihnen noch zu verstärken, andere durch besser geratene zu ersetzen, und so trat das Ausstellungsprojekt wieder in den Hintergrund. Er ahnte nicht, was er damit heraufbeschwor. Gurlitt, der im Dezember in Rom war und wohl versuchte, die Angelegenheit zum Abschluß zu bringen, wurde kurz bedeutet, daß er »sicher nicht zur Vollendung der Bilder beitragen könne«. Gurlitt unterrichtete den Oberstleutnant von dem gescheiterten Projekt. Georg hatte sich in der Hoffnung gewiegt, jetzt, nachdem der Bruder wiederhergestellt sei, würde die Ausstellung ohne Verzug stattfinden. Das Messer saß ihm an der Kehle. Er schrieb einen fassungslosen Brief, forderte, drohte und brachte in Rom die Schale zum Überlaufen. Marées riß die Geduld. Dafür also war er dem drohenden Verfall des Körpers noch einmal entgangen, nicht um die letzte Kraft an die Aufgabe zu setzen, sondern um sich für die Familie zwecklos zu verzetteln. »Habt Ihr Törichten je überlegt oder begriffen, daß eine Ausstellung von meinen Sachen nur dann möglicherweise auch einen pekuniären Erfolg haben kann, wenn dieselbe zu gleicher Zeit mein Nachlaß ist? – Wenn es sich um ein solches Opfer handelt, so hat der sich Aufopfernde doch wenigstens das Recht, es bis zu seinem Schwanengesang zu bringen!« Der Brief ist ein Schrei der Empörung. Mußten ihm denn die Menschen, und gerade die, die ihm nahe waren, bis zum letzten Augenblick die Luft rauben? Wer waren sie? Woher nahmen sie das Recht dazu? Hatten sie auch nur eine

Ahnung, was auf dem Spiel stand? Alle Leiden des Bruders, Schmach, Glück, Unglück, Ehre waren Einbildungen, vergängliche Dinge. Eins blieb, sein Werk. Ein einziger konnte es vollbringen, er. Nach ihm war jede Möglichkeit verschlossen. Er wolle seine Zeit verpfänden, schrieb er, alles was er in zwei Jahren schaffen würde, in den nächsten und letzten zwei Jahren, wolle sich einer Kontrolle unterwerfen, daß er nichts anderes neben seiner Sache trieb. Er wollte ja nichts anderes, nur arbeiten, zu Ende kommen, aber konnte es nur, wenn man ihn zufrieden ließ. »Nicht ein Gott, sondern ein Mensch bin ich, mit denselben Schwächen behaftet, die andere haben.«

Und als der Bruder, von schlimmer Not bedrängt, sich dabei nicht beruhigen wollte, kam es zu der unerbittlichen Entäußerung des letzten Bandes mit den Seinen. »Ich bin jetzt keine Person mehr, keine Art von persönlichen Ansprüchen erkenne ich an. Auch dulde ich nicht den leisesten Eingriff anderer in diese Angelegenheit, keines Menschen.« Er brach die Korrespondenz ab. Bis zur Vollendung seines Werkes werde er keine Briefe mehr lesen oder schreiben. Die Schüler, namentlich Pidoll, wurden damit betraut. In dem letzten Brief an den Bruder schreibt er, es bleibe ihm nur noch, eine rühmliche Existenz würdig abzuschließen. Das sei die letzte Hoffnung, die er geben könne. Von da an, es war im Sommer 1885, war der Bruder nicht mehr für ihn da.

Die Frage, auf wessen Seite die Schuld lag, ist belanglos. Marées hat die seine nicht nur dem Bruder gegenüber anerkannt. In einem Brief jener Zeit an Fiedler nennt er als »Hauptvorwurf«, den er sich in den gar traurigen Verhältnissen machen müsse, sein unbekümmertes Wesen, bei anderen Hoffnungen und Ansprüche erweckt zu haben, die er nicht erfüllen könne. Man kann, ohne ungerecht zu sein, diesen Vorwurf nicht zu schwer nehmen. Denn in den Briefen an Georg, soweit sie uns bekannt sind, hat Marées ebenso oft seine Hoffnungen ausgesprochen, wie die Warnung, zu fest auf einen absehbaren Termin zu rechnen. Und hat er sich sonst zu Versprechungen hinreißen lassen, so darf man wohl seine Entschuldigung gelten lassen. »Ohne diese Art zu sein«, schreibt er und meint damit sein unbekümmertes Wesen, »hätte ich auch das Wenige, was ich geleistet, nicht erringen können. Ich fühle, daß ich in menschlichen wie sachlichen Dingen von einem stets guten Willen beseelt bin; über das gegebene Maß der Kräfte kommt kein Mensch hinaus.« Georg aber hatte die fixe Idee, es liege in Marées' Hand, die Bilder von heute auf morgen fertig zu machen, und wußte nicht, was Marées unter fertig verstand; hielt für Laune und Spleen, was bei dem Bruder höchste Selbstzucht und Einsicht war, und hatte wohl überhaupt von dem Wesen der Kunst keine umfassende Vorstellung. Georg war ein schwerkranker, von seinen literarischen Arbeiten überanstrengter Mann. Er gehörte zu den klassischen Soldaten, die aus der Schlacht mit oder auf dem Schilde zurückkehren müssen. Treten wir weder den Manen des einen noch des anderen mit kleinlicher Wägung zu nahe. Um den Helden ist alles tragisch. Mit herzlicher Zuneigung hat Marées an dem Bruder gehangen. Er, der den eigenen Herd und die Freundschaft daran gab, glaubte vielleicht, vor dem Bruder, der der Muse fern stand, mache die Unerbittliche halt. Er ist auch diesen Weg der Schmerzen erhobenen Hauptes gegangen.

Und die Unsterbliche fand an dem Opfer Gefallen. Während diesen aufreibenden Kämpfen mit Krankheit und Gewissen blüht Marées' Kunst mächtiger als je empor. Es ist nun kein Aufhalten mehr. Wie beim Wagenrennen der Glückliche, der bei der letzten Biegung der Bahn dem tödlichen Anprall um

Haaresbreite entging, jetzt hinbraust wie der Sonnengott durch die lockeren Lüfte, nur Bewegung, frei von allem Irdischen, selbst frei von dem Siegesgefühl, nur von undeutbarer Erhabenheit getragen, so nähert sich Marées dem Ziele. Man steht wieder wie ein paar Jahre vorher vor der unmöglichen Aufgabe, von einem Dutzend gleichzeitiger Werke auf einmal zu melden, und möchte die Feder hinwerfen, weil es dem trockenen Stile des sachlichen Berichters ja doch nie gelingen kann, das Ungeheure dieses vielfältigen Werdens deutlich zu machen. Man mag sich nicht einen Menschen, sondern eine Vielheit von ganz verschiedenen Fruchtkörpern vorstellen, einen gewaltigen Strich märchenhaften Landes, aus dem unter den Strahlen des Lichtes alles emporschießt, was es an vollkommenen Empfindungen gibt, in verwirrender Wildnis, nein, in noch wunderbarerer Ordnung.

Ein Werk ragt aus der Fülle als überraschendste Neuheit hervor, wieder ein Dreiflügelbild. Rechts steht der träumende Jüngling allein, ein Narziß; in der Mitte geht die feierliche Werbung vor sich, und links sitzt im stillen Schatten der Bäume das Paar. Das Motiv überrascht: eine Liebesgeschichte. Man könnte auf Erlebnisse schließen, die hier ihr Ende fanden. Aber sie haben wohl nie eine andere Realität gehabt. Es wurde schon bei der einzigen ernsthaften Liebesaffäre, die bekannt geworden ist, angedeutet, warum Marées das Glück bei Frauen versagt blieb. Er verschmähte es nicht aus Instinkt. Geborene Junggesellen haben selten die Generosität eines Marées. Und man könnte sich auf die Werbung und die mit ihr zusammenhängenden Kompositionen berufen als Zeugen für den Reichtum der Empfindungen, die der Ehefeind dem Weiblichen zollte. Die kosende Erotik des Jünglings, die schon in dem Bad der Diana verstohlen glimmt, entfaltet jetzt Poesien von zartester Reinheit. Jedes der Bilder der Werbung ist von einem Kranz von Zeichnungen umgeben, die alle ähnliche Empfindungen ausströmen. Marées hat vielleicht einmal daran gedacht, aus der »Toilette« einen der Flügel des Triptychons zu machen. Vor der Braut, die von den Gespielinnen geschmückt wird, kniet der Geliebte, den einen Arm um einen Knaben geschwungen, den anderen zu ihr erhoben. Sie hört in stiller Selbstvergessenheit dem Schwärmer zu, mehr auf den Ton seiner Stimme, als auf die Worte gerichtet, ganz gefangen von der geheimen Gewalt des Augenblicks, den die Freundinnen mit stiller Geschäftigkeit nutzen. Das Motiv schlummert gleichsam unter einem Dickicht von Strichen, die das zarte Gewebe solcher Stimmun-

Die Toilette. 1884-85

gen malen. Es ist von einer Süße, die nur Corot in seiner »Toilette« zu malen wagte. In der Zeichnung gelingt sie vielleicht noch lieblicher, weil das Unbewußte, das scheinbar Zufällige des Entstehens eine eigene Würze hinzufügt. Man kann diese Liebeslieder keusch nennen, nicht um sie als unsinnlich hinzustellen, sie sind nichts weniger als das, sondern weil sich ihre Lauterkeit in Reimen äußert, die noch kein Gebrauch entheiligt hat. In anderen überwiegt das Idyllische, darum wurden sie in dem Katalog Neue Idyllen genannt, zur Erinnerung an die früheren, die in der Zeit der Fresken entstanden. Wie mechanisch erscheinen die alten neben diesen freien Rhythmen! Es ist, als hätte damals der Künstler den Gestalten erst Bewegung geben müssen, während es jetzt die Bewegung war, die in den Gestalten zur Form wurde. Alle diese neuen Idyllen sind Huldigungen und umschreiben das Motiv des großen Kartons. Selbst wenn die Frau den Sieger belohnt, wie in der Zeichnung, erscheint das Weibliche als der siegende Teil, und der Mann ist nur Demut. (Die Rückseite dieses Blattes trägt eine Erscheinung, auf die man nicht gefaßt ist, die rasenden Furien. Sie ziehen wie ein unheimlicher Traum an uns vorüber und führen mit ihren huschenden Schritten unzählige Vorstellungen mit. Die Evokation Leonardos ist nur eine unter vielen und vielleicht die mystischste.) In einer anderen Komposition hat er das Motiv das Kartons ins Lyrische übertragen. Die Frau hat nicht mehr die strenge Pose der Unnahbaren, sondern beugt sich mit unbeschreiblicher Anmut zu dem Knienden hinab. Eine wunderbare Arabeske umschließt das Paar. Wollte man vergleichen, so würde man den Karton der derben Grazie pompejanischer Wandgemälde gesellen, die kleine Zeichnung dem Adel griechischer Linien. Der Karton ist unfertig, er bedarf der Farbe, des belebenden Pinselstrichs. Keine Malerei könnte die Zeichnung vervollständigen. Selbst der zarteste Pinsel reichte nicht an die weiche Fülle des Rötels. Das ist das Eigene der gezeichneten Entwürfe von Marées. Sie sind kein Notbehelf des Malers, keine mnemotechnischen Ateliermittel, die nur dem Mechanismus der Komposition dienen, eher Skizzen. Sie fixieren mit kleinstem Aufwand das Subjektive, übertragen bis zur Vollkommenheit den Eindruck des Künstlers auf ein unendlich zartes Gefüge. Nicht der kleinste Rest von wesentlicher Substanz bleibt ungelöst. Wie die gute Skizze eines Malers vor allem diese vollkommene Auflösung bringen muß, nicht die Fixierung des Gegenständlichen, sondern die des Rhythmus, den sich der Künstler vornimmt, im großen auch bei größter Detaillierung festzuhalten, wie man heute solchen in sich vollendeten Skizzen mit Recht das Meisterliche – nicht nur das Persönliche – zuspricht, so verdienen auch die Maréesschen Zeichnungen den Titel selbständiger Werke. Es sind kleine Meisterwerke einer besonderen Art. Sie erhalten auch noch dadurch ihre spezifische und keineswegs zufällige Bedeutung, daß sie so gut wie nie in Malerei wiederholt wurden. Nur sehr selten haben die Zeichnungen, die unmittelbar als Vorarbeiten zu Gemälden dienten, diese absolute Vollkommenheit. Marées haben, was ganz natürlich erscheint und unsere Ansicht bestätigt, nur solche Kompositionen zum Malen angeregt, die sich im Rötel oder mit der Kohle nicht erschöpfen ließen. Diese Schätzung widerspricht gar vielen seltsamen Urteilen, die sich gerade gegen seine Zeichnung kehren und womöglich einem Feuerbach oder Böcklin oder einem Leibl größere zeichnerische Fähigkeiten zusprechen. Wir brauchen uns hier mit solchen Urteilen nicht aufzuhalten. Denn dieselben Kritiker würden, wenn sie nicht die Autorität des Namens zurückhielte, auch einem Greco oder einem Rubens, einem Cézanne oder Bonnard dieselbe Schätzung zuteil werden lassen. Daher ist solche Kritik für Marées ohne Belang. Dagegen müßte man mit größerer Eindringlichkeit die Maréesschen Zeichnungen gegen ihren eigenen Urheber verteidigen. Denn der sprach ihnen bekanntlich jede Bedeutung ab und zerstörte sie ohne Erbarmen. Es ist leicht, den Ursprung dieser Unterschätzung zu verstehen, die den Menschen ehrt, aber für den Künstler nichts bedeutet. Sie ist innerhalb des Maréesschen Gedankengangs ganz logisch, für uns aber deshalb nicht bindend, weil wir uns notwendig weder hier noch sonst auf seinen persönlichen Standpunkt stellen dürfen, um ihn zu beurteilen. Marées lehnte, wie wir schon früher sahen, alles rein Improvisatorische im Prinzip ab. Er hielt es mit dem Ernst einer auf das Monumentale gerichteten Gestaltung für unvereinbar. Zum Glück strafte die Praxis ihn Lügen. Der wäre gewiß kein Meister, der sich in allen Nuancen zu meistern vermöchte. Ohne es zu ahnen, hatten die Blätter, die er zerstreuten Sinns mit losen Strichen bedeckte, mittelbaren Anteil an den Werken, auf die er seinen Willen konzentrierte. Sie lockten ihn immer wieder in das üppige Gefilde des Malerischen.

Keins der großen Monumentalwerke von Marées ist unmittelbar aus einer im Moment entstandenen Zeichnung hervorgegangen. Das braucht man dem Kundigen kaum zu sagen. Der erste Blick auf diese Werke verrät es. Sie entstanden aus Verdichtungen, die sich, zumal da, wo es sich um Dreiflügelbilder handelte, nur allmählich vollziehen ließen. Dabei mußte, so scheint es wenigstens, das Improvisierende des Zeichners der Strenge des Baumeisters weichen. Schon allein das Zusammenstimmen der Bilder zueinander machte Tätigkeiten des Bewußtseins notwendig, die dem eigenen Reiz der Zeichnungen nicht nur nicht förderlich, sondern verderblich werden konnten.

Aber wir werden sehen, daß dieser lose Reiz, der auf den ersten Blick unvereinbar mit der Gewalt der großen Monumentalwerke erscheint, trotzdem – freilich in ganz anderer Form – erhalten blieb.

Die Entstehung der Werbung ist noch heute in nahezu allen Phasen, die sich zeichnerisch vollzogen, zu erkennen. Die Reihenfolge der Bilder ist nicht mehr festzustellen und hat auch keine große Bedeutung. Nach dem Gesamtentwurf könnte man schließen, das Mittelbild habe den Anfang gemacht, denn es ist in dem Entwurf bereits endgültig festgestellt, während beide Flügel noch frühere Stadien zeigen. Doch dienten diese Stadien einer gemalten Fassung der Flügel, die aufgegeben wurde, während das Mittelbild nur in einer Fassung existiert. Wahrscheinlich wurde mit dem Liebespaar des linken Flügels begonnen. Denn es ist das einfachste der drei Bilder, und die Rücksicht auf die beiden anderen raubte ihm nicht jede Selbstbestimmung. Das Motiv, die beiden Sitzenden, findet sich im Hintergrund der »Landschaft mit zwei Liebespaaren«, eine der primitivsten Zeichnungen von Marées, sicher nur ein Tastversuch des Malers. In dem nächsten Entwurf ist das Motiv bereits gesondert, und nun beginnt ein merkwürdiges Experimentieren mit der Stellung. Die Doppelzeichnungen sind wahrscheinlich nur ein geringer Teil der tatsächlich gemachten Versuche. Die ursprüngliche Stellung der beiden Liebenden, nebeneinander, schien Marées zu wenig Angriffspunkte für die Beziehung zum Mittelbild zu geben, dessen Entwürfe mittlerweile auch entstanden sein mögen. Er glaubte, das starke Profil der ersten nackten Gestalt des Mittelstücks verlange eine entgegengesetzte Kurve, und kam schließlich auf den seltsamen Ausweg, die Braut dem Bräutigam auf den Schoß zu setzen. So ist die Situation im Gesamtentwurf, und man erkennt aus der Betonung der Beziehungen zwischen der Gruppe und dem Männerpaar der Mitte ohne weiteres den Zweck dieser Anordnung. Es kam eine Art Parallelismus zustande. Sobald man aber diese Zeichnung im großen ausführte, mußten die Details peinlich werden. Marées hat sich nicht davon abhalten lassen und tatsächlich eine erste Fassung des Flügels so gemalt. Er half sich, nach dem Bericht der Zeugen, die das zerstörte Bild noch gesehen haben, mit einem Clair obscur, das die Situation stark verhüllte. Dadurch aber wurde er zu einem Dunkel getrieben, das an Stelle des kleinen Übels ein viel größeres setzte und sehr bald das Schicksal dieser Fassung entschied. Er erkannte das Natürliche als das beste und setzte die beiden Leute wieder nebeneinander. Die Armstellung des Mannes der Zeichnung blieb annähernd erhalten. Der Mann wurde en face gesetzt und erhielt die führende Rolle, die Frau neigte sich ein wenig spießerlich zu ihm. In dem endgültigen Bilde rückt die Frau in den Vordergrund und blickt ganz geradeaus, der Mann ist der sich bewegende, sich anschmiegende Teil. Vor den beiden sitzt der spaßige vierbeinige Genosse, mehr Hüter als Hund, und im Hintergrund, hinter dem lauschigen Busch, wachen die Gespielinnen über die Stille.

Die Entstehung des Mittelbildes führt in ein wahres Labyrinth von Kreuz- und Quergängen. Der erste Gedanke war sicher die Zeichnung, die Begegnung der beiden Hauptbeteiligten[3], von denen jeder von seinem hier noch ganz schemenhaften Trabanten umgeben wird. Es ist die rein sachliche Andeutung dessen, was zu geschehen hat, als Schema – nur als solches – etwa der berühmten Vermählung Raffaels verwandt. Über dem Schema mag er lange gesessen haben. Gerade die Einsicht in das notwendig Darzustellende hat vielleicht gehindert, weil sie den Einfall lähmte. Wie das Schematische, das Einförmige, Gezwungene der Gegenüberstellung vermeiden? Wie die Gruppen so verbinden, daß mit dem einen Plan, auf den die Komposition im wesentlichen immer angewiesen war, die notwendige Bewegung entstand? Marées fiel sicher schon früh auf die Hilfe der Säulenhalle und dachte einmal daran, die Braut ganz in den Hintergrund zwischen die Säulen zu stellen, den Bräutigam mit seinem Freund vorne zusammen zu halten. Das gab Bewegung genug, man konnte die Perspektive ausbauen. Aber es kam alles andere, nur kein Mittelmotiv für ein Dreiflügelbild heraus. Es wurde vielmehr wieder ein Flügel, ein Begleitstück, ein Hochbild, das die Rolle des zweiten Hauptbeteiligten zu einer Nebensache machte. Er drehte die Komposition um, nahm die Männergruppe auf die linke Seite, war dadurch in der Hauptsache um nichts gebessert, denn nun verlief sich die Komposition nach rechts hinein wie vorher nach links, aber er gewann einen mächtigen Halter des zukünftigen Bildes. So ungefähr mußte die Männergruppe stehen mit der Hauptgestalt im Profil. Von da mußte die Bewegung irgendwie nach hinten geleitet werden und dann wieder vorkommen zu einer zweiten, ebenso mächtigen Gruppe. Während er diese Bewegung suchte, brachte ihn ein Zufall auf die Vollendung der Männergruppe. Er zeichnete damals an der Komposition mit einer sitzenden Frau, sicher ohne an die Werbung zu denken. Vielleicht ging ihm die »Unschuld« durch den Kopf oder ein Pendant zu dem »Lob der Bescheidenheit«, oder es war eine Arbeit für einen Schüler. Es handelte sich darum, ein Gestalt schlichter Haltung von vorne zu geben und sie mit einfachsten Mitteln »aufzubauen«. Es gelang nicht recht, vielleicht weil er die Werbung im Kopf hatte. Aber bei einer Modifikation kam ihm eine prachtvolle Profilstellung in die Hand. Sie paßte wie geboren für die männliche Hauptgestalt der Werbung. Er bearbeitete sie allein und begann nun mit ihr nach einem neuen Weg für das

Mittelbild zu suchen. Der Weg führte ihn zu einer Banalität. Das Zusammensein des Mannes und der Frau blieb gestaltlos und wurde auch nicht annehmbarer, wenn das Mädchen sitzend erschien. Man muß solchen Wegen bei Marées nachgehen, um einen Begriff von der Kehrseite dieses Poetendaseins zu erhalten und zu erkennen, welche Untiefen die ganz prosaische Beharrlichkeit zu überwinden hatte, um in Schwingung zu kommen. Kein Stimmungsmensch, der die Idyllen erfand, hätte dazu gereicht. Marées hat vielleicht zehnmal fest gesessen, bis die Lösung gelang, hätte sicher in derselben Zeit hundert Bilder erfunden, aber das Resultat gibt dem Ringenden recht; die Sammlung, die er mit dem Werke zu verbildlichen suchte, war wohl nur mit schrittweisem Vordringen zu erreichen. Bei der Zeichnung mit der sitzenden Frau ist Marées, wie die primitiven Striche neben der Gestalt andeuten, wieder die Gruppe der beiden Männer eingefallen. Er kehrte zu ihr zurück und verwendete die gefundene Stellung des Bräutigams, der nun die Hände nicht mehr auf einen Felsblock, sondern auf die Schultern des Freundes legt. So war dieser Teil gegeben. Zum anderen, zur Frauengruppe, haben wir nur einen Entwurf, der noch nicht den entscheidenden Akzent bringt. Vielleicht hat sich Marées an die aufgegebene Schräge des Genossen in der Zeichnung erinnert. Jedenfalls ist die Stellung der Freundin für das Bild entscheidend. Das geringe Abweichen von der Vertikale setzt den ganzen Rhythmus in Bewegung. Die halbkreisförmige Anordnung der Gruppen in der Zeichnung, die die letzte Station vor der Ankunft am Ziel war, entbehrt nicht des Reizes. Sie läßt die Bewegung vollkommen ausschwingen und ist im ersten Augenblick zu übersehen. Aber gerade hier zeigt sich die das Letzte erschöpfende Selbstbeherrschung. Die Anordnung zog den Blick in den Hintergrund und gab den

Entwurf für die Werbung. 1884-85

Gestalten zwischen den Säulen eine zu abschließende Bedeutung. Die beiden Paare dagegen erschienen ein wenig theatralisch. Der Saal mit den Treppen war zu räumlich im Sinne der Illusion erdacht und konnte an die Bühne erinnern. Das Räumliche wirkte nicht als ausgleichendes künstlerisches Mittel, das erst durch Opposition zu dem Flächigen zur Teilnahme gelangt, und die Symmetrie war zu billig. Sicher hätte die Farbe den Mangel überwunden, aber auf Kosten der Statik der Gestalten. Deshalb rückte Marées die Frauen der andern Gruppe näher, so daß der Kopf der Genossin in die Mitte des Bildes kam, und entfernte auch die andere Gruppe um ein weniges mehr vom Rande. Nun schloß sich für das Auge die Öffnung des ersten Planes, das Flächige war gesichert. Verhüllter und doch fester formte sich der zweite Plan mit den Stufen, die nun nicht mehr lediglich zum Hineingehen da waren, sondern die Breite des Saales dehnten, die sie vorher nur bemaßen. So entsteht eine unvergleichlich höhere Illusion. An Stelle des räumlichen Seins, das uns der Künstler vorspiegelte, tritt ein räumliches Werden, das wir teilnehmend vollbringen. Unser Auge dehnt sich selbst die Öffnungen des ersten Plans, dringt hindurch, läßt sich von den scheinbar harmlosen Putten, von den versteckten Beziehungen der Paare zu dem Paar zwischen den Säulen leiten, dringt wieder vor und immer wieder zurück, und so umspielt es die Gruppen, bringt selbst das Leben in den feierlichen Akt und setzt die statuenhaften Gestalten in leise schwingende Bewegung.

Die Entstehung dieses Bildes ist ein klassisches Schulbeispiel für Marées' Schaffen und für das Werden aller künstlerischen Werte. Es kann nicht verbürgt werden, ob es wörtlich so geschah, wie hier gezeigt wurde, denn man weiß nicht, wie viel Zwischenglieder fehlen. Nur das darf man behaupten: so einfach im Prinzip, so primitiv und frei von allem Hokuspokus vollzieht sich die Entwicklung von einem Nichts zu überreichen und unübersehbaren Resultaten.

Über dieses glänzende Gitterwerk goß Marées seine Farben. Das Glück will, daß wir von der Werbung nicht nur viele Zeichnungen, sondern auch, ein einziger Fall, die Farbenskizze besitzen. Es ist das Pastell. Wenn ich es Farbenskizze nenne, brauche ich Marées' Bezeichnung. Es ist Skizze in dem weitgehenden Sinne, den ich oben bei den Zeichnungen andeutete, mit Ausschluß alles dessen, was Flüchtigkeit oder dergleichen sagen will. Es erfüllt alle Bedingungen des Materials, ja, diese Erfüllung wird zu einer Vollendung getrieben, die den gewohnten Anspruch (der ja nicht der einzige ist, den wir an das Kunstwerk stellen) weit übersteigt. Dieses Pastell könnte sehr viel ungeschickter sein und uns doch dank der hundert Reize der Komposition entzücken. Das Bild ist aber nicht zufällig Pastell, sondern erscheint wie von einem Spezialisten dieser bei uns wenig geübten Technik gemacht. Man könnte aller Wahrscheinlichkeit zum Trotz sagen, es sei in Pastell gedacht, wie die Rhapsodien eines Degas in Pastell gedacht sind. Wir besitzen noch ein zweites Pastell. Es stammt aus derselben Zeit und gehört auch zu dem Kreise der Werbung: die »Singenden Mädchen«. Das Motiv fiel Marées wohl bei dem linken Flügel ein, als er den Hintergrund mit dem Reigen belebte. Ich weiß nicht, ob die Mädchen wirklich singen. Es geht uns hier wie bei den Tanzenden Männern der Florenzer Zeit. Die Farben, ein ganz weiches, verhallendes Quartett von Rosa, Blau, Grau und Weiß, schweben, wie die Gestalten schweben. Man möchte leise sprechen, um diesem Hauch nicht zu nahe zu kommen. Auch dieses Pastell zeigt das sichere Gefühl des Künstlers für die Technik, aber hat nicht das Erstaunliche des anderen. Wir kannten diesen Reiz schon vorher, konnten ihn uns wenigstens aus der schönen Vorzeichnung zu dem Pastell ergänzen. Daß ein Mensch, der so zeichnet, so mit der Farbe zu hantieren weiß, versteht sich eigentlich von selbst. In dem Blatt zu der Werbung kommt etwas anderes hinzu. Wir sind gewohnt, das Pastell Erscheinungen wiedergeben zu sehen, die im Fluge erhascht, oder aus Dämmerungen erlauscht wurden, Dinge, die an sich schon zart, schwebend oder flüchtig sind. Hier aber steht eine von Säulen getragene Architektur von größter Stabilität vor uns. Dadurch kommt eine Übertragung des Übertragenen zustande, die unsere Empfindungen vervielfacht. Eine ganz erhabene Zeremonie geht in lodernden Farben vor sich. Der Farbenrausch entzündet sich an ihrer Feierlichkeit. Es ist, als bräche in einen dunklen Dom aus hundert vorher unsichtbaren bunten Fenstern das Licht. Es schmälert nicht die Wucht der Pfeiler und Bogen. Es umgibt ihren festen Kern mit strahlendem Glanz, ergänzt ihre architektonische Fülle um ein neues immaterialisierendes Element, macht sie noch größer und fügt ihrer drohenden Macht Freundlichkeit und Milde hinzu.

Die Komposition des ganzen Dreiflügelbildes beruht auf einfachen Momenten. Fast ausschließlich sind die Gestalten in Vorderansicht und als Vertikale gegeben. Die des Mittelbildes hat man oft steif genannt. Diese Erkenntnis ist von keiner unergründlichen Tiefe und ähnelt den Vorwürfen, die man gegen Delacoix' Wildheit und gegen die Flüchtigkeit der Impressionisten formulierte. Ebenso könnte man einem Dostojewski das Schreckliche, einem Ibsen das Tragische vorhalten. Seht doch erst, was mit dieser Steifheit, die Ihr voreilig konstatiert, gemacht wird, ob Ihr Euch nicht mit ihr abfindet oder gar dahin kommt, Euch nach ihr zu sehnen. Wartet ab, ob sie sich nicht unter Euren Blicken lockert. Gelingt es Euch nicht, so dürft Ihr nicht dem Bilde Schuld geben.

Die Steifheit ist Strenge. Das Auge wird von ihr zu verfeinerter Wahrnehmung angehalten und reagiert wie ein scharfgezügeltes Pferd auf die kleinsten Abweichungen von der strengen Regel. Die Architektur auf dem Mittelbild erleichtert das Reagieren. Sie nimmt eine so bestimmende Bedeutung ein, daß die Flügel davon profitieren, ohne unmittelbar daran teilzunehmen. Alle Drehungen und Wendungen werden auf sie bezogen und mit ihrer Hife abgelesen. Versteckte Andeutungen genügen, um die Strenge im einzelnen zu modifizieren und der Starrheit entgegengesetzte Vorstellungen zu erwecken. So glauben wir viele Gestalten von der Seite – und von vielen Seiten – zu sehen, während tatsächlich nur eine einzige Vordergrundfigur im Profil steht. So genugt der gebogene Arm des Mädchens zwischen den Säulen und die kaum die Vertikale überschreitende Haltung des benachbarten Mannes, der die Arme fast im rechten Winkel hält, zur Erregung einer Schwingung. In den Zeichnungen zum Mittelbild war die Schwingung viel deutlicher. In dem vorletzten Entwurf bilden die Arme der beiden Gestalten des Hintergrundes nahezu Kreise, und eine kreisförmige Rundung bestimmt den Arm des Genossin der Braut, um das Gekringel fortzusetzen. In dem letzten Entwurf ist diese bequeme Übertreibung schon gemildert, dafür übernimmt der Mann zwischen den Säulen ganz unverhohlen den Rhythmus. Seine Arme wirken wie eine geschwungene Klammer um die beiden Gruppen. Auf dem Pastell haben die Gestalten des Hintergrundes ihre endgültigen Stellungen – der Mann erinnert entfernt an die Haltung des Orangenpflückers der zweiten Hesperiden – und jede deutliche Nachgiebigkeit in den Armen ist vermieden. Aber noch sieht man, was die geschäftigen

Hände verrichten. Grüne Ranken winden sich um die vorderen Säulen, und zwischen den dahinter stehenden hängen Kränze. Im Gemälde hat sich Marées auch diese letzte bescheidene Hilfe der Dekoration, die dem Pastell ganz angemessen war, versagt. Mancher mag sich fragen, was die beiden eigentlich dahinten machen. Ich höre den ungläubigen Thomas eine ganze Philippika gegen den Unfug donnern. Man muß Kränze im Herzen haben, um sie im gegebenen Moment solchen Gestalten in die Hände legen zu können.

Der rechte Flügel enthält in demselben Raum, der in dem anderen Flügel für so vielerlei Platz läßt, nur den Narziß. Man hat den Eindruck, es durfte hier immer nur eine Gestalt sein. Sie hat die Aufgabe, die rechte Seite des Mittelbildes zu ergänzen und der stark beschwerten linken Hälfte das Gleichgewicht zu halten. Wieder hat Marées zuerst daran gedacht, ein Profil einzuführen, um für die mächtige Gestalt des Bräutigams des Mittelbildes ein Pendant zu gewinnen, und er hatte dafür, wie die Zeichnungen beweisen, eine schöne Lösung gefunden. Und wieder fand er das Mittel zu billig und fürchtete mit Recht von einer so merkbaren Beziehung eine Gefährdung der ruhigen Haltung des Werkes. Wir sind selbst schon so sehr im Bann des Stils, daß uns ein Ersatz dieses Narzissus durch eine bewegtere Haltung unerträglich erscheint, und man verlangt hier mit derselben Eindringlichkeit die Vorderansicht wie an der Stelle der Braut. Aber es ist wieder eine Vorderansicht, die scheinbar um den ganzen Körper herumgeht. Anfangs stützte Narziß die eine Hand in die Hüfte und griff mit der anderen, die vom Rahmen abgeschnitten wurde, senkrecht in die Höhe. Und so ähnlich malte Marées die erste Fassung des Flügels, nur wurde die Hand sichtbar und der dazu gehörende Arm bog sich in einem Winkel, der dem Winkel des eingestützten Armes entsprach und wohl zu dem Arm des Mädchens zwischen den Säulen eine Beziehung herstellen sollte. Das wirkte, wenigstens in der gegenwärtigen Erhaltung der Fassung, gekünstelt; der Winkel des aufgestützten Armes kam nur mit einer peinlichen Vergewaltigung zustande. In der zweiten Fassung veränderte Marées vollkommen die Stellung. Er verzichtete auf den in die Höhe greifenden Arm, der sicher das Notwendige übertrieb, da er die Gestalt über das Höhenniveau des Mittelbildes hinausgehen ließ. Dafür wurde die Stellung viel reicher. Die leicht gebückte Haltung erlaubte ergiebige Gegensätze zwischen Licht und Schatten. Der aufgestützte Arm gab eine unentbehrliche Schräge. Notwendig mußte die Gestalt sehr lang werden. Man hat aus den Beinen eine bedenkliche Anzahl von Kopflängen herausgerechnet und deshalb der Maréesschen Zeichnung schwere Vorwürfe gemacht. Zu seiner Entschuldigung könnte man sich auf die langbeinigen Männer aus der besten Zeit griechischer Plastik berufen, z. B. auf den herrlichen Apollo aus verwaschenem Marmor im Thermenmuseum, an den mich der Narziß immer erinnert. Doch bedarf es wohl kaum solcher Beglaubigungen. Wichtiger ist die Rücksicht auf das Bild, das bei der Bestimmung von Verhältnissen mindestens ebensoviel Recht hat, mitzusprechen wie die Natur. Der Narziß wäre vielleicht, in einer anderen Umgebung entstanden, undenkbar. Er ist aber nur für den schmalen und hohen Rahmen gemacht und für die Nachbarschaft mit dem Mittelbilde, und wer ihn der Natur zuliebe aus dieser unverrückbaren Situation herausrisse, beginge ein mit nichts zu entschuldigendes Unrecht an der Natur der Kunst. Für den nicht so gewalttätigen Betrachter wird sich die Berechnung der Länge des Narzissus nicht auf seinen Körper beschränken. Er wird die Anfangs- und Endpunkte mit berücksichtigen, die von den Plänen der beiden anderen Bilder bestimmt werden, und das Stück zwischen den Punkten, das in einer besonderen Weise ausgefüllt werden mußte. Der Mann wäre sicher zu klein, wenn sein Länge nicht für die reiche Bewegung des Körpers in dem schmalen Felde ausreichte, und die Beine wären sicher zu kurz, wenn sie außer dieser Bewegung nicht auch noch die Vertikale zu sichern vermöchten, eine Aufgabe, die ihnen allein zufällt. Hat man aber erst einmal den Organismus erfaßt, so beginnt die Gestalt in unserer Vorstellung auch außerhalb des Zusammenhangs mit dem Triptychon ihr Dasein zu befestigen. Dem Betrachter, der alle Verhältnisse ihrer Harmonie abzulesen vermag, wird sogar die Beziehung des Bildes zu den anderen beiden, deren er anfangs zur Orientierung bedurfte, schließlich nur wie eine der vielen Eigentümlichkeiten erscheinen, keineswegs wie die bestimmende Eigenschaft, und er mag den Hinweis darauf wie eine Notbrücke der Anschauung auffassen, die später kaum noch dem Bewußtsein dient. Die herbe Schlankheit gefällt ihm, ganz unabhängig von dem Mittelbilde, und er glaubt hier zum ersten Male einem Narziß zu begegnen, dem man das Staunen nachfühlen kann, mit dem er seine göttliche Nacktheit in dem blinkenden Wasser spiegelt.

Die Farbe hält sich zurück. Den Körper bestimmen warme, im Vergleich zum Mittelbild ganz milde Töne, und der schweigenden Landschaft fehlen die mächtigen Akkorde. Neben dem prangenden Bräutigam verblaßt der Narziß. Sein gebleichtes Gelb, der Farbe des Getreides ähnlich, das lange eine südliche Sonne beschien, erinnert kaum noch an das leuchtende Orange. Nur in der Wange glüht verhüllte Röte. Auch die Behandlung der Formen ist viel gemäßigter und verzichtet auf jedes Relief. Den anderen Flügel trifft noch tieferer Schatten. Ein Schleier hält die Farben. Gedämpft von Grau dringt ein bläulicher

Schein in das Kleid der Geliebten. Lebhafter möchte sich in dem Mann die Wärme regen, aber sein Rot wird von dem olivenen Schatten fast aufgesogen. Wie ein leises Echo kommt in dem Reigen des Hintergrundes die Farbe wieder.

Diese Differenz gegen das strahlende Mittelbild wird schon durch die Anordnung der Gestalten motiviert. Sowohl Narziß wie das Liebespaar sind gegen die Hauptfiguren des Mittelbildes etwas zurückgerückt. Namentlich steht der Bräutigam ganz im Vordergrund, und daher erscheint seine glühende Farbe und die starke Modellierung ganz natürlich. Der Genosse des Bräutigams ist kaum heller als das Paar des linken Flügels. Im Narziß ersetzt die relative Lichtheit das Farbige. Der Ton des Fleisches kommt den hellsten Fleischtönen des Mittelbildes nahe, und da der Narziß die größte Fläche des Nackten zeigt, wird der Ausgleich vollkommen. Alle Tonverhaltnisse der Flügel sind auf eine tiefere Basis bezogen. Der Narziß steht ganz allein in seinem Bilde und hebt sich von einem in allen Teilen dunklen Grunde ab. Ebenso gewinnt der noch gedämpftere linke Flügel aus der Anordnung des Paares vor der dunkelsten Stelle des ganzen Triptychons – sie wirkt nahezu schwarz – an Helligkeit.

Mit diesem gewissermaßen dynamischen Ausgleich verbindet sich ein unübersehbares Netz von koloristischen Beziehungen. Es kommt nicht eine Farbe in den Flügeln vor, die nicht in der Mitte strahlender, prächtiger wiederkehrte. Das ist bei dem Reichtum des Mittelbildes weiter nicht auffallend, hat aber seine Bedeutung. Umgekehrt fehlt den Flügeln, so still sie erscheinen, kaum einer der farbigen Matadoren des Hauptbildes, und das wird dem nicht eng mit dem Bilde Vertrauten unwahrscheinlich klingen. Es ist aber so, man kann es nachkontrollieren, und es ist ein wunderbarer Reiz des ganzen Werkes. Denn diese

Beziehung hat die Eigentümlichkeit, uns jedesmal bei jeder neuen Betrachtung immer wieder zu beschenken. Man wird ihrer erst gewahr, wenn man das Bild längst zu besitzen glaubt, und erschöpft sie nie. Jedesmal glaubt man eine neue Seite zu finden.

Notwendig handelt es sich um Abtönungen. Dieselben Farben äußern in den Flügeln andere Werte. Nur liegt die Art, wie das geschieht, den gewohnten Wegen unserer Malerei ganz fern, ja, man kann sie geradezu einzig nennen. Alle wesentlichen farbigen Beziehungen kommen in der Tiefe zustande. Was in den Flügeln an der Oberfläche liegt, mag matt, vergilbt, dunkel erscheinen. Darunter regt sich das Leben.

Die drei Bilder sind ursprünglich alle mit denselben Farben gemalt ohne Rücksicht auf die gegenwärtigen Tondifferenzen. Albert Lang hat, als er im April 1885 Marées im Atelier besuchte, den linken Flügel in diesem hochfarbigen Zustand gesehen. Das Liebespaar war in feuriger Tempera untermalt; das Lendentuch des Mannes krapprot, das Gewand des Mädchens in einem fast ungebrochenen Smaragd. Dieser Grund von ganz positiven Farben ist auch heute noch wirksam. Man spürt in dem Schatten das Glimmen des Farbigen. Marées nahm nicht, wie es die Modernen machen, den auf der Palette hergestellten Ton, sondern erzielte ihn allmählich durch wiederholtes Übergehen mit mehr oder weniger durchsichtigen Schichten. Diese Schichten verstand er zu verbinden, so daß eine organische Materie daraus wurde. Daher das Immaterielle des Pigments, der Eindruck, die Farbe selbst habe, seit sie die Palette verließ, hundert geheimnisvolle Phasen durchlaufen, einer Erfahrung vergleichbar, die das Kind erlebt und die sich an allen Lebensaltern sättigt, bis sie zu einem rein geistigen Besitztum wird. Dabei büßt die Farbe nur die primitive Roheit, ihre unvergorene Buntheit ein, nicht ihre Stärke. Die Widerstände schaffen ihr erst die rationelle Verwendung. Das Feuer, das vorher in willkürlicher Lohe brannte, wird zur Wärme- und Lichtquelle gebändigt. Hinter dem Narziß geht das matte Dunkel in ein ganz tiefes Blau über. Es ist ganz rein wie dunkler Saphir, wie zuweilen das Meer, wenn die Sonne tief steht. Es schwimmt in einem ungreifbaren Grün. Graurosa Töne schweben dazwischen. Und hat das Auge erst diesen Klang erfaßt, so kommt ihm auch die seltene Beziehung des Fleisches zu dem Orange, der stärksten Farbe der Mitte, zum Bewußtsein, und so das ganze verhaltene Spiel mit der Palette des Hauptbildes. Das Mittelbild bedarf der Flügel zur Verteilung seiner lodernden Farbenpracht. Wohl ist es in sich schon so angelegt, daß die Farben zu Werten unter anderen werden. Auch hier löst das Auge Schleier um Schleier von der Pracht und entdeckt in der einen Farbe die anderen. Aber das Spiel wäre nicht so vollkommen, wenn die beiden stilleren Trabanten es nicht in die Tiefe fortsetzten. Diese aber bedürfen des strahlenden Gemäldes, das sie einrahmen, damit man ihren Weg vom und zum Lichten erkenne. So deutet das eine das andere und bringt zusammen die schöne Steigerung hervor. Darin aber steckt das echt Maréessche, nur auf die Form gegründete Symbol. Wo die Bilder die ersten Regungen der Liebe malen, die Zweifel des Jünglings, die Hoffnungen des zärtlichen Paares, da hält sich die Farbe zurück und die Linie biegt sich zu sanften Kurven. Der Schatten übernimmt das Unaussprechliche. In der Hochzeit aber sammelt sich alles, was vorher angedeutet wurde, zum Feste. Zwischen Säulen hindurch dringt der Blick ins Lichte. Säulenmäßig stehen die Menschen davor. Sie regen sich kaum, gestrafft von der Heiligkeit der Zeremonie, tiefdurchdrungen von der Feier des Augenblicks. Um sie blüht es und regt sich's.

Erdbeerene Wellen umfließen den schlanken Leib der Braut. Tiefes Olive wirkt das Gewand der Genossin und in dem der anderen auf den Stufen scheint kostbarer Lapislazuli zu Gewebe geworden. Rosen entsprießen dem Boden, die Luft scheint mit Blumen geschwängert. Da erfaßt die gewaltige Nacktheit des Liebenden lodernde Glut. Er brennt auf der Schulter des werbenden Freundes, der das heilige Zeichen, die schimmernde Blume, hält. Seine Glut teilt sich den anderen mit, dem Freund, den bleichen Frauen, dem ganzen Raum, selbst dem starren Gestein. Die Säulen beginnen zu glühen. Und auch wir, die Fremden, die Zuschauer, erhalten unser Teil. Das ist vielleicht das schönste dieser Kunst, daß ihr gelingt, uns gleichzeitig zu Zuschauern und Beteiligten zu machen. Die Ehrfurcht, mit der wir von weitem stehen, entzieht uns nicht die unendliche Süße des Gefühls, daß wir einmal alle solche Feier zu erleben glauben.

Unter die drei Bilder hat Marées einen Fries gedacht, für den er die kranztragenden Putten entwarf. Sicher hätte das wellenförmige Ornament dem Werke genützt. Zu einer Ausführung in Malerei ist es anscheinend nicht gekommen.[4]

Ungefähr gleichzeitig mit der Werbung läuft die Arbeit an der zweiten Fassung der Hesperiden und der drei heiligen Reiter. Auch der Versuch eines zweiten Paris-Urteils dürfte in dieselbe Zeit fallen. Pidoll, der seit Dezember 1884 als Sekretär des Maltheserordens wieder in Rom war, hat in diesem Winter, vermutlich im Februar 1885, die Aufzeichnung in Kohle für die neuen Hesperiden und die Reiter übertragen.

Marées hat die meisten Hauptwerke in mehreren Fassungen gemalt. Das entsprach seiner Art. Er kam dahin, seine Vorstellungen ohne den verwirrenden Apparat vielartiger Motive zu entwickeln, und verschmähte immer mehr die Ablenkung von dem inneren Ziel. Wir brauchen uns diese Enthaltsamkeit nicht als Entbehrung zu denken. Nichts war Zwang in ihm. Marées kannte den Genuß des Sicheinspinnens in ein Werk und den Schmerz der Trennung, wenn man es fertig wähnt. Die Aufgabe wurde ihm zu dem schwer entbehrten Freund, zu der Geliebten, zur Familie. Es wäre unnatürlich gewesen, wenn der Einsame immer neue Werke geschaffen hätte. Wo sollte er hin damit? Sie blieben, wo er sie hinstellte. Niemand führte sie fort. Seit Fiedler die Lebensalter mitgenommen hatte, hatte er nie wieder den Wunsch nach Besitz zu erkennen gegeben, und den Bruder lockte nur die Aussicht auf den Erlös. Marées machte aus der Not eine Tugend. Aus dem unnatürlichen Zustand ständigen Alleinseins mit dem Geschaffenen gewann er das Natürliche, einen immer differenzierteren Trieb nach Vollendung. Nun verweigerte er die Bilder, wenn wirklich jemand Verlangen nach ihnen trug. Nicht alle; wir wissen, wie er gab, wie verschwenderisch er mit Kostbarkeiten umging; nur die, die er seine »rechtmäßigen Kinder« nannte, in denen er und in denen wir seine Hauptwerke erblicken.

Spröde Unnahbarkeit zeichnet manchen Künstler der Gegenwart. Unsere Kunst bringt viele Sonderlinge hervor, die originales Künstlertum mit origineller Lebensführung verwechseln, und die Spekulation wandelt verwegene Pfade. Neben den vielen, die alles tun, um ihre Werke unter die Leute zu bringen, finden sich Enthaltsame, die sie kostbarer machen, indem sie die Käuflichkeit ausschließen. Ein sehr berühmter Maler Albions, des an Sonderlingen reichsten Landes, blieb dem Golde der Begehrlichen unzugänglich und schenkte testamentarisch dem Vaterlande, was seine üppige Laune zeitlebens zusammengemalt hatte. Höher als Geld stand ihm die staatlich garantierte Unsterblichkeit und das Bewußtsein, zu einer besonderen Klasse zu gehören, und sein Ruf ist wirklich, wenigstens jenseits des Kanals, auf absehbare Zeit gesichert. Andere, Verschämtere, bedürfen nicht einmal dieser Aussicht. Die Verliebtheit in das eigene Tun hält ihr Œuvre zusammen. Und nächstens hören wir vielleicht von einem Unbekannten, der sich mit all seinen Bildern verbrennen läßt.

Seine Schule in Rom hat Marées bei vielen Fernerstehenden, die dem Treiben der Adepten zusahen und nicht wußten, was der Meister dazu sagte, in bedenklichen Ruf gebracht. Hinter seiner Unnahbarkeit witterte man kluge Einsicht in die Gebrechlichkeit seiner Ideale, und noch immer galt er für den Maler, der nur mit dem Mundwerk allen anderen voran war. Allerlei launische Flibusterien harmloser Art des Witzigen, der dem Bourgeois bis zuletzt abhold blieb, trugen dazu bei, den zweifelhaften Nimbus zu verdichten. Vielen Künstlern in Rom erschien er wie der Zigeunerkönig ohne Reich, dessen Wirken sich in mysteriösen Gebräuchen erschöpfte. So hat man denn auch in dem Festhalten des Künstlers an einem und demselben Stoffkreis einen Spleen gesehen, eine Selbstberäucherung besonderer Art und steriles Gebaren. Marées glich dem undurchdringlichen Fremdling, der sich abseits von der Straße, wo die Häuser der anderen stehen, eine Residenz errichtet, in die keiner der Eingeborenen hinein darf. Selbst wenn es ein ganz harmloser Sterblicher wäre, der da sein Baugelüste befriedigt, würde der Klatsch über ihn genug zu tun finden.

Marées machte aus seiner Kunst sein Haus, sein Heim. Es glich nicht im entferntesten dem exotischen Gebäude eines europamüden Robinson. Wohl lag es weitab von dem Getriebe der Großstadt. Der Lärm der Aktualitäten brach sich an seinen Mauern, der Staub des Alltags drang nicht hinein. Einen Hügel hatte sich sein Erbauer ersehen, aber die grünbewachsene Höhe lag über der europäischsten Stadt unseres Kontinents und von den Zinnen des Hauses sah man in weite Fernen. Es war ein gewaltiger Bau. Ein Fürst mit zahlreichem Gesinde hatte Platz genug. Aber noch imposanter als die Weitläufigkeit der Residenz war der Plan des Ganzen, die wohldurchdachte Organisation, die wechselvolle Schönheit der einzelnen Räume. Auf manchen Saal verwendete der Bauherr Kosten und Mühe, die für ein ganzes neues Gebäude gereicht hätten. Er zerstörte Räume, die seinen sich immer steigernden Ansprüchen nicht mehr genügten, und baute sie aufs neue. Aber dabei wurde oft das Material, das vorher gedient hatte, wieder verwendet. Er trieb keine sinnlose Verschwendung, ließ sich nicht von der Laune leiten. Der Plan des Ganzen, die Würde, die hier wohnte, schrieb die Erneuerungen vor. Es ergab sich, daß wenn man an einer Stelle eine Verbesserung gefunden hatte, diese auch an anderen notwendig wurde. Deshalb wurde oft an vielen Sälen gleichzeitig gearbeitet.

So etwa könnte man sich Marées' Tätigkeit in dieser Zeit denken. Das Haus stand, aber es gab im Innern noch hunderterlei zu tun. Er vermochte sich nicht von einem bedeutungsvollen Stück zu trennen, weil es von anderen mitbestimmt wurde. Er übertrug auf alle die sich beständig – in der letzten Zeit nahezu täglich – erweiternden Erfahrungen. Tuaillon und Volkmann begleiteten ihn einmal auf einem Ausflug nach Albano. Es gab einen schönen Sonnenuntergang, an dem sich Marées nicht satt sehen konnte. Ein paar Tage darauf waren die Drei Reiter, die Werbung und die Hesperidenbilder mit einem goldigen Ton übermalt.[5] So unmittelbar reagierte bei aller Komplikation der Bilder die Aufnahmefähigkeit des Künstlers.

Um so merkwürdiger erscheint die Verschiedenheit der Werke untereinander. Die Hesperiden, die Goldenen Zeitalter, das Lob der Bescheidenheit usw. gehören zusammen. Es ist ein Zyklus von weitem Umfang, aber mit bestimmter Peripherie. In weitem Abstand davon steht das Paris-Urteil. Äußerliche Beziehungen verbinden das Mittelbild mit dem Triptychon der Hesperiden. Für seine zweite Fassung wurden wesentlich neue Entwürfe gemacht, die diese Beziehung noch betonten. Von der alten Fassung mit der schönen Entführung der Helena wurde nichts übernommen. Wohl enthält das Mittelbild wieder drei nackte Frauen, aber die Komposition ist ganz geändert, die Anordnung loser, beweglicher. Die drei Gestalten nehmen größeren Anteil an dem Urteil. Offenbar sollten sie das eigentliche Interesse festhalten. Die Flügel waren Einzelgestalten und wurden nur begonnen. Der rechte enthielt die Helena. Sie stand en face vor einem dunklen Gebüsch. Die Arbeit ging nicht über die Aufzeichnung in Kohle hinaus. Der linke enthielt Paris, halb im Profil, und war in Tempera untermalt. Marées gab, wahrscheinlich während er an der Werbung malte, die neue Fassung des Paris-Urteils auf, weil ihm gerade mit dem rechten Flügel der Werbung eine vollkommene Lösung des Einfigurenbildes gelang und die Wiederholung keine neuen Resultate verhieß. Sieht man von dieser in den Anfängen steckengebliebenen Fassung ab, so behält das Paris-Urteil seinen eigenen, von den anderen Zyklen bestimmt geschiedenen Inhalt. Noch schärfer sondert sich die Werbung; ein strahlender Stern, der wiederum wie die Hesperiden seine Trabanten um sich hat, aber mit ihnen zusammen einen vollkommen abgeschlossenen Kosmos darstellt. Und von allen diesen Werken gleich weit entfernt erscheint die vielverzweigte Legendenwelt der drei heiligen Reiter.

Man kann auf die vier Zyklen die Tempi der Musik anwenden, ohne damit von ihrer Verschiedenheit viel zu sagen. Verschiedene Temperamente drücken sich darin aus, die nur auf ganz versteckte Weise auf eine und dieselbe Anschauung zurückführen. Vielleicht gibt es in keinem anderen Künstlerdasein eine Symphonie von so selbständigen Teilen. Die wenigen Beziehungen äußerlicher Art, die man allenfalls nachweisen kann, erklären nicht die Verschiedenheit der Gefühlswerte. Man könnte sich vier Kreise denken, die Marées in steter Bewegung hielt. Jeder dreht sich um seine Achse und zugleich beschreibt jeder einen sehr weitreichenden Umlauf um ein allen gemeinsames Zentrum. Der Mensch, der dieses Kreisen um sich sah und es mit einem Druck seiner Hand leitete, mag zuweilen göttlichen Empfindungen nahe gewesen sein und seine Einsamkeit mit Wonnen genossen haben.

In einem Brief an Fiedler von Ende Mai 1885 meldet Marées, er habe für zwei Bilder des Reitertriptychons »neue Kompositionen« gemacht und zwar für den Hl. Georg und den Hl. Martin. Daraus müßte man auf eine Änderung des Zeichnerischen schließen. Diese steht für den Georg fest. Reiter, Pferd und Landschaft des neuen Bildes sind von der alten Fassung wesentlich verschieden. Das Roß hat die »Schaukelpferdstellung« aufgegeben und ist viel mächtiger gebildet. Durch eine geringe Wendung nach vorn kommt die Bewegung der Beine und vor allem die breite Brust zur Geltung. Der Ritter sitzt nicht so starr. Marées verzichtete, nicht zum Nachteil des Bildes, auf das streng Gleichgerichtete der Rüstung und des Vorderkörpers des Pferdes. Aber was er damit in der ersten Fassung bezweckte, gelang ihm jetzt auf losere Art viel besser. Man kommt vor dem ersten Georg, so geschickt auch die Farbe das Zeichnerische verhüllt, nicht ganz von dem Eindruck des Schematischen los, der sich gerade mit einem Bewegungsmotiv schlecht verträgt. Mindestens mußte die Starrheit die bewußte Ausdeutung durch das Farbige finden, wie das Marées in dem kleinen Drachentöter so glänzend gelang. Wenn der erste Georg nicht ganz gelöst erscheint, ist vielleicht diese Unstimmigkeit zwischen den Tendenzen des Zeichnerischen und Malerischen daran schuld, der Mangel an einer ganz klaren Aussprache des Formalen. Die Farbe schummert ein wenig, statt zu malen, macht mehr Stimmung als Begebenheit – ein Fehler, gegen den gerade Marées sonst immer zu kämpfen pflegte und den er aus seiner Schule mit eiserner Strenge verbannte. Zierlicher sitzt jetzt die jugendliche Gestalt im Sattel. Der Pinsel hat sie kaum angedeutet. Weiche Striche malen den glänzenden Harnisch. Mit großer Keckheit sind die Lichter in reinem Weiß auf die Beinschiene gesetzt. Ebenso flink entstanden die orangenen und rosa Töne, die das Gesicht umflattern, und die breiten grünen Flecken der Landschaft. Wir sind mitten im wagelustigsten Impressionismus. Noch einmal kommt die Erinnerung an den Philippus und ähnliche Bilder wieder, mit ihr die unverwüstliche Jugendkraft des Malers. Es ist, als werde die Geschwindigkeit von Roß und Reiter von dieser hingewischten Malerei vermehrt. Und so im Fluge empfangen wir den Parallelismus der bewegten Teile des Reiters mit denen des Pferdes. Er drängt sich nicht auf wie in der ersten Fassung, scheint zufällig entstanden wie in der Natur, wenn der Reiter richtig sitzt und das Pferd diese springende Bewegung macht. Wie wichtig er aber ist, erkennt man an der Zeichnung zu dem Bilde. Das etwas Barocke des Entwurfs, an dem Zufälligkeiten, verwischte Lichter usw. mit schuld tragen mögen, beruht auf dem Mangel an sicheren Beziehungen zwischen Roß und Reiter. Die Flecken des Malers betonen genau das, worauf es ankommt. Mit dem Metall des Harnisches, mit den flatternden Gewandteilen entsteht gleichzeitig das verhältnismäßig Statische der Gruppe, und doch kommt das Spontane viel glücklicher heraus.

Der Zustand des Bildes galt Marées schwerlich für endgültig. Er hätte wohl die Materie des Reiters mehr in Einklang mit der des Pferdes gebracht, die jetzt viel weiter durchgebildet erscheint. Aber sicher hatte er den richtigen Instinkt, daß man dieses Bild nicht mit dem gewohnten Email seiner Farben beschweren dürfe, am wenigsten den kecken Jüngling, dessen Ritterlichkeit uns, gerade weil sie im Fluge offenbart wird, so wahrscheinlich dünkt. Überdies dürfte das Bild unter den dreien Marées am wenigsten interessiert haben. Jedenfalls hat er ihm den geringsten Aufwand gewidmet.

Wie weit sich die beiden anderen Bilder von der früheren Fassung unterscheiden, ist nicht nachweisbar. Der gezeichnete Gesamtentwurf kann dafür nicht herangezogen werden, denn wahrscheinlich wurde er im Katalog mit Unrecht in die Zeit um 1880 gelegt. Der Georg dieses Entwurfes ist doch, so undeutlich er gegeben ist, der zweiten Fassung zu ähnlich, und die geringen Differenzen zwischen den anderen Bildern können auf Zufall beruhen. Wahrscheinlich gehört also der Gesamtentwurf zur zweiten Fassung. Der Martin und der Hubertus mögen in der ersten, zeichnerischen Anlage ähnlich gewesen sein, wie das die wenigen Zeugen, denen die ersten Bilder bekannt sind, bestätigen. Das Entscheidende kam jedenfalls erst in der zweiten Fassung dazu. Die Zusammenstellung der Bilder zu einem Triptychon stand schon 1880 fest. Marées spricht in dem Brief vom 26. Dezember 1880 von »Drei Reiterbildern als Komplex«. An eine architektonische Verbindung der Bilder hat er damals wohl noch nicht gedacht. Jedenfalls hat es für die erste Fassung keine Putten gegeben.

Der linke Flügel mit dem Hl. Martin steht höher als der rechte. Wenn der andere gerade aus der Flüchtigkeit der Behandlung gewinnt, gibt hier die restlose Erschöpfung der Aufgabe den Wert. Die Lösung ist endgültig, und muß es sein. Bei der Einfachheit des Problems würde jede Unvollständigkeit verstimmen. Der Vorgang wird mit der Schärfe, die jedes Dunkle von einem Schneegrund scheidet, sichtbar. Der Gedanke an alles Problematische bleibt dieser kühlen Sachlichkeit fern. Hier ist der Bekleidete, dort der Nackte, es liegt Schnee auf der Erde, und es ist ganz still ringsumher. Was gibt es Natürlicheres für den Reiter, als mit dem großen Stück Tuch die Blößen des anderen zu umhüllen? Es wird keine Tat daraus gemacht, keine aufregende Dramatik diktiert die Geste des Bittenden. Es geht alles ganz selbstverständlich zu. Doch ist es eine Handlung und eine heilige. Das Besondere der Begebenheit dringt sofort beim ersten Anblick in das Bewußtsein des Betrachters. Wohl geht alles natürlich zu; dieser Reiter, dieser Bettler müssen in dieser Situation so handeln. Aber diese Logik beruft sich keineswegs auf die nackte Wirklichkeit, sie ist selbst Tatsache, Wirklichkeit.

So würde sich heute, wenn ein Reiter einen Bettler beschenken würde, die Sache nicht zutragen. Der Realismus würde sie anders darstellen, würde sie vor allem in den Bereich gewöhnlicher Erfahrungen rücken, einen harmlosen Reiter, einen harmlosen Bettler nehmen, sie so scharf beobachtet wie möglich wiedergeben und nachher dem Nachdenklichen überlassen, ob er auf Umwegen zur Legende gelangt oder nicht. Nahezu alle Suggestionen dieser Art bleiben dem Natürlichen des Maréesschen Bildes fern, wenigstens werden sie uns nicht bewußt. Dagegen könnte man sagen: wenn es nie eine Martin-Legende gegeben hätte, würde sie seit diesem Bilde bestehen.

Worin beruht dieses Legendarische? Nach dem, was ich bei der Erwähnung der ersten Fassung darüber sagte, könnte auf eine Reproduktion allgemein bekannter Darstellungen geschlossen werden. Und sicher trägt das allgemein Zugängliche des Bildes nicht wenig dazu bei. Nur wird damit nichts von dem Schöpferischen gesagt. Dieses dringt gewiß nicht als ein lediglich persönlicher Willensakt auf uns ein. Gerade dem Persönlichen in dem gewohnten Sinne glaubten wir ja die Bilder weit entrückt, und das schien uns das Religiöse. Aber das Schöpferische ist da. Es vollbringt alles. Nie haben wir einen solchen Martin gesehen, nie einen solchen Beschenkten. Und wenn sich diese Einsicht nur bei der Analyse ergibt, wenn der naive Betrachter die Darstellung als etwas Bekanntes, uns allen Vertrautes hinnimmt, ist nur der schöpferische Geist des Künstlers daran schuld, die Allmacht einer Persönlichkeit, die umfassend genug ist, um uns nicht an die Grenze ihres Ichs gelangen zu lassen.

Marées hat nicht die gewohnte Form der Legende gewählt. In der Regel sieht man den Ritter mit dem Degen hantieren. Er teilt den Mantel, wie es in der Heiligen Geschichte steht, und dabei wird selten das Umständliche der Prozedur überwunden. Hier breitet er ihn aus zu einer breiten, warmen dunkelroten Fläche. Der Bettler, von einer Farbe, die der des Heiligen verwandt ist, mit einem Schurz bekleidet, der mit dem Mantel übereinstimmt, scheint in die dargebotene Hülle hineinzuschreiten. Er wird die Hände noch so lange gefaltet halten, bis ihm der Mantel die nackte Schulter deckt, und vielleicht auch dann noch, vielleicht bis in alle Ewigkeit. Es ist der Bettler, der von dem Hl. Martin beschenkt wurde.

Diese ausbreitende Geste ist schön, weil sie so einzig das Zeichen, das Symbol, mit der sinnfälligen Handlung verbindet. Sie ist uns gleich vertraut wie ein Gruß, wie Ja und Nein, wie gefaltete Hände. Jeder fühlt das Vertrauen mit, in diese offenen Arme zu laufen, jeder ist Ritter genug, solche Gläubigkeit zu lohnen.

Also beruht hier das Schöpferische, das zur Legende treibt, auf dem Szenarium? Hier wie überall, wird man erwidern müssen. Ohne das Szenarium könnte diese Geschichte nicht gespielt werden, und ob man es Komposition, Stoff, Gegenstand nennt, ändert daran nichts. Nur: das Bild, wie jedes Maréessche Werk, verträgt die Gegenprobe. Man versuche, das Spiel vom Szenarium, den Inhalt von der Form, das Gegenständliche von der Malerei zu trennen. Wenn man es nicht vermag und doch die Legende wie eine Tatsache bestehen bleibt, so wirklich wie der berühmte Kohlstrunk, den man in unserer bettelarmen Zeit mit Recht den Symbolisten und Idealisten und wie die Gattungen irrender Schwärmer sonst noch heißen, entgegenhielt, um ihnen das Abc zu predigen, wird man daran glauben müssen, wie der gemalte Bettler an das gemalte Symbol.

Das Bild hat manchen dahin gebracht, in Marées einen

Verwandten von Puvis de Chavannes zu erblicken, weil der Bettler entfernt an den Pauvre pêcheur des Luxembourg erinnert.[6] Auch der Verfasser hat in früheren Jahren, als er Marées nur oberflächlich kannte, zu der Meinung beigetragen, wir hätten in ihm unseren Puvis: Der französische Meister selbst glaubte das, als ich ihm einmal Abbildungen nach Maréesschen Werken zeigte. Originale hat er nicht gesehen. Auch Marées ist nie ein Bild des anderen zu Gesicht gekommen. Der Irrtum ist leicht verständlich. Den Erben des Impressionismus mußten alle Erscheinungen, die nicht der großen, ausschließlich dem Freilicht und der Ausbildung der modernen Palette hingegebenen Strömung zuzuteilen waren, unter sich verwandt erscheinen. Marées selbst ist es schließlich nicht anders gegangen, als er einen Augenblick in einigen Künstlern seines Kreises Genossen zu erblicken glaubte.

Was Marées von Puvis trennt, ist gerade der Begriff, den wir suchen. Der vornehme Nachfolger Chassériaus, dem Paris den Schmuck des Pantheons verdankt, besaß viele edle Gaben, aber eins fehlte ihm durchaus: das Schöpferische im Legendenhaften. Damit soll nicht gesagt werden, er habe sich lediglich passiv zur Tradition verhalten, habe nur genommen, nicht gegeben. Er erweiterte die Ingressche Tradition, machte Ingres menschlicher und fügte den Epigonen, wie Amaury Duval, selbst einem Chassériau, die weise Ökonomie der Mittel hinzu. Man ist bei ihm in Europa, bei den Ingresschülern findet man sich immer in einer kleinen, aus Versehen stehen gebliebenen Pariser Kapelle, deren fromme Nüchternheit drollig genug von dem Leben der Weltstadt absticht. Er hatte in das Reich der Erscheinung geblickt. Das erkennt man an vielen Zeichnungen; nicht an den kartonhaften Details zu den Bildern, sondern an den freieren Studien, die nicht gerade häufig sind, wie z. B. der magistralen Frau mit der Schüssel. Da nähert er sich wirklich Marées. Es ist eine verwandte Beziehung zur Antike, die das Klassische in der Breite, in der Geschlossenheit sucht. Anders der Puvis der großen Bilder. Er verstand zu wählen und das Gewählte zu modifizieren, machte eine frühitalienische Stimmung, die mit weniger schematischen Gestalten wahrscheinlicher wurde, und seine milde Farbe bereicherte sinngemäß die alte Palette. Er hat über das Thema Giotto schöne Variationen erfunden. Nimmt man die moderne Koloristik für ein wesentliches Resultat der modernen Kunst, so kann man ihm nicht eine bedeutsame Vermittlerrolle absprechen. Er mag einer unruhigen Epoche als freundlicher Ausgleicher gelten und war der geborene Patriarch. Nur das wird man beim Klang seines Namens nie vergessen können: an dem eigentlichen Kampf unserer Zeit, an der Bereitung einer ihr eigenen Form, die nichts mit koloristischen Erfindungen, nur mit geistig wägbaren Faktoren zu tun hat, hat dieser so geistig abgeklärte Künstler nicht teilgenommen, an ihren entscheidenden Werten ging er ungerührt vorüber. Das legen ihm viele Bewunderer als Vorzug aus. Aber das Lob unterschätzt die Ansprüche und nimmt ein unbedingt gesittetes Gebaren für Leistung. Erst wenn sich dies Gebaren den Hindernissen der Zeit aussetzt, wird es bewundernswert und nützlich. Es ist schön, eine ausgeglichene Seele zu haben, aber wir müssen glauben können, sie sei des Kampfes fähig. Puvis wich aus. Klüger, gebildeter als die Deutschen im ersten Drittel des 19. Jahrhunderts und die Präraffaeliten Englands, beging er denselben Kompromiß. Für das Frankreich des Delacroix und seiner Nachfolger hat er es immer nur zu der Stellung eines Rossetti oder eines Burne-Jones gebracht. Man muß die Mitgift der Kultur des Landes abziehen und darf sich nicht mit der Einsicht begnügen, daß kein Franzose oder

Engländer seiner Zeit fähig gewesen wäre, solche Aufgaben besser zu lösen.

Mit einer Kunst, bei der es vor allem darauf ankommt, aufzubauen, begann Puvis zu dekorieren. Seinen Bildern, die so viel Reize zieren, fehlt der rechte Grund. Nie haben wir vor seinen Dekorationen das Gefühl, sie seien notwendig, sie drückten etwas aus, das zwingend so und nicht anders gesagt werden mußte. In seinem Genovevazyklus stehen Gruppen von Menschen zusammen. Es sind Bäume da, Hügel, Wolken. Diese Menschen und Dinge widersprechen sich nicht. Nichts spricht dagegen, daß sie da sind; nichts dafür, außer einer begrifflichen Feststellung, die in einer dem Lokal angemessenen träumerischen Atmosphäre vollzogen wird. Wir können uns denken, was da vorgeht, davon träumen und nehmen diesen nebelhaften Zustand der betrachtenden Psyche für den Reflex der gemalten Idylle. In Wirklichkeit schlafen wir. Dem Bilde fehlt der Wecker, jenes der Idylle und dem Schlachtenbilde gleich unentbehrliche Agens, die Geste der Materie. Bäume, Berge, Wolken, Menschen bewegen nur ihre Glieder, nicht die Fläche, für die sie da sind. Sie dringen nicht in sie hinein, wenigstens nicht weit genug, um jene außerstoffliche Bewegung zu erzeugen, die wiederum in uns einzudringen vermag und den sachlichen Vorgang vervielfachend festigt. Die Puvissche Dekoration ist reizendes Theater und unterscheidet sich von der Feuerbachs, seines Kollegen aus demselben Atelier, lediglich durch die Distinktion der Kulisse. Burne-Jones ist eine noch billigere Spielart, Böcklin die gröbere. Man mag die Kunst eines Puvis noch so hoch über alle diese Genügsamen stellen, Kulisse bleibt sie doch. Diese Bäume, diese Hügel und Brücken, diese Menschen lassen sich ohne weiteres von ihren Plätzen versetzen. Sie haben kein Dasein, sind fertig irgendwoher genommen, dienten schon, wie sie wieder dienen werden, und beunruhigen uns nur deshalb nicht, weil wir unter dem leicht übergeworfenen Kostüm das alte erkennen. Aber die Ruhe, die sie uns einflößen, hat keinen Preis.

Da erscheint der Martin, keineswegs ein Marées vollkommen repräsentierendes Gemälde, von schlagender Neuheit. Kein Bild erblicken wir zuerst, sondern Schnee, Winter, eine besondere Atmosphäre. Aus dem Schnee ragt ein Baum empor, fest und sicher. Der steht da seit vielen hundert Jahren. Und bei dem Baume findet die Begegnung statt. Immer wird es der Baum sein, bei dem die Begegnung stattfand. Von links kommt eine große dunkle Masse. Sie füllt das Bild, schwer, wuchtig, eine Fülle von Luft verdrängend; wir spüren das Massige. So schreitet ein Pferd, das einen Geharnischten trägt. Das ist der Heilige, der Ritter. Von rechts, aus dem schmalen Feld zwischen Baum und Rahmen, kommt der Bettler. Das Feld sichert seine Dürftigkeit noch viel mehr als die getroste Gebärde; er kann dort, wo er geht, keine Fehlbitte tun. Die Gebärde, diese betend gehobenen Hände, hilft nur unserer Vorstellung, sie bestimmt sie nicht. Wir sehen sie nicht ganz deutlich, sehen kaum die Hände, nur die zur Brust erhobenen Arme, sehen auch nicht den Ausdruck des Gesichtes, nur den Ausdruck des Körpers, dieses Körpers, der Masse bleibt, wie der Baum, wie der Schnee, wie das Roß und die dunkle Gestalt darauf mit der breitgefalteten Fläche. Das steht alles in einem Zusammenhang, der noch inniger ist als das Märchen. Die Farbe gibt ihn, dieses dunkle Glühen, das Reiter und Bettler zu einem Wesen vereint, zu einer warmen Menschheit in blauweißer Kälte.

Dieses Primäre der Anschauung, das vor der Legende da ist und sie, wenn wir sie merken, zu einer beglückenden neuen Heiligengeschichte umformt, hat kein Puvis. Auch er beging den Fehler, den Marées an Böcklin rügte, mit dem anzufangen, was das letzte sein sollte; war von vornherein einzig und allein von der Vorstellung befangen, eine Geschichte der Genoveva zu malen; eine naive Geschichte, nicht ein naives Bild. Marées' Unbefangenheit erfindet die Legende. Es ist keine angeborene Eigentümlichkeit des Menschen, die ihn vor dem anderen auszeichnet. Marées war nichts weniger als ein naiver Mensch, und Puvis hatte dieselbe Unbefangenheit so gut wie jeder Mensch, der einmal Kind war. Alle möglichen, an sich höchst respektablen Faktoren drängten sie in dem Franzosen zurück, er sah nicht mehr durch seine Bildung hindurch. Marées benutzte dieselben Faktoren und viele andere, um zur Unbefangenheit zu gelangen. Die Kultur des Germanen, die in diesem Bilde so anspruchlos erscheint, war unverhältnismäßig größer.

Und mit der gleichen Unbefangenheit ging Marées an die größere Aufgabe, das Mittelbild. Greifbarer als in den beiden Flügeln liegt das Erfinderische vor uns. Ich muß bei dem Bilde immer an die kleine Kirche denken, um die man auf dem Wege nach Italien in schönen Serpentinen herumfährt, bis man sie zuletzt wie ein kleines Kinderspielzeug tief unten im Tale erblickt. So sieht man von den Höhen der Empfindung, zu denen uns Marées hinaufträgt, die eigentliche Sage, das Gegebene, das sich gleich bleibt, unter sich liegen. Mit uns aber ist das Symbol gestiegen. Der Weg hat uns nachdenken gelehrt. Und jetzt, wo wir kaum noch die Begebenheit erblicken, glauben wir inniger an ihre Bedeutung als je, da wir ihr nahe waren, und wieder kehrt uns ein Hauch jener kindlichen Unbefangenheit zurück, mit der wir zum ersten Male zuhorchten, als die Mutter davon erzählte.

In den bewegten Flügeln scheint die Episode die Komposition von selbst zu ergeben. Nicht so einfach verläuft die Sache hier, wo die Handlung aus der Ruhe gewonnen werden muß und auf Tiefenwirkungen angewiesen ist. Die Komposition kann sich nicht auf die Profilierung der Gestalten stützen, sondern hat mit Verkürzungen aller Art zu rechnen. Nur der Jäger ist von der Seite gegeben. Er kniet in der Mitte und wird von allen anderen Faktoren des Bildes eingeschlossen. Roß, Hirsch und Bäume erheben sich um ihn herum wie hohe schützende Mauern. Die vertikalen Linien überwiegen. Gitterartig füllen sie das Hochformat. Die Beine der Tiere übernehmen die Rolle der Bäume, vorn strebt der Hund in die Höhe. Von hier beginnt auch gleichzeitig das versteckte Kurvensystem. Strahlenförmig erweitert sich die Komposition von unten nach oben. Von dem Hund gleitet eine Linie über die Helligkeit des Jägers zu dem Pferd und von dort zu dem Blattwerk der linken Seite, und ebenso vermittelt der Jäger die Ausbuchtung des Systems nach rechts. Die Höhe geht unvermerkt in die Tiefe über. Man unterscheidet ein halbes Dutzend von Plänen, die zuletzt in weite Fernen führen.

Diese auf Höhe und Tiefe angelegte Komposition macht das Bild zum idealen Zentrum des Triptychons. Wir werden genötigt, den ersten Eindruck des Ensembles, der nur eine äußerliche Beziehung der drei Teile untereinander ergab, zu korrigieren. Wohl greifen die Linien des einen Bildes nicht so deutlich in das andere über, wie das in den anderen Triptychen geschieht, das verbot die Rücksicht auf die gesonderten Gefühlswerte der drei Legenden; aber auf verstecktere Art kommen dieselben Zusammenhänge zustande. Schon die Höhe des Hubertusbildes zwischen den Flügeln, die aus demselben Format die Breite gewinnen, ergibt eine Architektur des Ganzen. Diese Architektur beschränkt sich nicht auf die Fläche, das Mittelbild geht gleichzeitig in die Höhe und in die Tiefe. Die Flügel sind verhältnismäßig flach komponiert. Aber auch sie beginnen bereits das Dreidimensionale der Mitte. Sowohl der Georg als auch der Martin sind etwas schräg gestellt. Hinter dem Georg betont das Gebüsch den zweiten Plan, im Martinbilde der Bettler, der aus der Tiefe hervorkommt. Der erste Plan ist auf beiden Flügeln leer bis auf die Vögel des Martinbildes, die, allein betrachtet, als banale Zutat erscheinen, aber sowohl für das einzelne Bild, als Gegengewicht für den Bettler und als Unterbrechung der großen weißen Fläche, als auch für den Komplex der drei Stücke, um die Tendenz des Mittelbildes nicht zu deutlich zu machen, ihre Bedeutung haben. Diese versteckten Hilfen nach der Tiefe hin werden von dem Mittelbild ausgenutzt. Das Pferd und der Hirsch leiten unmerklich in die Flügel über, so daß sich nach der Höhe und nach der Tiefe hin eine Wellenbewegung ergibt, unter bzw. vor deren größter Ausbuchtung der Hubertus als Mittelpunkt des Ganzen kniet. Und diese Bewegung verschafft dem Motiv des Hubertus die sinnfällige Auslegung. Alles Irdische, der Jäger mit seinem Pferd und seinen Hunden, hält sich auf einer Seite, und jenseits als einzige, ganz klar ausgebildete Erscheinung steht der Hirsch mit dem heiligen Zeichen. Das Pferd wendet sich zu dem Knienden, zu dem es gehört. Der blickt nicht auf, nur seine demütige Haltung redet von dem Eindruck, und allein der possierliche Hund vorn, halb geschützt durch das Gebüsch, bellt die Erscheinung an und stärkt die Harmlosigkeit. Das allmähliche und ganz natürliche Übergleiten der Geraden in die Kurve scheint sich in dem Spiel der Stimmung zu wiederholen. Die Unbefangenheit führt zu dem Wunder.

Es gibt Menschen, die nur das hochbeinige Pferd sehen und sich mit einem Witz von dem Bilde wegwenden. Billige Weisheit, die herausfindet, ein wirkliches Pferd habe ein kürzeres

Piedestal. Als sich die Bourgeois der Deputiertenkammer bei Thiers, dem Protektor Delacroix', über die phantastische Gestalt des Rosses beschwerten, auf das Delacroix in seiner Freske den Hunnenkönig gesetzt hatte, fragte der Minister die Querulanten, ob sie denn schon das Pferd Attilas gesehen hätten. Und eine ähnliche Antwort könnte man den Kritikern des Hubertus geben, die den Wert dieses Werkes nach der Beinlänge eines Pferdes bemessen. Sie könnten vielleicht Rembrandt vorwerfen, dem Widder in der Vision Daniels zu kurze Beine gegeben zu haben, und fänden in vielen Bildern von Rubens noch manchen anderen Anlaß zur Beschwerde. Auch der Freund des Bildes sieht das Detail, und Marées selbst, dem glänzenden Pferdemaler, ist es sicher nicht entgangen. Wenn er es beibehielt, wird er seine Gründe gehabt haben, und die können wir nachweisen. Wir haben sie vorweggenommen. Sie beruhen auf all den Verhältnissen des Bildes, die durch das Pferd mitbestimmt werden, auf der im ganzen Bilde durchgeführten Höhentendenz, die das Werk und das ganze Triptychon entscheidet, auf einem gesetzmäßigen Stilfaktor, der hier an Stelle des Organismus der Natur tritt und notwendig alle Details bestimmt. Die Abweichung von dem natürlichen Verhältnis wäre ein Fehler, wenn sie in einem der Flügel vorginge, weil sie dort durch nichts motiviert würde. Sie ist auch hier kein Vorzug, aber eine begründete Folge, von deren Notwendigkeit man sich leicht überzeugt, sobald man sich die Beine des Pferdes kürzer denkt. Sofort verändert sich die Stufenleiter nach der Höhe und Tiefe zuungunsten der Harmonie. Diese großen Intervalle schienen Marées wichtiger als das Verhältnis der Teile innerhalb eines Details. Wenn, wie die Zeugen berichten, die erste Fassung ein vollkommen normal gebildetes Pferd zeigte, muß auf eine Modifikation der ganzen Komposition geschlossen werden oder auf ein weniger gelungenes Ganzes.

Die Farbe mildert das Detail und betont die Massen. Die Wege der Komposition werden variiert und gleichzeitig gesichert. Und die Farbe sorgt außerdem für einen weiteren Zusammenhang der drei Bilder. Auch dieser drängt sich nicht auf, beruht weniger auf Wiederholung als auf Variation derselben Skala. Die tiefen Ockertöne des Martinbildes erhöhen sich, enthüllen sich gleichsam in dem Hubertus. Sie lassen das Leuchten sehen, das in dem linken Flügel zurückgehalten wird und dort nur selten aufflammt. Alle Farben erscheinen sprühender. Das Graubraun des Hirsches ist ein Gemenge – keine Mischung – der Dominanten des Bildes und des Triptychons. In dem Braun steckt das Gelb aller Helligkeiten, das in dem Helm und dem Stückchen Rüstung des Hl. Martin aufflackert und dem Weiß des Georgpferdes die Weichheit gibt. Das hellste Gelb führt zu dem Gold des heiligen Zeichens in dem Geweih des Hirsches. Die natürliche Steigerung, aus der es entsteht, bringt die Vorstellung überirdischen Glanzes hervor. Es ist das Auge des Bildes.

Es läßt sich nicht mehr feststellen, wie sich Marées die Aufstellung des Triptychons dachte. Der architektonische Rahmen, der bei dem Tode des Meisters noch vorhanden war und damals die Bilder enthielt, ist zerstört, und die Zeugen erinnern sich seiner nicht mehr. Die Putten wurden ganz zuletzt zugefügt. Sie sind wieder viel flüchtiger als die Hauptbilder behandelt, mit all dem Reiz, über den Marées gerade bei dieser Behandlung verfügte, und sollten wohl nicht mehr als sechs Lichter sein, um die lange Fläche zu beleben. Möglicherweise trugen die Zwischenstücke zwischen den Putten die Namen der drei Heiligen, wie das die Zeichnung andeutet. Bei der Aufstellung auf der Berliner Marées-Ausstellung wurde davon abgesehen und die auf den Puttentafeln angegebene Bank durchgeführt. Bei dem Schmuck des Rahmens richtete man sich nach dem für die Hesperiden und die Werbung gewählten Ornament. Maréessche Vorlagen waren dafür nicht vorhanden, und das Resultat verschwieg nicht, wie schwer es ist, auch nur in solchen Äußerlichkeiten den Geist des Meisters zu treffen.

Das Dreiflügelbild der Hesperiden, das »Lob der Bescheidenheit« und die »Unschuld« hat Marées in zwei Fassungen gemalt. Äußerliche Gründe bedingten die Wiederholung der beiden Staffeleibilder. Der Bruder Georg zwang ihn, sie Gurlitt zu senden, der mit ihnen und einigen früheren Werken (u. a. dem Bildnis des Oberstleutnants und den beiden Porträts des Vaters) im Frühling des Jahres 1885 eine Ausstellung veranstaltete. Es ist die einzige Ausstellung, die Marées seit der Münchener Sturm- und Drangperiode beschickt hat, und auch diese kam nicht mit seinem Willen zustande. Da Marées voraussah, die Bilder würden nicht zurückkehren, ließ er von Pidoll die Kompositionen der Unschuld und des Lobes der Bescheidenheit auf Leinwand übertragen und untermalen. Dabei wurde die Komposition des größeren Werkes in einigen Details geändert. Die Gruppe der drei Frauen hinter dem Kranzspender wurde deutlicher, und vorn modifizierte Marées die Stellung der beiden Kinder. Im übrigen hat Pidoll die Hauptarbeit an dem Bilde getan. Nur die letzte flüchtige Übermalung ist von Marées' Hand. Auch die Wiederholung der Unschuld hat Pidoll annähernd übereinstimmend mit dem Original untermalt. Doch war Marées' Anteil an dieser Wiederholung größer. Der gegenwärtige Zustand scheint ganz von ihm zu stammen. Marées täuschte sich nicht über das Schicksal der Bilder. Die Gläubiger Georgs legten Beschlag darauf. Eine andere Teilnahme scheint die Ausstellung nicht gefunden zu haben. Einige Kritiker schimpften. Im übrigen nahm niemand davon Notiz. An den Originalen der beiden Werke hat Marées auch noch in der Folge gemalt, so daß in Wirklichkeit die früher begonnenen Tafeln als endgültig anzusehen sind.

Zu der zweiten Fassung der Hesperiden dagegen trieben innere Gründe. Die alten Tafeln erlaubten keine Überarbeitung mehr, und Marées fühlte sich fähig, dieses Werk, das er nach einer Zeit schwerer Prüfung als erstes einer neuen Reihe begonnen hatte, nun in einem Zuge zu vollenden, und wollte frisches Material dafür haben. Er hat annähernd zwei Jahre dafür gebraucht. Auch die Goldenen Zeitalter könnte man in der Gestalt, in der sie zu uns gekommen sind, zweite Fassungen nennen oder vielmehr die letzten von vielen Fassungen auf derselben Tafel. Auch an ihnen hat Marées damals noch gemalt.[7]

Es ist eine unnütze Frage, ob und warum diese Werke die Krone der Maréesschen Schöpfung sind. Dagegen versteht man ohne Mühe, warum Marées sie in der letzten Periode seines Schaffens zum Zentrum seiner Tätigkeit machte. Mehr als andere vertrug ihre Art die stete Steigerung des Ausdrucks. Das brachten schon ihre Motive mit oder der Mangel an Motiven, die stille Leere um die Gestalten, die erlaubte, ihnen gleichsam von allen Seiten zu nahen, das ganz Einheitliche des Gegenstandes. In den drei Reitern und selbst in der Werbung diktierte der Stoff eine relative Zurückhaltung der Form. Der Komplex der Legenden trieb zur Differenzierung innerhalb vorbestimmter Gebiete. In den Hesperiden war Marées frei. Die Gestalten brachten nichts mit als die Unendlichkeit von Formenmöglichkeiten. Sie waren da wie ungesungene Töne im dunklen Reiche der Musik. Das Schöpferische hatte alles zu geben.

Es ist schwer, über diese Werke zu reden, wie über alle letzten Resultate großer Menschen. Ihren Ansprüchen können immer nur wenige genügen. Sie fordern. Je tiefer ein Schaffender in seine Welt eindringt, desto mehr gibt er, desto mehr verlangt er. Während der bei weitem größten Spanne seines Daseins ist er Vermittler, ein Geber der Gaben anderer. Er spielt, übt sich, bewundert, und wir spielen mit. Das Eigene liegt nur wie ein Schimmer über seinen Werken, und wir saugen es auf wie überquellenden Fruchtsaft. Allmählich dringt der Schimmer in die Materie ein. Das Eigene ersetzt das Übernommene. Das zu Genießende härtet sich, bietet Widerstände. Es geht nur langsam, um des Schaffenden willen, der nur nach und nach die Stützen lösen kann, an die er von Kindheit an gewohnt ist; um der anderen willen, damit sie sich gewöhnen. Und immer noch geht es der stumpfen Welt zu schnell. Ihr ist der Schimmer alles, und sie liebt das Neue nur, solange es ihre Neugier kitzelt. Sie will aus ihren ausgefahrenen Wegen nicht heraus, und der gilt ihr als groß, der in leicht zu durchschauenden Varianten immer dasselbe bringt. Sie nennt Leute eigenartig, die eine Art ad infinitum ausschlachten. Marées hätte sich einen Namen gemacht, wenn er bis ans Ende seiner Tage der Münchener Maler geblieben wäre, oder der Impressionist, der er nach der spanischen Reise war, oder, und das wäre das beste gewesen, der Maler der Dekorationen von Neapel; das hätte man Konsequenz und Gesinnung genannt. Dadurch aber unterscheidet sich der Künstler vom Handwerker und das Genie von der Masse der Menschheit: es ist reich. Es gibt dasselbe nur einmal, so wie die Sonne in ihrem Tageslauf nur einmal mit ihren Strahlen dieselbe Stelle befruchtet.

Selbst unter den aufrichtigen Verehrern von Marées gibt es wenige, die bis zu den Hesperiden mitgehen. Sie bleiben bei den Fresken stehen, der glorreichen Talentprobe. Allenfalls akzeptieren sie noch die Reiterbilder, den Martin, der ihnen zum Gemüt spricht. Der Rest ist Verirrung, im besten Fall Andeutung nichterreichter Absichten. Es ist dieselbe Kritik, die Rembrandts erste Anatomie oder die Nachtwache für die bedeutendsten Lösungen des Holländers erklärt, weil sie die konventionellste, sozusagen leserlichste und bequemste Form Rembrandts darstellen. Dieselbe Kritik erhebt die berühmte Venus Tizians der Uffizien über die Dornenkrönung und zieht die Decke der Sixtina dem Jüngsten Gericht vor, und sie preist schwellenden Herzens die Gretchenszenen im Faust und nickt mit zerstreutem Lächeln dem zweiten Teile zu. Wer weiß, was sie dabei denkt. Wo aber die gute Sitte nicht den Ausdruck des Gedankens verbietet, da kommt manchmal ein wahrer Haß zu Worte. Man versteht nicht und will nicht verstehen und nimmt die äußerste Hingabe des Denkers, Dichters oder Künstlers für empörende Zumutung. Das Kunstwerk wird zu der unheilvollen Zukunft, die die Besitzenden mit Revolutionen bedroht, und mit allen Waffen der Mißgunst, die eine geheime Übereinkunft vieler furchtbar macht, kämpft man dagegen. Welchen inbrünstigen Haß sah ich nicht schon gegen die stillen Frauen der Hesperiden entbrennen! Gerade ihr kühler Verzicht auf jede Wehr schien die Widersacher zu reizen, dieses über den Betrachter Hinwegsehen, hinter dem man des Urhebers Überhebung wittert, das Abgewendete, das für den rohen Haufen nicht einmal eine Geste übrig hat. Ich glaube, man wirft solchen Künstlern vor, eine Sache ernst zu nehmen, die für jedermann nur noch zum Scherz da ist, und sucht sie wie Spielverderber zu verbannen.

Nur Menschen, die ganz in Rembrandt, Tizian, Michelangelo eingedrungen sind, folgen ihnen bis an die äußersten Pfähle ihres Daseins. Und denen ist gerade das letzte Stück unentbehrlich. Sie würden zu dem ganzen Menschen anders stehen, wenn sie es missen müßten. Denn dieses letzte allein lohnt vollgültig den ungeheuren Anspruch ideeller Interessen in einer auf Minuten gierigen Zeit. Da erst ergeben sich Schlüsse über das Genüßliche des Ästhetentums hinaus. Kühne Versprechen werden eingelöst. Und die Lösung trifft ein wie ein von uns geschaffenes Werden. Wir empfangen nicht, wir werden zu Beteiligten des Schöpfers. Nehmend geben wir, wachsen mit Bewußtsein in eine Sphäre hoher Geister hinein. Der Genuß wird Tat und unser Lob zu einer würdigen Gebärde.

Wie lächelnde Felsen stehen die Selbstbildnisse des alten Rembrandt vor uns. Sie bedeuten das Jenseits von der Welt, die dem Ehrwürdigen das Dasein schmälerte und der er selbst einst angehört hatte. Damals war er Maler, Liebhaber schönen Geschmeides gewesen, hatte des Lichtes und der Farben bedurft und eine Welt von Legenden durchzogen. Die Jugend lachte dem Eitlen aus den Augen, als er sich im Putz seiner Helme und Waffen zeigte. Frohe Unstetigkeit ließ ihn das Vielfältige suchen, und es gab auf Erden nichts, das sein Spürersinn nicht frohlockend in das Spiel der Schatten rückte. Nun sitzt er an einem und demselben Platz, einen Scherben in der Hand, der ihm das umwundene zerfurchte Antlitz zeigt. Nun schweigt die geschwätzige Jugend. Die Füße tragen den müden Leib nicht mehr, und der Beutel ist leer geworden. Und da öffnet der Greis, der so vieles dem Lichte öffnete, sich selbst. Es ist ganz still in der winzigen Kammer. Und nie war die Pracht so groß als damals, da der Einsame mit nichts als seinem Geist die Leinwand entflammte. Finster und furchtbar ragt Tizians Dornenkrone empor, desselben Tizian, der seine Frauen und Früchte, der alles Sinnliche so sinnbetörend zu malen wußte. Ist es wirklich dieselbe Substanz, was dieses letzte Drama und den warmen Hauch über dem Leibe der Venus malte? Michelangelo machte uns früh auf Großes gefaßt. Wir bewunderten die Architektur seiner Menschheitsgeschichte und freuten uns, das Erhabene organisiert zu sehen. Und vor seinem Jüngsten Gericht fühlen wir uns, die ihn zu kennen glaubten, die seine Decke mit Eifer studiert hatten, im ersten Augenblick versucht, die Hände vor die Augen zu pressen, damit uns der Anprall mit diesen ungeheueren Massen nicht zerschmettere.

Wer aber von solchen Endwerken den Weg zu den Anfängen zurückfindet und dahin gelangt, die letzten Resultate, die wie winzige Sprünge ins Jenseits erscheinen, als Gipfel organischer Aufbietung zu erkennen und zu bewundern, der erweitert sich die Welt. Er vergrößert sie um ein gewaltiges Stück, das nur zufällig von künstlerischen Sensationen erfüllt ist. Die Sensationen weichen vor der auftreibenden Kraft, die uns zum Gipfel führte, auf dem wir gesichert stehen. Die Höhe bleibt, die Erkenntnis der Erhabenheit. Der Begriff Kunst scheint uns für solche Höhe zu künstlich. Kunst war, was den Anfang machte. Dem Geiste gelang es, reines Menschentum daraus zu gewinnen.

So hoch über dem übrigen erscheinen mir die Hesperiden. Es ist schwer, darüber zu reden, weil man der Kontrolle entbehrt, ob der Zuhörer bis dahin gefolgt ist. Ist er es wirklich, so sollte man meinen, das letzte Stück müßte ihm auch gelingen, geht es doch wie ein logisches Resultat aus allem Vorangegangenen hervor. Man kann sich über die Fresken wundern, die niemand, zumal in der Zeit, in der sie entstanden, vorhersehen konnte; aus demselben Grunde über die drei Reiter, die eine viele Jahre lang ruhende Saat zur Reife brachten; vielleicht auch über die Werbung. Alle diese Werke erscheinen dem Genius des Menschen durchaus adäquat, aber kommen im Moment ihres Entstehens unverhofft zum Vorschein.

Die Hesperiden, diese so gut wie unbekannten, weil so wenig geschätzten Werke, verschrien wegen ihrer Absonderlichkeit, der Anlaß, aus dem man an dem Verstande Marées' gezweifelt hat, sind das am stetigsten verfolgte Resultat. Als solches erscheinen sie auf dem Niveau der Vollendung der Rembrandt und Tizian und normaler als Michelangelos größte Kühnheit, und man möchte ihnen, die ein Zeitgenosse mit den großen Werken der Vergangenheit nicht vergleichen darf, insofern eine besondere Stellung einräumen, als sie von allgemeinerer Gültigkeit als die Resultate anderer Großen erscheinen. Sie krönen nicht nur organisch das Werk eines Menschen, sondern stellen in einer noch näher zu bezeichnenden Hinsicht eine Norm künstlerischen Schaffens dar. Der Wert dieser Norm wird nicht durch die Einsicht vermindert, daß manche nicht nachzuahmende Faktoren zu ihrer Anschaulichkeit beitragen. Nicht alle ihre Seiten können und dürfen als enges Vorbild dienen. Doch erscheinen diese Seiten mehr zufälliger Art. Das Wesentliche der Werke, das in ganz übersichtlicher Form zum Ausdruck gelangt, stellt ein hohes, in unserer Zeit unvergleichlich wertvolles Ideal dar.

Zu den unwesentlichen Seiten kann man das Technische dieser Werke rechnen, und man mag es unnachahmlich und im engeren Sinne auch nicht nachahmungswert finden. Dieser Sinn freilich müßte sorgfältig festgestellt werden. Vieles in Marées' Werk stimmt nicht mit aktuellen Vorurteilen überein, ohne wirklichen Grund zu kritischen Einwänden zu geben; zum Beispiel die im Vergleich zu modernen Bildern dunkle Tonart. Das Postulat der Helligkeit gilt als Errungenschaft der zeitgenössischen Malerei und hat für bestimmte Aufgaben Bedeutung. Seine Generalisierung läuft auf eine Modesache hinaus, wenn wir nicht etwa die Rücksicht auf Hygiene u. dgl. zu ästhetischen Forderungen der Kunst machen wollen. Das Wertvolle an dem Postulat ist nur mittelbarer Art: der Hinweis auf die Notwendigkeit, ein Thema klar durchzubilden. Daß dies mit hellen Tönen so gut wie mit tiefen geschehen kann, daß jede Beschränkung der Palette eine unberechtigte Fesselung bedeutet, liegt auf der Hand. Helle und bunte Farben mögen einer grauen Zeit willkommen sein. Doch betrügt sich die Sehnsucht, die von dem Bilde nicht mehr als von einem Damenhut oder einer sommerlichen Krawatte erwartet. Auch die Physiologie der Sonneneffekte bedingt solche Farben. Fragt sich nur, ob diese Physiologie mit Recht ihren Platz in der modernen Malerei einnimmt, ob diese Übereinstimmung nicht wiederum gar zu billigen Ansprüchen genügt. In Marées' Kunst hat sie keine entscheidende Stimme. Uns erscheint der Pleinairismus wie ein Symbol der Klarheit. Man kann auch anders darüber denken. »Sonne kann man nicht malen«, sagte Marées einmal, »wenn man es auf klare Formendarstellung abgesehen hat. Denn wenn man Sonne malen will, gehen alle Mittel der Palette auf den Sonneneffekt, der die Form zerreißt. Sonnig dagegen wirkt jedes gut dargestellte Helldunkel.«[8] Große Maler unserer Zeit haben das Gegenteil gesagt, und haben recht. Marées hat auch recht. Es kommt darauf an, wer es sagt. Ungefähr dasselbe sagte mir einmal ein junger Maler, der klug zu reden wußte. Er lieferte binnen wenigen Minuten eine klare Einsicht in das Relative des Impressionismus, und ich mußte ihm in allen Punkten recht geben. Ein paar Kleinigkeiten, darüber waren wir einig, ließen sich nicht gut ohne eine Demonstration ad oculos erweisen, und ich erhielt die Erlaubnis, ihn in seinem Atelier zu besuchen. Da wurde mir eine Enttäuschung. Die klugen Worte verwandelten sich auf der Leinwand zu grimmigen Banalitäten. Der Gute hatte ein phantastisches Gemisch von Böcklin und Manet zusammengebraut, und nun war alles verkehrt, was er gesagt hatte. Seine Doktrin klang wie ein Witz vor diesen Bildern, und ich hatte keine Mühe, ihm nachzuweisen, wieviel die Kleinigkeiten vom vorhergehenden Abend bedeuteten. So geht es mit vielen Theorien, und umgekehrt. Das Werk erweist die Relativität zu eng bemessener Gesetze und erweitert die Gültigkeit anderer. Schon die beliebte Forderung der besten Verwertung des Pigments im Sinne der Sichtbarkeit des Auftrags ist nicht bestimmender Art. Die grobe Materialfrage mag – mit kaum größerem Recht – den Architekten unserer Tage beunruhigen. Zur künstlerischen Wirksamkeit trägt sie zu wenig bei. Die Ökonomie, auf die es ankommt, kann ohne besondere Rücksicht auf das Material erfüllt werden.

Aber wenn das rein technische Problem auch die Kritik Maréesscher Kunst nicht zu bestimmen vermag, zur Kenntnis Maréesschen Schaffens trägt es unentbehrliche Elemente bei. Und auf Umwegen kann gelingen, daraus kritische Schlüsse zu gewinnen.

Marées' Palette in der Spätzeit ist bekannt. »Sie enthielt«, so schreibt Pidoll, »zu Beginn der Arbeit außer Weiß und Schwarz nur sechs Farben, nämlich:

helle (Veroneser) grüne Erde,
dieselbe gebrannt,
hellen gelben Ocker,
hellen roten Ocker (terra di Pozzuoli),
hellblaues Ultramarin und
Eisenrot (violettes Eisenoxyd).

Später kamen noch sechs Farben dazu:

Goldocker,
gebrannte Terra di Siena,
Terra d'Umbra,
dieselbe gebrannt,
Krapplack,
Smaragdgrün (vert d'Emeraude)«.[9]

Während der Malerei wußte Marées die Einfachheit der Palette zu wahren. Er hatte, wir wissen es, keine enge Theorie, sagte oft, im Kunstwerke könne die Farbe nur frei verwendet werden; aber verlangte eine Verwendung, die den natürlichen Wert des Pigments nicht in Frage stellte. Nie wirken die Bilder schmutzig. Das Pigment wird nicht in den Vordergrund getrieben, nicht zum Träger einer Sonderwirkung gemacht. Immer ist es eingehüllt, von vielen Beziehungen bestimmt. Nie aber büßt es seinen Charakter ein. »Farbe ist Licht«, sagte Marées.[10] »Ein Farbiges ist nie finster, sondern nur eine Abstufung zur Dunkelheit, ein Ton. Töne bringen die plastische Form, die Illusion des Raumes zustande.« Cézanne hat dasselbe gesagt. Marées besteht auf reinen Tönen; wenigstens soll die farbige Basis ausgesprochen bleiben. Nie findet man im Spätwerk neutrale Schatten. Man hält oft für fahles Dunkel ohne bestimmten Tonwert, was in Wirklichkeit voll von Farbe ist. So erscheint der linke Flügel der Hesperiden mit den beiden Männern neben dem gleißenden Frauenbild ganz in Schatten getaucht. Tritt man näher, so wundert man sich nicht wenig, diesen Schatten als leuchtendes Olive wiederzufinden. Und so geht es auch mit dem anderen Flügel, ebenso mit den Goldenen Zeitaltern, ebenso mit dem Lob der Bescheidenheit. Und dieses Farbige wirkt nicht nur, wenn wir näher treten. Es wäre nie durch einen farblosen Ton zu ersetzen. Wir machen uns die Wirkung nur nicht klar, und es gehört zu den Bildern, daß wir nicht gedrängt werden, uns darüber Rechenschaft abzulegen. Marées aber wußte Bescheid. »In der Natur ist alles farbig«, sagte er. »Auch die tiefsten Schatten sind koloriert. Also ist überall Licht. Demnach muß die Darstellung ihre absoluten Dunkelheiten für kleinste Portionen sparen . . . Grau entsteht im Halbdunkel durch Mischung oder Übereinanderlegen komplementärer Farben. Farbiges Grau zeigt den Meister.«[11] Da ist er Chevreul sehr nahe. Aber eine Welt trennt ihn von Chevreuls Gefolge.

Als das Charakteristische der Maréesschen Werke könnte man das Sichtbare der Erscheinung bezeichnen. Wir sehen mit vollkommener Klarheit das Dargestellte. Es sind Männer, Frauen, Kinder im Freien. Die Gestalten heben sich ganz entschieden ab, immer in durchaus bestimmten Stellungen. Wir haben wiederholt die linearen Kompositionen analysiert. Sie sind einfach, mindestens ganz übersichtlich. Die Episode ist nahezu ausgeschieden. Die psychische Einzelheit reduziert sich auf ein Minimum, und selbst dieses scheint von uns hinzugetan. Diese Menschen sind nicht schön, nicht häßlich, seltsam nur infolge ihres Mangels an aller Seltsamkeit. Das Dasein an sich, einfachste Lebensformen, Betätigungen primitivster Art genügen ihren Zwecken. Doch mutet uns dieses Nichts von verstandesmäßig wahrnehmbaren Tatsachen geheime Anspannung zu, wenn ein ungelehriger Instinkt nicht von vornherein jede Empfängnis ablehnt. Aber man kann kaum ganz gleichgültig vorübergehen, kann es um so weniger, je mehr man von der Kunst der anderen weiß. Und mir scheint, schon eine tiefe Vertrautheit mit der Natur, mit der eigenen, die man im Innern fühlt, mit dem Umgebenden, ja schon eine Gewohnheit, überhaupt zu empfinden, müßte zu einer Stellung treiben. Die Spannung wächst. Sie ist ganz besonderer Art, eine Art kalter Erregung, weil wir nichts Spezifisches in uns angerührt fühlen. Nie haben wir dies von anderen Werken gespürt. Vor vielen Bildern unserer Zeit zappelt man vor Eifer. Man wird heiß, strengt sich an, reckt die Augen wund, bückt sich und drückt sich und redet schließlich in hundert Zungen. Hier wird man kühl bei zunehmender Spannung. Es läuft uns zuweilen eiskalt durch die Adern. Aber es kommt zu einer Ausdehnung des

Ichs. Man möchte sich nicht bücken, nicht klein machen, um dies oder jenes Feinste zu entdecken. Eher fühlt man sich in einem tönenden Dom und möchte sich groß machen, um mit den gewaltigen Stimmen des Raums auf einer Höhe zu sein. Vielleicht geht man doch einmal näher heran. Da findet man Wülste von Leibern und darauf und daneben tiefleuchtende Farben, wellenförmige Flächen, alles mögliche, das wohl irgendwie mit der Erscheinung zusammenhängen muß, aber keinen bestimmten Hinweis gibt. Sicher sind die Tafeln durchaus auf Fernwirkung angelegt, denn man stößt bei der Betrachtung aus der Nähe auf Störungen, die nachher verschwinden. Darin mögen sie also mit modernen Gemälden übereinstimmen. Aber wir gelangen nicht wie bei modernen Bildern zu der Einsicht in die Entstehung der Form aus den Difformitäten. Hier ist ein anderer Weg eingeschlagen. Wir sehen, was da gemalt ist, aber sehen durchaus nicht, wie es gemalt ist, und das ist wohl der Grund, warum es uns so schwer fällt, darüber zu reden.

Ein prinzipieller Grundsatz: Der Marées der Spätzeit war Temperamaler, oder vielmehr, ein Teil seiner Technik war Tempera. Die einschränkende Nuance ist wichtig. Wir wissen, seit den Fresken lag ihm eine ähnliche leichtflüssige Technik, wie sie ihm in der Bibliothek in Neapel überraschend zu Gebote gestanden hatte, im Sinn. Es war ihm in der Florenzer Zeit und noch in Rom, als er die Lebensalter beendete, nicht gelungen, sich ihr anzupassen. Die Technik verlor damals gerade ihre Eigenart, das Leichtflüssige, trug vielmehr zu dem Eindruck der Unbeweglichkeit der Gestalten bei, und ein anderer Verlauf schien uns nicht möglich. Wir glaubten in dem Festhalten an einer unserer Kunst in so vieler Hinsicht widersprechenden Technik eine Art von Archaismus zu erblicken. Ein Teil dieser

Ansicht ist zu revidieren; nicht, soweit sie die früheren Bilder betrifft. Sie haben sicher unter dem Zwang einer auf zeichnerischer Behandlung, auf Übermalung angewiesenen Malart, die viele Eigenschaften des modernen Malers mindestens hindert, zu leiden gehabt. Freilich, die Folge beweist es, kann das dem Hauptbeteiligten nicht verborgen gewesen sein. Er wird den Zwang gewollt haben, und hatte Gründe, sich ihm zu unterwerfen. Der Marées der Spätzeit hat das zweifelhafte Prestige der Tempera zum Teil widerlegt. Zum Teil: denn es bleibt festzustellen, wie weit seine Malart wirklich als Tempera zu betrachten ist.

Pidoll hat über den Teil des Maréesschen Verfahrens, der ihm geläufig war, wichtige Aufschlüsse hinterlassen. Wir folgen seiner Beschreibung.[12] Die Farben wurden im Atelier angerieben. Man verrieb sie auf dem Stein mit Eidotter und setzte soviel Wasser zu, bis eine »butterartige Konsistenz« erreicht wurde. Dann kamen sie auf die Palette. Die Tafeln waren aus gejährtem Pappelholz. Man verstärkte sie in der üblichen Weise mit Längs- und losen Querleisten. Große Sorgfalt wurde der Grundierung zuteil. »Die Tafel erhielt zuerst einen Anstrich von heißem Leim, dann, nach jedesmaligem gründlichem Trocknen, mehrere Gipsanstriche, in denen der Leimgehalt allmählich verringert wurde, so daß die letzte Lage ganz aufsaugend ausfiel. Schließlich schliff man die Oberfläche vollständig glatt.« Nachdem die Aufzeichnung mit weicher Kohle auf die Tafel übertragen war, begann das Auftuschen mit chinesischer Tusche; nach Ansicht Pidolls eine rein zeichnerische Prozedur, die nur die Umrisse sicherte und sich auf die Hauptsache beschränkte. Dann wurde, wie Marées sagte, »die Aufzeichnung ins Farbige modifiziert. Das geschah mit mehr oder weniger transparenten Karnationstönen«, und zwar wurde mit den Gestalten begonnen. »Rot war allen gemeinsam. Männliche Figuren des ersten Planes liebte Marées von Anfang an in starke positive Töne zu setzen. Er nahm dann zur ersten Anlage Terra di Pozzuoli mit hellem Ocker oder gebrannte grüne Erde, welche Mischungen in der Eitempera ein sehr brillantes, helleres oder tieferes Orange ergeben, das mit Wasser in beliebig dünner Schichte aufgetragen werden kann ... Wenn er eine Figur in Ton setzte, bestrich er sie von oben herab in raschen langen Zügen aus dem Schultergelenke, den Pinsel an seinem äußersten Ende und senkrecht gegen die Tafel haltend, ohne sich mit dem gleichmäßigen Verteilen der Farbe viel zu befassen. Es war immer die ganze Figur, die diesen ersten Generalton erhielt, farbige Gewänder oft mit einbegriffen. Für weiter zurückstehende Figuren pflegte er den rötlichen Ton mit grüner Erde etwas ins Graue, für weibliche Figuren mit etwas Weiß ins Bläuliche (Rosarote) zu brechen ... Nun kolorierte er sofort den Hintergrund mit ganzen, zum Teil sehr satten Farben. Es erschienen dann als erste Untermalung der Luft reine Ultramarintöne, gegen den Horizont hin öfters starkes Orange, in den hellen Partien zuweilen reiner Ocker, gegen den Zenit hin blaugrüne oder rötlichbraune Lagen – etwa wie ein Aquarellmaler in stark farbiger Absicht verführe, wenn er nicht der ausgleichenden trüben Medien der späteren Überarbeitung entbehrte. Ultramarin war allemal der Grundton für den größten Teil der Luft, für ferne Bergzüge und für Wasserflächen. – Grüne Erde jener des natürlichen Bodens und aller Vegetation ... Das Kolorieren des Hintergrundes bewerkstelligte Marées in breiten Lagen, die meist horizontal, zuweilen schräg geführt wurden. Er begann damit immer zunächst an den Figuren und führte die Töne von da weiter gegen die Bilderränder ... Indem er stellenweise die stärksten Pigmente verwendete, verabsäumte er doch nirgends die Zusammenordnung der Töne und reihte sie so aneinander, daß trotz einer gewissen Buntheit, welche dieses Stadium kennzeichnet, die Harmonie nicht verloren ging ... In solcher Umgebung zeigten sich die rötlichen, zum Teil stark positiven Töne, welche man den Figuren zuerst gegeben hatte, als relativ schwache Veränderungen, des vom Grunde kommenden weißen Lichtes.« (Er meint den Gipsgrund der Tafel.) »Oftmals erfolgte deshalb noch während der Koloration des Hintergrundes eine nochmalige Übergehung der Figuren mit denselben, zuweilen etwas veränderten rötlichen Lokaltönen, um der Farbe die zur weiteren Durchbildung erforderliche Kraft zu geben. Hiermit war das erste illuminative und vorbereitende Stadium der Untermalung abgeschlossen. Die Arbeit hatte, auch bei größeren Bilderdimensionen, eine, höchstens zwei Stunden gedauert, und es konnte sofort zur Durcharbeitung des Bildes geschritten werden.« Da die mit Wasser stark verdünnte Eifarbe fast augenblicklich auftrocknet, konnte Marées gleich fortfahren. »Die Durcharbeitung, welche sich nun wieder vollends der Formen- und Raumgestaltung zuwendete, begann Marées damit, daß er die Figuren, die bis nun als helle und positive Farbenflecke dastanden, zeichnerisch verstärkte und ins Runde führte. Er bediente sich hierzu für jede Figur im ganzen eines und desselben transparenten Tons, der mit der lokalfarbigen Unterlage Grau oder Graubraun erzeugte; beispielsweise für die stark kolorierte männliche Figur des ersten Planes einer Mischung von grüner und gebrannter grüner Erde; für helle Karnation weiblicher Figuren der bloßen grünen Erde; für Figuren des zweiten Planes einer Mischung von roter und grüner Erde etc. – Ein solcher Ton kann wieder in beliebiger Verdünnung angewendet werden und gibt hierdurch das Mittel an die Hand, ein körperlich Rundes in starke plastische Wirkung zu bringen. Marées verfuhr hierbei genau wie beim Zeichnen, indem er vorerst die Pläne und aus diesen das Formendetail entwickelte. Die Figur wurde in diesem Sinne mehrmals von oben herab vorgenommen und immer mit Anwendung desselben Modellierungstones in allen Plänen durchgearbeitet, welche von der Lichtmasse abweichen.« Dementsprechend wurde der Hintergrund ins Dunkle verstärkt. »War dies geschehen, so stellte sich die Figur als eine lokalfarbig-transparente Erscheinung dar, welche sich mit dem ebenfalls lokalfarbig-transparenten Hintergrunde in Harmonie befand. Auch an plastischer Rundung war schon eine gewisse Wirkung erzielt, indem ein leichtes Spiel von Grau aus den bräunlich transparenten Schattenmassen zu der breiten Lichtmasse hinüberleitete. Diese aber war noch immer ein einförmig Transparentes, ohne feinere Licht- und Formennuancen, und die Raumillusion im ganzen Bilde war nur in geringem Grade vorhanden.« Die Weiterführung bestand in dem »Aufhöhen des Lichtes« mittels Deckfarben. »Marées begann das Modellieren der Figuren in vollem Lichte damit, daß er die bisher transparente Lichtmasse derselben mit einer gemischten halben Deckfarbe durcharbeitete. Die Mischung war selbstverständlich je fallweise eine andere, meist Weiß mit einem der hellen Ocker oder mit gebrannter grüner Erde. Das Blauen der ersten Deckfarbenlage hob er fast regelmäßig durch Zusatz von hellgelbem Ocker auf. Er überging die Figur immer im ganzen und von oben herab so, daß er mit dem hellfarbigen Pinsel nach Maßgabe der plastischen Vorstellung breite Lagen über ausgedehnte Flächen führte und damit bis in die grauen Töne hineinspielte, welche die Schattenmassen umsäumten . . . Das Verfahren ist wiederholt zeichnerisch genannt worden; er brachte die Farbe mit der Spitze des senkrecht gegen die Tafel gehaltenen Pinsels in mannigfach nuancierten Strichlagen auf die Malfläche und (verwertete hierbei entweder den Strich als solchen wie beim Zeichnen mit dem Stifte zum Ausdruck einer Formeneinzelheit oder er) breitete die Strichlagen geschlossen über Flächen aus . . . So entstand schon beim ersten Übergehen der Figur mit Deckfarbe ein wechselvolles offenes Licht, welches sie in eigentümlicher Weise aus ihrer Umgebung hervorhob und vieles zu ihrer inneren plastischen Gestaltung beitrug.« Das Terrain wurde im Zusammenhang mit den Figuren gewöhnlich mit gesättigten Deckfarben, die Ocker mit Zusatz von Weiß und grüner oder gebrannter grüner Erde behandelt. »Die Luft bearbeitete er in diesem Stadium fast regelmäßig mit hellem Grau, das er aus Schwarz und Weiß mit farbigen Zusätzen mischte oder aus hellen Farben so zusammensetzte, daß es auf dem illuminierten, transparenten Grunde als trübes Medium wirkte und die starkfarbige Unterlage in schimmerndes Licht verwandelte. Er wandte hierzu fast ausnahmslos breit horizontale oder wenig schräg geführte Strichlagen an . . . Hatte die Arbeit in dieser Weise das ganze Bild umfaßt, so kehrte Marées sofort wieder zu derjenigen Figur zurück, welche als Hauptfigur den Schlüsselpunkt der Darstellung bildete. Er führte jetzt die vorhin beschriebene Durchbildung des Lichtganges durch Aufhöhen weiter. Die erste Lage der Deckfarbe war bis dahin fast aufgetrocknet und konnte ohne Gefahr überarbeitet werden.« Bis einschließlich zu der zweiten Übermalung mit Deckfarbe führte gewöhnlich die erste Tagesarbeit. »Am Schlusse derselben hatte das Bild eine einheitliche und zusammenhängende Durchbildung erfahren. Gegen die Aufzeichnung gehalten, war aus dem Entwurfe eine farbige Skizze entstanden, welche ihrer Natur nach Lücken in den Einzelheiten enthalten mußte, aber im ganzen und großen die Haupterscheinungen des

Bildes hochentwickelt zur Schau trug. Auch der buntfarbige Eindruck der ersten Illumination war verschwunden; schon sah man keine Farbe mehr als solche auf der Tafel, sondern geordnete Formen- und Raumverhältnisse, welche der weiteren Entwicklung harrten.« Alle weitere Arbeit an den Tafeln bestand, wie Marées sagte, »in nichts anderem, als in Modifikationen oder geringfügigen Abänderungen des schon Vorhandenen . . .« Er glich mit Übermalungen die zu stark geratenen Lichter aus. Die Übermalungen summierten sich derart, »daß jede derselben ihre Spuren zurückließ und am Schlusse irgendwie zum Gesamteindruck beitrug«.

Soweit Pidoll. Seine Darstellung gibt die Technik eines erfahrenen Temperamalers, trifft aber nicht einmal auf die nahezu reinen Temperawerke wie den Drachentöter oder den Mann mit der Fahne vollkommen zu. Diese können wir uns nicht recht aus einem so sacht ausgleichenden Verfahren hervorgegangen denken, und sie unterscheiden sich durchaus und zwar prinzipiell von alten oder modernen Temperabildern. Eher paßt die Beschreibung auf Bilder wie den Knaben auf dem Kahn oder die Lebensalter, die wir gerade infolgedessen nicht zu den maßgebenden Werken rechnen. Sie nähern sich den Arbeiten der Schüler. Pidoll hat offenbar bei seiner Darstellung nich nur an Marées, sondern auch an sich selbst gedacht, den einfachen Handwerker, der sich von der Technik führen ließ, und hat die kühnen Improvisationen, mit denen der Meister in dem Drachentöter und dem anderen kleinen Werke aus der differenzierten Art des Auftrags die Materie gewann, übersehen. Wohl weist er auf die Mannigfaltigkeit des Farbigen als Folge des Verfahrens. »Gleichartige Erscheinungen waren von so vielen und reichen Modifikationen durchspielt und durchsetzt, daß sich, technisch genommen, am Bilde kaum zwei ganz gleichartige Flecken erkennen ließen.« Daraus könnte man schließen, diese Mannigfaltigkeit sei willkürlicher Art, beruhe etwa auf der Geschicklichkeit eines Kunstgewerblers, der einem Material seltene Reize zu entlocken vermag und den Zufall zum Gehilfen nimmt, zufrieden, wenn ein Spiel schönfarbiger Flecken herauskommt. Man sieht nicht recht, wie auf solche Art der ganz organische Aufbau des Farbigen entstehen konnte und vor allem der Eindruck des Spontanen, der allen Details eigen ist. Wohl aber mag die Beschreibung auf gewisse primitive Phasen der Hauptwerke zutreffen, an die ja auch Pidoll in erster Linie gedacht hat. Diesen Phasen spricht er die Vollendung zu und meint, die nachträgliche Übermalung mit Ölfarben habe die Bilder Zuständen ausgesetzt, »welche mannigfach mit Zerstörung verbunden waren, wenn sie in abermaliger Steigerung der lebensvollen Wirkung zu neuer Schönheit auferstehen sollten«.

Für Pidoll wurde die Höhe Maréesscher Gestaltung mit der Beendigung der Temperamalerei erreicht.[13] Über die folgenden Perioden enthält er sich der Angaben und hat auch wohl nichts darüber zu sagen gewußt. Für uns, die wir die vorhergehenden Zustände nicht gekannt haben, beginnt aber erst von diesem Punkte das eigentliche Problem. Wir sehen in allem Vorhergegangenen Vorbereitungen und lassen dabei außer Betracht, ob Marées die Fortsetzung von Anfang an voraussah oder nicht. Die Hesperiden hat er ursprünglich in reiner Tempera malen wollen, wie aus einem Briefe an Fiedler hervorgeht.

Eins drängt vor allem in den Vordergrund unserer Überzeugung: Die beiden großen Phasen, in die wir einen Augenblick gemäß Pidolls Beschreibung die Malart von Marées einteilen wollen, widersprechen sich nicht. Sie lassen sich nicht einmal an dem gegenwärtigen Zustand der Tafeln unterscheiden. Es ist vollkommen unmöglich, zu sagen, hier endet die Tempera, da beginnt die Ölmalerei. Alle tieftonigen Stellen der Bilder sind mit einem ganz flüssigen Material gewonnen. Das gilt nicht nur von dem Landschaftlichen, das fast durchweg dünn wie lasiert gemalt ist, sondern auch von den Schattenteilen der Gestalten. So ist der Kopf des Greises des rechten Flügels gemacht. Die sichtbare Farbe scheint direkt auf dem Grund zu liegen und hat jedenfalls nur wenige Schichten unter sich. Der Rücken ist pastoser, aber im Verhältnis zu den drei Frauen von geringer Erhöhung. Ein malvenhaftes Rosa durchsetzt sich mit Olive. Rotbraune, ins Schwärzliche zielende Striche malen die Schatten. Und das alles liegt auf einem kaum fühlbaren Grund von bräunlichem Orange. Dieses Orange kommt mit dem Olive, aber ohne das hellere Rosa, im Gesicht hervor. Ein Grau von reichen Tönen gibt das Haar, das Rotbraun die Schatten. Auf natürlichste Weise vollzieht sich der Übergang vom Pastosen ins Flächige. Der pastose Rücken ist ein stilles Schimmern von Farbe. Man unterscheidet kaum die Striche des Pinsels. Im Gesicht, wo die Materie ganz dünn ist, wird sie zur größten Lebendigkeit. In ganz breiten Massen sind die leuchtenden Farben hingesetzt, wie mit einem triefenden Pinsel. Man hat durchaus den Eindruck einer Freskentechnik. Das Typische der Ölmalerei, das Substantielle des Pigments, fehlt vollkommen. Auch die den Greis umgebenden Kinder zeigen ganz flüchtige große Striche. Nur in den belichteten Stellen des vordersten Putto (ein Teil des Gesichtes, die obere Brust, die Hüfte unter der Frucht und das erhobene Ärmchen) ist das gelbliche Rosa pastos bis zum Relief aufgetragen.

Ebenso dünn sind die Schattenteile des anderen Flügels, vor allem die Köpfe. Nur in der schwach belichteten Wange des sich bückenden Mannes ist die Farbe ein wenig verdickt. Die

Brust umhüllt das durchsichtige Olive. Der Kopf des Stehenden scheint ebenso frisch und ungedeckt wie der des Greises. Solche Stellen finden sich zahlreich auf allen Werken der Spätzeit. Oft scheint die Materie aus verschiedenen, ganz dünnen farbigen Fluten zu bestehen, die ineinander übergehen. So zumal in vielen Hintergründen; z. B. im rechten Flügel der Werbung, in den Teilen hinter dem Oberkörper des Narziß, in der Landschaft auf dem Lob der Bescheidenheit, mit dem goldigen Orange, durch das blaue Töne durchscheinen, oder in dem ähnlichen Hintergrund auf dem zweiten Goldenen Zeitalter; in dem Himmel auf dem Bild mit den Sechs nackten Männern usw. Es kommt zu Kostbarkeiten, die an die Lacke der Japaner erinnern oder an die durcheinander fließenden Farben seltener Gläser Tiffanys. Das Dünnflüssige ist ihr gemeinsames Merkmal. Man könnte sich edle Metalle vorstellen, die in zentesimalen Dosen verteilt werden. Nie denkt man dabei an Ölmalerei. Man wird nie recht wissen, welcher Technik bei so dünner Materie die Pracht gelingt, aber immer noch am ersten auf einen Verwandten der Tempera raten.

Aber gleich neben diesen Stellen finden sich andere von ganz entgegengesetzter Art. Die Materie verdickt sich. Sie beult sich dermaßen auf, daß Neveaudifferenzen bis zu einigen Zentimetern entstehen. Von nahem betrachtet, sieht die Tafel wie eine jener Landkarten aus, auf denen die Gebirge in Reliefs abgebildet sind. Wir haben es hier nicht mit der Pastosität zu tun, an die uns Künstler wie Monticelli, van Gogh und viele andere gewöhnt haben. Diese ist der ganzen Fläche eigentümlich und erhebt sich nur in gewissen Akzenten zu besonderer Dicke. Eher könnte ein nicht mit Marées' Art Vertrauter an die Reliefs der Primitiven denken, mit denen sie gewisse Stellen ihrer Tafeln hervorhoben. Da sich die Erhöhungen auf den Maréesschen Bildern ausschließlich in dem Figürlichen finden, ist man auf den naheliegenden Gedanken gekommen, er habe Reliefwirkungen im Sinne gehabt, um die Illusion der Wirklichkeit zu vergrößern. Damit wirft man ihm eine Vermischung zweier Künste vor, die seinen Bestrebungen einen bedenklichen Beigeschmack von Dilettantismus geben müßte und doppelt verwerflich wäre, wenn der Zweck wirklich so niederen Gelüsten entspränge. Kombinationen der Malerei mit dem Relief haben ihre volle Berechtigung nur in der Architektur im Bereich der Ornamentik, wo der betrachtende Sinn von vornherein auf die Verschiedenheit der Materien eingestellt ist und die Fläche in erster Linie auf ihre Beziehung zum Raum untersucht, in dem sie sich als Teil eines Ganzen befindet. In der Malerei dagegen, wo die vom Rahmen begrenzte Fläche zum Raum wird, kann das Überschreiten der natürlichen Dimensionen der Fläche eine Unklarheit erzeugen, die der künstlerischen Wirkung geradezu widerstrebt. Der gedachte, von der Phantasie des Künstlers zu schaffende Raum stößt sich an dem wirklichen; an die Stelle der künstlerischen Erfindung tritt der platte Illusionismus, der zu grober Sinnestäuschung greift, weil ihm die Erfindung des eigenen Lebens der Materie versagt ist. Die Vermutung, Marées sei solchen Verirrungen unterlegen, sei also etwa ein verunglückter Panoramamaler, konnte nur bei völliger Unkenntnis der Entwicklungsgeschichte seiner Kunst und seiner in allen Perioden, so verschieden sie sein mögen, greifbaren elementaren Anschauungen, seines Taktes, seines Geschmacks, seiner Gesittung entstehen. Man müßte annehmen, Marées habe sich in den letzten Jahren nicht nur zu seiner ganzen Vergangenheit in Widerspruch gesetzt, sondern habe auch dem widersprochen, was er gleichzeitig lehrte und in kleineren Bildern mit unwiderleglicher Überzeugungskraft aussprach. Aber man braucht sich nur die Bilder selbst anzusehen. Die flüchtigste Untersuchung ergibt sofort das Grundlose der Vermutung. Man findet die reliefartigen Erhöhungen keineswegs nach dem Prinzip der plastischen Illusion verteilt. Im Mittelbild der Hesperiden ist der Arm der mittleren Frau, der die Frucht hält, der vorderste Teil des ganzen, müßte also am stärksten hervortreten. In Wirklichkeit ist die Materie, das graue Olive, hier am dünnsten; sie besteht aus ganz flüssigen Strichen, während sich in der zurückliegenden Schulter ein wahrer Berg von Farben häuft. Sehr oft liegen die dicksten Stellen auf Teilen des Halses, z. B. im Selbstbildnis, oder des Gesichtes, z. B. auf einer der beiden Wangen, während die andere zurücktritt; vom Standpunkt der Plastik also eine undeutbare und geradezu groteske Deformation. Nie wird eine auch nur summarische Modellierung des Kopfes merkbar. Auf dem zweiten Goldenen Zeitalter, das im ganzen viel weniger pastos als das erste gemalt ist und trotzdem eine viel überzeugendere Tiefenwirkung erreicht, erheben sich nur die Körper der beiden Männer rechts zu mäßigem Relief. Das im Vordergrund liegende und als Vordergrund wirkende Kind dagegen zeigt dünnste Untermalung. Man könnte aus vielen Stellen eher auf das Gegenteil plastischer Detaillierung schließen. Sehr oft sind vorn liegende Körperteile in die Masse des Körpers zurückgedrängt. So liegt im ersten Goldenen Zeitalter die freie Hand des stehenden Knaben vollständig in der dicken Materie der Brust. Im linken Hesperidenflügel ist der ganz dünn gemalte Kopf des gebückten Mannes in der Materie des Schenkels des hinter ihm stehenden Orangenpflückers eingebettet. Ebenso liegt im Mittelbild der Werbung der Arm des nackten Bräutigams im Körper. Nie sind hervortretende Teile modelliert. Die Brustwarzen der Frauen bestehen aus dünnsten rosa Flecken in geradezu vertieften Gruben. Und so könnte man noch viele andere Beispiele anführen, aus denen das gleiche hervorgeht: keinesfalls hat Marées mit Hilfe der Plastik Illusionen der Wirklichkeit angestrebt.

Da sich die Erhöhungen immer in den hellen Stellen finden, ergibt sich ohne weiteres, daß Marées mit ihnen, von anderen Zwecken abgesehen, die Lichter zu betonen suchte. Wurde er dabei zu Extremen verleitet, so konnte er sich auf einen großen Meister berufen, der es zuweilen ebenso gemacht hat. Rembrandts Bruder mit dem Helm der Berliner Galerie ist im Prinzip ähnlich gemalt. Die Farbe des Helms, auf dem das stärkste Licht liegt, ist so dick, daß das Metall im Verhältnis zu dem Fleisch erhaben erscheint und sich die Ornamente nahezu in Relief abheben. Nun wird ein vorurteilsloser Freund Rembrandtscher Kunst dieses viel bewunderte Detail nicht zu den glücklichen Erfindungen des großen Meisters rechnen, vielmehr eine Spielerei darin sehen, die dem späten Rembrandt nicht angemessen war. Die Freude an einer Einzelheit absorbierte die Rücksicht auf das Ganze. Bessere, mindestens tiefere Gründe, die er nicht so leicht umgehen konnte, trieben Marées. Das Pastose beschränkt sich in seinen Bildern nicht auf ein isoliertes Detail, sondern auf eine Hauptsache, den menschlichen Körper, der im Mittelpunkt aller Maréesschen Kunst steht. Und es geht organisch aus den Bedingungen einer Materie hervor, die er – mit Recht oder Unrecht – zum Träger seiner Erscheinungen gemacht hatte, während man von dem Helme auf dem Bilde Rembrandts nicht das gleiche sagen kann. Der Zweck, den das leuchtende Metall erfüllte, war nicht so wesentlich und ließ sich ohne diese hervortretende, verwirrende Pastosität erfüllen. Dagegen erscheint der eigene Wert der Maréesschen Bilder ohne diese Eigenheit der Materie undenkbar.

Wie kam Marées dazu? Der Verfasser hat nicht die Prätention, ein Problem zu lösen, das sicher zu den schwierigsten gehört und für dessen rein technische Seiten er nur geringe Erfahrung mitbringt. Es steht zu hoffen, daß sich andere mit besserem Wissen gerüstete Forscher damit beschäftigen. Der Verfasser muß sich mit dem Versuch begnügen, die Möglichkeiten einer Rechtfertigung der Maréesschen Technik anzudeuten und zu zeigen, daß die summarische Abfertigung nicht am Platze ist.[14]

Marées liebte tiefe Farben. Das zeigte sich schon in München, nachdem er sich von der kreidigen Berliner Manier befreit hatte, und wurde immer deutlicher, je mehr er sich in Italien einlebte. Gerade für die tiefen Töne aber ist die Temperatechnik beschränkt. Die dunklen Farben wirken leicht matt und grau. Marées suchte die Mattigkeit durch Firnis zu parieren. Er erreichte damit tiefe Töne, aber das Bild lief Gefahr, zu dunkel zu werden. Mit dem Aufhellen beginnt das Relief. Ein Teil dieser Operation vollzog sich, wie wir an der Hand der Pidollschen Aufzeichnungen sahen, in Tempera. Ein Teil des Reliefs ist also darauf zurückzuführen. Wieviel Temperaschichten unter den Erhöhungen liegen, läßt sich nicht mehr feststellen. Albert Lang meint, Marées sei nicht sehr weit mit der Temperatechnik gegangen. Er stützt sich dabei auf die Tatsache, daß er bei seinem Besuch in Marées' Atelier den linken Flügel der Werbung in dünner Temperauntermalung und bereits gefirnißt sah, vergißt aber, daß dieses Bild überhaupt nicht pastos gehalten ist und nicht die namentlich den Bildern mit nackten Gestalten, also denen des Hesperidenkreises, eigentümliche Materie zeigt. Pallenberg hält sogar für möglich, daß die ganze Erhöhung aus Tempera besteht. Bei seinen Versuchen, in Marées' Technik zu malen, entstanden die gleichen Erhöhungen aus reiner Tempera.

Hans Krauss, der sich ebenfalls viel als Restaurator und Kopist mit der Maréesschen Technik beschäftigt hat, meint, das Aufmodellieren mit Tempera habe seine Grenzen. Die Farbe verliere immer mehr an Schönheit und trockne ungleich auf. Bei trocknerem Auftrag, an den man bei der Höhe des Reliefs denken müßte, verbinden sich die neuen Pinselstriche schlecht mit den alten. Unter allen Umständen sind die ganzen Erhöhungen nicht Temperaübermalungen ausschließlich. Das geht aus Pidolls Belegen hervor, und man kann es an der Weichheit der Substanz erkennen. Der Fingernagel dringt überall in den pastosen Stellen tief in die Materie ein. Es ist ein weiches, noch heute nicht vollkommen trockenes Material. Reine Eitempera würde hart und spröde sein. Merkwürdigerweise aber haben alle sichtbaren Übermalungen den Charakter der Tempera. Man kann auf keinem der in Rom entstandenen Bilder mit Sicherheit einen typischen Ölstrich nachweisen. Der Öltechnik am nächsten kommen noch die drei Reiter mit ihren starken Akzenten und ihrem Glanze. Aber auch bei ihnen ergibt die nähere Untersuchung nicht den geläufigen Charakter des Ölbildes. Die Farbe ist zuweilen weniger vermittelt, liegt stellenweise als reines Pigment auf. Namentlich die Gelb des Martinbildes und des Hubertus und die Weiß auf dem Panzer Georgs sind greifbar, aber sie haben durchaus nicht den bekannten öligen Charakter. Man würde in solchen Fällen eher auf eine trockne Tempera schließen. Im übrigen ist das Schwimmende und Flüssige der Farbe in den dünnen Stellen, die Transparenz der pastosen Stellen auch diesen Bildern eigentümlich. Nirgend entdeckt man Spuren der Haarstruktur, wie sie der in Ölfarben getauchte Pinsel bei einer der Dichtigkeit dieser Materie entsprechenden Konsistenz der Farbe unfehlbar hinterlassen würde. Und dasselbe wiederholt sich noch viel deutlicher in den

Bildern des Hesperidenkreises. Ob es sich um Öl oder Tempera oder eine andere Technik handelt, steht dahin. Die Wirkung ist Tempera. Ein so erfahrener Techniker wie Kinkelin, der auf meinen Wunsch die Bilder untersuchte, erklärte alle auf der Oberfläche der Bilder sichtbare Materie für Tempera.

Der Temperacharakter ist also, auf welchem Wege er auch entstanden sein mag, konstant. Und das versteht sich eigentlich, wenn man an ein logisches Verfahren glauben will, von selbst. Denn es wäre nicht einzusehen, warum Marées so viel Bilder mit Tempera begonnen und nachweisbar zu einem gewissen Grad von Vollendung gebracht hätte, wenn er sie nachher regelmäßig in Ölbilder verwandelte.

Mit welchem Material Marées die Modifikation der Tempera vornahm, läßt sich bisher nur vermuten. Pidoll spricht von Öl-Firnisfarben. Lang sah, als er nach dem Tode von Marées mit Hildebrand und Fiedler in das Atelier kam, auf einem Regal »ein ganzes Heer von Firnisflaschen« und glaubt, es sei Mastix gewesen; Volkmann meint, Terpentin. In der Nähe dieser Materialien ist jedenfalls das Lösemittel zu suchen. Der schnell trocknende Mastix entspräche dem Bedürfnis, fast ununterbrochen weiter zu malen, am besten, da er die darunter liegende Schicht wieder so weit erweicht, daß sie sich mit dem neuen Auftrag verbindet. Zudem ist ein dünnflüssiger Auftrag mit Mastix oder einer anderen terpentinhaltigen Substanz kaum von Tempera zu unterscheiden. So mag sich der Eindruck der Oberfläche erklären. Daß Marées später auf Ölunterlagen wieder mit Tempera gemalt habe, wie Kinkelin glaubt und wie auch ich nach dem Aussehen der Tafeln angenommen habe, scheint ausgeschlossen. Lang, dem ich diese Vermutung mitteilte, machte mich mit Recht darauf aufmerksam, daß jedes wässerige Material auf Ölunterlage perlen würde. Und selbst wenn man davon absehen wollte, müßte jede Tempera auf nicht vollkommen getrocknetem Ölgrund reißen, und zwar, wie Krauss meint, sofort, nicht erst nach Jahren. Die Meinungen der Techniker einigen sich auf eine terpentinhaltige Harzfarbe, vielleicht mit ganz geringem Ölzusatz. Unberührt von alledem bleibt die Tatsache, daß in manchen nicht pastosen Teilen die reine Tempera an der Oberfläche steht. Das typischste Beispiel ist der sitzende Mann im blauen Gewand im Hintergrund des Lobes der Bescheidenheit. In den Flügeln der Hesperiden und in den anderen Bildern sind ähnliche Stellen zu finden.

Das Charakteristische der pastosen Materie, aus der das Fleisch der Hesperiden besteht, ist eine besondere, der Ölmalerei unerreichbare Transparenz, die eine gewisse Gedrungenheit und Elastizität nicht ausschließt. Es ist eine durchaus neue Materie. Die Erinnerung an viele Kostbarkeiten wird gestreift, ohne daß man zur Erkenntnis einer bestimmten Ähnlichkeit gelangt. Der Wetteifer mit edlen Materialien, der oft in Werken großer moderner Maler die Symbolisierung erleichtert, lag Marées ganz fern. Der Vergleich mit Perlmutter oder gewissen Opalen läßt wesentliche Eigenschaften außer acht: Die Stille der Flächen, aus deren Tiefen erst allmählich das Vielfarbige seine letzten Strahlen emporsendet, ihre Geschmeidigkeit und allem Steinhaften fremde Weichheit, die das Auge abtastet, die man berühren möchte und nicht zu berühren wagt. Es sind Eigenschaften, deren Gesamtheit man noch am besten mit dem Fleisch vergleichen kann, das sie darstellen. Das Schöne an dem Vergleich ist seine Reinheit. Er wird von keinen physiologischen Beziehungen zwischen dem Dargestellten und der Materie, von keiner Nachahmung getrübt. Nichts ist so sicher, als daß diese aus dem Dunkel hervorgleitenden Massen von keiner menschlichen Epidermis umhüllt werden.

Kein Wunder, daß diese Eigenschaften des Materials zu einem der Maréesschen Ziele wurden. Man kann die hundertfachen Übermalungen nicht lediglich mit der dem Lichten zustrebenden Tendenz erklären, denn diese wäre einfacher zu erreichen gewesen. Marées wollte die Materie, die heute die Bilder haben. Er hat nicht gleich die ungeheure Arbeit vorausgesehen, die dieses Ziel kosten würde, und der Weg wurde durch Zustände abgekürzt, die bereits viel versprachen und einem weniger Anspruchsvollen genügt hätten. Was ihn reizte, war das Ungreifbare des Farbigen. Je mehr er übermalte, desto mehr gab das einzelne Pigment seine Qualität der Gemeinschaft ab. Die wiederholt während der Arbeit erreichten befriedigenden Zustände können natürlich nicht als sichere Stationen eines organischen Weges gelten. Der Weg mag im Zickzack gegangen sein, und Marées hätte, wenn er sich von vornherein ganz klar gewesen wäre, an welchem Punkte er aufhören würde, sicher die Methode vereinfachen können. Das Ziel, die Ansprüche an die Materie, wuchsen während der Arbeit. Er sah, wie die Gestalten stets mächtiger wurden, je mehr er ihnen die bestimmte und erkennbare Farbe entzog, je zusammengesetzter das Farbige wurde. Und nun zwangen ihn, während er vielleicht eine Zeitlang dem Reiz der Materie und der Ausbildung der einzelnen Erscheinung nachgegangen war, die Rücksichten auf das Licht wiederum zu Modifikationen. Jede, auch nur die geringste Erhöhung des Lichtes machte unter Umständen mehrere Übermalungen notwendig, um die vorher erzielte Farbe des Ganzen nicht zu schmälern.

Das Erstaunliche an diesem so ungemein komplizierten Verfahren ist der Eindruck einer gewissen Freiheit des Endresultats. Das liegt zum Teil an der Energie der Umrisse und zwar nicht nur an der Stärke der Linien, auch an ihrer farbigen

Qualität. Bei dem langsamen Modellieren des Hellen aus dunkler Umgebung pflegen die bekannten dünnen Konturen zu entstehen, die uns immer an das Endliche des Verfahrens gemahnen, und der von dem Plastischen befangene Maler legt es geradezu darauf an, sie möglichst dünn und arabeskenhaft zu halten. Marées geht umgekehrt vor. Er zeichnet die Umrisse nicht, sondern malt sie mit breiten, farbigen Strichen, wie es van Gogh machte, und betonte damit das Flächige. Diese Striche sind nicht die Reste des Grundes, sondern frisch aufgesetzt. Sie leuchten. Aber auch die pastose Masse der Leiber selbst bleibt von dem Eindruck des Gequälten bewahrt. Man sollte meinen, das ewige Übermalen hätte, wenn wirklich der Geist des Künstlers frisch blieb, die Materie übermüden müssen. In Wirklichkeit trifft geradezu das Gegenteil ein. Matt und schlaff wirkt die dünne Materie der Göttinnen des Paris-Urteils. Sie ist nur durchsichtig, ohne Konsistenz. In strahlender Fülle stehen die drei Frauen der Hesperiden vor uns. Wohl bedingt die Macht der Formen eine verhältnismäßige Einfachheit des Farbenspiels. In großen Wellen wallt das astralhafte grünliche Grau über das helle Orange. Die Details aber, Augen, Haar, das Inkarnat der Lippen usw., sind wie im letzten Augenblick improvisiert. Das dunkle Rotblond des Haars der rechten Gestalt, das die schimmernde Hand umhüllt, die leise flatternde Strähne rötlichen Flachses der mittleren sind von übernatürlicher Lebendigkeit. Etwas Unheimliches steckt in solchen Zeugnissen der Wahrheit. Die Erinnerung an die Wirklichkeit dieses Daseins macht das Kolossale der Abstraktion noch ergreifender.

Wo das Monumentale nicht so strenge Formen und einfache farbige Massen bedingt, da kommen die Improvisationen des kühnen Koloristen noch viel deutlicher zum Vorschein; so in den Flügeln des Triptychons, oder in der Umgebung der köstlichen Gestalt auf der »Unschuld«, diesem Märchen von der Hand eines Epikers, und vor allem im »Lob der Bescheidenheit«. Da flutet es von farbigen Schatten und Lichtern. Das Email scheint zu einem Bad von gelösten Juwelen geworden. Wir wissen nicht, wo es fest, wo es flüssig ist, wo es zu farbigen Hauchen wird. Die Hand der mächtigen sitzenden Gestalt fließt rot in das prangende Rot des Kleides. In Farben, die soeben entstanden, funkelt der Kranz über ihrem Haupte. Und die Rosa und grünlichen Weiß in den Wangen des Knaben sind so lose in ihrer unerhörten Kostbarkeit, wie das Blut unter der Haut. Es ist weiter nicht merkwürdig, daß sich mit dem verdickten Material des Vordergrundes die ganz skizzenhafte Behandlung der Höhe mit den beiden Gestalten verträgt, die der Pinsel kaum berührt zu haben scheint. Da hilft der Unterschied der Pläne mit. Das Unbegreifliche ist das Spiel und die Macht auf einen und denselben Fleck. Der letzte Pinselstrich, ein Nichts im Vergleich zu der unförmlichen Dicke der Materie, bewegt sie noch, verwandelt sie, belebt sie. Ein farbentrunkenes Blühen der Tiefen eines Gletschers, bei dem man an den Orient denkt.

Fast alle pastosen Stellen zeigen eine mehr oder weniger wellenförmige Oberfläche. Die Wellen sind ziemlich gleichmäßig und tragen zu der Gestaltung einiges bei. Manche Techniker, die ich befragte, meinen, sie seien rein mechanisch infolge des Abwärtsrutschens der Masse während des Trocknens entstanden. Aber dem widersprechen ihre Regelmäßigkeit und ihre Struktur. Die Wellen sind keineswegs immer horizontal, in der Regel vielmehr diagonal zum Bilde. Mir scheinen sie eine Folge des Auftrags. In dem »Pferdeführer«, dem Marées die sehr dünne Materie ließ, ist die Struktur der Pinselstriche deutlich.

Auf der Untermalung entsteht aus diagonalen Strichen ein schraffiertes Netz. Ähnliche Strichlagen finden sich auf dem zweiten Mittelbild des Paris-Urteils, namentlich in der mittleren Gestalt. Man könnte sich nun wohl denken, daß eine vielfache Wiederholung solcher Strichlagen vielleicht mit verschiedener Farbendichtigkeit zu der Wellenbildung führen konnte, namentlich während der Malerei mit Lack- resp. Harzessenzfarben, bei der die Pinselstriche bei dickerem Auftrag »klumpig« nebeneinander liegen. Diese Hypothese wird, wenigstens bis zum gewissen Grade, durch die Bilder bestätigt, die als Zwischenzustände zwischen der dünnen Materie und der pastosen erscheinen. So beginnt in der Stirn des Drachentöters, wo das pastose Gelb in schrägen Strichen auf dem dünnen Grund liegt, bereits die Wellung. Noch deutlicher erkennt man das gleiche in den »Sechs nackten Männern«. In der gebückten Gestalt links ergeben die dünnen Striche von verschiedenen braunen und grünen Tönen etwa das Stadium des »Pferdeführers«. Im Fleisch des in der Mitte stehenden Mannes beginnt bereits das Wellige, und zwar glaubt man unter der obersten Schicht die Entstehung der Bewegung aus diagonalen Strichen zu erkennen.

Die Wellen verraten eine gewisse Organisation. Sie sind am stärksten in den großen Flächen, vermindern sich in den Details und scheinen zuweilen modifiziert worden zu sein. In dem sehr pastosen Selbstbildnis wurden sie stellenweise geglättet oder waren nie vorhanden. Nur die Stirn ist ein wenig bewegt. Auf Wange und Nase, wo die Bewegung stören würde, liegen lange und breite, die Materie ebnende Striche. Ich glaube nicht, daß Marées die Wellen beabsichtigte, aber er ließ sie sich dienen. Mit ihrer Regelmäßigkeit fügen sie den Bildern ein nicht entscheidendes, aber ausgleichendes Element hinzu, das zumal den großen Flächen, wo es die Modellierung mildert, zugute kommt.

Der Ursprung der Maréesschen Technik liegt weit zurück. Sie ist wie sein ganzes Werk und wie der ganze Mensch ein organisches, sich langsam entwickelndes Resultat seines gesamten schöpferischen Daseins, nicht etwa nur der letzten Jahre. In München beginnt sie, wenn man nicht schon in dem frühsten Selbstbildnis die erste Andeutung erkennen will. Mit aller Frische der Natur gegenüber, die sich selbst in einzelnen Militärbildern behauptet und den Eindruck so ursprünglich wie möglich äußern will, verbindet sich schon damals der Hang, dem charakterisierenden Pinselstrich, der dem Maler des Bauer-Porträts und vieler anderer Bilder willig zu Gebote stand, keine isolierte Bedeutung zu lassen, sondern möglichst mit Massen zu wirtschaften. Diese Tendenz wird ausgebildet. Es kommt schon in München zu pastosen Bildern von emailhafter Substanz: die Schwemme, das Bremer und das Schleißheimer Selbstbildnis usw. Die altmeisterliche Qualität des Farbenemails mag im Bildnis des Vaters Selbstzweck gewesen sein. In den anderen höher bewerteten Bildern entsteht sie als Folge der während der Arbeit an einem und demselben Werke erreichten selbständigen Ausbildung der Anschauung. Der einzelne Pinselstrich enthält schon in dieser Zeit oft verhältnismäßig wenig Farbe und ist zuweilen so flüssig, daß man Tempera vermuten könnte: Stellen im Bad der Diana und im ersten Bildnis des Vaters. In der ersten italienischen Zeit setzt sich der Kopist als Ölmaler mit seinen Aufgaben auseinander, immerhin mit der pietätvollen Tendenz, sich dem Charakter der vorbildlichen Technik anzupassen. Die ersten eigenen Werke in Rom kündigen den Verzicht auf die heimatliche Malart an. In den Römischen Landschaften, die deutlich die Spuren vieler Übermalungen verraten, ist der Ölmaler nahezu unkenntlich. Die Struktur des Pinsels scheidet vollständig aus. Die spanische Reise bringt die Rückkehr zu einfacheren Mitteln. Der Impressionist ist Ölmaler par excellence, aber bei ähnlichen Formen des Temperaments nie so durchsichtig wie die Kollegen in Frankreich. In den Dresdener Bildnissen sucht er derselben Technik stillere Wirkungen abzugewinnen und macht sie homogener. Aber das Email verschweigt nicht immer den quälerischen Aufwand. Nun die Fresken; auch für die Technik das entscheidende Bindeglied zwischen den Hälften des Werkes. Das Temperament macht sich die neuen Mittel vollkommen zu eigen. Der gelungenste Teil der Fresken ist eine nahezu wörtliche Übertragung der Wirkungen der Ölmalerei und läßt die Grenzen des Freskos ganz vergessen. Dieser Erfolg treibt ihn zur Tempera. Marées liefert dem spröden Material lange, unerbittliche Kämpfe, wird ihm wiederholt untreu, aber es bildet von nun an die Basis aller entscheidenden Fortschritte. Mit der Kombination der Tempera und der Ölmalerei zu einem Material, das viele spezifische Eigenheiten der Teile aufgibt, aber dafür neue, beiden nicht gegebene Eigenschaften gewinnt, wird die gesuchte Lösung gefunden.

Man hat dieser Methode Rücksichtslosigkeit gegen das Material vorgeworfen und nennt Marées gern einen allzu voreiligen Verächter des Handwerks. Geschieht das mit Recht? Das Relief seiner Tafeln kann nicht als entscheidendes Argument gelten. Man muß der Betrachtung Maréesscher Werke dieselben Bedingungen gönnen, die so viele moderne Bilder verlangen, die entsprechende Entfernung. Und das Verlangen ist in diesem Fall um so gerechtfertigter, je weniger der monumentale Charakter der Bilder bestritten werden kann. Die keineswegs unbeschränkte Tiefe des Schleißheimer Saals reicht vollkommen aus, und wenn doch die Spiegelungen nicht ganz vermieden werden, liegt es nur an den bösen Lichtverhältnissen des Raums. Bis zum gewissen Grad könnten Zweifel an der Haltbarkeit der Bilder gegen die Technik sprechen. Der außerordentlichen Belastung der Tafeln mit einem noch lange nicht ausgetrockneten Material hat die Grundierung nicht immer standgehalten. Als die Hesperiden von der Wiener Ausstellung zurückkehrten, hatten sich große Teile der Farbschicht ganz vom Holze getrennt. Die abgelöste Masse hielt zusammen und hätte, meint Herr Bever, der Konservator der Schleißheimer Galerie, auf einem Karton gemalt sein können, den man dann auf Holz geheftet hatte. Ähnlich sah das von Marées verhältnismäßig dünn übermalte Pidollsche Bildnis des Großmeisters aus, bevor es in Rom restauriert wurde. Hier war, wie das stark gebogene Holz zeigte, die nicht mit Leisten geschützte Tafel daran schuld. Bei den besser bewahrten Maréesschen Tafeln war vielleicht das Holz, bevor es grundiert wurde, nicht genügend gerauht, obwohl nach Pidolls detailliertem Bericht der Bereitung des Grundes offenbar alle Sorgfalt gewidmet wurde.[15] Solche Unfälle, die der Transport der Bilder veranlaßt hatte, sprechen gegen das Holz, keineswegs gegen die Malschicht, deren Solidität sich vielmehr bei dieser Gelegenheit erwies. Die Materie scheint, wenigstens bei den auf Holz gemalten Bildern, zu einer vollkommen homogenen Masse geworden zu sein, von kittartiger, maniabler Substanz und wird vermutlich in absehbarer Zeit nicht austrocknen. Gerade dieser Zustand, der bei der Hantierung mit den Bildern große Schonung der Oberfläche notwendig macht[16], dürfte ihrer Haltbarkeit zugute kommen. Nicht so gesichert erscheinen die auf Leinwand gemalten Bilder, die manche bedenkliche Rißbildung zeigen und sorgfältiger Kontrolle durch Sachverständige bedürfen. Immerhin kann man ihnen bei guter Verwahrung längere Lebensdauer voraussagen, als den meisten modernen, pastos gemalten Bildern mit rauher Oberfläche, deren unsolide Farben sich, wie viele Beispiele beweisen, unter dem Einfluß des Lichtes und der Atmosphäre, last not least des Staubes, für den die scharfkantik hervortretende Pinselschrift zum Sammler wird, modifizieren. Und die Maréesschen Bilder haben einen großen Vorzug, der sich bereits wiederholt während des recht bewegten Schicksals, dem viele von ihnen zu Lebzeiten und nach dem Tode des Meisters ausgesetzt waren, erwiesen hat. Ihre ganze Anlage macht sie von der Einzelheit einer schönen Stelle, die sich, einmal zerstört, nicht vollkommen ersetzen läßt, verhältnismäßig unabhängig. Selbst die vereinzelten rohen Restaurierungen früherer Zeiten haben eigentlich keinen großen Schaden getan.

Die weiteren Einwände gegen Marées' Technik entspringen nicht gültigen aktuellen Vorurteilen und täuschen sich über seine Absichten, ohne das allein entscheidende Resultat zu untersuchen. Weil seine technischen Kombinationen sich von der heute gewohnten Malart entfernen, folgert man, er habe die Technik verachtet. Mit gleichem Recht könnte man jeden Neuerer in irgendeinem Beruf für einen Dilettanten erklären, denn aus Kombinationen, wie sie Marées vornahm, entsteht jeder Fortschritt. Man könnte von vornherein, wenn man vom Resultat absieht, aus seinem Verhältnis zur Technik, das, wie wir sahen, seine ganze Produktion durchzieht und sich in ganz bestimmter Richtung entwickelt, doch nur auf das Gegenteil, eine gewisse Voreingenommenheit zugunsten technischer Probleme schließen, während die meisten modernen Maler in der gleichen Hinsicht harmloser erscheinen. Schon daß er sich auf die Tempera einließ und so intensiv daran festhielt, müßte die allzu naive Betrachtung des Handwerkers vorsichtiger stimmen. Von der anderen Seite aber kommen die Kritiker des Grüblers und Spintisierers, und die glauben aus seiner Beschäftigung mit technischen Dingen ein Argument mehr für ihre Meinung zu gewinnen. Das ist richtig, seine Technik ist im Vergleich zu der modernen Malart ganz undurchsichtig. Und so wollte er sie. Die Absicht ist unverkennbar. Er wünschte aus der Wirksamkeit seines Stils die Bedeutung der Handschrift zu eliminieren, aber verneinte damit nicht die notwendige Struktur des Farbigen, der die sichtbare Pinselschrift dient oder dienen soll, verleugnete nicht die Suggestionen der Materie, die mit diesem den Modernen teuren Mittel erreicht werden, sondern ersetzte das Eliminierte durch eine alle diese Bedingungen anders, verschwiegener, für seine Zwecke wirksamer erfüllende Methode, durch seine weniger prononcierte, im Anschein weniger persönliche, in ihrer Gesamtheit viel reichere »Fleckentheorie«. Seine Technik ist von Anfang an bis zu den reichsten spätesten Formen ein Gewebe von Flecken, das auch die in der Konstruktion starrsten Gestalten farbig zu binden weiß. Es ist wahr, er verachtete das Handwerk, das seiner selbst wegen da ist, und er war auch vielleicht nicht geübt genug, um solches Handwerk zu beherrschen. Aber die darauf gegründeten Urteile gleichen den Vorwürfen, die man der vermeintlichen Ungeschicklichkeit eines Cézanne gemacht hat. Man mag sich die Kopien erfahrener Kopisten nach Marées' Bildern ansehen, um sich von der Einfalt solcher Urteile zu überzeugen. Ich kenne eine ganze Anzahl, nicht eine einzige, der die Wiedergabe auch nur eines Anscheins von Maréeshafter Atmosphäre gelungen ist. Wer an dem Nutzen der sicher recht absonderlich pastosen Materie zweifelt, der betrachte die in Marées' Atelier unter seinen Augen und mit seiner Hilfe hergestellte Wiederholung des »Lobes der

Bescheidenheit«. Hier wurde das Relief vermieden, die Materie ist ganz normal und entspricht mit großem Takt dem Original, das kaum jemals besser kopiert werden dürfte. Und doch sieht die Wiederholung wie eine Fälschung aus, das billige Surrogat für eine Kostbarkeit, und das Gegenteil von Vereinfachung tritt zutage. Die Gestalten hinter dem Kranzträger, die kompositionell tatsächlich besser angeordnet sind als auf dem Original, sind wesenlose Statisten in komplizierten Stellungen, der Kranzträger selbst wirkt nichtssagend, und die Hauptgestalt ohne Leben. Die Linien sind matte Schläge in die Luft, wenn sie nicht zu Gesten der Materie werden, die ihrem Ausdruck allein die notwendige Resonanz zu geben vermag. Nur so entsteht die unsere Deutungskraft mächtig anregende Daseinsfülle, der Gefühlswert, der Zauber. Ob das Bewußtsein des Künstlers jeder Einzelheit dieses Gewebes vorstand und wie das geschah, kümmert uns nicht. Für Einsichtige grenzt die Geschicklichkeit, die das Schweben und Schwimmen der Farben zu regieren wußte, ans Fabelhafte. Nichtsdestoweniger kann ohne weiteres zugegeben werden, ein Bildnis von Zorn oder Besnard hätte Marées nie zu malen gewußt. Seine Geschicklichkeit verband sich mit jener tiefgründigen Bescheidenheit, die er oft als größte Tugend des Malers pries, die, voll von Ansprüchen an die Gesittung der Anschauung, der Virtuosität der Manieristen verständnislos gegenübersteht und von ihr nie verstanden werden kann. »Die Mache«, sagte er, »soll im Kunstwerke verschwinden und in der Vorstellung untergehen.« Die Geschicklichkeit der Alten unterscheide sich von der der Neuen dadurch, daß sie auch für den Sachverständigen ein ewiges Geheimnis bleibe, während die andere sich dem Auge aufdränge.[17] Die Worte enthalten den entscheidenden Hinweis auf den Standpunkt, von dem allein Marées' Technik gerecht beurteilt werden kann. Das technische Problem geht in das Problem der Maréesschen Kunst auf. So malte ein Mensch, der eine weitere, geistigere und edlere Gemeinschaft suchte als die Liebhaberkunst unserer Tage. So mußte er malen. Würde der Gedanke an irgendeine Sonderheit technischer Art, ja selbst an die malende Hand, die das Land der Hesperiden schuf, unsere Anschauung fesseln, so könnten wir nie in jenes Reich eindringen, das Marées' Malerei verwirklicht hat. Es gibt genug hier für raffinierte Sinne. Die Farben fließen, die Linien ragen empor, im Schatten glühen Früchte. Doch nichts kann mit roher Begehrlichkeit gegriffen werden. Die Äpfel der Hesperiden sind nicht zum Essen da.

*

Die Bedeutung dieser so wenig greifbaren Materie für die Hesperiden läßt alle gesonderten Untersuchungen der Komposition belanglos erscheinen. Marées hat an der Zeichnung der zweiten Auflage des Triptychons wahrscheinlich manches verbessert und schließlich Fries und Rahmen zugefügt. Der Rahmen, der wie die anderen Teile aus Holz bestand[18], »bemalt mit Architektur«, wie es im Nachlaßverzeichnis heißt, ist leider nach Marées' Tode zerstört worden. Für die 1891 von Konrad Fiedler in einem Saale des Münchener Glaspalastes veranstaltete Nachlaßausstellung malte Pidoll auf Leinwand die ornamentalen Stücke des Rahmens, und diese ganz provisorische Aufmachung dient in Schleißheim noch heute, keineswegs zum Vorteil des Ganzen. Bis vor kurzem waren die Flügel irrtümlicherweise vertauscht. Auf der Berliner Marées-Ausstellung wurden die Leinenstücke durch Holzteile ersetzt; aber die Bemalung mit den Kränzen wirkte unorganisch, namentlich die plumpen Kranzenden auf den Leisten zwischen den Bildern störten.

Der Fries enthält wieder sechs Putten. In ihrer Mitte steht der Fruchtaufsatz, zu dessen Füßen der Hund friedlich schlummert. Dieses drollige Stilleben befindet sich gerade unter der Mitte des Hauptbildes und wirkt ganz am rechten Platz; das Drastische kompromittiert nicht im geringsten die Stimmung, ergänzt sie vielmehr. Es liegt etwas Shakespearehaftes in dieser naiven Unbesorgtheit. Marées' Köter spielen in vielen seiner Stücke die Rolle des Narren. Die Putten sind schematisch verteilt, aber wieder wie in den Friesen der anderen Triptychen in der ganzen Erscheinung von so freier Natürlichkeit, daß ihre Rolle in der Architektur ganz unabsichtlich erscheint. Je zwei stehen, lose vereint, unter den Zwischenstücken, die das Mittelbild von den Flügeln trennen, die beiden anderen an den Enden. Man kann die Anordnung der Flügel, so wie sie die Berliner Ausstellung zeigte, schon durch den Hinweis auf die Putten rechtfertigen. Die aus den Kindern gebildete Leiter des rechten Flügels findet so nach unten die natürliche Vollendung der Kurve.

Das Entscheidende, das Marées der zweiten Fassung hinzufügte, war die Substanz. Dadurch erhielt das Werk jene unwiderlegliche Wahrscheinlichkeit des Entrückten. Kein Grüblersinn, sondern die Materie steigert die Abstraktion. Und wir sehen, wie sie sich steigert, wie das Ungreifbare, das im Mittelbild auf steiler Höhe thront, wird. Unmöglich wäre es, die Mitte allein zu begreifen. Die Flügel führen wie Stufen hinauf. In ihrer stillen, sich rührenden Menschlichkeit ist noch Erdennähe. Wir kennen die beiden Orangenpflücker, wir können auch so pflücken, können mit dem Greis und den Kindern eine Idylle denken. Das Maler improvisiert Landschaften mit Menschen.

Wir nehmen engen Anteil an der Kühnheit der farbigen Flächen, an dem tiefen Glanz in den Körpern, an der Originalität des Aufbaus. Es sind Reize, die entfernt an den Drachentöter und den Mann mit der Standarte erinnern, und wir bewundern, wie sie groß genug wurden, diese hohen Flächen vollkommen zu beherrschen. Das Mittelbild wächst über diese verhältnismäßig gewohnten Wirkungen weit hinaus. Die Intimität des Anteils verschwindet. Eine ganz andere, neue, uns im ersten Augenblick, in vielen ersten Augenblicken nahezu bedrückende Art des Anteils wird gebieterisch notwendig. Wir mögen fern von dem Bilde alle möglichen Entwicklungsstufen zu ihm finden. Vor ihm entfallen die Vergleiche unseren Händen, und es mag uns zuweilen erscheinen, als würden wir gezwungen, nackt und einsam mit diesen Gestalten zu ringen.

Wohl gibt die Begleitung der Flügel einen Anhalt, eine Art Hülle. Dort ist etwas entfernt Ähnliches in den Farben, zumal in der Landschaft. Die Malerei geht auf den gleichen Ursprung zurück, ein Teil der Pigmente ist derselbe. Aber diese Gemeinsamkeit des Färbemittels scheint verhältnismäßig untergeordneter Art. Die Materie hat ganz neue Eigenschaften gewonnen. Aus dem verschwiegenen Glimmen ist ein Strahlen bis in die fernsten Pläne geworden. Und mit der Materie wächst das Symbol in ungeahnte Höhen.

Es ist ein ähnliches Verhältnis wie das des Mittelbildes der Werbung zu den Flügeln. Auch dort eine außerordentliche Steigerung des Gehalts, der in den Flügeln schlummert. Aber die Steigerung kommt mit anderen Mitteln zustande und führt zu anderen Zielen. Schon die relative Fülle des Motivs gibt der Werbung einen Vorsprung vor dem Narziß und dem Liebespaar. Und ein ähnliches materielles Verhältnis bestimmt die Differenz der Farben. Es kommt zu einer Enthüllung des vorher nur Angedeuteten. Die stille Weise geht in schmetterndes Fortissimo über. Wir werden zu dem festlichen Pomp der Hochzeit geführt, zu einem feierlichen Gepränge, das alle dem Motiv gehörenden Empfindungen vollkommen auslöst. Aber diese Empfindungen, so reich sie auch sein mögen, liegen auf einem zugänglicheren Gebiet als die Sehnsuchtslandschaft der Hesperiden. Der Reichtum der Geste ist äußerlicher Art und muß bei aller Differenzierung ihrer Art äußerlicher sein. Es ist Marées' genialer Takt und sein wunderbarer Reichtum an Empfindung, hier wie für die Drei Reiter das besondere Wirkungsgebiet zu treffen, das für jedes der drei Flügelbilder erschöpft wird. Anders als in der Werbung verlangsamt sich in dem Mittelbild der Hesperiden das Tempo. Beethoven kennt solches Moderato, wenn die Sammlung ins Ungeheure wächst. Ein Satz in Oktaven, ohne Begleitung von Nebentönen, ohne jede schmeichelnde Stimmungsmalerei, eine Fuge, die des Begriffs der Melodie spottet, die man nur da zwischen anderen Sätzen, auf dem Gipfel einer Entwicklung ertragen kann, die das Sinnliche quasi ausscheidet, aus Tönen, die denen, die wir vorher wahrnahmen, gleichen, so wie Götter Menschen gleichen. Solche Gemeinschaft ist zwischen den Flügeln der Hesperiden und der Mitte. Die Landschaft wird zu einem neuen Kosmos, für den Begriffe wie Reichtum des Farbigen kaum noch wesentliche Bedeutung haben. Nicht das Greifbare, sondern die Luft wird zur Pracht, zu einer immateriellen Prachtsubstanz, der Atmosphäre für diese astralhaften Monumente von Frauen. Wir ziehen von den Flügeln der Werbung in eine Festhalle, wo ein bestimmter endlicher Akt stattfindet. Die Mystik der Hesperiden ist unendlich.

Mit der Mystik wird von den Gustave Moreau und Genossen süßer Schwindel getrieben, und ich werde mich hüten, lange dabei zu verweilen, da ich irreleiten und über Marées' stärkste Seite Unklarheit bringen könnte. Und es ist darüber nichts zu sagen. Unterscheiden wir die Mystik, von der man reden kann, weil sie nicht vom Bilde gebannt ist, von der anderen, der aller Meisterwerke, die sich dem Worte entzieht. Die eine macht den Künstler zum Stümper und die Kunstschreiberei zur Metaphysik. Vor der Mystik der Hesperiden versagt das gefällige Wort. Es findet nichts zu ergänzen. Marées verschweigt nichts, das gesagt werden müßte, nichts Dunkles bergen die Bilder. Die unerhörte Klarheit, das im letzten Sinne Einfache seiner Fuge macht uns von tausend Künsten Verwirrte ratlos. Da ist der breite Weg in das Land unserer geheimsten Sehnsucht. Aber wir sind der Hindernisse, die hier fehlen, so gewohnt, daß uns ein Bangen, eine Art Platzfurcht an die Stelle fesselt. Schließlich steckt das Unmenschliche nicht in den Hesperiden, sondern in uns, in unserer Kultur. Wir ertragen keine Einsamkeit mehr. Die Einsicht in alle einzelnen Reize der Kunst brachte uns um die Anschauung von Größe. Wir sind Skeptiker oder Träumer.

Das Symbol der Hesperiden ist Natur. Wissen wir im Zeitalter des zu Nuancen verfeinerten Naturalismus noch, was das bedeutet, wir, die ewig Hastenden, die immer nur um die Natur herumreisen, wir Psychologen, die auf scharfe Einsichten in Winzigkeiten aus sind, denen über den Teilen, die wir zersetzen, das Ganze entgeht. Mit der Bewegung glauben wir unserer Unrast zu entgehen und laden doch immer nur unsere drückende Last von einer Schulter auf die andere. Auch in der Natur suchen wir immer nur Sprungbretter, um uns weiter zu bewegen, flüchtige Haltestellen, keine Ziele. Wir bereichern unsere Retina mit tausend neuen Reizen, und unser Inneres bleibt ein leeres Glas. Hier aber ist einer, der den Willen hat, still

Singende Mädchen. 1885

zu stehen und zu schauen, und die Kraft, sich dem rasenden Strom entgegenzustemmen. Sein Auge ist nicht das passive Objekt für Eindrücke. Es strahlt nicht von den Dingen, es strahlt in sie hinein und bannt sie. Die Stelle, wo der Mann steht, wird zu einem festen Punkt, zu einer Insel, einem Eiland hoch über den rasenden Fluten. Wir Vorübergleitenden glauben eine neue Welt zu erblicken und merken kaum, daß sie aus dem Stoff der unseren ist.

Einmal hat mir die Natur einen Eindruck gewährt, in den sich ganz von selbst ein leiser Gedanke an die Hesperiden einschlich. Es war im hohen Norden, in einer jener weißen Nächte mit ihrer den Schlaf verbannenden Helle, wo das Leben ohne merkbaren Antrieb zum Leben weitergeht und die Orange und Gelb des Himmels, die Rosen des Abends und des Morgens wie verzaubert still stehen hinter bewegungslosen schwarzen Bäumen. Alles schwieg wie in der Nacht, und alles war in sanfter Klarheit sichtbar. Es war noch heller in uns. Es war nicht wie am Tage. Der Tag war drückend gewesen und das Licht hatte uns geblendet. Die Hitze hatte uns träge und mürrisch gemacht. Es war viel schöner als am Tage. Alle Farben schienen ruhiger. Die Formen hatten eine besondere und ganz lose Fülle, waren einfacher und ohne jede Schärfe, schweigsamer und viel größer. Die schwarzen Bäume verbanden die Erde mit dem Himmel. Wir saßen und schauten. Die Uhr verlor ihre Herrschaft. Ich weiß heute nicht mehr, was wir sprachen. Die Erinnerung hat der Nacht geholfen und alles Zufällige und Banale, das uns sicher mit all der Schönheit bewegte, verwischt. Es ist mir, als hätten wir sehr lange gar nicht gesprochen und wären uns dabei näher als je gewesen. Das kam von der eigenen Wachheit unseres Schauens her, weil wir gar nichts Unnützes taten und still waren, weil sich unsere ganze

Lebensenergie unwillkürlich auf das Schauen richtete. Es war ein Reichtum ohne Last in uns, Reichtum an Reichstem, das Sterbliche besitzen können: Zeit und Raum. Die Erinnerung gibt den nächtlichen Stunden am weißen See des Nordens die Helligkeit von Blicken ins Unendliche.

Zeit und Raum scheinen jenen Bildern untertan. Ein Raumgefühl, das allem Dekorativen trotzt, herrscht in den Hesperiden und weitet die Goldenen Zeitalter. Es bedingt geradezu die starke Modellierung der Gestalten, damit sie der gewaltige Zug in die Tiefe nicht fortreißt. Und ein gleich erhabenes Zeitgefühl, das sich weniger bestimmt in Worte fassen läßt, stärkt unser Bewußtsein von der Größe dieser Werke. Wir genießen ihre stolze Unabhängigkeit von allem Vergänglichen und die Ferne von allem Vergangenen. Keine der hinter uns liegenden Epochen hat ihren Stil geprägt. Viele Zeiten mußten sich häufen, bis solche Dinge werden konnten. Wir spüren von der unseren das, was ihren großen Geistern als vornehmstes Ziel gilt: Reinheit und Kraft des Gedankens.

*

Marées schrieb einmal an Fiedler, er werde, »um die Bilder als Geschöpfe unserer Zeit gewissermaßen zu beglaubigen«, sein Selbstbildnis hinzufügen. Die Begründung war halb im Scherz gemeint. Wir sind froh, daß er Ernst daraus machte, weil uns damit sein bestes Selbstbildnis geschenkt wurde, nicht weil die Beglaubigung notwendig wäre. Deren bedurften die Hesperiden nicht, und hätten sie deren bedurft, wäre es keinem andern Bilde gelungen, die Lücke zu füllen. Was das Porträt den Hesperiden vermittelt, steckt alles in diesen selbst. Was sich an entwicklungsgeschichtlichen Sicherungen daraus ableiten läßt, geht aus dem Verhältnis der Hesperiden zu anderen Werken noch viel deutlicher hervor. Nur werden unserer Einsicht stärkere, vielseitigere Zumutungen gestellt. Es ist schön, daß wir diesen eindeutigen Beleg Maréesscher Wirklichkeit besitzen und sich der Kreis der Hauptwerke um diese in mancher Hinsicht einzigartige Schöpfung erweitert.

Die Materie ist die der Hesperiden, und sie erweist hier nach einer besonderen Seite ihren Reichtum an Möglichkeiten. Sie eignet sich für das Monument und für das Bildnis; freilich ein Bildnis, mit den Eigenschaften des Monumentalen. Das Werk hängt in Schleißheim neben dem Porträt des Oberstleutnants, dem Meisterbilde der Berliner Jahre, dessen Art unserer Zeit geläufig ist. Eins springt sofort in die Augen: die Verwandtschaft der Dargestellten. Ich meine das in doppelter Hinsicht. Man erkennt ohne weiteres die Zugehörigkeit der beiden Menschen zu einer Familie, es waren Brüder. Die Form des Schädels, die hohe eckige Stirn mit den tiefliegenden Augen ist charakteristisch, und man glaubt selbst in den Gestalten, obwohl es sich in beiden Fällen um Brustbilder handelt, in Nuancen der Haltung, die sich unmerklich nähern, etwas Ähnliches zu finden. Beide sind ganz männliche Gestalten. Der Maler macht den bedeutenderen Eindruck. Die Energie bestimmt das Gesicht; eine ganz geistige, allem Kleinlichen abholde Energie, von der auch der kranke Bruder etwas besaß, das sich im Bilde mehr in einer gewissen Widerstandsfähigkeit äußert, nicht die ganz schöpferische Initiative verrät. Und die beiden sind in noch viel engerem Sinne Verwandte, als Geschöpfe eines und desselben Genius. Als solches erscheint der ältere Bruder als der jüngere. Flüchtige Betrachtung würde vielleicht die Form des Selbstbildnisses summarischer nennen und hinter dem anderen Bilde größere Objektivität vermuten. Man traut der dicken Materie keine Sachlichkeit zu. Die Übertragung des Fleisches in dem Bildnis des Oberstleutnants weist bereits auf die spätere Entwicklung hin, aber sie steht gleichzeitig noch im engen Zusammenhang mit dem Münchener Maler, dessen Mittel uns gerade im Bildnis gewohnt sind. Es ist ein reines Ölbild von spezifisch-malerischer Wirkung. Weich wächst das helle Fleisch aus dem dunklen Schatten hervor. Dieser Kontrast gibt die Vereinfachung. Da das Helle sich verhältnismäßig isoliert abhebt und das Dunkle zu ein paar Flächen zusammengestrichen ist, aus denen nur einige die Illusion geschickt erzeugende Metallreflexe wirkungsvoll aufleuchten, wirkt beides massig und überzeugend. Die Andeutungen werden von uns ohne Mühe ergänzt. In dem Selbstbildnis gibt es nicht dieses gefällige Dunkel, sondern nur farbige Töne einer in allen Teilen ganz bestimmten Harmonie. Statt des neutralen und fast zufälligen Hintergrunds des Frühwerkes hier das mit Resten von Orange gemengte Olive auf einer Unterlage von tiefem Blau; also ein Grund, der die drei Dominanten des Bildes gebunden enthält. Alle Töne gehen aus diesem Dreiklang hervor. Das temperahaft dünne Rosa der rechten Hand, das keine Rolle spielt, ist Untermalung. Die braunen Töne kommen annähernd auch in dem Bildnis des Bruders vor. Sie malen dort auf vollendete Art das Fleisch, aber sind als Farbe ein gleichsam in das Bild hineingetragener Begriff; während in dem Selbstbildnis die lichten, etwa havanna Töne des Fleisches als Produkt des Orange aus den Bedingungen des Bildes entstehen. So durchgebildet ist, abgesehen von den Händen, die auch hier vernachlässigt wurden, die ganze Erscheinung. In klaren, ganz geschlossenen Formen hebt sich das Blau des Rockes von dem Olive ab und wächst doch daraus hervor, so daß der Grund zu der Atmosphäre wird, einer Atmosphäre, wie sie Steine strahlen. Goldene Splitter vor dem Blau bilden den langen Pinsel. Es ist kein Detail malerischer Routine, wie der Säbel auf dem anderen Bilde, kein Effekt. Viel mysteriöser erscheint der Strahl in der ungeheuren Hand. Unter dem Blau, in dem Blau rundet sich der Körper, gedrungen und ganz bestimmt. Eine verwitterte Säule wird zum Halse. Fest wie ein Kapitäl sitzt der Kopf darauf. Ein Ragendes, das durch den ganzen Körper hindurchgeht, verlängert den Kopf und wird erst von der Wölbung der Hirnschale gehalten. Die Züge des Gesichtes scheinen von dieser in die Höhe strebenden Bewegung mitbestimmt. Tief sind die Augen eingegraben. Sie liegen in wirklichen Tälern. Daneben erhebt sich die Materie zu dem stärksten Relief, die tastende Hand glaubt die Struktur des Baus zu spüren. Und diese aus starrer Materie gemeißelten Züge, denen das Lächeln entfloh, denen eiserne Energie alle Weichheit ausbrannte, sind von unheimlicher Beweglichkeit. Diese gewaltige Stirn konnte sich in tausend Falten legen, diese ruhigen kalten Augen konnten aus ihren Höhlen Blitze schleudern, der Mund hatte dröhnende Laute. Man fühlt die Grimasse in dem versteinten Antlitz, ahnt alle Stimmungen, die sich darin ausprägten, die stolze Unnahbarkeit, das Hochfahrende des Don Quichotte gegen den Widersacher, die beißende Satire und die rührende menschliche Güte. Und alles das kräuselt kaum die Oberfläche. Es liegt Ruhe über dem Ganzen, eine Ruhe, die viel Widerstände bezwang, die wir als Überwindung bewundern. Neben diesem gebändigten Reichtum sinkt das Bildnis des Bruders in den Schatten. Es ist loser, sorgloser gemalt, das erkennen wir. Aber diese Ungebundenheit konnte sich nie zu der Einheit straffen, die uns wie das Symbol des Maréesschen Genius erscheint.

Dieser gewölbte Schädel und die ungeheure Hand mit dem

kaum greifbaren Pinsel ist Marées, der Meister der Hesperiden und der Mensch, der zu den Hesperiden kam. Alle seine Bildnisse haben etwas Repräsentatives, keines begnügt sich mit dem Dargestellten. Seine Selbstbildnisse haben es zumal, alle von dem ersten knabenhaften an. Das letzte ist die Summe von allen. Man hat aus diesem Gesicht Verzweiflung und innere Krankheit herauslesen wollen, Wahnsinn und ich weiß nicht, was sonst noch für trauriges Verhängnis. Selbst milde Urteile erblicken in dem Bild die Apologie der bekannten Maréesschen Tragik, das Eingeständnis der Impotenz, und knüpfen wehmütige Betrachtungen daran. Diese felsenfeste Energie, diese Gelassenheit und Würde, diese Weisheit tragisch! Wie krank müssen die Blicke solcher Betrachter sein! Wie verzweifelt muß es um ihre Anschauung stehen und wie wenig müssen sie unsere Zeit verstehen, daß sie nicht in diesem Bild ein Bildnis unserer Ideale, eine Trophäe unserer Siege erkennen! Nicht der Held ist tragisch. Die Mitwelt ist es und selbst die Nachwelt. Er aber kämpft weiter, auch noch nach dem Tode, mit Freund und Feind, und hat ein kaum merkliches Lächeln auf den Lippen.

DIE ENTFÜHRUNG DES GANYMED

Am Ende der Reihe steht ein Staffeleibild. Wir wandeln im Schiffe eines Doms. Vor uns liegt die Chornische. Sollen wir uns wirklich das Gitter öffnen lassen, um das kleine Heiligtum zu sehen? Selbst wenn es kostbar wäre, kann es der unverschlossenen Säulenpracht gleichkommen, die uns umgibt? Unsere Blicke sind nach oben gerichtet. Nur jetzt nicht sich bücken! Es ist, als müsse uns jede Betrachtung einer Sonderheit verkleinern.

Mit Mißtrauen nähert sich der Freund der Hesperiden dem Ganymed. Es handelt sich um einen genau begrenzten Gegenstand von bestimmter Herkunft. Selbst die Antike ist jetzt weit von uns. Der Begriff des Antiken, den wir Marées' früheren Werken entnahmen, scheint uns, so frei ihn auch der Schöpfer des »Pferdeführers« gestaltete, jetzt, von den Hesperiden aus gesehen, ein Sonderfall, und die Erinnerung daran könnte uns zur rauhen Wirklichkeit zurückführen. Jede neue Tonart scheint ausgeschlossen, und jede alte fürchten wir wie Schwächung.

Man wird nie hoch genug vom Genie denken, weil man sich immer zu eng an seine Äußerungen gebunden hält und vergißt, daß es sich hier nicht um Exempel für einen Lehrsatz, sondern um Natur, um eine Welt handelt, in der die Exempel zahllos neben- und übereinander liegen und der Wege unendliche sind, um Begonnenes zu vollenden.

Wie wunderbar füllt der Ganymed gerade in diesem Teil des Werkes, nach den Hesperiden, eine leere Stelle aus. Wir bemerkten sie nicht, befangen von der eisernen Konsequenz der Abstraktionen, trunken von dem Anblick des Aufstiegs, und sahen immer nur die polare Gegend eines Globus, nicht die

Möglichkeit, diesen Globus selbst zu objektivieren. Wir brauchen uns nicht zu bücken. Das latente Lächeln auf dem letzten Selbstbildnis hält sein Versprechen. Ein beglückendes Tränen netzt unser von so viel Erhabenheit versteintes Innere. Vergessen wir nicht, spricht das Bild, daß wir Menschen sind. Drohte uns nicht, uns Armen an Zeit und Raum, von dem ungewohnten Wirken reiner Anschauung Verirrung in unwirtliche Sphären? Selbst den Gedanken an den Schöpfer dieser Empfindungen flohen wir wie Sünde an seinem Geiste.

In seinem letzten Brief an Fiedler im Mai 1887 schreibt Marées, er sei nun sicher, allen Sachen »eine unbedingt packende Wirkung« zu verleihen. »Das Seltsamliche und Befremdende, was sich bei vielem Hin- und Wiederüberlegen einschleicht, macht nun dem Natürlichen und Frischen Platz.« Also scheint er auch selbst das Bedürfnis, seine Abstraktion zu mildern, empfunden zu haben. Damals hat er den Ganymed gemalt. Eine Bewegung, und alles bewegt sich. Durch das Land der Hesperiden weht warmer Atem.

Wie wunderbar beschließt das Bild das Dasein des Menschen! Wer kann sich zwingen, hier nicht an Vorbestimmung, an einen bewußten Abschiedsgruß zu glauben, sondern an einen Zufall, der mit anderen Zufällen, mit Marées' Worten und Marées' Handeln während der letzten Zeit zusammentraf! Wer kann der Anmut dieses Grußes widerstehen, wer beugt sich nicht dem erhabenen Gedanken, daß der Weg ins Jenseits, den der Adler winkt, kürzer war als die Bahn des Vollenders. Der Tod erschüttert uns weniger als das Dasein dieses Einsamen. Und wer wagte, an dem Siege eines Kämpfers zu zweifeln, der so hoheitsvoll und einfach, in solcher Schönheit scheidet! Wie wunderbar beschließt der Ganymed das Werk! Alle Phasen der Entwicklung bis zum Schlusse werden lebendig.

Entwurf für den »Ganymed«. 1886

Sein ganzes Denken und Empfinden sammelt Marées in einem kleinen Bilde und fügt noch einen neuen Wert hinzu. Der Schönheit entsteht ein neuer Altar. Die Geste des Priesters wäre unwiderstehlich, auch wenn sie nicht von der Wehmut des Abschieds verklärt würde.

Wir besitzen ein Dutzend Zeichnungen zu dem Bilde. Das Motiv beginnt unbeholfen und plump. Wir erkennen den Arbeiter, dem es nicht leicht wurde. Marées hat viele Situationen gesucht. In den meisten liegt der Knabe auf dem Adler, entweder in der Rückenansicht, so daß also der Körper vor dem Adler erscheint, oder in Vorderansicht, und dann ist der Adler vor dem Körper. Mit beiden Kombinationen versuchte Marées den Körper des Menschen zu verstecken und dadurch leichter zu machen. Er mag an eine Vereinigung der beiden sich entgegengesetzten Wesen gedacht haben. Die Flügel sollten gleichsam zu Organen des Menschen werden, oder umgekehrt die Glieder des Menschen zu Teilen des Tieres. Alle diese Entwürfe mißglückten, weil sie auf falschen Spekulationen beruhten. Aus dem Versteckenspiel mit den beiden Körpern entstand ein Doppelwesen, das nicht Adler, nicht Mensch war. Die Glieder des Knaben ließen sich nicht von dem Gefieder umhüllen, und sie hängen auf manchen Zeichnungen wie unförmige Stücke herunter. Der Vorgang bleibt unwahrscheinlich. Erst mit dem Verzicht auf jede Verschleierung des Themas, und dem Entschluß, jedem Teil das Seine zu lassen und Mensch und Tier möglichst vollständig darzustellen, beginnt die Lösung. Erst jetzt kommt es zu einer organischen Bestimmung des nahezu quadratischen Formats. Adler und Mensch sind keine Begriffe mehr, mit denen Kombinationen begrifflicher Art versucht werden, sondern eine Gruppe, deren Verhältnis zur Höhe und Breite des Bildes gesucht wird. Wie ein phantastischer Flugapparat erschien vorher der Adler-Mensch in den Lüften. Die Erde ging ihn nichts an. Schon als Marées aus der Erde eine Landschaft machte, die durch den Hund mit der schwebenden Erscheinung zusammenhing, begann das Bildhafte zu werden. Es kam Richtung in das Ganze, und vielleicht hätte seine Malerei schon aus dieser Anordnung eine annehmbare Lösung gewinnen können. Der Moderne, der für zeichnerische Komposition nicht viel übrig hat und sie lieber unbeholfen läßt, um dem Malerischen Widerstände zu schaffen, hätte sich begnügt. Hier bestätigt sich, noch sichtbarer und entscheidender als in manchen anderen Werken, die von der Konzeption der Modernen grundverschiedene Genesis Maréesscher Anschauung. Er steht über allen Modernen, weil er nicht mit einem halbwegs hinreichenden Vorwurf zufrieden ist, sondern auf dem Papier oder im Kopf die ideale zeichnerische Struktur herausarbeitet, bevor er an die Leinwand geht. Diese Einsicht ist ein Schluß der Analyse auf Grund der vorhandenen Zeichnungen. Wäre er anders gemeint, so könnte man daraus eine Schwäche folgern. Der Moderne ist mit Recht stolz auf die Unteilbarkeit seiner Malerei, in die alles Zeichnerische aufgeht. Aber diese Errungenschaft gegenüber den Akademikern dürftiger Zeiten hat nur dann ihren vollen Wert gegenüber den Ansprüchen, die uns aus allen Meisterwerken erwachsen, wenn die Zusammenfassung die Vorzüge einer anderen Methode vergessen macht und mit der Subjektivität, auf die sie sich stützt, das Objektive erfüllt. Führt die Vereinfachung zur Verarmung, so ist sie ebenso unzureichend wie die kompliziertere Methode, die im Resultat nur ihre Mühen sehen läßt. Marées erschöpft, wie wir an den Zeichnungen des Ganymed sehen, aufs äußerste das, was wir nach Übereinkunft zeichnerisch nennen – in Wirklichkeit, Teil des Malerischen. Das heißt, er bringt eine

Vorstellung in einem einfachen Material zur Vollendung, bevor er sie in einem viel komplizierteren Material schafft, aufs neue schafft, nicht wiederholt. Er kann unter Umständen viel Opfer auf diese Methode wenden; so scheint in unserem Falle die Schöpfung der Zeichnungen unverhältnismäßig größeren Aufwand an Zeit beansprucht zu haben als das Gemälde. Das ist irrelevant. Wichtig allein der objektive Bestandteil, der dadurch dem Resultat gewonnen wird. Die Materie überwindet in dem Ganymed wie in allen Bildern alles Zeichnerische, das sich vom Malerischen sondern läßt. Man ahnt nicht den Bleistift in dem Pinsel, das Grau oder Weiß oder den Rötel in der Pracht der Farben. Aber man fühlt und genießt als unerläßliche Sicherung des Ganzen den außerordentlichen Aufbau der Massen, der in jedem Material mindestens Teile seiner Vorzüge bewahren würde. In ihm sind wir geneigt, den bleibenden Bestandteil der Legende zu erblicken und damit das Urvertraute zu erklären, das in allen Maréesschen Kompositionen legendarischer Art gefunden wird.

Das rührende Motiv der Griechen hat seit der Antike viele Auslegungen gefunden, und große Maler, die größten vergangener Zeiten, haben es benutzt. Der Corregio in Wien mit seinem süßen Farbenschmelz ist eines der lieblichsten Bilder des Italieners. Der Rubens des Prado ein unverfälschter Rubens, und im Frühwerk Rembrandts nimmt der Dresdener Ganymed mit Recht einen sehr hohen Rang ein. Von all diesen Meistern kommt Marées wohl Rembrandt am nächsten. Bei keinem anderen Werke der Spätzeit gedenken wir der alten Beziehung zu Rembrandt so lebhaft wie bei Marées' Ganymed. Aber nicht der Ganymed des Holländers tritt vor uns. Könnte er für ein seinen Urheber erschöpfendes Werk gelten, so würde man nicht zögern, in Marées den Überwinder des großen Vorgängers zu sehen. Rembrandts Ganymed stammt aus der Epoche des Erzählers, der es mit seinen Berichten genau nahm. Er malte einen Adler, der mit Schnabel und Fängen einen heulenden Jungen gefaßt hält. Ein Ereignis, von dem er gehört hatte, wurde so geschildert, als ob er es mit eigenen Augen gesehen hätte. Alles ist ganz getreu wiedergegeben, bis auf die Beeren, die das Kind noch krampfhaft in der kleinen Faust hält. Aber gerade mit der Genauigkeit des Details geht die Wahrscheinlichkeit des Ganzen verloren. Das Verhältnis des zappelnden Knaben zu dem Adler überzeugt uns im Bilde nicht von der tatsächlichen Fähigkeit des Tieres, ein Kind von solcher Größe zu tragen. Wir wissen, dergleichen kommt vor. Aber unser Wissen hilft uns nicht über das Ungewohnte des Vorgangs hinweg. Rein physiologische Vorgänge besonderer Art können wir nur der Wirklichkeit glauben. Und die Physiologie ist es, die sich hier dem Wunder widersetzt. Rembrandt vergriff sich in der Wirkung, und nur sein köstlicher Humor, der hier mit seinem Tatsachendurst in Konkurrenz tritt, mildert die Einsicht in die Grenzen des jugendlichen Meisters.

Entscheidet das rein Gegenständliche, das man aus jedem Bilde mehr oder weniger gewaltsam abzusondern vermag, so könnte man meinen, Marées' Darstellung sei viel weniger wahrscheinlich als die Rembrandts, ja, sie mute uns geradezu eine physiologische Unmöglichkeit zu. Der Adler trägt nicht ein Kind von zwei oder drei Jahren, sondern, und darin folgte Marées der Antike, einen Jüngling. Wir wissen, dergleichen kommt nicht vor, kann nicht vorkommen. Aber der Widerspruch gelangt nicht zu uns. Unsere Erfahrungen von der Tragkraft eines Vogels bleiben unberührt. Eine ganz andere Wahrscheinlichkeit, an deren Überzeugungsstärke unsere Einsicht in die Natur nur mittelbar beteiligt ist, bestätigt die Wahrheit. Wir kommen zu keiner Kontrolle an der Wirklichkeit, weil wir mit untrüglichen Zeichen überführt werden, daß es sich hier nicht um die Mitteilung eines außerhalb des Bildes Geschehenen handelt. Wir glauben daran, weil das im Bilde Gezeigte zur bildhaften Wirklichkeit wird. Marées entrückt den Vorgang der Natur. Nur die Kompositon macht das schwierige Verhältnis des in seiner ganzen Größe an dem Adler hängenden Menschen zu dem Tiere möglich, das Einfügen der Gruppe in das ovale Format. Der Adler wird nicht gerade über die Natur hinaus vergrößert, sondern wirkt deshalb so groß, weil die Schwingen nicht in ihrem ganzen Umfang sichtbar werden. Das Oval des Rahmens, der mit den Schwingen parallel läuft, nimmt ihre Bewegung auf und vervielfacht sie. Der an sich kleine Kopf des Tieres ergänzt wiederum das oben abgeschnittene Stück des Ovals und erhält dadurch eine besondere Bedeutung. Ebenso übernimmt das Oval dem Jüngling gegenüber die Rolle, die scheinbar nur dem Adler zufällt. Der Körper hängt so sicher an den Schwingen, weil er so sicher in dem Oval hängt. Gerade weil man ihn in allen Teilen übersieht und unwillkürlich die zierlichere Kurve des Rumpfes und der Glieder an der mächtigen radialen Bewegung der Schwingen abliest, erscheint er als Teil des Adlers und kleiner. Die Arme, die begrifflich den Adler zurückhalten, verstärken in der Formenwirklichkeit die Kraft des Tieres. Die Beine aber sind dem Boden so nahe, daß sie hier ideale Stützpunkte gewinnen. Eine dieser Stützen ist der Hund. Er hält die Mitte zwischen den Beinen des Jünglings, sichert ihn dadurch und im Verein mit den vertikalen Bäumen wie ein Piedestal. Gleichzeitig aber vergrößert er mit seinem ganz nach oben gerichteten Kopf, der in die Lüfte bellt, die Entfernung des Körpers von der Erde. Er ist wieder die verstohlen humoristische Note in dem Stücke.

Wer nach der Anatomie des Hundes sucht, nicht den Sinn dieser freiwilligen Karikatur begreift, der hat wohl überhaupt kein Organ für die Sprache der Formen.

So verbirgt sich unter der zarten Lyrik, die alle weichen Empfindungen in uns weckt, eine außerordentlich scharfsinnige Komposition, die wie ein rein intellektuelles Resultat erscheint. Ist das vielleicht das Unterscheidende gegenüber den anderen berühmteren Darstellungen desselben Motivs?

Man findet kaum etwas in diesem Bilde mit der Art, wie die anderen das Thema behandelten, gemein, und es scheint fast, als habe Marées seinen Gegenstand ebenso weit über die uns gewohnte Kunst hinausgehoben, wie er ihn der Natur entrückte. Man denkt kaum an den schönen Jüngling, den Zeus durch seinen Adler dem Olymp zuführen ließ, weil er ihn zu schade für die Erde fand, denkt noch weniger an den Correggio oder an den Rubens. Beide suchten einen Vorwurf für ihre Farbenspiele, Rembrandt benutzte ihn für seine Laune. Ein ganz anderes Verhältnis zum Gegenstande bestimmt Marées' Gemälde. Er erreichte etwas, das alle diese Meister nicht suchten und nicht einmal sahen, das uns näher steht und die anderen, die uns so vertraut sind, fast von uns entfernt. Wir entschließen uns schwer, in diesem Unterscheidenden nur etwas Intellektuelles zu sehen. Sicher tritt es nicht als kühle Abstraktion in Erscheinung. Verhältnismäßig abstrakt wirken eher die beiden Bilder von Correggio und Rubens, denn sie scheinen nur auf das Farbige bezogen; ein Hauch des Abstrakten liegt sogar auf dem Rembrandt, und er beschränkt unser Gefühl. Marées erreicht etwas Urmenschliches, er bleibt viel einfacher, weniger geteilt vor der Legende. Es ist, als hätten die anderen alle nur mit der Sage spielen wollen und wären ihrem geistigen Gehalt gegenüber gleichgültig geblieben. Sie dachten nur an sich, an ihre Malerei, an ihre persönliche Formel. Das schätzen wir, weil so viele andere, die milder mit der Legende umgehen, die eigene Zutat vergessen; weil uns diese rücksichtslose Handhabung des Objekts zum Symptom für die Kraft der Individualität geworden ist. Ist das Symptom ganz frei von Negation? Könnte man nicht einen anderen Standpunkt finden? Steht der Meister, der seiner Persönlichkeit so sicher ist, daß er sie nicht in den Vordergrund zu rücken braucht, der nicht einer ohne weiteres als Marke erkennbaren Farbenwahl oder einer bestimmten Gangart des Temperaments bedarf, der sich ohne Schaden für seine Originalität einem höheren Zweck unterwerfen kann und ein allgemeineres Resultat mit allen Mitteln seiner Kunst erreicht, steht der nicht vielleicht höher? Reinerer Intellekt ist reineres Menschentum und muß notwendig höhere, weitere Begriffe entstehen lassen. Marées' Ganymed erscheint im Vergleich zu den Darstellungen seiner großen Vorgänger in der Behandlung desselben Motivs als höhere Natur. Auch diese Natur geht wie bei Correggio und bei Rubens nur aus der Form hervor, aus Farben, die in einer besonderen Art rhythmisch geordnet sind. Aber der Rhythmus des Maréesschen Bildes ist viel verzweigter. Kein Detail wirkt für sich, kein Formendetail und keine Einzelheit des Begrifflichen. Wir durchschauen leichter den Correggio und den Rubens und glauben in dem Rembrandt etwas Formloses zu finden. Wenn wir bei dem Marées die Form mit seiner Farbenharmonie identifizieren, entgeht uns nicht, wie viel die zeichnerische Struktur bedeutet, die wir vorhin erkannten, und wenn wir in dieser die Entscheidung sehen wollen, verschwindet sie in der Atmosphäre. Der Rhythmus ist reicher und hängt trotzdem viel enger mit der Natur zusammen, die uns zum Objekt des Bildes wird. Er scheint in einer besonderen Art diese Legende zu verewigen, während wir in dem Correggio und in dem Rubens die Teile anderer Bilder sehen und die Beziehung des Rhythmus zu dem Gegenstande mehr wie eine zufällige Berührung exzentrischer Art erkennen. Wir sehen, wie der Flug Ganymeds entsteht, wie sich langsam zwischen Erde und Gruppe eine Entfernung schiebt. Die Haltung des Jünglings geht aus der Situation hervor. So nur kann er an dem Vogel hängen, der ihn emporträgt. Das ganze Bild scheint sich auf diese Situation zu konzentrieren. Aber bevor es zu dieser ganz natürlichen Haltung, zu diesem zarten Jünglingskörper kommt, ist eine Masse da im Raum, eine Helligkeit, die aus dem farbigen Dunkel hervorwächst. Bevor der Adler wird, ist ein leuchtendes Schwarz in den Lüften. Jenes Helle, dieses Dunkle regt sich. In einer Atmosphäre von Smaragd und Blau hebt sich langsam, unendlich langsam das Helle in die Höhe, wo das Dunkle gewaltig schwebt. Unser ganzes Empfinden macht die Bewegung mit. Wir spüren in uns das linde Gleiten in die Höhe, gleiten selbst mit, glauben zu fliegen. Da erst, wenn wir Teil des Rhythmus geworden sind, wird der ganze Umfang unseres Denkens von der Legende erfaßt, und nun mögen wir glauben, die Himmelfahrt Ganymeds zu erleben, die uns andere immer nur gemalt haben.

Es handelt sich nicht darum, Marées über große Meister der Vergangenheit zu stellen. Man beginnt kaum, sich mit ihm zu beschäftigen, und die allzu laute Verehrung könnte die Erhöhung, die der viel Erniedrigte wohl verdient, eher zurückhalten als fördern. Überdies hat die Wertung, die nur eine Rangordnung feststellt, geringen Belang, und sie wäre in unserem Falle sicher verdächtig, wollte man sie auf ein Bild gründen, mit dem unser Zeitgenosse mit seinen Pairs in siegreiche Konkurrenz trat. Was bedeutet für Rubens das kleine flüchtige Bild im

Prado! Es ist ein Tropfen im Meer und hat nichts von jener großen kühnen Flüchtigkeit, mit der der Königliche seine Gunst verschwendete. Wie wenig enthält der reizende Ganymed des Wiener Hofmuseums von dem reichen Correggio unserer Vorstellung! Wenn aber wirklich das Maréessche Bild der Wegweiser zu einem höheren Kunstbegriff werden könnte, der die Fruchtbarkeit, die Pracht und die Grazie jener beiden Meister durch die Tiefe der Anschauung überbietet, wie dürfte man wagen, das Dresdener Frühbild, diesen Türsteher am Heiligtum, für das Heiligtum selbst zu nehmen. Marées kannte Rembrandt besser, und wenn uns bessere Erkenntnis mangelte, brauchten wir nur sein letztes Bild, um zur Einsicht zu gelangen. Derselbe Ganymed, neben dem das Dresdener Bild klein scheint, dem es so fremd ist, wie es zwei Menschen aus verschiedenen Zonen und Zeiten nur sein können, zeigt gleichzeitig, wie nahe Marées auf seiner Höhe dem großen Holländer kam, als dieser den Gipfel erreichte. Er weist nicht auf dieses oder jenes Bild, sondern auf die ganze Fülle des Begriffs, die sich mit dem Namen des Meisters unserer Meister verbindet.

Das Rembrandthafte in dem Ganymed ist ebensowenig greifbar, wie die Realität des Bildes. Es beruht nicht auf dem Motiv, auf keiner Äußerlichkeit, nicht auf dem Mittel im engeren Sinne. Es ist legendenhaft, wie der Aufstieg des Jünglings am Halse des Adlers. Sinnfällig und einfach wie diese Himmelfahrt formte Rembrandt seine erhabenen Gedanken. Er hatte eine andere Fleckentheorie. Der verlorene Sohn auf dem wunderbaren Spätwerk der Eremitage ist mit Hammerschlägen geschmiedet, und in dem Braunschweiger Familienbild wurde der Pinsel zum Werkzeug des Ziseleurs, der kostbares Geschmeide schafft. Wir brauchen diese Materie. Die Bilder bestehen daraus. Aber vielleicht ist sie nur da, um uns mit der Freude an ihrem Sinnlichen Widerstände gegen das Übersinnliche der Bilder zu geben, damit wir es langsam und sicherer fassen und die ganze Größe der Einfalt aufnehmen, die das Kindliche und das Erhabene, das Reinste und Höchste menschlicher Empfindung so einfach zu verbinden weiß. Rembrandt und Marées haben den weittragenden Ausgleich zwischen Objekt und Subjekt gemein. Es ist ein Ausgleich zwischen Persönlichkeit und Gesetz, zwischen dem Ich und den edelsten Ansprüchen der Welt. Keiner der alten Meister war mehr Maler als Rembrandt, keiner drang tiefer in die Geheimnisse des Farbigen, keiner steht so unabhängig vom Mittel, so wenig als Maler, so voll von Menschentum vor uns. Vielleicht kam er zu der pastosen Breite seiner späteren Bilder nur, weil er für ein anderes Mittel nicht mehr beweglich genug war. Marées besaß die einzigartige Fähigkeit, mit dem sprödesten Material zu malen, und schuf sich ein neues Material, das in dem Ganymed zu vollkommener Pracht gedieh, aller Unebenheiten ledig, die den Techniker bei den vorhergehenden Werken beunruhigen. Und die ganze technische Entwicklung, die er in dreißig Jahren durchmachte, scheint Marées nur zur Befreiung vom Handwerk gedient zu haben. Wir mögen an dem Ganymed die Harmonie und das Email der Farben bewundern. Diese Schönheit bedeutet für unsere Empfindung nicht mehr, als für Rembrandts verlorenen Sohn die Handschrift des Pinsels.

Diese geistige Gemeinschaft mit einem in unserer Vorstellung gesicherten Meister fühlen wir in Marées' Ganymed. Wir deduzieren sie nicht verstandesmäßig. Unser Instinkt fühlt ihre Mitwirkung in den Werten des Bildes. Sie stählt die Kraft der Schwingen des Adlers, veredelt die Poesie des schimmernden Knabenkörpers, ruht verborgen in der schlummernden Landschaft. Und vielleicht ist es nicht zum wenigsten diese unsichtbare Beziehung zu einer uns geläufigen Gefühlswelt, was unserer tiefen Vertrautheit mit der Maréesschen Legende, ihrer rührendsten Wirkung, zugrunde liegt.

Diese Beziehung kommt hier nicht zufällig zum Vorschein. Sie hat teil an Marées' Entwicklung. Wohlvorbereitet wie eine seiner Legenden löst sie sich allmählich aus dem Schatten, der ihn umgibt. Seine Begegnung mit Rembrandt wächst wirklich zu einer schönen Legende. Sie zeichnet die Jugend des Meisters. Wir sahen die Sehnsucht des Debütanten nach Holland, sahen ihn in München der Altmeisterlichkeit des großen Vorbildes seinen Tribut darbringen, erkannten später in schönen Bildnissen einen veredelten Anteil. Dann nahmen uns andere Erscheinungen in Anspruch. Der individuelle Entwicklungsgang mit seinen, viele Probleme aufrührenden Phasen trat in den Vordergrund, und wir dachten nicht mehr an die mächtige Hand, die einst den Jüngling beschirmt hatte. Marées aber vergaß ihrer nicht, oder vielmehr, sein Genius behielt, vielleicht ohne daß sich der Mensch dessen bewußt blieb, den Eindruck, lebte weiter mit ihm, und es war wie ein geheimes Abkommen, daß wir nichts davon merken sollten, bis das Lebensziel erreicht war.

Marées entfernte sich sehr weit von dem Ideal seiner Jugend. Rembrandt ging nicht nach Italien. Die Geschichte brauchte, um eine neue Ära zu beginnen, in dem der Norden die Führung übernahm, einen verhältnismäßig reinen Extrakt unserer Art. Damals konnte einer noch in seiner Heimat sich vollkommen erfüllen. Rembrandt erfüllte sich so, daß sein Vaterland wie eine winzige Provinz seiner Eigenheit erscheint. Der Anspruch der Holländer auf ihn gleicht dem der Schweizer auf den Rhein. Rembrandt entspringt in Holland und fließt durch die ganze Welt. Das Beispiel hat viele geblendet, die sich vor Italien fürchteten. Auch unsere Zeit kann Menschen solchen Umfangs hervorbringen, aber sie bedient sich anderer Mittel. Keine nationale Kunst ist heute noch frisch genug, auch wenn sie noch so groß scheint, keine Heimat ist klein genug, um solche Spannkräfte im Individuum zu sammeln. Das Talent findet zu Hause nicht mehr fördernde Reibung genug. Die Zeit hat jeder Heimat zu viel abgeschliffen. Wir reisen und müssen reisen. So reiste schon Dürer. Das ist weder zu beklagen, noch zu loben. Es ist an sich eine ganz äußerliche, neutrale Angelegenheit, wie ein Eisenbahnzug oder eine Postkutsche. Es kann einer in Berlin römische Vorstellungen haben. Rembrandt erlebte in Amsterdam orientalische Märchen. Es kann einer ewig in Berlin bleiben, auch wenn er durch die ganze Welt reist, oder er wird selbst zum Eisenbahnzug, zu einer unpersönlichen Sache. Auf das Erlebnis kommt es an, auf die Befruchtung, nicht auf die Vermengung der Vorstellungen. Sie bedürfen der Mischung wie der Samen des Menschen, um Neues hervorzubringen.

Marées reiste. Der Anblick der großen Italiener berauschte den Rembrandtschüler. Wir haben diese Geschichte von nahem gesehen. Sie hatte verzweifelte Momente. Marées wollte nicht mengen. Auf vielen Wegen drang Italien auf ihn ein. Giorgione gab ihm, die großen römischen Meister zogen ihn mächtig an, die Antike drohte und verlockte. Er erlitt die Befruchtung. Zuweilen mögen ihm die Genien wie Furien erschienen sein. Wir sahen, wie er langsam heimisch wurde. Da beginnt das Phänomen. Je mehr er sich dem Süden erschließt, desto deutlicher kommt das Nordische in ihm hervor. In den Familienbildern kämpft Rembrandt um die Seele des Ringenden mit Leonardo, in den Römischen Landschaften mit Giorgione. Zum ersten Male wieder in Deutschland, malt Marées typisch nordische Bilder. Sie setzen auf einem ungemein erhöhtem Niveau fort, was die Übersiedlung nach Italien unterbrochen hatte. In den Neapeler Fresken stehen sich Norden und Süden nahezu unvermittelt gegenüber. Darauf gewinnt Italien für eine Zeitlang die Oberhand. Marées kommt Raffael nahe. Gleichzeitig bedient er sich der typisch italienischen Technik. Es ist, als hätte er in Florenz der Geliebten noch einmal ganz ins Auge sehen wollen, um sie endgültig zu überwinden. Bald beginnt das Zusammenschweißen der Teile. Das kann man fast wörtlich nehmen. Die Umwandlung der Technik zu der undurchdringlichen Mischung von Tempera und Ölmalerei ist die unmittelbare Folge der Vermählung der beiden Anschauungen, das äußere rätselreiche Zeichen für den ungeheuren Ideenkomplex, dem sich der Geist des Vorwärtsdringenden unterwirft. Nun entstehen die Hauptwerke. Die Werbung ist die feierliche Besiegelung des Bundes. Die Frage, welcher Anteil an diesen Werken dem Norden, welcher dem Süden gehört, entsteht überhaupt nicht, so wunderbar gelang die Einheit, so selbstverständlich ist die Antwort. Sobald Marées nicht unterlag, mußte er von unserer Art bleiben. Hinge man seine Bilder in die Uffizien, so würden sie mit derselben Eindringlichkeit für unsere Rasse zeugen, wie die Memling, Hugo van der Goes, Gerard David und Roger van der Weyden, die von der ersten ruhmreichen Eroberung des Südens durch den Norden berichten. Dafür spricht das Rembrandthafte aller Maréesschen Hauptwerke. Es ist kein Merkmal irgendeiner Abhängigkeit Marées' von Rembrandt, sondern das uns geläufige Zeichen der Zugehörigkeit zu der Welt von Vorstellungen, die unsere Heimat bedeuten. Keiner vor Marées hat diese Welt so tief erschaut wie Rembrandt. Nur deshalb mögen uns Rembrandt und Marées wie nahe Verwandte erscheinen, so weit sie sich auch in ihren letzten Formen voneinander entfernen. In den drei Reitern glaubt man diesen Geist, den wir Rembrandt nennen, greifen zu können. In märchenhaftem Glanz stehen unsere Sagen vor uns, in aller ihrer kindlichen Einfalt, die dem Pathos der Lateiner so fern ist, mit ihrer unverwüstlichen Unwahrscheinlichkeit, mit dem echt nordischen Zug, dem stillen Humor, der sich mit unserem Heiligsten verträgt. Und wenn ein Hauch des Südens zu spüren ist, scheint er nur dazu da, um zu verbannen, was unser Wesen verkleinert, das müde Sentimentale spätgeborener Träumer. Der Ganymed nähert sich der Art der Reiterbilder, aber wächst darüber hinaus. Die antike Herkunft der Legende scheint ihren Ausdruck zu adeln. Reicher als in dem Martin, reiner, ausgeglichener als in dem Georg und frei von den Rauheiten des Hubertus regt sich der Rhythmus. Die tiefe Resonanz des Klanges ware wohl mit der Weichheit Giorgiones, der den jungen Marées begeisterte, zu vergleichen, des einzigen Meisters, der in Italien Rembrandt vergleichbar erscheint. Aber verbirgt sich nicht auch hier, und gerade da, wo Marées die Seele Griechenlands berührt, in dem Körper des mädchenhaften Jünglings, ein Atom jener nordischen Sprödigkeit, die in Rembrandts Danae der Hingabe dès Weibes die undefinierbare Zurückhaltung hinzufügt? An Rembrandt denkt man bei dem letzten Selbstbildnis, wie man bei dem ersten an die frühesten Selbstbildnisse Rembrandts in Paris und in Kassel denken könnte. Man bedarf nicht der Ähnlichkeit, um daran erinnert zu werden. Man empfindet sogar die tiefe Verschiedenheit der Formen wie eine Sicherung des Vergleichs. Die Formen sind Körper, sie gehen uns zuletzt nichts mehr an. Die Bahnen gleichen sich, die von den Körpern durchmessen werden. Sphären verbinden sie, räumliche Verhältnisse sind ihnen gemein. Nur die Luft der Hesperiden hat teil an Rembrandts Atmosphäre. So weit drang der Holländer nicht. Die Architektur solcher Gebilde konnte nur aus tiefer Sehnsucht nach der Antike wachsen. Aber nur der nordische Genius, ein von unseren Stürmen Gefestigter, konnte sie bauen; ein Mensch, der von dem warmen Menschentum Rembrandts getroffen war und Rembrandts Barmherzigkeit zu einem noch edleren Mitgefühl für seine Mitwelt steigerte. In der Selbstüberwindung hat unser größter Meister der Vergangenheit in Marées einen Vollender gefunden.

DAS ENDE

Der Ganymed entstand wenige Wochen vor Marées' Tode. Die schwere Attacke von 1884 war nicht ohne Folgen geblieben. Im Frühling und im Herbst des Jahres 1886 hatten sich wieder Schmerzen im Bein gemeldet, und dieses Rheuma muß wohl mit einer Aufzehrung der Kräfte in Zusammenhang gestanden haben. Marées wußte Bescheid. Wir haben gesehen, wie er mit dem Bruder verfuhr. Als Bruckmann vor seiner Übersiedlung nach Florenz Abschied nehmen kam und die Hoffnung aussprach, den Meister bald wieder zu sehen, meinte Marées, das sei nicht sehr sicher. Und als Bruckmann lachte, erhielt er die Antwort: »Sehen Sie mich einmal gut an. Wie lange habe ich noch zu arbeiten?« Bruckmann wollte bescheiden sein und sprach von fünfundzwanzig Jahren. »Passen Sie genau auf«, sagte Marées, »ich habe gerade noch zwei Jahre.« Das war 1885. Von Frau Bruckmann, seiner treuen Pflegerin, nahm er »definitiven« Abschied, da er in den zwei Jahren kaum noch nach Florenz kommen würde. Er sprach sachlich und ohne alle Sentimentalität, wie von einem ihn persönlich gar nicht angehenden Faktum. Die Aussicht trübte nicht den Sinn des Menschen, der für sich keine Gefühle verschwendete und bestimmte nur den Schaffenden. Gelassen trifft er seine Dispositionen. Sie gelten nur der Arbeit. Sie muß bis zu seinem Abgang fertig werden, und er weiß, sie wird fertig werden. Im April 1886 schreibt er, er hoffe mit einigen Schweißtropfen diesen Sommer mit den Bildern zu Ende zu kommen. Im September bedarf es nur noch einer »Revisionsarbeit«, deren Abschluß auf einen bestimmten Tag, den 24. November, festgesetzt wird; »und damit wäre eine fünfundzwanzigjährige

Arbeit definitiv und unwiderruflich erledigt.« Das gilt unter der Voraussetzung, daß sein Leiden keinen Strich durch die Rechnung mache. Die gefürchtete Störung trat ein. Im Oktober war er ans Zimmer gefesselt, konnte aber malen. Ende November arbeitet die Maschine wieder in voller Kraft. Die Umstände gestatten ihm nur noch wenige Wochen zum Betrieb seiner Kunst, schreibt er wörtlich; »jedoch werden dieselben genügen«. Er ist in guter Stimmung. »Das ruhige Bewußtsein, stets, wenn auch vielfach irrend, nach dem gestrebt zu haben, das mir als das Nottuende erschien, gibt mir eine innere Unbekümmertheit, die mir entweder alle Schwierigkeiten überwinden hilft, oder aber das Unvermeidliche auf die richtige Art ertragen läßt.« Fiedler, der oft in diesen Jahren in Florenz war, aber die Reise nach Rom scheute, klagt über spärliche Nachrichten. Auch mit diesem Kapitel ist Marées im klaren. »Wenn Zeit und Umstände es so fügen, daß mehrere Individuen ihren Sinn auf annähernd dasselbe gerichtet haben, dann vermögen Briefe wohl Lücken der Entfernung auszufüllen; kann dies aber nicht der Fall sein, so stellen Briefe eigentlich nur einen momentanen Zustand außer allem Zusammenhang dar und erzeugen eher Mißverständnisse, als daß sie zur Aufklärung beitrügen.« Fiedler hat die Todesahnungen für den Ausfluß persönlicher Stimmung genommen und wohl versucht, sie dem Freunde auszureden. Und darauf antwortet Marées in demselben Brief vom 3. Februar 1887, vier Monate vor dem Ende: »Auf mein persönliches Existieren habe ich wohl nie einen übermäßigen Wert gelegt, und es wäre ein übles Zeichen, wenn ich mir jetzt das Zittern angewöhnen wollte. Im Gegenteil, weil mich fast auf Schritt und Tritt edlere Geister umschweben, kann ich den Ereignissen, soweit sie mich betreffen, mit der größten Heiterkeit entgegensehen. Trotzdem und weil die Zeiten sehr schlecht sind und ich sehe, daß sie mich zum Schlusse drängen, beschäftigen mich Sorgen von ernsterer Natur, als die um mein persönliches Dasein, überhaupt um Persönliches; sie sind sicherlich hoch gerechtfertigt und tief begründet.

In diesem Sinne suche ich, solange ich noch kann, Überlegung, Witz und Kraft zusammenzunehmen, und in diesem Sinne von den wenigen Menschen, mit denen ich noch verkehren kann, aufgefaßt zu werden, würde mich allerdings erfreuen. Vieles ist zu ordnen, mancherlei festzustellen, wenn ein so großer Kraftaufwand nicht ganz nutzlos dagewesen sein soll, und ich muß alles selbst tun.«

Der Sinn solcher Äußerungen schließt jedes Mißverstehen aus und entfernt von den Seitenblicken des Menschen ins Jenseits alles Kleine. Nicht Schwermut spricht so oder Furcht vor dem Tode, sondern die Ehrfurcht vor einem im Werke geschaffenen Dasein. Es ist die Sprache des Mannes, der viele Jahre vorher, als das Leben noch vor ihm lag, seinem intimsten Freunde empfahl, aus ihrem Verkehr alles Persönliche auszuscheiden, der vom Freunde und vielleicht auch von der Geliebten »als eine Gelegenheit und weiteres nicht« betrachtet werden wollte. Zu den Dingen, denen man sich nicht mit »Verliebtheit« nahen durfte, rechnete er auch das Leben.

Zu den Schülern ist er freundlich. Pidoll ist in Paris, mancher andere hat sich anderen Wegen zugewendet. Volkmann, der treue Famulus, und zur Helle sind die Stützen des Schülerkreises und dienen dem Meister mit blinder Ergebenheit. Von Volkmann hofft er immer noch eine Zukunft. Tuaillon ist dazu gekommen und erhält wertvolle Lehre. Von anderen jungen Leuten sah Marées in den letzten Jahren namentlich den heiteren Philosophen Rudolf Pichler.[1] Sie haben manchen langen Abend über große und kleine Dinge geplaudert. Sór Rodolpho erzählt gern und gut von diesen wohltemperierten Gesprächen. Marées wußte immer noch, wo es den besten Chianti gab. Caselli, eine kleine Kneipe nahe bei dem Parlament, hatte sich damals seiner Gunst zu erfreuen. Eines Abends bringt ihn Schäuffelen, der Schwager Hildebrands, mit Lenbach zusammen. Marées begräbt den alten Groll. Lenbach ist begeistert und verspricht, dem Jugendfreunde eine pompöse Ausstellung zu arrangieren, so wie er allein es versteht, im Glaspalast. München soll staunen. Keine Frage, sagt sich Marées, dieser alte Schwerenöter kann einem, wenn er will, höchst nützlich sein, und verspricht, es sich ernstlich zu überlegen.

Er hat eine große Freude. Das alte »Fiammingo-Blut« regt sich noch einmal mächtig und verbannt alle Berührung mit der Außenwelt. Selbst Volkmann findet die Türe verschlossen. Drinnen gehen Seligkeiten vor. Ein Arbeitssturm, wie er ihn noch nie erlebt zu haben glaubt, packt ihn. Der Ganymed wird im Fluge gemalt. Gedanke und Form, jetzt hat er sie im selben schönen Augenblick als Einheit. Zwei Monate, schreibt er am 20. Mai, möchte er noch haben. Vierzehn Tage darauf steht man an seiner Leiche.

Die unmittelbare Todesursache war wohl ein Abszeß am Halse, den er in seinem Arbeitssturm nicht rechtzeitig beachtete. Da er seinen Schülern das Atelier verboten hatte, ist er vielleicht einen Tag lang in großen Schmerzen ohne Hilfe gewesen. Zufällig kam Pichler vorbei und fand ihn stark fiebernd. Vor ihm lag aufgeschlagen das Buch Hiob. Dem Schwerhörigen konnte sich Marées nicht verständlich machen und schrieb mit Mühe auf einen Zettel, man möchte einen Krankendienst einrichten. Pichler lief sofort zu Dr. von Fleischl und bat um eine Krankenwärterin, die ihn selbst kurz vorher gepflegt hatte. Sie war gestorben. Marées wurde von Dr. Neuhaus, dem Arzt der deutschen Botschaft, behandelt, der ihn seit Jahren kannte. Es ist derselbe Doktor, der später in dem Drama Stauffer-Bern eine Rolle gespielt hat, ein braver Mann ohne Initiative, kein Licht der Wissenschaft und, was wohl das bedenklichste war, ohne Autorität. Marées machte mit ihm, was er wollte. Er ließ sich den Abszeß öffnen. Vielleicht hatte das Geschwür bereits die Gehirnhaut angegriffen. Doch war er vollkommen klar. Nach dem Schnitt fühlte er sich erleichtert, verließ das Bett und bestand darauf, in seine geliebte Campagna zu fahren. Der Ausflug, auf dem ihn Volkmann begleitete, hat ihm wahrscheinlich den Rest gegeben. In der Campagna grassierte die Perniciosa, der schlimme Grad von Malaria. Marées hatte nicht mehr Widerstandskraft genug. Er fieberte schon, als er hinausfuhr. Das hätte ihm der Arzt unter keiner Bedingung erlauben dürfen. Am 2. Juni stieg das Fieber rapid. Neuhaus kam sofort, sprach von Nervenüberreizung und hielt das Fieber nicht für Malaria, sondern für eine Folge des alten Rheumas. Der Kranke phantasierte sehr stark. Neuhaus zog noch einen italienischen Arzt zu. Beide waren ratlos. Wahrscheinlich übersah man, daß Marées seit Jahren an Chinin gewohnt war, und reichte ihm zu schwache Dosen. Da beide Ärzte längst gestorben sind, läßt sich der genaue Hergang nicht mehr feststellen. Ich halte mich an die Ansicht Fleischls und die Berichte der Schüler. Schlösser und seine Frau und die Schwägerin Schlössers, Helena, der Marées vielleicht näher gestanden hat, Volkmann, Tuaillon und der Bildhauer Neumann-Toborg waren ständig um ihn. Am nächsten Tage, Donnerstag, ließ das Fieber etwas nach. Marées lag still, aber fast ohne Teilnahme für seine Umgebung. Jetzt unterrichtete Volkmann den im nahen Florenz weilenden Fiedler brieflich von der Gefahr.[2] Als am Nachmittag desselben Tages der Arzt wieder kam, richtete sich Marées auf und sagte in seiner martialischen Art, die keinen Widerspruch duldete: »Die Sache ist in Ordnung. Nun wollen wir ins Café di Roma gehen.«[3] Er erhob sich tatsächlich und ließ sich von Tuaillon anziehen. Er war auffallend mager. Der Körper bestand nur noch aus Haut und Knochen. Mit Mühe kam er mit den Schülern ins Café. Dort klappte er zusammen, die Lippen wurden plötzlich ganz schwarz, er sah entsetzlich aus. Aber nach einer Weile kam er zu sich, bestellte zu essen und zu trinken und hieß die anderen, guter Dinge zu sein und sich nicht um ihn zu bekümmern. Darauf wurde er ohnmächtig. Seine Getreuen brachten ihn in einer Droschke nach seinem Hause in der Via del Vantaggio 4. Tuaillon sah ihn nicht lebend wieder, der Wachtdienst hatte ihn krank gemacht und er mußte zu Bett gehen. Man schickte nach einem Krankenwärter. Der kam erst den nächsten Tag und fand Marées schon in Agonie. Der Todeskampf zog sich viele Stunden hin. In der Nacht vom Sonnabend zum Sonntag, am 5. Juni, gegen elf Uhr, verließ den Leib die Seele.[4]

Fiedler und Hildebrand kamen zum Begräbnis herüber. Von Verwandten war niemand da. Volkmann schritt gleich hinter dem Sarge, als der dem Entschlafenen Nächste. Der Zug war winzig. Man begrub ihn an der Pyramide des Cestius. Nur der Pastor sprach ein paar Worte.

*

Marées' Grab sollte das Zeichen des Ritters Georg tragen.[5] Solange er lebte, schien er ein Don Quichotte. Heute fangen wir an, den Ritter Georg in ihm zu erkennen. Ein Ritter vom Geist, sagt die gewohnte Nomenklatur, und man weiß nie, ob das Schmuckwort den Geehrten nicht ein wenig herabzieht. Man

Der Rosselenker. 1887

pflegt dabei immer nur an den Geist zu denken, und der Ritter schrumpft zu einem komischen Professor ein. So soll es von Marées nicht gemeint sein. Der Geist nahm diesem Ritter nicht die derbe Natur, den festen Schritt, die stolze Männlichkeit, die edle Geste. Reckenhaft war er, gegen die Freunde, gegen die Frauen, gegen sich und seine Kunst. Reckenhaft ist er gestorben, stehend, schaffend. In der Arbeit, lobt man. Nicht in der Arbeit, sollte man sagen, nicht als der vom gewohnten Tun erdrückte Pflichtmensch. Als Schwelgender ging er, im Genuß seiner Welt, glücklich, als siegreicher Held. Er ist nicht fünfzig Jahre alt geworden, hätte gern noch gelebt, denn er verstand zu leben, verstand es so gut, daß er die Spanne, die ihm vergönnt war, mit eigener Kraft ums Hundertfache verlängerte. Es fehlt nicht an Leuten, die meinen, er sei zur rechten Zeit gestorben, und man hat von pathologischen Dingen gefaselt. Den klarsten Menschen, der je den Pinsel führte, hat man wahnsinnig genannt, weil man zu träge war, ihm nachzugehen, oder der eigene Verstand nicht ausreichte. Und gleich nach dem Tod entstand das Gerücht, er habe mit Selbstmord geendet. Weil er, sagt man, nicht fertig wurde, weil er auch zuletzt noch unzufrieden mit sich war.

Unzufrieden, das muß zugegeben werden, war er. So zu sein galt ihm, wie er einmal sagte, für Beruf. Es ist der Beruf aller großen Menschen. Wie sollten sie anders sein, sie, die mit Unendlichem rechnen, die über uns stehen, die uns mit ihrer Größe züchtigen? Könnten, dürften sie es, wenn sie gegen sich selbst anders wären? Ein anderer deutscher Maler, dem es nicht weniger ernst um seine Sache war, hatte dieselbe Unzufriedenheit. »Wenn ich es auch«, sagte er, »gewiß zu der Vollkommenheit in der Kunst, wie sie Rubens erreicht hat, zu bringen wüßte, mir dann aber nichts mehr zu hoffen übrig sein sollte, so könnte ich es doch unmöglich wählen. Wer auf der Bahn nicht gleich wünscht, das Höchste zu erlangen, ist es nicht wert, daß er etwas minder Großes erreicht. Die Hoffnung ist das schönste im Leben, wer sich die abschneiden möchte, bloß um etwas Gewisses zu haben, in dem ist der lebendige Geist schon gestorben.« Von Ibsen wird ähnliches berichtet, und Goethes ganzes Leben sagt dasselbe. Marées' Unzufriedenheit ist ein Beweis für seine Lebenstüchtigkeit. Nicht der einzige. Als einziges Argument wäre sie verdächtig. Der Wortsinn des Satzes, den Wölfflin in einer Rede über Marées zitierte, in magnis et voluisse sat est, unterscheidet einen Runge nicht von einem Marées. Großes Wollen kann Größenwahnsinn sein. Erst wenn es zum Werke, zur lebendigen Anschauung wird, erhält es für andere Bedeutung, und dann freilich wird zuletzt für unser Empfinden die Kraft des Geistes über alles Greifbare hinaus wachsen, dann mögen wir die Werke nach dem Wollen messen, dann sind wir selig, wenn außer der erreichten Fülle noch etwas übrig bleibt, wenn uns die Werke nur als Stufen zur Unendlichkeit gedient haben.

Bis zum letzten Augenblick stieg Marées viele Stufen empor und verlangte, als der Abschied, den er lange vorher fühlte, nahe war, noch zwei Monate über seine Zeit. Nach den zwei Monaten hätte er einen weiteren Aufschub erbeten, wie er einst ihn vom Vater, dann von Schack, dann von Fiedler und allen, die auf ihn sahen, erbeten hatte. Wäre er hundert Jahre geworden, hätte er immer noch ein Weniges mehr verlangt. Er konnte nicht fertig werden, er hätte nichts erreicht, wenn er je fertig geworden wäre. Weil wir sonst fertig mit ihm werden würden. Weil er ein Größeres geschaffen hatte, als er selber war. Geschaffen, nicht nur gedacht. Wir haben es vor uns, sahen es aus Kleinem immer größer werden, fühlen es, wie er es fühlte, sehen weit über dem sterblichen Menschen mit seinem begrenzten Wesen, mit seinen Schwächen und Sonderheiten das Göttliche, das Ewige seiner Unruhe.

Nichts anderes als das wirft die Welt ihm vor. Man steht vor einer ihrer ganz großen Dummheiten und möchte Marées' dröhnendes Lachen haben. Wie rührend gutmütig war dieser Menschenverächter, der sich Pygmäen zog, um seine Sache weiterzupflanzen, welche erhabene Heiterkeit birgt sich unter seiner beißenden Spottlust, daß er, im Herzen dieses göttliche Gefühl, überhaupt noch sprach und schrieb und – malte. Er hat sich einmal in der letzten Zeit einem Bekannten gegenüber vergessen: »Ich bin mir klar, ich brauchte nichts zu tun, ich male um der anderen willen.« Wenn man etwas Menschliches an ihm seiner Schöpfung nähern darf, ist es diese Güte. Man wirft ihm vor, daß er seine Bilder nicht in Ruhe ließ. Es ist richtig, er hat sogar in den letzten Monaten, nach jenem Ausflug mit Tuaillon und Volkmann nach Albano, noch einmal an den Dreiflügelbildern gemalt, und wir wissen, was sie dadurch gewonnen haben. Er hätte das vielleicht noch hundertmal getan, an Bildern, die uns ganz vollendet erscheinen. Und er hat zuweilen die Verbesserung so lose angedeutet, daß den sonderbaren Leuten, die er die Kritiker mit der Nase nannte, das Bild entstellt scheint, so wie eine schon geschriebene Seite durch die schnelle Korrektur des Autors entstellt wird. Sie war vorher nicht besser, sie war sogar weniger richtig, ja, sie mag einem im Vergleich zur letzten Fassung miserabel erscheinen, aber, o deutsche Hausfrau, sie sah sauberer aus. »Ich male mit Dreck«, war eins seiner kernigen Worte, und er bezog sich auf Rembrandt, der auch mit Dreck gemalt habe. Etwas Ähnliches soll schon der freche Jüngling im Atelier Steffecks gesagt haben. Sein Bestes wirft man ihm vor: daß er in seine Bilder nicht verliebt war, daß er nicht für den Liebhaber schuf, sondern für die Vollendung: seine Größe.

So urteilten die Wenigen, die überhaupt der Tod des Künstlers zu einer Äußerung veranlaßte. So urteilte im Grunde auch Fiedler in seinem 1889 erschienenen Aufsatz.[6] Der Rückblick auf das Leben des Freundes, von dem ihm mehr als jedem anderen bekannt war, enthüllte ihm im Grunde denn doch nur wieder den Menschen, den er in San Francesco zu sehen geglaubt hatte und den er in Rom immer nur von San Francesco aus sah: den Kämpfer mit unzulänglichen Kräften, der an innerem Zwiespalt scheiterte und scheitern mußte. Dieselbe Kritik, die sich in Dresden, als Marées nach Neapel gefahren war, in ärgerlichen Worten äußerte, wird jetzt in besser gesetzter, von der Pietät geformter Rede wiederholt und klingt in dieser Form noch peinlicher. Die persönliche Berührung mit dem Menschen hatte Fiedler natürlich die Umrisse seiner Absichten erkennen lassen. Sie wurden ein fester Bestandteil Fiedlerschen Denkens, aber blieben dem Kritiker ein ganz abstraktes Postulat, das er mit dem von Marées in Wirklichkeit Erreichten in keinen lebendigen Zusammenhang zu bringen vermochte. Er konstatiert, Marées habe sich, wie Feuerbach, Böcklin, Thoma, »von der Darstellung alles dessen abgewendet, was das Zeitinteresse fordern würde«. In den Reiterbildern, dem Paris-Urteil usw. habe er sich mit einer Art Notbehelf begnügt und Vorgänge dargestellt, die vergangenen Epochen des Kulturlebens angehören. In diesem Notbehelf sieht Fiedler »eine Art von Unwahrheit«, »eine Verkleidung, die wiederum dem unmittelbaren Naturausdruck hinderlich ist«. Deshalb hat Marées diese Gebiete verlassen, »um sich eine ganz unabhängige Phantasieform zu schaffen, in der er seine eigenste Naturanschauung zum Ausdruck bringen konnte«. Diese Anschauung war von keinerlei gegenständlichem Inhalt bestimmt und trieb den Künstler zu einer doppelten Entwicklung der bildnerischen Tätigkeit. »Einmal nach seiten dessen, was man im eigentlichen Sinne Komposition nennen mag. In der nie ruhenden Umbildung der den Künstler beschäftigenden Vorstellungselemente, in ihrer immer neu gesuchten Zusammenordnung zum Bilde war ein beständiger Fortschritt bemerkbar. Die Verarbeitung der Natureindrücke zu einer in sich geschlossenen Gesichtsvorstellung trat mit jedem neuen Versuche bewußter und planvoller zutage. Und damit im engen Zusammenhang stand eine andere Entwicklung, die bei Marées eine hervorragende, zugleich aber verhängnisvolle Rolle spielte, die Entwicklung nach Seiten der zu erreichenden Illusion.« Dies ist für Fiedler der Punkt, wo der Künstler scheiterte. Marées ist der Mann, der alles glänzend anfing und alles wieder verdarb. Pidolls begeisterte Schilderungen früher Entwicklungsstadien der Bilder finden einen Widerhall. »Eine ganze Welt von Phantasie tat sich auf, und Bild auf Bild trat in der Herrlichkeit unmittelbarer Erfindung hervor. Und alles dies sah man wieder verschwinden, zugrunde gehen. Unter denselben Händen, die alle diese Schöpfungen so leicht an das Licht hervorriefen, verdunkelte sich allmählich wieder deren Klarheit; ihr Urheber verließ sie, um an neuen Entwürfen das alte Spiel immer von neuem zu wiederholen. Er mußte schwer unter einem inneren Zwiespalt leiden; das feste Vertrauen auf ein endliches Gelingen gab ihm die erhebende Kraft zu einer erneuten Tätigkeit, und immer wieder sah er sein Selbstvertrauen zuschanden werden.« Dieser Zwiespalt, meint Fiedler, habe Marées' Dasein bis an sein Ende beherrscht. So sieht er den Künstler. Seitdem ist die Phrase von dem viel wollenden Nichtskönner zum Etikett für Marées geworden. Dagegen wird eine andere Form des Maréesschen Ausdrucks uneingeschränkt anerkannt, seine Rednergabe. Sie ersetzte, was dem Maler fehlte. Es war unvergleichlich, meint Fiedler, »wie sich aus dem, was sich dem Auge darbot, und aus dem, was man aus Marées' Munde hörte, allmählich ein wunderbarer Eindruck entwickelte. Das eine war nicht von dem anderen zu trennen. Hatten die Bilder etwas Unfertiges, Übertriebenes, gewaltsam Willkürliches, so verschwand dies alles und man glaubte, nur Vollendetes zu sehen. Nicht nur wurde man durch ihn belehrt, aus der oft seltsamen und befremdlichen Erscheinung das wunderbare Gebilde seiner Phantasie herauszuerkennen; man wurde auch durch seine Worte hinausgeführt über die Unvollkommenheiten, die dem Auge doch nicht verborgen bleiben konnten. Indem der Eindruck der Rede es über den Augenschein davontrug, unterlag man der merkwürdigsten Täuschung, und man glaubte, in dem sichtbar Vorhandenen das Geschilderte nun auch wirklich zu besitzen.« Auch diese Ansicht ist uns vertraut. Wir kennen sie seit den ersten Romtagen, als man Marées nachsagte, er male mit dem Munde. Sie ist neben der vielwollenden Impotenz der zweite Titel der Kritik geworden, die sich auf Fiedlers Arbeit gestützt hat. Es fehlte nun nur noch, daß Marées sich des Gegensatzes zwischen dem, was er malte, und dem, was er sagte, bewußt war. Und selbst diesen bedenklichen Zug entfernt Fiedler nicht mit voller Sicherheit. Er zitiert viele Briefstellen, die eine deprimierte Stimmung von Marées dartun oder darzutun scheinen, und versäumt, den Anlaß anzugeben, der sie entstehen ließ. Wenn sich schon gegen die Beurteilung eines Künstlers nach seinen Briefen allerlei gute Gründe erheben, wie verkehrt muß das auf diesem Wege gewonnene Bild werden, wenn das Urteil auf Fragmente angewiesen ist, die nicht mehr den Zuammenhang mit der momentanen Stimmung des Schreibers erkennen lassen, wenn

Sätze, die aus einer Laune, aus hundert anderen unkontrollierten Gründen entsprangen, die Bedeutung von Maximen erlangen. Das Wort eines Künstlers bei der Arbeit hat einen anderen Sinn als das des Denkers, der sich seiner Formulierung bewußt ist, und es wird, wenn man die Arbeit ausscheidet, zu leerem Schall. Aus diesen Briefstellen, »diesen seltenen Augenblicken offenster Mitteilung«, setzt Fiedler einen zweiten Marées zusammen, der die Impotenz eingesteht, während der andere »im persönlichen Verkehr mit seiner Umgebung«, und zwar sogar »seinen näheren Freunden gegenüber«, ein ganz anderes Gesicht: »die unbedingteste Zuversicht zu dem Gelingen seiner künstlerischen Absichten zur Schau trug«. Diesem Gesicht, meint Fiedler, unterlagen die Schüler, die zu Marées kamen, und diesem Gesicht unterlag er selbst. »Wie hätte Marées jenes Bewußtsein eines mit unzulänglichen Kräften unternommenen Kampfes ertragen sollen, wenn er nicht zu dem Mittel der Selbsttäuschung gegriffen hätte? Wie es ihm gelang, andere zu überzeugen, daß er wirklich der sei, als den er sich ihnen darstellte, so gelang es ihm auch, selbst an sich zu glauben. Oft genug mag er das klare Urteil darüber verloren haben, wo bei ihm die positive Leistungsfähigkeit seiner Natur aufhöre und wo die Illusion über das von ihm Erreichbare und Erreichte beginne.« Fiedler bezweifelt nicht, daß der begeisterte Marées an sich glaubte, daß er »in solchen Augenblicken vollkommen überzeugt war, den vollendetsten bildnerischen Ausdruck für dasjenige erreicht zu haben, wofür ihm der sprachliche Ausdruck in so reicher und eindringlicher Weise zu Gebote stand. Er unterlag selbst der Täuschung, die er in anderen hervorrief. Er drängte mit Macht jenes quälende Bewußtsein eigenen Unvermögens zurück und stand vor sich selbst als der vollendete Meister da, dessen Werke seinen

Namen unter die Namen der großen Künstler einreihen würden.«

Unter alledem findet Fiedler eine bedeutende Persönlichkeit versteckt und gedenkt ihrer mit Wärme. Es wirkt fast wie Schwäche und Unlogik, wenn auf Grund solcher Argumente die entschiedene Ablehnung ausbleibt. Im besten Fall wird aus dem intellektuellen Schwindler ein Kranker, ein Verirrter. Damit bescheidet sich Fiedler. Er wirft sich selbst an einer Stelle des Aufsatzes geradezu vor, die Freundespflicht versäumt und dem Verblendeten nicht die Augen geöffnet zu haben.[7] Einen Unglücklichen sieht er, und damit erhielt Marées den dritten Titel, der dem Namen seitdem wie Pech angehaftet hat: die tragische Erscheinung.

Fiedlers Nachruf macht seiner Redlichkeit alle Ehre. Er zeigt sich unbestechlich, die Wahrheit geht ihm über alles. Aber größter Aufrichtigkeit voll, hat er Anlaß zu einer schweren Täuschung gegeben. Die große Autorität, die er in diesem Falle besaß, hat seinen Worten besonderen Nachdruck verliehen. Er wollte Teilnahme für den Menschen und den Künstler erwecken. Die Pietät drückte ihm die Feder in die Hand. Edelster Absichten voll, hat er Marées in eine trübe, sentimentale Atmosphäre gerückt und den siegreichen Künstler und reckenhaften Menschen mit einem Schein von Kümmerlichkeit umgeben. Der Marées, den er sieht, ist etwas für engbrüstige Literaten und schmachtende Weiber, und man müßte warnen, sich mit einem so jämmerlichen Gesellen zu beschäftigen. Der Vergleich mit Heinrich v. Kleist, »einen Größeren und Unglücklicheren«, erhebt Marées nicht, sondern zieht ihn herunter. Wir wollen solche Männer nicht, wenn uns solche Dichter zieren. Kleists Dasein war nicht der erfolgreiche Kampf eines Bewußtseins. Diesem Kämpfer schlugen schwache Stunden, und er gab sich auf, als ihrer zuviel wurden. Der Torso seines Guiskard mag als Blick in höhere Gefilde gelten und des Vergleichs mit Maréesschen Werken würdig sein. Er hielt den Blick nicht aus, sondern schloß mit vollem Bewußtsein einen Kompromiß. Die Dichtungen, die daraus hervorgingen, stehen hoch in der zeitgenössischen Literatur, nicht hoch in dem Maßstab, den Kleist festsetzte. Er siegte nicht sterbend, sondern war schon längst vorher unterlegen. Sein Tod ist ein fait divers und interessiert den Pathologen. Wir stehen mit Respekt an dem Grabe des Menschen, weil jeder Idealismus, und sei er noch so zart, uns kostbar sein muß, und verehren den Dichter, der unsere Sprache bereicherte. Die einem Marées zukommende Würdigung steht auf einem anderen Blatt. Man gibt dem einen nichts und untergräbt den Nutzen des anderen, wenn man ihre Schicksale und Worte verwechselt. Kleists Mystik ist moderner Notbehelf, so recht das Gegenteil der gebändigten Empfindung, die uns aus Marées' Werken strömt. Wir mögen hier zu demselben dunklen Worte greifen, weil die Fülle in unseren gewohnten Begriffen nicht Platz genug hat. Kleist wird da mystisch, wo er schaffen müßte, wo unvergorenes Menschentum die Lücke im Werke zu füllen sucht. Keinem wäre diese Mystik fataler gewesen als dem Meister der Hesperiden. Er hätte den Dichter der Penthesilea noch schärfer verurteilt als es Goethe tat und war aus gleichem Grund dazu berechtigt. Eines haben Kleist und Marées gemein, sie waren Junker. Der Dichter blieb es in Äußerlichkeiten, und das mag beigetragen haben, ihn zu zerreiben. Der andere wurde Ritter Georg.

Viele Nuancen in Marées' Verkehr mit Fiedler erscheinen in anderem Licht, wenn man dieses Nachrufs gedenkt. Marées ist Fiedler nach dem Tode so unerreichbar geblieben, wie er es bei Lebzeiten gewesen ist. Man versteht Marées' Zurückhaltung in den letzten Jahren, als die Briefe immer seltener wurden, seine Schroffheit und das Zweideutige manches Ausdrucks. Fiedler sah schon lange den Schiffbrüchigen in ihm, und Marées hat das zuweilen geahnt, wenn es ihm auch nicht zur Gewißheit wurde.

Einen Schiffbruch meldet der Aufsatz Fiedlers, aber nicht den unseres Meisters, sondern den des Fiedlerschen Urteils, jener gedankenblassen Kritik, der das Sehen versagt ist, die mit emsiger Sachlichkeit immer nur um das Werk herum geht. Unsere Ästhetiker könnten daran lernen.

Um Marées ist alles tragisch. Nicht den Helden dieser Geschichte drückte sein Schicksal, die anderen unterlagen. Tragisch erscheint das Verhältnis Fiedlers zu ihm, die Tatsache, daß der einzige, der dem stolzen Darber hilfreiche Hand gewährte, geistig zu den anderen, nicht zu ihm gehörte. Fiedler ließ sich an gefälligeren Freundschaften genug sein und versagte den großen Anspruch des Künstlers an den Denker, der ihn, wenn er ihn erfüllt hätte, dem großen Toten zugesellen würde. Seien wir aufrichtig wie er war. In die Dankbarkeit, die wir ihm schulden, mischt sich ein bitterer Tropfen.

Aber der Mensch blieb dem Menschen treu, blieb es auch nach dem Tode. Fiedler gewann aus Marées' Werken keine erschöpfende Lehre, aber er hat uns den größten Teil des Materials zu erhalten gewußt und so der Nachwelt die Möglichkeit gegeben, zu anderen Schlüssen zu gelangen. Bald nach dem Tode trat er mit der Familie Marées wegen Regelung des Nachlasses in Unterhandlung. Er machte auch jetzt keinerlei Ansprüche geltend, sondern erbot sich, die im Nachlaß gefundenen Werke, soweit sie geeignet erschienen, öffentlich zugänglich zu machen.[8] Die Familie nahm den Vorschlag an. 1891, nach manchen Schwierigkeiten, gelang es ihm, den Hauptwerken des Nachlasses eine Unterkunft zu sichern. Er stellte sie zunächst in einem Saale des Glaspalastes aus. Es war die erste Marées-Ausstellung. Man kann annehmen, daß, wenn der Urheber der Bilder noch gelebt hätte, sie immer noch nicht zustande gekommen wäre. Fiedler gab die Mittel dazu her. Der Maler J. E. Sattler sorgte für passende Wände, die Schüler schafften Ersatz für die in Italien gebliebenen Rahmengestelle der Werbung und der Hesperiden. Der Saal sah würdig aus. Der Erfolg ließ zu wünschen übrig. Nur eine geringe Zahl von Unabhängigen begann damals den Namen zu behalten. Die Malerschaft Münchens hatte andere Ziele. Böcklins Ruhm verdunkelte den Freund, der Realismus, wie man ihn bei uns verstand, stand in Blüte. Zum Teil mag die geringe Wirkung der Ausstellung auf ihre Unvollständigkeit zurückzuführen sein. Man hatte sich fast ausschließlich auf die Hauptwerke beschränkt, aus der Jugend nur das Bad der Diana und einige Bildnisse gefunden, die von der Familie Georgs von Marées, von Hildebrand und von Lindenschmit zur Verfügung gestellt wurden.[9] So erschienen die Spätwerke ganz unvermittelt. Der nahezu gesamte Bestand der Ausstellung wurde von Fiedler dem bayerischen Staat überwiesen und noch im selben Jahre im Schleißheimer Schlosse, in dem Pavillon untergebracht, wo die Bilder heute noch hängen.[10]

Fiedler hat das Notwendige getan. Man denkt im Schleißheimer Schlosse nicht an den Verfasser des Aufsatzes über Marées. Man gedenkt dankbar der Güte des Mannes, dessen Herz weit genug war, auch ohne einen alle Tiefen seines Empfindens bestimmenden Anlaß zu schenken. Sein Verdienst wächst weit über seine Beweggründe hinaus. Es sind immer nur die nützlichsten Taten, von denen das gesagt werden kann.

Die Nutzbarkeit des Werkes ist ungeheuer. Aber noch sind

wir weit von ökonomischer Verwaltung entfernt. Marées' Ansehen ist seit jener Zeit langsam gewachsen, man kennt den Namen. Wie steht es um das Verständnis? Wollte man sich an die gewohnten Symptome halten, an das, was an Äußerungen laut wird, so wäre das Resultat immer noch recht bescheiden. Zieht man die künstlerischen Folgen seines Einflusses heran, so scheint es ungefähr Null. Hier bleibt zu tun. Es fragt sich: was können wir tun?

Halten wir uns an Marées' Lieblingswort: Sehen lernen ist alles. Lernen wir, seine Bilder zu sehen. Das ist alles, aber, wir haben das Exempel in der Nähe, keine leichte Aufgabe. Die Schleißheimer Sammlung erleichtert sie nicht. Wohl mögen alle vom Standpunkt des Galerieleiters ausgehenden Erwägungen unendlich geringfügig erscheinen im Vergleich zu den ideellen Faktoren, auf die keine Verwaltungsmethode Einfluß ausüben kann. Was der Betrachter mitbringt, ist wichtiger als die Beleuchtung des Raumes. Aber es handelt sich eben darum, das Wenige, das getan werden kann, so gut wie möglich zu tun. Die ideellen Faktoren spielen überall in der Kunst die gleiche Rolle. Die Einsicht in ihre Bedeutung hat nicht eine im ganzen bewundernswerte Entwicklung des Museumswesens verhindert. Es handelt sich darum, die Vorteile dieser Entwicklung Marées zugute kommen zu lassen, wenn möglich ohne ihre Nachteile. Die Schleißheimer Räume sind nicht schlechter als viele andere Galeriesäle. Die Lichtverhältnisse ließen sich vielleicht ohne große Umbauten verbessern. Das Fehlen des Oberlichts wird wenigstens für die Hauptwerke zum Vorzug. Die Bilder der Spätzeit bedürfen nicht nur nicht des Oberlichtes, sondern sind geradezu auf das Seitenlicht angewiesen, in dem sie gemalt wurden.[11] Nur dringt durch die seitlichen Fenster der Schleißheimer Säle viel zu wenig Licht, und im ersten Saal macht das dreifache Licht zuweilen jede Wirkung der Hesperiden unmöglich. Vor allem aber fehlt es in Schleißheim an Platz. Die beiden Räume gestatten nicht einmal, den gegenwärtigen Bestand der Sammlung richtig zu hängen. Noch heute stehen die drei Reiterbilder nicht zusammen, hängen nicht einmal in demselben Saal, und geben keinen Begriff von der Form des Triptychons. Da man genötigt ist, jeden Platz zu besetzen, sind einige Bilder in beiden Sälen nahezu unsichtbar. Das zweite Goldene Zeitalter verdankt seine Überlegenheit über das erste im wesentlichen nur dem besseren Platz. Dieser Mangel an Raum schließt gegenwärtig jede Vergrößerung der Sammlung aus. Gerade die rationelle Vergrößerung der Sammlung aber ist dringendes Gebot. Der vermeintliche Torsocharakter des Maréesschen Werkes wird von selbst verschwinden, wenn man die Jugend und die mittlere Zeit des Meisters ebenso bezeichnend darstellt, wie die letzten Romjahre. Das ist nicht unmöglich. Den entscheidenden Schritt würde die Gewinnung der Neapeler Fresken bedeuten, die hoffentlich bald zur Tat wird. Sie macht die Errichtung eines Baues notwendig, und damit würde die ganze Frage eine zugleich praktische und der Würde des Gegenstandes entsprechende Lösung finden. Es ist, auch abgesehen von den Fresken, nahezu unmöglich, die Werke von Marées in einem bestehenden Gebäude so unterzubringen, daß gleichzeitig die Entwicklung deutlich wird und die Hauptwerke den rechten Platz und den unentbehrlichen architektonischen Rahmen erhalten. Der Rahmen soll kein Prunk sein. Nichts wäre verkehrter. Nur darauf kommt es an, Räume zu finden, deren Verhältnisse sich den Bildern, namentlich den Triptychen, anpassen. Die Berliner Marées-Ausstellung zeigte schon, so primitiv unsere Mittel waren, welcher Wirkung die Bilder fähig sind, wenn man sie mit der Architektur verbindet. Aber der Saal mit den Dreiflügelbildern usw. war viel zu groß, und es fehlte an Zeit und geeigneten Kräften für die notwendigen Experimente. Als Material für die Wände mußte, abgesehen von den eilig gemachten Rahmen und Pilastern, bemalte Leinwand dienen, und man kam bei der gebotenen Hast nicht einmal zu einer ganz befriedigenden Farbe des Raumes. Das Problem ist leicht zu lösen, auch ohne übertrieben hohe Mittel, wenn es einem verständigen Künstler anvertraut wird. Die Disposition der Räume wird von den Abschnitten der Maréesschen Entwicklung bestimmt und würde keine Schwierigkeiten bereiten.[12] Es bliebe dem Baumeister nur übrig, den Raum dem Genius wohnlich zu machen. Keiner könnte es besser als Adolf Hildebrand.

Realisiert gemeinnütziger Sinn dieses Luftschloß, so könnte man hoffen, daß die Besitzer einiger wichtiger Bilder, von solcher Generosität angesteckt, beitragen würden, die Lücken der Sammlung zu füllen, die auch nach Hinzufügung der Fresken fühlbar bleiben werden. Dafür hat sich bereits manche erfreuliche Aussicht, von der hier nicht gesprochen werden soll, ergeben. Die Hoffnung auf eine nicht geringe Anzahl weiterer Bilder und Zeichnungen ist so gut begründet, daß bei der Disposition des Baues darauf Rücksicht genommen werden könnte. Unter den Besitzern, an die man noch herantreten müßte, befindet sich auch der preußische Staat. Ihm ist eine große Anzahl von Werken in den Schoß gefallen, die seit Jahren im Keller der Nationalgalerie aufbewahrt werden. Sie wurden unter Voraussetzungen gestiftet, die sich nicht erfüllt haben, zu einer Zeit, als an das Projekt eines Marées-Museums noch nicht gedacht werden konnte.[13] Vielleicht wäre es nicht zu kühn, von der Kunstsinnigkeit unserer Behörden die Rückgabe eines kleinen Teils dieser Stiftung zu erbitten. Vor allem käme das Paris-Urteil in Betracht, das wie die anderen Triptychen eingebaut werden müßte und für die Nationalgalerie in dem gegenwärtigen Zustand und ohne die Putten nicht annähernd den Wert besitzt, den es in dem Marées-Museum erhalten würde. Auch nach Abtrennung dieses Werkes und eines anderen bliebe die Nationalgalerie reicher an bedeutenden Bildern des Meisters, als irgendein anderes deutsches Museum.

Man könnte gegen das Projekt einwenden, eine nur einem Künstler gewidmete Galerie werde zu wenig benutzt, und deshalb sei es besser, die neuen Räume der Sammlung einem bestehenden Museum, z. B. der Münchener Pinakothek, anzugliedern, wenn einmal ihre notwendige Erweiterung zu einem Umbau führt. Es wird schwer zu berechnen sein, ob die Voraussetzung zuträfe. Die Gäste Münchens haben soviel Zeit, und den Durchschnittsreisenden treibt, wenn er nichts Besseres zu tun hat, so großer Wissensdurst, daß man annehmen kann, auch diese Sehenswürdigkeit würde, selbst wenn sie eine Viertelstunde von der Pinakothek entfernt läge, nicht unbesichtigt bleiben. Mir scheint aber dieser ganze, gar zu praktische Standpunkt, der den Nutzen eines Kunstwerks nach der Zahl der Betrachter berechnet, ein wenig eng. Die Alten taten mehr für die Kunst, weil sie weniger praktisch dachten und noch nichts von unseren Bedürfnisanstalten für das Schöne wußten. Der Verzicht auf den engen Rationalismus ist Teil des Projektes. Es wäre unnütz, wenn die Idee, dem Werke die beste Sichtbarkeit zu sichern, nicht jeden anderen Gesichtspunkt beherrschte. Denken wir an das Volk, an den Nutzen der Allgemeinheit, aber tun wir es so wie Marées dachte, mit jenem tiefer dringenden Altruismus, der allem unedlen Masseninstinkt wehrte. Da gebaut werden muß, ist es vernünftig, das Haus nicht in die Einöde zu setzen. Man braucht nicht mit mangelhafter Zugänglichkeit zu kokettieren. München, von wo der Künstler aus- ging, ist der rechte Platz. Aber geben wir ihm das eigene Haus, zu dem man hingeht, nicht um in Kunst zu schmarotzen, sondern weil einen der große Mensch anzieht. Mit der Anglie- derung der Sammlung an ein Münchener Museum würde ihr, selbst wenn es auch dann noch möglich wäre, mit dem Platz so verschwenderisch umzugehen, wie es die Aufgabe erfordert[14], ein Vorzug genommen, den sie heute besitzt. Es ist schön in Schleißheim. Seit Marées dort malte, hat sich nichts verändert. In dem alten Wirtshaus, wo er mit dem Oberleutnant Bauer und den anderen kneipte, schaltet dieselbe Wirtin. Die Beete auf dem großen sonnigen Platz haben immer dieselben Blumen. Und dahinter in dem Pavillon des gelben Schlosses zur Rech- ten, das wissen wir, da werden wir ihn finden. Drei, vier Menschen werden dabei sein. Sie kommen oft hin. Man kennt sich, ohne voneinander zu wissen. Zuweilen, wenn die Sonne einmal besonders schön das Gold der Hesperiden hervorlockt, nickt man sich zu. Durch das Fenster blickt man auf den grünen Park. Es ist schön, wenn man aus den Sälen heraustritt, eine stille, vornehme Atmosphäre um sich zu haben. Nachher sitzt man unter hohen Bäumen und denkt an den Menschen, der da unten, weit von hier, mit unserer Art verbunden blieb und den Schatten unserer Bäume malte. Es ist viel wert, so sitzen zu können. Wir brauchen Stille nach dem Kampf mit ihm und mit uns. Wie oft verlangt man sehnsüchtig danach in unseren Museen vor einem Rembrandt, der auf einmal aufhört, ge- rahmte Leinwand wie die anderen Bilder zu sein. Was gäbe man darum, in diesem Augenblick besonderer Regung nichts anderes mehr sehen zu müssen. Ein geheimes Schamgefühl gebietet uns, jetzt haltzumachen und das neugierige Auge zu schließen. Und es ist noch etwas anderes dabei, eine geheime

Furcht. Man sieht zuweilen stille Menschen, die lange vor einem Bilde standen, mit geistesabwesenden Blicken aus den Sälen eilen. Sie haben Angst, etwas zu verlieren, das sie nicht festhalten können. Das kann nicht die Kunst sein. Die bleibt ja; du kannst immer wiederkommen. Es ist etwas von ihnen selbst, das ihnen noch seltener erscheint als alle diese kostbaren Werke; etwas, das sich nicht ausdrücken läßt, von dem man nur das eine weiß, daß es vergeht und vergehen muß, wenn es nicht gelingt, es vor anderen Blicken zu schützen. Das ist so schön in Schleißheim, die Sicherheit, nicht weggezerrt zu werden; einen Ton, dem zuliebe man hingeht, ganz ausklingen lassen zu können.

Ich weiß wohl, die Vorzüge solcher Betrachtung haben, und zumal bei uns, ihre Kehrseite. Das Prestige manches Deutschen unserer Zeit blieb nur bestehen, weil man einen Tempel um ihn baute, in den kein anderer Laut hineindrang, und es wäre längst zerfallen, wenn man es dem Vergleich ausgesetzt hätte. Man müßte mit Recht argwöhnisch sein gegen eine Kunst, die nicht die Nachbarschaft mit anderen aushielte. Diesen Vorteil hat unsere Zeit. Unsere Museen geben die Möglichkeit zu bequemen Vergleichen. Aber auch hierbei zeigt sich die Wichtigkeit der ideellen Faktoren. Wer nun einmal nicht vergleichen will, und das hat man zuweilen bei uns erlebt, der läßt sich auch von den besten Möglichkeiten nicht dazu verlocken. Marées soll nicht abgesondert werden. Gerade deshalb wollen wir ihn in München haben, in der Nähe einer Sammlung edelster Werke aus allen Zeiten. An ihnen mag sein Wert erprobt werden. Man gehe vorher zu ihnen und sauge sich voll, panzere sich mit ihrer Art, werde argwöhnisch bis zum äußersten gegen jede Nachahmung, jede Verbilligung. Dann erst trete man vor ihn. Der Vorbereitung bedarf es, nicht nur um Marées zu erproben. Man lernt ihn sonst überhaupt nicht kennen. Man muß von Werten voll sein, um ihn werten zu können. Hat man diese Gewißheit gewonnen, so ist anderes zu gewinnen. Reich ist der Blick auf die mannigfachen fruchtbaren Beziehungen des Künstlers zu anderen künstlerischen Werten. Reicher, viel reicher die Einsicht in das Verhältnis des Künstlers zu sich selbst, zu seinem Menschen. Und um sie zu erlangen, ist es gut, ihn allein zu haben, damit nichts die Sammlung des Verstandes und der Empfindung störe, deren man in vollem Umfange bedarf. Man kommt in kein verlassenes Haus. Ein Wille residiert hier königlich. Nicht eins von den vielen Gemächern gleicht dem anderen. Die Zeit wird dem Besucher nicht lang werden, wenn er empfangen wird.

Das Haus allein gebührt ihm, nicht weil er im Leben allein war. Wir wissen nichts von seiner Einsamkeit, wenn wir glauben, er sei je allein gewesen. Der Einsamkeit begegnen wir so oft in deutschen Biographien, daß sich schon ein fataler Beigeschmack mit ihr verbindet. Mancher, der sich lebend allen Zeitgenossen entrückt glaubte, ist nachher nur zu sehr mit allen gemein. Neu an Marées ist die Frucht, die er seiner Einsamkeit abgewann. Sie hebt sein Los auf eine vor aller Sentimentalität gefeite Höhe. Wir bedauern andere, weil sie allein waren; wir begreifen, dieser mußte es sein. Tausenden wird die Armut der Rasse an generösen Instinkten, an lebendigem Formgefühl zum Hemmschuh. Manchem unserer großen Alten haftet der Mangel an, selbst einem Dürer. Bei den Deutschen des neunzehnten Jahrhunderts führt er oft zur Tragik. Daher einst die Sehnsucht nach Rom, heute der Massenzug unserer Künstler nach Paris. Sie suchen dort das Heimatsgefühl für ihre Muse, erleben den Appell lebender Tradition an eine schöpferische Seele, bringen zuweilen, getrieben von tiefen Impulsen, schöne Werke hervor und erfahren nach der Rückkehr, daß die Begeisterung an der Dürre des heimatlichen Bodens langsam versiegt. Wo sind die deutschen Künstler, deren Weg mit dem Alter nicht hinab-, sondern hinaufführt, deren Persönlichkeit nicht schließlich vor der Herkunft ihrer Anregungen erbleicht?

Die Geschichte weist auf eine leuchtende Ausnahme: Hans von Marées. Man errichte ihm ein stolzes, heiteres Haus, um die Phrase von seinem traurigen Schicksal zu entwurzeln. In dem Ausbau dieser Männlichkeit fehlt die Tragik. Er besaß die Heimat in der Macht des eigenen Gefühls, gründete sich da, wo er war, sein Deutschland. Er ist weder Französling noch Römling geworden, ruhte nicht, bis er durch die Flut mächtigster Erregungen – von anderer Art, als sie je ein deutscher Maler in der Fremde erlebte – zum festen Land gedrungen war, das ihm allein gehörte. Auf die Gegenwart mag sein Verhältnis zu der Kultur unserer westlichen Nachbarn den größten Eindruck machen. Man kann in Marées einen Überwinder Frankreichs sehen, weil er die von der französischen Kunst aufgestellte Beschränkung des Programms aufhob. Freuen wir uns dessen, aber hüten wir uns vor voreiligen Schlüssen. Marées' Entwicklung erscheint, vom Ende aus gesehen, von wunderbarer Logik, aber sie ging im einzelnen stets anders, als man vermutet hätte. Wo er zum Monumentalen greift, gibt er Dasein, wo er das Leben will, gibt er Stil. Es kann nicht ausbleiben, daß man auch die Hesperiden dekorativ nennt, weil für manchen Jünger unserer schnellebenden Kunst ein Begriff die Geste der Ägineten und die Arabeske einer modernen Tapete umschließt. Schützen wir Marées vor Schlagworten. Hüten wir uns vor voreiligem Generalisieren eines Falls, der in der Kunst so selten ist wie in der Literatur die Existenz eines Goethe. Man könnte von Marées aus zu einer Unterschätzung der französischen Kunst gelangen, der einzigen

Malerschule der Gegenwart, und damit würde manche Errungenschaft moderner Anschauung in Frage gestellt. Das wäre schlechter Dank. Besser müssen wir sehen lernen, soll uns Marées nützen. Nicht aus der Inzucht des Subjektiven, die vielen Deutschen in gewollter Einsamkeit zum Verhängnis wird, erlangte er die Frucht. Er, der Einsame, blieb immer mit allen Taten des Geistes verbunden und überwand die Franzosen erst, nachdem er selbst ihre Wege mit Erfolg gegangen war.

Auf dem Giebel des Hauses stehe in goldenen Lettern der Wappenspruch seines Geschlechtes: Ex fide vivo. Den führten einst die Ritter von Maretz, die sich als Vasallen großer Fürsten schlugen, dann die würdigen Kaufherren in Amsterdam, dann die frommen Marées, die im achtzehnten Jahrhundert den Rock des Herrn trugen. Keiner von ihnen hat den Spruch besser gehalten als der ruhmreichste des Namens. Die anderen waren ihrem Fürsten, ihrem Worte, ihrem Gotte treu. Marées war treu sich selber. Nicht als Diener anderer steht er vor uns, nicht als Diener eigener Willkür, sondern als Ritter, der den Drachen überwand. In einer Zeit, die über Leichen schreitet, die keiner Übereinkunft mehr gehorcht, gab er das Beispiel heldenhafter Selbstzucht.

Seien wir stolz auf solchen Landsmann. So selten seine Art bei uns sein mag, sie ist da, ihr Geist umgibt uns. Frankreich hat die Ständigkeit seiner Entwicklung voraus. Aber das enge Netz seines künstlerischen Wirkens, der unschätzbare Vorteil einer Gesittung, die Nietzsche für die einzige erklärte, läßt dem einzelnen nicht genug Raum zur weitsichtbaren heroischen Tat. Auch der Größte findet heute in dem Organismus seinen Weg vorgezeichnet. Er wird von der Masse getragen, aber trägt sie auch nur ein kleines Stückchen weiter. Wo sich dort die Kultur zu blühenden Gefilden ausdehnt, den wohlgepflegten Feldern verschiedenen Grüns vergleichbar, die den sanft ansteigenden Hügel bedecken, gähnt bei uns schlecht versteckte Leere. Dem Talent fehlt bei uns der gute Boden. Das Genie aber gewinnt gerade daraus den kernigen Widerstand, der es zu größten Taten spornt. Den Helden lockt es, als einziger, in eines einzigen Lebens Fülle nachzuholen, was dort eine ganze Nation vollbringt. Das gibt eine steil aufsteigende Linie von nie gesehener Schönheit. Die Freude an ihr teilt sich dem Volk und den Völkern mit und sie verschlingt alle Bedenken über die Unfruchtbarkeit des Bodens. Solch ein Held erreicht nicht dasselbe, was die Kultur einen Sohn des glücklichen Frankreichs vollbringen läßt, sondern mehr; nicht nur relativ, sondern absolut mehr, unendlich mehr. Kein anderes Volk hat einen Faust geschaffen. Diese ungeheure Abstraktion konnte nur einem Menschen gelingen, für den sich auf einmal das Dunkel der Rasse lichtete und der aus dem Selbstbewußtsein des Einsamen, aus der Hingabe des einen für alle ungeahnte Kräfte gewann. Kein anderes Volk hat einen Marées geschaffen. Es mag solcher Helden nicht bedürfen. Es vermag ebensowenig, sie zu erzeugen.

Das Haus auf dem Berge stähle das Vertrauen auf unsere Rasse, die zuweilen lange zum Schweigen verdammt ist, um dann plötzlich durch den Mund eines Auserwählten, den die Masse steinigt, ein Pathos ohnegleichen zu äußern. Hören wir es mit Ehrfurcht! Es durchdringe jeden von uns Schwachen und Irrenden, die für die Zukunft kämpfen möchten, und gebe uns Kraft und Einsicht. Das Haus mit den strahlenden Fenstern sei ein Tempel unseres Geistes.

Wer dem Aufstieg dieses Menschen zu folgen vermag, der wird sich selbst zur Höhe gehoben fühlen wie jener Ganymed in Marées' letztem Bilde.

NOTIZEN

ERSTER BAND

Einleitung. Elternhaus

1. Zitiert von H. J. Koenen in seinem eingehenden genealogischen Werk »Het geslacht de Marez«. (Heraldisch-Genealogisch Archiev 's Gravenhage 1898.) S. 10. Es kommen außer von Marées im wesentlichen folgende Schreibweisen des Namens vor: de Marez, de Mareez, de Marais, des Mares, Desmares, de Maré, de Maray, Des Marets, Des Marez.

   Die lateinische Schreibweise Maresius scheint nur der Maler Georg de Mareés zuweilen gebraucht zu haben. Ebenso ist er der einzige meines Wissens, der sich zuweilen Mareés, statt Marées schreibt. Vgl. auch Volgens Haag »La France protestante«. Über die Abstammung unseres Hans von Marées s. Koenen S. 495; die Geburts- und Sterbedaten sind unkorrekt. Den unter den Dokumenten des dritten Bandes abgebildeten Stammbaum, der sich für die Zeit vom Anfang bis 1738 auf das Archiv im Kloster von Cambrai stützt und den deutschen Zweig der Familie bis zur Gegenwart verfolgt, verdanke ich dem inzwischen verstorbenen Hauptmann Walter von Marées in Berlin. Herr Georg von Marées in Halle hat ihn durchgesehen und ergänzt.
2. Das Dorf Maretz liegt im Arrondissement de Cambrai, bei Busigny, nicht weit von Valenciennes. Man findet noch Reste einer Abtei. Dagegen sollen keine Ruinen eines Schlosses zu entdecken sein, wie mir Herr Dr. Leleu in Maretz mitteilte. 1870 war in den Ruinen von Maretz ein preußisches Lazarett aufgeschlagen.
3. Auch in der Kunst. Bekannt ist der Maler Pierre des Mares, der um die Mitte des 16. Jahrhunderts Kirchenbilder in der Art des Meisters der h. Sippe malte. Die Münchener Pinakothek besitzt von seiner Hand ein Triptychon (Nr. 119). Den Namen Desmares trugen zwei im Paris des 17. Jahrhunderts bekannte Schauspielerinnen, die Florence und die Charlotte Desmares. Charlotte wurde die Mätresse des Sohnes der Liselotte (Herzogin von Orléans). Vgl. de Lescure: Les Maitresses du Régent (Paris 1860). Sie wird wiederholt in den Briefen Liselottes erwähnt und gebar dem

Regenten einen Knaben, der nicht legitimiert wurde. (Vgl. die deutsche Ausgabe der Briefe, Insel-Verlag, Leipzig, 1908, Bd. I S. 188, Bd. II S. 111.)

4. Einer seiner Söhne, Louis Trip de Marez, vermachte das »Trippenhuis« seiner Vaterstadt. 1750 beherbergte es die berühmte Sammlung Braamcamp und wurde dann zum ersten öffentlichen Museum Amsterdams erhoben. Vgl. in »de Dietsche Waranda« (Negende Deel Verlag von Langenhuisen, Amsterdam 1871) den Aufsatz über »Het Trippenhuis en zejn bewoners«. S. 517, 518 und die Stammtafel nach S. 550. – Erst 1885 wurde das »Trippenhuis« durch das Reichsmuseum abgelöst.

5. Über einen anderen Sohn Eberhard (den Bruder des vorigen), der in Bremen 1653 geboren wurde, findet sich eine kurze Biographie in Rotermund, Gelehrten-Lexikon (Karl Schünemann, Bremen 1818). Er wurde angesehener Advokat in Köllen a. d. Spree und hat juristische Abhandlungen hinterlassen. Er starb 1718.

6. Die folgenden Daten über den Künstler sind der Augsburgischen Kunstzeitung II. Jahrgang, XXII. Stück (Montag den 3. Junius 1771), entnommen. George de Marées (er legte später den Adel ab) begann, nachdem er dem Unterricht Meytens' entwachsen war, seine Karriere damit, daß er in Stockholm mit Erfolg den Hof malte. Infolgedessen erhielt er die Möglichkeit, eine Kunstreise nach Deutschland und Italien zu unternehmen. Er verließ 1724 Stockholm, ging zuerst nach Amsterdam, dann nach Nürnberg, wo er überall viele Porträts malte, und kam 1725 nach Venedig. Dort besuchte er die Piazettische Zeichenschule. 1726 ging er nach Rom. Sein Religionseifer zog ihm dort Ungelegenheiten zu: »Von diesem jugendlichen Eifer hingerissen, ließ er sich einstmalen in einem öffentlichen Gasthofe bei der Tafel im Räsonieren so weit heraus, daß er großes Aufsehen machte und er sich aus Rom hinaus demonstrierte.« 1727 war er wieder in Venedig. Von dort riefen ihn Aufträge des Bürettschen Hauses nach Nürnberg. 1728 ließ er sich in Augsburg nieder. Das Gefallen an seinen Porträts veranlaßte 1730 den Kurfürsten Karl Albert, ihn nach München kommen zu lassen. Er trat zum Katholizismus über und heiratete 1731 die Jungfrau Maria Barbara Schuhbauer. Aus der glücklichen Ehe entsprangen elf Kinder. 1745 wurde er von dem Kurfürst zu Köln nach Bonn berufen und blieb dort bis 1749. 1752 ist er in Kassel, 1753 in Bonn, überall mit fürstlichen Porträtaufträgen beschäftigt. 1754 kehrte er nach München zurück. Dort blieb er bis 1763. Der Bischof von Würzburg und Bamberg

ließ ihn nach Bamberg kommen. 1767 berief ihn der Kurfürst von Mainz in seine Residenz. Alsdann kehrte er nach München zurück, wo er bis zu seinem Tode blieb. Der dem Aufsatz zugefügte Katalog zitiert die Porträts von fünfzig fürstlichen Personen. Daneben hat er viele bürgerliche Bildnisse und eine große Reihe von religiösen Darstellungen geringeren Wertes gemalt. Das umfangreichste Bild war die »Heimsuchung Mariä« in der Kirche der Salesianerinnen Münchens.

Seine Bildnisse finden sich in vielen fürstlichen Galerien Deutschlands, namentlich Bayerns. Zwei der besten, das Familienbildnis und das Selbstporträt, die früher in Schleißheim hingen, jetzt in der Münchener Pinakothek. Eins aus dem Besitz des Königs von Sachsen, Porträt des Prinzen Clemens Wenceslaus von Sachsen, figurierte – als Werk eines Franzosen – auf der Ausstellung von Werken französischer Kunst des XVIII. Jahrhunderts (Nr. 1 des Katalogs, Marée geschrieben) in der Berliner Akademie, Frühjahr 1910. Herr Georg von Marées in Halle besitzt einige Familienbilder, auch ein Selbstbildnis. Bei Frau Professor von Hagn, München, zwei Brustbilder.

Vgl. die biographische Notiz bei Koenen (siehe oben) S. 485 und die eingehendere, aber ungenaue Notiz in Naglers Künstler-Lexikon II. Aufl. 1904, III. S. 546.

7. War anfangs des 18. Jahrhunderts Archi-Diakonus in Dessau, ging dann nach Nürnberg und wurde 1734 vom Fürsten Leopold von Dessau nach Dessau berufen. Er starb dort 1760. Vgl. »Ein Gang über die beiden alten Dessauer Friedhöfe« von L. Würdig (Dessau 1886) S. 9. – In dem Dessauischen Gesangbuch von 1776 mehrere Lieder von ihm.

8. Geb. 1717 zu Dessau, starb dort 1802. Seine Schriften sind in Volgens Haag »La France protestante« IV. S. 258 angegeben. Mehrere davon wurden ins Holländische und ins Schwedische übertragen. Herr G. von Marées in Halle besitzt ein Exemplar des Buches von S. L. E. de Marées »Wer sagen die Leute, daß des Menschen Sohn sey?« (Leipzig 1796), in dem vorn ein Verzeichnis der Werke (ausgezogen aus Schmidts Anhalter Schriftsteller-Lexikon, 1830) handschriftlich von R. von Raumer eingetragen worden ist.

9. Drei Hefte, Leipzig 1786-1788.

10. Mehrere Linien der Familie waren in Dessau ansässig. Man findet Ende des achtzehnten und in der ersten Hälfte des neunzehnten Jahrhunderts verschiedene Geistliche und Beamte dieses Namens. Vgl. außer den obenge-

nannten Quellen die »Geschichte der Stadt Dessau« S. 427-429. Von H. W. A. de Marées, der in den neunziger Jahren des 18. Jahrhunderts Professor am Joachimsthalschen Gymnasium in Berlin war, stammt ein lesenswerter Versuch über die Kultur der Griechen zur Zeit des Homer. (Berlin 1797 in der Kgl. Preuß. Akademischen Kunst- und Buchhandlung.) Er war ein Bruder des Großvaters von Hans von Marées.

Der Weimaraner Maler Lothar de Marées ist ein Großneffe des Großvaters von Hans von Marées.

11. Ein kleiner Teil wurde 1894/95 in der »Zukunft« veröffentlicht. Bd. IX S. 350, 388, 492, 560, 607.
12. Treitschke, Deutsche Geschichte im XIX. Jahrhundert, Leipzig 1894, Bd. V S. 646.
13. Hier eine Stelle aus den Briefen an Forstner: »Ich spreche mein Urteil über Ihn in dem kurzen Satze aus: Seine Mutter ist zu mächtig in Ihm. Seine Mutter . . . war das vollendete Weib. Geistreich, kühn, hochherzig, edel, rein mild, und in welche Eigenschaften man ihr Wesen weiter zersetzen will, war sie mehr als liebenswürdig, sie war anbetungswürdig. Und das war ein Unglück. Alles huldigte ihr und vor allem – ihr Gemahl. Ja, was nur der seltsame Ausdruck paradox erscheinen läßt: die Königin selbst demütigte sich vor dem Weibe in der Königin. Sie war sich alles in der Größe ihrer Weiblichkeit und verschmähte es, sich mit erborgtem Glanze zu umgeben. So wie sie sich wahrlich nicht aus Sparsamkeit höchst einfach zu kleiden pflegte, sondern im Bewußtsein ihrer Schönheit, die des Sieges durch sich allein gewiß war, so brauchte sie ihre Stellung sozusagen nur, um von ihr herabzusteigen.« – Dann zeichnet er die bekannten Fehler des Sohnes, der, wie es in einem anderen Briefe heißt, »zu oft den Purpur abgeworfen, um noch jetzt eine königliche Erscheinung mit allem Reize festtäglicher Seltenheit zu sein«, und meint: »Er will Sich und allen durch Sich selbst, durch Seine hohe Menschlichkeit alles sein, nicht durch Seine Stellung, die Er ebenfalls bloß dazu zu gebrauchen scheint, um davon herabzusteigen. Die starre, starke Krone schmiegt sich aber nicht wie ein leichter Blumenkranz jedem Haupte an . . .« (»Zukunft« IX, S. 560, 562, 493.)
14. Runze hat ihn in seinen zahlreichen Abhandlungen über die Balladen wiederholt hervorgehoben. Eine gedrängte Aufzählung der Werke von A. von Marées findet sich in Brümmers Dichter-Lexikon.
15. Zerbst 1836. In Kommission bei Gust. Ad. Kummer. Gedruckt in

Elberfeld. Das hübsche, als Vorwort gedruckte Gedicht »Sänger sitzt vor seinem Hause . . .« sicher viel später als die anderen. Eine knappe Auswahl auch in den »Gesammelten Blättern«. Siehe unten.

15. Altenglische und schottische Dichtungen der Percyschen Sammlung, übersetzt von Adolf von Marées. Berlin, Georg Reimer, 1857. Das Buch ist dem Freund Karl Barton gen. von Stedmann gewidmet, auf dessen Besitzung die Familie damals wohnte. Eine Auswahl der Balladen auch in den »Gesammelten Blättern«.

17. Er hat mehrere Aufsätze über Shakespeare geschrieben.

18. Gesammelte Blätter aus dem poetischen Nachlasse von Adolf von Marées. Düsseldorf o. J. Verlag von Felix Bangel. Erschienen im Jahre 1887 auf Veranlassung seiner Söhne Georg und Balduin von Marées. Das kleine Vorwort ist von Georg von Marées. Wo die nicht gedruckten Dichtungen des Nachlasses hingekommen sind, konnte ich nicht erfahren.

19. Abgedruckt in der Ausgabe: Hans von Marées. Von Julius Meier-Graefe. Piper, München 1910. Notizen, S. 533 f.

20. Abgedruckt in der »Zukunft«, Bd. IX, S. 608 ff. Die Fortsetzung des Briefes bringt eine vernichtende Kritik der Münchener Monumentalmalereien unter König Ludwig, »traurige Zeugnisse der Geistesarmut unserer Zeit«. Von den Malereien im Elberfelder Rathaussaal hofft er, daß sie einst wieder entfernt werden. (Dieser Wunsch ist bis heute noch nicht in Erfüllung gegangen.) »Diese Malereien liefern den besten Beweis, daß das Geld weggeworfen ist, was der König zu ähnlichen monumentalen Ausschmückungen verwenden möchte.«

21. Hier übrigens eine merkwürdige direkte Beziehung zwischen dem Kunstverständnis des Vaters zu dem des Sohnes. Auch Hans von Marées hatte, wie aus dem Briefe an Hildebrand vom 23. August 1869 hervorgeht, eine Schwäche für van der Helst, dessen Bilder er damals in Amsterdam mit besonderer Freude wiedersah. Van Dyck spielt in der Jugend von Marées bis in die römische Zeit hinein eine bedeutsame Rolle.

22. Nach dieser schwachen Brücke folgt eine außerordentlich geistvolle Psychologie des eigentlichen Gebietes des Autors, der Ballade, deren scharfsinnige Schlüsse noch heute volle Gültigkeit besitzen. Ein paar davon habe ich vorher erwähnt.

23. In einem Nachruf der »Elberfelder Zeitung« vom 14. Mai 1864 heißt es u. a.: »Nach dem Zeugnis aller, welche ihr näher gestanden, war sie überhaupt eine in jeder Beziehung ungewöhnliche Frau von reichem Geist

und bedeutendem Wissen (sie trieb Griechisch und Lateinisch), welche ihre Stelle einnahm, wo sie auch stand, sei es im Hause, sei es in der Gesellschaft, in der Kinderstube oder im Salon. Sie war Mitarbeiterin an verschiedenen Zeitschriften, unter anderen auch am ›Illustrierten Familienjournal‹.«

24. Die Übersetzungen von Friederike von Marées in der von A. v. M. herausgegebenen Percyschen Sammlung werden von einem eigenen Gedicht, »Zueignung«, »An meinen ältesten Sohn« überschrieben, eingeleitet.
25. »Mein Kamerad« (Gesammelte Blätter S. 5).
26. In einem Aufsatz, betitelt »Der Gleimshüttchen-Assessor von Halberstadt auf der Hochzeitsreise in Auerbachs Keller in Leipzig« (Unterhaltungsblatt, Beilage zur Halberstädter Zeitung und Intelligenzblatt vom 22. Oktober 1907, Nr. 248), gibt ein Herr Karl Kellermann allerlei Details über die Hochzeitsreise und das Zusammentreffen des jungen Marées mit verschiedenen Dichtern. Die Angaben beruhen auf Erfindung oder auf falsch verstandenen Mitteilungen der Familie, die von ihm ausgeschmückt wurden.
27. Freiligrath nennt ihn einmal »den liebenswürdigen Wirt und vortrefflichen Poeten«.
28. Nicht in dem Haus Aue Nr. 46, das von der Elberfelder Lokalforschung als Geburtshaus angegeben wird. In dieses zogen Marées erst nach der Geburt des Knaben. Auch das Geburtshaus Hofaue 272 steht noch. Es trägt heute die Nr. 37, wie aus den Stadtplänen und aus dem alten Adreßbuch hervorgeht. Die Fassade wurde um das Jahr 1870 erneuert. Es ist ein ziemlich kleines Haus mit zwei Geschossen. Der Bemühung des Stadtbaukommissars Kirberg in Elberfeld gelang es, in den Akten der Stadt den geometrischen Aufriß des Hauses, wie es früher war, zu finden und nach ihm die Zeichnung herzustellen, die in Bd. III abgebildet ist. Die Geburtsurkunde ist unter den Dokumenten des dritten Bandes abgedruckt.
29. Ob sich die Episode auf Hans oder den Zweitgeborenen bezieht, bleibt dahingestellt.
30. Abgebildet im dritten Bande (»Briefe und Dokumente«).
31. Über Hausmann. Siehe Bibliographie. Die alte Dame ist die Frau Justizrat Bunge. Auch Fräulein A. Simons, Elberfeld, und Frau Wülfing, geb. Köber in Düsseldorf, erinnern sich noch an die alten Marées und den Jungen. Alle stimmen überein, daß die Kinder sehr streng erzogen wurden.
32. Das Haus steht noch.

33. Er fing in der Quinta des Kgl. Gymnasiums (später Kaiserin-Augusta-Gymnasium) an und erreichte Herbst 1852 mit der Versetzung nach Untersekunda die Berechtigung zum Einjährig-Freiwilligen-Dienst. Er blieb noch bis Weihnachten auf der Schule. Seine Lehrer auf der Obertertia waren: Ordinarius Dr. Wahlenberg für Deutsch, Lateinisch und Griechisch; Dr. Baumgarten für Französisch; Bigge für Geschichte und Geographie; Dr. Beymann für Mathematik; Dr. Montigny für Naturgeschichte; Pastor Beyschlag für Religion. Sein Zeichenlehrer hieß Gotthard. Das Griechische gab er in Sekunda auf. (Bericht des Gymnasialdirektors Dr. Weidgen, Koblenz.)

34. Einem Brief der Schwester Diezes, Frau Superintendent Hannesen, entnommen, den mir Herr Georg von Marées, Halle a. d. S., zur Verfügung gestellt hat.

35. Von dem Neffen des Malers Herrn Georg von Marées in Halle a. d. S. wird diese Darstellung, die ich der Familie Rosentreter verdanke, angezweifelt. Nach dieser Version soll Hans in Koblenz von einem Prediger Schütt konfirmiert worden sein.

Die Lehre

1. Weihnachten 1852 ist er von der Schule abgemeldet. Am 14. Januar 1853 ist er laut der Datierung auf dem Doppelbildnis der Eltern noch in Koblenz. Vieler Wahrscheinlichkeit nach kam er im Frühjahr 1853 nach Berlin. Auch Fiedler gibt dieses Datum an, das er offenbar von Marées selbst hatte. (In dem Aufsatz über Marées, Fiedlers gesammelte Schriften S. 379).

2. Daß Marées auf der Berliner Akademie war, ist aktenmäßig nicht nachweisbar, scheint aber nach den Mitteilungen des Professors Ernst Hildebrand außer jedem Zweifel. Da er wiederholt von Holbein sprach (Eduard Holbein, Berliner Historienmaler 1807-1875, damals Lehrer der Vorbereitungsklasse), hat Professor Hildebrand den ganz bestimmten Eindruck, daß M. zu Steffeck von der Akademie kam. Die nachher berichtete Episode und die ebenfalls bestimmte Vermutung, daß Marées von der Akademie weggeschickt wurde, werden ebenfalls von Hildebrand verbürgt.

3. Freilich fehlt er auf dem Daguerreotyp, das die Schüler des Steffeck-Ateliers im Jahre 1854 darstellt (Abzüge im Besitz des Professors Schauss

und der Frau Professor Steffeck). Doch kann das gerade kurz vor seiner Ankunft gemacht worden sein. Schauss bezweifelt, daß M. vor 1854 bei Steffeck war, ist sich aber nicht sicher. E. Hildebrand erklärt es für ausgeschlossen. In einem Einnahmebuch Steffecks findet sich zweimal eine Zahlung von Marées mit 17 Talern registriert, die das Honorar für zwei Vierteljahre (August bis Dezember), wahrscheinlich des Jahres 1854, darstellt.

4. Ohne damals noch Steffecks Schüler zu sein. Ernst Hildebrand, geb. 1833, eigentlich Autodidakt (zuerst Zimmermann), hat nur einige Wochen in Steffecks Atelier als eigentlicher Schüler gearbeitet, war dagegen jahrelang Steffecks Gehilfe. Er hat viele Gemälde Steffecks kopiert, die Steffeck nachher überging und signierte.
5. Berliner Briefe, Deutsches Kunstblatt 1848. In den »Kleinen Schriften« (Ebner und Seubert, Stuttgart 1854) S. 663.
6. Steffecks Haus, in das er Ostern 1852 einzog und das sein Eigentum war, lag in der Husarenstraße, heute Hollmannstraße 17. Die Ateliers wurden 1853 eingeweiht. Haus und Atelier sind längst abgerissen.
7. Das Daguerreotyp, das, wie oben erwähnt, 1854 zu Ehren des abgehenden Ungarn, Baron Jeszenak, eines Lieblingsschülers Steffecks, angefertigt wurde, zeigt folgende Maler: Ernst Hildebrand, Eduard Ockel, Huth, Albert Brendel, Otto Weber, Blödemann, Hermann Behmer, Ferdinand Schauss, Göpel und Fritz Pinkert. Von denen leben noch Behmer (als Professor in Weimar), Ernst Hildebrand, Schauss und Ockel in Berlin. Pinkert war der gesegnete Pferdebesitzer und scheint sich mit dieser Qualität begnügt zu haben. Auch aus Göpel und Blödemann ist nichts geworden. Die andern sind in der Kunstgeschichte bekannt.
8. Wörtlicher Ausdruck, den mir Professor Behmer in Weimar, Ed. Ockel und F. Schauss in Berlin, unabhängig voneinander, mitteilten.
9. Aus einem Brief des Generals Rosentreter, Blankenburg i. Harz, an mich.
10. Aus dem Tagebuch der Frau Cäcilie Rosentreter, geb. von Hagen, unter 1854.
11. Deutsches Kunstblatt 1852.
12. Ewald war nur etwa dreiviertel Jahre bei Steffeck. Er ist später als verdienstvoller Leiter der Berliner Kunstgewerbeschule bekanntgeworden. W. Bügel war die Hälfte des Jahres Musiker und schlug sich in einer kleinen Provinzkapelle durch, die andere Hälfte malte er, kam aber nicht über den Dilettantismus hinaus. Aus Thiele (nicht identisch mit dem 1841 gebore-

nen Dresdener Julius Thiele) ist nichts geworden. Über Lang s. unten. Haber und Marées waren, so erzählte mir Frau Professor Steffeck, unzertrennlich.

13. Über Rudolf von Haber liegen nur spärliche Nachrichten vor. Er ist am 21. März 1834 in Berlin geboren, und war, bevor er sich ausschließlich der Malerei zuwendete, Offizier, wie der Sohn, Herr Assessor von Haber, Wreschen bei Posen, glaubt, von 1853 bis 1867. Doch steht fest, daß er schon vor dem Eintritt in die Armee das Studium der Malerei betrieben hat. Wahrscheinlich dürfte er doch wohl erst 1854 Offizier geworden und vorher bei Steffeck gewesen sein. Von Bildern aus dieser Zeit weiß man nichts. Singers Behauptung, daß er die Dresdener Akademie besucht habe, ist nach der Matrikel der Akademie nicht richtig. 1867 zog er nach Weimar, 1888 nach Dresden, wo er bis zu seinem Tode (1902) geblieben ist. Boetticher (I, S. 442) zitiert einige Bilder. Nach einem persönlichen Bericht des Herrn Ernst Sigismund, Dresden, malte er namentlich Stillleben.

14. Bericht des Professors Ernst Hildebrand, dem Steffeck und Ewald diese und die anderen Episoden erzählt haben.

15. War aber ungeachtet dessen, wo es sich nicht um offizielle Bilder handelte, ein sehr feiner Künstler, den mit Unrecht der Schatten Krügers um die Anerkennung gebracht hat. A. Otto Seelmann ist 1827 in Dessau geboren, besuchte 1849-1852 die Berliner Akademie und malte dann mit Unterbrechungen bei Krüger bis 1855. Er war des Meisters treuester Schüler und wurde von Krügers wie ein Sohn des Hauses betrachtet. Von seiner Hand stammen außerordentlich getreue Kopien Krügers, und er besaß die beste Privatsammlung von Originalen, Gemälden und Zeichnungen. Einiges davon ist von der Nationalgalerie erworben worden. Seelmann hat sich kurze Zeit parallel zu Marées entwickelt, obwohl sich die beiden nicht persönlich gekannt haben. Er ging 1855 zurück nach Dessau, um verschiedene Aufträge des Herzogs auszuführen, und malte Pferde und Landschaftsstudien. 1861-1864 weilte er in Paris, und die Studien aus dieser Zeit gleichen auffallend den farbigen Skizzen von Marées derselben Periode. Sie sind von brillanter Koloristik und ungemein flott gemalt. 1863 entstanden die Farbenskizzen zu den »Taurischen Pferden aus Askania nova«, für die er sich seiner ausgezeichneten Bleizeichnungen bediente, und schließlich auch das Gemälde selbst, für das ihm ein 1857 erlebter Vorgang, die Ankunft der Tatarenpferde in Dessau, als

Vorbild gedient hatte. 1865 die Skizze zur »Letzten Parforcejagd in Anhalt« (»Parforcejagd im Vockeröder Revier«). Unter dem Druck des fürstlichen Auftraggebers verwandelten sich die glänzenden Entwürfe in die langweiligen Bilder, die jetzt im Dessauer Residenzschloß hängen. Andere Bilder in Pariser, Berliner und Dessauer Privatbesitz. Für den Unterschied der Krüger-Schule von der Schule Steffecks spricht, daß Seelmann in Paris nicht zu den Salongrößen ging, sondern eifrig Delacroix, Géricault und Decamps neben den alten Meistern studierte. Die Skizzen und Kopien nach diesen Franzosen, sowie eine große Anzahl ausgezeichneter Zeichnungen sind gegenwärtig im Besitz des Sohnes, Dr. Seelmann in Dessau. Von Paris zurückgekehrt, wurde S. Zeichenlehrer am Zerbster und Dessauer Gymnasium und blieb es 28 Jahre. Er starb 1909 in Dessau. Im Januar 1910 wurde eine Ausstellung seiner Werke in der Anhaltischen Kunsthalle in Dessau veranstaltet. Siehe darüber die zweite Beilage zur Nr. 9 des »Anhaltischen Staatsanzeigers« vom 12. Januar 1910.

Sturm und Drang in München

1. Die oft wiederholte Behauptung, Marées sei Schüler Pilotys gewesen, beruht auf einem Irrtum. Kunde u. a. bestätigen meine Darlegung. Auch die Familie Piloty erklärt mit Bestimmtheit, daß M. nicht bei Piloty gearbeitet habe.
2. Mitteilungen des Herrn Professors Raupp, München.
3. Julius Grosse in seinem »Kunstausstellung zu München im Jahre 1858« (Leutnersche Buchhandlung, München 1859) nennt ihn neben Morgenstern und Heinlein als Führer der »Idealisten und Romantiker« in der Landschaft. (S. 217.)
4. Bericht des Herrn Steuerinspektors Lotz in Kreuznach, der damals Marées' Feldwebel war. Auch den Hinweis auf Marées' Tätigkeit während dieser Zeit verdankt der Verfasser Herrn Lotz.
5. Viele hübsche Kleinigkeiten des Kreises hat Herr Franz Degenhard, der, obschon seines Zeichens »Postoffizial a. D.«, selbst in seiner Jugend als Maler zu dem Kreise gehörte, in seinem Stübchen im Münchener Mathildenstift gesammelt. Geist lebte 1835-1868, ging 1865 nach Italien, hatte aber dort keine Beziehungen zu Marées.
6. Ludwig Meixner (1828-1885), Landschafter, war Schüler L. Stanges.

Eins seiner Bilder ist vor kurzem von F. Degenhard der Pinakothek geschenkt worden. Dietrich Langko (1819-1894), ein Hamburger, war zuerst Dekorationsmaler, dann Schüler der Martin und Jakob Gensler in Hamburg, kam aber erst in München, in den fünfziger Jahren, unter dem Einfluß der französischen Landschafter von 1830, zu seiner eigenen Art. Siehe die hübsche kleine Waldlandschaft, die in einer Ecke der N. Pinakothek in München hängt und auf der Deutschen Jahrhundertausstellung war. Julius Robert Beyschlag (1838-1904) aus Nördlingen war Genremaler, hatte an der Münchener Akademie studiert, sich aber seine wesentliche Ausbildung in Paris geholt. Adolf Lier (1806-1882), ein Sachse, Schüler Richard Zimmermanns und in bestimmender Weise der Fontainebleauer, namentlich Duprés, war 1861 zum erstenmal in Paris. Mehrere bezeichnende Bilder waren in der Jahrhundertausstellung. Die Nationalgalerie besitzt u. a. eine hübsche Landschaft von seiner Hand. Viele Bilder in Münchener Privatsammlungen. Julius Nörr, München, geb. 1827, gestorben Ende der neunziger Jahre, Schüler von Feodor Dietz. Die Verwandtschaft wird von der Familie Marées bestritten, scheint aber auf den alten George de Marées zurückzugehen. Hans von Marées nannte ihn gelegentlich seinen Verwandten.

7. Teichlein (1820-1879), einer der wenigen Münchener des Kreises. War einer der ersten Schüler Kaulbachs gewesen – Kunde hatte ihn noch in Kaulbachs Atelier getroffen – und mit Kaulbach Ende der dreißiger Jahre nach Rom gegangen. Bekam dann die Kartonzeichnerei satt, ging zu Dupré und wurde ein tüchtiger Anhänger des »Paysage intime«. Viele seiner Bilder ähneln denen Langkos. Hübsche Beispiele waren auf der Jahrhundertausstellung, Nationalgalerie Berlin 1906 und auf der Retrospektiven Ausstellung im Münchener Glaspalast 1907.

8. Eine gute Auswahl in der Sammlung des Herrn Dr. Deutsch in München, die überhaupt erstaunliche Einblicke in das nicht offizielle Kunstleben des Münchens jener Zeit gewährt. Von Lenbach zumal die »Ernte« mit dem Ochsenwagen und die Landschaft mit dem Hirten. Manche Landschaften Lenbachs dieser Art mögen auch noch vor der ersten Reise nach Italien, also noch in den fünfziger Jahren entstanden sein, was die von mir später behandelte Hypothese des Einflusses Lenbachs auf Marées noch wahrscheinlicher machen würde.

9. Durch einen Brief des Bruders Fritz aus Rotterdam vom 29. Mai 1864 an den Bruder Georg (Brief im Besitz des Herrn Georg von Marées in Halle

a. d. S.) ist nachgewiesen, daß M. damals (1864) in Rotterdam war. Herr Georg von Marées vermutet aber, gestützt auf Erzählungen der Eltern (sein Vater war der Oberstleutnant G. v. M., der älteste Bruder von Hans), daß M. schon vorher dort gewesen sein muß. In dem obenerwähnten Brief von M. an Hildebrand, vom 23. August 1869, berichtet M. von der soeben mit Fiedler beendeten großen Reise, die sie zuletzt nach Amsterdam führte, und schreibt von dem Vergnügen, welches ihm »seine alten Freunde von Rembrandt und van der Helst« in Amsterdam gewährten.

10. Heinrich Heger, ein Schleswig-Holsteiner, 1832-1888, war gleichzeitig mit Marées in München und wohnte auch bei Frau Wolfsleben. Diese besitzt einige Kleinigkeiten aus jener Zeit, die ihr Heger geschenkt hat.

11. Sie stehen beide noch an der Landstraße, die dem Hofgarten nach dem Lustschlößchen zu entlang geht. Das eine ist heute das Krankenhaus, das andere die Villa Baum.

12. »Im Frühlingstag« der Berliner Nationalgalerie. Wie Tschudi mir erzählte, sagte Swertschkoff, als er das Bild sah, zu Böcklin, in der Landschaft möchte er wohl mal sein. Böcklin erfüllte unversehens den Wunsch, indem er die Gestalt Swertschkoffs nachträglich hineinmalte. Es ist der graue Herr von hinten. Böcklin wohnte von 1876-1885 im Hause Swertschkoffs in Florenz. Aus dieser Zeit stammt die flüchtige Karikatur nach dem Kopfe des Russen, die in dem Buche »Neben meiner Kunst« (Vita, Berlin 1909, S. 105) abgebildet ist.

13. Nach Kunde, der auch schon Fiedler davon erzählt hat. Vgl. Fiedlers Gesammelte Schriften, S. 385.

14. Nach Kunde und anderen. Herr Zwengauer, Schloß Berg, Sohn des ehemaligen Schleißheimer Konservators, meint Anfang Mai. Die Eintragung in das Künstlerbuch des Schleißheimer Schlosses findet sich erst am 25. September – »malte an dem Plafondgemälde für Herrn Swertschkoff« –. Das gleiche findet sich bei Spiess auf derselben Seite.

15. Doch wäre es voreilig, darauf eine gültige Kritik zu gründen. Was Kunde als Mangel von Sorgfalt im Gedächtnis hat, könnte bewußte Absicht gewesen sein.

16. Heinrich Lang (1838-1891) blieb in dem Gebiet, das Marées nur während weniger Jahre improvisierend bearbeitete. Er war einer der besten Schlachtenzeichner unserer Tage. Einige Zeichnungen in der Nationalgalerie. Den größten Teil besitzt noch seine Witwe, die Malerin Tina Blau-Lang in Wien, viele Momentaufnahmen aus dem Kriege 1870/71, von seltener

Frische. Einige sind in den beiden Büchern Langs »Aus den Erinnerungen eines Schlachtenbummlers« (München, Bruckmann 1887; neue Folge, ebendort 1888; es gibt eine neue Auflage) abgebildet. Seinen Bildern hat Lang nur selten diese Frische zu erhalten gewußt. Ein paar hübsche Skizzen bei seiner Witwe, die als Malerin viel höher steht und Anfang der siebziger Jahre aus Anregungen Wilhelm Lindenschmits erstaunlich malerische und selbständige Resultate gewann.

17. Eine Ausstellung früher Arbeiten Lindenschmits, auch von solchen aus den fünfziger Jahren, fand Mai-Juni 1910 im Münchener Kunstverein statt. Einiges davon dürfte in die Pinakothek gelangen.

18. Über das Verhältnis Leibls zu Marées ist nichts bekannt. Leibl kam im Frühjahr 1864 an die Münchener Akademie. Es ist nicht ausgeschlossen, daß er Marées gekannt hat. Er wohnte in der Nähe. (Vgl. Wilhelm Leibl von J. Mayr. Verlag B. Cassirer, Berlin o. J. [1908].) Marées' Bilder hat er sicher gesehen.

19. Das vollendetste im Besitz der Frau Professor L. von Hagn, München. Im selben Besitz mehrere andere schöne Bilder Lenbachs derselben Zeit, die manche Beziehungen zwischen den beiden Künstlern ergeben. Auch das Hagn-Bildnis und das des Kupferstechers Geyer, beide aus 1863, im Besitz der Frau von Lenbach, die auf der Deutschen Jahrhundertausstellung waren, zeigen dieselbe Ähnlichkeit mit dem Knoll. Auf ein sehr schönes und wenig bekanntes Frühwerk von Lenbach sei bei dieser Gelegenheit hingewiesen: Das Brustbild der Schwester des Grafen Schack, im Besitz der Gräfin Schack in Brüsewitz, Mecklenburg-Schwerin; von einer für Lenbach einzigen Intimität und Schlichtheit.

20. Ich sehe dabei von den primitiven Wirtshausschildern Lenbachs u. dgl. ab, die Rosenberg erwähnt (Monographie, Velhagen & Klasing, 1905) und die aus 1852/53 stammen sollen. Rosenberg spricht auch von einer »tüchtigen Pferdestudie« von 1855, die ich nicht gesehen habe. Da von den Pferdestudien, die Marées von 1853 an bei Steffeck gemalt hat, nichts erhalten ist, schließt sich der Vergleich dieser ersten Perioden aus. Im übrigen wäre er kaum von Belang.

21. Katalog der Deutschen Jahrhundertausstellung Nr. 1036 i. Im Besitz des Dr. Deutsch, München. Abgebildet im ersten Band des Katalogwerkes der Deutschen Jahrhundertausstellung S. 100.

22. Zu solchen Preisen wurden die in München zurückgebliebenen Bilder wirklich verkauft.

1. In dem Ausgabebuch des Vaters findet sich unter dem 2. Oktober 1864 eine Zahlung von 52 Talern 9 Groschen nach München, die vermutlich den Reisezuschuß darstellt. Daß die Reise mit Lenbach erfolgte, ist mindestens sehr wahrscheinlich. Es steht fest, daß beide zusammen einmal zu Schiff nach Italien gereist sind und daß dabei Lenbach den Witz mit dem Köfferchen machte, und das kann kaum ein anderes Mal gewesen sein. Freilich war Lenbach, wie aus einem Brief an Schack vom 6. September 1864, im Besitz des Herrn Professors Winkler, Wien, hervorgeht, noch in Rom und spricht in diesem Briefe von keiner bevorstehenden Reise nach München. Doch kann er sich schnell entschlossen haben, um mit Schack das finanzielle Arrangement (die jährliche Pension von 1400 fl.) zu besprechen. Vermutlich haben sich die beiden in Genua nach Mittelitalien eingeschifft. Die Reise bis dahin ging, wie Marées später einmal dem Bruder Georg mitteilte (siehe den Brief an Georg vom 4. August 1875), über den Splügen. In Chur und Como wurde übernachtet. Es war nach diesem Briefe bereits Winter. Aus dem Brief Lenbachs an Schack vom 21. November 1864, im Besitz Winklers in Wien, geht hervor, daß Marées damals kurze Zeit in Rom war.
2. Der obenerwähnte Brief vom 21. November 1864: »Hochgeehrter Herr Baron! Über Ihre große Teilnahme, die Sie auch für Marées haben, bin ich hocherfreut; nun wollen wir auch wetteifern, für so viel Güte unsere Dankbarkeit zu beweisen. Marées wird, nachdem er vorläufig bei mir nach der Natur arbeitet, die Galatea von Raffael kopieren. Es scheint mir die beste Wahl – und da Marées voll Eifer und sehr talentvoll ist, so zweifle ich nicht an dem guten Erfolge . . .« Aus diesem Briefe zieht Winkler (Kunst für Alle, XXIV, II, S. 265) den voreiligen Schluß, Marées sei zu dieser Zeit Schüler Lenbachs gewesen. Vermutlich hat Marées nur deshalb bei Lenbach gearbeitet, weil er noch kein eigenes Atelier besaß. Von einer Schülerschaft könnte nur hinsichtlich der Kopierarbeit die Rede sein. Aber auch dafür findet sich in den Briefen Lenbachs, der sich seiner Art nach sicher darüber geäußert hätte, nicht der geringste Hinweis. Das Gegenteil hat Ludwig in unzweideutiger Weise ausgesprochen. Siehe S. 164-165.
3. Lenbach unter dem 2. März 1865 an Schack: ». . . Wir (er und Marées)

denken dann anfangs Mai, wenn es Ihnen so recht ist, nach Florenz zu übersiedeln. Marées wird in etwa vier Wochen mit dem Palma Vecchio fertig und denkt dann im April noch den Salvator zustande zu bringen.« Als Nachsatz: »Marées' Kopie scheint sehr gut zu werden.«

Unter dem 30. April an denselben: » . . Heute hat Marées die Kopie nach Palma mit der Zeichnung von Feuerbach dem Greder (Spediteur) übergeben zur Verwendung . . . Marées hat sich bei dieser Arbeit sehr angestrengt, auch war er in letzter Zeit unwohl, so daß er die Kopie nach Salvator Rosa oder Poussin nicht mehr unternehmen konnte. Zu Hause hat er jedoch ein Bild komponiert, worüber er selbst dieser Tage schreiben wollte.

. . . Nächsten Sonntag, den 6., reisen wir direkt nach Florenz und werden in einer Galerie gleich mit Arbeiten anfangen.«

(Beide Briefe im Besitz des Herrn G. Winkler, Wien.)

4. Lenbach hat sich Feuerbach und später Marées gegenüber wenig freundschaftlich gezeigt und nachher bei Leibl einem anderen Mäzen gegenüber dasselbe Spiel wiederholt. In einem Brief vom 19. Februar 1864 an Schack, im gleichen Besitz, beschwert er sich, daß Feuerbach schon die »Badenden Kinder« abgeschickt habe. »Also wieder ohne mir etwas zu sagen. Ich fürchte, er kommt ins Schnellmalen, ich glaube aber, daß der Genuß des Beschauers im Verhältnis steht zur Lust und Liebe, die der Künstler bei Ausführung eines Gemäldes hat.«
5. Brief aus Rom vom 2. April 1865.
6. Nach dem Brief von Marées an Schack trafen sie am 7. Mai in Florenz ein.
7. Die Stelle im Brief des Präsidenten an seinen ältesten Sohn Georg vom 14. Juni 1865 lautet: »Hans hatte, wie er sagt, vom Teufel geplagt, dem Baron v. Schack seinen Beschluß gemeldet, nicht mehr kopieren, sondern in Florenz nur zeichnen zu wollen. Auch mir hatte er davon geschrieben, und ich hatte ihm umgehend . . . (unleserlich), da Herr v. Schack bei seinem Versprechen voraussetzte, daß er auch die seinigen erfüllen werde. Er konnte das schlimmste erwarten. Dagegen erhält er die liebevollste Antwort; v. S. ist erfreut über seine ausgezeichnete Leistung, die in München die allgemeinste Anerkennung fand, er muß noch eine zweite von ihm haben und wird dann Hansens Leben so gestalten, daß dieser fortan nur seiner Kunst leben könne. Hans war unterdessen schon in sich gegangen und hatte die Kopie eines Tizian begonnen, wird auch in Florenz noch

eine zweite Kopie anfertigen, womit sein sechsmonatiger Aufenthalt in Florenz ausgefüllt werden dürfte.«

8. U. a. bei Frau von Hagn und Tony Stadler in München.
9. In dem Brief vom 2. April 1865, dessen erste Hälfte bereits vorher (S. 164 f) zitiert wurde, fährt Heinrich Ludwig fort: »Herrn Lenbachs Kopie habe ich auch noch gesehen. (Vermutlich handelt es sich um den Murillo.) Sie ist ganz in demselben Sinne wie die früheren, recht gut. In Ansehung dessen, was die äußere durch die Zeit und den gelben Firnis teilweise hergestellte Oberfläche des Vorbildes betrifft, sehr täuschend, auch gut in betreff der Farbe. Für die einfache Modellierung und die Schärfe des Ausdrucks und der Zeichnung des Originals hat freilich Lenbach, gerade wie bei den früheren, nicht das Zeug, allein auch hierin steht die Kopie wenigstens mit recht vielen anderen und guten modernen Kopien auf gleicher Höhe und wird eine rechte Zierde Ihrer Galerie sein, und ich spreche auch nur meine Meinung so aus, weil ich Zeuge war, wie wieder Schlagwörter wie »Faksimile« und dergleichen von gewisser Seite gebraucht wurden. Denn ein Faksimile von solchen Meistern machen wollen, ist entweder ein Zeichen von Unbescheidenheit oder von Unverstand.«
10. 1852 nach Wyl: Eine Kreuzabnahme von Christoph Schwarz, die nach Lenbachs eigenen Angaben dem Original »zum Verwechseln ähnlich« wurde. Auch in Augsburg hat er, noch bevor er nach München ging, wiederholt kopiert.
11. »Du wirst Dich freuen«, schreibt Feuerbach an die Mutter am 14. September 1865, »daß wir zusammen und langsam reisen; es hat sich merkwürdig gut getroffen, und meine Gegenwart hat Marées sehr wohl getan.«

    Und am 23. September schreibt er von der »durchaus liebenswürdigen Gesellschaft von Marées«.
12. Feuerbach in dem Brief vom 14. September: »Herrn von Marées habe ich bleich und abgemagert von angestrengter Arbeit und Hitze gefunden.«
13. Schon am 5. November 1865 schreibt Lenbach an Schack: »Ich bin sehr neugierig, was Marées in Rom malen wird; kopieren, das habe ich schon gesehen, ist seine Sache nicht.«

    Es fehlen leider die entscheidendsten Zwischenglieder in der Korrespondenz, oder ich habe ihrer nicht habhaft werden können, aber mündliche Berichte der Zeitgenossen lassen über die Rolle Lenbachs keinen Zweifel, und die »Mitteilungen«, von denen Marées in seinem vorletzten Brief an

Schack spricht, gehen auf niemand anderen als Lenbach zurück. Dieser bildete sich ein, Marées baronisiere in Rom, und ärgerte sich darüber im Gefühl der eigenen Leistung, vielleicht auch, weil er sich Schack gegenüber bis zum gewissen Grade für Marées verantwortlich glaubte.

14. Ich benutze die Daten der kurzen Biographie von Hans Marbach: »Konrad Fiedler, ein Lebensbild« (Sonderabdruck aus den Grenzboten. Karl Marquart, Leipzig 1895) und die Vorrede Marbachs zu »Fiedlers Schriften über Kunst« (S. Hirzel, Leipzig 1896).

15. Zu dem weiteren Kreise dieser Zeit gehörten (nach Fiedlers Tagebuchnotizen) Goltzsch, Landgräve, Brandt, Böheim, Schobelt, Bretschneider, Hübner, Kopf, Wille und Marées' Landsmann Schlösser, mit dem er später intimer verkehrte. Die meisten waren Bekanntschaften aus dem Deutschen Kunstverein, den Marées damals zuweilen besuchte.

16. Isolde Kurz in der »Deutschen Rundschau«, Jahrgang XXXIV, Heft 1, S. 105 ff.

17. Tagebuchnotiz Fiedlers vom 5. März 1868: »Hildebrand in seinem Atelier besucht. Die Büste von Marées scheint mir ungemein talentvoll.«

18. Und da sich dieser Fall ungefähr bei jedem Schleißheimer Bild mehr oder weniger merkbar wiederholt, möchte ich ein für allemal darauf aufmerksam machen, daß ohne ein Nachhelfen des Firnis ein vollkommener Eindruck der Bilder selbst dann nahezu unmöglich ist, wenn es dem Findigen gelingt, die heillosen Lichtverhältnisse der Galerie mit hundert improvisierten Kniffen zu verbessern. Fast alle Bilder zeigen eingeschlagene Stellen, die den Zusammenklang der Massen gefährden. Es bilden sich schwarze Löcher da, wo der Künstler verbindende Farben hingesetzt hat. Viele von den Verzeichnungen, über die sich der Gerechte entsetzt, sind nicht die Schuld des Malers, sondern des Firnis. Man wird die Einzelheiten auf den Gemälden, über die man stets das Ganze zu vergessen neigt, erst dann gerecht beurteilen, wenn sie durch eine Modifikation des Firnis wieder im rechten Ton stehen und infolgedessen die rechte Form wiedergewonnen haben. Es gehört zu dieser Arbeit nicht nur die Fachkenntnis des Restaurators, sondern die Hingebung eines Marées-Freundes, dem die Epidermis Maréesscher Tafeln vertraut ist. Je mehr ein Künstler seine Gestaltung auf Synthese anlegt, je kühner er den Betrachter zur Kristallisation des Eindrucks nötigt, um so größere Wichtigkeit erhalten die Einzelheiten. Ich meine nicht den Hund oder die Katze, die sich auf der eingeschlagenen Stelle befinden, sondern den Fleck. Man kann aus einem

detaillierten Bildnis des späteren Leibl das halbe Gesicht wegschneiden, ohne mehr als eine Gesichtshälfte einzubüßen. Bei einem Marées kann dasselbe Manko das Leben des Bildes kosten.

19. Friedrich Gunkel, Historienmaler (1820-1876). Gerhard, der noch in Rom lebt, war Schüler Henschels, der vor ihm das Haus 35 Passegiata di Ripetta gemietet hatte. In dem Atelier zu ebener Erde haben Gunkel, Dreber und später auch Marées gearbeitet.

20. Theodor Heyse, Philologe (1803-1884). War kurze Zeit, nachdem er in Berlin seine Studien vollendet hatte, Lehrer in Deutschland, ging 1832 nach Italien, wo er mit einer Unterbrechung von einigen in München verbrachten Jahren (1861-1865) blieb.

21. Vgl. unten S. 164 und auch Anm. 2 S. 831.

22. Hermann Schlösser, Historienmaler (1832-1894), Elberfelder, Sohn begüterter Leute, war in der ersten Hälfte der fünfziger Jahre Schüler der Düsseldorfer Akademie, ging dann nach Paris, wo er (nach Bötticher II, S. 584) mit einer Jeanne d'Arc Erfolg gehabt haben soll. Seit 1862 in Rom. In Deutschland errang er eine gewisse Berühmtheit mit seiner Venus Anadyomene, die auf der akademischen Kunstausstellung Berlin 1870 ihrer Nacktheit wegen beanstandet wurde und nur unter einem Schleier ausgestellt werden durfte. Das Bild fand einen geschickten Manager, der es reisen ließ. In Wien wurde es von einem reichen Bankier erworben, der es »aus Liebe« zerschnitten haben soll. Es wurde geflickt und tauchte 1891 wieder in einer Wiener Ausstellung auf. Schlösser verdiente eine Zeitlang viel Geld. Die Nationalgalerie Berlin erwarb für hohen Preis eines seiner recht mäßigen großen Bilder mythologischen Inhalts. Später kam er arg herunter und wurde eine Zeitlang von Pichler unterhalten. Er endete durch Selbstmord. Ein gutes Bildnis seiner Hand, peinlich genau, im Besitz des Herrn Anton Schlösser, Elberfeld. Er beschäftigte sich auch mit Plastik und beteiligte sich erfolglos an einer Konkurrenz für das Elberfelder Kaiserdenkmal. Die Arbeit ist noch in Elberfeld erhalten. Sein Landsmann Hausmann hat ihm in dem Aufsatz »Die Malerei und verwandte Künste im Wuppertal« (Monatsschrift des Bergischen Geschichtsvereins, 13. Jahrgang) eine den Künstler recht überschätzende Würdigung zuteil werden lassen. Schlösser hatte eine gewisse Kunstkennerschaft und war ein liebenswürdiger Gesellschafter.

23. Franz Koppel, der bekannte Theaterschriftsteller (geb. 1840).

24. So ähnlich lautet eine Tagebuchnotiz Fiedlers vom 19. Januar 1868. Die

anderen waren Schobelt und Schlösser. Das folgende Zitat steht in derselben Notiz.

25. Tagebuchnotiz Fiedlers vom 23. Februar 1868.
26. Schon am 3. Januar 1868 notiert Fiedler: »Marées sieht recht schlecht aus, er ist in einer Krisis, die er hoffentlich bald überwinden wird.« Im Januar 1869 nach der Zusammenkunft in Kassel: ». . . er sah noch immer recht elend aus, wenn auch besser als in Rom; namentlich leidet er an einem trockenen Husten, der mich ängstigt . . .«
27. Die Daten in Alexander Heilmeyers Hildebrand-Monographie (Velhagen & Klasing, 1902, S. 21) sind nicht genau. Hildebrand war im Herbst 1868 nicht mehr in Rom und kam bereits im November, wie aus der Korrespondenz mit Marées hervorgeht, nach Berlin zu Begas.
28. Tagebuchnotiz Fiedlers vom 7. Dezember 1868.
29. Desgleichen vom Januar 1869.
30. Am Schluß derselben Notiz: »Ein kurzer Besuch in der Bildergalerie von Kassel bewies mir wieder Marées' vorzügliches Urteil; in dieser Beziehung lerne ich stets von ihm.«
31. Tagebuchnotiz Fiedlers, der die ganze Beschreibung der Route entnommen ist.

Nach der spanischen Reise 1869-70

1. Tagebuchnotiz Fiedlers aus jener Zeit: »Wenn das Porträt auch nicht fertig wurde, so bewies mir doch schon das unfertige Bild sein außergewöhnliches Talent.«
2. Bericht der Baronin von Pidoll, der Witwe des Malers. Dieser hat auch in der Tat im Frühjahr 1886 das Gemälde Delacroix' kopiert. Die Kopie ist in Paris geblieben.
3. Er wohnte in Paris fast gegenüber dem Museum, Rue du Luxembourg 35, wie aus dem Brief an Hildebrand vom 4. Juli 1869 hervorgeht, und hat damals, wie er am 23. desselben Monats an denselben schreibt, »die Produktionen der modernen französischen Künstler in größerer Anzahl beisammen« gesehen. Also sowohl den Salon als auch das Luxembourg, darf man annehmen.
4. Das Bild, jetzt im Louvre, hing damals noch in Versailles. Die Bewegung des rechten Pferdes auf dem Maréesschen Bilde ist durchaus von der Stellung des Baudouinschen Rosses verschieden. Allenfalls könnte die lose

Haltung des Kopfes auf eine Ähnlichkeit hindeuten. Wie Max Nordau daraus auf eine »buchstäbliche Entlehnung« zu schließen vermag, ist schlechterdings nicht verständlich.

5. Früher Nr. 832 der Alten Pinakothek: Die Schlacht bei Martin d'Eglise (mit dem Hintergrund von Snayers). Ein Bild, das in mancher Hinsicht für die Beziehung von Marées zu van Dyck interessant ist. Gegenwärtig nicht ausgestellt, wird wohl der Schleißheimer Galerie überwiesen werden.
6. Das Bild hing, als Marées in Paris war, noch bei dem alten Dumas, und Marées hat es nicht gesehen. Es war seit der Auktion der Sammlung Dumas bis 1908 bei Cheramy.
7. »Aus der Werkstatt eines Künstlers«. Erinnerungen an den Maler Hans von Marées aus den Jahren 1880/81 und 1884/85. Als Manuskript gedruckt. Luxemburg, V. Bück, Leo Bück Nachf., 1890. Neue Auflage ebenda 1909. In der Folge wird diese Quelle, und zwar die erste Auflage, immer nur mit der Bezeichnung »Pidoll« zitiert.
8. Die Daten sind Fiedlers Tagebuch entnommen.
9. Einen geringen Anhalt dafür bietet Fiedlers Tagebuchnotiz vom 12. Dezember 1869, die von einem gemeinsamen Spaziergang nach Villa Borghese berichtet.

Drei Jahre in Deutschland 1870-73

1. Siehe den von Allgeyer zitierten Brief Feuerbachs vom 11. Oktober 1868, und die Allgeyersche Erklärung dazu. (Allgeyer-Neumann: Anselm Feuerbach. W. Spemann, 1904, II. Bd., S. 107 ff.)
2. Ebenda S. 107.
3. Vgl. den Brief an Fiedler vom 14. Juni 1870.
4. Der Vater schreibt ihm am 14. August: »Ich freue mich, daß es Dir nicht gerade schlecht geht. Auch ich wünschte, daß Du Gelegenheit hättest, Gefechte mitzumachen oder sie doch selbst zu sehen, um sie dann, wenn nicht in Gemälden, doch in geistreichen Zeichnungen zu fixieren.«
5. Diego Velasquez. Von Karl Justi. (Verlag von Max Cohen & Sohn, Bonn 1888.) Bd. II, S. 6 ff.
6. Karl Neumann: Rembrandt. (W. Spemann, Berlin und Stuttgart 1902.) S. 469.
7. Justi: Velasquez II, S. 6.

8. So war vermutlich die Reihenfolge, nicht wie im Katalog angegeben. Hildebrand-Grant dürfte das letzte Berliner Bildnis gewesen sein.

9. Geb. 1841 in Leipzig, gest. 1905 in Berlin, Sohn des bekannteren Dichters und Philosophen Oswald Marbach. Marbach war der Herausgeber der Schriften Fiedlers (S. Hirzel, Leipzig 1896).

10. Erschien bei Williams und Norgate. Sein bestes Buch ist die Sammlung von neapolitanischen Geschichten, die erst nach seinem Tode unter dem Titel »Stories of Naples and the Comorra« erschien (London, Macmillan & Co., 1896). In diesem Buch eine Biographie Grants von J. B. Capper, der die hier gegebenen Daten größtenteils entnommen sind. Ein Band Gedichte »Studies in Verse« erschien 1875 bei John Pearson, London.

11. Am 9. Dezember 1871 war Fiedler laut Tagebuchnotiz in Marées' Atelier in Berlin. Die Kritik hat er am 13. März 1872 notiert, als er wieder das Atelier besuchte.

12. Hildebrand erinnert sich nicht, wann das Bild begonnen wurde, nur daß es in dem Atelier der Behrenstraße entstand, wahrscheinlich während er den »Trinkenden Knaben« modellierte, und längere Zeit beanspruchte. Es kann unmöglich vor der Krankheit Hildebrands gewesen sein, da die Zeit nicht ausgereicht hätte. Allenfalls könnte Marées damals das Bildnis angefangen haben, aber auch das ist nicht sehr wahrscheinlich. Den »Trinkenden Knaben« hat Hildebrand gegen Dezember 1870 begonnen und im Winter 1870/71 daran weitergearbeitet.

13. Hugo Bürkner, geb. 1818, Schüler Sohns, war Lehrer an der Dresdener Akademie. Er starb 1897.

14. Heinrich von Dörnberg, geb. 1832 in Siegen (nach Bötticher Schüler der Düsseldorfer Akademie), könnte Marées schon in Berlin gekannt haben, wo D. in der zweiten Hälfte der fünfziger Jahre gewesen sein soll. Ist in Dresden gestorben. Viktor von Meyenburg (geb. 1834 in Schaffhausen, gest. 1894 in Dresden) studierte von 1856 an an der Münchener Akademie und war 1859 im Atelier von Hugo Hagn, Berlin, ging bald darauf nach Rom und gegen Mitte der sechziger Jahre nach Zürich. 1869 siedelte er sich in Dresden an. Wie mir sein Sohn, Herr Ernst von Meyenburg in Basel, mitteilte, wurde, nach Ansicht der Witwe des Künstlers, die Bekanntschaft durch Dörnberg vermittelt. In das Haus Meyenburgs ist Marées nie gekommen.

15. Die Darstellung erfolgt auf Grund mündlicher Mitteilungen der Schülerin

an den Verfasser und zumal der Neapeler Briefe des nächsten Jahres, die, wie die Empfängerin meinte, in knapperer Form wiederholen, was ihr Marées in Dresden gesagt hatte.

16. Dies und die vorhergehenden Zitate aus einer Tagebuchnotiz Fiedlers vom 8. Juli 1872.
17. So hatte er Fiedler am 13. Juli 1871 geschrieben, freilich bevor er an die Arbeit gegangen war. Auch die Frauenbildnisse sollten ursprünglich ausgestellt werden.
18. Tagebuchnotiz Fiedlers von Ende Mai 1873. Auch die vorhergehenden und die folgenden Zitate sind derselben Notiz entnommen.
19. Über die Station vgl. Dohrns Aufsatz in der »Deutschen Rundschau«, 18. Jahrg., Heft II. Über Dohrn (1840-1909) den Nachruf von Hans Driesch in den »Süddeutschen Monatsheften«, 6. Jahrg., Heft 2. Darin wird von einer zu erwartenden »Geschichte der Zoologischen Station« gesprochen, die Dohrn schreiben wollte.
20. Das genaue Datum der Ankunft geht aus einem Briefe Dohrns an seinen Schwiegervater hervor, den mir Frau Geheimrat Dohrn gezeigt hat.

Die Neapeler Fresken 1873

1. Die Stimmung Fiedlers und seine Ansicht über Marées' und Dohrns Verhalten geht aus den Tagebuchnotizen Fiedlers vom Anfang Juli 1873 und 4. September desselben Jahres hervor. Daß Fiedler »mit ziemlicher Sicherheit auf ein Scheitern der Unternehmung gefaßt war«, wird auch in der Tagebuchnotiz vom 12. Oktober betont.
2. Paul Hartwig in seinem »H. v. Marées' Fresken in Neapel« (Bruno Cassirer, Berlin 1909) zitiert einen Brief Hildebrands, der seine Beteiligung festsetzt. »Da wir, d. h. Marées und ich, uns so gut verstanden, so konnte ich ihm bei den Vorarbeiten vieles abnehmen. Die Vergrößerung seiner Entwürfe, die Aufzeichnungen der Figuren im richtigen Maßstabe, so daß Marées gleich ans Malen der großen Farbenskizzen gehen konnte, fiel mir zu. Was dekorativ war, malte ich nach meinen Ideen, grau in grau, und machte die zwei Büsten (Darwin und von Baer). Selbstverständlich überlegten wir die Einteilung erst gemeinschaftlich und besprachen alles, aber die eigentlichen Bilder als Erfindung und Freskomalerei sind ganz von Marées.« An den Entwürfen für die Fresken hat Hildebrand also nicht mitgearbeitet.

3. Wie man aus den schematischen Aufrissen sieht, stimmen die korrespondierenden Stücke in den Maßen nicht überein. Auch der ganze Raum ist nicht im Winkel. Die unsoliden Fundamente dürften an der Verschiebung mitbeteiligt sein. Die Messungen wurden vom Autor vorgenommen und von dem Architekten der Station wiederholt kontrolliert. Ob die Kontrolle ganz zuverlässig war, bleibt dahingestellt.
4. Tagebuchnotiz vom 12. Oktober 1873.
5. Tagebuchnotiz vom 12. bis 15. April 1874.
6. Vgl. den Brief Marées' an Fiedler vom 12. November 1873: »Wenn der Saal auch von Dohrn bewohnt wird, die Bilder gehören nicht ihm an.« Sämtliche Kosten der Fresken wurden von Fiedler bestritten.

ZWEITER BAND

Das Idyll von San Francesco 1874-75

1. Tagebuchnotiz Fiedlers von Ende Dezember 1873. Fiedler hatte 100 Taler monatlich vorgeschlagen und erhöhte die Summe für das Jahr auf 1500. 1874 wurde die Summe auf 1600 Taler erhöht.
2. Tagebuchnotiz vom Februar 1874.
3. Tagebuchnotiz vom März 1874.
4. Tagebuchnotiz vom 16. April 1874. Auch das Folgende ist dieser Notiz entnommen.
5. Unter dem 2. Oktober 1874 notiert Fiedler: »Er hatte im Frühjahr ein Selbstporträt gemalt und es mir zugedacht; das Bild war wirklich recht gut und der Vollendung nahe; ich hatte wirklich einmal die ernste Hoffnung gefaßt, ein Bild fertig zu sehen; jetzt teilt er mir beiläufig mit, daß das Bild während seiner Abwesenheit beschmutzt worden sei und er es habe vernichten müssen.«
6. Hier der Bericht über die Reise nach Fiedlers Tagebuch: 18. Mai 1874: frühzeitig Abreise von Florenz mit Marées und Hildebrand über Empoli nach Poggibonsi; von da mit Wagen hinauf nach San Gimignano. Gegen Abend nach Volterra.

   19. Mai: Von Volterra über Colle nach Poggibonsi und dann per Bahn nach Siena.

   20. Mai: Siena und Besichtigung der dortigen Sammlungen und Kirchen.

   21. Mai: Mit Wagen nach Buonconvento; von da hinauf nach Monte Oliveto Maggiore. Fresken von Signorelli und Sodoma. Rückfahrt über Buonconvento, S. Quirico nach Pienza. (Palazzo Piccolomini und Dom.) Von Pienza nach Monte Pulciano.

   22. Mai: Dom mit den Bruchstücken eines Grabmals von Donatello und Michelozzo ... Mit Wagen nach Salecco und dann mit der Bahn nach Orvieto. Dom mit den Fresken von Signorelli.

   23. Mai: Mit der Bahn nach Chiusi und von da mit Wagen über Città della Pieva nach Perugia, wo wir am 24. Mai blieben.

   25. Mai: Nach Assisi mit Wagen ... Von Assisi per Bahn nach Cortona ...

   26. Mai: ... Mit Wagen nach Arezzo. Abends zurück nach Florenz.

7. In den gesammelten Schriften Fiedlers (S. Hirzel, Leipzig 1896) S. 1.
8. Marées hat zuweilen, z. B. zu Tschudi, gemeint, Fiedlers Aufsätze seien nur eine falsche Interpretation seiner (Marées') Äußerungen.
9. Die Kunsttheorie Konrad Fiedlers, eine Darlegung der Gesetzlichkeit der bildenden Kunst von Herm. Konnerth (Verlag R. Piper & Co., München 1909; vorher als Dissertation) S. 28.
10. Natürlich nicht an den eigentlich schöpferischen Gedanken der Arbeit. Der Anteil beschränkt sich im wesentlichen auf Unterstützung des Freundes in den begrifflichen Formulierungen.
11. Dieses Zitat und die folgenden aus der obenerwähnten Tagebuchnotiz, die am 2. Oktober 1874 beginnt und den ganzen Winter umfaßt.
12. Äußerung Marées' zu Albert Lang.

Allein in Rom

1. In dem für Fiedler bestimmten, aber nicht abgeschickten Brieffragment vom Ende März 1878 spricht er von »Tausenden von Zeichnungen«, die er gemacht habe.
2. Geb. 1829 in Hanau, Schüler Schirmers in Düsseldorf, ging 1852 in die Schweiz und kam 1853 nach Rom, wo er Landschaften von wenig ausgesprochener Eigenart malte. Immerhin sind seine Bilder und Studien dieser ersten Zeit wesentlich besser als die späteren Experimente. Gegen 1860 zog er sich durch einen Sturz sein Leiden zu, das später zu einer Sklerosierung des Rückenmarks führte und ihn ans Zimmer, jahrelang ans Bett fesselte. Vgl. die ausführliche Biographie von Knapp in der von Beringer herausgegebenen Nachlaßschrift Ludwigs »Über Erziehung zur Kunstübung und zum Kunstgenuß« (Heitz, Straßburg 1907). Ein Verzeichnis der gedruckten Schriften Ludwigs findet sich am Schluß der »Schriften zur Kunst und Kunstwissenschaft« (ebenda). Ludwig ist der Erfinder der nach ihm benannten Petroleumfarben. Marées hat sich ihrer zeitweise bedient. Die Bemerkung Pidolls (»Aus der Werkstatt eines Künstlers« S. 83), die Knapp in der Vorrede des obenerwähnten Buches (S. 14) benutzt hat, ist daher nicht ganz zutreffend.
3. »Schriften zur Kunst und Kunstwissenschaft« S. 108.
4. Vgl. zumal den zweiten und dritten der »Zwölf Briefe eines ästhetischen Ketzers« (anonym, II. Aufl. Robert Oppenheim, Berlin 1874, dann von dem Verlag Karl J. Trübner, Straßburg, übernommen). Wieweit man von

einer Beeinflussung dieser geistvollen Broschüre durch Marées reden kann, bleibt dahingestellt. Hildebrand, der näher mit Hillebrand bekannt war, nimmt sie mit Bestimmtheit an. Als Marées Hillebrand in Perugia traf (vgl. Marées' Brief an Dohrn vom 3. Dezember 1873), waren die Briefe schon erschienen. Doch haben sich M. und H. schon vorher gekannt. Es wäre nicht unmöglich, daß sie zusammen zur Weltausstellung in Wien waren im Frühling 1873, wo H. die Anregung zu den Briefen erhielt. Jedenfalls decken sich viele in den Briefen ausgesprochene Ansichten mit denen von Marées. – Hillebrand fühlte sich mit Ludwig einig in der Abneigung gegen den Realismus auf der einen Seite und die banale Tendenzmalerei auf der anderen.

5. »Über Erziehung zur Kunstübung und zum Kunstgenuß« S. 92.
6. »Über Erziehung zur Kunstübung etc.« S. 63.
7. Vgl. den Brief an Fiedler vom 30. Dezember 1879 über Ludwigs Leonardo: ». . . Der Dünkel, dadurch der Kunst auf die Strümpfe zu helfen, ist geradezu kindisch. Ihre Beweggründe zu verstehen, ist er absolut nicht imstande.«
8. Das ist auch Tschudis Ansicht. Er hatte nicht den Eindruck, daß die Gefühle der Freundin über herzliche Freundschaft hinausgingen. Die zuletzt ans Licht gekommenen Briefe Marées' an die Freundin könnten aber auch eine andere Auslegung zulassen.
9. Vgl. die Einleitung von Robert Graf zu den Briefen an die Geliebte (»Kunst und Künstler« V. Jahrg. S. 367).
10. Artur Volkmann, geb. 1851 in Leipzig, war 1870-1873 Schüler Hähnels an der Dresdener Akademie und arbeitete 1874-1876 in Berlin bei Albert Wolff.

Neuer Aufstieg

1. Brief Marées' an Georg vom 1. Mai 1870. Vgl. auch den Brief vom 10. März desselben Jahres an Fiedler. Damit werden die Behauptungen des Böcklin-Kreises in dem Buche »Neben meiner Kunst«, herausgegeben von Ferdinand Runkel und Carlo Böcklin (Vita, Berlin [1909]), Böcklin habe Marées' Kunst entschieden verneint und ihn nur als Menschen geschätzt, als Irrtümer erwiesen. Die Annahme, die in dem Buche angedeutet wird, Böcklin habe aus Liebe zum Frieden vermeiden wollen, den Leuten seine Meinung zu sagen, kann nicht den spontanen Entschluß

erklären, dem Freunde schriftlich seine Begeisterung darzubringen. Die Äußerungen Böcklins über Marées mögen so gefallen sein, wie sie in dem Buche berichtet werden, aber sie beziehen sich keinesfalls auf die Florenzer Periode und die Jahre in Rom, solange die beiden intim miteinander verkehrten. Übrigens hat Böcklin nur sehr selten Gelegenheit gehabt, Arbeiten von Marées zu dessen Lebzeiten zu sehen. Marées erwähnt wiederholt in seinen Briefen, daß er Böcklin nicht ins Atelier lasse. Das Atelier in Rom hat B. wohl nur im Juli 1879 betreten. Damals sah er auch die Fresken in Neapel, über die er sich zu Fiedler anerkennend aussprach. Später, als auch Marées die von Anfang an immer nur sehr bedingte Schätzung des Künstlertums Böcklins mehr und mehr verlor, mag Böcklin sein Urteil modifiziert haben, hat sich dabei aber in Widerspruch mit früheren Äußerungen gesetzt, die nicht weniger aufrichtig gemeint waren. In den Äußerungen Marées' wird man diese Inkonsequenz nicht finden. Was ihn später zur Ablehnung Böcklins trieb, ist die Konsequenz einer Kritik, deren Grundzüge ihm schon in der Zeit ihres intimen Verkehrs durchaus geläufig waren.

2. Beilage zu Marées' Brief an Georg vom September 1879.
3. Der Aufsatz erschien im gleichen Jahre. In den »Schriften über Kunst« S. 83.
4. Karl Michael Valentin Freiherr von Pidoll zu Quintenbach, 1847 (Wien) bis 1901 (Rom). Eine eingehende biographische Skizze von Wilhelm Porte in den »Süddeutschen Monatsheften« II. Jahrg., Heft 2 (Februar 1905).
5. Viktor zur Helle, 1839-1904. War ursprünglich wie Pidoll österreichischer Offizier, nachdem er sich vorher der Landwirtschaft gewidmet hatte. 1867/68 quittierte er den Dienst und machte mit einem Freund eine längere Reise nach Indien. Erst um 1870 kam er zur Kunst. Er besuchte die Münchener Akademie, lernte dort Böcklin kennen, ging von München nach Paris, wo er genrehafte Bilder ausstellte und einen gewissen Erfolg hatte. 1874/75 kam er nach Florenz und wurde Schüler Böcklins. Im Frühjahr 1879 kam er nach Rom. Als er 1884 Rom und Marées verließ, zog er sich nach Florenz zurück und hat sich künstlerisch kaum noch betätigt. Zur Helle war ein Vetter Prells. Er starb in Graz.
6. Pausinger, geb. 1855 in Salzburg, studierte in München unter Lindenschmit (nach F. von Bötticher), lernte dort Böcklin kennen und ging gegen 1874 nach Florenz, wo er Böcklins Schüler wurde. Als er Marées verließ,

gab er bald die Lehren des Meisters auf und warf sich auf mondäne Bildnisse. Malte in Wien, Paris und in London Gesellschaftsbilder, Schauspielerinnen u. dgl., von banalem Manierismus. Er mußte wiederholt wegen Schulden fliehen, versetzte in Wien eine größere Anzahl von Bildern, die von Marées stammten oder an denen Marées beteiligt war, die infolgedessen verloren gegangen sind.

7. H. Prell, der bekannte Dresdener Maler, geb. 1854, Vetter von zur Helle. Vgl. Golland, Adolf Rosenberg, Bötticher etc. Die Fresken und das Deckengemälde im Festsaal des Architektenhauses, von denen noch die Rede ist, entstanden 1881-1885.
8. Rudolf Schick: Tagebuchaufzeichnungen aus den Jahren 1866, 1868, 1869 über Arnold Böcklin etc. (F. Fontane & Co., Berlin 1901), S. 194.

Bewegung und Farbe

1. Siehe den Brief an Fiedler vom 3. Oktober 1879.
2. Pidoll S. 52.
3. Pidoll S. 54.
4. Es ist schwer, ein Beispiel zu nennen, das den Gedanken nicht zu wörtlich faßt. Bei Pellerin wird man oft an das, was ich meine, denken. Ich erinnere an das Bild mit den »Badenden Männern«, wo vorn zwischen zwei anderen eine gedrungene männliche Gestalt en face gegeben ist, mit den Händen an den Hüften. Nach dem Bild hat Vollard eine faksimilierende Lithographie durch Clot machen lassen.
5. Pidoll S. 27.
6. In den »Schriften über Kunst« S. 133.
7. Wie mir Herr H. Prell mitteilt, hat er damals Jordan bestürmt, Marées Gelegenheit zu einem Freskenwerk zu verschaffen. Jordan hatte auch seinen guten Willen zugesagt.
8. Bericht Prells. Marées war, wie Prell mitteilt, tagelang in dem Saal und nahm intensives Interesse an der Arbeit. Einen Einfluß auf Prell hat sich Marées damals versagt. Das »Urzeit«-Fresko stellt den Pfahlbauer dar, das bei weitem beste der Bilder. Prell hat die Maréessche bläulichgraue Übermalung der Luft stehen gelassen und sie ist noch bei gutem Licht zu erkennen. Mehrere Zeugen, am bestimmtesten Alfred Lichtwark, der damals Marées durch Prell kennen lernte, berichten noch von einer zweiten Beteiligung von Marées an den Fresken des Architektenhauses. »Ich

erinnere mich«, schreibt mir Lichtwark, »daß Marées damals, wenn ich nicht irre, auf dem Bild der Renaissance an einer leeren Stelle (nur wohl um Prell irgendeine technische Erfahrung zu zeigen) einen Putto improvisierte, der mir sehr imponiert hat. In die Komposition gehörte er nicht und mußte, soviel ich weiß, nachher verschwinden.« Prell erinnert sich nicht mehr daran. Von dem Putto ist nichts mehr zu sehen.

Maler – Bildhauer – Lehrer

1. »Das Problem der Form in der bildenden Kunst.« Erschien 1893.
2. Man vergleiche z. B. die in Klossowskis Daumier-Werk (R. Piper & Cie., München 1908) abgebildete Zeichnung der Reiter (S. 22 der Abbildungen).
3. Man könnte etwa an Reliefs wie den Grabstein des Dexileos in Athen denken.
4. Etwa mit der Silberstiftstudie in Windsor mit dem Reiter nach links. Die Beziehung geht nicht über das Motiv hinaus. Das Leonardosche Pferd ist viel schematischer behandelt.
5. Homer, Odyssee. Sechster Gesang, 135-145.
6. Weder in Steinsel noch in Schengen, wo die Besitztümer der beiden Familien noch erhalten sind, wie sie damals waren, und der Verfasser freundliche Aufnahme fand. Die geringen Angaben über die Bilder verdanke ich der Frau Baronin von Pidoll.
7. Siehe die frühen Briefe an Fiedler. Die genaue Prophezeiung seines Endes erfolgte zu Bruckmann. Siehe dazu S. 779.
8. Unter Villa ist das italienische Wort verstanden, das Park bedeutet.

Die Zeit der Hauptwerke 1884-1887

1. Nikolaus Kleinenberg, geb. 23. März 1842 in Libau, als Sohn des Stadtsekretärs, gest. 5. November 1897 in Palermo. Vgl. die Nachrede, die ihm A. Borzis 1898 in der Aula der Universität von Palermo widmete. Eine Übersetzung erschien in der Baltischen Monatsschrift 1899, S. 238 bis 247.
2. 1892. Übersetzt in der Baltischen Monatsschrift unter dem Titel: »Etwas über den Hauptunterschied zwischen Kunst und Wissenschaft«.

   Kleinenberg geht von den zentralen Nervenzellen des Menschen aus, die scheinbar keine Tätigkeit zeigen, da sie keinem unmittelbaren Bedürfnis des Organismus abhelfen und doch als Quellen des Bewußtseins und Ausgangspunkte der Impulse tatsächlich »die ganze Maschine in Bewegung setzen« und die notwendigsten Organe darstellen. Der innere Zustand der Nervenzelle, an sich ohne jede reelle Wirkung, einem Traumzustand vergleichbar, »entbindet, wenn er auf die Muskelkraft wirkt, die ungeheure mechanische Energie; regt die zusammengesetztesten und wirksamsten chemischen Prozesse an, wenn er auf die Ernährungsorgane übertragen wird; und wird zum Antrieb und zum Ordner der Zeugung, sobald er auf die reproduktiven Organe wirkt. Und inmitten der heißen Arbeit all der Organe bleibt der Erreger all dieser Regung und Bewegung ewig derselbe unbewegte Träumer, der immer neue Träume treibt«.

Damit vergleicht K. die Elemente in der Menschheit, die zur Wissenschaft und zur Kunst führen, die sich von anderen durch den geringen praktischen Nutzen ihres Wirkens unterscheiden und dennoch alles andere Wirken regieren und bestimmen. Zwischen ihnen beruht ein Gegensatz, der ungelöst die Menschheit zur Entartung führt, ausgeglichen dagegen die Höhe der Kultur ergibt. Das wird nachgewiesen. Kleinenberg zeigt, daß die Wissenschaft allein nicht befriedige, weil sie nur Teil-Lösungen gebe und an Stelle von Problemen andere gebe, die von dem Gesuchten Teile ausscheiden, statt zu erklären. »Jede Eigenschaft ist ein Problem, welches nur mit Hilfe eines anderen Phänomens, das diese Eigenschaft nicht hat, zu verstehen ist; dieses letztere will seinerseits auch verstanden sein und wird es nur, wenn es eine oder mehrere seiner schon spärlichen Eigenschaften verloren hat, und so wird die Welt nach und nach aller ihrer Eigenschaften beraubt, und zu einem Ding, das solche gar nicht besitzt. Aber das, was durchaus keine Eigenschaften besitzt, ist nicht bestehend, ist das Nichts.« Dieser zersetzenden Wirkung der Wissenschaft, deren letzte Konsequenz das Leben verneint, das sie erklären wollte, stellt Kleinenberg die zwischen den Folgerungen liegenden positiven Errungenschaften der Wissenschaft gegenüber. Die Wissenschaft entdeckt nicht die Ursachen der Tatsachen, aber ihre Gesetze. »Und darin besteht die ganze schöpferische Kraft des wissenschaftlichen Gedankens: die Gesetze, welche die Dinge verbinden, stellen die Welt in einer vollkommenen Ordnung dar, deren freie Entfaltung kein Wille, keine Macht zerstören kann.« Folgt der Hinweis auf den praktischen Nutzen aus den Gesetzen für die Menschheit (Industrie etc.). Die Wissenschaft »ist auf ihrem Wege produktiv wie kein anderes Ding, in ihrem Ziel ist sie die Zerstörung. Wenn ihr Feuer nicht durch das Mitwirken anderer Funktionen gemäßigt wird, erwärmt es nicht, es verbrennt«. Das mäßigende Element erblickt Kleinenberg in der Kunst. Ihre Wirkung ist ihm das nicht zum Denken reizende Ruhegefühl. »Zeit und Raum sind durch den Gegenstand der Betrachtung vollständig absorbiert, und der Geist, der ganze Körper ruhen in dem sicheren Besitz ihrer selbst. Wenn wir diesen eigenartigen physiologischen Zustand untersuchen, so finden wir im Grunde als Hauptbestandteil ein Element, das wir das Lebensgefühl nennen wollen.« Die Kunst ist »die Kraft, die solche Erscheinungen hervorbringt. Die Kunst offenbart dem Menschen das, was in ihm, und das, was außer ihm lebt«.

»Wissenschaft und Kunst haben also das gemeinsam, daß sie beide Begriffe der Welt sind, sie sind aber vollständig verschieden in der Art und Weise, wie sie dieselbe auffassen.« Nun schildert K. die Auffassung der Kunst und erkennt richtig in ihr den Ordner. »Die Natur erscheint dem Geist der Menge verworren, unzusammenhängend; tausend bald übermäßig starke, bald zu schwache Gefühle drängen sich, durchkreuzen sich mit tausend Gedanken, die, kaum geboren im Anfang ihrer Entwicklung, flüchtig dahinsterben; alles stößt, alles verrückt, alles verwischt sich da ohne Ordnung und Macht.« Nun der Künstler: »Es gibt aber Menschen, bei denen die Eindrücke eine außerordentliche Stärke und eine solche Ausdehnung haben, daß sie nicht nur ihr eigenes Wesen vollständig erfüllen, sondern auch, als ob die Grenzen des Individuums zu schwach wären, um sie zu fassen, dieselben durchbrechen und auch in die Seelen solcher Menschen fallen, die nicht direkt von der Erregung erfaßt waren. Und das innere Feuer des Erfassens ist so stark, daß die dem Naturgegenstande anhaftenden zufälligen und vorübergehenden Zusätze wie Schlacken von ihm abfallen und verschwinden, und so stark ist die Konzentration des Bewußtseins, daß Anfang und Ende sich in einer untrennbaren Einheit, in einem ewigen Moment zusammenfinden. Daraus geht aber nicht ein Gesetz hervor, wie aus der wissenschaftlichen Inspiration, sondern ein reines Bild von höchster Wirklichkeit, das frei ist der Fesseln der Zeit. Was nun aber den Charakter der Wirklichkeit besitzt und frei ist und keine zeitlichen Grenzen hat, ist eine absolute Existenz. Das Wesen der Kunst besteht nicht in der Darstellung des Schönen, denn das ist ein dunkler, veränderlicher, nicht streng bestimmbarer Begriff; es besteht auch nicht in der Auffindung des Wahren, denn wahr sind auch die Aussprüche der

Wissenschaft; nein, Ziel und Wesen der Kunst ist, die Welt als wirklich bestehend darzustellen. Und wer die Welt als bestehend erfaßt und die Mittel hat und sie zu gebrauchen weiß, um anderen ihre wirkliche Erscheinung mitzuteilen, ist ein Künstler.«

Dieser Definition, die eng mit den Anschauungen Fiedlers und Marées' zusammenhängt, folgt eine Schilderung der Wirkungen des Künstlerischen. K. sieht ihren wesentlichen Effekt zumal in der Offenbarung der eigenen Existenz durch die Offenbarung der Existenz anderer. Er betont, daß die Kunst nur scheinbar leichter zu verstehen sei, als die Wissenschaft und findet, in Wirklichkeit gehöre zur Kunst ebensoviel Vorbildung wie zur nützlichen Lektüre eines Buches von Newton. Schildert dann die Nachteile unserer exklusiven Kunstkultur gegenüber der der Griechen und geißelt die Anschauung unserer Tage, in der Kunst einen Luxus zu erblicken, nicht ein Bedürfnis, dessen Notwendigkeit für das Volk gefühlt wird oder gefühlt werden müßte. Denn, meint er, »der Reiche und Starke kann sich noch an der scheinbaren Wirklichkeit seiner Macht berauschen, aber gerade der Schwache und Arme, den die Last des Lebens drückt, hat das zwingende Bedürfnis, das höchste Verlangen nach Kunst« (?).

»Das Allgemeingefühl des Daseins bestimmt und erweitert sich in Beziehung auf die einzelnen Lebenserscheinungen, und so erfüllt sich die Seele des Volkes mit einer Menge von Begriffen, die alle den Charakter der Beständigkeit besitzen und eine gesunde Grundlage des individuellen Lebens, wie auch der sozialen Beziehungen bilden. Der Mensch glaubt an sich und an die Welt: er glaubt, weil die künstlerische Inspiration den Zweifel ausschließt. Er zweifelt nicht an der äußeren Welt, weil sie ihm so licht, so wirklich erscheint; er zweifelt nicht an seinem dauernden Sein von dem Augenblick an, da er sich selbst als die ewige Form eines ewigen Allwesens erkennt; und auch die eigene Stellung unter den anderen Menschen, sei sie hoch oder niedrig, stellt sich ihm als eine harmonische Notwendigkeit dar, und kein Wunsch, sie zu verändern, reizt ihn. Die ethischen, die sozialen Probleme werden gelöst, indem sie Gestalt gewinnen in lebendigen Personifikationen, in plastischen Darstellungen, in gedankenreichen Bildern, in der Wahrheit des religiösen Ritus, des Gesanges, der Bühne, welche den Inhalt und die Richtung des Willens auf die heilsamste Weise bestimmen. Das Leben fließt sanft dahin, und glücklich ist der Staat, dessen Bürger durch die Kunst begeistert sind: er kann sicheren Anspruch machen auf eine große tatkräftige Vaterlandsliebe, auf das organische Gleichgewicht der Klassen, auf Ehrfurcht vor den Gesetzen, auf freiwilligen Gehorsam gegen die Obrigkeit.«

Hier kommt Kleinenberg einem bedenklichen Utilitarismus nahe.

Die Alleinherrschaft der Kunst, so etwa fährt er fort, führt notwendig zur Degeneration. Die Wohltaten verwandeln sich in unerträgliche Übel. Beispiel die orientalischen Völker; »sie sind untergetaucht in den phantastischen Traum einer Welt, der die Hälfte fehlt, betäubt durch den ungeheuren Mißbrauch der künstlerischen Anlagen«. Ebenso glaubt K. den Verfall der Völker nachweisen zu können, die sich ausschließlich der Wissenschaft ergaben, und zitiert die Griechen. Auch den Niedergang der Kunst im 19. Jahrhundert schreibt er der überhandnehmenden Wissenschaft zu. Aus seinen Beispielen folgt, daß er die rein materialistische Forschung meint, der die Reinheit philosophischen Denkens versagt ist. »Täuschen wir uns nicht in dem Stolze unserer hohen Zivilisation . . . Mit all unseren Eisenbahnen und Telegraphen sind wir Barbaren, wenn wir nur die Wissenschaft haben, wie wir gleicherweise Barbaren wären, wenn wir uns nur durch die Kunst leiten ließen. Wahre Menschlichkeit ist das Gleichgewicht zwischen hoher künstlerischer und tiefer wissenschaftlicher Bildung . . . Sein und Nichtsein sind gleichermaßen gewiß, und das bedeutet, daß sie in eine höhere Einheit verschmelzen.«

Der Kreis der Werbung

3. Das schließt die vermutete Beziehung zu den »Singenden Mädchen« nicht aus. Doch ist der Gedanke der Werbung sicher das primäre. Abgesehen von einer gewissen Ähnlichkeit der Haltung des Mädchens mit der Braut des Gemäldes und der Fußstellung des Mannes mit der des Bräutigams, charakterisieren auch die flüchtig angedeuteten Nebengestalten genügend die Situation.
4. Wenigstens hat sich im Atelier nach dem Tode nichts gefunden.

Zweite Fassung der Reiterbilder

5. Nach dem Bericht Tuaillons sah sich Marées auf diesem Spaziergang die Sonne an, indem er den Kopf zwischen die Beine steckte, worüber sich die Schüler nicht wenig wunderten. Er riet ihnen, es geradeso zu ma-

chen, um das Gegenständliche der Szenerie möglichst von den Farben zu trennen.

6. Von dieser entfernten Ähnlichkeit würde nichts übrigbleiben, wenn man sich nicht auf das Gedächtnis verließe, sondern die Bilder selbst nebeneinanderstellte.

Der Kreis der Hesperiden

7. Wenn auch nicht bis zuletzt. Nach dem Tode fand man die Goldenen Zeitalter nicht auf den Staffeleien.
8. Pidoll S. 60.
9. Pidoll S. 62.
10. Pidoll S. 60.
11. Ebenda.
12. Pidoll S. 54 ff.
13. Pidoll S. 54: »Und diese in ihrer Art ganz gewiß einzigen Leistungen« (er spricht von den früheren Stadien des Paris-Urteils und der Hesperiden) »sind für immer dahin! – Wer mag über dieses merkwürdige und tieftraurige, künstlerische Phänomen urteilen? . . .«
14. Einen ernsteren Versuch, sich mit Marées' Technik auseinanderzusetzen, hat bisher nur Berger gemacht; B. hat aber dabei das eigentliche Problem nur gestreift.
15. Pidoll S. 44.
16. Im Pariser Herbstsalon hatte trotz strenger Order ein Aufseher an das »Lob der Bescheidenheit« für einen Augenblick ein kleineres Bild gelehnt, dessen Rahmen mit Papier umkleidet war. Der geringe Druck genügte, um eine recht merkbare Deformation der Materie zu hinterlassen. Man erkennt noch die Spuren eines dünnen Bindfadens, der quer über das Bild ging.
17. Pidoll S. 51.
18. Aber aus wesentlich schlechterem Holz. Marées hat ein paar beliebige Bretter genommen. Jetzt hat man dankenswerterweise den Puttenfries konsolidiert.

Das Ende

1. Der später mit Hartleben befreundet wurde.
2. Hier der Brief:

Rom, 3. 6. 87.

Geehrtester Herr Doktor!

Mit schwerem Herzen muß ich Ihnen mitteilen, daß Herr v. Marées sehr bedenklich krank ist. Die Sache hat angefangen mit einer Erkältung, Abszeß im Halse, Nervenschmerzen und etwas Fieber, doch sucht Dr. Neuhaus, der ihn behandelt, den Grund des Übels in Nervenüberreizung. Herr v. Marées hat übermenschlich gearbeitet, im letzten Jahre noch viel mehr als sonst. Gestern hatte er heftiges Fieber, welches der Arzt jedoch nicht als das sogenannte römische Fieber anerkennen will, sondern es auf rheumatische Ursachen zurückführt. Heute ist er sehr entkräftet und fast teilnahmslos für das, was um ihn vorgeht. Das Phantasieren hat im Laufe des Tages nachgelassen, und ich erwarte mit Aufregung den Doktor am Abend.

Er selbst und Dr. Neuhaus sind, wie mir scheint, einig darüber, daß er nach Zürich gehen soll, wo er an Böcklins und Bruckmanns Freunde findet, die ihm anhänglich und ergeben sind.

Mit dem besten Gruße an Sie und Ihre Frau Gemahlin

Ihr ergebener
A. Volkmann

3. Bericht Tuaillons.
4. Pichler war im Moment des Todes bei Marées. Er rief Volkmann, der sich im Nebenzimmer aufhielt. Dieser drückte dem Toten die Augen zu. Die Schilderung, die Neumann-Toborg gibt, weicht von diesem Bericht Pichlers etwas ab.
5. Zur Ausführung kam jedoch ein Relief Volkmanns, das den Verstorbenen, durch einen Putto geleitet, von rechts herantretend zeigt. Eine Frauengestalt auf der linken Reliefseite bekränzt Marées. Als Vorbild dienten Volkmann wohl griechische Grabreliefs mit vergleichbaren Darstellungen. *(Anm. d. Red.)*
6. In den gesammelten Schriften S. 369.
7. In den gesammelten Schriften heißt es: »Einem so eigentümlichen Vorgange gegenüber gelang es denen, die Marées nahestanden, nicht immer, dem Gebote wahrer Freundespflicht ganz gerecht zu werden. Sie hatten doch allmählich die Grenzen einer natürlichen Begabung erkannt, der nach der Meinung des zu immer neuen Leistungen sich Aufraffenden nichts unerreichbar sein sollte. Sie sahen eine Natur übermenschlich ringen mit Schwierigkeiten, deren Überwindlichkeit ihnen nicht verborgen geblieben

war; sie konnten sich nicht darüber täuschen, daß es Illusionen seien, die diesem Ringer einen endlichen glänzenden Sieg vorspiegelten. Mit Staunen und Bewunderung, aber auch mit Besorgnis sahen sie ihren Freund auf einem gefährlichen Lebensgang. Immer bereit, sich selbst, sein physisches, materielles, soziales Dasein aufs Spiel zu setzen, hatte er auf dem steilen Weg nach seinen hohen Zielen keine andere Stütze, als den unerschütterlichen Glauben an die eigene Kraft, der es vorbehalten sein müsse, über alle äußeren und inneren Hindernisse zu triumphieren. Wer teil an ihm nahm, mußte vor dem Augenblick zittern, da nach so vielen fruchtlosen Versuchen die Kraft der Selbsttäuschung erlahmen, die Stütze zusammenbrechen würde, die dieses Lebensgebäude gehalten hatte.

Mußte es nicht als die heiligste Freundespflicht erscheinen, dem Freunde die Augen zu öffnen, solange es noch Zeit war, ihn zu befreien aus dem Banne der Täuschung, den Versuch zu machen, ob man ihn nicht auf einen weniger gefahrvollen Weg bringen könne? Schien es doch, als ob schon die Befolgung gewisser praktisch-technischer Ratschläge genügen müßte, um dem immer wiederholten Mißlingen der hoffnungsreichsten Unternehmungen für die Zukunft vorzubeugen. Es hat ihm nicht an wohlmeinenden Freunden gefehlt, die ihm rieten, sich zu bescheiden, seine Ziele weniger hoch zu stecken, die Sicherheit des Gelingens höher zu achten als die Kühnheit des Strebens . . .«

8. Einige Bilder schenkte Fiedler den Freunden des Künstlers. Die anderen, die ihm nicht für die Nachlaßausstellung geeignet erschienen, kamen zu Hildebrand nach San Francesco.

9. Die Ausstellung enthielt 24 Ölbilder, 2 Pastelle, 2 Kartons, ein Dutzend Zeichnungen (abgesehen von den von Hildebrand geliehenen Porträts, den gegenwärtigen Bestand der Schleißheimer Galerie) und mäßige Photographien nach den Neapeler Fresken.

10. Die Galerie stand damals unter Leitung Bayersdorfers, der sich wenig um die Maréesschen Bilder bekümmerte. Sie hingen zuerst in den drei hinteren Räumen des Pavillons, von denen jetzt zwei von den Bildern Pidolls besetzt sind. Vor einigen Jahren, als die Stiftung der Frau Baronin von Pidoll angenommen wurde, richtete man die Marées-Säle ein.

11. Hier eine Ansicht des Maréesschen Studio, wie es nach Tuaillons Bericht aussah, als die Freunde es nach dem Tode betraten. Beide Ateliers hatten hohes Seitenlicht (ohne Oberlicht) und offenen Dachstuhl. Unter dem Fenster des zweiten Ateliers stand ein Tisch, auf dem ein Band Shakespeare

aufgeschlagen lag. Es war Timon, I. Akt, 1. Szene, die Schilderung des Tempels der Fortuna. Hildebrand bezieht die Stelle auf die Werbung; Lang, vielleicht mit größerem Recht, auf das Pastell »Singende Mädchen«. An der Staffelei, auf der die Entführung des Ganymed stand, war die Zeichnung Amazonenschlacht II befestigt.

Die Marées-Ausstellungen bestätigten meine Ansicht von den Lichtverhältnissen. Das Oberlicht der Münchener Säle war der Werbung und den Hesperiden verderblich. Im großen Saale der Berliner Marées-Ausstellung schadete es nicht, weil der Raum groß genug war, um diffuses Licht zu erzeugen. In dem großen Seitenlicht der Räume des Pariser Herbstsalons sahen die Dreiflügelbilder, namentlich die Hesperiden am besten aus, trotz der kümmerlichen Ausstattung des Saales.

12. Der Grundriß müßte etwa so disponiert sein, um die Entwicklung übersichtlich darzustellen:

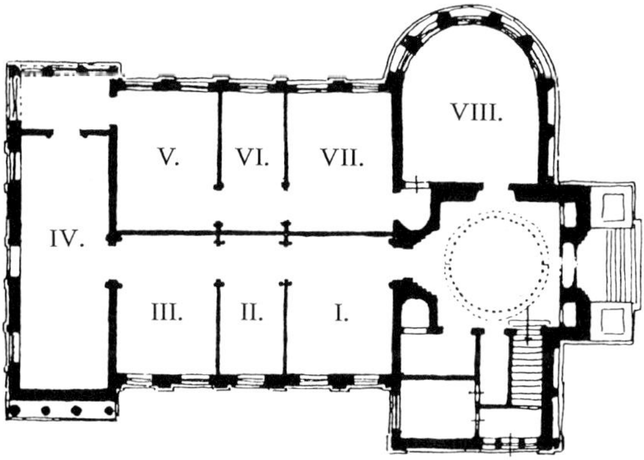

Saal IV erhält sowohl das der Einteilung der Fresken entsprechende Seitenlicht durch die drei jetzt in Neapel gegebenen Öffnungen, als auch Oberlicht. Alle anderen Räume erhalten ausschließlich Seitenlicht durch hohe, hochgelegene Fenster. Die Säle der linken Seite können niedriger sein als die der rechten. In dem Stockwerk darüber wären einige Räume für eine große Sammlung von Zeichnungen vorzusehen, deren Stiftung erwartet werden darf. Saal VI ist zu klein angegeben. Er bedarf derselben Größe wie Saal VII. Dagegen könnte der fünfte Saal kleiner werden. Der Erker des achten Saales ist lediglich als Lichtquelle für die beiden in die Längswände eingelassenen Dreiflügelbilder gedacht.

Hier ein Projekt für die Verteilung der Bilder. Unter »Ergänzung« sind die in anderen Galerien Münchens befindlichen Werke, deren Zentralisierung wohl ohne Schwierigkeiten erfolgen könnte, und weiter solche Bilder angeführt, auf die bereits mit Bestimmtheit in absehbarer Zeit gehofft werden kann. Bei drei Werken, bei denen dies noch zweifelhaft erscheint, ist ein Fragezeichen zugefügt. Einige andere Werke in Privatbesitz dürften wohl auch noch dazukommen. Bis zur vollkommenen Ausgestaltung der Galerie könnte man die Lücken mit den Kartons, Pastellen und einigen Zeichnungen füllen, die nachher in das obere Stockwerk zu den anderen Zeichnungen gehängt werden.

Saal I	1857-1863	Aus Schleißheim: Bildnis des Vaters, Bad der Diana, Doppelbildnis Marées-Lenbach, Selbstbildnis. Ergänzung: Bildnis Raupps, Französischer Zuave, Die eroberte Standarte (?), Selbstbildnis, Selbstbildnis, Soldatenlager, Reitergruppe, Die Schwemme.
Saal II	1864-1869	Aus Schleißheim: Römische Landschaft Ergänzung: Die vier Kopien für Schack
Saal III	1869-1873	Aus Schleißheim: Bildnis des Vaters, Bildnis des Bruders. Ergänzung: Bildnis Fiedlers, Selbstbildnis, Der Hl. Martin, Orangenpflückender Reiter, Römische Vigna, Villa Borghese.
Saal IV	1873	Neapeler Fresken.
Saal V	1874-1879	Aus Schleißheim: Drei Jünglinge. Ergänzung: Drei Männer, Bildnis Fiedlers
Saal VI	1879-1884	Aus Schleißheim: Sechs nackte Männer, Pferdeführer und Nymphe, Drei Reiter. Ergänzung: Paris-Urteil (?), Drachentöter (?).
Saal VII	1884-1887	Aus Schleißheim: Goldenes Zeitalter I, Goldenes Zeitalter II, Lob der Bescheidenheit, Selbstbildnis, Entführung des Ganymed.
Saal VIII	1884-1887	Aus Schleißheim: Die Hesperiden, Die Werbung.

Die Kosten des Baues und der Einrichtung würden sich auf etwa 200 000 Mk. belaufen.

13. Hier die Geschichte dieser Stiftung. Die 35 in San Francesco gefundenen Bilder und Skizzen waren alle sehr beschädigt. Ein allgemeines Interesse gebot, die Bilder wiederherzustellen. Ich veranlaßte Herrn von Hildebrand, den wertvollsten Teil des Fundes, der unten im einzelnen aufgeführt ist – ursprünglich war auch noch die Abendliche Waldszene vorgesehen –, der Nationalgalerie zu überweisen, die damals noch unter Herrn von Tschudi stand. Die Galerie dagegen sollte die Kosten der Restaurierung aller in San Francesco gefundenen Bilder übernehmen. Die Wiederherstellung der Bilder war mit großen Schwierigkeiten verknüpft. Es lag mir daran, einen Restaurator zu finden, von dem man eine besondere Hingabe an die Aufgabe voraussetzen konnte und der vor allem alle Entstellung der vorhandenen Teile durch Übermalen vermeiden würde. Herr J. E. Sattler, der damals noch in Florenz wohnte, erfüllte diese Bedingungen. Er hatte bereits früher mehrere Bilder des Meisters mit Erfolg restauriert. Herr Sattler übernahm die Überführung der Bilder nach München, siedelte selbst dorthin über und engagierte in Herrn J. Haunstetter einen geeigneten Mitarbeiter. Er hat das in seine Sorgfalt und seine Umsicht gesetzte Vertrauen in vollem Maße gerechtfertigt. Für die Arbeit, die mehrere Monate beanspruchte und für alle Kosten (Transport der Bilder, Reisen, Atelier, Mitarbeiter) wurden ihm 10 000 Mark ausgesetzt. Die Direktion der Nationalgalerie war mit diesem Satz einverstanden, und nach Beendigung der Arbeit, die ich in allen Phasen verfolgt und in dem II. Band unter den restaurierten Bildern in den wesentlichen Umrissen notiert habe, wurde die stipulierte Summe Herrn Sattler ausgezahlt. Die Nationalgalerie erhielt 1907: Sieben lebensgroße Ölentwürfe für die Neapeler Fresken, das Dreiflügelbild Paris-Urteil, den ersten Hl. Georg und drei Fragmente, die nicht für die Aufstellung in der Galerie bestimmt waren, sondern Studienzwecken dienen sollten: die frühere Fassung des linken Flügels der Hesperiden, die zweite Fassung des Mittelbildes des Paris-Urteils und die erste Fassung des Narziß der Werbung. Die Restaurierung kam ungefähr im gleichen Maße den Bildern Hildebrands, wie denen der Galerie zugute. Alle Beteiligten waren sich darüber klar, daß es sich nicht etwa um den Verkauf dieser Bilder handelte, deren Wert man auf das Zwanzigfache der von der Galerie für die Bilder gezahlten Summe veranschlagen kann, sondern um eine Stiftung, die von Hildebrand zum allgemeinen Besten

gemacht wurde. Auf die Normierung der Kosten der Restaurierung stand ihm kein Einfluß zu. Das erwähne ich, weil der dem früheren Leiter der Nationalgalerie vorgesetzten Behörde dieser selbstverständliche Standpunkt anscheinend nicht immer ganz geläufig gewesen ist.

14. An dieser Möglichkeit darf füglich gezweifelt werden; namentlich wenn es sich um Abtrennung staatlicher Räume handeln sollte, die sonst lebenden Künstlern zugute kommen würden.

SIGNATUREN

Marées hat in der Regel nur in jungen Jahren seine Bilder gezeichnet. Alle hier wiedergegebenen Signaturen mit Ausnahme der beiden in der untersten Reihe sind aus den fünfziger und sechziger Jahren, und zwar vor 1864. Die letzte Signatur unten rechts ist aus dem Jahre 1883.

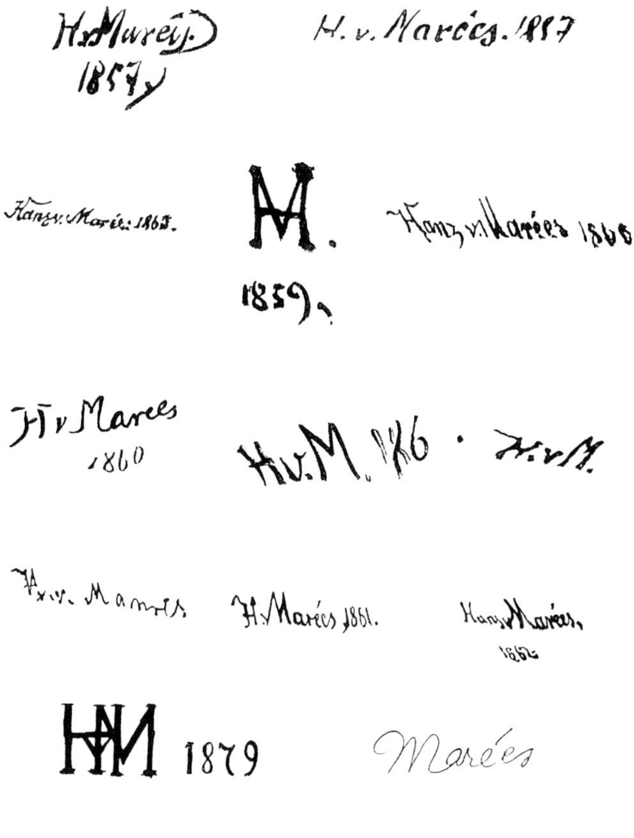

ZU DEN ABBILDUNGEN

Die Schwarzweißabbildungen im Text wurden dem zweiten Band (›Katalog‹) der Originalausgabe entnommen.

Der Abdruck der Farbtafeln erfolgt mit freundlicher Genehmigung der Bayerischen Staatsgemäldesammlungen München sowie der Nationalgalerie Berlin. Die Bildvorlagen der Farbtafeln 1, 3, 4, 5, 6 des zweiten Bandes stellte die Artothek Kunstdia-Archiv Jürgen Hinrichs, Planegg, zur Verfügung. Der Verlag dankt den genannten Museen und Institutionen.

Farbtafeln

ERSTER BAND

1. *Römische Landschaft I.* 1868.
   Öl auf Leinwand. 152,6 × 110,5 cm. Bayerische Staatsgemäldesammlungen, München (Inv. 7873). Foto: Blanel
2. *Rast der Diana.* 1863.
   Öl auf Leinwand. 96,2 × 136,1 cm. Bayerische Staatsgemäldesammlungen, München (Inv. 7866). Foto: Blanel
3. *Ruderer.* 1873.
   Studie zu dem Fresko der Nordwand der Zoologischen Station Neapel. Öl auf Leinwand. 166,5 × 136 cm. Staatliche Museen Preußischer Kulturbesitz. Nationalgalerie, Berlin (Inv. AI 1024)
4. *Drei Jünglinge unter Orangenbäumen.* 1874-80.
   Öl auf Holz. 187 × 114,8 cm. Bayerische Staatsgemäldesammlungen, München (Inv. 7863). Foto: Blanel

Umschlagabbildung des ersten Bandes: *Philippus und der Kämmerer.* 1869. Öl auf Leinwand. 92 × 62 cm. Staatliche Museen Preußischer Kulturbesitz. Nationalgalerie, Berlin (Inv. AI 769). Foto: Jörg P. Anders

ZWEITER BAND

1. *Goldenes Zeitalter II.* 1880-83.
   Öl auf Holz. 187,4 × 144,9 cm. Bayerische Staatsgemäldesammlungen, München (Inv. 7861).

2. *Drachentöter.* 1880.
Tempera und Öl auf Holz. 65 × 45 cm. Staatliche Museen Preußischer Kulturbesitz. Nationalgalerie, Berlin (Inv. A 1024). Foto: Jörg P. Anders
3. *Die Hesperiden.* 1884-85.
Tempera auf Holz. Mitteltafel 174 × 203 cm; Flügel 175 × 87,5 cm. Bayerische Staatsgemäldesammlungen, München (Inv. 8004/7854). Foto: Artothek, Planegg
4. *Die Werbung.* 1883-87.
Tempera auf Holz. Mitteltafel 182,5 × 181,3 cm. Bayerische Staatsgemäldesammlungen, München (Inv. 8005/7855). Foto: Artothek, Planegg
5. *Entführung des Ganymed.* 1887.
Öl auf Leinwand. 99,6 × 81,2 cm. Bayerische Staatsgemäldesammlungen, München (Inv. 7865). Foto: Artothek, Planegg

Umschlagabbildung des zweiten Bandes: *Pferdeführer und Nymphe.* 1882-83. Öl auf Holz. 187,6 × 144,7 cm. Bayerische Staatsgemäldesammlungen, München (Inv. 7862). Foto: Blanel

HANS VON MARÉES
LEBENSDATEN

1837 Am 24. Dezember wird Hans von Marées als Sohn des preußischen Kammerpräsidenten Adolf von Marées und seiner Ehefrau Friederike, geb. Susmann, in Elberfeld geboren.

1847 Übersiedlung der Familie nach Koblenz.

1853 Vorbereitungsklasse der Akademie in Berlin.

1854 Schüler des Historien- und Tiermalers Karl Steffeck (1818-1890).

1855 Militärdienst in Koblenz.

1857-64 Übersiedlung nach München. Einflüsse holländischer Malerei, vor allem Rembrandts. Studium der Schule von Barbizon. Seinen Lebensunterhalt bestreitet Hans von Marées mit Gelegenheitsarbeiten und dem Verkauf seiner Bilder. 1860 Kurzreise nach Holland.

1864-68 Zusammen mit Franz Lenbach (1836-1904) Kopiertätigkeit in Rom und Florenz. Dort u. a. Bekanntschaft mit Anselm Feuerbach (1829-1880). Gelegenheit zu eigenen Arbeiten.

1866 Marées lernt Ende des Jahres in Rom den Juristen und Kunstphilosophen Konrad Fiedler (1841-1895), seinen späteren Mäzen kennen.

1867 Bekanntschaft und Beginn der Freundschaft mit dem Künstler Adolf Hildebrand (1847-1921).

1869 Reise mit Fiedler nach Spanien, Frankreich und Holland. Ende des Jahres Rückkehr nach Rom.

1870 Kurzzeitig zum Kriegsdienst eingezogen. Übersiedlung nach Berlin, um gemeinsam mit Hildebrand zu arbeiten.

1872 Übersiedlung nach Dresden. Eigenes Atelier im Garten des Ehepaars Koppel-Ellfeld.

1873 Von Juni bis November Entstehung des Freskenzyklus in der von Anton Dohrn gegründeten Zoologischen Station in Neapel.

1873-75 Übersiedlung nach Florenz in das ehemalige Kloster San Francesco di Paola gemeinsam mit Hildebrand. Freundschaft mit Arnold Böcklin (1827-1901).

1875 Bruch mit Hildebrand. Übersiedlung nach Rom. Dort schließen sich ihm Maler und Bildhauer als Schüler an (Karl von Pidoll, Artur Volkmann). Ab 1878 Arbeit an den großen Triptychen.

1887 Am 5. Juni stirbt Hans von Marées in Rom.

JULIUS MEIER-GRAEFE
LEBENSDATEN

1867 Am 10. Juni wird Julius Meier-Graefe in Resitza als Sohn des Ingenieurs Eduard Meier und Marie Graefe geboren.
Kindheit im Rheinland und in Westfalen.

1886 Abitur in Gleiwitz.

1887 Volontär in einer Maschinenfabrik in Wetter an der Ruhr.

1888 Studienjahr in München.

1889 Ein Semester in Zürich und Lüttich. Erste dichterische Arbeiten und Abkehr vom ursprünglichen Berufsbild des Ingenieurs.

1890 Übersiedlung nach Berlin. Vorlesungsbesuche bei Hermann Grimm, Treitschke und Simmel. Seine erste Novelle »Ein Abend bei Laura« erscheint.

1893 Erscheinen seines ersten Romans »Nach Norden«. Freundschaft mit Bierbaum, Strindberg und Munch.

1894 Gründung des »PAN«. Reisen nach Paris und London.

1895 Erscheinen des Romans »Fürst Lichtenarm« und »Der Prinz«. Ausscheiden aus der Redaktion des »PAN« und Übersiedlung nach Paris.

1899 Gründung der »Maison Moderne« in Paris. Reisen nach Italien und England.

1900 Beginn der Arbeit an der »Entwicklungsgeschichte der modernen Kunst«.

1903 Erscheint die »Entwicklungsgeschichte . . .« in Stuttgart.

1904 Reisen in Skandinavien und Deutschland.

1905 Der »Fall Böcklin«. Freundschaft mit Rudolf Alexander Schröder, mit dem er gemeinsam die Berliner Wohnung teilt.

1906 Deutsche Jahrhundert-Ausstellung in der National-Galerie in Berlin. Erscheinen der Studie »Der junge Menzel«.
Reisen nach Rom und Neapel und Arbeit am Marées-Werk.

1907 Erscheint sein Drama »Adam und Eva«.

1908 Reise in Spanien. »Die Großen Engländer«. Marées-Ausstellung in München.

1911 Reisen in Italien und Frankreich.

1914 Im Krieg im Verwundetentransport tätig.

1915 In Gefangenschaft in Rußland.
1917 Übersiedlung nach Dresden.
1921 Rückkehr nach Berlin.
1923 Reisen in Spanien und Italien.
1925 Beginn seiner Mitarbeit bei der »Frankfurter Zeitung«.
Reisen nach Ägypten, Griechenland und Palästina.
1926 »Dostojewski«.
1935 Am 5. Juni stirbt Meier-Graefe in Vevey.

BIBLIOGRAPHIE

ADR in Breslauer Zeitung vom 1. Januar 1910. 5. Beilage.

Arsène Alexandre in Le Figaro vom 14. August 1907 über L'Art Moderne au musée de Berlin.

Derselbe in Le Figaro vom 30. September 1909. Über die Marées-Ausstellung im Salon d'Automne.

Derselbe in Comoedia vom 2. Oktober 1909. Über die Marées-Ausstellung im Salon d'Automne.

Julius Allgeyer in Anselm Feuerbach 2. Aufl. etc., herausgegeben von Karl Neumann, Berlin und Stuttgart. W. Spemann 1904, II, S. 31-32.

Hermann Bahr: In einer Besprechung des Romans »Königliche Hoheit« in Die neue Rundschau, Dezember 1909, S. 1808.

Julius Baum in März, Heft 4, 1909, »Raumkunst und Naturalismus«.

Bayerischer Kurier vom 9. Juli 1891 über die Ausstellung im Glaspalast.

Bayerische Zeitung vom 17. Juni 1862. Nr. 149.

Becker: Kritik über Marées' »Schills Tod«, ausgestellt anfangs der 60er Jahre in der II. Allgem. Kunstausstellung in Köln.

Ernst Berger in Münchner Kunsttechnische Blätter. Beilage zur »Werkstatt der Kunst« (E. A. Seemann, Leipzig) vom 31. Mai und 14. Juni 1909. Technisches zur Hans von Marées-Ausstellung.

Georg Biermann in Dresdner Journal vom 16. Januar 1909. Hans von Marées.

Franz Blei in Hyperion, II. Jahrg., 1909. Glossen und Kommentare. Hans von Marées.

W. Bode: Dr. Konrad Fiedler. (Separatabdruck.)

F. von Boetticher: Malerwerke des Neunzehnten Jahrhunderts. Dresden 1891.

Heinz Braune in Süddeutsche Monatshefte: Ein Jugendwerk von Hans von Marées, März 1907.

Brockhaus' Konversationslexikon, 14. Ausgabe 1898. Revidierte Jubiläumsausgabe.

Fritz Burger in der Beilage Nr. 33 der Münchner Neuesten Nachrichten, 10. Februar 1909. Hans von Marées.

C. C. in Frankfurter Zeitung, 29. Dezember 1909.

Jean Chantavoine in Revue Bleue vom 23. Oktober 1909. Hans von Marées.

René Chavance in l'Autorité vom 30. September 1909. Über die Marées-Ausstellung im Salon d'Automne.

Hans Cornelius: Elementargesetze der bildenden Kunst. Leipzig und Berlin 1908. B. G. Teubner.

De Dietsche Waranda IX. Tijdschrift voor Nederlandsche Oudheden, Staatsgeschiedenir, Kunst en Letteren.

O. *Doering* (Dachau) in Magdeburgische Zeitung vom 4. Januar 1909. Die Hans von Marées-Ausstellung in München.

Derselbe in Allgemeine Rundschau, München, vom 9. Januar 1909. Winterausstellung der Münchener Sezession.

Wolf Dohrn: Vortrag über Marées, gehalten im Folkwang-Museum zu Hagen i. W., 20. Januar 1910.

Albert Dresdner in Fränkischer Kurier vom 10. Januar 1909. Aus dem Berliner Kunstleben.

Hermann Esswein in Münchner Post vom 29. und 31. Januar 1909. Die Winterausstellung der Sezession. Hans von Marées.

Paul Fechter in Dresdner Neueste Nachrichten vom 24. Dezember 1907. Hans von Marées. Zum siebzigsten Geburtstag.

Derselbe in Die Propyläen vom 16. September 1908. Aus dem Leben Hans von Marées'.

Derselbe in Dresdner Neueste Nachrichten vom 6. März 1909. Hans von Marées. Zur Ausstellung in der Berliner Sezession.

Konrad Fiedler: Schriften über Kunst. Leipzig, S. Hirzel, 1896. Bd. I.

Derselbe in Münchner Neueste Nachrichten vom 16. Juni 1887.

Derselbe: Bilder und Zeichnungen von Hans von Marées, seinem Andenken gewidmet. 50 Blätter, Privatdruck, München, im Dezember 1889. Verlagsanstalt Bruckmann.

Derselbe: Anhang zum Katalog der Jahresausstellung im Münchener Glaspalast 1891. Saal 38. Hinterlassene Werke des Malers Hans von Marées.

Derselbe: Hans von Marées auf der Münchener Jahresausstellung. Beilage zur Allgemeinen Zeitung Nr. 150, 1891. (Nr. 180.)

Oskar Fischel: Rom in der Geschichte der Kunst. Vortrag im Goethebund am 5. Januar 1908.

Gustav Floerke: Zehn Jahre mit Böcklin. München 1902. Verlagsanstalt Bruckmann.

Frankfurter Zeitung vom 7. Oktober 1909 zu dem Marées-Vortrag in Brüssel.

Frankfurter Zeitung vom 7. Oktober 1909. Über die Marées-Ausstellung im Salon d'Automne in Paris.

Alfred Freihofer über die Ausstellung im Glaspalast 1891 im Staatsanzeiger für Württemberg (Separatdruck der Stuttgarter Buchdruckereigesellschaft, 1891).

Walter Gensel in Westermanns Monatshefte. März 1907. Rück- und Ausblicke auf das Kunstleben der Gegenwart etc.

Wilhelm Giesbrecht in Deutsche Rundschau. Heft 7. April 1907. Altes und Neues von der Zoologischen Station in Neapel.

J. Graber in Mir Iskustvo VII, 1902.

Adolf Grabowsky: Böcklin 1906. (Verlag von Oesterheld & Co., Berlin.)

Robert Graf: Einleitung zu »Briefe von Hans v. Marées«. Kunst und Künstler, Jahrgang V, S. 367/68.

Otto Grautoff in Allgemeine Zeitung vom 9. Oktober 1909. Marées und die Pariser Künstler.

Derselbe in La Grande Revue vom 10. Oktober 1909. Hans von Marées.

Derselbe in Neue Revue. Berlin, Nr. 7. Hans von Marées.

Derselbe in Die Zukunft vom 13. November 1909. Marées in Paris.

Cornelius Gurlitt in Die Gegenwart, XXXIX. Bd., 1891, Heft 1 u. 2. Hans von Marées.

Derselbe in Die Kunst des 19. Jahrhunderts. Berlin, Georg Bondi, 1907. S. 573-578.

C. H. im Prager Tageblatt vom 10. Januar 1909. Hans von Marées. Eine Kollektivausstellung in der Münchener Sezession.

Fr. Haack in Die Kunst des 19. Jahrhunderts. Stuttgart 1905. Paul Neff. S. 216-218.

Richard Hamann in Führer durch die deutsche Jahrhundertausstellung. 1906, Seite 141.

Emil Hannover in Dansk Tilskueren 1891. Hans von Marées. (In dänischer Sprache.)

Paul Hartwig: Hans von Marées' Fresken in Neapel. Bruno Cassirers Verlag, Berlin 1909.

Wilhelm Hausenstein in Sozialistische Monatshefte. 10. Heft 1909. Hans von Marées.

Otto Hausmann: Die Malerei und verwandte Künste im Wuppertal. In Monatsschrift des Bergischen Geschichtsvereins. 13. Jahrgang. Nr. 5. Mai 1906.

Emil Heilbut in Der Tag vom 25. Mai 1907.

Derselbe in Die neue Rundschau, XX. Jahrg., Heft IV, April 1909. Marées in der Berliner Sezession.

Alexander Heilmeyer: Adolf Hildebrand. Künstler-Monographien, Bielefeld und Leipzig, Velhagen und Klasing, 1902.

Georg Hermann in Berliner Morgenpost vom 7. Jan. 1910.

Theodor Heuss in Die Hilfe vom 21. März 1909 (Nr. 12) und vom 28. März 1909 (Nr. 13). Hans von Marées.

Ed. Heyck: Anselm Feuerbach. Künstler-Monographien, Bielefeld und Leipzig, Velhagen & Klasing, S. 128.

Adolf von Hildebrand: Das Problem der Form in der bildenden Kunst. (I. Aufl. 1893, IV. Aufl. 1903. J. H. Ed. Heitz, Straßburg.)

Derselbe in Süddeutsche Monatshefte, III. Jahrg., 9. September 1906. Zum Problem der Form.

Derselbe in Münchner Neueste Nachrichten vom 29. Dezember 1908. Zur Hans von Marées-Ausstellung in der Sezession.

Derselbe in Beilage der Münchner Neuesten Nachrichten Nr. 6 vom 9. Januar 1909.

Hyazinth Holland in der Allgemeinen Deutschen Biographie, 1906, Nr. 52, S. 190 ff.

Hubert Janitschek in Die Nation, Jahrg. 1889/90 Nr. 51. Hans von Marées.

Friedrich V. Khaynach: Bildende Kunst und Weltanschauung (Rom, Tipografia »Roma«, Deutsche Buchdruckerei, 1908). S. 67-69.

Kölnische Zeitung vom 1. März 1910: Die Marées-Ausstellung im Kölner Kunstverein.

Mr. H. J. Koenen in s' Gravenhage Heraldisch-Genealogisch Archif (Dir. D. G. van Epen), 1898. Het geslacht De Marez.

Hermann Konnerth: Die Kunsttheorie Konrad Fiedlers. Eine Darlegung der Gesetzlichkeit der bildenden Kunst. Mit einem Anhang: Aus dem Nachlaß Konrad Fiedlers. München und Leipzig 1909, R. Piper & Co., Verlag.

Alfred Krauth in Anhaltischer Staatsanzeiger, 13. Oktober 1909, Nr. 240, 2. Beilage. Die Zoologische Station zu Neapel.

Otto Krebs in Pan, Jahrg. V, 1899, S. 114-118.

Kunstchronik 22. Jahrg., Nr. 39. Juli 1887, S. 631.

Isolde Kurz in Deutsche Rundschau, 34. Jahrg., Oktober 1907. Adolf Hildebrand zu seinem sechzigsten Geburtstage.

Karl Lamprecht: Deutsche Geschichte. 1. Ergänzungsband. Berlin 1902. R. Gaertners Verlagsbuchhandlung.

Willi Lang in Der Tag, 15. Januar 1909. Hans von Marées. Winterausstellung der Münchener Sezession.

Frhr. von Lichtenberg und *E. Jaffe:* Hundert Jahre deutsch-römischer Landschaftsmalerei. Verlag von Oesterheld & Co., Berlin 1906.

Hans Marbach: Zwei Büsten, Erzählung: »Salon«, herausgegeben von J. Rodenberg 1874, Heft V und VI. Verlag A. H. Payne, Leipzig.

Derselbe: Das Mysterium der Kunst. C. L. Hirschfeld, Leipzig 1890.

Auguste Marguillier in Le Musée d'art, XIXe siècle. L'Art en Allemagne. Paris, Larousse 1907, S. 358.

Alfred Mayer in Leipziger Tageblatt vom 16. Januar 1909. Die Münchener Marées-Ausstellung.

Julius Meier-Graefe: Entwicklungsgeschichte der modernen Kunst. J. Hoffmann, Stuttgart 1904. Bd. II, S. 421 ff.

Derselbe: Der Fall Böcklin und die Lehre von den Einheiten. Julius Hoffmann, Verlag, Stuttgart 1905.

Derselbe in Ausstellung deutscher Kunst aus der Zeit von 1775-1875 in der Kgl. Nationalgalerie Berlin 1906. Verlagsanstalt Bruckmann, München 1906. S. 358-372 farbenanalytische Beschreibung der Bilder Marées'.

Derselbe: 10. Dezember, 11. Dezember, 12. Dezember 1907: Vorträge über Marées in Wiesbaden, Dortmund, Bochum. 12. Januar 1908: Vortrag über Marées im Gewandhaus, Leipzig.

Derselbe: Hans von Marées in der böhmischen Zeitschrift Volné Směry (Prag), XII. Jahrg., S. 109 ff.

Derselbe: Geleitwort für den Katalog der Münchener Marées-Ausstellung 1908/09.

Derselbe in Kunst für Alle, XXIV. Jahrg., Heft 11 vom 1. März 1909. Hans von Marées.

Wenig veränderter Abdruck des Geleitworts der Münchener Ausstellung.

Derselbe in Die Zukunft, XVII. Jahrg., Nr. 22 vom 27. Februar 1909. Marées in Berlin.

Derselbe: Vorreden der Kataloge der Berliner, Pariser, Frankfurter und Kölner Marées-Ausstellungen.

Stimmen annähernd mit dem Aufsatz in der »Kunst für Alle« überein.

Derselbe: Vortrag zur Marées-Feier am 8. März 1909 in der Marées-Ausstellung.

Derselbe in Nord und Süd, April und Mai 1909. Hans von Marées.

Derselbe in Gazette des Beaux-Arts Oktoberheft 1909. Hans von Marées.

Derselbe: Vorträge im deutschen Kunstverein im Brüssel, 4. Oktober 1909, im Künstlerhaus in Dresden, 1. November 1909, im Kölner Kunstverein, 9. März 1910.

Meyers Konversationslexikon: V. Aufl. 1896. Bd. XI.

Paul Meyerheim in Die Woche, Nr. 7, 16. Februar 1907. Ungemalte Wandmalerei.

Max Moll in Die Zeit (Wien) vom 18. Sept. 1907.

Münchener Zeitung vom 24. Dezember 1908: Bericht über die Marées-Ausstellung in der Münchener Sezession.

Richard Muther: Geschichte der Malerei im XIX. Jahrhundert, München, G. Hirths Kunstverlag. 1893-1894, III, 621.

Derselbe: Geschichte der Malerei, 1909, Leipzig, Konrad Grethlein, III, 459 ff.

Max Nordau in Neue Freie Presse vom 7. Oktober 1909 über die Marées-Ausstellung im Salon d'Automne.

Nuova Antologia Rom, 16. Dez. 1909.

Max Osborn in Neue Revue, Nr. 12, 1909.

Fritz von Ostini: Hans Thoma. Künstler-Monographien, Bielefeld und Leipzig, Velhagen & Klasing, 1900, S. 33.

Friedrich Pecht in Wiener Rezensionen und Mitteilungen über Bildende Kunst.

Claude Phillips in The Daily Telegraph vom 5. Oktober 1909. Über die Marées-Ausstellung im Salon d'Automne.

Karl von Pidoll: Aus der Werkstatt eines Künstlers. Erinnerungen an den Maler Hans von Marées aus den Jahren 1880-81 und 1884-85. Als Manuskript gedruckt. Luxemburg. V. Bück, Leo Bück Nachf., 1890. Neuauflage 1909.

Jos. Popp in »Hochland« 1909: Hans von Marées. Besprechung der Ausstellung in der Münchener Sezession.

Wilhelm Porte in Frankfurter Zeitung, XXXIII, Nr. 192, 1887. Hans von Marées.

L. Réau in Revue germanique. Nr. 4, Juillet-Août 1906. S. 495/96. L'Exposition centennale allemande de Berlin. Hans von Marées.

Derselbe in La Revue de l'Art, 10. Octobre 1909. Tome XXVI. Nr. 151. Hans von Marées.

Heribert Reiners in Kölnische Volkszeitung vom 27. Februar 1910. Hans v. Marées. Zu seiner Ausstellung im Kölnischen Kunstverein.

Walther Riezler in Süddeutsche Monatshefte Nr. 11, November 1906. Hans von Marées.

Derselbe in Frankfurter Zeitung vom 16. Januar 1909. Hans von Marées.

Friedrich Rintelen in Zeitschrift für bildende Kunst. Neue Folge. XX. 44. Jahrg. Heft 8. Mai 1909. Hans von Marées.

William Ritter in La Chronique des Arts, Nr. 6 vom 6. Februar 1909. (Supplément de la Gazette des Beaux Arts.) Correspondance de Munich. L'exposition Hans von Marées'.

Adolf Rosenberg: Geschichte der modernen Kunst. (Leipzig, F. W. Grunow, 1894.)

Derselbe in Tägliche Rundschau vom 20. Juni 1900, Unterhaltungsbeilage Nr. 141. Die zweite Ausstellung der Berliner Sezession.

Hans Rosenhagen in Über Land und Meer, 1906, Heft 11. Über die deutsche Jahrhundertausstellung.

Derselbe in Kunst für Alle, XXII, 2, 15. Oktober 1906. Über die deutsche Jahrhundertausstellung.

Derselbe: Handbuch der Kunstgeschichte von Adolf Rosenberg. Zweite verbesserte und vermehrte Auflage. Herausgegeben von Hans Rosenhagen. Bielefeld und Leipzig 1908. S. 628.

Derselbe in Die weite Welt, Heft 30, Leipzig 1907, S. 640. »Das Betrachten moderner Bilder«.

Léon de Saint-Valery in La Revue des Beaux-Arts Nr. 124 vom 17. Oktober 1909. Hans von Marées.

Conte Scapinelli in Neue Freie Presse vom 4. Februar 1909. Hans von Marées. Besprechung der Sezessionsausstellung in München.

Schack, Graf: Meine Gemäldesammlung, erste Auflage 1881, zweite Auflage 1882, dort S. 269-271.

Thassilo von Scheffer in Der Kunstwart vom 15. 1. 1910. Die Stätte des Kunstwerks.

Karl Scheffler in Kunst und Künstler, Berlin, Jahrg. VII, Heft 10, 1909. Hans von Marées.

Derselbe in Kunst und Künstler, Berlin, Jahrg. VII, Heft 10, S. 431. Marées als Zeichner.

A. H. Schmid in Prager Tageblatt, 14. Februar 1910. Vortrag über die Wandbilder Marées'.

Karl Eugen Schmidt in Kieler Zeitung vom 1. August 1908. In Neapel.

Paul Schubring in Kunst für Alle. Januar 1902. Hans von Marées' Fresken in Neapel.

Derselbe: Hans von Marées. Vortrag, gehalten im Elberfelder Museumsverein. Elberfeld 1904. Bädekersche Buch- und Kunsthandlung, A. Martin & Grüttefien.

Derselbe in Die Propyläen, Beilage der Münchener Zeitung, 6. Februar 1907. Hans von Marées. Auch als Broschüre erschienen.

E. Schur in Ver Sacrum, Heft 9, 1902. S. 141-148. Hans von Marées und L. von Hofmann.

W. von Seidlitz in Kunst für Alle, 6. Jahrg., 1890/91, S. 161 ff., in einem Aufsatz über Artur Volkmann.

Derselbe in Führer durch die deutsche Jahrhundertausstellung 1906. München, Bruckmann. S. 75. 36. Saal, Abteilung 2, Marées.

Franz Servaes in Neue Freie Presse vom 1. Februar 1904. Sezession. (Marées etc.)

Derselbe in Österreichische Rundschau, Bd. XX, Heft 1, 1. Juli 1909. Hans von Marées.

Hans Wolfgang Singer: Allgemeines Künstlerlexikon, Frankfurt a. M. 1897, III, S. 106.

Ludwig Speidel in Neue Freie Presse vom 29. März 1891. Wieder abgedruckt in »Persönlichkeiten«, Berlin 1910. Meyer & Jessen. Ein unbekannter Maler.

Fritz Stahl in Berliner Tageblatt, 14. April 1909, Abendausgabe Nr. 187. Böcklin und Marées, ein Epilog zur Marées-Ausstellung.

Karl Storck in Der Türmer, XI. Jahrg., Heft 8, Mai 1909. Raumkunst. Über die Stellung des Hans von Marées.

Joseph Strzygowski: Die bildende Kunst der Gegenwart. (Quelle und Meyer, Leipzig 1907) in dem Abschnitt Monumentalmalerei, S. 226 ff.

Thiebault-Sisson im Temps vom 30. September 1909 über die Marées-Ausstellung im Salon d'Automne.

Hugo von Tschudi in Ausstellung deutscher Kunst aus der Zeit von 1775 bis 1875 in der Kgl. Nationalgalerie Berlin 1906. Verlagsanstalt Bruckmann 1906. Einleitung zu dem I. Band (Auswahl der hervorragendsten Bilder). S. XXXVII ff.

Hermann Ubell in Wiener Abendpost, 1903, Nr. 352. Bei Hans von Marées.

Herm. Uhde-Bernays in Deutsche Tageszeitung vom 20. Januar 1909. Hans von Marées.

Léandre Vaillat im Écho de Paris vom 30. September 1909 über die Marées-Ausstellung im Salon d'Automne.

Louis Vauxcelles im Gil Blas vom 1. Oktober 1909 über die Marées-Ausstellung im Salon d'Automne.

Ludwig Volkmann: Grenzen der Künste. (Verlag von Gerhard Kühlmann, Dresden, 1903.) S. 27, 28.

Karl Voll in Westermanns Monatshefte, Jahrg. 49, Nr. 586. Schleißheim.

Fritz Wagschal in Bremer Nachrichten, Bremen, 30. Januar 1909. Hans von Marées.

Wilhelm Waetzoldt in Die Grenzboten 1904. Heft 4. S. 219. Die Kunst der Frühverstorbenen.

Derselbe: Besprechung des Neudrucks der Pidollschen Broschüre »Aus der Werkstatt eines Künstlers« in Zeitschrift für Ästhetik und allgemeine Kunstwissenschaft. Herausgeg. von M. Dessoir, Stuttgart, bei F. Enke, IV. Bd., 2. Heft, 1909.

Waldemar von Wasielewski: Artur Volkmann. (München, R. Piper & Co., 1908.)

Derselbe in Deutsche Kunst und Dekoration, XII. Jahrg., Heft 5, Februar 1909.

Emil Rudolf Weiss in Wiener Rundschau, 30. September 1901. V. Jahrg., Nr. 18. Hans von Marées.

Heinr. Weizsäcker in Kunst für Alle. Mit 9 Abb., Januar 1901. Karl von Pidoll.

Georg Winkler in Kunst für Alle, XVII. Jahrg., Heft 8 vom 15. Januar 1902. Hans von Marées und Adolf Friedrich von Schack.

Derselbe in Die Kunst, X. Jahrg., 1. Oktober 1908. Lenbach als Kopist und Kunstberater des Grafen Schack.

Derselbe in Kunst für Alle, XXIV. Jahrg., Heft 11 vom 1. März 1909, Fortsetzung in derselben Zeitschrift Heft 12 und 13 vom 15. März und 1. April 1909.

Heinrich Wölfflin in Lützows Zeitschrift, 1892. N.-F. III, S. 73-79. Hans von Marées.

Derselbe: Vortrag am 26. Januar 1910 im Verein Berliner Kaufleute und Industrieller über »Monumentale Malerei im 19. Jahrhundert«.

W. Worringer in Kunst und Künstler, VII, 5. Februar 1909. Die Marées-Ausstellung der Münchener Sezession.

A. Wurm in Augsburger Postzeitung vom 29. Januar und 5. Februar 1909. Hans von Marées in der Winterausstellung der Sezession.

Zeitschrift für bildende Kunst, 1892. Hans von Marées.

INHALT

ERSTER BAND

ZU DIESER AUSGABE

insel taschenbuch 1046
Julius Meier-Graefe, Hans von Marées

Der insel-taschenbuch-Ausgabe ›Hans von Marées von Julius Meier-Graefe‹ liegt die dreibändige, 1909 bis 1910 erschienene Originalausgabe zugrunde. Der Text folgt der Ausgabe: Hans von Marées. Sein Leben und sein Werk. Von Julius Meier-Graefe. Erster Band. R. Piper & Co. Verlag, München und Leipzig 1909.

Unverändert blieben die im Text genannten Aufbewahrungsorte, Sammlungen und Galerien, auch wenn sie heute keine Gültigkeit mehr haben. Die Notizen (Anmerkungen) wurden für diese Ausgabe auf ihre heutige Gültigkeit hin eingekürzt. Die Bibliographie wurde dem dritten Band (›Briefe und Dokumente‹) der Originalausgabe entnommen. In der hier abgedruckten Form beschränkt sich die Bibliographie auf die Titelangaben, ohne Übernahme der im Original abgedruckten Textauszüge.

Kunst, Musik, Leben und Werk
insel taschenbuch

Lou Andreas-Salomé. Leben. Persönlichkeit. Werk. Eine Biographie von Cordula Koepcke. it 905

Aus der Kunst des polnischen Volkes. Herausgegeben von Willy Fleckhaus. Mit zahlreichen Fotografien. it 448

Johann Sebastian Bach. Leben und Werk in Daten und Bildern. Herausgegeben von Klaus Peter Richter. it 788

Johann Sebastian Bach. Eine Lebensgeschichte von Charles Sanford Terry. Deutsch von Alice Klengel. it 802

Ernst Batta: Obelisken. Ägyptische Obelisken und ihre Geschichte in Rom. Mit zahlreichen Abbildungen. it 765

Alban Berg. Leben und Werk in Daten und Bildern. Herausgegeben von Erich Alban Berg. it 194

Besuche im Städel. Betrachtungen zu Bildern. Herausgegeben von Klaus Gallwitz. Mit biographischen Notizen von Dolf Sternberger. it 939

Heinrich Bornkamm: Das Jahrhundert der Reformation. Gestalten und Kräfte. it 713

Bertolt Brecht. Leben und Werk im Bild. Mit autobiographischen Texten, einer Zeittafel und einem Essay von Lion Feuchtwanger. it 406

Jean Anthèlme Brillat-Savarin: Physiologie des Geschmacks oder Betrachtungen über das höhere Tafelvergnügen. it 423

Die Schwestern Brontë. Leben und Werk in Texten und Bildern. Herausgegeben von Elsemarie Maletzke und Christel Schütz. it 814

Hans Carossa. Leben und Werk im Bild. Herausgegeben von Eva Kampmann-Carossa. it 348

Caspar David Friedrich: Auge und Landschaft. Zeugnisse in Bild und Wort, interpretiert von Gerhard Eimer. it 62

Goethes Gedanken über Musik. Eine Sammlung aus seinen Werken, Briefen, Gesprächen und Tagebüchern. Herausgegeben von Hedwig Walwei-Wiegelmann. it 800

Van Gogh in seinen Briefen. Herausgegeben und mit einem Nachwort versehen von Paul Nizon. Mit Abbildungen. it 177

Heinrich Heine. Leben und Werk in Daten und Bildern. Von Joseph A. Kruse. it 615

Hermann Hesse. Leben und Werk im Bild. Herausgegeben von Volker Michels. it 36

Ödön von Horváth. Leben und Werk in Daten und Bildern. Herausgegeben von Traugott Krischke und Hans F. Prokop. it 237

Christoph Wilhelm Hufeland: Makrobiotik oder Die Kunst, das menschliche Leben zu verlängern. Mit einem Brief Immanuel Kants sowie einem Nachwort von Rolf Brück. it 770

157/1/5.87

157/2/5.87

Kunst, Musik, Leben und Werk
insel taschenbuch

Dolf Sternberger: Über Jugendstil. Mit farbigen Abbildungen. it 274

Richard Wagner: Ausgewählte Schriften. Herausgegeben von Dietrich Mack. Mit einem Essay von Ernst Bloch. it 66

Richard Wagner. Leben und Werk in Daten und Bildern. Herausgegeben von Dietrich Mack und Egon Voss. it 334

Wagner-Parodien. Parodien auf Richard Wagner. Ausgewählt und mit einem Nachwort versehen von Dieter Borchmeyer und Stephan Kohler. it 687

Robert Walser. Leben und Werk in Daten und Bildern. Herausgegeben von Elio Fröhlich und Peter Hamm. it 264

Oscar Wilde. Leben und Werk in Daten und Bildern. Herausgegeben von Norbert Kohl. it 158

Gabrielle Wittkopp-Ménardeau: Unsere Kleidung. it 774

Stefan Zweig. Leben und Werk im Bild. Herausgegeben von Donald Prater und Volker Michels. it 532

157/3/5.87

Literatur und Reisen
insel taschenbuch

London. Eine europäische Metropole in Texten und Bildern. Herausgegeben von Norbert Kohl. it 322

Günter Metken: Reisen als schöne Kunst betrachtet. it 639

Heddy Pross-Weerth: Moskau. Von der Siedlung im Wald zur Kapitale einer Weltmacht. it 467

München. Ein Lesebuch. Herausgegeben von Reinhard Bauer und Ernst Pieper. Mit zahlreichen Abbildungen. it 827

Fred und Gabriele Oberhauser: Literarischer Führer durch Deutschland. Ein Insel-Reiselexikon für die Bundesrepublik Deutschland und Berlin. Mit Abbildungen, Karten und Registern. it 527

Paris. Deutsche Republikaner reisen. Herausgegeben von Karsten Witte. it 389

Der Rhein. Seine poetische Geschichte in Texten und Bildern. Herausgegeben von Helmut J. Schneider. it 624

Toskana. Ein literarisches Landschaftsbild. Herausgegeben von Andreas Beyer. Mit Photographien von Loretto Buti. it 926

Venedig. Herausgegeben von Doris Maurer und Arnold E. Maurer. Mit zahlreichen Abbildungen. it 626

Venedig im Gedicht. Herausgegeben von Pascal Morché. it 920

158/2/5.87